LA JURISDICCIÓN CONTENCIOSO ADMINISTRATIVA EN IBEROAMÉRICA

LA JURISDICCIÓN
CONTENCIOSO ADMINISTRATIVA
EN IBEROAMÉRICA

Jaime Rodríguez-Arana Muñoz y Marta García Pérez
(Coordinadores)

Miriam Mabel Ivanega	Jaime F. Rodríguez-Arana Muñoz
Pedro José Jorge Coviello	Hugo H. Calderón M.
José Mario Serrate Paz	Luís José Béjar Rivera
Romeu Felipe Bacellar Filho	Gustavo Arturo Esquivel Vázquez
Consuelo Sarría Olcos	Miguel Ángel Sendín Karlos Navararo Medal
Ernesto Jinesta Lobo	Javier Ernesto Sheffer Tuñón
Juan Carlos Ferrada Bórquez	Mário Aroso de Almeida
Henry Alexander Mejía	Carlos E. Delpiazzo
José Luis Meilán Gil Marta García Pérez	Allan R. Brewer-Carías

Victor Rafael Hernández-Mendible

Colección Derecho Público Iberoamericano
N° 1

EDITORIAL JURÍDICA VENEZOLANA

Caracas 2014

Primera edición, 2014

© Jaime Rodriguez-Arana y Marta García Pérez
Depósito Legal: lf 5402014340729
ISBN: 978-980-365-249-4

Editado por: Editorial Jurídica Venezolana
Avda. Francisco Solano López, Torre Oasis, P.B., Local 4, Sabana Grande,
Apartado 17.598 - Caracas, 1015, Venezuela
Teléfono 762-25-53 / 762-38-42/ Fax. 763-52-39
Email: fejv@cantv.net
http://www.editorialjuridicavenezolana.com.ve

Impreso por: Lightning Source, an Ingram Content Company
https://www1.lightningsource.com/default.aspx
Distribuido por: Editorial Jurídica Venezolana International Inc.
Panamá, República de Panamá.
Email: editorialjuridicainternational@gmail.com

Diagramación, composición y montaje
por: Mirna Pinto de Naranjo, en letra Times New Roman, 10,5
Interlineado exacto 10,5 Mancha 19 x 12,5

IV. COLOMBIA

§ 5. LAS ACCIONES CONTENCIOSO ADMINISTRATIVAS EN LA
LEGISLACIÓN POSITIVA COLOMBIANA
CONSUELO SARRIA OLCOS
Ex Presidenta del Consejo de Estado de Colombia. Ex Decana de la
Facultad de Derecho de la Universidad del Rosario de Bogotá, Colom-
bia. Profesora de Derecho Administrativo

V. COSTA RICA

§ 6. EL PROCESO CONTENCIOSO-ADMINISTRATIVO EN
COSTA RICA
ERNESTO JINESTA LOBO
Catedrático de Derecho Administrativo Universidad Escuela Libre de
Derecho (UELD). Director y profesor programa de doctorado en Dere-
cho Administrativo UELD. Presidente Asociación Costarricense de
Derecho Administrativo. Presidente Academia Costarricense de Dere-
cho. Vice-presidente (Costa Rica) Asociación Iberoamericana de De-
recho Administrativo. Miembro de la Asociación Internacional de De-
recho Administrativo, Foro Iberoamericano de Derecho Administrati-
vo e Instituto Iberoamericano de Derecho Procesal. Doctor en Derecho
Administrativo Universidad Complutense de Madrid. Magistrado Sala
Constitucional de la Corte Suprema de Justicia

VI. CHILE

§ 7. LA JUSTICIA ADMINISTRATIVA EN EL DERECHO
CHILENO
JUAN CARLOS FERRADA BÓRQUEZ
Profesor de Derecho Administrativo, Universidad de Valparaíso

VII. EL SALVADOR

§ 8. LA JURISDICCIÓN CONTENCIOSA ADMINISTRATIVA EN
EL SALVADOR
HENRY ALEXANDER MEJÍA
Director del Departamento de Derecho Público de la Facultad de Juris-
prudencia y Ciencias Sociales, Universidad de El Salvador. Profesor
de Derecho Administrativo y Constitucional capacitador de la Escuela
Judicial en las Áreas de Derecho Administrativo. Miembro del Foro
Iberoamericano de Derecho Administrativo

VIII. ESPAÑA

§ 9. UNA VISIÓN ACTUAL DE LA JUSTICIA ADMINISTRATIVA
EN ESPAÑA
JOSÉ LUIS MEILÁN GIL
Catedrático de Derecho Administrativo, Universidad de A Coruña.
Ex Consejero de Estado de España. Ex Rector de la Universidad de
A Coruña
y MARTA GARCÍA PÉREZ
Profesora Titular de Derecho Administrativo, Universidad de A Coruña

§ 10. FUNCIONALIDAD DE LAS MEDIDAS CAUTELARES EN EL
SISTEMA CONTENCIOSO ADMINISTRATIVO (ESPECIAL
REFERENCIA AL DERECHO ESPAÑOL)
JAIME F. RODRÍGUEZ-ARANA MUÑOZ
Catedrático de Derecho Administrativo, Universidad de A Coruña.
Presidente del Foro Iberoamericano de Derecho Administrativo. Direc-
tor del Departamento de Derecho Público Especial de la Universidad
de A Coruña

IX. GUATEMALA

§ 11. EL PROCESO CONTENCIOSO ADMINISTRATIVO EN
GUATEMALA
HUGO H. CALDERÓN M.
Abogado y Notario, Profesor Titular de Derecho Administrativo I,
Derecho Administrativo II y de Procesal Administrativo, Magistrado
Suplente del Tribunal Supremo Electoral de Guatemala

X. MÉXICO

§ 12. LA JUSTICIA ADMINISTRATIVA FRANCESA Y MEXICANA.
UN ANÁLISIS COMPARATIVO
LUIS JOSÉ BÉJAR RIVERA
Licenciado en Derecho por el ITESO. Doctor en Derecho por la Uni-
versidad Panamericana. Asociado del Foro Iberoamericano de Derecho
Administrativo. Miembro del Sistema Nacional de Investigadores del
CONACYT. Director Académico de los Programas de Posgrado en
Derecho Administrativo y Fiscal de la Universidad Panamericana

§ 13. EL DERECHO CONTENCIOSO ADMINISTRATIVO EN
MÉXICO
GUSTAVO ARTURO ESQUIVEL VÁZQUEZ
Profesor en los posgrados de Derecho de la Universidad Panamericana
de la Ciudad de México y de la Universidad Nacional Autónoma de
México

XI. NICARAGUA

§ 14. LA JURISDICCIÓN CONTENCIOSO-ADMINISTRATIVA EN NICARAGUA

KARLOS NAVARRO MEDAL

Doctor en derecho administrativo por la Universidad de Salamanca, España. Director de postgrado de la facultad de derecho de la Universidad Nacional Autónoma de Nicaragua. Asesor externo de la Asamblea Nacional, para la elaboración de los proyectos de ley de procedimiento Administrativo común y de la ley de lo Contencioso Administrativo. Miembro del Foro Iberoamericano de Derecho Administrativo, de la Asociación Internacional de Derecho Administrativo. Presidente de la Academia de Legislación y Jurisprudencia de Nicaragua. Miembro correspondiente de la Academia costarricense de derecho, de la Academia Nacional de Derecho de Córdoba, miembro de honor de la Real Academia Española de Legislación y Jurisprudencia

y MIGUEL ÁNGEL SENDÍN

Profesor de Derecho, Universidad Europea Miguel de Cervantes

XII. PANAMÁ

§ 15. UN CAMINO POSIBLE EN POS DE LA REFORMA DEL CONTENCIOSO ADMINISTRATIVO EN PANAMÁ

JAVIER ERNESTO SHEFFER TUÑÓN

Profesor en la Universidad del Istmo. Miembro Fundador del Foro Iberoamericano de Derecho Administrativo. Funcionario del Órgano Judicial y del Ministerio Público (Procuraduría de la Administración). Abogado litigante

XIII. PORTUGAL

§ 16. O NOVO REGIME DO CONTENCIOSO ADMINISTRATIVO EM PORTUGAL

MÁRIO AROSO DE ALMEIDA

Profesor de la Facultad de Derecho de la Universidad Católica Portuguesa

XIV. URUGUAY

§ 17. RÉGIMEN CONTENCIOSO ADMINISTRATIVO URUGUAYO

CARLOS E. DELPIAZZO

Catedrático de Derecho Administrativo en las Universidades de Montevideo y de la República Oriental del Uruguay, Director del Instituto Uruguayo de Derecho Administrativo y del Programa Master de Derecho Administrativo Económico

XV. VENEZUELA

§ 18. EL CONTENCIOSO ADMINISTRATIVO EN VENEZUELA
ALLAN R. BREWER-CARÍAS
Profesor de la Universidad Central de Venezuela

§ 19. TRES DECÁLOGOS DE LAS DESVENTURAS DE LA JURIS-
DICCIÓN CONTENCIOSO ADMINISTRATIVA
VÍCTOR RAFAEL HERNÁNDEZ-MENDIBLE
Doctor en Derecho. Profesor-Director del Centro de Estudios de Re-
gulación Económica en la Universidad Monteávila (Venezuela) e invi-
tado en la Maestría de la Universidad Externado de Colombia, siendo
además parte del grupo de investigación en Derecho de la regulación
de mercados energéticos del Departamento de Derecho Minero
Energético de esta última Universidad; y miembro de la Comisión
Académica del Doctorado en Derecho Administrativo Iberoamericano
de la Universidad de La Coruña. Miembro del Foro Iberoamericano de
Derecho Administrativo, de la Asociación Iberoamericana de Estudios
de Regulación, de la Red de Contratos Públicos en la Globalización
Jurídica; fundador de la Asociación Internacional de Derecho Administrativo, de la Asociación Iberoamericana de Derecho Administrativo, Asociación Internacional de Derecho Municipal y de la Red de Investigación de Derecho de los Bienes Públicos. www.hernandezmen-
dible.com

11

PRESENTACIÓN

JAIME RODRÍGUEZ-ARANA MUÑOZ

La presente obra colectiva fue inicialmente publicada por la prestigiosa *Revista de Administración Pública Argentina* (*RAP*), que dirige atinadamente el profesor y buen amigo Eduardo MERTEHIKIAN, en dos de sus más recientes números. Ahora, gracias a la iniciativa de otro gran jurista iberoamericano, Allan R. BREWER-CARÍAS, sale a la luz, tras la consulta pertinente, en otra editorial de renombre en América como la Editorial Jurídica Venezolana.

El estudio de la jurisdicción contencioso-administrativa en los países iberoamericanos refleja el compromiso de tantos Estados por someter a Derecho la actuación de las diferentes Administraciones públicas. En unos casos, los más, siguiendo el sistema judicial, en otros, los menos, confiando el conocimiento de las controversias jurídicas entre Administración y ciudadanos a especializados órganos administrativos de inspiración francesa. En cualquier caso, se siga el modelo que se siga, la clave es que los integrantes de esta jurisdicción puedan enjuiciar a la Administración pública desde la independencia, desde el primado de la Ley y del Derecho.

Realmente, la persona que ha hecho posible que esta gran tarea académica se haya realizado es la profesora Marta GARCÍA PÉREZ, catedrática acreditada de derecho administrativo, bien conocida por el rigor de sus estudios en la comunidad internacional del derecho administrativo. Ella ha sido quien ha organizado la obra colectiva y a quien se deben los aciertos de esta magnífica iniciativa.

En esta obra colectiva, el lector va a poder encontrar el régimen general del sistema de control judicial de la actuación administrativa en los principales países del área iberoamericana. Las colaboraciones solicitadas lo han sido a título de generalidad, de manera que en un solo volumen pudiéramos reunir los principios y criterios más importantes de la legislación contencioso-administrativa en Iberoamérica. En este sentido, me parece que este empeño colectivo que ahora presentamos constituye el primer trabajo comparado que permite estudiar las peculiaridades del sistema judicial administrativo en Iberoamérica.

La comunidad iberoamericana de profesores de derecho administrativo, en efecto, es una venturosa realidad. Como muestra, la nómina de colegas que participan en esta obra colectiva. Año tras año desde el 2000, al principio con el profesor Julio Rodolfo COMADIRA físicamente entre nosotros y tras su fallecimiento con su presencia espiritual, hemos sido capaces del exigente trabajo académico que caracteriza a un grupo de profesores que aspiran, ahí están las obras colectivas publicadas en este decenio, a debatir y tratar científicamente las principales categorías e instituciones que componen el objeto de nuestro quehacer universitario.

13

El espacio jurídico-administrativo iberoamericano, como pone de manifestó esta obra colectiva, refleja una gran vitalidad. No hay más que acercarse a las soluciones que los diferentes Ordenamientos ofrecen en materia de jurisdicción contencioso administrativa. Cuestiones como las de medidas cautelares, objeto del contencioso, legitimación, alcance del control judicial o ejecución de las sentencias, entre otras, son tratadas por los diferentes colegas de acuerdo con su Derecho Administrativo.

En fin, como coeditor de esta obra con la profesora Marta GARCÍA, celebramos que el Derecho Administrativo Iberoamericano siga su camino, en este caso, por los raíles de una de las materias de mayor relevancia con las que se encuentra cualquier estudioso o cultivador del Derecho Administrativo: el control judicial de la actuación pública.

En efecto, sin control jurídico no hay verdadero poder en sentido democrático de la palabra. Sin control no hay Estado de Derecho. Y sin Estado de Derecho seguiríamos instalados en la oscuridad, en la opacidad, en el arbitrio, en el puro deseo de poder como fundamento del gobierno. Mejorar la jurisdicción contencioso-administrativa para que disponga de más y mejores medios materiales y personales es a día de hoy una necesidad urgente. Y, junto a ella, garantizar la autonomía y la independencia de los jueces que trabajan en este orden jurisdiccional es una tarea prioritaria que a todos concierne, también a la academia que, con trabajo como éste analizar el estado de la cuestión par que, a partir de él. Se puedan ir adoptando las medidas que sean precisas para que a través del control judicial de la actuación de la Administración los ciudadanos, auténticos protagonistas y dueños y señores del sistema de gobierno democrático, vean garantizados todos sus derechos e intereses legítimos.

Los ciudadanos, como sabemos, tienen mucho que ver con el Derecho Administrativo de este tiempo. Ahora son los destinatarios del quehacer administrativo y la Administración pública debe promover y garantizar sus derechos. Algo que en ocasiones no acontece por causas diversas. Pues bien, cuándo por acción, omisión, silencio o inactividad administrativas los ciudadanos entiendan lesionados sus derechos, pueden instar su protección jurídica ante los órganos de la jurisdicción contencioso administrativa. Una jurisdicción que tiene en sus manos, es fuerza reconocerlo, la capacidad de hacer justicia administrativa, o, lo que es lo mismo, dar a cada ciudadano lo que es suyo, lo que injustamente se le ha hurtado, lo que ilegalmente se le ha lesionado como consecuencia de sus relaciones con el entero sistema de la Administración pública.

Esperemos que los diferentes trabajos aquí reunidos, elaborados por profesores de prestigio, sirvan, no sólo para conocer mejor la realidad de la jurisdicción contencioso administrativa en cada uno de nuestros países, sino para, a través del análisis comparado, pensar en nuestros propios sistemas para mejorarlos en lo que sea posible.

A Coruña, noviembre de 2013

ARGENTINA

§1. CUESTIONES ACERCA DEL CONTROL JUDICIAL DE LA ADMINISTRACIÓN EN LA REPÚBLICA ARGENTINA[1]

Miriam Mabel Ivanega

I. EL SISTEMA JUDICIAL

1. *Características generales*

En el sistema constitucional de división de poderes, las controversias en las que es parte el Estado son decididas por los jueces, que forman parte del Poder Judicial. A éste le corresponde dictar la decisión final, y controlar el ejercicio del poder público en las causas, contencioso administrativas, que se someten a su conocimiento[2].

---

[1]   Entre la doctrina argentina: Mairal, Héctor A. *Control Judicial de la Administración Pública*, Depalma, Buenos Aires, 1984; TAWIL. Guido S. *Administración y Justicia*, Depalma, Buenos Aires, 1989; Gordillo Agustín, *Tratado de derecho administrativo*, T. 1 y 4; Cassagne, Juan Carlos, "El sistema judicialista argentino", en *Tratado de Derecho Procesal Administrativo*, Título I, Capítulo Tercero, La Ley, Buenos Aires 2007, p. 49-72; Comadira, Julio R. *Ley de procedimiento administrativo* (comentada y anotada) La Ley Buenos Aires, 2004; Hutchinson, Tomás. *Derecho Procesal Administrativo*, Rubinzal Culzoni, Santa Fe, 2009; Bianchi, Alberto. *Declinación y caída del control judicial de la Administración Pública*, Sup.Adm. La Ley agosto 2010, p. 9 y ss, Jeanneret De Pérez Cortes, María, *El control judicial y sus límites. La acción de los jueces frente a la inacción de la Administración o del Poder Legislativo*, Buenos Aires, Buenos Aires, RAP, 2009; p. 293 y ss García Pulles, Fernando R. *Tratado de lo Contencioso Administrativo*, Hammurabi, Buenos Aires, 2004.

[2]   Jeanneret De Pérez Cortes, María, *op.cit.*

El diseño del régimen abreva en Juan Bautista Alberdi y su obra *"Bases y Puntos de Partida para la Organización Política de la República Argentina"*[3]. Los jueces en ejercicio de su competencia constitucional, al conocer y decidir las controversias en los procesos en que el Estado –*lato sensu*- es parte, controlan el ejercicio del poder público o de las funciones públicas, es decir comprueban la constitucionalidad y legitimidad de la actuación de los órganos estatales y deciden "el caso" en consecuencia[4].

Cabe recordar que lo que caracteriza a todo sistema judicialista es el hecho de atribuir a un Poder Judicial independiente el conocimiento de las causas en que el Estado, o los Estados y/o Provincias, según los modelos constitucionales, son parte en el litigio. Opuesto a este modelo, se encuentran los modelos de tribunales administrativos, que actúan en el ámbito de la Administración, aun cuando sus jueces gozan de independencia funcional. También se admiten formas mixtas, en las cuales junto al régimen judicialista se reconoce en forma excepcional determinados tribunales administrativos especializados, con control un judicial posterior limitado, o bien, los denominados regímenes de jurisdicción administrativa primaria con control judicial amplio o simplemente revisor, o incluso excepcionalmente prohibido, como en el sistema norteamericano[5].

Destacada doctrina indica que la Constitución de la Nación Argentina, consagra el control judicial de la Administración sobre las siguientes bases[6]:

1) Corresponde a la Corte Suprema de Justicia de la Nación y a los jueces federales el control de la actividad administrativa nacional, dentro de las competencias previstas en el artículo 116[7];

2) Se prohíbe al Poder Ejecutivo:

   (a) arrogarse el conocimiento de casos que tramitan en el Poder Judicial y

   (b) restablecer las causas que estén allí finalizadas. La fuente del artículo 109[8] es el artículo 108 de la Constitución chilena de 1833, que, se inspira en el artículo 243 de la Constitución liberal de Cádiz de 1812 y en el artículo 7 del reglamento de la Justicia Conservadora del 22 de octubre de 1811[9].

La Corte Suprema ha interpretado estos dos principios, como: a) el control judicial no es absoluto, admitiéndose las llamadas "cuestiones políticas"; b) la Administración no puede ejercer control de constitucionalidad; c) la Administración puede ejercer funciones jurisdiccionales siempre que esté previsto un control judicial posterior y suficiente, que permitan revisar los hechos y el derecho aplicable[10]

---

[3]   Acerca de los antecedentes históricos nos remitimos a la doctrina citada en Nota 1.
[4]   Jeanneret De Pérez Cortes, María, *op.cit.*
[5]   Cassagne, Juan Carlos *op.cit.*,
[6]   Bianchi Alberto, *op.cit.*
[7]   Artículo 116
[8]   Artículo 109
[9]   Cassagne Juan C., *op.cit.*
[10]   Ello conforme al caso *"Fernández Arias c/Poggio"*, Fallos 247-646 (1960). En el año 2005, en la causa "Ángel Estrada y Cía. S.A. c. Secretaría de Energía y Puertos" estableció que los entes reguladores

En ese sentido, se sostiene que la Constitución no fijó específicamente, un modelo de control judicial sobre la Administración. "La elección de este modelo recae en el Congreso quien está habilitado para imponer sobre la jurisdicción federal las "las reglas y excepciones" que le indica —muy generalmente— el artículo 117".

Sin embargo, lo que no merece dudas es que cualquiera sea el sistema que se elija, "como principio básico, facilitar y fortificar el control judicial. Esto es lo que razonablemente resulta armonioso con un sistema "judicialista"[11].

Lo cierto es que el régimen argentino, no admite el reconocimiento generalizado de una jurisdicción administrativa primaria como el sistema norteamericano, lo que restringe la posibilidad de crear tribunales administrativos para resolver cuestiones de derecho común y de naturaleza administrativa.

En síntesis, este modelo deriva en determinadas consecuencias:

1- el juzgamiento de las leyes y de los actos administrativos y reglamentarios provenientes de los tres poderes del Estado compete a los jueces;

2- excepcionalmente, las leyes pueden crear tribunales administrativos para juzgar los actos de la Administración, pero por debidas y justificadas razones de especialización, nunca con jurisdicción general y siempre resguardando un control judicial suficiente, con amplitud de debate y prueba de las decisiones de dichos tribunales;

3- la tutela judicial efectiva es un principio que completa y amplía la garantía de la defensa en juicio, que se afirma por imperio del artículo 75 inc. 22 de la Constitución que consagra el "status" constitucional del Pacto de San José de Costa Rica.

Por lo tanto, se supera la doctrina de la jurisdicción meramente revisora y se amplia los legitimados, al extenderse el campo de protección de los derechos tutelados según veremos.

Para Cassagne, también se eliminaría o relativizaría el requisito de admisibilidad de la pretensión procesal basado en el agotamiento de la vía administrativa, como la aplicación de los plazos de caducidad perentorios, para promover la acción judicial bajo el riesgo de perder el derecho de fondo, como si hubiera ocurrido la prescripción los respectivos derechos.

Una última referencia relativa al control de constitucionalidad nos remite al criterio de la Corte Suprema de Justicia de la Nación acerca de que es elemental en la organización constitucional, la atribución y el deber de los tribunales de justicia, *de examinar las leyes en los casos concretos que se traen a su decisión, comparándolas con el texto de la Constitución para averiguar si guardan o no su conformidad con ésta, y abstenerse de aplicarlas si las encuentran en oposición con ella*[12].

Siempre que exista un caso o una causa judicial, todos los jueces, de todos los fueros e instancias (incluyendo integrantes del Poder Judicial Nacional, provinciales y locales), pueden y deben ejercer el control de constitucionalidad de las leyes, decre-

---

de servicios públicos no tienen jurisdicción para resolver controversias a las que resulte aplicable el derecho común.

[11]   Bianchi Alberto, *op.cit*
[12]   CSJN Fallos 331:1664.

tos reglamentarios, actos administrativos, en estos casos con efectos *erga omnes*. Este sistema de carácter difuso, es entendido como un producto de un vacío legislativo antes que la consecuencia de una manda constitucional[13].

Así, la inconstitucionalidad de la ley puede ser declarada de oficio o a pedido de parte interesada; siempre en causas sometidas a su juzgamiento. Si bien los tribunales judiciales no pueden efectuar declaraciones de inconstitucionalidad de las leyes en abstracto -fuera de una causa concreta en la cual pueda efectuarse la aplicación de las normas que se entienden contrarias a la Constitución- ello no implica que necesariamente exista petición expresa de la parte interesada, dado que aquel control versa sobre una cuestión de derecho y no de hecho, lo que implica la potestad de los jueces de suplir el derecho que las partes no invocan o lo hacen erróneamente -*iura novit curia*- ya que pesa sobre ellos el deber de mantener la supremacía de la Constitución[14].

En ese sentido, es jurisprudencia uniforme que la declaración de inconstitucionalidad de las normas, constituye un acto de suma gravedad, es decir la *ultima ratio* del orden jurídico, por lo que debe recurrirse a ella cuando una estricta necesidad lo exija "y no exista la posibilidad de una solución adecuada del juicio, a la que cabe acudir en primer lugar"[15].

2. *Las condiciones de impugnabilidad judicial de los actos de la Administración Pública*

En la República Argentina, en el ámbito nacional no existe, a la fecha, un código contencioso administrativo. La Ley 19.549 –Ley de Procedimientos Administrativos- la que contiene algunos artículos relacionados con la impugnación judicial de las decisiones de la Administración Pública.

El Título IV de esta ley, regula parcialmente el tema, cubriendo el vacío legislativo aludido.

El Código procesal Civil y Comercial de la nación se aplica al proceso contencioso administrativo por vía analógica con las adecuaciones propias del derecho público.

El mencionado Título regula las condiciones de impugnabilidad judicial de los actos de la Administración, fijando los recaudos de la habilitación de la instancia judicial en las causas contencioso administrativas.

El sistema judicial nacional se asienta sobre el control amplio del Poder Judicial, sometido a requisitos de procedencia: agotamiento de las instancias administrativas e interposición de la acción judicial dentro de los plazos de impugnaciones que la ley prevé[16].

Aún cuando se renueva en forma permanente, la discusión entorno a la constitucionalidad de los requisitos legales para acceder a la justicia, tradicionalmente se entiende que por un lado la Administración es quien debe resolver sus conflictos

---

13   Cassagne Juan Carlos, *op.cit.*, p.70
14   Jeanneret De Pérez Cortes, María, *op.cit.*
15   Entre otros Fallos 328:690; 330:5032; 330:2255
16   Comadira Julio R., Ley de procedimientos administrativos. *op.cit.*, p. 407/408.

jurídicos, cumpliendo con un aspecto necesario de su competencia constitucional; y por el otro el cuestionamiento judicial de sus actos no debe llevar a la inseguridad de la efectiva ejecución de los cometidos administrativos[17].

Pero su carácter obligatorio ha llevado que se entendiera que lejos de representar un medio para lograr el bien común, se presenta como un mecanismo de protección de las malas políticas públicas.

Así, antes de permitir una solución amistosa de los conflictos y de revalorizar el procedimiento administrativo, logra acentuar los primeros y desnaturalizar al segundo, dado que obliga a cuestionar cualquier acto que se dicte en el curso de una relación con el Estado, afectando el principio de colaboración que debe reinar en aquel procedimiento[18].

El agotamiento, "eje" sobre el que descansa el derecho a acceder a un tribunal judicial, se estructuró por medio de recursos administrativos sujetos a plazos breves de interposición y por medio del "reclamo impropio" contra los actos de alcance general. En ambos casos, se adicionó la necesidad de observar posteriormente un plazo de caducidad de 90 días hábiles judiciales, para interponer la acción contenciosa[19].

En definitiva, la Administración no puede ser emplazada en juicio, si en forma previa no se ha producido una decisión previa y formal, emanada de la máxima instancia administrativa competente.

En los actos administrativos de alcance particular, como regla general, ante la Administración centralizada el agotamiento se produce con el recurso jerárquico, el cual debe interponerse dentro de los 15 días hábiles administrativos contados desde la notificación del acto que se recurre. Si el agotamiento debe producirse en el marco de un procedimiento especial, se aplicará el plazo que corresponda en cada caso. En la vía del reclamo impropio el plazo que se aplica es el de prescripción.

El artículo 23 de la Ley establece cuatro (4) supuestos de impugnación de actos de alcance particular: a) que el acto sea definitivo y se hayan agotado las vías administrativas, es decir interpuesto los recursos administrativos pertinentes; b) que pese a no decidir sobre el fondo de la cuestión, impida totalmente la tramitación del reclamo que se interpuso; c) cuando se configure el silencio o ambigüedad previstos en el artículo 10[20]; d) cuando la Administración incurriere en vías de hecho[21].

17 Comadira Julio R., *op.cit*, con cita del fallo "Serra" (Fallos 316:2454)
18 Aguilar Valdez Oscar, El agotamiento de la vía administrativa y la tutela judicial efectiva: una evaluación general del sistema de la Ley 19.549 a treinta años de vigencia en Procedimiento y proceso administrativo, Lexis Nexis, Buenos Aires, 2005, p.351 y ss
19 Aguilar Valdez Oscar, *El agotamiento de la vía administrativa... op.cit.*
20 El artículo 10 establece: "El silencio o la ambigüedad de la Administración frente a pretensiones que requieran de ella un pronunciamiento concreto, se interpretarán como negativa. Sólo mediando disposición expresa podrá acordarse al silencio sentido positivo. Si las normas especiales no previeren un plazo determinado para el pronunciamiento, éste no podrá exceder de SESENTA días. Vencido el plazo que corresponda, el interesado requerirá pronto despacho y si transcurrieren otros TREINTA días sin producirse dicha resolución, se considerará que hay silencio de la Administración".
21 Artículo 9.- "La Administración se abstendrá: a) De comportamientos materiales que importen vías de hecho administrativas lesivas de un derecho o garantía constitucionales; b) De poner en ejecución

En cuanto a los actos de alcance general, el artículo 24 establece dos modos de impugnación que conducen a habilitar la instancia judicial. La vía directa (inciso a) se presenta cuando se impugna ante la Administración el acto que afecte o pueda afectarte en forma cierta e inminente derechos subjetivos; es el denominado reclamo impropio. Se interpone y es resuelto por el mismo órgano que dictó el acto de alcance general, no fijándose plazo para su interposición.

La impugnación indirecta (inciso b) se prevé para los supuestos en que se pretende impugnar el acto de alcance general a través de sus actos de aplicación definitivos. Es decir se hubieran agotado las instancias administrativas contra esos actos de alcance individuales. Agotada la vía administrativa, el otro requisito que limita la promoción de las demandas contencioso-administrativas es el plazo de caducidad[22].

Para que la impugnación de un acto administrativo pueda ser estimada, se exige también que la demanda sea interpuesta dentro de los 90 días hábiles judiciales contados desde la notificación del acto. Vencido dicho plazo, se opera la caducidad de la acción. El artículo 25, establece dicho plazo -dentro de los cuales debe deducirse la acción contra el Estado o sus entes autárquicos- computados según lo indica[23]. De acuerdo al artículo 26, la demanda judicial puede incidirse en cualquier momento cuando el acto adquiera carácter de definitivo por configurar el silencio administrativo del artículo 10.

Al sistema de recursos y del reclamo impropio contra actos de alcance individual y general, respectivamente; se le suma otra figura la del "reclamo administrativo previo a la demanda judicial" cuya configuración y alcance generó también diversos debates doctrinarios[24].

Este reclamo contemplado en los artículos 30 y 31 (distinto al previsto en el artículo 24) no resulta viable para los supuestos de los artículos 23 y 24 de la Ley, es decir cuando se cuestionen actos administrativos de alcance particular y general o en los otros supuestos del artículo 23. Se deduce ante el Ministerio o Secretaría de Presidencia o autoridad superior de la entidad autárquica, sin que exista plazo para su interposición, salvo el de la prescripción correspondiente.

---

un acto estando pendiente algún recurso administrativo de los que en virtud de norma expresa impliquen la suspensión de los efectos ejecutorios de aquél, o que, habiéndose resuelto, no hubiere sido notificado".

[22] *V.* Bianchi Alberto, *Declinación…op.cit.*, Perrino Pablo, "El derecho a la tutela judicial efectiva y el plazo para demandar", en *Procedimiento y proceso administrativo*, Lexis Nexis, Buenos Aires, 2005, p. 397 y ss.

[23] Artículo 25.- "*La acción contra el Estado o sus entes autárquicos deberá deducirse dentro del plazo perentorio de noventa (90) días hábiles judiciales, computados de la siguiente manera: a) Si se tratare de actos de alcance particular, desde su notificación al interesado; b) Si se tratare de actos de contenido general contra los que se hubiere formulado reclamo resuelto negativamente por resolución expresa, desde que se notifique al interesado la denegatoria; c) Si se tratare de actos de alcance general impugnables a través de actos individuales de aplicación, desde que se notifique al interesado el acto expreso que agote la instancia administrativa; d) Si se tratare de vías de hecho o de hechos administrativos, desde que ellos fueren conocidos por el afectado. Cuando en virtud de norma expresa la impugnación del acto administrativo deba hacerse por vía de recurso, el plazo para deducirlo será de treinta (30) días desde la notificación de la resolución definitiva que agote las instancias administrativas*".

[24] Muñoz Guillermo, "El reclamo administrativo previo", LL1988-A-1048, Silvestre Beatriz y González Arzac Rafael, "La instancia administrativa previa a la judicial en la ley 19.549 (recursos y reclamos)" ED 72 763; Comadira Julio R. *Ley de procedimiento… op.cit.*

A partir de la reforma de la Ley 25.344 se aplica el plazo de caducidad del artículo 25 para interponer la demanda judicial, la que se computa siguiendo los plazos y procedimiento que fija el citado artículo 31[25].

Asimismo, se establece que los jueces en el caso de las demandas previstas en los artículos 23, 24 y 30 deberán comprobar de oficio en forma previa, el cumplimiento de los recaudos legales y los plazos del artículo 25 y 31.

II. LA LEGITIMACIÓN PROCESAL Y LOS DERECHOS DE INCIDENCIA COLECTIVA. LOS EFECTOS DE LAS SENTENCIAS

1. *La legitimación*

Bidart Campos calificó a la legitimación como la llave de acceso al proceso, aún cuando se trate de una cuestión que excede lo formal, ya que el rechazo de la legitimación veda al particular a acceder la tutela de sus derechos[26].

Las decisiones judiciales no han sido uniformes, pues aun cuando la reforma constitucional de 1994 incorporó los derechos de incidencia colectiva, no es extraño encontrar en la Corte Suprema de Justicia de la Nación falta de uniformidad en sus fallos, lo que ha llevado a que María Angélica Gelli considerara que el tema de la legitimación es el "talón de Aquiles" del Tribunal[27]. El artículo 43 de la Constitución

---

[25]   Artículo 30.- "El Estado nacional o sus entidades autárquicas no podrán ser demandados judicialmente sin previo reclamo administrativo dirigido al Ministerio o Secretaría de la Presidencia o autoridad superior de la entidad autárquica, salvo cuando se trate de los supuestos de los artículos 23 y 24. El reclamo versará sobre los mismos hechos y derechos que se invocarán en la eventual demanda judicial y será resuelto por las autoridades citadas". Artículo 31.- "El pronunciamiento acerca del reclamo deberá efectuarse dentro de los noventa (90) días de formulado. Vencido ese plazo, el interesado requerirá pronto despacho y si transcurrieren otros cuarenta y cinco (45) días, podrá aquél iniciar la demanda, la que deberá ser interpuesta en los plazos perentorios y bajos los efectos previstos en el artículo 25, sin perjuicio de lo que fuere pertinente en materia de prescripción. El Poder Ejecutivo, a requerimiento del organismo interviniente, por razones de complejidad o emergencia pública, podrá ampliar fundadamente los plazos indicados, se encuentren o no en curso, hasta un máximo de ciento veinte (120) y sesenta (60) días respectivamente. La denegatoria expresa del reclamo no podrá ser recurrida en sede administrativa. Los jueces no podrán dar curso a las demandas mencionadas en los artículos 23, 24 y 30 sin comprobar de oficio en forma previa el cumplimiento de los recaudos establecidos en esos artículos y los plazos previstos en el artículo 25 y en el presente". Artículo 32.- "El reclamo administrativo previo a que se refieren los artículos anteriores no será necesario si mediare una norma expresa que así lo establezca y cuando: a) Se tratare de repetir lo pagado al Estado en virtud de una ejecución o de repetir un gravamen pagado indebidamente; b) Se reclamare daños y perjuicios contra el Estado por responsabilidad extracontractual"
    Ver las críticas a dicha reforma legal en Gordillo Agustín, *Tratado de derecho administrativo*, T.4, FDA, Buenos Aires, 2010, p. XII-4 y ss; Cassagne Juan Carlos, "La tutela judicial efectiva" en *Tratado de Derecho Procesal Administrativo*, T.I, La Ley, Buenos Aires, 2007, p. 95 y ss.; Perrino Pablo, *El derecho a la tutela judicial*.
[26]   Bidart Campos Germán, "La legitimación procesal activa de los legisladores" en La Ley 1997-F, p. 564 y ss.
[27]   Gelli, María Angélica, "Criterios de interpretación y posiciones institucionales de la Corte Suprema (2004/2009)", pub. en L.L. del 19/10/09.

amplió la legitimación para el ejercicio de la acción en defensa de derechos de incidencia colectiva[28] aspecto que posibilitó el dictado de sentencias con efectos generales. La división tradicional entre derecho subjetivo, interés legítimo e interés simple,
ha sido afectada por la consagración constitucional de los derechos de incidencia
colectiva.

Recordemos que el derecho subjetivo se presenta cuando un particular puede exigir de la Administración una determinada conducta en una situación de exclusividad
protegida de forma directa o indirecta; mientras que el interés legítimo implica una
concurrencia en el interés de una categoría definida y limitada de individuos[29]. Interés legítimo es el interés personal y directo, atribuible a una categoría definida y
limitada de individuos, a diferencia del interés público general que se diluye en el
común[30].

Derecho subjetivo e interés legítimo, como dice Julio Rodolfo Comadira, deben
responder a la pregunta ¿Cuál es la conducta que el particular puede exigir a la Administración? En términos del citado profesor, las construcciones doctrinarias se
correspondieron con la atribución de diversos alcances a los titulares de las diferentes facultades.

El titular de un derecho subjetivo puede requerir tutela en sede administrativa y
judicial, y peticionar la anulación del acto que afecta su derecho y la indemnización
de daños y perjuicios, proveniente de la violación normativa consumada.

En el interés legítimo su titular tiene reducida la protección al reclamo en sede
administrativa y a la anulación del acto ilegítimo; aquí el acceso a la justicia sólo es
posible si una norma expresa lo autoriza, otorgándole la posibilidad de anular aquel
acto[31].

Por su parte, el interés simple corresponde al mero peticionarte o denunciante; es
la situación jurídica que corresponde a todo habitante que pretende que se cumpla
con la legalidad administrativa. Ese interés, no otorga, al particular, la calidad de
parte en el marco del procedimiento administrativo. Si bien tradicionalmente se considera que tan situación subjetiva no concede la obligación de la Administración de
resolver la presentación, entendemos que siempre pesa sobre ésta el deber de contestar las peticiones de los particulares[32].

Pero, como señala Agustín Gordillo, aquellas viejas categorías perdieron fuerza,
ante la creación superadora de la Constitución Nacional al autorizar la defensa judicial del derecho de incidencia colectiva, que comprende tanto los derechos subjeti-

---

[28]   Conforme al artículo 43 de la Constitución Nacional, el denominado amparo colectivo, puede
ser interpuesto (…) contra cualquier forma de discriminación y en lo relativo a los derechos que protegen al
ambiente, a la competencia, al usuario y al consumidor, así como a los derechos de incidencia colectiva en
general, el afectado, el defensor del pueblo y las asociaciones que propendan a esos fines, registradas conforme
a la ley, la que determinará los requisitos y formas de su organización.

[29]   Comadira Julio R., *Derecho Administrativo*, Lexis Nexis, Buenos Aires, 2003 p. 451- PTN
Dictámenes: 201:179.

[30]   PTN Dictámenes: 197:129.

[31]   Comadira, Julio R., *op.cit.*, p. 452.

[32]   Ivanega, Miriam M., "El amparo por mora" en *Amparo, medidas cautelares y otros procesos
urgentes en la Justicia Argentina*, Buenos Aires, 2007, Lexis Nexis-UCA, p. 93.

vos como los intereses legítimos y difusos o colectivos. En consecuencia, pueden defenderse simultáneamente: el derecho de incidencia colectiva se ejerce por sí y por otros, sea que resulten titulares de derechos subjetivos o intereses legítimos, por acción de amparo, acción declarativa o cualquier otra acción de conocimiento[33].

Sin perjuicio de ello, tampoco existe uniformidad en cuanto al concepto y contenido de los derechos de incidencia colectiva. Por un lado, se sostiene que en la norma constitucional encuentran cabida, tanto los derechos de pertenencia común, colectiva, difusa, de una pluralidad de personas indeterminadas que se refieren a un bien único, indivisible y por tal no fraccionable (ambiente sano, equilibrado) como la protección a derechos e intereses que pertenecen a los particulares y así de objeto divisible, pero que su afectación adquiere una dimensión social incidiendo en intereses colectivos o generales[34].

Se presentan por ende, dos situaciones: a) derechos subjetivos sobre un objeto indivisible compartido por varias personas; lo que genera una cotitularidad del derecho; b) derechos subjetivos individuales, comunes a una pluralidad determinada o determinable de personas; que implica multiplicidad de sujetos portadores de derechos subjetivos individuales cualitativamente idénticos[35].

Pero también se considera que la incidencia colectiva, se relaciona con la afectación de una cantidad de sujetos como consecuencia de determinado hecho. Es una especie de afectación *supraindividual*, entran en esta categoría los relacionados con el medio ambiente, la salud, la preservación del patrimonio histórico cultural de un pueblo, etc. Sobre estos supuestos no hay duda, pues son indivisibles[36].

En consecuencia, hay derechos que en sí mismos son de incidencia colectiva –como los nombrados– y otros que se configuran frente al agravio, pero que pueden tener un efecto generalizado expansivo sobre algunas personas (consumidores y usuarios) o cuando afectan a una sola persona en forma directa (discriminación) pero indirecta o potencialmente puede afectar a otros. Quienes sostienen esta tesitura, no comparten el criterio que otorga a la naturaleza indivisible la nota característica del derecho de incidencia colectiva[37].

En cuanto a los efectos de las sentencias, en principio las decisiones que declaran la inconstitucionalidad de la ley producen efectos dentro de la causa y con vinculación a las relaciones jurídicas que la motivaron y no tienen efecto derogatorio genérico[38].

---

[33]   Gordillo Agustín, *Tratado de Derecho Administrativo*, T. II, Cap. III-17 y ss., 6ta. edición, Buenos Aires, 2003. En relación con este último supuesto cita la causa resuelta por la Sala II de la CNCAF "Gambier Beltrán c/ Poder Ejecutivo Nacional".

[34]   Jeanneret De Pérez Cortes, María, *op.cit.*

[35]   Sammartino Patricio, *Principios constitucionales del amparo administrativo*, Lexis Nexis, 2003, p. 290 y ss. Aclara Sammartino que la Corte Suprema de Justicia de la Nación respecto del último criterio fijó ciertas reglas: la existencia de un interés coincidente y que el daño comprometa intereses generales o públicos y no derechos subjetivos individuales y exclusivos.

[36]   Knavs, Verónica y Herran, Maite, "De qué hablamos cuando hablamos de derechos de incidencia colectiva. Nuevos horizontes en torno a la legitimación plural". elDial - DC8FA

[37]   Knavs, Verónica y Herran, Maite, *op.cit.*

[38]   CSJN, Fallos: 330:4866; 322:528; 315: 276; 255:262; 248:702.

La solución difiere cuando la pretensión atañe a derechos de incidencia colectiva e interviene un legitimado anómalo o extraordinario, que actúa en nombre propio pero en defensa de intereses de otros o de todos. En ese caso, el fallo tendrá efectos respecto de todo el colectivo involucrado[39].

2. *Legitimación de asociaciones u organizaciones civiles*

La jurisprudencia es fiel reflejo de las dicotomías respecto de los derechos de incidencia colectiva.

En ciertas causas admitió, acciones presentadas por las asociaciones en defensa de sus representados, por ejemplo en los conocidos casos "AGUEERA" –1997– y "Asociación Benghalensis[40]" –2000–; "Asociación Civil de Esclerosis Múltiple de Salta" –2003–[41]; "Mignone, Emilio Fermín" y "Verbistky, Horacio"[42].

En otros supuestos negó legitimación; tal como ocurrió en "Prodelco" –1998–; "Consumidores Libres" –1998–[43], "Cámara de Comercio de Resistencia" –2003–[44], "Asociación de Generadores de Energía Eléctrica de la República Argentina c/ Estado Nacional - Secretaría de Energía de la Nación" –2007–[45], entre otros.

La restricción se fundamentó en que no resultan tutelados jurídicamente los daños abstractos, o no diferenciales; reafirmando que el mero interés en el cumplimiento de la legalidad, no otorgaba legitimación[46].

En la causa "Halabi", a la que haremos mención más adelante, se confirma la legitimación de las asociaciones de esta naturaleza, en defensa de los derechos de incidencia colectiva.

3. *El "afectado" individual*

Respecto de esa condición, cabe mencionar dos fallos del año 2008.

---

[39]   CSJN Fallos: 332:111; 332:1759. Jeanneret De Pérez Cortes, María, *op.cit.*
[40]   CSJN Fallos: 320:690 y 323:1339, respectivamente.
[41]   CSJN Fallos: 326: 4931. Allí en dictamen de la Procuración General (al que la Corte remitió) se sostuvo que correspondía confirmar la legitimación de la asociación, por estar fundada "en su carácter de titular de un derecho de incidencia colectiva a la protección de la salud –defensa de los derechos de las personas con esclerosis múltiple– como parte del objeto de la asociación". En similar sentido, admitió la legitimación del Sindicato Argentino de Docentes Particulares, por contar con la respectiva personería gremial y, por lo tanto, está encargada de representar frente al Estado y los empleadores los intereses individuales y colectivos de los trabajadores (Art. 31 de la Ley N° 23.551 de Asociaciones Sindicales). Fallos: 326:2150
[42]   CSJN Fallos: 325:524 y 328:1146, respectivamente.
[43]   CSJN Fallos: 321:1252 y 321:1352, respectivamente.
[44]   CSJN Fallos: 326:3007.
[45]   CSJN Fallos: 330:3836. En este caso, del año 2007 se entendió que la Asociación de Generadores de Energía Eléctrica de la República Argentina (AGEERA), no tenía legitimación para actuar en la causa tendiente a que se declare la nulidad de la Resolución de la Secretaría de Energía de la Nación N° 406/1992, pues las razones en las que sustentó la demanda, "antes que proteger intereses colectivos de sus socios o demostrar el perjuicio que le acarrearía a la asociación el acto que impugna, tienden a defender los intereses individuales de aquéllos" (Dictamen del Procurador General al que remitió la Corte).
[46]   Ivanega Miriam M., "La legitimación en las acciones colectivas", *Revista Argentina del Régimen de la Administración Pública*, Rap 336:241, Buenos Aires 2005. pp. 246/257.

En la causa "Zatloukal"[47], la Corte negó legitimación a quien invocaba su condición de consumidor para atacar la Resolución 125/08 del Ministerio de Economía que impuso las retenciones móviles, por considerarse afectado ante la situación de encarecimiento y desabastecimiento de alimentos, producto de dicho acto. El fundamento judicial fue que el actor no pudo aducir un agravio diferenciado al del resto de la ciudadanía.

Luego, el caso "Iannuzzi"[48] se vinculaba con un vecino de la Provincia de Buenos Aires que solicita una medida cautelar autosatisfactiva con el objeto de que se desbloqueara la Ruta 136 –ya que por razones familiares debía viajar en forma periódica a una localidad uruguaya– que une la ciudad argentina de Gualeguaychú con la ciudad uruguaya Fray Bentos.

La Corte rechazó la acción intentada aludiendo a la orfandad fáctica y probatoria en la presentación del actor, que no había caso judicial y que, por lo tanto, carecía de legitimación.[49]

4. El fallo "Halabi"[50]

Este fallo de febrero de 2009 merece una especial atención. La causa se relaciona con la interposición de una acción de amparo por un abogado, que cuestiona la Ley N° 25.873 y su decreto reglamentario 1563/04, que autorizaban la intromisión estatal en el ámbito de las comunicaciones telefónicas e Internet, sin determinar los supuestos y razones que podían justificar dicha medida, reconociéndole la Corte al actor el carácter de representante de todos los usuarios y todos los abogados, dado que estaba también en riesgo el secreto profesional. El Máximo Tribunal confirma el fallo de la instancia anterior, que había declarado la inconstitucionalidad de normas legales y reglamentarias cuestionadas y acepta expresamente, respecto de derechos de incidencia colectiva, los efectos generales de la sentencia, con los alcances que veremos seguidamente.

El voto mayoritario diferencia tres tipos de derechos del artículo 43 de la Constitución Nacional, aspecto que incide directamente en la legitimación:

a) los derechos individuales;

b) los derechos de incidencia colectiva que se refieren a intereses colectivos; y

c) los derechos de incidencia colectiva referentes a intereses individuales homogéneos[51].

---

[47] Fallos: 331:1364.

[48] Fallos: 331:2287.

[49] Gelli, María Angélica, "Criterios de interpretación ...", op.cit..

[50] Sentencia del 24/02/2009.

[51] Gusma Alfredo señala que la mayoría reproduce la disidencia del Juez Ricardo Lorenzetti en el caso "Mujeres por la Vida" con el agregado de una parte del voto del Juez Juan C. Maqueda en la causa "Defensor del Pueblo-Considerando 13 de "Halabi" y 10 del voto del Juez Maqueda en "Defensor del Pueblo". Gusman, Alfredo, El control judicial de la Administración. Actualidad jurisprudencial en materia de legitimación procesal, en Cuestiones de control de la Administración Pública, RPA, Buenos Aires, 2009, p. 159

La Corte insiste en la necesidad de que exista un "caso", exigencia que es derivación directa del artículo 116 de la Constitución Nacional y del artículo 2 de la Ley N° 27, rechazando la revisión judicial en abstracto, y la viabilidad de una acción popular, con el fin de procurar el mero restablecimiento de la legalidad[52].

Nos interesa las diferencias entre la segunda y tercera categoría. Los derechos de incidencia colectiva sobre bienes colectivos se vinculan con la defensa de un bien colectivo, indivisible no susceptible de apropiación individual, como lo es el medio ambiente. Esta defensa corresponde al Defensor del Pueblo, a las asociaciones y a los afectados.

El otro caso, el de los intereses individuales homogéneos, se relacionan con los derechos personales o patrimoniales que derivan de la afectación al ambiente, a la competencia, derechos de usuarios y consumidores, entre otros. En este supuesto, no hay un bien colectivo, pues están afectados derechos individuales divisibles, aunque el hecho lesivo es uno sólo, instantáneo o continuado, que produce la lesión a todos ellos. Por ende existe una homogeneidad fáctica y normativa que lleva a que se considere razonable la realización de un solo juicio, con efectos expansivos de la cosa juzgada de la sentencia que se dicte, salvo en lo que hace a la prueba del daño[53].

Así, frente a la falta de una ley que reglamente el ejercicio efectivo de las denominadas acciones de clase —en el caso de derechos de incidencia colectiva referentes a intereses individuales homogéneos—, el artículo 43 de la Constitución Nacional, para la Corte es operativo y por lo tanto es obligación de los jueces darle eficacia cuando se aporta nítida evidencia sobre la afectación de un derecho fundamental y del acceso a la justicia de su titular.

En consecuencia, la procedencia de las acciones tendientes a la tutela de derechos de incidencia colectiva referentes a intereses individuales homogéneos —acciones de de clase— *requiere la verificación de una causa fáctica común, una pretensión procesal enfocada en el aspecto colectivo de los efectos de ese hecho y la constatación de que el ejercicio individual no aparece plenamente justificado, sin perjuicio de lo cual también procede cuando, pese a tratarse de derechos individuales, exista un fuerte interés estatal en su protección, sea por su trascendencia social o en virtud de las particulares características de los sectores afectados.*

De ahí surge que la Corte considere como esencia de las acciones colectivas, el carácter "*erga omnes*" de la decisión que recaiga en esos procesos, los que asimila a las "*class actions*" del derecho norteamericano.

Sin embargo, el efecto general de la sentencia es rechazado por el voto disidente de los jueces Petracchi y Argibay, que interpretan que esa solución procedería cuando la naturaleza de la pretensión invocada impide, fáctica o jurídicamente, restringir el alcance de lo decidido a las partes en litigio. Tampoco en el Juez Fayt, acepta el alcance "*erga omnes*" en el caso particular, aun cuando la asignación de efectos "*erga omnes*" a las decisiones judiciales[54] no resulta novedosa.

---

[52]   Ver considerando 9°.
[53]   Ver considerando 12.
[54]   CSJN Fallos: 319:3148.

Volviendo al voto de la mayoría cabe destacar que para el Tribunal es necesario legislar en cuanto a las acciones colectivas, siguiendo determinadas pautas:

a) identificación precisa del colectivo afectado;

b) la idoneidad del que asume la representación;

c) que el planteo involucre cuestiones de hecho y de derecho, comunes y homogéneas a todo el colectivo;

d) un procedimiento que garantice la adecuada "notificación" de todas las personas que puedan tener un interés en el litigio, junto a medidas de publicidad que eviten la multiplicación de procesos con el mismo objeto; y

e) la pretensión debe estar enfocada en los aspectos comunes y no en los individuales, es decir en los que cada persona puede peticionar.

A ello cabe agregar que debe verificarse que no aparezca justificado el ejercicio individual de la acción.

Con esos requisitos, la naturaleza de los derechos defendidos excede el interés de cada parte, evidenciando la existencia de un fuerte interés estatal para su protección[55].

5. El Defensor del Pueblo de la Nación

Por último, la legitimación del Defensor del Pueblo tampoco mereció un trato uniforme por parte de la Corte Suprema de Justicia de la Nación.

En el ámbito nacional, la primera regulación fue la Ley 24.284; sin perjuicio de que en el orden provincial y municipal actuaban organismos con funciones similares por ejemplo en Córdoba, San Luis, San Juan, Santa Fe y en las ciudades de Buenos Aires, La Plata, Posadas, Chilecito y La Banda[56].

Posteriormente en el año 1994, se lo incorpora a la Constitución Nacional. El artículo 86 establece: *"El Defensor del Pueblo es un órgano independiente instituido en el ámbito del Congreso de la Nación, que actuará con plena autonomía funcional, sin recibir instrucciones de ninguna autoridad. Su misión es la defensa y protección de los derechos y humanos y demás derechos, garantías e intereses tutelados en esta Constitución y las leyes, ante hechos, actos u omisiones de la Administración; y el control del ejercicio de las funciones administrativas públicas. El Defensor del Pueblo tiene legitimación procesal. Es designado y removido por el Congreso con el voto de las dos terceras partes de los miembros presentes de cada una de las Cámaras. Goza de las inmunidades y privilegios de los legisladores. Durará en su cargo cinco años, pudiendo ser nuevamente designado por una sola vez. La organización y el funcionamiento de esta institución serán regulados por una ley especial"*.

En atención a las atribuciones constitucionales y legales, se ha sostenido que el Defensor del Pueblo tiene competencia preventiva y reparadora. Por la primera ge-

---

55 Gusman Alfredo, *op.cit.* p.165.
56 Canosa Armando, "El Defensor del Pueblo y el control de la Administración", en *Control de la Administración Pública (administrativo, legislativo y judicial)* Edic. RAP; Buenos Aires, 2002.

nera las investigaciones y recomendaciones a las que hicimos referencia; en función de la segunda tiene legitimación activa para peticionar y demandar ante los organismos administrativos y jurisdiccionales[57].

En cuanto a su legitimación procesal[58] se trata de una legitimación *anómala, extraordinaria* o *diferente a la general*[59]. Su particularidad se centra en que el derecho de acción es ejercido en nombre propio, pero a efectos de defender un derecho, garantía o interés cuya titularidad resulta ajena al actor[60]. En estos casos, la legitimación *ad causam* no se identifica necesariamente con la titularidad de la relación de fondo.

De la evolución jurisprudencial cabe mencionar la causa "Defensor del Pueblo de la Nación - inc. Dto. 1316/02 c/E.N. P.E.N. dtos. 1570/01 y 1606/01 s/amparo ley 16.986" del mes del junio de 2007[61], en la que en forma precisa se establece un límite objetivo a la legitimación.

Se expresa que la ampliación del universo de los sujetos legitimados para accionar tras la reforma constitucional de 1994 -entre ellos el Defensor del Pueblo- "no se ha dado para la defensa de todo derecho, sino como medio para proteger derechos de incidencia colectiva". Por ende ha quedado exceptuada de la legitimación de aquél la protección de los derechos de carácter patrimonial, puramente individuales, cuyo ejercicio y tutela es exclusiva de cada uno de los potenciales afectados. La legitimación está condicionada a que la acción u omisión cuestionada por vía judicial, "provoque un perjuicio a un derecho supraindividual, indivisible y no fraccionable en cuotas adjudicables a cada uno de sus titulares. En consecuencia, esta legitimación es improcedente en los casos en los que se encuentra en juego solamente el interés particular".

En síntesis, carece de legitimación en los casos en los que no está afectado un derecho de incidencia colectiva "el que no resulta de una multiplicidad de derechos subjetivos lesionados, sino de la incidencia del agravio en lo colectivo".

En el citado caso "Halabi", se confirma que tratándose de acciones tendientes a la tutela de derechos de incidencia colectiva referentes a intereses individuales homogéneos es aceptable dentro del esquema de nuestro ordenamiento el Defensor del Pueblo deduzca, en los términos del segundo párrafo del artículo 43, una acción colectiva con análogas características y efectos a la existente —*class actions*— en el derecho norteamericano.

---

[57] Gelli María A., *Constitución Nacional comentada y concordada*, T. II, 4ta edición, La Ley, Buenos Aires 2008, p. 316.

[58] Ver Creo Bay, Horacio D.; *La vista de las actuaciones ante el defensor del pueblo*, LL, T. 1996 – D, p. 75; Spota Alberto; *El defensor del pueblo*, ED, T. 170, p. 986; Quiroga Lavie, Humberto; "Nuevos órganos de control en la Constitución: El Defensor del Pueblo y el Ministerio Público", en *La Reforma de la Constitución*, Rubinzal Culzoni, Santa Fe, 1994, p. 267; Gozaini, Osvaldo Alfredo; *Legitimación procesal del defensor del pueblo (Ombudsman)*, LL, T. 1994-E, p. 1376; Maiorano, Jorge Luis; *El Ombudsman*, T. I a IV, Ediciones Macchi, Buenos Aires, 1999.

[59] Jeanneret De Pérez Cortes, María "La legitimación del Afectado, del Defensor del Pueblo y de las Asociaciones. La reforma constitucional de 1994 y la jurisprudencia" LL 2003-B-1333

[60] *V.* Verbic Francisco, La (negada) legitimación activa del Defensor del Pueblo de la Nación para accionar en defensa de derechos de incidencia colectiva. Buscando razones a la doctrina de la Corte Suprema en www.eldial.com. suplementos derecho procesal

[61] CSJN Fallos 330:2800

Este criterio es coincidente con el sostenido en la causa "Defensor del Pueblo de la Nación c/ Estado Nacional -PEN- Ministerio de Economía y Obras y Servicios Públicos" de agosto de 2009[62].

III. EL CONTROL JUDICIAL DE LA DISCRECIONALIDAD ADMINISTRATIVA

En el derecho administrativo clásico, la potestad discrecional se concebía opuesta a la reglada, como formas puras de la actividad de la Administración.

La discrecionalidad originariamente apareció ligada con la idea de la vinculación negativa de la Administración con ley, dado que su significación resultaba de la ausencia de ésta. Ello permitió relacionarla con la actuación libre de la Administración y, por ende, con su incontrolabilidad por parte de los jueces[63].

Sin embargo, la evolución del Estado de Derecho y del propio derecho administrativo dejó atrás ese criterio, para dar lugar a una discrecionalidad proveniente –en forma expresa o implícita– de la juridicidad, porque se desarrolla dentro del derecho y actúa en toda la pirámide normativa.

Así, lo discrecional y lo reglado dejaron de concebirse en términos absolutos. Ya sea por la existencia de conceptos jurídicos indeterminados que aceptan una sola solución justa o por la existencia de lagunas normativa o disposiciones oscuras, imperfectas e incompletas, el órgano administrativo no siempre actúa en función de conductas predeterminadas, expresa o implícitamente, por la norma. En algunos supuestos incluso debe determinar el sentido de la finalidad del acto de acuerdo al principio de la especialidad. Por ello, "la Administración participa activamente en el proceso de creación del derecho"[64].

A partir de la injerencia que adquieren los principios generales y de derechos humanos en nuestro ordenamiento, en la actualidad se hace referencia a un *marco de juridicidad habilitante y controlante* de la actividad discrecional, que despliega variantes y gradaciones de la "vinculación positiva" de la Administración, con ciertas condiciones[65].

Lo cierto es que el carácter discrecional, no implica la existencia de una actuación administrativa "libre" del derecho, a lo que se agrega que no todo lo "no reglado" es

---

[62]   CSJN Fallos 332:1759

[63]   Comadira, Julio Rodolfo, *op.cit.*, p. 493 y ss. Este profesor analiza la estructura técnica de la norma que atribuye discrecionalidad, distinguiendo tres elementos: el sujeto, el predicado y la cópula como coordinación, unión o conexión de sentido entre los dos primeros. Así señala que la conexión potestativa entre el supuesto de hecho (sujeto) y la consecuencia (predicado) "habilita, pues, la opción de actuar o no, y puede, incluso, significar la posibilidad de escoger diversas alternativas de acción".

[64]   Cassagne, Juan Carlos, *El principio de legalidad. El control judicial de la discrecionalidad administrativa, op.cit.*, p. 190.

[65]   En ese sentido, véase un exhaustivo análisis sobre el tema en Olivero, Eduardo R., "La discrecionalidad administrativa ante los deberes funcionales de la Administración y las injerencias de los principios de derechos humanos", publicado en el Dial.com - DC13E8, el 12-8-2010.

discrecional[66]. Habrá, sí, grados, matices, intensidades y hasta un *quantum* de actividad discrecional, que son localizables en un esquema *jurídico* habilitante y controlante.

Respecto a su control judicial –vinculada a la juridicidad– al existir la posibilidad de optar por alternativas indiferentes o igualmente válidas para el derecho, se han postulado limitaciones y técnicas como los elementos reglados, interdicción de arbitrariedad, principios generales, razonabilidad, conceptos jurídicos indeterminados[67]. Recuérdese que en el caso de las potestades regladas, la actividad de la Administración se reduce a constatar el supuesto de hecho legalmente definido de manera completa y a aplicarla agotadoramente. En consecuencia, el juez practica un control que abarca todos los aspectos del ejercicio de la función.

En realidad, toda la actividad de la Administración puede ser revisada judicialmente, aun cuando se presenten distintos alcances y requisitos, según se trate de actividad reglada o discrecional[68].

La Corte Suprema de Justicia de la Nación, en el conocido caso "Consejo de Presidencia de la Delegación Bahía Blanca de la Asamblea Permanente por los Derechos Humanos"[69], diferenció en forma precisa ambas actividades, postulando que en algunos supuestos el ordenamiento jurídico regula la actividad administrativa en todos sus aspectos, reemplazando el criterio del órgano estatal al predeterminar que resulta más conveniente para el interés público. En estos casos, la autoridad administrativa ve reducida su actividad a la constatación del presupuesto fáctico que la norma define en forma completa y a la aplicación de la solución que la ley agotadoramente estableció. Estos poderes reglados o de aplicación legal automática son diferentes a los casos en los que el legislador autoriza a quien debe aplicar la norma en el caso concreto a que realice una estimación subjetiva para completar el cuadro legal. Sin embargo, reconoce que "no existen actos reglados ni discrecionales cualitativamente diferenciales, sino únicamente actos en los que la discrecionalidad se encuentra cuantitativamente más acentuada que la regulación y a la inversa [...], al no poder hablarse hoy en día de dos categoría contradictorias y absolutas como si se tratara de dos sectores autónomos y opuestos, sino más bien de una cuestión de grados [...]".

En síntesis, la esfera de discrecionalidad de los entes administrativos no implica que éstos tengan un ámbito de actuación desvinculado del orden jurídico, o que aquélla no resulte fiscalizable, ni constituye un ámbito de libertad de apreciación extralegal que obste a la revisión judicial[70].

La jurisprudencia de la Corte varió de una concepción restrictiva respecto a la posibilidad del control judicial del ejercicio de las potestades discrecionales de la Ad-

---

[66]   Olivero, Eduardo R., *op.cit.*, y Corvalán, Juan G, "Un nuevo enfoque sobre la discrecionalidad administrativa", en *Revista Argentina del Régimen de la Administración Pública* –Rap: 351:57.
[67]   En cuanto a los diferentes planos de análisis de la discrecionalidad, ver Corvalán, Juan G., *op.cit.*, p. 60 y ss.
[68]   Barra Rodolfo C., "Comentarios acerca de la discrecionalidad administrativa y su control judicial", en ED, 146-82.
[69]   CSJN, Fallos: 315:1361
[70]   Disidencia de los Dres. E. Raúl Zaffaroni y Ricardo Luis Lorenzetti en Fallos: 329: 4542.

ministración, hacia un criterio que reconoce el ejercicio efectivo del control judicial a partir de principios jurídicos fundamentales en la materia[71]. Son numerosísimos los fallos en los que se analizó el tema[72].

Bajo la noción "paradoja de las reducciones" se describe el fenómeno por el cual cuando se achica el campo de lo que se concebía como discrecional, aumenta el margen del control judicial y viceversa. Se explica que en algunas teorías o posiciones doctrinarias la reducción del concepto responde a que se mantienen inmunes del control jurisdiccional determinadas zonas de la actividad estatal, calificadas como actividad discrecional o privativa. El proceso reduccionista no siempre persigue el mismo objetivo, pues al poner el acento en dos órganos estatales distintos (Ejecutivo y Judicial), genera consecuencias radicalmente distintas[73].

Por ello, mientras para algunos el control es parte de la tutela efectiva de los derechos e intereses individuales y colectivos, para otros, el control de la discrecionalidad es susceptible de impedir o dificultar la realización de los fines económicos y sociales que persigue la Administración, en beneficio de los ciudadanos[74].

Lo que resulta innegable es que los criterios de control judicial giraron alrededor de los principios generales del derecho, en particular de la razonabilidad, y en algunos supuestos de los elementos reglados del acto.

Los derechos humanos como contenido y límite de la actuación discrecional tuvieron recepción, por ejemplo, en el caso "Baena"[75], al sostener la Corte Interamericana de Derechos Humanos que en cualquier materia, incluso en la laboral y la administrativa, "la discrecionalidad de la Administración tiene límites infranqueables, siendo uno de ellos el respeto de los derechos humanos. Es importante que la actuación de la Administración se encuentre regulada, y ésta no puede invocar el orden público para reducir discrecionalmente las garantías de los administrados". El mismo Tribunal, en el 2005, enfatizó que los Estados tienen competencia para ejercer determinadas facultades discrecionales "en el ejercicio de algunas de sus decisiones políticas de gobierno", aunque se puso en duda si conforme a la Convención Americana, podían invocarse tales facultades discrecionales "para afectar situaciones que involucran el ejercicio de derechos individuales"[76].

En la justicia argentina, se verifica que la limitación de la discrecionalidad estuvo basada en la arbitrariedad, irrazonabilidad e ilegitimidad, utilizándose incluso como sinónimos.

---

[71]   Coviello Pedro J. J., "El control judicial de la discrecionalidad administrativa", en *AA VV, Control de la Administración Pública*, Jornadas Organizadas por la Universidad Austral, Facultad de Derecho, Buenos Aires, Ediciones Rap, 2003, p. 627.

[72]   A título de ejemplo: CSJN Fallos: 262:522 ; 298:223; 295:726 ; 302:1503; 304:391; 305:1489; 306:400; 306:820; 317:40; 319:1899; 320:2298; 320:2509; 326:2371; 327:2678; 327:4943; 329:4577; 330:138

[73]   Cassagne, Juan Carlos, El principio *op.cit.*, pp. 174-175.

[74]   *Ibidem.*

[75]   CIDH, "Baena, Ricardo y otros", sentencia del 2-2-2001- Serie C N° 72- párr. 126.

[76]   CIDH, en Informe N° 57/05, Petición N° 12.143, del 12-10-2005 - caso "*Eduardo Perales Martínez-admisibilidad*".

Así, la prohibición de arbitrariedad –que comprende la actuación administrativa contraria a la justicia, la razón o la ley– encuentra su real sustento constitucional en los Artículos 19 y 28 de la Ley Fundamental[77].

En orden al control de legalidad de los actos dictados en ese marco potestativo, se discurre a través de los elementos reglados del acto administrativo: "No cabe duda de que el control judicial de los actos denominados tradicionalmente discrecionales o de pura administración encuentra su ámbito de actuación en los elementos reglados de la decisión, entre los que cabe encuadrar, esencialmente, a la competencia, la forma, la causa y la finalidad del acto. La revisión judicial de aquellos aspectos normativamente reglados se traduce así en un típico control de legitimidad [...], ajeno a los motivos de oportunidad, mérito o conveniencia tenidos en mira a fin de dictar el acto [...]"[78].

La circunstancia de que una entidad administrativa obre en ejercicio de facultades discrecionales no puede constituir un justificativo de su conducta arbitraria, como tampoco de la omisión de los recaudos que, para el dictado de todo acto administrativo, exige la Ley N° 19.549. La legitimidad, constituida por la legalidad y la razonabilidad con que se ejercen tales facultades, es el principio que otorga validez a los actos de los órganos estatales "y que permite a los jueces, ante planteos concretos de parte interesada, verificar el cumplimiento de dichas exigencias"[79].

Las sanciones pueden ser anuladas cuando los funcionarios incurren en arbitrariedad manifiesta[80]. En ello, la Administración debe graduarlas teniendo en cuenta, entre otras, las pautas de perturbación en el servicio, reiteración de los hechos y jerarquía alcanzada[81].

---

[77]   Cassagne indica que la hermenéutica histórico-filosófica del Artículo 19 permite sostener que la Administración no puede ordenar conductas contrarias a la ley ni al Derecho ni privar de lo que la ley (en sentido amplio) no prohíbe. Es decir que al estar la Administración sujeta a la ley y al derecho, dicho precepto contiene la prohibición de arbitrariedad, el que se configura como un principio general de derecho público. Cassagne, Juan Carlos, *El principio de legalidad, op.cit.,* p. 200-201.

[78]   CSJN Fallos: 306:820. También Fallos: 259:266; 262:67; CNCAF, Sala I, causas "Sotelo, Teresa c/ Instituto de Servicios Sociales Bancarios". En el mismo sentido, causas "Rueda" y "Boselli". No obstante la conceptualización de "discrecional" que se le asigne al encuadre y sanción de las faltas disciplinarias (en la medida que la utilización genérica de tal encuadre puede llevar a soluciones cuestionables) de manera alguna puede constituir tal calificación un justificativo de la conducta arbitraria de la Administración, puesto que es, precisamente, la razonabilidad con que se ejercen tales facultades, lo que otorga validez a los actos de los órganos estatales y que permite a los jueces, ante planteos concretos de parte interesada, verificar el cumplimiento de dicha exigencia. Conforme CNCAF, Sala I, causa "Abadía, César R. c/ Servicio Penitenciario Federal s/ personal militar y civil de las FF AA y de Seguridad", del 7-5-1997 (voto del Dr. Coviello).

[79]   CSJN, Fallos: 320:2509 y 331:735. Del dictamen de la Procuración General, al que remitió la Corte Suprema.

[80]   CSJN Fallos: 304:1335; 306:1792. En similar sentido se expidió la Suprema Corte de Justicia de la Provincia de Mendoza, al señalar: "Los jueces no pueden –en principio– controlar cualquier sanción disciplinaria impuesta a los agentes estatales, estando reservada la magnitud de las sanciones al razonable criterio de la autoridad administrativa, salvo ilegitimidad o arbitrariedad manifiesta". En la causa "López Salinero, Carlos Enrique c/ Municipalidad de San Rafael s/ acción procesal administrativa", del 12-3-2001.

[81]   SCJ de Mendoza, Sala I, en causa "Aloi de Moya, Pascua c/ Dirección General de Escuelas s/ acción Procesal Administrativa", del 27-7-2000.

Es claro que se entiende que "la prohibición o interdicción de la arbitrariedad actúa como límite negativo, racional y objetivo de la discrecionalidad"[82].

En lo relativo a la interpretación de la validez de las facultades discrecionales a través de los principios generales del derecho, se ha impuesto la aplicación de los criterios de razonabilidad.

Conviene notar que la jurisprudencia insiste en considerar que en modo alguno la discrecionalidad implica una libertad de apreciación extralegal, que impida la revisión judicial de la proporción o ajuste de la alternativa punitiva elegida por la Administración, respecto de las circunstancias comprobadas, de acuerdo con la finalidad de la ley aplicable[83].

El control judicial amplio a través de la razonabilidad justifica la revisión de las facultades discrecionales, por constituir el principio que le otorga validez a los actos estatales y que permite a los jueces, ante planteos concretos, verificar el cumplimiento de dicho exigencia[84].

Este principio con base en el Artículo 28 de la Constitución Nacional es identificado con la igualdad, la proporción o le equilibrio axiológico entre el hecho antecedente el acto administrativo y su resolución[85].

Incluso, en la adopción de medidas adoptadas en el marco de la emergencia, ellas caen dentro de la discrecionalidad del Poder Administrador, lo que ha llevado a la Corte a sostener que por imperio de la Constitución, "también dicho poder debe arreglar su proceder a criterios de razonabilidad que imponen que los medios empleados resulten equitativos y justos, y frente a disposiciones de otros poderes que no reflejen tal proceder, es deber imperioso e indeclinable de la justicia restituir el orden vulnerado, también en cumplimiento estricto de su deber constitucional"[86].

Los tribunales de segunda instancia del Fuero Contencioso Administrativo también analizaron en forma concordante que la discrecionalidad supone siempre una habilitación normativa –configurada por una atribución de potestad sujeta al marco jurídico que la contiene–. Por lo tanto, corresponde a los magistrados "ponderar si se encuentran vulneradas la razonabilidad, buena fe y desviación de poder, en tanto límites del obrar administrativo aún en tal aspecto discrecional"[87].

---

[82]   Cassagne, Juan Carlos, El principio de legalidad. op.cit., p. 191. García de Enterría entiende que "un control judicial de la discrecionalidad y en particular el que abre –y obliga– el principio constitucional de la interdicción de la arbitrariedad, ni es abrir la posibilidad a una libre estimación alternativa por los jueces a las estimaciones discrecionales que en virtud de la Ley corresponde hacer legítimamente a la Administración dentro del conjunto constitucional de poderes correspondientes". García De Enterría Eduardo, Democracia, jueces y control de la Administración, Madrid, Civitas, 1995, p. 143.

[83]   CSJN, Fallos: 321:3103.

[84]   CSJN, Fallos: 306:126; 316:3077.

[85]   Linares, Juan Francisco, Razonabilidad de la leyes, Buenos Aires, Astrea, 1970, p. 151.

[86]   CSJN, Fallos: 326:417.

[87]   CNCAF, Sala II, causa "Loiácono", del 30-3-1995.

En definitiva, es la razonabilidad con que se ejercen las facultades el principio que les otorga validez, y que permite a los jueces frente a planteos concretos verificar el cumplimiento de ese presupuesto[88].

Este enfoque confirma que los principios generales del derecho en el cual la libertad electiva, que caracteriza a la discrecionalidad, es colocada efectivamente de cara a la juridicidad. Así, más allá del control de los aspectos reglados del acto, la discrecionalidad, en tanto elección, es libre, aunque no absolutamente, pues se encuentra limitada negativamente por los referidos principios[89].

Desde ese punto de vista, "el núcleo de la decisión discrecional habilitada por la norma, es en principio, libre jurídicamente, pero revisable, en plenitud, en el marco de los principios generales del derecho en tanto límites negativos de aquella libertad"[90].

El control de la causa del acto administrativo parece no merecer resistencia en nuestro país. En el control del ejercicio de poderes discrecionales de la Administración, los jueces pueden revisar y verificar, en forma plena, a materialidad y exactitud de los hechos y del derecho[91].

Las decisiones judiciales también han ponderado el elemento motivación de los actos administrativos dictados en ejercicio de facultades discrecionales, en particular con sustento en los principios republicanos que obliga a la Administración a dar cuenta de sus actos[92].

La motivación, podía ser *in aliunde*[93]–es decir, remitiendo a los antecedentes obrantes en la causa, o al dictamen jurídico que precede al acto– o expresada en el mismo acto. Pero "lo importante ha sido no sólo que la causa exista, sino que su motivación esté expresada en el acto, de modo que el administrado pueda hacer uso eficiente de su derecho de defensa"[94].

La regla, entonces, es que el dictado de un acto administrativo en ejercicio de facultades discrecionales no la dispensa de observar una motivación suficiente, elemento esencial de aquél, pues es "precisamente, en este ámbito de la actividad administrativa donde la motivación se hace más necesaria"[95].

---

[88]   CNCAF, Sala II, "Ballatare Juan Alberto c/ EN - Mº de Justicia s/ empleo público", del 13-6-1996.

[89]   Comadira, Julio Rodolfo, Derecho administrativo, *op.cit.*, p. 509. Comadira entiende que "el control de los elementos reglados del acto como la verificación judicial de los hechos invocados, no implican control de la discrecionalidad en sí misma, sino, en todo caso, de aspectos jurídicamente reglados de la decisión discrecional".

[90]   *Ibidem.*

[91]   Sesin Domingo J., *Administración Pública. Actividad reglada, discrecional y técnica*, Lexis Nexis, 2da. Edición, Buenos Aires, 2004, p. 303 y ss. En ese sentido, CSJN, Fallos: 244:548 (1959) y 306:820 (1984).

[92]   Por ejemplo, CACAyT, Sala II, "Bembibre, Carlos Alberto c/ GCBA s/ amparo (Art.14 CCABA)", del 17-7-2003.

[93]   CNCAF, Sala I, in re "Jugos del Sur", del 5-3-1998.

[94]   Coviello Pedro J. J., "El Debido Procedimiento Adjetivo y el Procedimiento Administrativo", en *AA VV*, Cuestiones de Procedimiento Administrativo, Jornadas Organizadas por la Universidad Austral, Facultad de Derecho, Buenos Aires, Ediciones Rap, 2005.

[95]   CSJN, Fallos: 324:1860.

La motivación no es un simple detalle y exteriorización o explicación de los antecedentes de hecho y de derecho que preceden el acto y que el Estado tuvo en cuenta para su dictado, sino que se entiende que "debe ser definido como el vínculo o trato relacional entre la causa, el objeto y el fin". Es, por lo tanto, la relación entre la causa y el objeto, y a su vez, entre éste y la finalidad[96].

En cuanto al control judicial de las cuestiones técnicas –y partiendo de que no existe discrecionalidad de esa naturaleza sino decisiones administrativas basadas en reglas o juicios técnicos[97]–, Sesin diferencia dos aspectos: a) reglas técnicas tolerables o indiscutibles que el ordenamiento adopta, por lo que pasa a formar parte del bloque reglado o vinculado; "b) discrecionalidad que se individualiza en la valoración subjetiva y la posibilidad de elegir dentro de la juridicidad". Lo técnico es parte del mundo jurídico y del control de razonabilidad. Si los juicios técnicos estuvieran fuera de aquel control, se cercenaría la tutela judicial efectiva[98].

Los límites entre la legitimidad y la oportunidad son difusos, imprecisos, de la misma forma que entre ésta y la discrecionalidad.

Por oportunidad se entiende que son las determinaciones del interés público, privativas de la Administración. Y si bien, en general, la decisión administrativa es, en ese aspecto, discrecional, nada impide que sea reglada por la ley o por el reglamento que ella hubiese dictado[99].

Los juicios de oportunidad son objeto de control judicial y cuando traducen poderes discrecionales los jueces están facultados para controlar la razonabilidad de la actuación administrativa[100].

En realidad, la apreciación de lo más oportuno, para el caso concreto, lleva a ponderar el valor o disvalor de una realización que es anterior a la elección u opción, que finalmente adopte la Administración. Esta oportunidad no solo caracterizaría a la materia de la discrecionalidad sino también que se encontraría presente en otras actividades como la función legislativa e incluso la privada[101].

La exigencia a los gobernantes a que se ajusten no solo a la legalidad, sino que también actúen en forma conveniente, impone, como advertimos anteriormente, la exigencia de eficacia, eficiencia, economicidad, celeridad, lo que en términos de Sesin se resume en lo "más oportuno" para el interés público[102].

[96]   CACAyT, Sala I, "Biglia Gabriel Alejandro c/ GCBA s/ amparo (Art.14 CCABA)", del 2-9-2009, con cita de Carlos Balbín.
[97]   Cassagne, Juan Carlos, *El principio de legalidad. El control judicial de la discrecionalidad administrativa, op.cit.*, p. 208.
[98]   Sesin, Domingo J., *La Administración pública,... op.cit.*, p. 173 y ss.
[99]   Cassagne, Juan Carlos, *El principio de legalidad. El control judicial de la discrecionalidad administrativa, op.cit.*, p. 210.
[100]   Cassagne, Juan Carlos, *El principio de legalidad. El control judicial de la discrecionalidad administrativa, op.cit.*, p. 211.
[101]   Sesin Domingo J., *La Administración pública... op.cit.*, p. 149/150 y sus remisiones en la Nota 318
[102]   *Ibídem*

Sin embargo el ámbito de la discrecionalidad es más amplio que el de la oportunidad, pues implica la ponderación de intereses, prudencia, equilibrio e incluso la voluntad del órgano competente porque el orden jurídico estableció que le incumbe a
éste la decisión a adoptar. Determinaciones subjetivas y objetivas impregnan el accionar administrativo, es decir, declaraciones de voluntad y de juicio. "Sólo es menester identificar la presencia de cada una de estas manifestaciones para establecer
las consecuencias jurídicas ulteriores y el alcance del control judicial"[103].

---

[103]   *Ibidem*

§2. LA JURISDICCIÓN PRIMARIA (PRIMARY JURISDICTION)

Pedro José Jorge Coviello

No es la primera vez que expongo sobre este tema. Tuve el honor de hacerlo hace unos años[1], y en esta oportunidad, con nuevos aportes, trataré los puntos que considero relevantes para tratar de entender la institución bajo estudio, que, espero, sean de utilidad. Ello a fin de evitar que por una mala traducción o comprensión de una figura foránea -según así lo entiendo- al derecho público iberoamericano, se introduzca una institución que está fuera de nuestros derechos y concepciones jurídicas. Por ello, lo ocurrido en nuestro país se hará a fin de que sirva para dar mayor claridad a aquellos objetivos.

En el derecho administrativo argentino se hicieron en su momento valiosos aportes, como los de Héctor Mairal, Elías Guastavino, Guido Tawil y Oscar Aguilar Valdez[2], y, receptando tales trabajos, trataré de demostrar que es innecesario aplicarla —cuanto menos en la Argentina—, y *que sólo responde a una deficiencia institucional exclusiva del derecho administrativo norteamericano que desconoce instituciones fundamentales acrisoladas en el derecho europeo*[3].

---

[1]   Coviello, Pedro José Jorge: "¿Qué es la jurisdicción primaria? Su aplicación a nuestro ordenamiento", en: Cassagne, Juan Carlos (Director): *Derecho Procesal Administrativo. Libro homenaje a Jesús González Pérez*, Hammurabi, Buenos Aires, 2004, T. 1, pp. 241-274,

[2]   Mairal, Héctor A.: *Control judicial de la Administración Pública*, vol. II, Depalma, 1984, pp. 713 y ss. Guastavino, Elías P.: *Tratado de la "jurisdicción" administrativa y su revisión judicial*, T. I, Academia Nacional de Derecho, Buenos Aires, 1987, pp. 229 y *op.cit*. Tawil, Guido: *Administración y Justicia*, T. II, Desalma, Buenos Aires, 1993, pp. 133 y ss. Aguilar Valdez, Oscar: "Reflexiones sobre las «funciones jurisdiccionales» de los entes reguladores de servicios públicos a la luz del control judicial de la Administración", en *Anuario de Derecho de la Universidad Austral*, vol. 1994/1, pp. 181 y ss.

[3]   Por ejemplo, la doctrina del acto administrativo, del contrato administrativo (como institución propia del Derecho Administrativo), la organización administrativa, la responsabilidad estatal, etc., por más que ellas estén comprendidas dentro de otros campos jurídicos.

I. LA JURISPRUDENCIA NORTEAMERICANA

Esta institución, parte de la idea fundamental de que la cuestión versa sobre una materia en la que la competencia de los tribunales judiciales y las agencias es concurrente, y sobre la cual los jueces pueden discrecionalmente *declinar* su intervención en favor de la decisión inicial de la agencia[4].

Tal doctrina surgió en el ámbito de los tribunales, cuando los límites de actuación de ellos y de las agencias no eran claros y el resultado de la causa dependía de un estudio "experto" de los aspectos fácticos debatidos. Los tribunales norteamericanos, entonces, han preferido acudir a tal doctrina para que las agencias primero se pronunciaran[5].

Este modelo institucional supone básicamente —habida cuenta que presenta, en el marco de un esquema dogmático poco claro, distintas facetas— una posición procesal que en la doctrina se conceptuó como la competencia (*jurisdiction*) concurrente sobre la controversia. En esos supuestos, la idea es que el tratamiento por parte de los tribunales se debe "diferir" (*defer*) aguardando el pronunciamiento de la agencia.

Mas "[s]i el tribunal carece de competencia (*jurisdiction*), la agencia ya intervino o no hay un procedimiento disponible para llevar la cuestión ante la agencia, la doctrina no se aplica"[6]. De donde se sigue que existe una cuestión de interpretación de las respectivas normas estatutarias para determinar quién debe pronunciarse primeramente en el tema.

Sin embargo, como lo ha puntualizado Travis, la "jurisdicción de la agencia, en el sentido de autoridad para decidir el caso, no es necesariamente un requisito previo para el diferimiento", puesto que hubo casos que las agencias aceptaron que las cortes requirieran su asistencia, pese a que aquéllas no hubieran actuado originariamente en el caso[7].

Existe coincidencia jurisprudencial y doctrinaria que la "jurisdicción primaria" tiene su origen en el voto del juez Edward White en la causa *"Texas and Pacific Railway Company v. Abilene Cotton Oil Company"* (204 U.S. 426; del 25 de febrero de 1907). Sin embargo, entonces no se utilizó aquella locución, sino que años más tarde aparecerá en la causa *"ICC v. Chicago, R.I. & Pacific Ry."* (218 U.S. 88; de 1910). Ahora bien, el criterio sobre la institución no ha sido uniforme en su formulación, puesto que evolucionó en tres tramos que pueden ordenarse así:

(i)   El de la "exclusiva jurisdicción sobre el asunto" (*exclusive jurisdiction over the issue*), que a su vez evolucionó en estos conceptos:

---

[4]   Aman, Alfred C. (Jr.) y Mayton, William T. *Administrative Law*, West, S. Paul, Minnesotta, 1993, p. 422. Pierce, Richard J. (jr.), Shapiro, Sidney A. y Verkuil, Paul R.: *Administrative Law and process*, 3ª ed., Foundation Press, NuevaYork,1999, p. 206.Travis, Richard M.: "Primary Jurisdiction: "A general theory and its application to the Securities Exchange Act", en California Law Review, vol. 63 (1975), pp. 926.

[5]   Davis, Kenneth Culp y Pierce (jr.), Richard J.: *Administrative Law Treatise*, 3.ª ed., Little Brown, Boston, 1994, p. 271.

[6]   Travis, art. *cit.*, p. 929. Las traducciones me pertenecen, por lo que toda falta de precisión debe a mí formularse.

[7]   Travis, art. *cit.* pp. 929 y 931.

 1. la uniformidad regulatoria, y
 2. la idoneidad (*expertise*), de la agencia.
(ii)   El de la "conducta probablemente legítima" (*arguably lawful conduct*).
(iii) El de la "ayuda material" (*material aid*)[8].

1. La *"jurisdicción exclusiva"*

En estos casos se entendía que cuando el Congreso había creado una agencia como la *Interstate Commerce Commission* (*ICC*) para regular en materia de tarifas de transporte, era claro que su propósito era pronunciarse sobre tales cuestiones. De allí que la Corte declinara (*deferred*) el caso a la agencia, y, de tal forma, en estos supuestos la exclusiva jurisdicción significó que de acuerdo a la interpretación que se hacía del respectivo estatuto de la agencia, "sería impropio que una corte decidiera sobre la sustancia de la cuestión"[9].

En una primera y originaria etapa a partir del caso *"Abilene"*, la construcción fue concebida como de la "uniformidad" en materia regulatoria, para, en una segunda variante, dar paso a la doctrina de la idoneidad (*expertise*) de la agencia.

A. La *uniformidad regulatoria*. El caso *"Abilene"*

El juez Frankfurter en la causa *"Far East Conference et al. v. United States et al."* (342 US 570; del 10 de marzo de 1952), merituó que

> "[l]a labor pionera del *Chief Justice White* [en el caso *Abilene*]... fue una de esas creaciones judiciales por la cual el moderno derecho administrativo se desarrolla como parte de nuestro tradicional sistema jurídico" (p. 575)[10].

La demandante pretendía que *Texas & Pacific Ry.* le restituyera la demasía (U\$S 1.951,83) que había abonado por el transporte interestatal de semillas de algodón, considerando al efecto que la tarifa era "injusta e irrazonable".

Invocaba *Abilene* que la tarifa era discriminatoria, que establecía indebidas preferencias y que sobrecargaba más un transporte corto que uno largo.

El problema era que de acuerdo a la *Interstate Commerce Act* (ley de comercio interestadual), por la cual se instituyó en 1887 la *Interstate Commerce Commission* (*ICC*), había establecido en la sección 22 que ninguna disposición de la ley "limitará o alterará los recursos (*remedies*) existentes por el *common law* o por la ley, sino que las previsiones de esta ley son supletorios de dichos remedios." [11]

---

[8]   Travis, art. *cit.*, pp. 926-982.
[9]   Travis, art. *cit.*, pp. 927-928
[10]   "... was one of those creative judicial labors whereby modern administrative law is being developed as part of our traditional system of law." La indicación de las páginas entre paréntesis corresponde a la edición oficial, "United States Report", de la Suprema Corte norteamericana.
[11]   "... *nothing in this Act ... shall in any way abridge or alter the remedies now existing at common law or by statute but the provisions of this Act are in addition to such remedies.*" Los "remedies" son semejantes a nuestras acciones judiciales. O'Connell, John F.: Remedies, 2.ª ed., 6.ª reimpr., West, St. Paul, Minnesotta, 1996, p. 2.

Es decir, de acuerdo con dicha ley, bien podía el afectado acudir ante la instancia administrativa (de la agencia) o concurrir ante los tribunales judiciales (*courts*).

Ahora bien, la *Commerce Act* había asignado a la *ICC* competencia para intervenir en cuestiones como la reclamada por *Abilene*, habilitándola para ordenar indemnizaciones a los afectados. Cuando se leen los fundamentos expuestos por el juez White, se observa que primó un criterio eminentemente práctico, donde se buscaba la coherencia y coordinación entre ambas instancias, la judicial y la administrativa. Así, se destacó que a la *ICC* se la había

> "dotado con plenas potestades administrativas para supervisar la conducta de los transportistas, investigar sus negocios, sus cuentas y sus procedimientos comerciales, y en general para cumplir con la ley" (p. 438)[12].

De ello siguió, más adelante que si no se justificara la intervención previa de la *ICC*, la intervención de los tribunales judiciales (*courts*) para determinar la razonabilidad de las tarifas, a menos que hubiera uniformidad entre ellos, variaría de tribunal en tribunal, si no se considerara la cuestión en forma originaria por aquélla.

Algo así, a su entender, sería inconsistente con el régimen instituido. Por lo que entendió que fue el propósito del Congreso conferir a la *ICC* (a la que catalogó al efecto como *"administrative tribunal"*) la competencia en forma "primaria" por sobre la de las cortes para la reparación y el cumplimiento por parte del transportista de sus obligaciones (pp. 440-441)[13].

La trascendencia de este pronunciamiento estuvo dada porque frente a una realidad muy propia del sistema jurídico norteamericano como es la *agency* (la primera fue la *ICC*), era necesario darle la relevancia pretendida por el autor de la ley. En el pensamiento del juez White, no reconocerle el carácter primario a su intervención, hubiera sido, en su interpretación, "absolutamente inconsistente con las previsiones de la ley" [o], "[e]n otras palabras, la ley no puede pretender destruirse a sí misma" (p. 446).

El sistema así perfilado mostraba acierto en cuanto permitía que la agencia cumpliera eficazmente su cometido en forma "primaria" a las "cortes". En este pronunciamiento no aparece la locución "jurisdicción primaria", mas sí en varias partes el adverbio "primariamente", por ejemplo en la p. 441 cuando se habla de "to confer power upon courts primarily", o en la p. 442 cuando en el mismo sentido se lee "does not imply the power in a court to primarily hear complaints concerning wrongs of the character of the one complained of" (los énfasis me pertenecen).

En cambio, en la p. 441 se lee las locuciones "administrative power" para referirse a las potestades atribuidas a la ICC y "administrative tribunal" a la intervención de la ICC en el reconocimiento de reparaciones y de ordenar (command) a los transportistas que desistan de violar la ley en el futuro. Con ello se utilizaba una distinción

---

[12]   La indicación de las páginas entre paréntesis corresponde a la edición oficial, "United States Report", de la Suprema Corte norteamericana.

[13]   "[I]t was the purpose of Congress to confer power upon courts *primarily* to relieve from the duty of enforcing the established rate by finding that the same as to a particular person or corporation was so enreasonable as to justify an award of damages" (el énfasis me pertenece).

común en el derecho anglosajón[14], entre las courts, que son los tribunales del Poder Judicial, de los tribunals o administrative tribunals, que son aquellos órganos que insertados en la Administración ejercen funciones jurisdiccionales o "cuasi jurisdiccionales".

Las ideas del juez White expuestas en *Abilene* dieron también lugar - como se apuntó al inicio- a esta doctrina de la *"uniformidad"* que cabía establecer en materia regulatoria[15], evitando que hubiera discordancia entre las agencias y los tribunales o cortes. Así la interpretación dada por la Corte era que si no se permitía la "acción previa" de la *ICC* sería imposible en el futuro alcanzar la uniformidad en materia tarifaria (p. 440).

De tal forma, se permitía, como lo dijo un tribunal norteamericano, una "práctica distribución de las tareas entre [las cortes] y las agencias"[16].

La aparición de la locución "primary jurisdiction". Si bien el caso no comporta trascendencia dogmática en la materia, la posee en cuanto utilizó por primera vez así denominó a la nueva institución. En la causa *"Interstate Commerce Commisssion v. Chicago, Rock Island & Pacific Railway Company"* (218 U.S. 88, del 31 de mayo de 1910), donde sobre la base del precedente anterior, la Corte agregó lo siguiente:

"Hemos dicho también que la *jurisdicción primaria* corresponde a la Comisión, siendo el poder de las cortes el de revisión y que está limitado a las cuestiones referidas a las potestades constitucionales y aquellas que sean pertinentes, como determinar si la actuación de la Comisión está dentro del alcance de la autoridad delegada bajo cuyos propósitos fue instituida" (p. 110; el énfasis me pertenece).

B. *La idoneidad (expertise)*

La idea que preside esta variante que justifica la competencia o jurisdicción exclusiva es que la agencia que emitió las normas regulatorias cuestionadas —como las referentes a la aplicación de tarifas—, mejor conoce su significado y alcance de ellas y, en su caso, el procedimiento a seguir en situaciones que no estuvieran claramente contempladas en ellas[17].

El caso "Merchants". En este caso (*"Great Northern Railway Company et al. v. Merchants Elevator Company"*, 250 US 285, del 29 de mayo de 1922), si bien la Corte se alineó en el precente *"Abilene"*, el resultado fue el opuesto, porque la cuestión no involucraba aspectos técnicos, sino de interpretación legal (*question of law*), por lo que la competencia correspondía a los tribunales judiciales.

---

[14]   Wade, William y Forsyth, Christopher: *Administrative Law*, 8.ª ed., Oxford University Pres, Oxford, 2000, pp. 884 y ss. De Smith, Stanley y Brazier, Rodney: *Constitutional an Administrative Law,* 8ª ed., Penguin, Londres, 1998, pp. 572 y ss.

[15]   Travis, Richard M.: "Primary Jurisdiction: A general theory and its application to the Securities Exchange Act", en *California Law Review*, vol. 63 (1975), pp. 926-982.

[16]   "[W]*orkable allocation of bussines between [the courts] and the agencies"*; Aman, Alfred C. (Jr.) y Mayton, William T. *Administrative Law*, West, S. Paul, Minnesotta, 1993, p. 422, nota 2.

[17]   Travis, art. *cit.*, p. 935.

El tema versaba sobre un sobreprecio que la empresa *Merchant Elevator Co.* pretendía recuperar del pago de una tarifa incorrecta. El transportista demandado sostenía que hasta que la *ICC* interpretara las normas tarifarias el tribunal judicial (*trial court*) carecía de competencia (*was whithout jurisdiction*) (p. 289).

El juez Brandeis fijó una línea que, aparentemente, acotaba el criterio del juez White en *"Abilene"* —aunque sin mencionar el precedente— al sostener que el recurso "preliminar"[18] ante la *ICC* era necesario en dos casos:

> "cuando el asunto versa sobre cuestiones de hecho y de discrecionalidad en materias técnicas *("the enquiry es essentially one of fact and of discretion in technical matters")*; y cuando la uniformidad puede asegurarse solamente si su determinación es atribuida a la Comisión [*ICC*]. Además, tal determinación se alcanza ordinariamente a partir de voluminosa y contradictoria prueba, para cuya adecuada apreciación es indispensable el conocimiento con muchas cuestiones complejas del transporte; y tal conocimiento se por lo común solamente se encuentra en un cuerpo de expertos" (p. 291).

Mas cuando la interpretación de una tarifa no envuelve esas cuestiones

> "la interpretación de una tarifa ferroviaria constituye una cuestión común de derecho (*question of law*) que no difiere de las que caracterizan aquellas que se presentan en la interpretación de cualquier documento en litigio" (p. 291).

Por el contrario, si se tratara de palabras técnicas o expresiones que no son comunes o el particular empleo de las palabras, o la existencia de prácticas exigen su precisión fáctica,

> "la determinación preliminar debe ser hecha por la Comisión; hasta que esta determinación no haya sido hecha, puede un tribunal (*court*) intervenir (*take jurisdiction*) en la controversia" (p. 292).

Concluyó sobre la base de la comparación de otros precedentes del tribunal —entre muchos de los cuales citó en la nota el caso *"Abilene"*, como ejemplo de la necesidad de la intervención previa de la Comisión (p. 295, nota 1)— que si se tenía en cuenta la distinción entre

> "controversias que implican solamente cuestiones de derecho de aquellas que tratan cuestiones esencialmente de hecho o se vinculan con el ejercicio de la discrecionalidad administrativa", el conflicto para determinar la competencia no se configuraría (p. 296).

Como forma de superar las dificultades que presentaba la teoría de la uniformidad, puesto que suponía un comienzo doctrinariamente falso, como lo calificó Travis, en la medida que no servía como pauta única para fijar la existencia de un caso de jurisdicción primaria, lo decidido en *Merchants* daba pie a la denominada doctrina de la *especialidad* o del *expertise*, teoría esta que sirvió para que los jueces renuentes a asignar competencia a las agencias, retuvieran su jurisdicción cuando se tratara de cuestiones vinculadas a la interpretación de las normas correspondientes, que no significaban recurrir a la presencia de un experto o perito[19].

---

[18]   En el texto original se habla de *"preliminary resort"*, que más que como el "recurso" administrativo propio de nuestro derecho administrativo, o, eventualmente, del "recurso" contencioso administrativo (o "acción" procesal administrativa), puede atribuírsele el sentido de competencia previa.

[19]   Travis, art. *cit.*

El caso "Far East Conference". El caso (*"Far East Conference et al. v. United States et al."*; 342 US 570, del 30 de enero de 1952), trataba de una acción promovida por el Departamento de Justicia contra la *Far East Conference* —una entidad que agrupaba a varias asociaciones de compañías navieras vinculadas con el comercio exterior—, a quien se atribuía la violación de la Ley Sherman, por mantener un doble nivel de tarifas según que se transportaran exclusivamente las mercaderías por los buques de propiedad de algunos de los asociados, en cuyo caso la tarifa era menor que en el caso que no se hiciera en forma exclusiva.

Se debatía si debía el caso someterse en forma previa a la *Federal Maritime Board* (*FMB*), bajo el régimen de la *Shipping Act* de 1916, como lo sostenían la entidad y la *FMB*. La Corte, a través del juez Frankfurter, sostuvo la competencia de la *FMB*, con sustento en la teoría de la uniformidad y de la especialidad. Dijo, en tal sentido, resumiendo la doctrina del tribunal, que

> "en casos que plantean cuestiones de hecho que no están dentro de la experiencia habitual de los jueces o casos que requieren el ejercicio de la discrecionalidad administrativa, no se puede obviar a las agencias creadas por el Congreso para regular la materia. Esto es así aún cuando los hechos que les han sido sometidos por su especial competencia constituyen la premisa para determinar las consecuencias que judicialmente se definirán[20]. La uniformidad y consistencia en la regulación de los cometidos [*business*] confiados a una agencia están asegurados, y la limitada revisión judicial es más razonablemente ejercida, a través de la competencia preliminar dada a las agencias para la determinación e interpretación de las circunstancias que sostienen las cuestiones legales, estando ellas mejor dotadas que los tribunales [judiciales] por su especialización, por la pericia obtenida por la experiencia, y por su más flexible procedimiento" (pp. 574-575).

Hasta aquí el caso *"Far East Conference"* sólo habría servido de referencia útil para describir el funcionamiento de la jurisdicción primaria y los fines a que se apuntaba de no haberse dictado poco tiempo después la sentencia en el caso *"Isbrantsen"*, que encuadra en el supuesto de la *"arguably" lawful conduct*, como se expondrá más abajo.

El caso "Western Pacific". La importancia que ostenta este precedente (*"United States v. Western Pacific Railroad Co. et al."*, del 3 de diciembre de 1953, 352 US 59), radica en que en él se puso el acento en precisar lo más posible la jurisdicción primaria frente a otras instituciones semejantes. El caso, sustanciado ante la *Court of Claims*[21] trataba de una demanda promovida por el gobierno estadounidense por el pago en exceso de tarifas por el transporte de bombas de *napalm* (que son bombas incendiarias; el *napalm* es una gelatina altamente combustible), sin las espoletas.

---

[20]   *"This is so even though the facts after they have been appraised by specialized competence serve as a premise for legal consequences to be judicially defined."*

[21]   La *"U.S. Claims Court"* fue instituida por la *Federal Courts Improvement Act*, de 1982, sobre la base de la anterior *Court of Claims*, creada en 1855, que era en sus orígenes una especie de tribunal administrativo para entender en las demandas pecuniarias contra el Gobierno y en materia de contratos del Estado, y que en la actualidad está encuadrado dentro del Poder Judicial (artículo III de la Constitución americana). *V.* Keyes, W. Noel: *Goverment contracts*, 2ª ed., West, St. Paul, Minnesotta, 1990, pp. 277 y ss., y 347 y ss.

La cuestión debatida consistía en determinar si el *napalm* era considerado para su transporte como "bombas incenciarias" o "gasolina en tambores", puesto que en uno y otro caso la tarifa variaba. El Ejército pretendía que las bombas debían haberse transportado según la tarifa más baja, aplicable a la gasolina en tambores.

La *Court of Claims* consideró que era competente porque se trataba de la interpretación legal de normas tarifarias. En el caso *"Western Pacific"* la Suprema Corte modificó su criterio de que los tribunales judiciales tenían la potestad de interpretar en primer término las tarifas, en la medida que ello era una cuestión jurídica (*"issue solely of law"*), por lo que la cuestión estaba dentro de la competencia judicial y no de la agencia.[22]

El juez Harlan encuadró inicialmente el caso en el sentido de que el tribunal se encontraba ante el interrogante de establecer

"si la *Court of Claims* aplicó propiamente la doctrina de la jurisdicción primaria en [el] caso" (p. 62), adelantando luego que se consideraba que la cuestión estaba dentro de la *exclusiva* jurisdicción primaria de la *ICC*. Seguidamente, expuso que esta doctrina, como la regla que exige el agotamiento de los medios administrativos (*exhaustion of administrative remedies*) —de la que hablaré más adelante— se aplica para "promover las adecuadas relaciones entre las cortes y las atribuciones de las agencias administrativas [promoting proper relationships between the courts and administrative agencies charged with particular regulatory duties]. «Agotamiento» [exhaustion] se aplica cuando un reclamo es atribuido [cognizable] en primera instancia por la agencia administrativa; la intervención judicial se reserva hasta que el procedimiento administrativo haya agotado su trámite" (p. 63).

La jurisdicción primaria, en cambio,

"se aplica cuando un reclamo es originalmente atribuido a los tribunales, y juega toda vez que la puesta práctica exige la resolución de cuestiones que, bajo un esquema regulatorio, han sido puestas bajo la competencia especial de un cuerpo administrativo; en tales casos el proceso judicial se suspende mientras durante la remisión de esas cuestiones al cuerpo administrativo para que de su punto de vista" [cita el caso *Abilene* como precedente].

Y seguidamente escribió este trascendente concepto:

"No existe fórmula fija para aplicar la doctrina de la jurisdicción primaria. (...) En los primeros casos el énfasis fue puesto en la deseable *uniformidad* que se obtendría si ciertos tipos de cuestiones administrativas eran inicialmente tratadas por una agencia especializada. [cita *Abilene*] (...) Más recientemente el *conocimiento experto y especializado de las agencias competentes* ha sido particularmente enfatizado. [cita el caso *Far East Conference*] Los dos factores son partes del mismo principio" (p. 64) (el énfasis me pertenece).

El juez Harlan, tomando citas de Jaffe señaló que la doctrina de la jurisdicción primaria

"hace «más que determinar la simple oportunidad procesal de la demanda [*procedural time table of the law suit*]. Es una doctrina que sitúa el poder regulatorio [*law making power*] sobre ciertos aspectos» de las relaciones comerciales. «Por ella se transfiere de la corte a la agencia la potestad de determinar» ciertos aspectos de tales relaciones"[23].

---

[22] Pierce, Shapiro y Verkuil, Paul R.: Administrative Law and process, ..., *cit.*, p. 209.
[23] La cita de la fuente se hace en la nota al pie de la p. 65, y corresponde al artículo *Primary jurisdiction reconsidered*, 102 University of Pensilvania Law Review, pp. 577, 558-584.

Hizo al efecto una comparación entre *Abilene* y *Merchants*, en la inteligencia que los tribunales deben

> "no solamente abstenerse de establecer las tarifas, sino, bajo ciertas circunstancias, deben declinar también su interpretación" (p. 65), cuando las palabras son utilizadas en un sentido particular o técnico, y complejo, y, por lo tanto, el término "bomba incendiaria" presuponía una vinculación con temas complejos de transporte, como ocurría en el caso, puesto que una tarifa "no es una abstracción" (p. 66), y, por lo tanto, la cuestión era de competencia primaria de la ICC.

La importancia asignable a este precedente no está, a mi entender, tanto en fijar una doctrina sobre la jurisdicción primaria, sino en precisar los términos en que ella correspondía aplicarse.

Es decir, la institución existía, pero no estaba suficientemente precisada, por lo cual era necesario distinguirla de una institución próxima, como es la *exhaustion of administrative remedies*.

Además, de acuerdo a la doctrina que emerge del fallo, la transferencia provisoria de la cuestión (que, en definitiva, ello es la jurisdicción primaria, como más abajo se verá), no es automática, sino que debía regirse por ciertas pautas. Es decir, por más que la agencia estuviera adecuada técnicamente para interpretar la norma tarifaria, ello sólo podía ocurrir en el caso que revistiera complejidad, en cuyo caso el pronunciamiento preliminar de aquella ere necesario, dada su idoneidad.[24]

Asimismo, casi con claridad docente y cierto grado de humildad, reconoció que no era posible determinar inicialmente la aplicación directa de la jurisdicción primaria, sino que, en definitiva, ella es un supuesto casuístico.

C. *La interpretación estatutaria (statutory construction)*

Travis ha sostenido que las pautas sentadas para sostener la jurisdicción exclusiva sobre la base de la idoneidad en abstracto, en la forma en que, por ejemplo, fue enunciada en *"Far East Conference"*, se caracterizaban por la vaguedad de su lenguaje, aportando poca luz en casos límite, permitiendo así que su simple invocación favoreciera a las cortes reluctantes al diferimiento. Y a tal versión simplista de la idoneidad es desvirtuada cuando los hechos no son complejos o cuando de cualquier forma se exagera la idoneidad. Es más, hubo casos de extrema complejidad en que la Corte americana sin que fuera necesario recurrir a la invocación de la complejidad de las cuestiones involucradas[25].

Por ello, la determinación de la existencia de una "jurisdicción exclusiva" es una cuestión jurídica (*conclusion of law*), puesto aunque un estatuto expresamente confiera tal competencia en una agencia, "pertenece a las cortes definir el alcance de tal potestad", de donde sigue que "un riguroso método de interpretación estatutaria es

---

[24]   Amman & Mayton: *Administrative Law*, p. 428.
[25]   Travis, art. *cit*. pp. 938 y 939, y nota 63, donde menciona los casos que —como "útiles antídotos"— la Corte resolvió sin necesidad de exagerar la complejidad técnica.

necesario para que en casos limítrofes las opciones judiciales (*policy preferences*) no se tornen en un proceso absolutamente discrecional[26].

Para dicho autor el análisis del respectivo estatuto exige la definición de la cuestión específica en debate, seguida del análisis de las funciones y potestad de la agencia en relación a dicha cuestión. En tal contexto —prosigue— el tribunal puede establecer que la "exclusiva jurisdicción" existe si se dan alguno de estos tres significados: *(i)* la cuestión concierne al alcance de una norma o acuerdo aprobado por la agencia; *(ii)* la cuestión puede decidirse de acuerdo a una atribución expresa de la agencia, y *(iii)* la cuestión puede decidirse según una potestad implícita.

De no surgir con claridad alguna de tales conclusiones con alto grado de certeza, otras opciones para el diferimiento (*deferral*) podrán utilizarse[27], como se verá seguidamente.

2. La "actuación probablemente legítima" ("arguably lawful" conduct)

La doctrina expuesta de "*Far East Conference*" implicaba una posición demasiado extrema sobre la "jurisdicción exclusiva", puesto que significaba vincular el diferimiento con la sujeción de las cortes con lo actuado por la agencia[28]. Puede considerarse el caso "*Isbrandtsen*" como el que resumió tal criterio, atenuando los alcances de la "jurisdicción exclusiva".

La prueba (*test*) para la procedencia de esta doctrina surgía de la mecánica de aplicación de ambos términos de la locución. El criterio de "legítima" (*lawful*) se satisfacía si la "jurisdicción exclusiva" era el resultado de la utilización de alguno de los tres significados citados precedentemente. Mas el criterio de "probable" (*arguable*) se satisfacía por la razonable probabilidad de que tales legítimos atributos pudieran ser fijados en oportunidad de una eventual revisión judicial de lo actuado por la agencia; y aún cuando el tribunal no pudiera vislumbrar que este resultado sea cierto, existirían igualmente fuertes razones para el diferimiento. En definitiva, la doctrina era una variante de la teoría de la idoneidad, en el sentido que la decisión de la agencia "preparaba el camino" para la eventual decisión de la corte[29].

Como se puede apreciar, era en definitiva un modo de favorecer la ulterior actuación de los tribunales, de modo de evitar interferencias entre ambos ámbitos jurídicos y también de que aquéllos se vieran obligados por lo dicho por las agencias, favoreciendo así el mejor control judicial. Además, se evitaban los riesgos del rechazo de los tribunales a deferir la cuestión a las agencias y, de otro lado, de asignar un efecto vinculante al criterio de éstas[30].

El caso "Isbrandtsen". En el precedente del epígrafe ("*Federal Maritime Board v. Isbrandtsen Co.*"; 356 U.S. 481, de 1958), similar en sus planteamientos al caso "*Far East Conference*", el *FMB* (*Federal Maritime Board*) decidió que las mismas

---

26 Travis, art. *cit.*, p. 939.
27 Travis, art. *cit.*, pp. 939-940.
28 Travis, art. *cit.*, p. 940.
29 Travis, art. *cit.*, p. 941.
30 Travis, art. *cit.*, p. 928.

tarifas allí debatidas eran acordes con lo establecido en la *Shipping Act*. La Corte americana revocó la decisión, sosteniendo al efecto que tales tarifas duales eran violatorias de las leyes *antitrust* y de la *Shipping Act*.

El juez Frankfurter, en un penetrante voto en disidencia, sostuvo que la posición de la mayoría era inconsistente con la del caso *"Far East Conference"*. Sin embargo ambos pronunciamientos muestran, de una parte, la coherencia del sistema, y por la otra, como se ha escrito, que la disidencia de dicho juez "refleja la carencia de comprensión de la naturaleza y propósito de la doctrina de la jurisdicción primaria"[31].

Ello, en efecto, se observa si se advierte que ambos casos se desarrollaron por caminos diferentes pero que arribaban a un mismo objetivo, desde que en *"Far East Conference"*, la Corte puntualizó la necesidad de que previamente se expidiera la *ICC* como órgano experto o idóneo, de acuerdo a la competencia conferida por el respectivo régimen. En otros términos, el pronunciamiento apuntaba a la faz meramente formal o procesal.

En cambio, en *"Isbrandtsen"*, respetando en lo formal que la *ICC* emitiera la decisión administrativa, la Corte americana trató el fondo de la cuestión, con lo cual, la coherencia del sistema estructurado por la jurisprudencia cobraba especial sentido.

El caso *"Isbrandtsen"* mostró que el poder judicial mantenía la potestad de decidir una vez que la agencia se hubiera pronunciado, y por ello la Corte sostuvo que evaluados los hechos por la "competencia especializada" (*specialized competence*), esto "sirve como una premisa para la definición judicial de las consecuencias legales." Como se ha escrito, ambos casos "son enteramente consistentes y suministran una ilustración excelente del valor potencial de la doctrina de la jurisdicción primaria"[32].

El citado precedente fue seguido en el caso *"Carnation Co. v. Pacific Westbound Conference"* (383 U.S. 213 y 932; 1966), donde se había apuntado a la conveniencia de la intervención previa de la *FMC* con sustento en la necesidad de evitar el "riesgo de interferencia" entre las cortes y las agencias[33]. Pero en *"Isbrandtsen"*, la Corte fue más allá al profundizar acerca de que, si bien enmarcada la necesidad de la actuación preliminar de la agencia para evitar conflictos con las cortes,

"era reconocido que las cortes, mientras retienen la autoridad final para explicar el estatuto, deberían valerse de la ayuda implícita de la importancia de la agencia en reunir los hechos relevantes y ordenarlos hacia un contexto que les diera sentido [*meaningful pattern*]", lo cual era un

"mecanismo para preparar el camino, si el litigio tomara un curso ulterior, para una mas informada y precisa determinación por la corte del alcance y significado del estatuto en su aplicación concreta al caso" (pp. 498-499).

De tal modo, aparecía delineada la que se denominó "preparación fáctica" (*factual preparation*) de la cuestión que eventualmente sería sometida con posterioridad ante las cortes.

---

[31] Pierce, Shapiro y Verkuil, *Administrative Law and process, cit.*, p. 212.
[32] Pierce, Shapiro & Verkuil, *ob. cit.*, p. 212.
[33] Travis, art. *cit.*, p. 941.

La posición del juez Frankfurter a este respecto, tendía a asignar carácter obligatorio para el tribunal a lo decidido por la agencia. Pero si se tiene en cuenta que salvo los casos de la existencia de una "jurisdicción exclusiva", la doctrina así delineada en este caso permitía aplicar la jurisdicción primaria a los casos donde aquélla sólo era remota[34]. De tal manera, se abría el paso a la doctrina de la "ayuda material".

3. La teoría de la "ayuda material" (material aid)

El caso "*Ricci*" representa un cambio importante en la materia regulatoria y su vinculación con la doctrina de la jurisdicción primaria. Hasta entonces la Suprema Corte no se había pronunciado sobre la posibilidad de que el diferimiento pudiera admitir tanto el ejercicio de la discrecionalidad de las cortes, como la conveniencia (*advisory*) de que así se hiciera, pese a que las normas estatutarias no imponían tal diferimiento ni el efecto obligatorio (*binding effect*) de lo decidido por las agencias[35].

El caso "Ricci". El caso ("*Ricci v. Chicago Mercantile Exchange et Al.*", 409 U.S. 289; del 9 de enero de 1973), trató de una demanda por violación de la ley Sherman, de la *Commodity Exchange Act* y de las normas estatutarias de la *CME*, englobando en consecuencia la cuestión tanto materias regulatoria como *antitrust*. La Corte de Apelaciones del Séptimo Circuito suspendió (*stay*) el proceso hasta tanto se pronunciara el Secretario de Agricultura o la *Commodity Exchange Commission* (*CEC*), invocando previsiones normativas de la *Commodity Exchange Act* (*CEA*).

El juez White emitió el voto mayoritario, en cuya parte nuclear advirtió que la cuestión era si la conducta aparentemente monopólica estaba cuanto menos probablemente (*arguably*) amparada o prohibida por otra norma regulatoria emanada por el Congreso, habida cuenta que las normas estatutarias que confieren atribuciones a la agencia pueden ser impugnadas mediante acciones antimonopólicas, y, en virtud de dicho régimen, la agencia resultaría inmune a éstas (p. 300).

Por ello, más adelante dijo que

"coincidimos con la Corte de Apelaciones que, conferida una competencia administrativa [*administrative authority*] para examinar la controversia Ricci-*Exchange* a la luz del marco regulatorio y normas de la Exchange, la acción antimonopólica [*antitrust action*] debe ser aplazada hasta que las autoridades administrativas [*administrative officials*] hayan tenido la oportunidad de intervenir. Este criterio se apoya en tres premisas interrelacionadas: (1) que sea esencial para la corte competente [*antitrust court*] determinar si la *Commodity Exchange Act* o alguno de sus contenidos son «incompatibles con el mantenimiento de una acción antimonopólica [*antitrust action*] » ...; (2) que algunos aspectos de la controversia entre Ricci y la *Exchange* estén dentro de la competencia estatutaria [*statutory jurisdiction*] de la *Commodity Exchange Commission*; y (3) que la decisión [*adjudication*] de dicha controversia por la *Commission* asegure [*promises*] ser de ayuda material [*material aid*] en la resolución de la cuestión de inmunidad" [respecto a la impugnación por antimonopólica] (p. 302).

---

[34]   Travis, art. *cit.*, pp. 943-945.
[35]   Amman & Mayton, *ob. cit.*, p. 429. Travis, art. *cit.* pp. 945-946. Pierce, Shapiro & Verkuil, *ob. cit.*, pp. 212-214.

Es importante destacar que en la nota 13 del voto, situada al fin del párrafo transcripto, el juez White tuvo en cuenta que la *CEA* no había conferido ni a la Secretaría o a la *CEC* la "jurisdicción exclusiva" para pronunciarse sobre la situación debatida (p. 302-303).

Pero más adelante insistió —con sustento en los precedentes *"Western Pacific"* y *"Far East Conference"*— en la ayuda material de la agencia puesto que se trataba de materias que deberían ser consideradas en primer término con quienes están familiarizados con ellas. Tal intervención sería la que "prepararía el camino", conforme se había sostenido en *"Isbrantsen"* (pp. 305-306).

Por cierto que la inmunidad no era una cuestión que debía ser objeto de juicio por la agencia, pero su intervención previa favorecería la actuación de la corte con una más informada y precisa determinación sobre el alcance y significado de las normas aplicables al caso (p. 306).

Ahora bien, el caso fue resuelto en favor de la intervención previa de la agencia por cinco votos contra cuatro. Sin embargo, la disidencia no estuvo en desacuerdo doctrinario con los fundamentos dados por la mayoría sobre la posibilidad del diferimiento por vía del principio de la "ayuda material" a la agencia, mas en el caso ello no ocurría. El juez Marshall, en una meritoria disidencia, a la que se unieron tres jueces, sostuvo que la mayoría en vez de ponderar las ventajas y desventajas del diferimiento a la agencia, parecían aplicar una prueba mecánica que requería la deferencia judicial a pesar de la probabilidad cierta que la agencia nada tiene que aportar de importancia, agregando que:

"[u]na agencia no puede tener jurisdicción primaria sobre una controversia cuando probablemente carece de competencia [*jurisdiction*] previa [*in the first place*]" (p. 310).

Criticó también que la imposición al actor que acudiera al ámbito de la agencia, cuando ello sólo era justificable si la Secretaría o la *CEC* pudieran aportar un significativo aporte a la demanda (citó el precedente *"Far East Conference"*) (pp. 312-313). Pero ninguna de las conductas "conspirativas" imputadas por Ricci a la *CME* sustentadas en el propósito de suprimir la competencia, eran "probablemente legítimas" en los términos de la *CEA* (p. 316), puesto que ninguna de las normas vinculadas con las potestades conferidas a la CEC brindaban los instrumentos jurídicos necesarios para resolver alguna cuestión en la controversia (p. 317).

Reconoció el juez Marshall que es verdad que:

"en cada demanda vinculada con una industria regulada, pueda ser beneficioso el aporte de una agencia administrativa de dársele la oportunidad de intervenir. Pero nunca hemos sugerido que tales demandas deban invariablemente posponerse mientras la agencia es consultada."

Replicando a Kenneth Culp Davis, quien afirmaba que la jurisdicción primaria involucra simplemente una postergación de la jurisdicción judicial, dijo que

"tal observación no debe ser tomada en el sentido de que la invocación de que dicha doctrina no impone costos. Por el contrario, en estos días de abarrotados casilleros y demoras de las cortes, la doctrina frecuentemente prolonga y complica los litigios. Fundamentalmente, la invocación de la doctrina deroga desde el principio que salvo en extraordinarias situaciones, cada ciudadano está legitimado [*entitled*] para acudir ante la Justicia para la expeditiva defensa de sus pretensiones [*legal claims of right*]. Como hemos dicho ... «el debido proceso [*due process*] requiere ... [que] la persona obligada a instaurar sus pretensiones [*claims of right and duty*] a través del proceso judicial, se le debe dar una significativa oportunidad de ser oído» ...

Y seguramente el derecho a una «significativa oportunidad de ser oído» está comprendido dentro del derecho a ser oído sin demora irrazonable" (p. 320).

Tal deferencia o diferimiento era por cierto importante en aquellas cuestiones donde jueces y administradores concurrían y coincidían, pero:

"la doctrina de la jurisdicción primaria, al igual que la de la exigencia del agotamiento [hace referencia a la del *exhaustion of legal remedies*], no debe debe ser «aplicada ciegamente en cada caso» sin «una comprensión de sus propósitos y del particular marco administrativo involucrado.» *McKart v. United States*, 395 U.S. 185, 193, 201 (1969). El prudente uso de la doctrina precisa un cuidadoso balance de los beneficios que se derivan de la utilización del procedimiento de la agencia en relación los costos en la complicación y demora." (p. 321).

La doctrina estadounidense señaló que el caso importaba más por las pautas fijadas tanto por la mayoría como por la disidencia en relación a la jurisdicción primaria, que al resultado obtenido. Ambas opiniones ostentan sus aciertos, pero cuando cuestiones puntuales pueden justificar la intervención de las agencias en forma previa, es preciso ponderar la incidencia que puede tener en la prolongación del litigio[36].

Ahora bien, es preciso tener presente que el caso trataba de una acción antimonopólica, que en aquel país constituye uno de los temas claves y más delicados en materia regulatoria. Ello es así porque los respectivos regímenes estatutarios pueden "inmunizar" contra tales acciones a las agencias en virtud de las atribuciones conferidas a éstas. Pero bien puede suceder que la inmunidad —que permitiría el rechazo de la acción— no surja expresamente del ordenamiento, en cuyo caso el juez tendría dos opciones: decidir el caso con los antecedentes reunidos, o estimar conveniente derivar el tratamiento de la cuestión a la agencia para que ayude al tribunal a decidir la cuestión, y mientras tanto, reservar en el casillero el expediente hasta que se pronuncie la agencia. No es ciertamente un tema fácil de resolver habida cuenta de la multiplicidad de regímenes regulatorios. Mas una cosa debe quedar clara: el tribunal judicial es el que deberá en definitiva resolver la cuestión[37].

La argumentación de la mayoría se centraba en la experiencia y puntos de vista que la agencia podía suministrar, pese a reconocerse los límites de sus potestades, que abocaba en su idoneidad en la materia. Breyer y Stewart se preguntan al efecto si el caso *"Ricci"* representaba un esfuerzo de la Corte para evitar decidir una difícil cuestión legal, esto es, el alcance de la inmunidad en relación a una decisión de la propia agencia; ciertamente, sostienen, los litigantes no deberían ser forzados a llevar a cabo extensos y costosos procedimientos simplemente porque la cuestión legal es "dificultosa". Finalmente se preguntan si, en tal contexto, habría otra razón para el diferimiento[38]. Travis da la respuesta, en el sentido que los argumentos más parecerían ser la cobertura jurídica a una razón de fondo: la sobrecarga de trabajo de los tribunales, que llevó a que tanto el entonces Presidente de la Corte americana, como los colegas que votaron en el caso, hubieran optado por el diferimiento a la agencia[39].

---

[36] Pierce, Shapiro & Verkuil, *ob.* y lugs. *cits.*
[37] Breyer, Stephen G. & Stewart, Richard B. *Administrative Law and regulatory policy. Problems, text and cases*, 2.ª ed., Little Brown, Boston, 1992, pp. 1179-1180.
[38] *Ob. cit.*, p. 1181.
[39] Travis, art. *cit.*, p. 955.

De allí que haya considerado que el precedente *"Ricci"* fue una directiva drástica para los tribunales inferiores para utilizar la preparación fáctica de las agencias toda vez que fuera posible[40].

El caso "Nader". Representa la solución opuesta a la del *"material aid"* del caso *"Ricci"*. Por ello, aunque no se encuadre como precedente de la aplicación de esta variedad de la jurisdicción primaria, permite, cuanto menos fijar límites a los alcances de las atribuciones de las agencias.

En este caso (*"Nader v. Allegheny Airlines Inc."*; 426 U.S. 290, del 7 de junio de 1976) trató de la una demanda del *common law* por fraude iniciada por el señor Nader por sobreventa del pasaje de una línea aérea, pese a que él había hecho las reservas necesarias. La corte del distrito hizo lugar a la demanda, reconociendo al actor una indemnización de U$S 25.000. La Corte de apelaciones del distrito de Columbia revocó la decisión con sustento en que la *Civil Aeronautic Board* (*CAB*) debía, como consecuencia de la aplicación de la doctrina de la jurisdicción primaria (a cuyo fin se remitió a *Abilene*), establecer si la sobreventa de pasajes por la empresa demandada constituía una práctica fraudulenta o engañosa, en los términos del § 411 de la *Federal Aviation Act* (*FAA*) de 1958. Si la agencia —sostuvo el tribunal— determinaba que no constituía una práctica engañosa, ello obstaba la acción del *common law* por daños y perjuicios. Hasta tanto ello se determinara, la causa debía volver al tribunal de origen y allí reservarse.

El juez Powell emitió la opinión unánime de la Corte. Para ello partió del texto de las normas relacionadas en el caso, invocadas por la corte de apelaciones. En primer lugar el § (o *"Section"*) 411 de la *FAA* establecía que "la Junta [*Board*] puede ... investigar y determinar si [un transportista o agente de ventas] ha estado o está comprometido en prácticas incorrectas [*unfair*] o engañosas o incorrectos métodos de competencia en el transporte aéreo o en la venta consiguiente. Si la Junta lo comprobare ... ordenará ... cesar o desistir de tales prácticas o métodos de competencia" (p. 296, nota 7).

De su lado, el § 1106 de la *FAA* (*U.S.C.* § 1506) establece que "lo dispuesto en este capítulo de ninguna forma restringirá o alterará los remedios al presente existentes según el *common law* o por estatuto, sino sus previsiones son complementarias de tales remedios" (p. 298).

En el caso, a diferencia de *"Abilene"*, no existía a juicio de la Corte un irreconciliable conflicto entre el régimen estatutario y los remedios del *common law*, por lo que la corte no iba a sustituir la opinión de la agencia por el suyo en materia de transporte (pp. 299-300). Por el contrario, ninguna de sus normas preveía la atribución que la corte inferior pretendía de la agencia, que surgía, vale puntualizar, por vía de interpretación. En concreto, aquélla sostenía que del contenido de dichas normas surgía y especialmente del § 411 surgía que la Junta tenía la potestad de aprobar prácticas que desde otro punto de vista podrían considerarse engañosas, y, de tal forma —o sea, al aprobarlas— inmunizaría a los transportistas de una acción común (pp. 299-300).

---

[40] Travis, art. *cit.*, p. 957.

Pero ninguna inmunidad surgía de los amplios términos del § 411, por lo que

"cuando el Congreso ha buscado conferir tal atribución [*power*] lo ha hecho así en forma expresa", y en tales términos, entendió la Corte que el § 411 dispone remedios complementarios en defensa del interés público de los correspondientes a los que tienen los particulares por vía del *common law*, según surge del § 1106 (p. 301 y 303).

El juez Powell recordó el sentido de la jurisdicción primaria de acuerdo a los precedentes *"Western Pacific"* y *"Far East Conference"*; pero siguió en la línea de que no había que recurrir a un especialista para establecer la razonabilidad de una práctica, puesto que la determinación de la falsedad (al no informar al pasajero la sobreventa de los pasajes) es competencia de las cortes, y la ayuda del experto no parecía ser necesaria. Al mismo tiempo, señaló que de acuerdo al régimen instituido por la Junta (*CAB Order ER* - 503; ver p. 306, nota 16) el afectado podía reclamar una compensación por vía administrativa o acudir a la Justicia a través de la acción común (p. 306).

En primer lugar corresponde resaltar que el juez Powell formó parte de la minoría de *"Ricci"*, y que el juez Marshall se adhirió al voto de aquél sobre la base de dicho precente (pp. 308-309).

Ahora bien, esta decisión se ha considerado cuestionable, porque en la época que se sustanció la causa la *CAB* estaba llevando a cabo un procedimiento específico para el dictado de reglamentos administrativos (*rulemaking*) a fin de introducir cambios en el sistema de reserva de pasajes[41]. Obsérvese que la solución del caso más semeja a una opción de política judicial que a una aplicación firme de una doctrina en la que el precedente *"Abilene"* ofrecía una apretada semejanza; en vez de ello, la Corte optó por el remedio del *common law* antes que el del derecho público[42].

En tal sentido, dijo el tribunal que:

"un perjuicio puede ser de aquellos que requieren la indemnización al afectado sin necesitar acudir al remedio extremo de la orden de cesar y desistir" (p. 302)[43].

Tal postura de la Corte se consideró justificada como una respuesta drástica de sus jueces a los perjuicios que experimentaban los pasajeros afectados de igual forma que Nader, antes que en una aplicación prudente de la doctrina de la jurisdicción primaria[44].

---

[41] Pierce, Shapiro & Verkuil, *ob. cit.*, p. 216. Esta circunstancia la advirtió el juez Powell en su voto, p. 297, nota 8.

[42] Amman & Mayton, *ob. cit.*, pp. 420-430.

[43] "A wrong may be of the sort that calls for compensation to an injured individual without requiring the extreme remedy of a cease-and-desist order"

[44] Pierce, Shapiro & Verkuil, *ob. cit.*, p. 216.

II. LA DOCTRINA NORTEAMÉRICANA

1. *Una doctrina confusa*

Se ha reconocido que la jurisprudencia basada en la jurisdicción primaria es "típicamente compleja y a menudo confusa"[45]. No obstante la doctrina entiende que la jurisdicción primaria constituye una guía que permite establecer si quien primero debe intervenir en el caso es el tribunal o la agencia cuando el ordenamiento no dispone nada al respecto[46].

Es un modo de establecer judicialmente —ello es, en un conflicto entablado en los tribunales y no en sede administrativa[47]— si la cuestión en sí está dentro del ámbito de competencia de la agencia o es necesario un pronunciamiento previo sobre alguna cuestión que sea necesaria para la decisión judicial. Si la competencia corresponde a la agencia, el tribunal deberá rechazar la demanda; si sólo es necesario un pronunciamiento previo de la agencia sobre una cuestión, se suspenderá el trámite de la causa; es en este último supuesto que se configuraría la *deferencia*[48].

Jaffe consideró que la doctrina de la jurisdicción primaria no puede presentarse como una regla en términos de una estructura analítica o por su extensión, sino mas bien como una forma de resolver los conflictos procedimentales y sustanciales inevitablemente creados cuando se abre el camino del área de una competencia originaria de una agencia que afecta al mismo tiempo las incumbencias de la jurisdicción original de los tribunales[49]. Ella aparece cuando las competencias administrativa y judicial son *concurrentes* sobre la materia, por donde se extrae que si el Poder Judicial carece de competencia, o si la agencia intervino o no existe un procedimiento disponible para "deferir" la cuestión a la agencia, aquélla no se aplica, como ocurrió en el caso *"Abilene"*. Otro tanto ocurriría si la agencia interpretó o decidió sobre la cuestión disputada, por lo cual nada habría que deferir, como en *"United States v. Western Pac. RR."*[50].

2. *El "timing" del control judicial*

Tanto la jurisdicción primaria como el agotamiento de los remedios administrativos (*exhaustion of administrative remedies*) constituyen dos formas de coordinación (*timing of judicial review*) para establecer si el control judicial (*judicial review*) está habilitado (*available*)[51]. La vinculación entre ambas doctrinas es estrecha[52], por lo que es necesario tratar brevemente el agotamiento y distinguirlo de otras instituciones del derecho americano.

---

[45] Breyer & Stewart, *ob. cit.*, p. 1160.
[46] Davis y Pierce: *Administrative Law Treatise*, *cit.* p. 271-272. Jaffe, Louis L. *Judicial control of administrative action*, Little Brown, Boston, 1965, p. 121. Travis, art. *cit.*, p. 926.
[47] Davis & Pierce, *ob. cit.*, p. 271.
[48] Davis & Pierce, *ob.* y p. *cit.* Pierce, Shapiro & Verkuil, *ob. cit.*, p. 206.
[49] Jaffe, *ob. cit.*, p. 121.
[50] Travis, art. *cit.*, p. 929.
[51] Schwartz, *ob. cit.*, pp. 523-524.
[52] Jaffe, *ob. cit.*, p. 121. Davis & Pierce, *ob. cit.* Pierce, Shapiro & Verkuil, *ob. cit.*, p. 206.

En primer lugar corresponde destacar que mientras Schwartz situó la jurisdicción primaria dentro del *"timing"*[53], otros la excluyeron, limitándose a tres supuestos: la actuación final (*"final agency action"*) o, para usar palabras más conocidas por nosotros, la *decisión definitiva;* el agotamiento (*exhaustion*) y la teoría de la "madurez" de la actuación administrativa para su revisión judicial (*"ripeness of administrative action for judicial review"*)[54]. Otros autores agregan un cuarto componente que es el plazo, que aplica el Congreso (*"time"*)[55].

A. *La decisión definitiva ("final agency action")*

Institución que algunos autores la incluyen dentro de la *"exhaustion"*[56], está contemplada en la sección (§) 704 de la *Administrative Procedure Act* (*APA*), que establece que salvo que se hubiese establecido otro remedio (*"remedy"*) ante una corte, la actuación administrativa está sujeta al control judicial. Ella permite que, como sostuvo la Corte en la causa *"Federal Trade Commission v. Standard Oil Co."* (449 U.S. 232, 1980) conferir a la agencia "una oportunidad de corregir sus errores y aplicar su conocimiento [*expertise*]"[57].

Éste es un paso preliminar porque es el que permite el control judicial, cuyo objetivo principal es evitar que los tribunales intervengan prematuramente en la toma de decisión administrativa[58], aunque puede presentar cierto grado de dificultad cuando el respectivo estatuto de la agencia no fija los pasos previos que se deben adoptar para rotular como "final la decisión"[59]. Sin embargo, para solucionar los problemas que surgen en esta materia las cortes tomaron criterios pragmáticos para decidir si la cuestión es o no final[60].

B. *El agotamiento de los remedios (exhaustion)*

No está prevista normativamente, sino que es consecuencia de la aplicación de criterios jurisprudenciales[61]. Su base fundamental parte de la causa *"Myers v. Bethlehem Shipbuilding Corp."* (303 U.S. 41, 1938). Su objetivo es permitir la distribución de las responsabilidades en forma eficiente entre las agencias y los tribunales[62], que

---

[53] Sostuvo al respecto que la jurisdicción primaria y la *"exhaustion"* son las dos caras de la misma moneda del *"timing"*. *Ob. cit.*, p. 524.
[54] Davis & Pierce, *ob. cit.*, pp. 305 y ss. Pierce, Shapiro & Verkuil, *ob. cit.*, pp. 182 y ss. Aman y Mayton, *ob. cit.*, pp. 403 y ss. Gellhorn, Ernest y Levin, Ronald M.: *Administrative Law and process*, 4.ª ed., West, St. Paul, Minnesota, 1997, pp. 370 y ss. Strauss, Peter L.: *An introduction to administrative justice in the United States*, Carolina Academic Press, Durham (Carolina del Norte), 1989, pp. 229 y ss.
[55] Pierce, Shapiro & Verkuil, *ob. cit.*, p. 182
[56] Aman & Mayton, *ob. cit.*, p. 411.
[57] Id., *ob.* y lug. *cits.*
[58] Id., p. 184.
[59] Id., p. 183.
[60] Gellhorn & Levin, *ob. cit.*, p. 377.
[61] Pierce, Shapiro & Verkuil, *ob. cit.*, p. 189.
[62] Id., *ob.* y lug. *cits.*

una intervención prematura de los tribunales podría obstruir[63], de manera que aquéllas puedan pronunciarse de acuerdo de sus políticas y prioridades, permitiendo así
el ejercicio ordenado de la solución de las cuestiones debatidas de acuerdo a sus conocimientos[64].

Aunque los criterios jurisprudenciales desarrollados en torno a este instituto son
marcadamente discrecionales[65], a los objetivos antes señalados se agregan los siguientes: *(i)* que permite la continuación ininterrumpida del procedimiento administrativo; *(ii)* que, al no constituir parte de la rama judicial, favorece la autonomía de
las agencias; *(iii)*que, igualmente, al permitir el control de la agencia, favorece la
actividad de los tribunales, y, por último, *(iv)* que una prematura intervención de los
tribunales sin agotar los remedios administrativos afectaría la eficiencia de las agencias[66].

No obstante, según se desprendería de algunos precedentes, la *"exhaustion"* no
sería necesaria cuando se trata de una interpretación normativa y no una evaluación
de los hechos como órgano experto o se trate del ejercicio de la discrecionalidad[67].

Schwartz diferenció la *"exhaustion"* de la jurisdicción primaria (dos caras de la
moneda del *"timing"*) señalando que tienen en común determinar si una acción puede ser llevada al tribunal o si un trámite o procedimiento administrativo o continuación de éste es necesario. La diferencia básica, según el prestigioso autor, es que la
jurisdicción primaria determina si una agencia o un tribunal tienen competencia (*jurisdiction*) inicial; mientras que el agotamiento determina si la revisión (*review*)
puede continuar en sede de la agencia, quien no tiene sin embargo la última palabra
en la materia[68].

C. *La teoría de la "madurez" ("ripeness")*

También es de creación pretoriana, y se sustenta en la idea próxima a la existencia
de "caso" o "controversia" en los términos del artículo III de la constitución americana (semejante al artículo 109 de nuestra Constitución), cuyo fin es evitar las decisiones meramente abstractas o teóricas, o que constituyan simples opiniones de los
tribunales antes que decisiones concretas en un litigio entre partes[69].

D. *Una muestra de la confusión*

No pretendo ampliar el estudio de esas formas creadas en el seno del derecho administrativo norteamericano para habilitar la intervención de los tribunales. Pero la
confusión que se desprende de la lectura de los casos y de la doctrina es manifiesta.

---

[63]   Gellhorn y Levin, *ob. cit.* p. 372. Schwartz. *ob. cit.*, p. 542.
[64]   Aman y Mayton, *ob. cit.* p. 404. Aunque cabe advertir que estos autores sitúan la "decisión
final" dentro de la "exhaustion".
[65]   Gellhorn y Levin, *ob. cit.*, p. 372.
[66]   Pierce, Shapiro & Verkuil, *ob. cit.*, p. 192.
[67]   Id., p. 193.
[68]   *Ob. cit.*, p. 524.
[69]   Schwartz, *ob. cit.*, p. 562. Gellhorn y Levin, *ob. cit.*, p. 380.

Como muestra, me remito a la obra de Aman y Mayton[70], quienes a través de un caso tramitado ante el tribunal federal del Distrito de Columbia *in re "Ticor Title Insurance Co. v. FTC"* (1987) muestran que las tres doctrinas sirven para similares propósitos y que tienen estrechas vinculaciones.

En dicha causa se discutía la competencia de la *Federal Trade Commission* para llevar ante sí a dicha empresa a un procedimiento administrativo por prácticas comerciales desleales.

Los tres jueces se pronunciaron por la competencia de la *FTC*, sin que existiera cuestión constitucional al respecto. Pero variaron sus fundamentos: el juez Edward sostuvo que la empresa no había "agotado los remedios" (*"exhausted its administrative remedies"*); el juez Williams invocó que la agencia no había tomado una decisión "final", y, por último, el juez Green afirmó que la cuestión no había superado "la prueba de la madurez" (*"test of ripeness"*).

3. *Las ventajas y los inconvenientes*

La jurisdicción primaria es una típica creación judicial, aunque luego en algunos regímenes se haya estatuido la necesaria "intervención previa" de la agencia respectiva; mas de acuerdo a la lógica de aquélla, en este último supuesto de intervención no existiría jurisdicción primaria, sino alguna de las especies del *"timing"*[71]. Como sustento de la institución se ha sostenido que cuando el Congreso crea una agencia y le asigna amplios fines, ello significa que agrega al sistema legal una nueva autoridad en materia reglamentaria, regulatoria y de aplicación de las normas respectivas vinculadas con una determinada actividad. En ese sentido, raramente el Congreso norteamericano fija con precisión los campos de actuación de la agencia y de los tribunales, por lo cual ciertas competencias de aquélla pueden afectar las propias de éstos; ante las situaciones en que se presenta tal cuestión de interferencia es preciso que los tribunales resignen parte de su competencia en favor de la agencia[72].

Pero esa falta de precisión puede ocasionar situaciones en las que el interesado no puede llegar a comprender dónde debe acudir para encontrar la solución que pretende, con lo cual al tiempo que en el derecho norteamericano lleva la decisión de una agencia —años, en muchos casos, y miles de páginas el expediente— y el tremendo costo que significa tramitar primero la causa en sede judicial, luego, por resignación del tribunal, a la agencia y, en su caso, la vuelta al control judicial.

Ello se vio fundamentalmente en el caso *"Ricci"* a través de la disidencia de los cuatro jueces que apuntaron tales dificultades de la aplicación de la doctrina (pronunciamiento que movió una fuerte crítica en la doctrina norteamericana a la luz de sus perniciosas consecuencias, que, como expuse, luego se trató de atemperar)[73]. De

---

[70]   *Ob. cit.*, pp. 205-206.

[71]   Robert S. Lorch ha sostenido que mientras la doctrina de la *"exhaustion"* nos dice *cuándo* debe intervenir el Poder Judicial, la jurisdicción primara señala *quién* toma primero intervención ("*who gets first* crack at deciding"). *Democratic process and Administrative Law*, Wayne State University Press, Detroit, 1980, p. 169).

[72]   Davis, *ob.cits.*, pp. 276-277.

[73]   Ver las críticas que al respecto formula Schwartz, *ob. cit.*, pp. 539-541.

allí que la posición de los tribunales es más bien negativa a resignar o deferir su jurisdicción ante los costos que implica para el interesado que se aplique la jurisdicción primaria[74].

Aunque, en definitiva, la tendencia sea utilizarla cuando se trata de actividades intensamente reguladas, y en forma discrecional según el criterio del tribunal, situación que ocurre cuando éste se encuentra "perdido" (*"out of its depths"*) ante los argumentos invocados por las partes[75].

En fin, lo real y cierto hasta ahora es que la doctrina no ha variado en los Estados Unidos, lo que lo demuestran las exposiciones como por ejemplo la última edición del clásico de Breyer y Stewart[76], o las sentencias de los tribunales federales en los que se siguen la pautas tradicionales sustentadas en la misma idea de que se trata de una "doctrina prudencial"[77]. Es decir, *nihil novum sub sole*.

III. LA RECEPCIÓN EN LA ARGENTINA

El tratamiento de la institución norteamericana produjo tempranamente comentarios doctrinales sobre la posibilidad de su aplicación a nuestro ordenamiento y en algún caso una interpretación que superaba en propio cauce de aquélla. Luego, la plasmación en la ley 24.065, del marco regulatorio del gas, y 24.076, del marco regulatorio de la energía eléctrica, ambas del año 1992, dio motivo a posiciones favorables en cuanto a su supuesta recepción como a las ventajas de su aplicación y, de otro lado, posiciones críticas al respecto.

1. *La exposición doctrinaria*

El profesor Mairal, tomó en este punto una posición negativa en cuanto a su aplicación, porque en el derecho norteamericano supone un elaborado sistema de procedimiento administrativo desarrollado ante funcionarios independientes de la Admi-

---

[74]   Davis, *ob.cit.*, p. 303.

[75]   Gellhorn y Levin, *ob. cit.*, p. 386.

[76]   Breyer, Stephen G. & Stewart, Richard B, Sunstein, Cass R., Vermeule, Adrian y Herz, Michael E..: *Adminstrative Law and regulatory policy. Problems, text and cases*, 7ª ed., Wolters Kluwer, Boston, 2011, pp. 979-987.

[77]   Vaya el ejemplo de las sentencias de la Corte de Apelaciones de los Estados Unidos, del Noveno Circuito (que abarca la costa del Pacífico) «SYNTEK SEMICONDUCTOR CO LTD v. MICROCHIP TECHNOLOGY INCORPORATED SYNTEK SEMICONDUCTOR CO., LTD., Plaintiff-Appellant, v. MICROCHIP TECHNOLOGY INCORPORATED, Defendant-Appellee», del 8/4/2001; y «CLARK v. TIME WARNER CABLE K. CLARK, both individually and as representative of the proposed class, Plaintiff-Appellant, v. TIME WARNER CABLE, a corporation, Defendant-Appellee» del 30/4/2008. Dichas sentencias fueron citadas recientemente en pronunciamientos de cortes federales de California, ambas de la misma fecha, 12/7/2013, que para rechazar las demandas referentes a calidad de productos alimenticios, sostuvo que la competencia "primaria" correspondía a la Administración Federal de Drogas (FDA), ellas son "KATIE KANE, *et al.*, individuals, on behalf of themselves and all others similarly situated, Plaintiffs, v. CHOBANI, INC.", de la Corte del Distrito Norte de California, División San José; y "JANET HOOD, individually and on behalf of all others similarly situated, Plaintiff, vs. WHOLESOY & CO, MODESTO WHOLESOY COMPANY LLC, THE WHOLESOY COMPANY, TAN INDUSTRIES, INC., KEN NORDQUIST, AND TED NORDQUIST, Defendants", del Distrito Norte de California.

nistración activa, que ofrece considerables garantías de imparcialidad. Sostuvo que la experiencia administrativa podía aplicarse al expediente judicial mediante la consulta que prevé el art. 476 del Código Procesal Civil y Comercial de la Nación, que permite requerir la opinión técnica a academias e instituciones públicas y privadas.[78].

Guastavino posteriormente, en un extenso estudio en su obra, al que dedica la segunda parte del tomo I de su obra, comprensiva de cuatro capítulos[79], dentro de una postura favorable, llevó a cabo algunas precisiones al sostener que resulta ambigua la denominación "jurisdicción primaria", por lo que era pertinente de designarla como de *competencia o incumbencia primaria administrativa*, puesto que en muchos casos la intervención de las agencias no implicaba de suyo el ejercicio de una función jurisdiccional, en el sentido de la resolución de conflictos entre las partes, o de imposición de sanciones, de forma tal de constituirla en una primera instancia administrativa[80]. Lo importante es señalar que desde el comienzo de su obra el autor identifica jurisdicción primaria administrativa con el ejercicio de actividades netamente jurisdiccionales y las denominadas "cuasi jurisdiccionales"[81].

Tawil ha criticado[82] el criterio del ilustre jurista por haberla llevado la doctrina más allá de las bases que sirvieron para conformarla en el derecho americano, en virtud de que comprendería no sólo los supuestos de una competencia propia de los denominados tribunales administrativos, sino también lo que constituye el ejercicio de la función administrativa de las agencias, y, es más, sostiene que Guastavino en su exposición más se orienta en ciertos tramos a identificar la problemática de la jurisdicción administrativa con la de la jurisdicción primaria[83]. En orden a demostrar su existencia en nuestro derecho, el autor ha hecho un meritorio catálogo de casos jurisprudenciales en los que dicha doctrina se había aplicado, cuando en realidad podrían encuadrarse como supuestos de habilitación de la instancia o de agotamiento de la vía administrativa previa.

Las leyes 24.065, del marco regulatorio de la electricidad, y 24.076, del marco regulatorio del gas, ambas del año 1992, significaron para algunos autores la instauración en nuestro país de la jurisdicción primaria[84]. Ello se sustentaba en el dispositivo del art. 72 del primero, donde se establece que toda controversia entre los generadores, transportistas, distribuidores, grandes usuarios, con motivo del suministro o del servicio público de transporte y distribución de electricidad, "deberá ser sometido en forma previa y obligatoria a la jurisdicción del ente" (el Ente Regulador de la Energía Eléctrica, ENRE). En el segundo régimen se dispone en su art. 66 una norma similar, en el sentido que toda controversia de los sujetos de la ley como con todo tipo de terceros interesados con motivo de los servicios de captación, tratamiento, transporte, almacenamiento, distribución y comercialización del gas, "deberán ser some-

---

[78]   *Ob. cit.*, p. 479.
[79]   *Ob. cit.* en N° 4.
[80]   *Ob. cit.*, T. I, p. 231.
[81]   *Ob. cit.*, T. I, pp. 21-22.
[82]   Tawil, *ob. cit.*, T. II, pp. 140-141. *V.* también: Aguilar Valdez, *Reflexiones*, p. 213. Bianchi, Alberto B.: *La regulación económica*, Ábaco, Buenos Aires, 2001, p. 294.
[83]   *Ob. cit.*, T. II, p. 142, N° 563.
[84]   Rodríguez Vidal, Claudia y Saravia, Luis Adolfo: "Los tribunales administrativos y los servicios públicos privatizados", en el suplemento *Actualidad* de *La Ley*, del 1° de setiembre de 1992.

tidas en forma previa y obligatoria a la jurisdicción del ente" (la decisión de los entes puede ser impugnada por la parte interesada ante la Cámara Nacional de Apelaciones en lo Contencioso Administrativo Federal mediante un recurso directo).

Según los autores mencionados en la nota precedente, la jurisdicción primaria administrativa "consiste en conferir competencia a órganos de la Administrativa para entender, en primera instancia y actuando con caracteres de independencia e imparcialidad, en conflictos entre los particulares; en síntesis, se ha elegido la vía de los tribunales administrativos."

Otra de las críticas contra la aplicación de la institución es la de Aguilar Valdez. Este autor, en concurrencia con Tawil —para quien la jurisdicción primaria se limita a "establecer quién debe entender en primer lugar -en forma primaria- frente a una controversia: si los entes administrativos (*administrative agencies*) o el Poder Judicial[85]—, luego de una profunda exposición y estudio, concluyó que el concepto "jurisdicción" en su concepción inglesa tiene el sentido de "competencia" y que "la doctrina de la *primary jurisdiction* en el Derecho administrativo norteamericano reviste la naturaleza de una técnica de coordinación de competencias entre el Poder Judicial y las agencias, que tiende a determinar cuál de ellos ha de entender en forma primaria en un determinado caso o cuestión y que ha dado lugar a la autorrestricción judicial en beneficio de las competencias otorgadas por el legislador a aquéllas, e invocable, en consecuencia, únicamente en el marco de un proceso judicial"[86].

Es más, claramente dijo que "si queremos trasladar una situación extranjera sin tener en cuenta las necesarias distinciones de orden constitucional existentes en nuestro país, debemos respetar los lineamientos en base a los cuales se ha ideado y desarrollado la mencionada doctrina"[87]. En definitiva, concluyó que dicha doctrina era inaplicable en nuestro país por tener un punto de partida en un régimen absolutamente diferente[88].

El siempre recordado profesor Comadira ha seguido las pautas generales de Aguilar Valdez en esta cuestión, concluyendo que la actuación del ENARGAS (Ente Nacional Regulador del Gas) y el ENRE se ubicaría en la categoría del *agotamiento de la instancia administrativa*, y que más allá de los alcances que pueda asignarse a la doctrina de la jurisdicción primaria en el Derecho Administrativo norteamericano, tal actuación constituye una intervención previa y obligatoria, que en ciertos supuestos constituye una actividad materialmente *jurisdiccional* cuando resuelven controversias entre los sujetos de los marcos regulatorios[89].

Bianchi[90], de su lado, sostiene que si bien habría que escuchar las críticas que en los Estados Unidos se formuló a la doctrina, concluye que en nuestro país la competencia asignada de acuerdo a dichos marcos regulatorios respecto a la resolución de controversias que corresponderían a tribunales judiciales, han creado una sede una

---

[85]   *Ob. cit.*, T. II, p. 140,N° 560, *in fine*.
[86]   "*Reflexiones*", pp. 214-215.
[87]   Art. *cit.*, p. 217.
[88]   Art. *cit.* p. 254.
[89]   Comadira, Julio Rodolfo: *Derecho Administrativo*, Abeledo Perrot, Buenos Aires, 1996, p. 245.
[90]   Bianchi, Alberto B.: *La regulación económica*, T. 1, *cit.*, pp. 289 y ss.

sede que se parece a la que la Corte americana reconoció en favor de la *ICC* en el caso *"Abilene"*. Mas luego, al admitir que ejerzan el rol de tribunales administrativos en tales supuestos, considera que en estos casos nos encontramos en una disquisición terminológica que de fondo, y que la situación de nuestro país y de Estados Unidos es de hecho similar, porque allí se dice que es un supuesto de jurisdicción primaria.

Concluye que nada impide que la admisión de la doctrina en nuestro país y que los entes ejercen jurisdicción primaria[91].

El profesor Cassagne, en la línea señalada por Bianchi, ha hecho un reciente aporte sobre la jurisdicción primaria[92], al considerar que no puede confundírsela con la teoría del agotamiento de la instancia administrativa, y que implica dos tipos de controversias: a) aquellas que se sustraen de la competencia de los tribunales (como *"Abilene"*) y b) los conflictos o las cuestiones en las cuales una vez iniciado un caso judicial los jueces deben resignar su jurisdicción (como en *"Far East Conference"*).

Cierra su idea sosteniendo que en la actualidad nada impide en nuestro Derecho Público aceptar la teoría de la jurisdicción primaria, "en la medida en que se trate de entes creados por leyes y caracterizado por su especialización, imparcialidad e independencia, la cual se circunscribe a la circunstancia de atribuir jurisdicción privativa y excluyente con el objeto de que los entes reguladores resuelvan controversias entre particulares como si fueran tribunales de primera instancia, siempre que se deje expedita la posterior vía judicial"[93].

2. *La jurisprudencia*

Nuestra jurisprudencia, aunque escasa parecería identificar la jurisdicción primaria con el agotamiento de la instancia administrativa[94]. Pero es en el caso "Ángel Estrada" donde se hizo expresa mención a la doctrina de la corte americana, lo cual merece un tratamiento particularizado. No obstante, previo a ello será conveniente, para aquel lector no familiarizado con el derecho público argentino, formular algunas precisiones.

A. *Los tribunales administrativos en la jurisprudencia*

Uno de los temas en los que se puede producir una confusión dogmática es la importación de instituciones, modelos o soluciones foráneas a los ordenamientos locales, que se aplican directamente, sin moldearlas al derecho doméstico, es el de la admisión jurisprudencial de la validez de los tribunales administrativos. Los países iberoamericanos no somos ajenos a ello.

---

[91] *Ob. cit.*, pp. 295-296.
[92] *Derecho Administrativo*, T. II, 7ª ed., Buenos Aires, 2002, p. 415.
[93] *Ob. cit.*, pp. 415-416.
[94] "Municipalidad de Villa Constitución c/ ENARGAS", del 29 de diciembre de 1995, sentencia dictada por la Sala IV de la Cámara Nacional de Apelaciones en lo Contencioso Administrativo Federal. Sala I del mismo Fuero *in re* "Organización Privada de Extensión Cultural S.A. c/ Mº de E y OSP", del 13 de octubre de 1998, e *in re* "Cooperativa de Vivienda de Salliquelló", del 28 de abril de 1998.

En la Argentina uno de los debates doctrinarios y jurisprudenciales más interesantes giró en torno a la validez constitucional de los tribunales administrativos. Valga como ejemplo que un típico —y respetado— tribunal administrativo es el Tribunal Fiscal de la Nación, que actúa inserto en la estructura administrativa, y trata determinadas cuestiones impositivas y de aduana. Dicho tribunal está organizado como tal, y actúa bajo un procedimiento similar al judicial.

Pues bien, al lado de dicho tribunal actúan otros cuya entidad jurisdiccional es más que dudosa, y ello ocurrió simplemente porque nuestra Corte Suprema para asignarles validez a dichos seudo tribunales tomó el modelo norteamericano, que es un modelo extraño a nuestro modelo jurídico.

Este viejo problema, si bien puede decirse que está resuelto a favor de la validez constitucional de los tribunales administrativos, en tanto se ajusten a los recaudos por nuestra Corte Suprema fijados, había prácticamente quedado definido con el caso "Fernández Árias" (Fallos: 247:646; 1960), mas, como señalé, el sustento fue básicamente una remisión a lo ocurrido en los Estados Unidos.

Ahora bien, la carencia de instituciones iusadministrativas llevó a que en los Estados Unidos se asimilara la actividad de las agencias y de las decisiones de las impugnaciones a una actividad *"cuasi jurisdiccional"*, conformando así a órganos decisorios de la Administración como si fueran "tribunales". Es decir, del mismo modo que ocurrió con el Derecho Administrativo alemán de fines del siglo XIX, el modelo judicial servía para semejar el acto administrativo a la sentencia y el procedimiento administrativo al proceso judicial. Es decir lo que en la jurisprudencia de nuestra Corte pudo interpretarse como *tribunales administrativos* a ciertas actividades de las agencias norteamericanas, *en realidad no eran otra cosa que actividades materialmente administrativas* que ellas llevaban a cabo mediante decisiones de órganos colegiados[95].

En efecto, la fuente doctrinaria básica utilizada en ese pronunciamiento como en otros, fue el prestigioso constitucionalista norteamericano Willoghby[96], quien en su obra había tratado de definir, como constitucionalista, cierto tipo de actividad que se aproximaba por su apariencia a la judicial o "cuasi judicial" (téngase presente que su obra es de principios del siglo XX y que se está en los albores del la conformación del derecho administrativo europeo, y que en los Estados Unidos el Derecho Administrativo era apenas conocido, salvo por los aportes de Goodnow de fines del siglo XIX y principios del XX[97]).

---

[95]   Confr. al respecto un clásico en su época utilizado por nuestra Corte en su versión inglesa: Landis, James: *The administrative process*, Yale University Press, New Haven, 1941, traducido en nuestro país por Rodolfo Bledel bajo el título *El poder administrativo*, Depalma, Buenos Aires, 1951, donde se comprueba que al tratar los tribunales administrativos (cap. I: "La función del tribunal administrativo"), de lo que está hablando es en realidad de las distintas actividades de las agencias en el derecho británico y norteamericano.

[96]   Willoughby, Westel Woodbury: *The Constitutional Law of the United States*, 2ª ed., Baker Voorhis, Nueva York, 1929, vol. III, pp. 1653-1655. Ver su cita en Fallos: 187:79, "Costes v. Prado", 1940; Fallos: 244:548, "López de Reyes", 1959; y también en "Fernández Árias", *cit.*

[97]   Goodnow, Frank J. *Derecho Administrativo comparado*, 2 ts., trad. esp., La España Moderna, Madrid, s/f. *Les principes du Droit Administratif des États Units*, trad. fr. de Gastón Jèze, Giard & Briére, París, 1907.

De su lado, otra fuente, esta vez jurisprudencial, fue el pronunciamiento de la Corte americana invocado por nuestro Alto Tribunal era la opinión del juez Hughes en el caso —también mencionado por aquel autor en su obra— *"Louisville and Nashville Railroad Company v. Garrett et al., Constituting the Railroad Commission of Kentucky"*, del 13 de diciembre de 1913, 231 U.S. 299, que trataba de una cuestión de fijación de tarifas, donde la Comisión del estado de Kentucky actuaba para su determinación a través de un procedimiento semejante al judicial, lo cual llevaba a discutir la constitucionalidad del ejercicio de tal actividad y la decisión consecuente por un órgano que no formaba parte del Poder Judicial.

Es decir, de la lectura de la obra de Willoughby y del voto del juez Hughes se desprende que el propósito no fue referirse al ejercicio de una actividad materialmente jurisdiccional por la Administración, como interpretó nuestra Corte, sino si era posible que las agencias dictaran *adjudications* (decisiones o actos administrativos) como los tribunales judiciales. Vale insistir que en derecho administrativo en ciernes en esa época no se contemplaba la figura del acto administrativo, por donde la única figura jurídica más próxima era la sentencia. Tampoco ahora se ha configurado la doctrina del acto administrativo.

De allí la confusión: es decir, los que eran "tribunales", "juntas" o "comisiones" que tomaban decisiones se las asimilaba derechamente a los tribunales del Poder Judicial, para así, a su vez, asimilar los "actos administrativos" que dictaban a las "sentencias", y todo ello, en definitiva, por no contar con la institución del "acto administrativo".

Más tal confusión no es sólo achacable a la corte americana. La nuestra ha incurrido en análogas confusiones. Basta como ejemplo la cita que se da en el considerando 11 de "Fernández Árias" de actividades que se pretendieron encuadrar como "jurisdiccionales" cuando eran en realidad "administrativas", como las sanciones aplicadas por la entonces Prefectura General Marítima o el Departamento Nacional del Trabajo.

Debe tenerse presente que el hecho de que un organismo administrativo actúe en forma colegiada y hasta se lo llame "tribunal", no significa que esté ejerciendo funciones jurisdiccionales. Así, en el caso "López de Reyes" (Fallos: Fallos: 244:548), se trataba de la denegación por parte de la Caja Nacional de Previsión para el Personal de la Industria de una jubilación por invalidez solicitada por la actora, que fue confirmada por el Directorio del Instituto Nacional de Previsión Social. Evidentemente, poco de "jurisdiccional" tenía la decisión impugnada.

En otro caso, "Hussar", sentencia del 16 de octubre de 1996 (Fallos: 319:2215), se caratuló "jurisdiccional" el otorgamiento o rechazo de beneficios jubilatorios por parte del Instituto Nacional de Previsión Social,

Un último y más reciente ejemplo es "Gador .A.", del 9/3/2004 (Fallos: 327:367)[98], que también conceptuó como jurisdiccional la aplicación de una multa a dicho laboratorio por la Administración Nacional de Medicamentos, Alimentos y Tecnología Médica (ANMAT).

---

[98]   La Ley, del 7 de julio de 2004.

B. *El caso "Ángel Estrada"*

Fallado por la Corte Suprema de Justicia de la Nación el 5 de abril de 2005, la mención de la jurisdicción primaria se erigió en uno de los fundamentos que sirvió para revocar el pronunciamiento mayoritario de la Sala I de la Cámara Nacional de Apelaciones en lo Contencioso Administrativo Federal[99], tribunal, este último, que había sostenido que el Ente Nacional Regulador de la Energía Eléctrica (ENRE) era competente para resolver sobre los daños y perjuicios reclamados por los usuarios —como si se tratara de una demanda común de daños y perjuicios que se interponen ante los tribunales judiciales—, independientemente de la cláusula indemnizatoria fija establecida en el respectivo régimen del servicio.

Para delimitar la competencia del ENRE respecto a dichas atribuciones en juego —luego de fijar en los nuevos recaudos que ahora se exigen para la validez constitucional de atribuciones jurisdiccionales a determinados órganos y entes de la Administración[100]—, en el considerando 13 nuestra Corte directamente aboca al tratamiento de la jurisdicción primaria, en estos términos:

"Que conviene recordar que la atribución de la jurisdicción primaria a organismos administrativos (doctrina tomada de E.E.U.U.) se justifica cuando la resolución de la controversia presuponga la familiaridad con hechos cuyo conocimiento haya sido confiado por la ley a cuerpos expertos, debido a que su dilucidación depende de la experiencia técnica de dichos cuerpos; o bien porque están en juego los particulares deberes regulatorios encomendados por el Congreso a una agencia de la administración; o cuando se procure asegurar la uniformidad y consistencia en la interpretación de las regulaciones políticas diseñadas por la agencia para

---

[99] Publicado en El Derecho, T. 187-982. Bianchi comentó esta sentencia bajo el título "Algunas precisiones sobre el alcance de las facultades jurisdiccionales de los entes reguladores", ED, suplemento de Derecho Administrativo del 29/9/00, más tarde incorporado en su libro *La regulación económica, cit.* También fue comentado por Nidia Carina Cicero, y Horacio L. Bersten, en los trabajos respectivamente titulados: "El caso Ángel Estrada: la procedencia de la indemnización por privación de suministro del servicio eléctrico y el rol del ente regulador" y "Facultades de los entes para resolver conflictos", publicados ambos en Jurisprudencia Argentina, T. 2001-IV, pp. 248 y ss.

[100] Conviene señalar que en la Argentina se aceptó la posibilidad de que de la Administración ejerza actividades materialmente jurisdiccionales. En este caso, la Corte fijó nuevas precisiones sobre los requisitos que deben reunir los tribunales administrativos para que se considere válida constitucionalmente su institución. Así al "control judicial suficiente", prefijado *in re* "López de Reyes", Fallos: 244:548 (1959) , y muy especialmente "Fernández Arias", Fallos: 247:646 (1960), y la referencia trascendente de "independencia y neutralidad" (prefigurada por Julio Rodolfo Comadira en: "Reflexiones sobre la regulación de los servicios privatizados y los entes reguladores (con particular referencia al ENARGAS, ENRE, CNT Y ETOSS)", ED 162-1134, más tarde publicado en *Derecho Administrativo*, 1ª edición, Buenos Aires, 1996, pp. 217-250, esp. p. 248) en el caso "Litoral Gas", Fallos: 321:776 (1998) —recaudos que en el caso citan el Alto Tribunal como sustento jurídico de la doctrina que se expone— ahora ha precisado su alcance e incluido nuevos componentes que dan sentido a la institución, expresados en el considerando 12, ello es: *i)* que sean *creados por ley, ii)* que estén aseguradas su *independencia e imparcialidad* (recaudo que podría considerarse una formulación de aquella "independencia y neutralidad", (recaudo que menciona Juan Carlos Cassagne en la 7ª edición de su *Derecho Administrativo*, Lexis Nexis, Buenos Aires, 2006, T. II, p. 415), *iii)* el objetivo político y económico para crearlos estén *razonablemente justificados* (punto reiterado en el considerando 14), y *iv)* que estén sujetas a *control judicial amplio y razonable* (de donde, lógicamente , se sigue la imposibilidad de limitar el alcance del control judicial).

una industria o mercado particular, en vez de librarla a los criterios heterogéneos o aun contradictorios que podrían resultar de las decisiones de jueces de primera instancia ..." (cita al efecto, entre otros precedentes *"Abilene"* y *"Far East Conference"*).

"Por el contrario [dicho tribunal] entendió que el principio de la jurisdicción primaria no rige cuando la cuestión controvertida es ajena al régimen propio de las agencias [a cuyo fin cita el caso *"Nader"*]. (...).

"Es decir, la jurisdicción de las agencias se circunscribe a las materias que configuran «el corazón» de las tareas que tuvo en miras el Congreso que las emplazó. (...) por ejemplo, las decisiones relativas a la razonabilidad de las tarifas [cita *"Texas & Pacific Railway"*, *"Far East Conference"* y *"Western Pacific"*].

"Según estos principios, en el caso de autos estarían sujetas a la jurisdicción primaria de los organismos administrativos las controversias que se susciten entre los sujetos mencionados en la primera parte del art. 72 de la ley 24.065, en la medida en que las relaciones entre ellos afecten el correcto funcionamiento del servicio. (...) Es que la denominada «jurisdicción primaria» de las agencias administrativas comprende los conflictos que originalmente corresponden a la competencia de los jueces ordinarios, pero que en virtud de la existencia de un régimen propio, incluyen determinados extremos comprendidos dentro de la competencia especial de un cuerpo administrativo [cita "Western Pacific"] ..., con la salvaguarda de que la palabra final sobre la validez de las órdenes o regulaciones dictadas por aquél siempre compete a los jueces ordinarios" (el énfasis me pertenece).

¿Era necesario invocarla? Creo que no, puesto que la cuestión sustancial era resolver si el ENRE tenía o no competencia. Recordemos que del precedente *"Western Pacific"* se desprendía que, como lo había delimitado el juez Harlan, la "jurisdicción primaria" significaba que *la materia estaba asignada primeramente a los tribunales*, pero en el marco de un esquema regulatorio *convenía* que se pronunciara la agencia antes que el tribunal en virtud de que las cuestiones que estaban en juego, eran propias de la especialidad de aquélla, aunque la competencia fuere judicial; en cambio el "agotamiento" (*exhaustion*) se aplica cuando el reclamo *es atribuido en primera instancia* (no entendida como judicial) *a la agencia.*

En el caso, nadie discutía que el ENRE era competente para resolver, de acuerdo a las normas de creación (art. 72 de la ley 24.065[101]), las cuestiones vinculadas *a la prestación del servicio* y *fijar las sumas que, de acuerdo al contrato, se debían reconocer al usuario.* Pero ello no significa, según lo entiendo, que se siga que tales materias signifiquen que el ente tenga la *"jurisdicción primaria"* (pese a que, con imprecisión, se hable de "previa y obligatoria jurisdicción del ente" en el marco regulatorio, sino que, simplemente, se trata de una *competencia legal* otorgada por ley para resolver tales conflictos entre los sujetos de la regulación (productores, transportistas, distribuidoras y usuarios). Es decir: es necesario en forma previa el *agotamiento de la vía administrativa* para acudir a la vía judicial (por vía del denominado "recurso directo"), o, con otros términos *seguir la vía administrativa previa* antes

---

[101]   "Toda controversia que se suscite entre generadores, transportistas, distribuidores, grandes usuarios, con motivo del suministro o del servicio público de transporte y distribución de electricidad, deberá ser sometida en forma previa y obligatoria a la jurisdicción del ente.

"Es facultativo para los usuarios, así como para otro tipo de terceros interesados, ya sean personas físicas o jurídicas, por iguales motivos que los enunciados en este artículo, el someterse a la jurisdicción previa y obligatoria del ente."

de acudir a la instancia judicial (mas es preciso tener en cuenta que en el marco regulatorio de la electricidad dicha vía no es obligatoria para los usuarios, de acuerdo al segundo párrafo del art. 72).

Si, desde otro punto de vista, se quería sostener que era preciso tal agotamiento, la invocación de la jurisdicción primaria en nada convenía, puesto que si la Corte entendió que el ENRE no era competente para fijar indemnizaciones de daños y perjuicios, en nada le servía la doctrina de la jurisdicción primaria.

En efecto, conforme a nuestro ordenamiento, el tribunal judicial no podría *deferir* la cuestión hasta el pronunciamiento del ente regulador, es decir, derivar la causa a éste, o suspenderla hasta que el órgano se expidiera como experto. En este sentido, en su voto en la instancia anterior, el juez Buján, con precisión señaló en la nota 16 de su voto *in re* "Ángel Estrada" que si el usuario reclamaba la intervención directa de la Justicia, el juez requerido no podía negarse a intervenir "difiriendo la resolución al ENRE"; a este fin invocó como sustento la institución del sistema judicialista para la solución del conflicto entre partes, que surge de los arts. 109, 111 y 112 de la Constitución Nacional, con lo cual

> "recobra totalmente su vigencia el principio de plena jurisdicción del juez, quien debe ejercer su jurisdicción en forma obligatoria, estándole constitucionalmente vedado dejar la decisión del caso a la Administración, o someter a ella la decisión de cuestiones incidentales, como pueden serlo las relativas a la interpretación del alcance de una ley (como es el caso del ENRE) o de un acto administrativo normativo de alcance general ..., cuestiones todas ellas que, en nuestro régimen judicialista, revisten naturaleza jurisdiccional."

Lo correcto, en todo caso, sería requerirle el pronunciamiento técnico, ello es, en carácter de prueba pericial. Precisamente, en dicha línea, y en una visión mucho más práctica y acorde con nuestro régimen jurídico, el profesor Mairal ha dado la clave —vale reiterarlo– en este tema al proponer la aplicación del art. 476 del Código Procesal Civil y Comercial de la Nación en tanto que permite que como medio de prueba, se requieran a otras instituciones científicas el dictamen sobre puntos determinados. De tal manera, de una forma ritualmente admisible, nada quita que los tribunales, ante una cuestión dudosa puedan acudir a los entes reguladores o la Administración Pública para requerirles su dictamen u opinión.

Mas considero conveniente advertir, que si se pretende acudir a la "ayuda material", de experto, ello no será para preparar el terreno mediante una *decisión previa* del ente u órgano regulador, sino, simplemente, a una *opinión técnica*, y nada más. Una cosa es la decisión previa y otra muy distinta el dictamen u opinión técnica. Con lo cual tampoco sería jurídicamente válido remontarse a la aplicación de la doctrina de la jurisdicción primaria.

IV. CONCLUSIONES

La jurisdicción primaria responde a las características de un sistema jurídico iusadministrativo distinto al continental europeo, en la medida que sus instituciones se acomodaron a una realidad particular y a las características de los jueces norteamericanos, quienes prefirieron dar sus propias respuestas a los problemas vinculados con las relaciones de los particulares y las agencias, antes que acudir a la aplicación de instituciones del derecho comparado. Pero tal característica práctica no ha permitido configurar un derecho estructurado a través de instituciones como las de derecho continental europeo que hemos recibido en Iberoamérica.

Debe quedar en claro, en ese sentido, que la jurisdicción primaria en el concepto americano es de utilización bastante *discrecional* por los tribunales (por no decir arbitraria en algunos casos), y que no significa que la Administración deba intervenir previamente, sino que son los tribunales los que consideran que pese a tener competencia en la materia, *conviene* por razones diversas (uniformidad, experiencia, etc.) escuchar o deferir la cuestión a la previa intervención de la agencia.

Tal intervención no aparece como "jurisdiccional", sino que obedece a razones de "competencia" o "autoridad"[102] en la materia regulatoria específica y en la inteligencia de una conveniente distribución de trabajo entre las agencias y los tribunales o cortes. Si fuera "jurisdiccional" es lógico que estaríamos ante alguno de los supuestos del *"timing"* (cuestión que no es clara aplicación, como se vio). Es más, en la doctrina americana *nada permite entender que los autores hayan comprendido que la jurisdicción primaria significaba el ejercicio de una actividad que para nuestra doctrina y jurisprudencia es materialmente jurisdiccional*[103].

Si se aplicara dicha doctrina se estaría, a mi juicio, quebrantando el art. 116 de la Constitución Nacional que impone a los jueces la decisión de *todas* las *causas* que se les someten. En otros términos, cuando una causa llega a conocimiento del juez, éste debe resolverla y no, por un criterio de conveniencia, *deferirla* a la Administración.

Invocar la jurisdicción primaria significa traer un problema y no una solución, puesto que ella se motivó en una carencia institucional inexistente en nuestros derechos, que cuentan con un bagaje suficiente en su acervo jurídico.

---

[102] Travis, art. *cit.*, p. 931. Justamente, la palabra *"jurisdiction"* comprende un alcance a la traducción castellana, porque no solamente abarca la potestad del tribunal, sino también las "áreas de autoridad" en que se ejerce dicha potestad. Ver *Black's Law Dictionary*, 6.ª ed., West, St. Paul, Minnesotta, 1990, voz *"jurisdiction"*. También la misma voz en *Oxford dictionary of Law*, 4ª ed. Glasgow, 1997.

[103] Justamente, en el *Black's Dictionary*, al tratar la voz *"primary jurisdiction"*, se precisa mediante la cita de un precedente que ella *"no comprende la jurisdicción en el sentido técnico*, sino que es una doctrina referida a una posición de autolimitación (*self restraint*) judicial y se aplica cuando la corte considera (*feels*) que la cuestión sería resuelta (*handled*) por una agencia administrativa creada por la legislatura para entender con tales problemas" (el énfasis me pertenece).

Nuestro derecho desde hace décadas ha instituido como principio legalmente plasmado el de la necesidad del agotamiento de la vía administrativa previa, conformado sobre el modelo español, como paso indispensable para la habilitación de la instancia judicial (o posibilidad de intervención de los tribunales judiciales). De modo que cuando existe un régimen que impone el agotamiento de la vía administrativa, será necesario a él someterse (por ejemplo, así lo establece en el orden federal nuestra Ley Nacional de Procedimientos Administrativos Nº 19.549 en sus arts. 23 y 24, en relación a la impugnación de actos administrativos de alcance particular o general, o en los supuestos de reclamos administrativos del art. 30, con las excepciones del art. 32; o, también, en los casos de recursos contra las decisiones de tipo jurisdiccional o administrativo de los entes reguladores de los servicios públicos o de actividades de interés general).

BOLIVIA

§3. CONTENCIOSO ADMINISTRATIVO EN BOLIVIA

José Mario Serrate Paz

I. ANTECEDENTES HISTÓRICOS

Difícil tarea escribir sobre el contencioso administrativo en un país donde no existe el fuero sobre la materia ni tampoco una compilación y menos una ley sistemática sobre el particular. ¡Paradojas del destino! Bolivia fue en Sudamérica uno de los primeros países en dotarse de los códigos: civil, 1830; procedimiento civil 1832; penal, 1834 y mercantil 1834, y hoy por hoy, no tenemos en vigencia una ley del contenciosos administrativo.

Inspirado en la imperiosa necesidad de evitar la confusión de poderes, el Decreto del Poder Ejecutivo, de fecha 24 de Diciembre de 1857, estableció la creación del Consejo de Estado con dieciocho miembros, de los cuales cinco conformaban una *comisión permanente* con el cometido de desempeñar las funciones de Tribunal en todo lo concerniente a la materia contencioso-administrativa.

Que habiéndose separado por el Decreto arriba mencionado de la jurisdicción ordinaria todos los asuntos contencioso-administrativos, resultaba indispensable determinar la organización de estos tribunales; en tal sentido mediante Decreto 26 de junio de 1858, emitido por el Poder Ejecutivo, se crearon *tribunales especiales* conformados por el Jefe Político de cada Capital de Departamento (hoy Gobernador Departamental), un Vocal de la Municipalidad y el Administrador del Tesoro, para atender las causas contencioso-administrativas, dotándolos de su respectivo procedimiento.

El fuero contencioso-administrativo tuvo vigencia hasta que la ley del 30 de septiembre de 1871, emanada de la Asamblea Nacional Constituyente en su artículo 1º dispuso *"queda abolido el fuero contencioso administrativa"* y en su artículo 2º ordenó *"los jueces y tribunales ordinarios conocerán estas causas"*

Estos artículos, modificaron el texto de la Ley Orgánica Judicial del 31 de diciembre 1857, vigente en la época, a la que fueron incorporados, quedando en consecuencia como dentro de las atribuciones de la Corte Suprema, la de conocer las demandas contencioso-administrativas a que dieran lugar las resoluciones del Poder Ejecutivo, con lo que quedó sepultado hasta la fecha, el otrora flamante fuero contencioso-administrativo en Bolivia.

Si tuviéramos que ubicar en qué modelo se inspiró la creación del fuero contencioso administrativo y su procedimiento especial en Bolivia, podríamos afirmar que fue en el sistema francés de la jurisdicción retenida. Abolido que fue el fuero .por la ley del 30 de septiembre de 1871, nuestro sistema se enroló, a nuestro criterio, en el sistema anglosajón de la jurisdicción única. Es decir, nuestro sistema del contencioso-administrativo fue judicial, porque todos los litigios eran de conocimiento de los Tribunales ordinarios, incluyendo desde luego aquéllos en que era parte la propia Administración Pública, respondiendo al principio de unidad de jurisdicción.

Posteriormente y hasta nuestros días se ha mantenido en un sistema, que podría denominarse mixto, ya que en varios intervalos, hubieron tribunales eminentemente administrativos que no admitían el control jurisdiccional como es el caso de los tribunales agrarios, cuyas resoluciones eran expresamente irrevisables por el Poder Judicial y otros como el Tribunal Fiscal que actualmente permite a los administrados optar por permanecer en los tribunales administrativos o decidirse por la justicia ordinaria.

Por su parte, la Constitución Política del Estado (CPE) desde 1878[1], estableció dentro de las atribuciones de la Corte Suprema de Justicia la de ...*conocer las demandas contencioso administrativas a que dieren lugar las resoluciones del Poder Ejecutivo*, manda que ha permanecido en forma expresa en las diversas modificaciones suscitadas hasta la Reforma Constitucional de 2005[2].

En la actual CPE, que data del 7 de febrero de 2009, no existe una norma similar respecto a las demandas contencioso administrativas, por lo que consideramos que para estos casos continua siendo de aplicación lo dispuesto en la Ley de Organización Judicial (LOJ)[3], que como ya se manifestó, establece dentro de las atribuciones de la Sala Plena, *la de conocer las causas...y demanda contencioso administrativa a que dieren lugar las resoluciones del Poder Ejecutivo, con arreglo a la CPE.*

---

[1]   CPE 1878, Art. 111 atribución 5° "Son atribuciones de la Corte Suprema, a más de las que señalan las leyes ... conocer de las causas contenciosas..., y de las demandas contencioso administrativas a que dieren lugar las resoluciones del mismo."
[2]   Ley 3089 de 6 de julio de 2005. Ley de Reforma CPE.
[3]   Ley 1455 de 18 de febrero de 1993, Art. 55 inc.10

II. EL PROCESO CONTENCIOSO ADMINISTRATIVO EN EL MARCO JURÍDICO ACTUAL

1. *Organización Judicial en Bolivia*

En la actualidad el Tribunal Supremo de Justicia es el máximo tribunal de la jurisdicción ordinaria, y aunque la CPE no le atribuye expresamente la facultad de *conocer las demandas contencioso administrativas a que dieren lugar las resoluciones del Poder Ejecutivo,* por disposición de la LOJ aún en vigencia, y del Código de Procedimiento Civil[4], resulta el Tribunal Supremo de Justicia con competencia originaria para conocer estas causas contencioso-administrativo.

Por su parte, también la Ley de Procedimiento Administrativo (LPA)[5] dispone que el control judicial por la vía administrativa debe ser realizado directamente por la Corte Suprema de Justicia, hoy Tribunal Supremo de Justicia.

En razón de haberse aglutinado todos estos procesos ante el Tribunal Supremo de Justicia, el Tribunal Constitucional[6] paliando estas concentraciones, sentó una línea jurisprudencial más abierta[7] respecto al control judicial de las actuaciones municipales. Así por ejemplo, cuando los actos de la administración municipal son impugnados por la vía contencioso-administrativa, su conocimiento y resolución corresponderá a la Corte Superior de Distrito, hoy Tribunal Departamental de Justicia, como órgano del Poder Judicial con jurisdicción y competencia departamental, tomando en consideración los alcances de la Ley de Municipalidades, a fin de conceder el acceso a la justicia a los ciudadanos de una determinada circunscripción municipal.

Más aún, como consecuencia de los referidos fallos se incorporó a la LOJ, el siguiente texto[8]: "Art. 103, (atribuciones de la Sala Plena) Las Cortes Superiores de

---

[4]   Código de Procedimiento Civil (CPC), Art. 778: "El proceso contencioso administrativo procederá en los casos en que hubiere oposición entre el interés público y el privado y cuando la persona que creyere lesionado o perjudicado su derecho privado, hubiere *ocurrido previamente ante el Poder Ejecutivo* reclamando expresamente del acto administrativo y *agotando ante ese Poder* todos los recursos de revisión, modificación o revocatoria de la resolución que le hubiere afectado"
        Art. 779: "La demanda se interpondrá ante la Corte Suprema de Justicia con todos los requisitos establecidos por el artículo 327. Se indicará concretamente el decreto o resolución suprema que se impugnare. La acción se dirigirá al Fiscal General de la República".
[5]   Ley 2341 de 23 de abril de 2002, Art. 70 "Una vez resuelto el Recurso Jerárquico, el interesado podrá acudir a la impugnación judicial por la vía del *proceso contencioso administrativo ante la Corte Suprema de Justicia"*
[6]   El Tribunal Constitucional es el organismo que tiene por atribución conocer y resolver en única instancia, los asuntos de puro derecho sobre la inconstitucionalidad de las leyes, decretos y cualquier género de Resoluciones no judiciales.
[7]   "La competencia conferida para el conocimiento y resolución de los procesos contencioso-administrativos es del Poder Judicial pero no exclusivamente de su órgano o máximo tribunal que es la Corte Suprema de Justicia, a quien se reserva el conocimiento de este tipo de procesos cuando los actos administrativos cuestionados emergen del Poder Ejecutivo. En cambio para los actos y resoluciones de la administración municipal, corresponderá su conocimiento a una Corte Superior de Distrito." Línea Jurisprudencial trazada por los Autos 60, 61 y 62 del 17 de julio de 2002; y 24, 25, 26, 27 y 28 del 9 de Abril de 2003. En la actualidad el Tribunal Constitucional ha establecido que sus fallos se denominarán Sentencias Constitucionales.
[8]   Ley 3324 de 18 de enero de 2006

Distrito, en Sala Plena, tendrán las siguientes atribuciones: inc. 22, Conocer y resolver los procesos contencioso-administrativos señalados en la Ley de Municipalidades, correspondiente a los municipios de todo el Departamento o Distrito Judicial"

En 1993 la actual Ley de Organización Judicial[9] (LOJ), creó los juzgados en materia administrativa, coactiva fiscal y tributaria, pero reducidos a la mínima expresión en lo que respecta a materia administrativa, porque si bien la norma dice que pueden *"Conocer en los casos previstos por la ley, de los procedimientos administrativos declarados contenciosos y, en general, todos aquellos que le están atribuidos por leyes especiales.",* la propia norma los limita a conocer y decidir únicamente en causas en que el Estado o las entidades públicas, sean actores y no así en las que sean demandados.

Sin embargo, a estos juzgados, en materia tributaria, se les amplía su competencia, facultándolos a conocer y decidir en primera instancia de los procesos contencioso-tributarios por demandas originales en los actos que determinen tributos, así como en las de restitución de pagos indebidos, intereses o multas y en general, de las relaciones jurídicas emergentes de aplicación de leyes tributarias[10]. Es decir pueden conocer y decidir en las demandas iniciadas tanto por la administración como por los administrados.

En resumen, los procesos contenciosos administrativos propiamente, cuando son iniciados por los particulares contra el Estado no han tenido cabida en los juzgados en materia administrativa, coactiva fiscal y tributaria, sino que deben ser incoados ante el Tribunal Supremo de Justicia o bien ante la jurisdicción civil, sometidos a la justicia ordinaria y a su procedimiento, y no a los jueces o tribunales de la materia específica del contencioso administrativo.

2. El proceso contencioso administrativo

En la actualidad en lo referente al proceso contencioso administrativo, la normativa se circunscribe a lo establecido en el Art. 778 del Código de Procedimiento Civil: *"El proceso contencioso administrativo procederá en los casos en que hubiere oposición entre el interés público y el privado y cuando la persona que creyere lesionado o perjudicado su derecho privado, hubiere ocurrido previamente ante el Poder Ejecutivo reclamando expresamente del acto administrativo y agotando ante ese Poder todos los recursos de revisión, modificación o revocatoria de la resolución que le hubiere afectado".*

---

[9]   Ley 1455: Art. 157 "Las causas contenciosas fiscales que por obligaciones con el Estado, sus instituciones y organismos, entidades descentralizadas, municipalidades y empresas públicas, sean promovidas a demanda de estas entidades...", es decir, solamente se les atribuye competencia cuando la administración ocupe el rol de actora en las actuaciones procesales y no como demandada. La frase: "sean promovidas a demanda de estas entidades", niega competencia a las personas privadas para demandar al Estado o a sus instituciones, pues solo le reconoce competencia a estos Juzgados cuando las entidades son estatales.
[10]   Ley 1455, Art. 157-B) 1 y 2

El citado Código también establece:

- Que estas demandas se interpondrán ante el Tribunal Supremo de Justicia y que deben de indicar el decreto o resolución suprema que se impugnare[11].

- Que el plazo de noventa días para interponer la demanda es fatal y se cuenta desde la fecha en que se notificare la resolución denegatoria[12].

- Que el proceso será tramitado en la vía ordinaria de puro derecho, debiendo dictarse sentencia dentro del término legal[13]. Es decir, que el Tribunal Supremo de Justicia no puede abrir a prueba la causa contencioso-administrativa quedando limitada a devolver el expediente a sede administrativa para enmendar los errores u omisiones.

De lo que se desprende, que de fallar el Tribunal Supremo sin que se produzcan los elementos de hecho, resentiría el derecho del administrado a la plena jurisdicción, pues quedaría cercenado su derecho a la revisión de todas las etapas del procedimiento en sede administrativa.

Como se puede apreciar, estas escuetas directrices establecidas en el Código de Procedimiento Civil, son las únicas que trazan el lineamiento general del proceso contencioso-administrativo y que permanecen en vigencia hasta la fecha, pues como se dijo anteriormente, el procedimiento de lo contencioso administrativo y su fuero quedaron abolidos con la Ley del 30 de septiembre de 1871.

Ahora bien, de conformidad a la normativa en vigencia, el proceso contencioso-administrativo prospera cuando:

a) Hubiere oposición entre el interés público y el privado.

b) La persona que se creyere afectada hubiere ocurrido previamente ante el Órgano Ejecutivo, reclamando dicho acto administrativo

c) Se hubiesen agotado en sede administrativa, todos los recursos contra la resolución que le hubiere afectado.

La Ley de Procedimiento Administrativo, vigente desde Julio de 2003, que es la primera en su género en Bolivia, determina que la vía administrativa queda agotada en los siguientes casos:[14]

a) Cuando se trate de resoluciones que resuelvan los recursos jerárquicos interpuestos.

b) Cuando se trate de actos administrativos contra los cuales no proceda ningún recurso en vía administrativa, conforme a lo dispuesto en esta y en otras leyes.

---

[11] Código de Procedimiento Civil, Art. 779
[12] *Idem*, Art. 780
[13] *Idem*, Art. 781
[14] Ley 2341, Art. 69

c) Cuando se trate de resoluciones de los órganos administrativos que carezcan de superior jerárquico, salvo que una ley establezca lo contrario.

d) Cuando se trate de resoluciones distintas de las señaladas en los literales anteriores, siempre que una ley así lo establezca.

Cómo se ve, no existen otras disposiciones referentes a la materia que tratamos, de ahí la necesidad de la promulgación de una ley contencioso-administrativa, esperada en el país y que creemos, debe regular las especificidades que la caracterizan, dejando a un lado la aplicabilidad directa del procedimiento civil y sólo conservar éste, como norma supletoria.

3. *Necesidad de la creación del Fuero Contencioso-Administrativo*

Debido al enmarañamiento de la actual normativa a la que debe circunscribirse el proceso contencioso administrativo y la ausencia de una ley específica, es que resulta urgente e imperativa la promulgación, como ley, del Proyecto de la Jurisdicción Contencioso-Administrativa y Tributaria que por hoy continúa reposando en los anaqueles del Órgano Legislativo.

La otrora Corte Suprema de Justicia, en uso de sus atribuciones constitucionales[15], en septiembre de 2005, elevó al Congreso Nacional dicho Proyecto quien lo remitió a la Cámara de Diputados. El Comité de Constitución, Legislación y Sistema Electoral realizó algunas enmiendas, las mismas que fueron aprobadas por la Comisión de Constitución, Justicia y Policía Judicial y luego remitidas al seno de la Cámara de Diputados, para su tratamiento.

Cobra relevancia este Proyecto por estar ya generando nuevas ideas que tratan de incorporar las normas y principios recogidos del derecho comparado. En este sentido, cabe mencionar lo dificultoso que resulta plasmar nuevos conceptos en nuestra realidad jurídica al sólo contar con exiguos antecedentes nacionales sobre la materia, tanto en el campo de la doctrina como de la jurisprudencia.

III. PROYECTO DE LEY DEL PROCESO CONTENCIOSO ADMINISTRATIVO

Se debe considerar que el Proyecto de ley al que hacemos referencia se elaboró en el marco de la Constitución Política del Estado vigente, hasta el 7 de febrero de 2009, fecha en la que entró en vigencia la nueva Constitución. Si bien no estamos de acuerdo en un todo no podemos desconocer la incorporación de modernos giros que se le han dado al Proyecto y la oportunidad que se debe crear para generar consenso entre los distintos operadores de la justicia.

---

[15] CPE (2004), Art.71-II "La Corte Suprema de Justicia podrá presentar Proyectos de Ley en materia judicial y reforma de los códigos mediante mensaje dirigido al Poder Legislativo"

1. *Estructura orgánica y competencia*

El Proyecto de Ley del Proceso Contencioso Administrativo, en cuanto a la estructura orgánica y a los efectos de corregir el centralismo dentro del Órgano Judicial, busca descongestionar al máximo Tribunal de Justicia aproximando al ciudadano la jurisdicción Contencioso-Administrativa.

Siguiendo los lineamientos de la organización política del país[16], el Proyecto ha distribuido los órganos jurisdiccionales en la siguiente forma:

- Los Juzgados de Partido de lo Contencioso-Administrativo en las Provincias y en las capitales de Departamento.

- Las Salas de lo Contencioso-Administrativo en las nueve Cortes Superiores de Distrito, y otra, en la Corte Suprema de Justicia.

El Proyecto establece que los Juzgados de Partido en las Provincias y en las Capitales de Departamento tendrán competencia para conocer todas las demandas sobre Actuaciones Administrativas Impugnables que *se hubiesen originado en una Administración Pública con domicilio en su jurisdicción*, con excepción de aquellas demandas que sean de competencia de las Salas de lo Contencioso-Administrativo de las Cortes Superiores de Distrito o de la respectiva Sala de la Corte Suprema de Justicia por razón de cuantía, materia, naturaleza, calidad de la persona demandada o jerarquía del órgano jurisdiccional.

Así también dispone que entre las Salas de lo Contencioso-Administrativo de las Cortes Superiores de Distrito, será competente la de la jurisdicción donde tenga su domicilio la Administración Pública demandada y en cuanto al monto desde ocho millones 00/100 Unidades de Fomento a la vivienda (UFV' 8.000.000.00) hasta cuarenta millones 00/100 Unidades de Fomento a la Vivienda (UFV' 40.000.000.00) en materia administrativa no tributaria.

Los mismos se grafican en el siguiente cuadro[17]:

---

[16]   *Idem*, Art. 269"I. Bolivia se organiza territorialmente en departamentos, provincias, municipios y territorios indígena originario campesinos"
[17]   Serrate Paz, José Mario y Otros: *Derecho Administrativo Iberoamericano. 100 autores en homenaje al postgrado de Derecho Administrativo de la Universidad Católica Andrés Bello. "Análisis y Evolución del Proyecto de Ley del Proceso Contencioso Administrativo en Bolivia".* T. II, Paredes. Caracas, Venezuela. 2007. p. 1227

Competencias	Sala Contencioso-Administrativa Corte Superiores de Distrito	Sala Contencioso-Administrativa Corte Suprema de Justicia
En razón de la cuantía	Demandas desde 8 millones a 40 millones de UFV's en materia administrativa no tributaria	Demandas superiores a 40 millones de UFV's[18] en materia administrativa no tributaria.
En razón de la materia	Demandas sobre Actuaciones Administrativas Impugnables tributarias sin cuantía.	Demandas sobre: -Prácticas anticompetitivas y fijación de tarifas de servicios públicos establecidas por el Sistema de Regulación Sectorial (SIRESE); y -Responsabilidad disciplinaria por faltas muy graves cometidas por jueces y magistrado en el ejercicio de sus funciones.
En razón de la naturaleza de la actuación administrativa impugnable	Demandas sobre reglamentos aprobados por una Administración Pública de competencia local; sea en vía directa o indirecta a través de la impugnación del acto de aplicación.	Demandas sobre reglamentos aprobados por una Administración Pública de competencia nacional; sea en vía directa o indirecta a través de la impugnación del acto de aplicación.
	Demandas contra **entidades descentralizadas con jurisdicción nacional o departamental** y autoridades con competencia nacional, salvo aquellas de Competencia de la Corte Suprema de Justicia.	Demandas sobre Actuaciones Administrativas Impugnables del Presidente de la República, Contralor General de la República, Consejo de la Judicatura, órganos administrativos del Poder Legislativo, la Corte Nacional Electoral, el Tribunal Constitucional, la Fiscalía General de la República y Defensor del Pueblo
En razón de la jerarquía del órgano jurisdiccional	Recursos de apelación contra las sentencias dictadas por los Jueces de Partido en Provincias y capitales de Departamento	Recursos de casación contra los autos interlocutorios definitivos, sentencias y autos de vista dictados por las Salas de lo Contencioso Administrativo de las Cortes Superiores de Distrito.

---

[18] La Unidad de Fomento de Vivienda (UFV) es un índice referencial que muestra la evolución diaria de los precios y se calcula sobre la base del Índice de Precios al Consumidor (IPC) que publica el Instituto Nacional de Estadística (INE). La UFV fue creada mediante el Decreto Supremo 26390 de 8 de noviembre de 2001 y, por Resolución de Directorio del Banco Central de Bolivia N° 116/2001 de 20 de noviembre de 2001, se reglamenta su cálculo.

2. *Nuestro criterio sobre la asignación de competencias*

Las razones establecidas en el Proyecto para determinar las competencias, si bien mejoran en relación con la actual normativa, consideramos que no responden a la realidad del país. Un país unitario como Bolivia, cuya población está acostumbrada a que todos los problemas se resuelvan en la sede de gobierno y una administración con la misma mentalidad, desvirtúan los propósitos del Proyecto y sus objetivos (la desconcentración en el órgano Judicial y llegar con la justicia a todo el territorio estatal y a todos los ciudadanos del país) los que se verán diluidos con el paso del tiempo.

No estamos de acuerdo en que los Juzgados de Partido en lo Contencioso-Administrativo tanto los de capitales de departamentos como los de provincias *tengan competencia excluyente para conocer las demandas sobre actuaciones administrativas impugnables, que se hubiesen originado en una administración pública con domicilio en su jurisdicción*, debido a que las reparticiones públicas generalmente tienen su domicilio en la sede del gobierno central.

Basamos nuestra disconformidad por cuanto este criterio es propio de la justicia ordinaria donde predomina la igualdad entre las partes, y en lo contencioso-administrativo una de las partes es el Estado que tiene presencia en toda la geografía del país. Compeler al demandante a que se traslade a la sede del gobierno central, donde la mayoría de los órganos del Estado tienen su domicilio, para presentar una demanda, es menoscabar el derecho a la tutela jurisdiccional efectiva de los administrados, en especial de aquéllos más alejados de los centros de poder y de los más carenciados.

En este sentido manifestamos: para que la competencia sea, distinta al criterio privatista, se otorgue la opción a favor del demandante de poder incoar la demanda en el domicilio del demandante o del demandado o el lugar donde se originó la actuación administrativa impugnable.

Somos también partidarios de que la competencia contencioso-administrativa debería, con abstracción al monto de las demandas, radicar en principio, en los Juzgados de Partido en lo Contencioso-Administrativo de Provincias y en los Juzgados de lo Contencioso-Administrativo de las Capitales de Departamentos, y residualmente, para casos excepcionales, en las Salas Contencioso-Administrativas de los Tribunales Departamentales de Justicia y en la Sala Contencioso-Administrativa del Tribunal Supremo de Justicia, acorde con los cometidos del Proyecto.

En tal sentido, las Salas Contencioso Administrativas de los Tribunales Departamentales de Justicia, deberían tener competencia para conocer los recursos de apelación contra las sentencias dictadas por los Jueces de Partido en Provincias y capitales de Departamento, así como para conocer las acciones de Amparo Constitucional en las causas vinculadas a toda la actividad administrativa impugnable.

Consideramos que en razón a la calidad de la persona demandada, también deberían tener competencia las Salas Contencioso Administrativas de los Tribunales Departamentales de Justicia, para conocer demandas contra entidades con jurisdicción nacional o departamental y autoridades con competencia nacional, cuyos actos impugnables se hubiesen producido en su jurisdicción, salvo aquellas de competencia de la Sala Contencioso Administrativa del Tribunal Supremo de Justicia.

Siguiendo con lo manifestado y como consecuencia de una realidad en nuestro medio, donde hace más de diez años que vienen funcionando las Superintendencias del Sistema de Regulación Sectorial, hoy llamadas Autoridades de Fiscalización y Control Social, consideramos que su control judicial debe ser ejercido por las Salas Contencioso-Administrativas de los Tribunales Departamentales de Justicia, observándose la competencia territorial según el lugar donde se originó la causa.

En cuanto a la Sala Contencioso Administrativa del Tribunal Supremo de Justicia consideramos debería tener competencia para conocer:

- En razón a la materia, en las demandas directas sobre responsabilidad por faltas muy graves cometidas por jueces y magistrados en el ejercicio de sus funciones.

- En razón a la calidad de la persona demandada, en las demandas sobre Actuaciones Administrativas Impugnables del Presidente del Estado, Contralor General del Estado, Consejo de la Judicatura, órganos administrativos del Poder Legislativo, la Corte Nacional Electoral, la Fiscalía General de la, Procuraduría General, Consejo de la Magistratura y el Defensor del Pueblo.

- En razón a la jerarquía del órgano jurisdiccional, los recursos de casación contra los autos interlocutorios definitivos y autos de vista dictados por las Salas de lo Contencioso Administrativo de los Tribunales Departamentales de Justicia, sólo en caso de jurisprudencia contradictoria.

A nuestro criterio, no se le debe atribuir al Tribunal Supremo de Justicia ni a los tribunales departamentales la competencia por razón de la cuantía, pues no existe objeción alguna para que estos casos se radiquen en los Juzgados de Primera Instancia del lugar de origen del acto administrativo impugnado, pues los Jueces que van a conocer en lo contencioso administrativo, aparte de la idoneidad con la que se presume deben contar, deberán ser capacitados en la materia antes de asumir su función. De esta manera se evitará el atosigamiento de causas en el Tribunal Supremo y no se verá disminuida la garantía de los administrados al suprimirle su derecho a la doble instancia.

Como ya se ha manifestado, vemos por conveniente asignar la competencia en razón a la jurisdicción donde produzca sus efectos el acto impugnado y no en el domicilio de la Administración Pública porque de esta manera se afectaría el espíritu desconcentrador del Proyecto.

La Sala Contencioso-Administrativa del Tribunal Supremo de Justicia, en los casos de única instancia -siendo el contencioso administrativo un juicio ordinario- a nuestro criterio debería tener jurisdicción plena, es decir la suficiente competencia para examinar, tanto cuestiones de hecho como las de derecho y no como ocurre en la actualidad que se escamotea el pleno control jurisdiccional de la actividad administrativa, asignándole solo en vía de derecho.

3. *El proceso contencioso administrativo en el Proyecto.*
Algunas particularidades

A. *Anuncio de Demanda*

Es novedoso en la economía procesal boliviana, la figura del *anuncio de demanda*, incorporada en el Proyecto como actuación previa a la interposición de la demanda. Este *anuncio* deberá ser presentado en un plazo perentorio e improrrogable de treinta días, que correrá a partir del vencimiento del término para la notificación o publicación con la resolución que agote la vía administrativa o que resuelva la reclamación y solicitud previa. En caso de que la administración pública no resuelva, dicho término comenzará a contarse desde la fecha en que venza el plazo establecido para el dictado de la resolución. El término que el peticionante tiene con la actual legislación[19], para interponer su acción ante la autoridad jurisdiccional, resulta disminuido en sesenta días con esta propuesta.

Somos contrarios a que se establezca un plazo para presentar el *anuncio de demanda* en los supuestos de inercia o silencio de la administración. En estos casos, coincidimos con el criterio de que "no cabe el cómputo de plazos para acudir al contencioso administrativo porque se le estaría otorgando a la administración pública una posición más ventajosa con relación a los particulares, que si hubieren cumplido con su deber"[20]

El *anuncio de demanda* que si bien no es una demanda formal, no es ajena a cumplir contenidos mínimos como son: la indicación del juez o tribunal ante quien se interpone; suma o síntesis de la acción que se anunciare; identificación personal y generales de ley del anunciante o de su representante legal. Del mismo modo, opinamos que la administración pública anunciada debería cumplir con los requerimientos de acompañar la documentación administrativa impugnable que agota la vía administrativa o la reclamación, indicar la repartición pública donde se encuentre el expediente administrativo y constituir el domicilio procesal.

B. *Expediente Administrativo*

El Proyecto dispone que dentro de los 2 días de recibido el *anuncio*, la autoridad jurisdiccional deberá requerir a la Máxima Autoridad Ejecutiva de la administración pública anunciada, el expediente administrativo, fijándole un plazo al efecto de 10 días desde su notificación. En caso de incumplimiento, la autoridad administrativa será pasible a una multa acumulativa por día de atraso, que le impondrá de oficio el juez o tribunal, y a las sanciones correspondientes al incumplimiento de sus deberes de funcionario público conforme a la Ley de Administración y Control Gubernamentales[21].

---

[19]   *Idem*, Art. 778
[20]   El Peruano, Diario Oficial: Separata Especial Proyecto de ley que regula el proceso contencioso administrativo (R.M. 174-2000-JUS) Comisión Encargada de elaboración del Proyecto, presidida por el Dr. Jorge Danós Ordoñez. 05 de Julio del 2001
[21]   Ley 1178 de 20 de julio de 1990 (SAFCO)

C. *Formalización de la demanda*

Una vez unido de los antecedentes administrativos, el juez o tribunal notificará al administrado para que formalice la demanda con todos los requisitos establecidos en el Código de Procedimiento Civil y acompañe la prueba documental o la individualice, en caso de no tenerla. Constriñendo el plazo para la formalización, a treinta días a contar desde su notificación.

De conformidad con el principio implícito de *favorecimiento del proceso,* cuando la demanda adolezca de los requisitos establecidos para su presentación, referentes a la capacidad o personería jurídica de la actora y/o de sus representantes y a los requisitos de forma, el juez o tribunal dentro de los cinco días ordenará que se subsanen las omisiones bajo apercibimiento de tener por no presentada la demanda.

En los supuestos de ausencia de los presupuestos procesales de competencia, de jurisdicción, legitimación pasiva, agotamiento de la vía administrativa o presentación del anuncio de demanda, el juez o tribunal deberá disponer el rechazo de la demanda.

Cuando se rechace la demanda por el equivocado señalamiento de la competencia del juez o tribunal, éste tiene la obligación en aplicabilidad del principio de la *suplencia de oficio*, de remitir la demanda a la autoridad competente si está dentro de su jurisdicción y si está fuera deberá señalar la que corresponda.

D. *Admisión y Contestación de la demanda*

En la resolución que admita la demanda, la autoridad jurisdiccional, ordenará la citación y emplazamiento de la administración pública demandada para que comparezca y la conteste, cumpliendo todos los requisitos del Procedimiento Civil.

La administración pública contestará la demanda dentro de los treinta días siguientes a su citación. En la contestación deberá reconocer o negar los hechos, pronunciarse sobre la prueba documental y demás prueba propuesta por la parte actora y proponer pruebas de descargo. En esta oportunidad también, podrá oponer las excepciones que considere convenientes, las mismas que serán resueltas en sentencia.

La falta la contestación de la demanda no obstaculiza al juez o tribunal jurisdiccional la prosecución de la causa, sin necesidad de declarar su rebeldía, permitiéndole a la administración pública asumir su defensa en cualquier etapa del proceso, sin perjuicio de las responsabilidades que correspondan al funcionario omiso, según la ley de administración y control gubernamentales.

E. *Calificación del Proceso*

Con la presentación de la demanda y de la contestación, queda trabada la relación procesal y agrega el Proyecto, que posteriormente no podrá ser modificada o ampliada la demanda, de conformidad a las disposiciones del Código de Procedimiento Civil[22].

---

[22]   Código de Procedimiento Civil, Art. 332

Corresponde resaltar que modificar y ampliar no son sinónimos. *Modificar la demanda* supone una variación de los términos en los que ella ha sido planteada: sus pretensiones, fundamentos, medios probatorios y sujetos demandados y *ampliar la demanda*, supone en cambio, aumentar el *petitum* de la pretensión que es objeto del proceso[23].

En lo referido a la ampliación de la demanda, consideramos que el Proyecto debe apartarse de la preclusión procesal que rige el procedimiento civil, que no permite incluir en la sentencia otros hechos que los incluidos en la demanda, reconvención y respuesta de ambas[24], permitiéndole al administrado ampliar su demanda después de trabada la litis, cuando de la actuación administrativa impugnada, se deriven nuevas actuaciones administrativas, esto a los efectos de evitar la interposición de una nueva demanda. Es decir, es conveniente ampliar la demanda existente, en mérito al principio de *economía procesal*, con la finalidad de incorporar las nuevas actuaciones impugnables.

Pasado cinco días de la contestación de la demanda o sin ella, le corresponde a la autoridad jurisdiccional calificar el proceso como de hecho o de puro derecho.

a) **Proceso de hecho**.- En la resolución que califica el proceso como de hecho, la autoridad judicial, abrirá un periodo de prueba común a las partes, de treinta días flexibilizable a cincuenta días, cuando la prueba propuesta no se hubiese producido. Durante el término probatorio, el Proyecto establece a favor del demandante, la posibilidad de producir pruebas relacionas con nuevos hechos invocados en la contestación o para desvirtuar la ofrecida por el demandado, aunque no la hubiese ofrecido en la demanda.

Resulta conveniente resaltar que el Proyecto faculta al juez o tribunal a ordenar *nuevas pruebas* hasta antes decretar *autos para sentencia*, aunque éstas no hubiesen sido ofrecidas por las partes, tendiente a encontrar la *verdad material* de los hechos.

Como particularidad, el Proyecto permite que hasta antes de presentar los alegatos de conclusiones, la autoridad jurisdiccional pueda requerir informes especializados sobre aspectos técnicos o económicos. De ninguna manera estos informes serán vinculantes y su costo correrá por cuenta del demandante. Hemos criticado este aspecto debido a que consideramos que esta carga no se la debería endosar al demandante sobre todo cuando no hubiese efectuado el requerimiento y que más bien debería recaer sobre cualquiera de las partes.

Lo manifestado coincide con el Proyecto que dispone que los referidos informes sean emitidos por gabinetes técnicos o económicos que formaran parte de la infraestructura del Órgano Judicial y que no tendrán costo alguno.

b) **Proceso de Derecho**.- La autoridad jurisdiccional a tiempo de calificar el proceso como de puro derecho, correrá traslado a las partes para que puedan intercambiar su réplica y duplica. Siendo esencia del proceso la publicidad de sus actos, el Proyecto permite que las partes puedan en audiencia pública realizar esta presentación, salvándose el derecho a la parte que no asista, a efectuar la presentación por escrito.

---

[23]   Priori Posada, Giovanni F., 2da Edición, "Comentarios a la Ley del Proceso Contencioso-Administrativo", 2002, p. 194
[24]   Código de Procedimiento Civil, Art. 353

F. *Sentencia*

Después de producidos los alegatos en los procesos de hecho y de intercambiadas la réplica y la dúplica, en los proceso de derecho, el juez o tribunal tiene un plazo de cinco días para emitir de oficio, el llamamiento de *autos para sentencia*.

No podemos dejar de mencionar que en Bolivia en plazo para dictar sentencia en los procesos ordinarios es de cuarenta días, admitiéndose la posibilidad de ampliar el mismo en los casos debidamente justificados por la autoridad jurisdiccional. Esto nos lleva a disentir con el Proyecto que disminuye a treinta días el plazo para dictar sentencia y al mismo tiempo permite su ampliación por treinta días más sin necesidad de justificación, incrementando innecesariamente este plazo procesal en veinte días más, cuando legislaciones extranjeras los reducen[25].

El Proyecto es terminante cuando establece que la sentencia tendrá como límite las pretensiones de las partes plasmadas en la demanda y en la contestación, en la medida que hayan sido probadas, identificándose totalmente con el *principio de congruencia* del proceso civil.

Coincidimos con Priori Posada[26] en que "Dicho principio que forma parte del proceso civil, no puede ser extendido al proceso contencioso administrativo en el mismo sentido que es aplicado en el proceso civil, por la diferente naturaleza de las pretensiones y los conflictos respecto de los cuales se discuten en ambos procesos".

En el mismo sentido se expresa el Proyecto de Ley Contencioso Administrativo Peruano, que establece que cuando se hubiese pretendido la nulidad parcial del acto, la autoridad podrá declarar la nulidad total del mismo, y que de haberse pretendido la nulidad total, el juez podrá declarar la nulidad parcial. Incluso, faculta al juez a declarar la nulidad de un acto administrativo aún por causales no invocadas por las partes cuando el vicio es ilegal y manifiesto, pues provoca su nulidad de pleno derecho, por lo que el juez o tribunal no puede dejar de declararla por razones de orden público, respaldado por el principio *iura novit curia*.

Esta línea doctrinaria también la seguía la anterior Ley de jurisdicción contenciosa administrativa española que permitía al tribunal enjuiciar de oficio cuestiones no planteadas por las partes, no sólo respecto de la nulidad de pleno derecho, sino en relación con cualquier motivo que pudiera fundar el recurso o la oposición.[27]

G. *Formas de la Sentencia*

La sentencia deberá declarar, primeramente, probadas o improbadas las excepciones y después probadas o improbada la demanda. Esto en forma total o parcial.

---

[25]   Traemos a colación la Ley reguladora de la jurisdicción contenciosa administrativa de España, N° 29/199 del 13 de julio de 1998, que en su art. 67 establece "La sentencia se dictará en el plazo de 10 días desde que el pleito haya sido declarado concluso y decidirá todas cuestiones controvertidas en el proceso".

[26]   Priori Posada, *Ob.cit.* p. 247, "Comentarios a la Ley del Proceso Contencioso-Administrativo", 2002

[27]   Comadira, Julio R. *Derecho Administrativo, Acto Administrativo, Procedimiento Administrativo, Otros Estudios.* Abeledo Perrot, Lexis Nexos. Argentina, 2003. p. 61

La demanda será declarada probada cuando el acto administrativo impugnado contradiga el ordenamiento jurídico, y en estos casos se dispondrá:

- El cese del hecho impugnado

- La anulación total o parcial de la actuación impugnada, retrotrayendo el procedimiento administrativo hasta el vicio más antiguo.

- La anulación de la actuación impugnada y el restablecimiento de la situación jurídica pretendida.

- El derecho a la reparación de daños y perjuicios, identificando quien está obligado a la indemnización y fijando la cuantía.

Cuando la sentencia disponga que se deberá realizar obligatoriamente una actuación jurídica, también deberá señalar el plazo para el cumplimiento de la misma.

Cuando la sentencia anule un acto y ordene la sustitución del mismo, queda imposibilitada de disponer la forma en que deberán redactarse los preceptos de la disposición general sustitutiva, así como de determinar su contenido en virtud al *principio de la separación de poderes.*

H. *Efectos de la Sentencia*

La demanda será declarada improbada cuando el acto administrativo impugnado se ajuste a derecho. En estos casos solamente producirá efectos entre las partes.

La sentencia que declare probada una excepción de ausencia de presupuestos procesales dará lugar a la inadmisibilidad de la demanda y solamente producirá efectos entre partes.

La sentencia que declara probada la demanda y estime la pretensión de un reconocimiento o restablecimiento de una situación jurídica individualizada producirá efectos únicamente entre partes, los mismos que podrán extenderse frente a terceros interesados.

La sentencia que anule el acto administrativo impugnado, además de producir efectos entre partes, alcanza también a las personas afectas y si estas son un número indeterminado, deberá publicarse en un órgano de prensa de circulación nacional.

Cuando se declare probada la demanda de impugnación de un reglamento en vía directa, la sentencia dispondrá su anulación y cuando la demanda que se declara probada se hubiese gestionado por la vía indirecta, la sentencia dispondrá anular el acto de aplicación y el reglamento. Los efectos se producirán desde la publicación y alcanzarán al demandante y a los terceros interesados según corresponda.

Cuando la sentencia anule la actuación que puso fin a la vía administrativa, alcanzará a todas las resoluciones precedentes hasta la de origen.

En la sentencia que declare probada la demanda, se suspenderá provisionalmente la ejecución del acto administrativo impugnado hasta que se agote la vía recursiva, salvo que el juez o tribunal disponga lo contrario fundamentando su decisión en razones de interés público.

I. *Recursos Procesales*

Con relación a los recursos en el proceso contencioso-administrativo, el Proyecto incorpora los de reposición, apelación y casación, pero remite al Código de Procedimiento Civil en cuanto a su régimen, plazos y procedimientos, siempre que no contradigan o sean incompatibles a las disposiciones del Proyecto.

En cuanto al recurso de casación, el Proyecto, simplemente establece que prosperará ante los Autos Interlocutorios Definitivos y los Autos de Vista de las Salas de Cortes Superiores de Distrito en lo Contencioso Administrativo, cuando actúen como Tribunal de Primera Instancia, por lo que en este caso, no queda otra opción que aplicar el Código de Procedimiento Civil, en forma supletoria.

En este sentido, no se puede dejar de señalar que en Bolivia, el recurso de casación[28] distinto a otras legislaciones, procede por ejemplo, cuando la sentencia contuviere violación, interpretación errónea o aplicación indebida de la ley, o cuando se hubiesen violado las formas esenciales del proceso.

Compartimos el criterio de que el recurso de casación en el proceso contencioso-administrativo proceda para impugnar resoluciones interlocutorias definitivas o autos de vista dictados por las Salas en lo Contencioso Administrativo .de las Cortes Superiores de Distrito, contrarios a otros autos de vista firmes o autos supremos, dictados por la misma u otras Salas en lo Contencioso Administrativo de las Cortes Superiores de Distrito o la Sala de lo Contencioso Administrativo de la Corte Suprema de Justicia. Es decir con la finalidad de *armonizar los criterios jurisprudenciales en la interpretación y aplicación de la ley, evitando la disparidad y a veces contradicciones que se producen entre los distintos órganos jurisdiccionales.*

J. *Ejecución de Sentencias*

Debido a que resultaría quimérica una sentencia que no se pueda ejecutar, cobra relevancia dentro del proceso contencioso administrativo la etapa de ejecución de sentencia que es donde se materializa la tutela jurisdiccional efectiva.

El Proyecto establece que la sentencia pasada en autoridad de cosa juzgada debe ser ejecutada ante el mismo juez o tribunal que hubiere conocido en primera instancia el proceso.

También dispone, que la sentencia que declare improbada la demanda, deberá ser ejecutada por la autoridad administrativa competente para ejecutar el acto administrativo impugnado, en sujeción a la Ley de Procedimiento Administrativo y otras disposiciones aplicables.

Multas Procesales.- Ha querido el Proyecto innovar con un mecanismo que asegure la efectividad de la plena jurisdicción, facultando a los jueces y a las Salas en lo Contencioso Administrativo, a aplicar una multa de naturaleza procesal, equivalente a un día de haber por día de atraso, a todo *servidor público* que incumpla u obstaculice el cumplimiento de las sentencias. Las recaudaciones por este concepto ingresarán al Tesoro Judicial.

---

[28]   Código de Procedimiento Civil, Art. 253 y 254

Cumplimiento de Obligaciones de dar, hacer y no hacer.- Si bien el Proyecto dispone que las sentencias que condenan al cumplimiento de obligaciones de dar, hacer o no hacer, excluyendo las dinerarias, deberán cumplirse en los términos de ley o en un plazo máximo de sesenta días desde su ejecutoria, dispensa a los jueces o tribunales a ampliar dicho plazo por sesenta días más, cuando la administración pública por circunstancias especiales se encuentre imposibilitada para su cumplimiento. Estas circunstancias deberán ser debidamente fundadas.

K. *Recursos Admisibles en la Ejecución de Sentencia*

Las resoluciones dictadas en ejecución de sentencia por los Jueces de Partido en Provincias y Capitales de Departamento y las Salas de lo Contencioso Administrativo de las Cortes Superiores de Distrito, son susceptibles del recurso de reposición bajo alternativa de apelación en el efecto devolutivo, sin ulterior recurso. Por su parte las pronunciadas por la Sala Contencioso Administrativo de la Corte Suprema de Justicia, solamente serán susceptibles del recurso de reposición, sin ulterior recurso por no contar con otra instancia superior.

Ejecución Voluntaria.- Frente a una sentencia condenatoria que aprueba la liquidación, la administración pública queda obligada a pagar las sumas líquidas o liquidables dentro de los quince días siguientes a la notificación, si éstas hubiesen ingresado al presupuesto.

De lo contrario en el mismo plazo, deberá comunicar al juez que no cuenta con dichos fondos presupuestados y que gestionará la inclusión de la partida en el presupuesto próximo o en la reformulación del actual. El incumplimiento de esta obligación es pasible a las responsabilidades establecidas en la ley de Administración y Control Gubernamental. Es importante manifestar que el Proyecto dispone que la administración pública es inembargable durante la sustanciación de estas gestiones.

Ejecución forzosa.- La parte favorecida por una sentencia que condena al pago de una suma de dinero, podrá solicitar la ejecución forzosa en los siguientes casos:

- Si se aprobara el presupuesto de gestión o su reformulación, sin incluir los fondos para su cumplimiento.

- Si la administración pública no cumpliera con el pago, dentro de un plazo de seis meses, de aprobado o reformulado el presupuesto.

- Si la administración pública, teniendo los fondos necesarios, no cumple la sentencia en el plazo de quince días.

- Si no se cumple la sentencia hasta el 31 de diciembre de la gestión siguiente al de la fecha de ejecutoria.

La parte favorecida por una sentencia que establezca obligaciones de dar, con exclusión de sumas de dinero, de hacer o no hacer, podrá solicitar la ejecución forzosa después de vencido el plazo para su cumplimiento o la ampliación del mismo, o cuando no se fijare un plazo al efecto. En estos casos no se permite a la administración pública oponer excepciones y más bien se habilita la embargabilidad de sus fondos y/o bienes patrimoniales.

IV. PALABRAS FINALES

Este trabajo responde a los requerimientos de dar un vistazo sobre el contencioso-administrativo en Bolivia. Brevemente nos hemos remontados desde la primera disposición sobre el particular, allá por el año 1857, hasta su derogación del año 1871.

Luego hemos efectuado un somero repaso del contencioso administrativo que ha funcionado sin fuero y sin una ley específica. En otras palabras hemos mostramos una realidad del contencioso administrativo aplicado por jueces ordinarios de la justicia civilista en base a su procedimiento civil.

Por último concluimos con el comentario de algunas particularidades del Proyecto. Guardamos esperanzas para la instalación del fuero contencioso administrativo, convencidos de que ello contribuirá con creces, a la economía del derecho público nacional.

BRASIL

§4. A JURISDIÇÃO ADMINISTRATIVA NO DIREITO COMPARADO: CONFRONTAÇÕES ENTRE O SISTEMA FRANCÊS E O BRASILEIRO

Romeu Felipe Bacellar Filho

I. NOTAS INTRODUTÓRIAS

O Estado brasileiro, como República, adota desde a Constituição de 1891 o sistema de jurisdição única, também denominado de sistema inglês — *una lex una jurisdictio* — sem a presença de uma jurisdição administrativa. De outro lado, aparece o sistema francês de jurisdição administrativa, no qual vigoram duas ordens de jurisdição: a judicial ordinária e a administrativa, especializada no julgamento do contencioso administrativo — entendido como conjunto das contestações nascidas da atividade administrativa exercida sob o direito administrativo. A peculiaridade, a distinguir ambos os sistemas, não se assenta apenas na competência especializada, mas também no aspecto jurisdicional. Afinal, os tribunais administrativos desenvolvem atividade jurisdicional, todavia, desconectados da hierarquia judicial ordinária.[1] Ainda, cabe ressaltar a experiência de outros países de uma jurisdição administrativa integrada ao Poder Judiciário.

---

[1]   Rivero, Jean. *Direito administrativo*. Coimbra: Almedina, 1981. p. 155. No texto, não usaremos a expressão "contencioso administrativo" para designar o sistema francês, concordando com a advertência de Marcello Caetano sobre a vinculação histórica que pesa sobre a expressão, determinando "um preconceito existente em muitos países contra o que se julga ser a subtração autoritária dos atos da Administração ao conhecimento dos juízes ordinários". Como salienta este autor, "é necessário desprender o conceito de contencioso administrativo das origens históricas em França e tratá-lo à luz dos princípios gerais de *Direito sine ira ac studio*." Caetano, Marcello. *Princípios fundamentais do direito administrativo*. Forense, Rio de Janeiro 1989, p. 491.

Para a compreensão das aproximações e distinções de ambos os sistemas (francês e brasileiro) e os problemas atuais sobre o controle judicial da atividade administrativa, faz-se necessário tecer um breve histórico sobre o sistema de jurisdição una e o contencioso administrativo.

II. O SISTEMA FRANCÊS

A existência, na França, de uma jurisdição administrativa distinta da jurisdição judiciária representa produto da história, deitando raízes na concepção de monarquia, sistematizadas neste ponto pela Revolução Francesa e complementadas pelo avanço que, no século XIX, destacou a jurisdição administrativa. Em outras palavras, a Revolução Francesa não inovou quando trouxe a idéia da jurisdição administrativa e sim retomou, por sua conta, a herança do Antigo Regime, conferindo aspecto sistemático e colocando-se em prol das concepções revolucionárias.[2]

O pensamento nuclear da Revolução, que engendrou a construção da jurisdição administrativa, fundamenta-se na idéia de que se os processos administrativos pudessem ser julgados pelos órgãos judiciários, dar-se-ia poder para que estes tumultuassem a atividade administrativa, restando comprometida a independência da Administração. Este raciocínio guardava um sentido histórico inequívoco: o sentimento generalizado de desconfiança em relação ao Poder Judiciário, inspirado na lembran-

---

[2]   Sobre a experiência francesa, no Antigo Regime, ver, sobretudo, André de Laubadère: "A partir do século XVII, muito claramente, assistimos a um reconhecimento das especificidades do contencioso administrativo, comprendido como o solucionar dos litígios com os representantes da administração real. O rei confere a seus intendentes, por meio das cartas de comissão, poderes fortes e vastos para administrar a generalidade que lhes é confiada, mas também para solucionar os litígios decorrentes de sua própria intervenção. Disto resulta uma situação de conflito entre os Parlamentos, as Cortes de Justiça ordinárias e a jurisdição nascente dos intendentes. O edito de Saint Germain, em 1641, toma firme posição em favor destes últimos declarando que os Parlamentos e as Cortes de Justiça 'foram estabelecidos somente para entregar a justiça aos sujeitos' (os litígios entre as pessoas privadas), e que é expressamente defeso a tais órgãos conhecer em geral das 'matérias que faz julgar por meio dos intendentes'. Esta proibição, feita aos parlamentares de conhecer das matérias administrativas contenciosas, foi repetida inúmeras vezes, o que demonstra que ela não foi admitida sem reações e dificuldades, principalmente pelo Parlamento de Paris. Enquanto isso, paralelamente, precisaram-se e estenderam-se as atribuições contenciosas dos 'intendentes de justiça, de polícia e de finanças', por meio das cartas de comissão. Eles conhecem a maior parte dos contenciosos fiscais, postais, dos litigíos relativos aos militares e aos trabalhadores públicos, etc... O Conselho do Rei poderia apoderar-se em apelação. A jurisdição do intendente caracterizava-se, nesta época, por sua gratuidade, sua rapidez e pela ausência de procedimento formalista, dados que se opunham à justiça e contribuíram para o seu sucesso." Laubadère, André de et al. *Traité de droit administratif*, 2. ed., Tome I, Libraire Générale de Droit et de Jurisprudence, Paris 1992. p. 266.

ça dos Parlamentos do Antigo Regime.[3] Para os revolucionários, o Poder Judiciário era um verdadeiro rival do Poder Administrativo.[4]

O aporte jurídico para a conformação deste pensamento foi realizado por via de uma peculiar interpretação do princípio da separação dos poderes. Como afirma Jean RIVERO, "a jurisdição administrativa nasceu de um princípio interpretado a luz de uma tradição."[5] Consoante Maurice J. C. Vile, a "doutrina pura" da separação dos poderes, tal qual concebida à época da Revolução Francesa, poderia ser definida da seguinte forma:

> "é essencial para o estabelecimento e conservação da liberdade política que o Estado se divida em três ramos ou departamentos, chamados corpo legislativo, corpo executivo e corpo judicial. A cada um destes três ramos corresponde uma função, que leva seu mesmo nome. Cada ramo do Estado deve limitar-se a exercer a função que lhe é própria, sem que se lhe permita interferir nas funções dos outros ramos. Ademais, as pessoas que compõem cada uma destas três agências devem ser diferentes, sem que se permita que um só indivíduo forme parte de mais de um ramo simultaneamente. Deste modo, cada um dos três ramos controlará os dois restantes, e o manejo da máquina do Estado nunca poderá estar em mãos de um só grupo de indivíduos".[6]

---

[3]　O clima revolucionário de desconfiança generalizada no Poder Judiciário não resultou somente na falta de competência para julgar os processos administrativos, mas também na concepção mecânica de sua atuação como demonstra o art. 5°, do Código de Napoleão: "é proibido aos juízes pronunciarem-se por via de disposição geral e regulamentar sobre as causas que lhes são submetidas".

[4]　Laubadère et al, *Traité...*, *op.cit.*, p. 267.

[5]　"O princípio é o da separação dos poderes, aplicado às relações entre o Judicial e o Executivo: para salvaguardar a liberdade dos cidadãos 'o poder de julgar' deve, segundo Montesquieu, ser separado do 'poder executante'. Mas como aplicar o princípio ao julgamento dos litígios nos quais o 'poder executante' está comprometido, ou seja, no contencioso administrativo? Trata-se de julgar: isto pode levar a confiá-los ao poder judicial ordinário; trata-se de julgar o Executivo: isto pode conduzir a subtrair-lhos, na medida em que ao julgá-los corre o risco de imiscuir-se na acção do Executivo. Pode-se pois, a partir do princípio da separação dos poderes, optar com igual lógica por uma ou por outra solução. O que dita a opção dos homens de 1789 é a tradição. O Ancien Régime conheceu tribunais especializados nas matérias administrativas (corte dos auxílios, câmara de contas, tribunais de águas e florestas). Sobretudo viu o conflito quase permanente entre os parlamentos e a administração real: para vencer as resistências levantadas pelos parlamentares, o rei chamava ao seu conselho, ou fazia julgar pelos seus comissários, principalmente pelos intendentes, um grande número de casos administrativos. Os revolucionários temem que os corpos judiciários retomem, no que toca à nova Administração, a tradição de ingerência e de oposição dos parlamentos. É por isso que fazem derivar do princípio da separação dos poderes a proibição de o judicial estatuir sobre os litígios em que a administração está em causa. Rivero, Jean. *Direito Administrativo*. Coimbra: Almedina, 1981. p. 157-158. Nesse sentido, também André de Laubadère: "este estado de ánimo antijudicial fue el que, bajo la Revolución, hizo interpretar el principio de la separación de los poderes como si exigiera, a nombre de la independencia de la administración para los tribunales ordinarios de juzgar los procesos administrativos." Laubadère, André de. *Manual de Derecho Administrativo*, Temis, Bogotá 1984. p. 36.

[6]　"Es esencial para el establecimiento y conservación de la libertad política que el Estado se divida en tres ramas o departamentos, llamados cuerpo legislativo, cuerpo ejecutivo y cuerpo judicial. A cada una de estas tres ramas corresponde una función, que lleva su mismo nombre. Cada rama del Estado debe limitarse a ejercer la función que le es propria, sin que se le permita interferir en las funciones de las otras ramas. Además, las personas que componen cada una de estas tres agencias deben ser diferentes, sin que se permita que un solo individuo forme parte de más de una rama simultáneamente. De este modo, cada una de las tres ramas controlará a las dos restantes, y el manejo de la maquinaria del Estado nunca podrá estar en manos de un solo grupo de individuos". VILE, Maurice J. C. *Constitucionalismo y separación de poderes*. Centro de Estudios Políticos y Constitucionales, Madrid 2007. p. 13-14.

Notese, contudo, que há uma curiosa contradição entre o fundamento utilizado para justificar a criação de uma jurisdição administrativa – o princípio da separação dos poderes, por força do qual o Judiciário não poderia interferir na atuação da Administração – e as consequências da existência de um órgão julgador das relações administrativas composto pela própria Administração: o mesmo ente estaria cumulando as funções executiva e judicial, situação igualmente vedada pelo referido princípio. Por essa razão afirmou-se, anteriormente, que a Revolução Francesa acabou por reproduzir práticas típicas do Antigo Regime, revestindo-as com a roupagem exigida pelos revolucionários burgueses[7].

A evolução do sistema francês atravessou diversas etapas. Não cabe, nesta oportunidade, o exame detalhado, mas apenas salientar períodos cruciais. A primeira expressão legislativa da Revolução foi a célebre Lei de N° 16, de 24 de agosto de 1790: "As funções estatais estão e sempre permanecerão separadas das funções administrativas. Os juízes não poderão, sob pena de prevaricação, obstaculizar de qualquer maneira as operações dos corpos administrativos nem citar os administradores em razão de suas funções."

A Lei N° 7, de outubro e a Lei N° 6, de 11 de setembro de 1790 criaram o sistema de "administração-juiz", que consistiu em confiar o contencioso administrativo aos órgãos da própria Administração, no caso: rei, ministros e administradores de departamentos. Em nome da separação dos poderes, uma parte da função de julgar foi conferida às autoridades administrativas. Nesse contexto, o Conselho de Estado (*Conseil d'État*), criado pela Constituição do ano VIII, possuía uma função meramente consultiva, de sorte que a decisão competia, em princípio, ao chefe de Estado[8]. Mas a idéia de um mesmo órgão como juiz e parte terminou por ser rejeitada.[9]

A separação da Administração ativa da julgadora importou marco de uma nova era. Como o chefe de Estado passou a seguir, habitualmente, as opiniões proferidas pelo Conselho de Estado, a Lei de 24 de maio de 1872 consagrou esta evolução conferindo ao aludido órgão, definitivamente, a justiça delegada (a qual já havia funcionado, episodicamente, de 1848 a 1852). Mas o Conselho de Estado, nesse período, possuía competência restrita às hipóteses legalmente previstas, julgando apenas em grau de apelação as demandas já apreciadas pelo Ministro. Ao mesmo tempo, foi organizado um Tribunal de conflitos de competência que, porventura, surgissem entre a jurisdição administrativa e a judiciária.[10]

---

[7]   No mesmo sentido, posicionam-se Otero, Paulo. *Legalidade e Administração Pública: o sentido da vinculação administrativa à juridicidade*. Coimbra: Almedina, 2003. p. 271 e Binenbojm, Gustavo. *Uma teoria do direito administrativo*, 2. ed. Renovar, Rio de Janeiro 2008, p. 11.

[8]   Long, Marceau; Weil, Prosper; Braibant, Guy; Devolvé, Pierre; Genevois, Bruno. *Les grands arrêts de la jurisprudence administrative.* 16. ed. Dalloz, Paris 2007. p. 38.

[9]   Laubadère, *Manual..., op.cit.*, p. 37.

[10]   "A evolução do sistema francês passou por diversas etapas. Talvez a mais importante tenha sido aquela que se esboçou no seio da administração, uma nova separação entre a função ativa e a função jurisdicional, que é preciso distinguir bem da separação de poderes: esta interessa às relações entre o executivo e o judiciário, enquanto a separação das funções só diz respeito à divisão do trabalho no seio do executivo, certos agentes deste especializando-se no julgamento do contencioso. É desta separação de funções que nasceu a jurisdição administrativa." Gomes Da Cruz, José Raimundo. *O controle jurisdicional do processo disciplinar.* Malheiros, São Paulo: 1996. p. 172.

A distinção definitiva entre Justiça administrativa e Administração ativa sobreveio em arresto de 13-12-1889 (Julgamento *Cadot*). Nesta ocasião, o Conselho de Estado suprimiu a jurisdição ordinária de primeiro grau do Ministro, deixando de funcionar como Corte de Apelação[11]. É certo que a teoria do "Ministro-Julgador" minimizou a reforma do ano VIII à medida que manteve o Juiz administrativo de direito comum como representante da Administração ativa e fez dos Tribunais, recentemente criados, Cortes de Apelação.

Com a Lei de 24 de maio de 1872 e a interpretação conferida pelo Conselho de Estado no arresto citado anteriormente, o sistema francês adquire o contorno de jurisdição administrativa, que o caracteriza até hoje: ao lado do princípio da separação das autoridades administrativa e judiciária, adiciona-se a separação da Administração ativa e contenciosa.[12]

Entretanto, as Constituições francesas modernas não retomaram a tradição da Revolução. Nem a Constituição de 27 de outubro de 1946, nem a atual, de 4 de outubro de 1958, mencionam a existência de uma jurisdição administrativa, ao lado das disposições consagradoras do arquétipo da judiciária. O art. 37 da Constituição de 1958 cita o Conselho de Estado a título de suas funções consultivas.

A par da falta de referência expressa na Constituição, o Conselho Constitucional afirmou, recentemente, a propósito de um texto legal transferindo o contencioso das decisões do Conselho da Concorrência (autoridade administrativa) aos Tribunais de ordem jurisdicional, a existência de um princípio fundamental reconhecido pelas Leis da República, com valor constitucional, que estabelece a Jurisdição Administrativa ao lado da judiciária, além de uma competência constitucionalmente reservada à primeira. Os principais motivos desta divisão foram retomados pelo Conselho Constitucional no julgamento de uma lei sobre controle de estrangeiros.[13]

O princípio constitucional, afirmado pelo Conselho Constitucional, é de que este decide com valor constitucional "a competência da jurisdição administrativa para anulação ou reforma das decisões tomadas, dentro do exercício das prerrogativas do poder público, pelas autoridades exercentes do Poder Executivo, seus agentes, as coletividades territoriais da República e os organismos públicos colocados sob a sua autoridade ou controle".[14]

A competência própria, constitucionalmente reservada à jurisdição administrativa, está, claramente, mais reduzida que sua esfera de competência. O vasto campo do contencioso pleno que lhe é exterior, e no interior mesmo do contencioso de excesso de poder, as transmissões podem intervir em benefício da Corte Judiciária, sob as condições já explicitadas.

---

[11]   Comentários sobre o arrêt Cadot podem ser conferidos em Long, Marceau; Weil, Prosper; Braibant, Guy; Devolvé, Pierre; Genevois, Bruno. *Les grands arrêts de la jurisprudence administrative*, 16, ed. Dalloz, Paris 2007. p. 37-39.
[12]   Laubadère, André et al, *op.cit.,* p. 268. Este momento marca a definitiva evolução do sistema de "justicia retenida" ao sistema de "justicia delegada". Carlos Garcia Oviedo afirma que no sistema de "justicia retenida", a própria Administração tem a faculdade de resolver os litígios. Quem decide é o Poder Executivo —sistema do "ministro-juez"— e a intervenção de outros órgãos é meramente consultiva. No modelo de "justicia delegada", a Administração delega esta função a certos organismos formados com elementos de seu próprio seio, mas reconhecendo sua independência. Oviedo, Carlos Garcia. *Derecho Administrativo,* 5, ed. Pizarro, Madrid 1955, p. 494.
[13]   Laubadère et al, *Traité..., op.cit.,* p. 269.
[14]   Laubadère et al, *Traité..., op.cit.,* p. 269.

O legislador conserva, assim, grande liberdade de ação, a qual ele inclusive já usou no passado, notadamente transferindo ao Tribunal Judiciário uma parte considerável do contencioso de responsabilidade da Administração.[15]

III. O SISTEMA BRASILEIRO

No Brasil-Colônia, houve uma pálida tentativa de instituição do sistema de contencioso administrativo, porém desprovido do caráter de entidade jurisdicional. O art. 142 da Constituição de 1824, com a redação resultante do art. 7°, da Lei de 23.11.1841 dispunha:

"Incumbe às secções ou ao conselho de estado de dar seu parecer ou consulta sobre todos os negócios em que o imperador houver por bem ouvi-lo e especialmente sobre [...] assumptos de natureza quasi contenciosa, como questões de presas, de indemnizações, conflictos entre as autoridades administrativas, e entre estas e as judiciarias, e abusos das autoridades eclesiásticas [...] negocios de justiça administrativa contenciosa."[16]

O Conselho de Estado, órgão integrado à Administração, detinha a função consultiva nas matérias de contencioso administrativo. Segundo Marcello Caetano:

"[...] No Brasil do tempo da independência a Administração imperial, que era a coluna dorsal do Estado e que defrontava os problemas do desenvolvimento de vastíssimo território, estava mais preocupada com a eficácia do que com a legalidade.

Os recursos administrativos não chegavam a oferecer no século XIX um princípio de garantia contra os atos irregulares das autoridades."[17]

Eduardo Lobo Botelho Gualazzi comenta que "no máximo, tivemos no Brasil-Império um arremedo de justiça administrativa, alheia ao Poder Judiciário, mas totalmente dependente da Administração ativa, na qual se inseria e a que se subordinava por texto legal expresso e claro."[18]

A Constituição brasileira de 1891 fixou o sistema de jurisdição una, inspirada na experiência norte-americana ao lado da República e do federalismo. Os Tribunais Judiciários aparecem, aqui, como os órgãos tutelares dos direitos individuais. Como salienta Marcello Caetano:

---

[15]   Laubadère et al, *Traité..., op.cit.*, p. 270.
[16]   Gomes Da Cruz, José Raimundo. *O controle jurisdicional do processo disciplinar*. Malheiros, São Paulo: 1996, p. 242.
[17]   Caetano, Marcello. As garantias jurisdicionais dos administrados no direito comparado de Portugal e do Brasil. *Revista de Direito Administrativo*, Rio de Janeiro, Seleção Histórica, p. 427, 1996.
[18]   Gualazzi, Eduardo Lobo Botelho. Justiça administrativa. São Paulo: *Revista dos Tribunais*, 1986. p. 140. O autor acrescenta: "Com efeito, o Imperador sempre pode rever e alterar as decisões do Conselho de Estado sobre matéria contenciosa administrativa, situação que recorda a daqueles dez anos (1789-1799) em que a França conheceu o fenômeno da administração-juiz (funcionários da administração ativa é que julgavam litígios administrativos), bem como relembra, mutatis mutantis, a do período francês inaugurado pelo Imperador Napoleão Bonaparte, no tocante à 'justiça retida'".

"A adoção do sistema federativo, com a proclamação da República, em 1889, levou os brasileiros a olhar com mais atenção as instituições jurídicas norte-americanas. O judicialismo da Constituição Brasileira de 1891 tinha de evoluir no sentido do controle da legalidade administrativa pelos tribunais comuns. Mas a única instituição correspondente aos *writs* prerrogativa da *common law* era então *habeas corpus*. E foi através deste que se ensaiou a intervenção dos tribunais na defesa dos direitos dos indivíduos, ameaçados ou violados por atos ilegais da Administração".[19]

A Constituição de 1967, com a Emenda N° 1, de 1969, dispôs no art. 153, §4°, que "A Lei não poderá excluir da apreciação do Poder Judiciário qualquer lesão de direito individual." Contudo, o art. 111, veio ensejar sérias dúvidas ao estabelecer que a Lei poderia "criar contencioso administrativo e atribuir-lhe competência para o julgamento das causas mencionadas no artigo anterior". O art. 110, por sua vez, estipulou que "os litígios decorrentes das relações de trabalho dos servidores com a União, inclusive as autarquias e as empresas públicas federais, qualquer que seja o seu regime jurídico, processar-se-ão e julgar-se-ão perante os juízes federais, devendo ser interposto recurso, se couber, para o Tribunal Federal de Recursos." Houve entendimento no sentido de que estes artigos atribuíam a órgãos administrativos a decisão sobre os mencionados litígios, com força de julgamento.[20] No entanto, este órgão administrativo não chegou a ser criado, uma vez que inexistiu regulamentação da regra constitucional e ainda que o fosse, suas decisões não operariam força de coisa julgada, diante da previsão da competência do Tribunal Federal de Recursos, confirmando o preceituado no art. 153, §4°.

A Constituição brasileira de 1988, no art. 5°, inc. XXXV, estabeleceu que "a lei não excluirá da apreciação do Poder Judiciário lesão ou ameaça a direito." Afirmada, no texto constitucional, a supremacia do Poder Judiciário, excluiu-se a possibilidade da instituição de uma jurisdição administrativa independente, tal como ocorre nos países que adotam o modelo francês.[21]

Em contrapartida, a vigente Constituição expandiu o campo de controle da atividade administrativa pelo Poder Judiciário, de um lado, mediante a criação de novas ações constitucionais (*habeas data*, mandado de segurança coletivo, mandado de injunção) e reforço das já existentes (ação popular e ação civil pública) e, de outro, pela expressa afirmação de princípios constitucionais da Administração Pública (legalidade, moralidade, impessoalidade, eficiência e publicidade).

Nesse diapasão, concorde-se com José Raimundo Gomes Da Cruz na assertiva de que, no período republicano, antes da Constituição de 1988, e mesmo após iniciada sua vigência, tem o Brasil adotado o sistema de jurisdição una.[22]

---

[19]   Caetano, *As garantias...*, *op.cit.*, p. 426.
[20]   Gomes Da Cruz, *op.cit.*, p. 253.
[21]   Para José Sebastião Fagundes Cunha, o dispositivo constitucional em questão assegura a igualdade perante a justiça, permitindo a todos o acesso ao Poder Judiciário para a solução de seus problemas jurídicos, embora não afaste a situação de desigualdade que ocorre entre os mais favorecidos economicamente e aqueles carentes de recursos. Cunha, José Sebastião Fagundes. *Recursos de impugnação nos juizados especiais cíveis*. Juruá, Curitiba 1996, p. 30.
[22]   Gomes Da Cruz, *op.cit.*, p. 200.

IV. TENDÊNCIAS NA EVOLUÇÃO DA JURISDIÇÃO ADMINISTRATIVA E SEU SIGNIFICADO PRÁTICO

O debate sobre a funcionalidade prática de uma jurisdição una ou dúplice, no que tange à estrutura de uma típica jurisdição administrativa, é tema de atualidade, dado o fenômeno mundial do aumento da ingerência da máquina administrativa no cotidiano de cada cidadão.

No sistema francês de jurisdição administrativa, o tema coloca-se em face do desaparecimento da desconfiança em relação ao Judiciário, fundamento da interpretação francesa do princípio da separação dos poderes. Logo, se o sistema manteve-se mesmo dissipada sua razão de ser original, é porque outras razões devem ser suscitadas.

O debate atual não mais se posiciona em termos de fundamentos teóricos: a história comprovou a possibilidade de interpretações diferenciadas a respeito da independência dos poderes estatais sem a quebra do núcleo essencial.[23] Antes, trata-se de discutir problemas práticos: qual o modelo de jurisdição é capaz de oferecer maior possibilidade de uma justiça satisfatória entre Administração e cidadãos, assegurando uma efetiva proteção destes em relação àquela?

No Brasil, a criação constitucional dos Juizados Especiais é uma das amostras mais contundentes da preocupação com a efetividade da justiça. No Direito Administrativo, a questão ganha contornos mais delicados devido ao aumento da complexidade das normas administrativas. Uma justiça que se pretenda célebre e eficiente necessita estar dotada de conhecimentos técnicos da realidade administrativa.

Nesta perspectiva, cabe analisar os sistemas (francês e brasileiro) sob o ponto de vista da proteção dos cidadãos e das garantias de suas liberdades diante do poder da Administração, bem como da simplicidade e comodidade prática para o cidadão.

No sistema francês, a existência de uma jurisdição administrativa garante aos cidadãos (e à Administração) julgadores com experiência na resolução dos conflitos administrativos. Em contrapartida, a presença de uma jurisdição especial para a Administração pode ser encarada como um privilégio que conduz à formação de um direito de exceção. Destarte, a crítica dos anglo-saxões a esse sistema reflete a preocupação com a eficiência da limitação do poder da Administração através de um órgão que a integra. A esta crítica, adiciona-se aquela relacionada ao princípio da igualdade entre poder público e cidadão.

O rebate da doutrina francesa vem no argumento de que os Tribunais Administrativos não guardam como missão a defesa das prerrogativas da Administração.

---

[23] No sistema anglo-saxão, a independência entre os Poderes Judicial e Executivo exigiu a formação de uma jurisdição, de parte do Judiciário, para resolução dos conflitos administrativos à medida que o fato da Administração ser julgada por um juiz judicial não compromete sua independência, entendendo-se que o papel do juiz reside, unicamente, no de declarar o direito em um processo. No sistema francês, por sua vez, o controle judicial da Administração foi encarado como forma de burlar a independência desta última. Laubadère, *Manual..., op.cit.*, p. 36.

Além de separados da Administração ativa, o Conselho de Estado alicerçou, historicamente, jurisprudência no sentido de amplo controle dos atos administrativos, especialmente, através dos recursos de excesso de poder.[24]

Do ponto de vista da simplicidade e comodidade prática do jurisdicionado, é certo que a dualidade de jurisdições apresenta o problema grave da incerteza quanto à competência de cada uma, ainda mais tendo-se em mente o aumento da ingerência estatal, como referido. Mesmo na França, o berço do sistema de jurisdição dúplice, a divisão de competência é matéria complexa e controvertida. Como salienta Jean Rivero, "a dualidade de jurisdições apresenta inconvenientes manifestos. É muitas vezes difícil saber se uma questão deve ser apresentada perante os Tribunais administrativos ou ordinários, daí os atrasos e as dificuldades que os recorrentes têm de suportar."[25]

A experiência dos outros países europeus caminha para a superação de dois problemas do sistema francês: a dificuldade em conciliar uma jurisdição una com a especificidade dos juízes e a falta de constitucionalização da jurisdição administrativa, embora a sua existência esteja afirmada pelo Conselho Constitucional como princípio de valor constitucional.

V. MOVIMENTO DE CONSTITUCIONALIZAÇÃO DA JURISDIÇÃO ADMINISTRATIVA

Excetuando-se a Grã-Bretanha e a Irlanda, a maior parte dos países europeus esteve, durante muito tempo, influenciada pelo modelo francês.[26] Durante o século XX, não obstante, muitos Estados europeus melhoraram a organização do contencioso de forma autônoma. Os principais elementos desta evolução foram a constitucionalização do Estatuto da Justiça Administrativa, a integração das jurisdições administrativas ao Poder Judiciário e a aproximação entre o procedimento das jurisdições civis e aquele das jurisdições administrativas. Contudo, a lógica das instituições impôs maior passo: a proteção do cidadão frente à Administração foi alçada a título de direito fundamental.

Naquele continente, a idéia de que a proteção jurisdicional contra a Administração deva ser garantida pela Constituição teve seus primeiros delineamentos muito cedo. A Constituição do Reich Alemão, em 1849, deixava transparecer esta intenção. Porém, o primeiro precedente configurou-se na Lei Fundamental sobre o Poder Judiciário, promulgada em 21 de dezembro de 1867, para a nova Áustria-Hungria.[27]

---

[24] Laubadère et al, *Traité...*, *op.cit.*, p. 274.

[25] Rivero, *op.cit.*, p. 161. Salientando este mesmo problema, Laubadère et al, *Traité...*, *op.cit.*, p. 275.

[26] Sobre uma apurada análise da experiência francesa e européia, ver, sobretudo, Fromont, Michel. La justice administrative en europe convergences. In: Chapus, René et al. *Droit administratif*, Montchrestien, Paris, 1992, p. 197.

[27] O art. 15 daquele documento ordenava: "No caso onde uma autoridade administrativa decidir segundo a lei sobre os direitos opostos de pessoas privadas, a pessoa que é prejudicada por tal decisão em seus direitos, pode procurar obter uma indenização em face de outra pessoa perante os Tribunais civis. Quando, de

Com o desenvolvimento da justiça constitucional e do controle da constitucionali-dade, após a Segunda Guerra Mundial, a constitucionalização da justiça administra-tiva sofreu progressos decisivos. Nasceram, assim, as primeiras Constituições Eu-ropéias a consagrarem dispositivos limitadores da Administração. Dentre elas, po-demos arrolar a Constituição Italiana de 1948 que, no art. 113, dispõe: "Contra os atos da Administração Pública, a proteção jurisdicional dos direitos e interesses legí-timos perante os órgãos da jurisdição ordinária e administrativa é sempre garantida. Esta proteção jurisdicional não pode ser excluída nem limitada a alguns tipos parti-culares de recursos ou a categorias determinadas de atos."

O exemplo italiano foi imediatamente seguido pela República Federal da Ale-manha, onde a Lei Fundamental de Bonn, em 1949, dispôs, em seu art. 19, alínea 4: "Toda pessoa lesada em seus direitos pela potência pública dispõe de um recurso jurisdicional".

O movimento de constitucionalização do princípio de proteção dos indivíduos frente à Administração conheceu, em seus últimos anos, um prolongamento espeta-cular na jurisprudência da Comissão e da Corte Européia dos Direitos do Homem que passaram a interpretar, a partir de 1985, o princípio do juiz legal, disposto no art. 6º da Convenção, como garantidor do direito de todas as pessoas perante um Tribunal independente e imparcial na proteção em face de uma Administração que ofende, ilegalmente, um direito assemelhado a um direito civil (seja um direito de características patrimoniais — direito de propriedade, seguridade social, pensões — ou um direito profissional).[28]

Como se pode notar, o sistema francês apresenta sérios obstáculos para progredir neste sentido, já que o Estatuto Constitucional da Jurisdição Administrativa não in-tegra o texto constitucional, mas tão somente a jurisprudência do Conselho Consti-tucional. Para Jean Rivero, o sistema francês progride, justamente, para a separação cada vez mais profunda entre Administração ativa e jurisdição administrativa, e, concomitantemente, a uma aproximação entre esta e a jurisdição ordinária.[29]

Nos demais países europeus, a aproximação entre jurisdição administrativa e or-dinária é mais evidente à medida que a justiça administrativa tende a ser considerada parte do Poder Judiciário. Tal tendência tornou-se, após o início da segunda metade deste século, patente. A vontade de romperem com as ditaduras passadas explica que os principais países a tomarem tal direção tenham sido Itália, Alemanha, Grécia e Portugal. Almejavam os elaboradores constitucionais, em graus diversos, reforçar as garantias de independência e o prestígio social das jurisdições administrativas, integrando-as, de modo mais ou menos evidente, ao Poder Judiciário. Cada vez mais, percebe-se que a organização e o procedimento dos órgãos da jurisdição ad-ministrativa estão próximos dos órgãos da jurisdição civil.[30]

---

outro lado, alguém sente-se prejudicado em seus direitos por uma decisão da autoridade administrativa, deve fazer valer seus direitos perante a Corte da Justiça Administrativa, segundo um procedimento público contra um representante da autoridade administrativa." Fromont, *op.cit.*, p. 198.

[28] Fromont, *op.cit.*, p. 200-201.
[29] Rivero, *op.cit.,* p. 159.
[30] Fromont, *op.cit.*, p. 201-202.

A Constituição Espanhola de 1978 consagra a unidade do Poder Judiciário, quando no art. 117, alínea 5, afirma: "O princípio da unidade da jurisdição está na base da organização e do funcionamento dos Tribunais", disposição confirmada pelo art. 123, alínea 1: "O Tribunal Supremo, do qual a jurisdição estende-se a toda Espanha, é o órgão jurisdicional superior em todas as ordens, salvo disposições em matéria de garantia constitucional." Deste modo, está alcançada a conciliação das duas exigências que são consideradas, pelos franceses, como incompatíveis entre si: a unidade de jurisdição e a especialização dos juízes.

Portugal adotou o sistema francês temperado pela autonomia municipal proveniente de sua tradição, dispondo, entretanto, sobre o Estatuto Constitucional da Jurisdição Administrativa no art. 211, da Constituição de 1976.[31]

Aparentemente, a França mantém-se à parte da presente movimentação ocorrida em diversos países europeus. Entretanto, mesmo neste domínio, ela já promove alguns passos tímidos, como mostra a decisão N° 80199, D. C. de 22 de julho de 1980, onde o Conselho Constitucional afirmou o princípio da independência de todas as jurisdições, sejam administrativas ou judiciárias.[32]

VI. MOVIMENTO DE APROXIMAÇÃO DAS JURISDIÇÕES

Como já apontado, a aproximação entre a jurisdição judiciária e a administrativa, proclamada por várias Constituições Européias, tem por objetivo a proteção do cidadão em face da Administração. Mesmo nos países que não adotaram, irrestritamente, a integração da justiça administrativa ao Poder Judiciário observa-se uma inclinação ao reforço das exigências do conhecimento do Direito Administrativo por parte dos juízes e, sobretudo, maior reconhecimento da garantia de independência destas instâncias julgadoras.

Desenvolvem-se, na Europa, as técnicas de decisão privilegiadoras do efeito suspensivo dos recursos dirigidos contra as decisões da Administração e dos procedimentos de urgência em nome da igualdade entre as partes. Os poderes de decisão dos juízes pendem para o progressivo aumento, não estando mais limitados à simples cassação da decisão administrativa contestada, vestígio longínquo da antiga idéia da autoridade administrativa como uma espécie de juiz de primeira instância e a Corte Administrativa como superior hierárquico dotada de poderes limitados.

A realidade européia pauta-se pela presença de uma jurisdição administrativa orientada para proteção da legalidade e correição das relações entre Administração e cidadão.

---

[31]   Segundo Marcello Caetano, "Os Tribunais Administrativos apareceram em conseqüência da evolução do recurso hierárquico jurisdicionalizado. Por isso esses tribunais se integram na Administração onde figuram como órgãos superiores independentes, aos quais está confiado o 'controle' da legalidade dos atos administrativos. Não são, pois, meros tribunais judiciais de competência especial: mas órgãos jurisdicionais da Administração que se limitam a controlar a legalidade do procedimento das autoridades para manter ou anular os atos recorridos. Todavia, a isenção com que julgam e o respeito voltado às suas sentenças criaram a confiança na justiça e consolidaram a sua existência." Caetano, As garantias..., op.cit., p. 427.

[32]   Fromont, op.cit., p. 204.

VII. INSERÇÃO DO SISTEMA BRASILEIRO NAS TENDÊNCIAS EUROPÉIAS

Como salientado, a proteção do cidadão perante a Administração representa, na atualidade, o *leit motiv* da organização de um sistema de competências a partir de um Estatuto Constitucional da Jurisdição Administrativa. Se, historicamente, a razão original concentrava-se na perspectiva do Estado —visando à construção de um sistema garantidor da independência entre os poderes— hoje o enfoque parte muito mais do cidadão.[33]

Mostrou-se, até aqui, que a segunda metade do século XX foi marcada por uma evolução considerável na realidade européia: a jurisdição administrativa tem sido objeto de consagração constitucional, integrando-se, cada vez mais, ao Poder Judiciário, a par da necessidade de especialização dos juízes.

A tradição brasileira é a jurisdição una. O problema do abuso do poder por parte da Administração resolveu-se pelo controle da constitucionalidade ao passo que, na França, pelo contencioso administrativo. Consistem em duas perspectivas diversas: uma em favor do Poder Judiciário como árbitro dos conflitos políticos, a outra contra aquele. Ainda assim, a questão de uma justiça especializada na resolução dos conflitos administrativos não passou despercebida pela nossa doutrina. No solo brasileiro, Manoel de Oliveira Franco Sobrinho foi o precursor da defesa de uma jurisdição administrativa como anteparo de proteção do cidadão.[34]

A Constituição brasileira de 1988, conforme aludido, aumentou o poder de controle do Judiciário ao elastecer o princípio da inafastabilidade do Poder Judiciário, no art. 5º, inc. XXXV, onde à expressão "lesão" acrescentou-se "ameaça" e foi suprimido o termo "individual" relativos aos direitos, para alcançar quaisquer direitos (individuais, coletivos, difusos). Concede-se, desta forma, um poder geral ao Poder Judiciário, inserido na tendência de aumento do espectro protetivo do controle jurisdicional, materializado pela ampla possibilidade de reexame das decisões da Administração. A isto, acrescente-se a afirmação constitucional da jurisdição constitucional.

A independência da Administração, frente ao Poder Judiciário, sempre esteve assegurada através do escudo do "mérito do ato administrativo", delimitando um campo de atuação próprio, sem ingerência deste.

---

[33]   Com isto, não queremos dizer que o problema do relacionamento harmônico entre os Poderes tenha deixado de orientar o sistema, mas tão somente que, superado os problemas principais que a questão despertava, passa-se agora para a pauta da eficácia da organização do sistema de competências. Mesmo o princípio da separação dos poderes pode ser analisado sob esta perspectiva. Com base na lição do jurista americano Burt Neuborne, tem-se que a teoria da separação negativa (negative separation) vê o poder governamental como uma bomba e reparte-se a fórmula da bomba entre uma série de funcionários públicos. O método está em impedir que mais de uma das três funções concentre-se em um só poder e a finalidade central reside na prevenção da tirania. De outro lado, a teoria da separação positiva (positive separation) prevê a designação das funções ao órgão mais equipado. A finalidade central encontra-se no atingimento da eficácia. Burt Neuborne comenta que estas duas teorias estão protegidas pela Constituição americana. Neuborne, Burt. *El papel de los juristas y del imperio de la ley en la sociedad americana*, Cuadernos Civitas, Madrid 1995. p. 37-38.

[34]   Franco Sobrinho, Manoel de Oliveira. *Curso de direito administrativo*. Saraiva, São Paulo: 1979.

A par da sólida construção doutrinária, expressas referências legislativas vigoram, como é o caso da Lei disciplinadora do mandado de segurança (Lei N° 1.533, de 31 de dezembro de 1951).

No mesmo texto legal, vigora outra regra que merece referência: a do esgotamento da via administrativa para o uso da judicial. Estabelece a mencionada norma que não cabe mandado de segurança "de ato que caiba recurso administrativo com efeito suspensivo, independente de caução" (art. 5°, I da Lei N° 1.533/1951). Impedida está, por conseguinte, a provocação do Judiciário antes de exaurida a manifestação recursal administrativa, a qual foi outorgado o efeito suspensivo. A razão é marcada de obviedade: a interposição de recurso administrativo recebido pela autoridade competente, em razão legal, com efeito suspensivo, faz desaparecer, ainda que momentaneamente, a ofensa ou o constrangimento a direito líquido e certo. Imprescindível, porém, que a autoridade a quem o recurso seja dirigido, sem se omitir, efetivamente receba-o com tal efeito, pois, no caso inverso, tem plena aplicabilidade a Súmula N° 429 do Supremo Tribunal Federal brasileiro, *verbis*: "A existência de recurso com efeito suspensivo não impede o uso do mandado contra omissão de autoridade."[35]

A Lei N° 1.533 de 1951, no artigo 5°, inciso III, estabelece o não cabimento de mandado de segurança contra "ato disciplinar, salvo quando praticado por autoridade incompetente ou com inobservância de solenidade essencial". Aqui, fixa-se o campo do controle da legalidade do ato administrativo.[36]

VIII. CONCLUSÃO

Vigora, no Brasil, situação diversa da encontrada nos demais países. Diante disso, foi exata a colocação de Carlos Alberto Alvaro de Oliveira de que não devemos apenas inovar por inovar, mas devemos objetivar a construção de um sistema compatível com a realidade aqui vigente.[37]

---

[35] "É comum aos writs e ao sistema administrativo português o fato do 'controle' jurisdicional incidir sobre atos. Não são as pessoas que são julgadas (como os remédios ordinários da Common Law, ou nas ações tendentes a efetivar a responsabilidade civil do Estado ou dos funcionários, existentes no Direito Português ou Brasileiro): trata-se unicamente de verificar se o ato violador dos direitos é ou não legal. Esse ato só pode ser submetido aos tribunais portugueses, como aos brasileiros, depois de estarem esgotados os meios graciosos de discussão administrativa. É a regra que, no Direito norte-americano, denomina-se exhaustion of administrative remedies." Caetano, *As Garantias..., op.cit.*, p. 428.

[36] Entendida a competência como a parcela de poder atribuída, pela lei, ao agente para a prática do ato, fica claro que, quando o ato por si praticado, não se encontre em seu rol legal de atribuições, torna-se viciado por incompetência que, no caso, conforme já visto, poderá ser confundido com o abuso de poder, na modalidade do excesso de poder. Um ato disciplinar, por tal modo praticado, submete-se ao controle judicial em sede de mandado de segurança. De igual modo, a inobservância de formalidade essencial, também viabiliza o uso do mandado de segurança, eis que a forma, correspondendo ao modo como o ato ou o procedimento administrativo vem externado, tem a sua liturgia preestabelecida em lei. Logo, qualquer inobservância, viciando o proceder administrativo, acende o estopim da ação mandamental.

[37] Oliveira, Carlos Alberto Álvaro. Jurisdição e Administração. *Separata da Revista de Informação Legislativa*, Brasília, N° 119, jul./set. 1993.

No intuito de implantar uma jurisdição administrativa, não há necessidade de nos afastarmos da nossa tradição judicialista, onde os Tribunais com poderes para proferir decisões, com força de coisa julgada, encontram-se integrados ao Poder Judiciário. Esta é, ao fim, a tendência européia: a formação de uma jurisdição administrativa, com Estatuto Constitucional, integrada ao Poder Judiciário.

A criativa transformação do ordenamento judiciário processual depende de não perdermos de vista as garantias preteritamente adquiridas pelo cidadão, oferecendo maior celeridade à prestação jurisdicional. As causas determinantes de uma justiça lenta, ineficiente e avolumada de processos necessitam ser, melhor e seriamente, avaliadas. A usual e vetusta fórmula de ampliar o número de juizes, de varas e comarcas, de há muito não responde pelo crescimento geométrico das demandas.

Mantendo a unidade da jurisdição, propõe-se a instituição de varas e câmaras integradas à estrutura do Poder Judiciário, especializadas no julgamento da matéria administrativa. De igual sorte, a criação de Juizados Especiais, como proposto pela Constituição Federal brasileira, em seu artigo 98, inc. I, para conciliação (dentro dos limites legalmente conferidos aos procuradores da Fazenda Pública), julgamento e execução de litígios cíveis-administrativos de menos complexidade da competência dos juízes federais e estaduais (imposição de multas, por exemplo).

De lege ferenda, defende-se que a proteção do cidadão frente à Administração deve caminhar para a criação constitucional de uma jurisdição administrativa integrada ao Poder Judiciário. Propõe-se a implementação do judicialismo brasileiro para um "judicialismo perfeito".[38] Com efeito, o processo administrativo conservará uma certa originalidade, todavia, obedecerá a regras que não terão mais por efeito e objeto proteger a Administração, mas assegurar um novo equilíbrio entre Administração e cidadãos. O presente movimento nada mais é do que o equilíbrio dos poderes em proveito da justiça, já que inexiste liberdade quando o direito é desrespeitado.

IX. BIBLIOGRAFÍAS

BINENBOJM, Gustavo. *Uma teoria do direito administrativo*, 2.ed., Renovar, Rio de Janeiro: 2008.

CAETANO, Marcello. As garantias jurisdicionais dos administrados no direito comparado de Portugal e do Brasil. *Revista de Direito Administrativo*, Rio de Janeiro, Seleção Histórica, 1996.

---

[38] A expressão "judicialismo perfeito" é de Marcello Caetano. O autor explica que, no judicialismo perfeito, o Poder Judiciário tem competência para conhecer e julgar as questões administrativas contenciosas, embora o sistema comporte a especialização de tribunais administrativos. De outro lado, as decisões dos órgãos administrativos estão sujeitas ao controle jurisdicional, onde os juízes podem emitir ordens ou mandatos vinculantes como resultados do processo. Logo "os órgãos administrativos não gozam de independência na autoridade que possuem para interpretarem e aplicarem as leis". O sistema de supremacia dos juízes sobre a Administração teve origem na Grã-Bretanha, a partir do Act of Settlement de 1701. Caetano, *As Garantias...*, *op.cit.*, p. 484.

_____. *Princípios fundamentais do direito administrativo.* Rio de Janeiro: Forense, 1989.

CUNHA, José Sebastião Fagundes. *Recursos de impugnação nos juizados especiais cíveis.* Curitiba: Juruá, 1996. p. 30.

FRANCO SOBRINHO, Manoel de Oliveira. *Curso de direito administrativo.* São Paulo: Saraiva, 1979.

FROMONT, Michel. La justice administrative en europe convergences. In: CHAPUS, René et al. *Droit administratif.* Paris: Montchrestien, 1992.

GOMES DA CRUZ, José Raimundo. *O controle jurisdicional do processo disciplinar.* São Paulo: Malheiros, 1996.

GUALAZZI, Eduardo Lobo Botelho. *Justiça administrativa.* São Paulo: Revista dos Tribunais, 1986.

LAUBADÈRE, André de et al. *Traité de droit administratif.* 2. ed. Paris: Libraire Générale de Droit et de Jurisprudence, 1992. Tome I.

_____. *Manual de Derecho Administrativo.* Bogotá: Temis, 1984.

LONG, Marceau; WEIL, Prosper; BRAIBANT, Guy; DEVOLVÉ, Pierre; GENEVOIS, Bruno. *Les grands arrêts de la jurisprudence administrative,* 16 ed. Paris: Dalloz, 2007.

NEUBORNE, Burt. *El papel de los juristas y del imperio de la ley en la sociedad americana.* Madrid: Cuadernos Civitas, 1995.

OLIVEIRA, Carlos Alberto Álvaro. Jurisdição e Administração. *Separata da Revista de Informação Legislativa,* Brasília, n. 119, jul./set. 1993.

OTERO, Paulo. *Legalidade e Administração Pública*: o sentido da vinculação administrativa à juridicidade. Coimbra: Almedina, 2003.

GARCIA OVIEDO, Carlos. *Derecho Administrativo.* 5. ed. Madrid: Pizarro, 1955.

RIVERO, Jean. *Direito administrativo.* Coimbra: Almedina, 1981

VILE, Maurice J. C. *Constitucionalismo y separación de poderes.* Madrid: Centro de Estudios Políticos y Constitucionales, 2007.

COLOMBIA

§5. LAS ACCIONES CONTENCIOSO ADMINISTRATI-VAS EN LA LEGISLACIÓN POSITIVA COLOMBIANA

Consuelo Sarria Olcos

I. INTRODUCCIÓN

En un Estado de Derecho, el ejercicio de las funciones que sus autoridades realizan para lograr los fines que de él se predican, están limitadas por el principio de legalidad, y para que éste sea una realidad, uno de los mecanismos de control, específicamente en relación con la actividad administrativa, es el control judicial que respecto de ella se ejerce por las autoridades competentes.

Para desencadenar el proceso contencioso administrativo y obtener una decisión judicial respecto de una acción o una omisión de las autoridades administrativas, los administrados cuentan con las acciones, que se han denominado contencioso administrativas, y a través de ellas hacen que la autoridad competente juzgue la actividad administrativa, especialmente su subordinación al ordenamiento jurídico preestablecido, a través de un proceso contencioso administrativo, el cual, luego de la etapa probatoria, culmina con un juicio respecto de la controversia que ha sido sometida a su conocimiento, contenido en una sentencia.

La importancia de las acciones en el campo jurídico es reconocida desde la época misma de los romanos quienes planteaban que las relaciones jurídicas no generaban ninguna clase de derechos, si la ley no otorgaba un medio capaz de hacerlos efectivos y por ello para Justiniano el derecho se dividía en personas, cosas y acciones.

De acuerdo con los planteamientos hechos por la doctrina, en el derecho colombiano, se ha seguido la clasificación tradicional, que tiene en cuenta la pretensión específica respecto de la cual se busca el pronunciamiento judicial, clasificación genérica que hace referencia a:

- La acción de nulidad o contencioso objetivo, cuando se busca la anulación de un acto administrativo.
- La acción de plena jurisdicción, hoy restablecimiento del derecho, o contencioso subjetivo, cuando además de la anulación del acto, o contrato, se pretende el restablecimiento del derecho vulnerado o una indemnización de perjuicios.

En la normatividad vigente, se encuentran consagradas de manera específica, las siguientes acciones:

- Acción de nulidad.
- Acción de nulidad y restablecimiento del derecho.
- Acción de reparación directa.
- Acciones en materia contractual.

II. ACCIÓN DE NULIDAD Y ACCIÓN DE NULIDAD POR INCONSTITUCIONALIDAD

1. *Acción de nulidad*

También denominada, en la doctrina, como la acción del contencioso objetivo, es aquella que origina una controversia no litigiosa, toda vez que quien la interpone busca la anulación de un acto administrativo, por ser violatorio del ordenamiento jurídico superior, sin que el proceso se refiera a derecho subjetivo alguno.

El artículo 84 del Código Contencioso Administrativo, la consagra en los siguientes términos:

> *"Artículo 84. Toda persona podrá solicitar por sí, o por medio de representante, la nulidad de los actos administrativos.*
>
> *"Procederá no sólo cuando los actos administrativos infrinjan las normas en que deberían fundarse, sino también cuando hayan sido expedidos por funcionarios u organismos incompetentes, o en forma irregular, o con desconocimiento del derecho de audiencia y defensa, o mediante falsa motivación, o con desviación de las atribuciones propias del funcionario o corporación que los profirió.*
>
> *"También puede pedirse que se declare la nulidad de las circulares de servicio y de los actos de certificación y registro."*

De conformidad con la norma trascrita, se trata de una acción pública, que puede ser ejercida por todas las personas, en cualquier tiempo[1], sin que se requiera la intervención de abogado y que tiene por finalidad, exclusivamente, el restablecimiento del orden jurídico presuntamente vulnerado, mediante la anulación del acto impugnado.

---

[1] Así lo dispone el artículo 136 del mismo Código Contencioso Administrativo, el cual establece que: "1. La acción de nulidad podrá ejercitarse en cualquier tiempo a partir de la expedición del acto…"

Las causales que se pueden invocar para solicitar la anulación de los actos administrativos están conformadas por una causal genérica de violación del ordenamiento jurídico en el cual debía sustentarse la decisión administrativa, y en causales específicas referidas a los diferentes elementos del acto administrativo como son las causales relacionadas con la expedición por funcionarios y organismos incompetentes (elemento subjetivo), o en forma irregular (elemento formal), o mediante falsa motivación (elemento causal), o con desviación de las atribuciones propias de quien lo profirió (elemento finalista), o con desconocimiento del derecho de audiencia y defensa.

La acción no es desistible y como lo que se cuestiona es un acto administrativo, los poderes del juez al dictar sentencia en un proceso iniciado por la acción de nulidad se limitan a establecer la legalidad o ilegalidad del acto enfrente al ordenamiento superior, sin que tenga facultades para pronunciamiento alguno respecto de derechos subjetivos, en cuanto no existe propiamente una controversia entre partes. La decisión judicial tiene carácter de cosa juzgada.

Los efectos de dicha sentencia son erga omnes[2], y una vez declarada la nulidad de un acto administrativo, éste no puede ser reproducido[3].

En cuanto a los efectos en el tiempo, la declaratoria de nulidad de un acto administrativo, son retroactivos al momento mismo de la expedición del acto. Es decir como si nunca hubiera existido, con excepción de aquellas situaciones jurídicas que se consolidaron durante su vigencia.

Un aspecto que ha generado una gran controversia en Colombia es el relativo a que clase de actos se pueden demandar mediante la acción de nulidad: si es posible demandar actos administrativos generales o actos administrativos particulares.

Antes de la vigencia del actual Código Contencioso Administrativo, la jurisprudencia consideraba que la acción de nulidad estaba consagrada para impugnar actos administrativos generales, mientras que, la acción que en esa oportunidad se denominaba de plena jurisdicción y por ella se podía solicitar además de la nulidad del acto, el restablecimiento del derecho vulnerado, procedía para demandar actos administrativos de contenido particular, en cuanto son éstos los que pueden desconocer un derecho subjetivo.

En este sentido se pronunció el Consejo de Estado en la sentencia de 1° de diciembre de 1955, Expediente 19551201, Actores Enrique López de la Pava y Enrique Gómez Restrepo con ponencia del Consejero Ildefonso Méndez, publicada en los Anales del Consejo de Estado, Tomo LXI, número 382-386, página 77, en la cual precisó que:

---

[2]   El artículo 175 del Código Contencioso Administrativo dispone que la sentencia que declare la nulidad de un acto administrativo tendrá fuerza de cosa juzgada "erga omnes."

[3]   El artículo 158 del Código Contencioso Administrativo prescribe: "Ningún acto anulado o suspendido podrá ser reproducido por quien los dicto si conserva la esencia de las mismas disposiciones anuladas o suspendidas, a menos que con posterioridad a la sentencia o al auto, hayan desaparecido los fundamentos legales de la anulación o suspensión. Deberán suspenderse provisionalmente los efectos de de todo acto proferido con violación de los anteriores preceptos..."

"..."

"a) Los actos creadores de situaciones generales, impersonales y objetivas deben ser demandados mediante el ejercicio de la acción de nulidad, consagrada por el art. 66 de la ley 167 de 1941, la que es pública, por estimarse que hay interés de la comunidad en la conservación del orden jurídico general.

"b) Contra los actos, hechos u operaciones administrativas que establecen situaciones individuales y concretas, únicamente procede la vía de plena jurisdicción, de que hablan los artículos 67 y 68, los cuales conceden a la persona perjudicada no solo el derecho abstracto de restablecer la legalidad, sino la posibilidad de obtener de la administración la reparación del daño concreto que esta le infligió en su derecho subjetivo.

"c) También la acción de nulidad procede contra los actos-condiciones que interesan a la sociedad, tales como aquellos que colocan a una persona dentro de una situación general y reglamentaria que la inviste de un poder legal. Por ejemplo, el nombramiento de un individuo que no reúne las condiciones requeridas para desempeñar un cargo oficial, el otorgamiento de una licencia con el fin de ejercer una profesión u oficio en que el interés común está en juego."

Pero la anterior interpretación de las normas sobre los actos demandables mediante las dos clases de acciones citadas, fue modificada por el Consejo de Estado, en una providencia, en la cual se afirma que lo que determina la viabilidad de cada una de las acciones no es si los actos demandados son generales o particulares, sino *"los motivos y las finalidades"* que a las acciones les ha señalado el ordenamiento jurídico, los cuales deben coincidir con los motivos y finalidades que tiene el actor al ejercerlas.

Dicha providencia es la proferida por el Consejo de Estado, el 10 de agosto de 1961, con ponencia del Dr. Carlos Gustavo Arrieta, en la cual dicha Corporación precisó el alcance de la que se ha denominado *la teoría de los motivos y las finalidades,* y que, con algunas adiciones y matices se ha mantenido a través del tiempo, y en ella afirmó:

"En los artículos 62 a 65 de la Ley 167 de 1941 se enumeran los actos de la administración susceptibles de enjuiciamiento ante la jurisdicción especial. En esos preceptos se relacionan decisiones de carácter reglamentario y objetivo, y providencias de naturaleza individual y subjetiva. No obstante esa enunciación indiscriminada de ordenamientos de una y otra clase, en el artículo 66 se dice que toda persona puede solicitar "la nulidad de cualesquiera de los actos a que se refieren las anteriores disposiciones". Siguiendo idéntico criterio de generalización, la regla 83 del mismo estatuto dispone que el contencioso de anulación pueda ejercitarse en cualquier tiempo y contra "todos los actos administrativos".

"Si en la ley se enumeran las decisiones acusables sin señalar distinciones entre providencias personales e individuales, y si a renglón seguido se dispone que la acción de nulidad es viable contra cualquiera de tales ordenamientos, no aparece la razón para que la doctrina haya consagrado distingos que los textos repelen expresamente. Ni del tenor literal de esas reglas, ni del espíritu que las anima, se puede inferir que el recurso de anulación solo proceda contra los actos generales y no contra las decisiones particulares. Por el contrario, la ley descarta semejante apreciación.

"No es la generalidad del ordenamiento impugnado el elemento que determina la viabilidad del contencioso popular de anulación. El criterio a seguir para apreciar su procedencia es el que imponen esos mismos preceptos. Son los motivos determinados de la acción y las finalidades que a ella ha señalado la ley los elementos que sirven para identificarla jurídicamente

y para calificar su procedencia. En los artículos 62 a 66 se repite insistentemente que "los motivos" que dan oportunidad a su ejercicio son la violación de la Constitución, de la ley y de las otras disposiciones superiores de derecho. Dentro de ese concepto de infracción de los estatutos quedan incluidos el abuso, la desviación de poder y la irregularidad formal, porque estas nociones, en realidad, son simples aspectos del fenómeno de la violencia legal".

"De los preceptos en cita se colige que los únicos motivos determinantes del contencioso popular de anulación son los de tutelar el orden jurídico y la legalidad abstracta contenida en esos estatutos superiores, y que sus finalidades son las de someter a la administración pública al imperio del derecho objetivo. Pero como la causa y objetivo de la acción son incompatibles con la protección de derechos particulares, al utilizarla con este último propósito se desnaturaliza la esencia del sistema. Habría una simulación de motivos, de intereses y de fines que los textos rechazan implícitamente. La aceptación de ese sistema traería como consecuencia el desconocimiento de los mandatos legales sobre caducidad de la acción privada.

"Los motivos y finalidades del actor deben estar en concordancia con los motivos y finalidades, que las normas asignan a la acción. Es presumible esta similitud de causas y objetivos cuando se acciona por la vía del contencioso de anulación contra actos impersonales y abstractos porque esta clase de ordenamientos entrañan una violación continua y permanente de la legalidad objetiva que afecta directamente a toda la comunidad y lesionan los derechos de todos en el presente y en el futuro. El posible interés que anima al demandante se diluye en el interés general de la sociedad. Distinta es la situación cuando el recurso se dirige contra actos particulares. En este evento, el quebrantamiento de la legalidad no tiene el carácter de continuidad y permanencia, sino que es ocasional y episódico, y sólo afecta directa e indirectamente a determinada persona.

"Cuando se utiliza al contencioso de anulación contra actos particulares, la doctrina de los motivos y finalidades opera en dos formas: si la declaratoria de nulidad solicitada no conlleva al restablecimiento del derecho subjetivo lesionado, el contencioso popular puede ejercitarse inclusive por el titular de ese derecho; pero si la sentencia favorable a las pretensiones del actor determina el restablecimiento automático de la situación jurídica individual afectada por la decisión enjuiciada, el recurso objetivo no será admisible, salvo que la acción se intente dentro de los cuatro meses de que habla la ley.

"El contencioso popular de anulación es el contencioso exclusivo de la legalidad. Se desarrolla en torno de dos extremos únicamente: la norma violada y el acto violador. Las posibles situaciones subjetivas que se interpongan no juegan ningún papel en la litis. Es un sencillo proceso de comparación entre el derecho objetivo y la decisión administrativa que lo infringe, cuya finalidad es la de defender el orden jurídico en sí mismo."

De conformidad con la anterior jurisprudencia en el derecho colombiano se considera que mediante la acción de nulidad se pueden impugnar actos de contenido general y actos de contenido particular, con una limitación en el sentido de que si se trata de demandar un acto de contenido particular, y la declaración de nulidad del mismo, origina un restablecimiento automático del derecho vulnerado por el acto demandado, la acción debe interponerse dentro del término previsto para las acciones subjetivas, por cuanto se considera que la finalidad buscada por el demandante, no es el puro restablecimiento del orden jurídico, sino ese restablecimiento del derecho, que se logra automáticamente con la anulación del acto.

Esta interpretación jurisprudencial del Consejo de Estado, desde el año de 1961 se ha venido aplicando en materia contencioso administrativa, de manera reiterada y ha sido objeto de muchas providencias en las cuales se han agregado algunos criterios para su aplicación y procedencia[4].

Entre las interpretaciones adicionales es pertinente anotar que la jurisprudencia del Consejo de Estado ha considerado que la acción de nulidad procede cuando la ley así lo establece para casos específicos,[5] y también, cuando el acto individual reviste un especial interés para la comunidad, que trascienda el mero interés de la legalidad en abstracto, comprometiendo el orden público, social o económico del país[6].

La Corte Constitucional no comparte dicha interpretación y al juzgar la constitucionalidad del artículo 84 trascrito que consagra la acción de nulidad, tuvo oportunidad de pronunciarse sobre el tema, en cuanto el demandante alegó que las interpretaciones dadas por el Consejo de Estado, a que se ha hecho referencia, resultaban contrarias a las garantías constitucionales de defensa y libre acceso a la administración de justicia, particularmente, por no estar contenidas, tales exigencias, en el texto del precepto acusado, ni deducirse de la misma, en cuanto la norma no establece ninguna limitación.

En la Sentencia C-426 de 2002, la Corte Constitucional declaró ajustado a la Constitución, el trascrito artículo 84 del Código Contencioso Administrativo, pero en relación con la interpretación dada por el Consejo de Estado en los términos ya precisados, la Corte acogió la tesis del demandante, y afirmó que *"El sentido normativo atribuido por el Consejo de Estado al Artículo 84 del Código Contencioso Administrativo (C.C.A.), resulta contrario a los derechos de acceso a la administración de justicia y al debido proceso"*.

En relación con la acción de nulidad, la Corte Constitucional, en la sentencia citada, afirma:

> *"..."*

> *"7.13. Ciertamente, conforme a las reglas que identifican las acciones de nulidad y de nulidad y restablecimiento del derecho, se tiene que la diferencia fundamental entre éstas radica en que mientras la acción de nulidad tiene por objeto principal, directo y exclusivo preservar la legalidad de los actos administrativos, a través de un proceso en que no se debaten pretensiones procesales que versan sobre situaciones jurídicas de carácter particular y concreto, limitándose a la simple comparación del acto con las normas a las cuales ha debido estar su-*

---

[4]   Entre otras, en las siguientes: Sentencia de 21 de agosto de 1972. Consejo de Estado. Concejo Municipal de Sabaneta, Ponente Dr. Humberto Mora Osejo; Auto de 2 de agosto de 1990. Consejo de Estado. Sala de lo Contencioso Administrativo. Sección Primera. Expediente 1482, Ponente Dr. Pablo Cáceres Corrales; Sentencia de 16 de mayo de 1991. Consejo de Estado. Expediente S-180, Ponente Dr. Álvaro Lecompte Luna; Sentencia de 26 de octubre de 1995. Consejo de Estado. Sala Plena de lo Contencioso Administrativo. Sección Primera. Expediente 3332, Ponente Dr. Libardo Rodríguez; Sentencia de 29 de octubre de 1996. Consejo de Estado. Expediente S-404, Actor Jesús Pérez González Rubio y otros, Ponente Dr. Daniel Suárez Hernández.
[5]   Auto de 2 de agosto de 1990. Consejo de Estado. Sala de lo Contencioso Administrativo. Sección Primera. Expediente 1482, Ponente Dr. Pablo Cáceres Corrales.
[6]   Sentencia de 29 de octubre de 1996. Consejo de Estado. Expediente S-404, Actor Jesús Pérez González Rubio y otros, Ponente Dr. Daniel Suárez Hernández.

jeto, la de restablecimiento del derecho, por su parte, no solo versa sobre una pretensión de legalidad de los actos administrativos, sino que propende por la garantía de los derechos subjetivos de los particulares mediante la restitución de la situación jurídica de la persona afectada, ya sea a través de una reintegración en forma específica, de una reparación en especie o de un resarcimiento en dinero.

"7.14. Ello conduce a que, por fuera de lo que constituyen sus características más próximas, la procedencia de una u otra acción no esté determinada por el contenido del acto que se impugna -general o particular- ni por los efectos que de éstos se puedan derivar, sino por la naturaleza de la pretensión que se formule, o lo que es igual, por la clase de solicitud o de petición que se haga ante el órgano jurisdiccional. Si el proceso administrativo de anulación define su propia identidad a partir del bien jurídico a tutelar -la simple legalidad o ésta y la garantía de un derecho subjetivo-, la pretensión procesal se convierte en su objeto principal pues en torno a ella es que tiene lugar todo el curso de la actuación judicial. La promoción o iniciación del proceso, su desarrollo e instrucción y la posterior decisión, encuentran como referente válido la declaración de voluntad del demandante o lo que éste pida que se proteja, sin que tenga por qué incidir en la actuación la condición del acto violador o sus efectos más próximos.

"En esos términos, si la pretensión procesal del administrado al acudir a la jurisdicción se limita tan sólo a impugnar la legalidad del acto administrativo, no existe razón para desconocerle el interés por el orden jurídico y privarlo del acceso a la administración de justicia, por la fútil consideración de que la violación alegada provenga de un acto de contenido particular y concreto que también afecta derechos subjetivos. Resultaría insólito y contrario al Estado de Derecho que la Administración, acogiéndose a criterios netamente formalistas que no interpretan fielmente los textos reguladores sobre la materia, se pueda sustraer del régimen legal que gobierna la actividad pública y, de contera, del control judicial de sus propios actos, como si unos -los de contenido general- y otros -los de contenido particular- no estuvieran sometidos al principio de legalidad.

"7.15. Bajo este entendido, consultando el espíritu de la Constitución y de la ley, se tiene que la acción de simple nulidad procede contra todos los actos administrativos, generales y particulares, cuando la pretensión es únicamente la de tutelar el orden jurídico, caso en el cual la competencia del juez se limita a decretar la simple anulación sin adicionar ninguna otra declaración, pese a que con el retiro del acto impugnado eventualmente se restablezcan derechos o se ocasionen daños al actor o a terceros ... "

Con fundamento en las anteriores consideraciones, la Corte Constitucional declaro la exequibilidad del artículo 84 del Código Contencioso demandado, *"... siempre y cuando se entienda que la acción de nulidad también procede contra los actos de contenido particular y concreto, cuando la pretensión es exclusivamente el control de la legalidad en abstracto del acto, en los términos de la parte motiva de esta Sentencia".*

La anterior interpretación ha sido reiterada por la Corte Constitucional y en Sentencia T-836 de 2004, con ponencia del Dr. Marco Gerardo Monroy Cabra, afirmó que:

"La parte resolutiva de la Sentencia C-426 de 2002 es clara y enfática al señalar que la acción simple de nulidad procede contra actos de contenido particular cuando "la pretensión es exclusivamente el control de la legalidad en abstracto del acto". En estos términos, si en la demanda no figura una pretensión encaminada al restablecimiento del derecho y la única que se consigna es la de la simple nulidad del acto, no le está permitido al juez rechazarla con el argumento de que la verdadera intención del libelo es el restablecimiento del derecho. Tal como lo advierte la parte resolutiva del fallo, la acción de nulidad del acto particular

procede cuando la pretensión es el control de legalidad abstracto del mismo, en los términos establecidos en dicha providencia, y éstos términos prescriben que "si la pretensión procesal del administrado al acudir a la jurisdicción se limita tan sólo a impugnar la legalidad del acto administrativo, no existe razón para desconocerle el interés por el orden jurídico y privarlo del acceso a la administración de justicia, por la fútil consideración de que la violación alegada provenga de un acto de contenido particular y concreto que también afecta derechos subjetivos".

El Consejo de Estado, no comparte la anterior interpretación y luego de cuestionar la citada decisión de la Corte Constitucional[7], ha continuado aplicando la teoría de los motivos y finalidades[8], en el sentido ya comentado desde 1961, con las adiciones ya mencionadas.

A manera de síntesis de lo hasta aquí expuesto, se puede afirmar que, a la luz de la normatividad vigente, mediante la acción de nulidad es posible demandar actos de contenido general o actos de contenido particular, y según la jurisprudencia reseñada de la Corte Constitucional, sin ninguna limitación, mientras que según la jurisprudencia del Consejo de Estado, el tema no es tan simple, por cuanto si se utiliza para impugnar actos de contenido particular, de cuya nulidad se genera un restablecimiento automático se deben cumplir los requisitos de la acción de nulidad y restablecimiento del derecho, además de que la acción de nulidad procede en relación con actos de contenido particular cuando la ley, expresamente, así lo establece y cuando se trate de actos que afectan el orden público y su contenido revista un especial interés para la comunidad que trascienda el mero interés de la legalidad en abstracto, comprometiendo el orden público, social o económico del país.

La anterior es la acción de nulidad que desde comienzos del siglo anterior, se consagró, en materia contencioso administrativa en el derecho colombiano, y que la jurisprudencia ha seguido precisando en su alcance y contenido, mediante la cual los particulares pueden demandar los actos administrativos por ser violatorios del ordenamiento jurídico superior.

2. *Acción de nulidad por inconstitucionalidad*

En Colombia, existe un sistema de control de constitucionalidad difuso, y la Ley 130 de 1913, "sobre la jurisdicción contencioso administrativa"[9] le asignó a dicha jurisdicción la competencia para juzgar la constitucionalidad y la legalidad de los decretos del "gobierno o de los ministros" cuyo juzgamiento no correspondía, a la Corte Suprema de Justicia.

---

[7]   Sentencia de 4 de marzo de 2003. Consejo de Estado. Sala Plena Contenciosa Radicación 11001032400019990583-02, Número Interno 30, Actor Corporación Autónoma Regional de Cundinamarca - CAR, Ponente Dr. Manuel Urueta Ayola.
[8]   Auto de 15 de noviembre de 2007. Consejo de Estado. Sección Primera. Expediente 2002-000348, Actor Cooperativa Multiactiva de Transportadores de Cota, Ponente Dr. Marco Antonio Velilla Moreno; Auto de 3 de julio de 2008. Consejo de Estado. Sección Primera. Expediente 2007-00310, Actor Luis Alberto Caño Elorza y otro, Ponente Dr. Marco Antonio Velilla Moreno.
[9]   El artículo 78 de la Ley 130 de 1913, disponía que: "La revisión de los actos del Gobierno o de los ministros, que no sean de la clase de los sometidos a la jurisdicción de la Corte Suprema de justicia por el citado artículo 41 del Acto Legislativo 3 de 1910, corresponde al Tribunal Supremo de lo Contencioso Administrativo, cuando sean contrarios *a la Constitución* o a la ley, o lesivos de derechos civiles." (Se resalta)

Dicha competencia la ha tenido el Consejo de Estado desde entonces y para hacer efectivo dicho control, los administrados ejercían la acción de nulidad a que se ha hecho referencia y el juzgamiento de dichos actos se hacía a través del procedimiento ordinario previsto en el Código Contencioso Administrativo para juzgar los demás actos administrativos.

La Constitución Política aprobada por la Asamblea Constituyente en 1991, luego de precisar en el artículo 237.1 que el Consejo de Estado ejerce las funciones de Tribunal Supremo de lo Contencioso Administrativo, dispuso en el numeral 2 del mismo artículo, que el Consejo de Estado es competente para *"Conocer de las acciones de nulidad por inconstitucionalidad de los decretos dictados por el Gobierno Nacional, cuya competencia no corresponda a la Corte Constitucional".*

Es decir que diferenció la función del Consejo de Estado como Tribunal Supremo de lo Contencioso Administrativo, y como juez de constitucionalidad, y en relación con la última, creó una nueva acción, que denominó de: "acción de nulidad por inconstitucionalidad".

Con posterioridad, la Ley Estatutaria de la Administración de Justicia, Ley 250 de 1996, en el artículo 37.9, al consagrar las funciones de la Sala Plena Contenciosa del Consejo de Estado, le atribuyó a dicha Sala, la competencia para *"Conocer de las acciones de nulidad por inconstitucionalidad de los decretos expedidos por el gobierno nacional, cuya competencia no corresponda a la Corte Constitucional".*

Y en el artículo 49, la misma ley dispuso, textualmente:

"Artículo 49. Control de constitucionalidad de los decretos dictados por el gobierno cuya competencia no haya sido atribuida a la Corte Constitucional de conformidad con el numeral segundo del artículo 237 de la Constitución Política. "El Consejo de Estado decidirá sobre las acciones de nulidad por inconstitucionalidad de los decretos dictados por el Gobierno Nacional, cuya competencia no corresponda a la Corte Constitucional ni al propio Consejo de Estado como Tribunal Supremo de lo Contencioso Administrativo. La decisión será adoptada por la Sala Plena de lo Contencioso Administrativo del Consejo de Estado."

Y luego, la Ley 446 de 1998, mediante la cual se hicieron reformas al Código Contencioso Administrativo, en su artículo 33 adicionó el artículo 97 de dicho Código, en los siguientes términos:

Artículo 97. "..." La Sala Plena de lo Contencioso Administrativo tendrá las siguientes funciones especiales:

"..."

"7. [Conocer] De las acciones de nulidad por inconstitucionalidad que se promuevan contra los Decretos de carácter general dictados por el Gobierno Nacional, que no correspondan a la Corte Constitucional, cuya inconformidad con el ordenamiento jurídico se establezca mediante confrontación directa con la Constitución Política y que no obedezca a función propiamente administrativa.

"La acción podrá ejercitarse por cualquier ciudadano y se tramitará con sujeción al procedimiento ordinario previsto en los artículos 206 y siguientes de este Código, salvo en lo que se refiere al período probatorio que, si fuere necesario, tendrá un término máximo de diez (10) días.

"En estos procesos la sustanciación y ponencia corresponderá a uno de los Consejeros de la Sección respectiva según la materia y el fallo a la Sala Plena.

"Contra los autos proferidos por el ponente sólo procederá el recurso de reposición. Los que resuelvan la petición de suspensión provisional, los que decreten inadmisión de la demanda, los que pongan fin al proceso y los que decreten nulidades procesales, serán proferidos por la Sección y contra ellos solamente procederá el recurso de reposición.

"El ponente registrará el proyecto de fallo dentro de los quince (15) días siguientes a la fecha de entrada a despacho para sentencia. La Sala Plena deberá adoptar el fallo dentro de los veinte (20) días siguientes, salvo que existan otros asuntos que gocen de prelación constitucional.

"Las acciones de nulidad de los demás Decretos del orden nacional, dictados por el Gobierno Nacional, se tramitarán y decidirán por las Secciones respectivas, conforme a las reglas generales de este Código y el reglamento de la Corporación."

De acuerdo con lo hasta aquí expuesto, a partir de 1991, en el derecho colombiano, además de la acción de nulidad consagrada en el Código Contencioso Administrativo, en los términos ya comentados, existe la acción de nulidad por inconstitucionalidad de ciertos decretos del Gobierno Nacional, que "no obedecen propiamente a función administrativa" y cuya violación es directa de la Constitución nacional, cuyo control de constitucionalidad le corresponde al Consejo de Estado, no como tribunal supremo de lo contencioso administrativo, sino como juez de constitucionalidad.

Los titulares de ésta acción de nulidad por inconstitucionalidad, no son todas las personas, como lo son en la acción de nulidad prevista en el artículo 84 del Código Contencioso Administrativo, sino solamente aquellas personas que tienen el carácter de ciudadanos.

Para su trámite, el artículo trascrito establece, prácticamente, un procedimiento especial, la competencia para fallar corresponde a la Sala Plena Contencioso Administrativa del Consejo de Estado, mientras que las demás acciones de nulidad las deciden las secciones de dicha Sala, y se prevén, también, términos más breves para la etapa probatoria y para proferir la sentencia.

III. ACCIÓN DE NULIDAD Y RESTABLECIMIENTO DEL DERECHO

1. *Acción de nulidad y restablecimiento de derecho*

El artículo 85 del Código Contencioso Administrativo consagra ésta acción, en los siguientes términos:

"Artículo 85. Acción de nulidad y restablecimiento del derecho. Toda persona que se crea lesionada en un derecho amparado en una norma jurídica, podrá pedir que se declare la nulidad del acto administrativo y se le restablezca en su derecho; también podrá solicitar que se le repare el daño. La misma acción tendrá quien pretenda que le modifiquen una obligación fiscal, o de otra clase, o la devolución de lo que pagó indebidamente."

Se trata de una típica acción de las que se conocen como del contencioso subjetivo, a través de la cual se plantea ante el juez una controversia *litigiosa* entre partes, en cuanto además de solicitar la anulación de un acto que se considera ha desconocido el ordenamiento jurídico superior, se afirman pretensiones en relación con derechos subjetivos que pueden haberse afectado por el acto cuestionado y, por lo tanto, se busca también el restablecimiento del derecho vulnerado o la reparación del daño causado[10].

De esta acción son titulares los afectados con la actividad administrativa que se cuestiona, debe ser ejercida a través de abogado y el término de caducidad para su ejercicio es de cuatro meses, a partir de la publicación, notificación, comunicación o ejecución del acto, según el caso[11].

Un aspecto que ha sido objeto de discusión y de pronunciamientos jurisprudenciales es el relativo a si, de conformidad con los términos y redacción del artículo 85 trascrito, a través de la acción de nulidad y restablecimiento del derecho, se puede obtener, además de la nulidad del acto y del restablecimiento del derecho, una indemnización de perjuicios.

El Consejo de Estado ha sostenido que la acción de nulidad y restablecimiento del derecho no es una acción de carácter indemnizatorio, sino que como su mismo nombre lo indica, se trata de una acción para obtener la nulidad de un acto que ha desconocido el principio de legalidad y el restablecimiento del derecho vulnerado por ese acto ilegal.

Igualmente, el Consejo de Estado ha entendido que, cuando la norma trascrita se refiere a que "también puede solicitar que se le repare el daño", se refiere a aquellas situaciones en las cuales, aun cuando se anule el acto ya no es posible el restablecimiento del derecho que fue vulnerado, y por lo tanto lo único que procederá será que, como consecuencia de dicha nulidad, se ordene una indemnización de los perjuicios causados por el acto ilegal[12].

El sector doctrinario que comparte la tesis del Consejo de Estado, en el sentido de considerar que la acción de nulidad y restablecimiento del derecho no es una acción indemnizatoria, argumenta que con una interpretación literal de la norma y en consideración a su redacción e inclusive a su puntuación, a través de dicha acción no se puede solicitar la nulidad, el restablecimiento del derecho y la indemnización de perjuicios, por cuanto si esa hubiera sido la voluntad del legislador, la redacción sería distinta y en lugar de haber utilizado una punto y coma luego de establecer la posibilidad de obtener la nulidad y el restablecimiento del derecho hubiera utilizado la preposición "y", para incluir la posibilidad de solicitar simultáneamente las tres pretensiones: la nulidad, el restablecimiento del derecho y la indemnización de perjuicios.

---

[10] La Corte Constitucional en la Sentencia T-836 de 2004 afirmó: "... Siguiendo este mismo razonamiento, si lo que persigue el demandante es un pronunciamiento anulatorio y la consecuente reparación de los daños antijurídicos causados, lo que cabe es la acción de nulidad y restablecimiento del derecho, a ejercitarse dentro del término de caducidad a que hace expresa referencia el numeral 2° del artículo 136 del C.C.A., para que el juez proceda no sólo a decretar la nulidad del acto sino también al reconocimiento de la situación jurídica individual que ha resultado afectada.

[11] El artículo 136.2 del Código Contencioso Administrativo establece que la acción de nulidad y restablecimiento del derecho debe ejercitarse dentro de los 4 meses contados a partir del día siguiente al de la publicación, notificación, comunicación o ejecución del acto, según el caso.

[12] Sentencia de 20 de mayo de 1997. Consejo de Estado. Sección Cuarta. Sala de lo Contencioso Administrativo. Expediente 7839, Ponente Dr. Germán Ayala Mantilla.

En cuanto a cuales actos pueden ser impugnados mediante la acción de nulidad y restablecimiento del derecho, si los actos generales o los actos particulares, debe mencionarse que, la norma que consagra la acción, no establece ninguna distinción y por ello, la jurisprudencia ha considerado que, tanto los actos generales como los particulares, pueden afectar situaciones particulares y las dos clases de actos, pueden ser impugnados por esta acción.

En la misma providencia del Consejo de Estado, del 10 de agosto de 1961, Ponente Dr. Carlos Gustavo Arrieta, citada al analizar la teoría de los motivos y finalidades en relación con la acción de nulidad, el Consejo de Estado afirmó:

"Siguiendo el mismo proceso lógico, en los artículos 62 a 65 se enuncian las decisiones acusables ante la jurisdicción especial, sin establecer distinciones entre actos generales y particulares. A pesar de esa enumeración indiscriminada, en el artículo 67 se da acción a la persona lesionada en un derecho suyo para pedir que además de la anulación "del acto" se le restablezca en el derecho. Las situaciones jurídicas subjetivas pueden ser igualmente quebrantadas por una decisión reglamentaria que por una de contenido individual. El estatuto que infringe la Constitución o la ley, viola simultáneamente el derecho de cada una de las personas protegido por aquellos ordenamientos superiores. Derecho objetivo y derecho subjetivo no son concepciones autónomas, sino nociones jurídicas que se complementan recíprocamente, como quiera que el uno no pueda existir sin el otro. La ordenanza o el acuerdo que altere ilegalmente el régimen de la propiedad privada establecido en la Constitución y en las leyes, está modificando el derecho subjetivo de cada uno de los propietarios. Quien acuse ese acto general por la vía del contencioso de plena jurisdicción, estará defendiendo el "derecho suyo" reconocido por la norma civil o administrativa. Por esa razón, el artículo 67 habla de la anulación del "acto" empleando esta locución en sentido genérico, que no en el específico de acto particular. El texto legal no permite hacer esta distinción.

"De esta manera, en el precepto comentado se señala como motivo determinante de la acción de plena jurisdicción, el quebrantamiento de un estatuto civil o administrativo, pero solo en cuanto ampara una situación jurídica subjetiva. La ley establece así el lindero preciso de los dos contenciosos. Dentro de ese orden de ideas, indica que la finalidad de la acción de plena jurisdicción es la de obtener el restablecimiento del derecho a través de la declaratoria de anulación.

"El contencioso privado de plena jurisdicción es el contencioso del restablecimiento y de la responsabilidad estatal. En la regulación del art. 67, la acción se desenvuelve en torno de estos tres elementos: la norma violada, el derecho subjetivo protegido por ella, y el acto violador de aquélla y de éste. La decisión irregular de la administración infringe la regla legal y afecta de contragolpe la situación jurídica particular amparada por ella. Ya no hay un sencillo cotejo entre el precepto transgredido y el acto transgresor, porque entre esos extremos se interpone el derecho subjetivo lesionado, cuya reparación constituye el objetivo esencial del recurso. Ese tercer elemento torna la simple violación en violación compleja y la simple nulidad en nulidad con restablecimiento."

Si bien es cierto que siguiendo la jurisprudencia citada es posible demandar un acto administrativo general, mediante la acción de nulidad y restablecimiento del derecho, cuando dicho acto desconozca un derecho particular y concreto, la realidad es que normalmente los actos que desconocen dichos derechos, son actos de carácter particular, y por ello es pertinente mencionar que en el derecho colombiano para poder acudir a la jurisdicción contencioso administrativa a impugnar un acto administrativo de contenido particular que pone fin a un procedimiento administrativo, es necesario, acudir previamente ante la propia administración, para agotar la vía gubernativa.

En efecto, el artículo 135 del Código Contencioso Administrativo dispone que "La demanda para que se declare la nulidad de un acto particular, que ponga término a un proceso administrativo, y se restablezca el derecho del actor, debe agotar previamente la vía gubernativa mediante acto expreso o presunto por silencio negativo…"

Finalmente, debe precisarse que el citado artículo 85 del Código Contencioso Administrativo dispone que la misma acción tendrá quien pretenda que le modifiquen una obligación fiscal, o de otra clase, o la devolución de lo que pagó indebidamente, es decir, que esta acción es la procedente para impugnar decisiones administrativas en materia tributaria, para obtener la anulación de una liquidación de impuestos o contribuciones que se considera violatoria del ordenamiento jurídico superior, y obtener como restablecimiento del derecho, la modificación del monto a cargo del contribuyente, o para obtener la devolución de lo pagado indebidamente.

Las facultades del juez al dictar sentencia en un proceso originado en la acción de nulidad y restablecimiento del derecho, le permiten, no sólo declarar la nulidad del acto administrativo demandado, sino también dar las órdenes pertinentes para el restablecimiento del derecho vulnerado o la correspondiente indemnización de perjuicios, si no fuere posible el mencionado restablecimiento.

El restablecimiento del derecho variará en cada caso, de conformidad con el contenido del acto que se anula, e inclusive puede implicar que el juez establezca disposiciones nuevas en reemplazo de las acusadas, o la modificación o reformas de las demandadas[13].

2. *Acción de nulidad y restablecimiento de derecho contra acto propio*

En algunas legislaciones se ha consagrado la denominada acción de lesividad, como aquella mediante la cual, la administración puede demandar sus propios actos. Dicha posibilidad en el derecho colombiano se considera incluida en la regulación de esta acción de nulidad y restablecimiento del derecho, en cuanto no existe norma expresa que la consagre como una acción diferente, tal vez por cuanto siguiendo los planteamientos doctrinales[14] se considera más como un proceso especial para que ante el contencioso administrativo, la Administración pueda demandar sus propios actos.

Pero si no existe norma expresa que la consagre, ¿cuál es su fundamento en la legislación positiva?

Tanto la doctrina como la jurisprudencia ha considerado que su fundamento en la legislación positiva se encuentra en el artículo 136 del Código Contencioso Administrativo que regula la caducidad de las acciones, y en su numeral 7 establece que: *"7. Cuando una persona de derecho público demande su propio acto la caducidad será de dos años, contados a partir del día siguiente al de su expedición"*.

---

[13]   El Artículo 170 del Código Contencioso Administrativo, dispone: "… Para restablecer el derecho particular, los organismos de lo contencioso administrativo podrán estatuir disposiciones nuevas en reemplazo de las acusadas, y modificar o reformar éstas."

[14]   González Pérez, J., *Manual de Derecho Procesal Administrativo. Op.cit.*, p. 479 y ss.

Igualmente, su fundamento legal se encuentra en lo dispuesto por el artículo 149 del mismo Código Contencioso Administrativo, según el cual *"Las entidades públicas y privadas que cumplan funciones públicas podrán obrar como demandantes, demandadas o intervinientes en los procesos contencioso administrativos, por medio de sus representantes, debidamente acreditados. Ellas podrán incoar todas las acciones previstas en este código si las circunstancias lo ameritan..."*

Es decir que según las normas anotadas, las entidades públicas pueden actuar como demandantes y en relación con la acción de nulidad de sus actos propios tienen un término de caducidad mayor.

Es claro que en este caso se trata de la demanda de actos de contenido particular respecto de los cuales no ha podido aplicar la revocatoria directa de los mismos, en cuanto no ha obtenido el consentimiento del particular afectado. Lo anterior, por cuanto los actos de contenido general, la administración puede derogarlos en cualquier momento.

Sobre el tema, el Consejo de Estado, en Sentencia de 4 de diciembre de 2006, Expediente 10227, con ponencia del Dr. Mauricio Fajardo Gómez se pronunció y le dio la denominación de Acción de Nulidad y Restablecimiento del Derecho contra el acto propio.

El Consejo de Estado, afirmó que dicha acción es procedente cuando resulta jurídicamente imposible la revocación directa del acto que se impugna, y precisó sus características, en los siguientes términos:

"Dentro de las principales características de la Acción de Nulidad y restablecimiento del Derecho contra acto administrativo propio, se encuentran las siguientes:

- Es una acción contencioso administrativa, principal, temporal, subjetiva, que no requiere de previo agotamiento de la vía gubernativa.

- En su trámite procede la medida cautelar de suspensión provisional de los actos impugnados, contemplada en el artículo 238 de la Constitución Política, la cual deberá solicitarse y sustentarse expresamente en la demanda o en escrito separado presentado antes de su admisión[15], demostrando aún en forma sumaria, además de la manifiesta infracción de las disposiciones invocadas, el perjuicio que la ejecución del acto demandado causa o podría causar a la entidad demandante.

- Obra como demandante, mediante apoderado, la misma persona o entidad que en ejercicio de sus funciones administrativas expidió el acto impugnado y, como demandado el destinatario del mismo.

- El demandante ha de indicar las normas que considera violadas y expresar el concepto de la violación[16], pues a él corresponde la carga de desvirtuar la presunción de legalidad, de la que, en todo caso, goza el acto impugnado.

- El demandante ha de individualizar los actos impugnados con toda precisión[17], acompañando con la demanda copia autentica de los mismos, junto con la respectiva constancia de publicación, notificación o ejecución, según el caso[18].

---

[15] C.C.A. art. 152.1.
[16] C.C.A. art. 137.4.

- En fin, si el acto fue recurrido en vía gubernativa, "también deberán demandarse las decisiones que lo modifiquen o confirmen; pero sí fue revocado, sólo procede demandar la última decisión...[19]*"*

IV. ACCIÓN DE REPARACIÓN DIRECTA

Si lo que se pretende es obtener una indemnización de perjuicios originados en un hecho, una operación o una omisión de la Administración, la acción que procede ante la jurisdicción contencioso administrativa es la acción de reparación directa.

Está consagrada en el artículo 86 del Código Contencioso Administrativo, en los siguientes términos:

> *"Artículo 86. Acción de reparación directa. La persona interesada podrá demandar directamente la reparación del daño cuando la causa sea un hecho, una omisión, una operación administrativa o la ocupación temporal o permanente del inmueble por causa de trabajos públicos o por cualquiera otra causa.*
>
> *"Las entidades públicas deberán promover la misma acción cuando resulten condenadas o hubieren conciliado por una actuación administrativa originada en culpa grave o dolo de un servidor o ex servidor público que no estuvo vinculado al proceso respectivo, o cuando resulten perjudicadas por la actuación de un particular o de otra entidad pública."*

De los términos del artículo trascrito se establece que se trata de la acción que tiene la persona que se considere lesionada por la actividad u omisión de la Administración para obtener la reparación de un daño, sin que se discuta aspecto alguno de legalidad.

Como su nombre lo indica se trata entonces de una acción de carácter indemnizatorio, que se ejerce directamente ante la jurisdicción contencioso administrativa, sin necesidad de acudir previamente a reclamar, la pretendida indemnización a la Administración.

En relación con la oportunidad para ejercer la acción de reparación directa, el Código Contencioso Administrativo, en su artículo 136.8 establece un término de caducidad de dos años, contados a partir del día siguiente del acaecimiento del hecho, omisión u operación administrativa, o de ocurrida la ocupación permanente del inmueble por causa de trabajos públicos o por cualquier otra causa.

La redacción de la norma trascrita tiene su origen en la Ley 446 de 1998, que con posterioridad a la reforma constitucional de 1991, modificó su redacción para referirse expresamente a la posibilidad de solicitar una indemnización, mediante la acción de reparación cuando los perjuicios hubieren sido producidos "... por cualquier otra causa..." además de los hechos, operaciones y omisiones administrativas, y la ocupación de inmuebles por razón de trabajos públicos.

---

[17]   C.C.A. art. 138 inc. 1°.
[18]   C.C.A. art. 139.
[19]   C.C.A. art. 138, inc. 3°.

Y es que esa posibilidad está en concordancia con lo dispuesto por la Constitución Política de 1991, en el artículo 90, según el cual *"El Estado responderá patrimonialmente por los daños antijurídicos que le sean imputables, causados por la acción o la omisión de las autoridades públicas..."*.

Y si debe responder por los perjuicios causados por "las autoridades públicas", la causa de los perjuicios no podía estar limitada a hechos, operaciones y omisiones administrativas. Y por ello, de acuerdo con la redacción vigente de la norma, es posible, ejercer la acción de reparación directa para obtener una indemnización por perjuicios originados en "otra causa" originada en las autoridades públicas, diferente de los hechos, las omisiones y las operaciones administrativas.

Sobre el tema, se ha pronunciado el Consejo de Estado en diferentes providencias y tuvo oportunidad de pronunciarse la Corte Constitucional al resolver una demanda de inconstitucionalidad, justamente, del artículo 86 del Código Contencioso Administrativo, en la cual se planteaba que el artículo violaba la Constitución por omisión del legislador, al no haber incluido en su texto, la posibilidad de ejercer la acción de reparación directa para hacer efectiva la responsabilidad del Estado por el hecho del legislador.

La Corte Constitucional, en la Sentencia C-038 de 2006, Ponente Dr. Humberto Sierra Porto, declaró exequible el impugnado artículo 86 del Código Contencioso Administrativo, por considerar que según una interpretación válida de la norma, la acción de reparación directa si era procedente para obtener un pronunciamiento respecto de los hechos del legislador.

Dijo la Corte:

"..."

"Respecto a la supuesta omisión señalada por el demandante la Corte considera que se deriva de una lectura restrictiva del artículo 86 del Código Contencioso Administrativo, pues el demandante supone que el término administrativo empleado en el enunciado normativo acusado restringe el alcance de los supuestos de procedencia de la acción de reparación directa a los hechos administrativos, las omisiones administrativas y las operaciones administrativas.

"Ahora bien, comparte esta Corporación la apreciación señalada por algunos intervinientes que el enunciado normativo demandado es susceptible de dos interpretaciones, la primera de las cuales limita la procedencia de la acción de reparación directa a las conductas atribuibles a autoridades administrativas. Tal interpretación "restrictiva" se basa en dos premisas, a saber: (i) los supuestos enumerados por el precepto atacado corresponden a los que tradicionalmente se denominan fuentes de la responsabilidad extracontractual de la administración, (ii) la disyunción de las expresiones "hecho", "omisión", "operación administrativa" y "ocupación temporal o permanente de inmueble" permiten concluir que todos los términos enunciados, al ser elementos coordinados de una oración mediante el uso de conjunciones disyuntivas tienen la misma categoría y por lo tanto al ser imputables las dos últimas exclusivamente de la Administración –las operaciones administrativas y la ocupación temporal de inmuebles-, los dos primeros elementos coordinados –hecho y omisión- también se referirían exclusivamente a aquellos imputables a la Administración.

"No obstante, como bien señalan algunos intervinientes el precepto demandado es susceptible de una segunda lectura de conformidad con la cual las expresiones "hecho" y "omisión" no se restringen a los imputables a una autoridad administrativa, sino que incluirían la ac-

tuación de los órganos del Estado que cumplen funciones legislativas. Esta segunda interpretación resulta conforme a la Constitución, razón por la cual debe ser adoptada, pues permite adaptar el texto legislativo demandado al mandato del artículo 90 constitucional.

"Entonces, no se configura la supuesta omisión señalada por el actor pues una lectura de conformidad con el artículo 90 constitucional del inciso demandado abarca los supuestos que el demandante extraña en la letra de la ley. Cabría por lo tanto estudiar si hay lugar en este caso a una sentencia interpretativa que retire del ordenamiento aquella norma que resulta contraria al texto constitucional.

"Sin embargo, tampoco es procedente un pronunciamiento de esta naturaleza pues tal como se expuso ampliamente en el acápite anterior de esta providencia, el órgano encargado de fijar el alcance y contenido del precepto legal demandado ha sostenido de manera reiterada que la acción de reparación directa cabe contra los hechos y omisiones provenientes del poder legislativo. En efecto, la jurisprudencia tanto de la Sala Plena de lo Contencioso Administrativo del Consejo de Estado como de la Sección Tercera ha reiterado que la vía procesal para reclamar los daños antijurídicos provenientes de la actuación u omisión del poder legislativo es la acción de reparación directa, como se sostuvo en la sentencias de 25 de agosto y 8 de septiembre de 1998 de la Sala Plena, y en la sentencias de 26 de septiembre de 2002 y el auto de 15 de mayo de 2003, providencias a las que previamente se hizo referencia.

"Entonces, la interpretación que ha acogido el Consejo de Estado en su jurisprudencia es una interpretación de conformidad con el texto constitucional, por tal razón no hay lugar a un pronunciamiento de esta Corporación que acoja una interpretación condicionada del precepto jurídico demandado..."

Por otra parte, de conformidad con el segundo inciso del trascrito artículo 86, también son titulares de la acción de reparación directa:

- Las entidades públicas cuando resulten condenadas o hubieren conciliado por una actuación administrativa originada en culpa grave o dolo de un servidor o ex servidor público que no estuvo vinculado al proceso respectivo.

- Las entidades públicas cuando resulten perjudicadas por la actuación de un particular o de otra entidad pública.

En el primer caso se trata de la acción que tienen las entidades públicas para hacer efectiva la responsabilidad de los funcionarios públicos, responsabilidad que tiene su fundamento en el segundo inciso del citado artículo 90 de la Constitución Política de 1991, según el cual *"En el evento de ser condenado el Estado a la reparación patrimonial de uno de tales daños, que haya sido consecuencia de la conducta dolosa o gravemente culposa de un agente suyo, aquel deberá repetir contra éste".*

Dicha acción fue regulada mediante la Ley 678 de 2001 y se conoce como la acción de repetición.

En el segundo caso, las entidades públicas también tienen la titularidad de la acción de reparación directa cuando sufren algún daño causado por los particulares o por otras entidades también del Estado. Y se considera que esta constituye un avance importante en la materia, por cuanto hasta el año de 1998 cuando se aprobó la actual redacción del artículo 86 del Código Contencioso Administrativo, no existía en la legislación colombiana una acción para que la administración pudiera reclamar la reparación del daño causado por los particulares o por otra entidad pública.

Y en esos dos eventos, surge entonces la administración actuando como demandante, ante la jurisdicción contencioso administrativa, cuando lo tradicional había sido siempre que fuera la entidad demandada.

Este aspecto fue objeto de algún cuestionamiento que la jurisprudencia y la doctrina resolvió en el sentido de considerar que por tratarse de la defensa del patrimonio del Estado y, por lo tanto del interés general, era claro que la jurisdicción competente debía ser la jurisdicción administrativa.

Finalmente de mencionarse que para la acción de repetición, el artículo 136.9 del Código Contencioso Administrativo establece un término de caducidad de dos años contados a partir del día siguiente de la fecha del pago total, efectuado por la entidad pública.

V. ACCIONES EN MATERIA CONTRACTUAL

El artículo 87 del Código Contencioso Administrativo establece:

"Artículo 87.- De las controversias contractuales. Cualquiera de las partes de un contrato estatal podrá pedir que se declare su existencia o su nulidad y que se hagan las declaraciones, condenas o restituciones consecuenciales, que se ordene su revisión, que se declare su incumplimiento y que se condene al responsable a indemnizar los perjuicios y que se hagan otras declaraciones y condenas.

"Los actos proferidos antes de la celebración del contrato, con ocasión de la actividad contractual, serán demandables mediante las acciones de nulidad y de nulidad y restablecimiento del derecho, según el caso, dentro de los treinta (30) días siguientes a su comunicación, notificación o publicación. La interposición de estas acciones no interrumpirá el proceso licitatorio, ni la celebración y ejecución del contrato. Una vez celebrado éste, la ilegalidad de los actos previos solamente podrá invocarse como fundamento de nulidad absoluta del contrato.

"El Ministerio Público o cualquier tercero que acredite un interés directo podrá pedir que se declare su nulidad absoluta. El juez administrativo queda facultado para declararla de oficio cuando esté plenamente demostrada en el proceso. En todo caso, dicha declaración sólo podrá hacerse siempre que en él intervengan las partes contratantes o sus causahabientes.

"En los procesos ejecutivos derivados de condenas impuestas por la jurisdicción contencioso administrativa se aplicará la regulación del proceso ejecutivo singular de mayor cuantía contenida en el Código de Procedimiento Civil."

El primer aspecto que debe precisarse en el tema de las acciones en materia contractual es que, según la norma trascrita, no se trata de una acción única con sus características delimitadas como las anteriormente analizadas, sino que la norma establece diferentes posibilidades que pueden plantearse a través de las mismas, en concordancia con la ley de la contratación estatal, Ley 80 de 1993[20].

---

[20]   Ley 80 de 1993, Artículo 75.- "Sin perjuicio de lo dispuesto en los artículos anteriores, el juez competente para conocer de las controversias derivadas de los contratos estatales y de los procesos de ejecución o cumplimiento será el de la jurisdicción contencioso administrativa ..."

En efecto, el primer aspecto que consagra la norma es el relativo a las acciones en relación con el propio contrato estatal, respecto del cual dispone, que al ejercer la acción ante la jurisdicción contencioso administrativa, las partes del contrato pueden solicitar:

- Que se declare su existencia y que se hagan las declaraciones, condenas o restituciones consecuenciales,

- Que se declare su nulidad y que se hagan las declaraciones, condenas y restituciones consecuenciales,

- Que se ordene su revisión,

- Que se declare su incumplimiento y se condene al responsable a indemnizar perjuicios,

- Que se hagan otras declaraciones y condenas.

Y, por otra parte, el citado artículo 87 se refiere a los actos proferidos con motivo de la actividad contractual, para establecer que aquellos actos proferidos antes de la celebración del contrato, se deben demandar mediante las acciones de nulidad y de nulidad y restablecimiento del derecho, pero establece normas especiales para este evento, como son:

- Un término de 30 días de caducidad.

- Dichas acciones no interrumpen el proceso licitatorio, ni la celebración y ejecución del contrato.

- Una vez celebrado el contrato, la ilegalidad de los actos previos a su celebración solamente pueden invocarse como fundamento de nulidad absoluta del contrato[21].

En relación con los demás actos administrativos proferidos con motivo de la actividad contractual, la Ley 80 de 1993, Estatuto de Contratación Estatal, establece que son demandables a través de la acción contractual[22].

El mismo artículo 87 del Código Contencioso Administrativo, establece, expresamente, la posibilidad de que el Ministerio Público, o cualquier persona que acredite un interés directo[23] puede pedir que se declare la nulidad absoluta del contrato y agrega además que el juez administrativo está facultado para declararla de oficio

---

[21] Ver Auto de 26 de marzo de 2007. Consejo de Estado. Sección Tercera. Sala de lo Contencioso Administrativo. Expediente 20050466401 (33009), Actor Coninsa & Ramon H.S.A., Ponente Dra. Ruth Stella Correa Palacio.

[22] Ley 80 de 1993. Artículo 77. En cuanto sean compatibles con la finalidad y los principios de esta ley, las normas que rigen los procedimientos y actuaciones en la función administrativa, serán aplicables en las actuaciones contractuales. A falta de estas, regirán las disposiciones del Código de Procedimiento Civil. Los actos administrativos que se produzcan con motivo u ocasión de la actividad contractual sólo serán susceptibles de recurso de reposición y del ejercicio de la acción contractual, de acuerdo con las reglas del Código Contencioso Administrativo ..."

[23] El Consejo de Estado ha precisado sobre el interés directo para solicitar la nulidad absoluta de un contrato, que "Se entiende que tal interés debe ser distinto de aquel que en principio tiene toda persona de salvaguardar el orden jurídico, se sigue entonces que quien demanda debe verse afectado o perjudicado con la suscripción del contrato que se pretende anular; por ende dicha situación no se presume, sino que quien la alegue debe acreditarla, por lo menos sumariamente, al momento de presentar la demanda." Auto de 2 de febrero de 2001. Sección Tercera. Sala Contencioso Administrativa. Expediente 18642, Actor Rubén Darío Maya Restrepo, Ponente Dr. Alier Hernández Henríquez.

cuando esté debidamente demostrada, siempre y cuando en el proceso hayan intervenido las partes o sus causahabientes.

La Ley 80 de 1993, en su artículo 44 regula la nulidad absoluta de los contratos estatales, en los siguientes términos:

> *"Artículo 44. Los contratos estatales son absolutamente nulos en los casos previstos en el derecho común y además cuando:*
>
> 1. *Se celebren con personas incursas en causales de inhabilidad o incompatibilidad previstas en la Constitución y la ley.*
>
> 2. *Se celebren contra expresa prohibición constitucional o legal.*
>
> 3. *Se celebren con abuso o desviación de poder.*
>
> 4. *Se declaren nulos los actos administrativos en que se fundamenten y*
>
> 5. *Se hubieren celebrado con desconocimiento de los criterios previstos en el artículo 21 sobre tratamiento de ofertas nacionales y extranjeras o con violación de la reciprocidad de que trata esta ley.*

La misma Ley 80 de 1993, establece, en su artículo 45 que la nulidad absoluta del contrato no es susceptible de saneamiento por ratificación y que en los eventos de las causales previstas en los numerales 1, 2 y 4 del artículo 44 trascrito, el representante legal de la entidad deberá dar por terminado el contrato mediante acto administrativo debidamente motivado y ordenará su liquidación en el estado en que se encuentre.

Ahora bien, es posible que no se trate de la nulidad absoluta de todo el contrato, sino solamente la nulidad absoluta de alguna o algunas de sus cláusulas, las cuales podrán declararse nulas, sin que por ello se invalide la totalidad del contrato, a menos que la nulidad parcial implique la no existencia del mismo. Así lo dispone el artículo 47 de la Ley 80 de 1993.

Finalmente, la nulidad declarada de un contrato no implica que no se reconozcan las prestaciones ejecutadas hasta el momento de la declaratoria de nulidad.

La citada ley también se refiere a la nulidad relativa de los contratos estatales, cuando se presenten los demás vicios en los contratos, los cuales pueden sanearse por las partes o por el trascurso de dos años contados a partir de la ocurrencia del hecho generador del vicio (artículo 47, Ley 80 de 1993).

En cuanto a la oportunidad para el ejercicio de la acción en materia contractual, el tema ha sido objeto de regulaciones y reformas en la legislación positiva colombiana y según las normas vigentes[24] el término de caducidad opera así:

- Según lo dispuesto por el artículo 136.10 del Código Contencioso Administrativo, el término de caducidad para las acciones relativas a contratos el término de caducidad es de dos años a partir del día siguiente a la ocurrencia de los motivos de hecho o de derecho que les sirven de fundamento.

---

[24] Código Contencioso Administrativo. Artículo 136; Ley 80 de 1993 Artículo 60; Ley 1150 de 2007 Artículo 11.

- En los contratos de ejecución instantánea la acción debe ejercerse dentro de los dos años siguientes a la fecha en la cual se cumplió o debía cumplirse el contrato.

- En los contratos en los cuales no se requiere liquidación, el término de caducidad es de dos años a partir de la fecha de su terminación por cualquier causa.

- En aquellos contratos en los cuales debe hacerse liquidación, el término de caducidad opera así: si la liquidación es de común acuerdo la acción debe instaurarse en los dos años contados a partir de la firma del acta correspondiente; si la liquidación fue hecha unilateralmente por la administración, los dos años deberán contarse a partir de la ejecutoria del acto de liquidación; y si la administración no liquida unilateralmente el contrato, el interesado puede ejercer la acción dentro de los dos años siguientes a la fecha del incumplimiento de la administración, de liquidar el contrato.

- La nulidad absoluta del contrato podrá alegarse dentro de los dos años siguientes a su perfeccionamiento. Y si el término de vigencia del contrato fuere superior a dos años, el término de caducidad será igual al de su vigencia, sin que en ningún caso exceda de cinco años a partir de su perfeccionamiento.

- La nulidad relativa del contrato debe alegarse por las partes dentro de los dos años contados a partir del perfeccionamiento del contrato.

VI. PERSPECTIVA DE LAS ACCIONES CONTENCIOSO ADMINISTRATIVAS EN COLOMBIA

Las anteriores acciones recogen la clasificación doctrinal clásica en la materia, de dos grandes categorías, las de: contencioso objetivo de anulación y contencioso subjetivo de plena jurisdicción, siendo la acción de nulidad la típica de la primera categoría y estando dentro de la de plena jurisdicción, las que en el derecho colombiano se denominan de nulidad y restablecimiento del derecho, de repetición y las acciones en materia contractual.

La regulación de las acciones en materia contencioso administrativa que se ha expuesto, es el resultado de la evolución legislativa, desde comienzos del siglo XX, cuando se creó, y se reguló, por primera vez, todo lo relacionado con la jurisdicción contencioso administrativa[25], pues con anterioridad existían algunas previsiones en la materia que no correspondían propiamente al concepto de acciones desde el punto de vista procesal.

Luego, con la expedición del primer Código Contencioso Administrativo, mediante la Ley 167 de 1941 se reguló la materia y dichas normas estuvieron vigentes hasta la expedición del decreto 1 de 1984, mediante el cual se reformó el citado Código, norma que aún está vigente, con diferentes modificaciones que se han introducido a través del tiempo, siguiendo en la materia los desarrollos jurisprudenciales.

Y el tema ha seguido siendo objeto de desarrollos jurisprudenciales y doctrinales y se ha avanzado en el sentido de seguir las tendencias en materia procesal y en materia contencioso administrativa y actualmente se encuentra una propuesta de cambio, específicamente, en relación con el tema de las acciones contencioso administrativas a que se ha hecho referencia.

---

[25]   Ley 130 de 1913.

En efecto, en un proyecto de nuevo Código Contencioso Administrativo que fue elaborado por una Comisión designada por el Gobierno Nacional, en la cual tuvo participación preponderante y definitiva el Consejo de Estado, en el capítulo titulado MEDIOS DE CONTROL, en el cual antes se encontraban reguladas las acciones que se han descrito en este escrito, se propone una regulación diferente y ya no se hace referencia a las acciones, sino que se desarrollan los temas respecto de las diferentes pretensiones que se pueden plantear ante la jurisdicción administrativa.

Dicho proyecto fue presentado a la consideración del Congreso Nacional y ya fue aprobado en dos debates en el Senado de la República. Y en esta última Corporación, en la exposición de motivos para el segundo debate, el Ponente, afirmó sobre el tema específico de las acciones:

"*2. Unificación de procesos y redefinición de los medios de control judicial.*

"*El proyecto propone cambiar el actual sistema que parte de la existencia de una pluralidad de acciones, por considerar que el derecho a accionar es uno y único, como una de las manifestaciones del Derecho Fundamental de Acceso a la Justicia, de manera que su unificación en un solo esquema procesal, evita que se haga nugatorio el acceso a la justicia por equivocaciones, por parte de los usuarios, en la selección del medio de control adecuado para acceder a la Jurisdicción.*

"*Con este propósito, el Título III de la Parte Segunda integra, además de los medios de control que actualmente se definen en el Código como acciones de nulidad, nulidad y restablecimiento del derecho, reparación directa, controversias contractuales y nulidad electoral, otro tipo de pretensiones como la nulidad por inconstitucionalidad prevista en el artículo 237 numeral 2 de la Constitución Política; el control inmediato de legalidad conforme al artículo 20 de la Ley 137 de 1994; la repetición de acuerdo con el artículo 2 de la Ley 678 de 2001; la pérdida de investidura prevista en la Ley 144 de 1994; la protección de intereses y derechos colectivos y la reparación del daño causado a un grupo previstas en la Ley 472 de 1998; y el cumplimiento de normas con fuerza material de ley o de actos administrativos prevista en la Ley 393 de 1996.*

"*En esencia, aquellas acciones a las que se han dado en calificar como constitucionales porque su nombre fue dado directamente por la Constitución, simplemente se recogen en el capítulo de medios de control, sin modificarlas, bien porque ello implicaría una reforma a la Constitución como ocurre con la pérdida de investidura, donde el término para su trámite y decisión tiene consagración constitucional, ora porque el trámite es común para procesos adelantados por jueces ordinarios y contencioso administrativos, como sucede con las acciones populares y de grupo*".

Lo anterior, nos indica que en el derecho contencioso administrativo colombiano y específicamente en el tema de las acciones contencioso administrativas, estamos ante un cambio importante en su regulación a nivel del Código de la materia, y que la tendencia es clara en el sentido de simplificar, a favor de los administrados, la utilización de los medios de control ante la jurisdicción contencioso administrativa.

COSTA RICA

§ 6. EL PROCESO CONTENCIOSO-ADMINISTRATIVO EN COSTA RICA

Ernesto Jinesta Lobo

I. INTRODUCCIÓN

En Costa Rica se aprobó el nuevo Código Procesal Contencioso-Administrativo – CPCA- (Ley N° 8508 de 24 de abril de 2006), el cual entró en vigencia el pasado 1° de enero de 2008, por virtud de la *vacatio legis* establecida en el artículo 222 de ese cuerpo normativo.

Este nuevo Código procesal supone un giro copernicano respecto de la justicia administrativa concebida y regulada en la ahora derogada Ley Reguladora de la Jurisdicción Contencioso-Administrativa de 1966, la cual establecía un proceso contencioso administrativo revisor u objetivo o meramente anulatorio que se enfocaba en la fiscalización de la actividad formal de las administraciones públicas, esto es, los actos administrativos manifestados por escrito previo procedimiento. El nuevo Código del 2006 establece una jurisdicción predominantemente subjetiva, plenaria y universal que pretende controlar todas las formas de manifestación de la función o conducta administrativa, tanto la actividad formal, como las actuaciones materiales, las omisiones formales y materiales, en sus diversas y heterogéneas expresiones, y, en general, las relaciones jurídico-administrativas y cualquier conducta sujeta al Derecho Administrativo –aunque provengan de un sujeto de Derecho privado-.

El CPCA introduce una serie de figuras novedosas, desde el punto de vista del Derecho Administrativo adjetivo, con el propósito de actuar los derechos fundamentales a una tutela judicial efectiva y a un proceso en un plazo razonable. Dentro del arsenal de institutos o instrumentos procesales para asegurar una justicia administrativa célere, expedita, transparente, democrática y sencilla, figuran el acortamiento de los plazos para la realización de los diversos actos procesales y el establecimiento de máximos, la ampliación del ámbito de fiscalización o de control y de la capacidad procesal a los menores de edad y ciertos grupos, la protección de los intereses colectivos –corporativos y difusos-, el reconocimiento de la acción popular cuando la establezca la ley, las medidas cautelares positivas –innovativas o anticipatorias-, el agotamiento facultativo de la vía administrativa, un elenco abierto –*numerus apertus*- de pretensiones –incluidas la meramente declarativa y la de condena o prestacional-, el proceso oral por audiencias, la única instancia con apelación en casos expresamente tasados, la conciliación intra-procesal con un cuerpo de jueces conciliadores, el proceso unificado, el proceso de trámite preferente, los procesos sin juicio oral y público por ser de puro derecho, sin hechos controvertidos o cuando las partes acuerdan prescindir de éste, resoluciones jurisdiccionales dictadas verbalmente, nuevas medidas de ejecución (multas coercitivas, ejecución sustitutiva o comisarial, embargos de bienes del dominio fiscal, participaciones accionarias, transferencias presupuestarias y de algunos del dominio público –no destinados a la prestación de servicios públicos esenciales-, reajuste o indexación de las obligaciones pecuniarias), anulación en fase de ejecución de la conducta ilegítima reiterada, un cuerpo de jueces de ejecución con amplios poderes, la extensión y adaptación de los efectos de la jurisprudencia a terceros, la extensión de lo resuelto en vía administrativa a favor de terceros para las partes del proceso, etc.

Ese instrumental adjetivo ha permitido que la justicia administrativa en Costa Rica haya recuperado su honor y prestigio, por cuanto, lo lentos y burocráticos procesos sustanciados conforme la vieja Ley Reguladora de la Jurisdicción Contencioso Administrativa de 1966 tardaban en tramitarse entre siete y diez años y ahora en única instancia quedan fallados en una año o poco más. En este artículo nos ocuparemos de reseñar las principales innovaciones de la nueva legislación procesal costarricense[1].

II. ADECUACIÓN DE LA JUSTICIA ADMINISTRATIVA AL PARADIGMA CONSTITUCIONAL[2]

En la redacción del nuevo CPCA la preocupación imperante entre la comisión de redactores –de la que formé parte-, fue adecuar la justicia administrativa al parámetro constitucional, por cuanto, la LRJCA de 1966 desarrolló de manera parcial e incompleta el bloque de constitucionalidad. Al asumir el paradigma constitucional de la justicia administrativa el resultado debía ser –como en efecto lo fue- un proceso

---

[1] Utilizamos como bibliografía básica Jinesta Lobo, Ernesto, *Manual del Proceso Contencioso Administrativo*, San José, IUSconsultec-Editorial Jurídica Continental, 1ª. Reimpresión 2009 y Jinesta Lobo, Ernesto, et alt., *El nuevo proceso contencioso-administrativo*, San José, Dpto. publicaciones Poder Judicial, 2006, Jinesta Lobo (Ernesto) et alt. *El nuevo proceso contencioso-administrativo* –Tomo I-, San José, Editorial Jurídica Continental, 2ª. Edición, 2008 y Jinesta Lobo, Ernesto, "La nueva justicia administrativa en Costa Rica". *Revista de Administración Pública (RAP)*, Madrid, N° 179, mayo-agosto, 2009.

[2] Jinesta Lobo, Ernesto, "Fundamentos constitucionales de la nueva jurisdicción contencioso-administrativa". *Revista de Derecho Público* –Asociación Costarricense de Derecho Administrativo-, N° 6, julio-diciembre 2007.

garantista, esto es, que sirviera no solo para atender la función objetiva de la justicia administrativa que se traduce en el control de legalidad de la conducta administrativa, sino que garantizara el pleno goce y ejercicio, durante la sustanciación del proceso y ante la emisión de la sentencia de mérito, de los derechos fundamentales de los administrados, con lo cual se satisfacía, también, la concepción subjetiva de la justicia administrativa.

En cualquier caso, el nuevo proceso pretende adecuarse, plenamente, a las exigencias impuestas por el constituyente en el artículo 49 constitucional de una justicia administrativa mixta[3], esto es, que cumpla un rol objetivo de sometimiento de la función administrativa al ordenamiento jurídico –"garantizar la legalidad de la función administrativa"- y subjetiva de tutela de las situaciones jurídicas sustanciales de los administrados –protección de los derechos subjetivos e intereses legítimos-.

Además del desarrollo del artículo 49 constitucional, la nueva legislación adjetiva desarrolla y actúa una serie de valores, principios y preceptos de carácter constitucional –expresamente contemplados en la Constitución o desarrollados por la jurisprudencia del Tribunal Constitucional-, tales como el derecho fundamental a una justicia pronta y cumplida (artículo 41 constitucional), a la tutela cautelar, al buen funcionamiento de los servicios públicos, el valor dignidad humana (artículo 33 *ibidem*) y un conjunto de principios tales como el de igualdad (artículo 33 *ibidem*), la intangibilidad relativa del patrimonio (artículo 45 *ibidem*), la responsabilidad administrativa, de legalidad (artículo 11 *ibidem*) y de interdicción de la arbitrariedad.

III. AMPLIACIÓN DE LA ESFERA DE CONTROL: SUPRESIÓN DE REDUCTOS EXENTOS

La fiscalización plenaria o universal de las administraciones públicas se logra en el CPCA empleando conceptos jurídicos indeterminados tales como el de *"conducta administrativa"* (artículo 1.1). Se dispone que los motivos de ilegalidad comprenden *"cualquier infracción, por acción u omisión del ordenamiento jurídico"* (artículo 1.2).

El artículo 2, inciso e), contiene una cláusula residual de suma trascendencia al indicar que será de conocimiento y resolución de la jurisdicción contencioso-administrativa *"Las conductas o relaciones regidas por el Derecho público, aunque provengan de personas privadas o sean estas sus partes"*, con lo cual, incluso, la conducta de los sujetos del Derecho privado que ejercen transitoriamente potestades o competencias públicas deben residenciarse ante la justicia administrativa.

El ordinal 36 –emplazado en el Capítulo II titulado Conducta Administrativa objeto del proceso- especifica que la pretensión administrativa será posible respecto de *"Las relaciones sujetas al ordenamiento jurídico-administrativo, así como a su existencia, inexistencia o contenido"* (inciso a), *"Las actuaciones materiales"* (inciso d), las *"conductas omisivas"* (inciso e) y *"Cualquier otra conducta sujeta al Derecho administrativo"* (inciso f).

---

[3]   Así lo confirmó la Sala Constitucional en el Voto N° 9928-2010 de las 15 hrs. de 9 de junio de 2010.

Quizá, los dos únicos defectos de la nueva legislación formal en el propósito manifiesto de lograr un control de amplio espectro, es haber excluido los actos políticos o de gobierno –no así sus consecuencias o efectos- (artículo 3°, inciso b). El inciso a) del artículo 3° excluía del conocimiento de la jurisdicción contencioso-administrativa las pretensiones "relacionadas con la conducta de la Administración Pública en materia de relaciones de empleo público, las cuales serán de conocimiento de la jurisdicción laboral", sin embargo, la Sala Constitucional en la sentencia N° 9928-2010 de las 15 hrs. de 9 de junio de 2010 declaró inconstitucional ese inciso y estimó que la jurisdicción contencioso-administrativa puede conocer de ciertas pretensiones surgidas en el contexto de una relación de empleo público –típica relación jurídico administrativa- cuando, por su "naturaleza sustancial y el régimen jurídico aplicable" se rige por el Derecho Administrativo.

IV. CONTROL Y REDUCCIÓN DE LA DISCRECIONALIDAD

El CPCA es fiel a la tradición costarricense de controlar y reducir a la mínima expresión las potestades discrecionales, la que arranca con la Ley General de la Administración Pública de 1978 que dispuso que el Juez Contencioso-Administrativo ejercerá contralor de legalidad sobre los límites de la discrecionalidad (artículo 15, párrafo 2°), por lo que en su numeral 16 establece la prohibición de dictar actos contrarios "a las reglas unívocas de la ciencia o de la técnica, o a principios elementales de justicia, lógica o conveniencia", de igual modo el artículo 160 ibidem estatuye que "El acto discrecional será inválido, además, cuando viole reglas elementales de lógica, de justicia o de conveniencia, según lo indiquen las circunstancias de cada caso". Por su parte, el artículo 17 de la Ley de 1978 dispone que "La discrecionalidad estará limitada por los derechos del particular frente a ella, salvo texto legal en contrario". De modo que, desde la Ley General de la Administración Pública de 1978, el juez contencioso-administrativo ejerce contralor de legalidad sobre los límites jurídicos y no jurídicos de la discrecionalidad administrativa, al haberse convertido los segundos en derecho positivo.

El CPCA contiene varias normas que ponen de manifiesto esa tendencia de reducir a cero la discrecionalidad, así el artículo 42, inciso f), al enunciar las pretensiones que se pueden deducir indica "La fijación de los límites y las reglas impuestos por el ordenamiento jurídico y los hechos, para el ejercicio de la potestad administrativa", por su parte el artículo 122, incisos c) y f), establecen que la sentencia estimatoria podrá contener los siguientes pronunciamientos: "Modificar o adaptar, según corresponda, la conducta administrativa a las reglas establecidas por el ordenamiento jurídico, de acuerdo con los hechos probados en el proceso" y "Fijar los límites y las reglas impuestos por el ordenamiento jurídico y los hechos, para el ejercicio de la potestad administrativa, sin perjuicio del margen de discrecionalidad que conserve la Administración Pública". El ordinal 127 señala que "Cuando la conducta declarada ilegítima sea reglada o cuando la discrecionalidad de alguno de los elementos desparezca durante el transcurso del proceso, la sentencia impondrá la conducta debida (...)".

Especialmente significativo resulta el artículo 128 al indicar que *"Cuando la sentencia estimatoria verse sobre potestades administrativas con elementos discrecionales, sea por omisión o por su ejercicio indebido, condenará al ejercicio de tales potestades, dentro del plazo que al efecto se disponga, conforme a los límites y mandatos impuestos por el ordenamiento jurídico y por los hechos del caso, previa declaración de la existencia, el contenido y el alcance de los límites y mandatos, si así lo permite el expediente. En caso contrario, ello se podrá hacer en ejecución del fallo, siempre dentro de los límites que impongan el ordenamiento jurídico y el contenido de la sentencia y de acuerdo con los hechos complementarios que resulten probados en la fase de ejecución".* Cabe advertir que este precepto se aplica en materia de medidas cautelares al señalar el artículo 20, párrafo *in fine*, que *"Si la medida involucra conductas administrativas activas u omisiones con elementos discrecionales, o vicios en el ejercicio de su discrecionalidad, estará sujeta a lo dispuesto en el numeral 128 de este Código".*

V. AMPLIACIÓN DE LA CAPACIDAD Y LA LEGITIMACIÓN, RECONOCIMIENTO DE LA ACCIÓN POPULAR

El nuevo CPCA le otorga capacidad procesal a los menores de edad (artículo 9, inciso a), para que puedan ser parte en un proceso sin necesidad que concurra su representante, todo de manera consonante con los imperativos impuestos por el Derecho internacional de los Derechos Humanos[4], la jurisprudencia constitucional[5] y algunos instrumentos legislativos internos[6].

También el CPCA le reconoce capacidad procesal a *"Los grupos, las uniones sin personalidad o los patrimonios independientes o autónomos, afectados en sus intereses legítimos, sin necesidad de estar integrados en estructuras formales de personas jurídicas (...)"* (artículo 9, inciso b).

En punto a la legitimación se amplia para la protección de los intereses colectivos, en su versión corporativa y difusa. Así, el artículo 10, párrafo 1°, inciso b) del CPCA establece que tendrán legitimación para demandar *"Las entidades, las corporaciones y las instituciones de Derecho público, y cuantas ostenten la representación y defensa de intereses o derechos de carácter general, gremial o corporativo, en cuanto afecten tales intereses o derechos, y los grupos regidos por algún estatuto, en tanto defiendan intereses colectivos".* Por su parte, el artículo 10, párrafo 1°, inciso c), le otorga legitimación activa a *"Quienes invoquen la defensa de intereses difusos y colectivos".*

---

[4]   El interés superior del niño consagrado en el artículo 3° de la Convención sobre los Derechos del Niño y la opinión consultiva de la Corte Interamericana de Derechos Humanos N° OC-17/2002 de 28 de agosto de 2002.

[5]   Sentencia de la Sala Constitucional N° 15869-05 de las 15:55 hrs. de 22 de noviembre de 2005.

[6]   Código de la Niñez y la Adolescencia, Ley N° 7739 de 6 de enero de 1998.

Finalmente, en lo relativo a la acción popular, el artículo 10, *párrafo* 1°, inciso d), CPCA le otorga legitimación para demandar a *"Todas las personas por acción popular, cuando así lo disponga expresamente, la ley"*, supuesto que cubre una serie de habilitaciones expresas de leyes sectoriales en materia ambiental y cumple con el imperativo constitucional (artículo 49 constitucional) de la reserva de ley para establecer una acción popular.

VI. MEDIDAS CAUTELARES POSITIVAS

Los artículos 19, párrafos 1° y 2°, 26 y 155, párrafo 3°, admiten la adopción de medidas cautelares *ante causam, lite pendente* o en fase de ejecución. El numeral 19.1 establece una cláusula residual otorgándole al juez contencioso-administrativo un poder de cautela general, al indicar que podrá *"(...) ordenar (...) las medidas cautelares adecuadas y necesarias para proteger y garantizar, provisionalmente, el objeto del proceso y la efectividad de la sentencia."*, con lo que su contenido es *numerus apertus*, pudiendo decretar provisionales positivas, anticipatorias o innovativas y no solo meramente conservativas.

El artículo 21 establece los presupuestos para la procedencia de la medida cautelar que son el *fumus boni iuris* o apariencia de buen derecho que se traduce en un juicio de probabilidad acerca de la seriedad y consistencia de la pretensión y el *periculum in mora* para evitar que la duración del proceso no produzca daños o perjuicios actuales o potenciales a la situación jurídico sustancial invocada.

El artículo 23 admite la adopción de medidas cautelares provisionalísimas al señalar que

> *"Una vez solicitada la medida cautelar, el tribunal o el juez respectivo, de oficio o a gestión de parte, podrá adoptar y ordenar medidas provisionalísimas de manera inmediata y prima facie, a fin de garantizar la efectividad de la que se adopte finalmente. Tales medidas deberán guardar el vínculo necesario con el objeto del proceso y la medida cautelar requerida."*

De su parte, el ordinal 25 admite la adopción de medidas cautelares *inaudita altera parte*, al preceptuar que

> *"1) En casos de extrema urgencia, el tribunal o el juez respectivo, a solicitud de parte, podrá disponer las medidas cautelares, sin necesidad de conceder audiencia. Para tal efecto, el Tribunal o el respectivo juez podrá fijar caución o adoptar cualquier otra clase de contracautela, en los términos dispuestos en el artículo 28 de este Código.*
>
> *2) Habiéndose adoptado la medida cautelar en las condiciones señaladas en el apartado anterior, se dará audiencia por tres días a las partes del proceso, sin efectos suspensivos para la ejecución de la medida cautelar ya dispuesta. Una vez transcurrido el plazo indicado, el juez podrá hacer una valoración de los alegatos y las pruebas aportados, para mantener, modificar o revocar lo dispuesto."*

VII. AGOTAMIENTO FACULTATIVO DE LA VÍA ADMINISTRATIVA

El CPCA establece en su artículo 31, párrafo 1°, como regla general el agotamiento facultativo de la vía administrativa[7], haciendo salvedad expresa de los supuestos en que la propia Constitución así lo establece (materias municipal y de contratación administrativa). Cuando el justiciable decide acudir directamente a la vía jurisdiccional el juez tramitador, en el mismo auto en que da traslado de la demanda, concede, sin suspensión del proceso, un plazo para que el superior jerárquico supremo del órgano o la entidad demanda decida si confirma, modifica, anula, revoca o cesa la conducta administrativa impugnada en beneficio del administrado (párrafos 3° y 4° del artículo 31).

Lo criticable de la norma es que si la administración revierte su conducta el proceso concluye sin especial condenatoria en costas, lo cual puede ser, eventualmente, confiscatorio y convertirse en un instrumento para disuadir al administrado de acudir a la justicia administrativa en defensa de sus situaciones jurídicas sustanciales.

VIII. REQUERIMIENTO PREVIO EN LA IMPUGNACIÓN DE LAS OMISIONES

En lo relativo a la impugnación de las omisiones formales y materiales de las administraciones públicas, el artículo 35 estatuye que la parte interesada podrá requerirle al órgano o ente público, en sede administrativa antes de acudir ante la jurisdicción, para que en el plazo de quince días realice la conducta omitida. Cuando opte por acudir directamente a la vía jurisdiccional, el órgano jurisdiccional debe concederle al jerarca de la entidad un plazo máximo de quince días hábiles, con suspensión del proceso, para que cumpla la conducta omitida. En este supuesto, si la administración cumple, el proceso concluye sin especial condenatoria en costas, con lo que resulta aplicable la crítica efectuada en el apartado anterior.

---

[7]   El Tribunal Constitucional por sentencia N° 3669-06 de las 15 hrs. de 15 de marzo de 2006 declaró inconstitucional las normas de la Ley Reguladora de la Jurisdicción Contencioso Administrativa de 1966 que establecían el carácter preceptivo u obligatorio del agotamiento de la vía administrativa, por estimarlo un privilegio indebido e injustificado de las administraciones públicas que atentaba contra el derecho a una justicia pronta y cumplida (artículo 41 constitucional), al principio de igualdad (artículo 33 constitucional) y al derecho al control de legalidad de la función administrativa (artículo 49 constitucional). V., Jinesta Lobo, Ernesto, Consecuencias de la inconstitucionalidad del agotamiento preceptivo de la vía administrativa. Comentarios al Voto N° 3669-06 de la Sala Constitucional, *Revista IVSTITIA*, año 20, abril-mayo 2006, N° 232-233, pp. 4-12.

IX. PLAZOS ABIERTOS PARA LA IMPUGNAR LAS DIVERSAS MANIFESTACIONES DE LA FUNCIÓN ADMINISTRATIVA

A diferencia del proceso revisor de 1966 que establecía un plazo fugaz de caducidad fatal de 2 meses para acudir a la jurisdicción contencioso-administrativa, el nuevo Código Procesal Contencioso-Administrativo amplia la regla a un año, contabilizado a partir de la comunicación, cuando se impugna la actividad formal o a partir de la cesación de la eficacia cuando se ataca una actuación material (artículo 39, inciso a, b, y c). De otra parte, el artículo 40, inciso 1), dispuso que los actos administrativos absolutamente nulos y las omisiones son impugnables *"mientras subsistan sus efectos continuados, pero ello únicamente para su anulación e inaplicabilidad futura"*, siendo que el año se puede contar a partir del día siguiente al cese de los efectos (artículo 40, inciso 2).

X. PRETENSIONES

De manera congruente con la ampliación de la extensión del ámbito de control de la nueva justicia administrativa, el CPCA prevé un amplio espectro de pretensiones, elenco que es *numerus apertus*, así el artículo 42.1 dispone que *"El demandante podrá formular cuantas pretensiones sean necesarias"*.

Lo anterior queda confirmado por el tenor del 43 al preceptuar lo siguiente:

> *"En la demanda pueden deducirse de manera conjunta, cualesquiera de las pretensiones contenidas en el presente capítulo, siempre que se dirijan contra el mismo demandado y sean compatibles entre sí, aunque sean de conocimiento de otra jurisdicción, salvo la penal."*

Una de las grandes innovaciones del CPCA lo constituye la pretensión prestacional o de condena para impugnar las actuaciones materiales ilegítimas y las omisiones formales y materiales.

Específicamente, el artículo 42 establece el siguiente elenco:

> *"1) El demandante podrá formular cuantas pretensiones sean necesarias, conforme al objeto del proceso.*
>
> *2) Entre otras pretensiones, podrá solicitar:*
>
>   *a) La declaración de disconformidad de la conducta administrativa con el ordenamiento jurídico y de todos los actos o las actuaciones conexas.*
>
>   *b) La anulación total o parcial de la conducta administrativa.*
>
>   *c) La modificación o, en su caso, la adaptación de la conducta administrativa.*
>
>   *d) El reconocimiento, el restablecimiento o la declaración de alguna situación jurídica, así como la adopción de cuantas medidas resulten necesarias y apropiadas para ello.*
>
>   *e) La declaración de la existencia, la inexistencia o el contenido de una relación sujeta al ordenamiento jurídico-administrativo.*

f) La fijación de los límites y las reglas impuestos por el ordenamiento jurídico y los hechos, para el ejercicio de la potestad administrativa.

g) Que se condene a la Administración a realizar cualquier conducta administrativa específica impuesta por el ordenamiento jurídico.

h) La declaración de disconformidad con el ordenamiento jurídico de una actuación material, constitutiva de una vía de hecho, su cesación, así como la adopción, en su caso, de las demás medidas previstas en el inciso d) de este artículo.

i) Que se ordene, a la Administración Pública, abstenerse de adoptar y ejecutar cualquier conducta que pueda lesionar el interés público o las situaciones jurídicas actuales o potenciales de la persona.

j) La condena al pago de daños y perjuicios".

XI. PROCESO UNIFICADO

El proceso unificado del artículo 48 es una novedad del Código Procesal Contencioso Administrativo, diseñado por razones de economía, agilidad, celeridad y seguridad procesales en aras de una justicia pronta y cumplida y de evitar la reiteración de trámites en los procesos en masa. La figura tiene sus antecedentes en el procedimiento tipo (*Musterverfahren*) del parágrafo 93.a) de la Ley de la Justicia Administrativa Alemana de 21 de enero de 1960 (*Verwaltungsgerichtsordnung o VwGO*[8]) y en el trámite preferente de un proceso cuando existe una pluralidad con idéntico objeto del artículo 37, párrafo 2°, de la Ley de la Jurisdicción Contencioso-Administrativa española, después de la reforma por la Ley 29/1998 de 13 de julio[9], obviamente con mejoras sustanciales.

En la legislación procesal alemana este proceso está diseñado, exclusivamente, para cuando una medida administrativa es objeto de más de veinte procesos, esto es, para los actos administrativos en masa, esto es, cuyo motivo, contenido y fin está predeterminado y es igual para un grupo de administrados (v. gr. En materia tributaria –contribuyentes en una misma situación- y de función pública –funcionarios que se encuentran en una situación prácticamente idéntica-).

El nuevo CPCA, en realidad, va mucho más allá, puesto que, no lo reduce a la actividad formal –actos administrativos expresados por escrito-, sino que es concebido para cualquier manifestación de la conducta o función administrativa en tanto se afecten intereses de grupo, colectivos, corporativos o difusos, de modo que, no se excluye la hipótesis para la cual fue concebido en el Derecho procesal administrativo alemán, puesto que, los actos en masa pueden afectar estos intereses –sobre todo grupales- y, eventualmente, en virtud de la máxima del que puede lo más puede lo

---

[8]   Ley de la Justicia Alemana de 21 de enero de 1960 y sus modificaciones. En Ley de la Justicia Administrativa Alemana –Análisis comparado y traducción- a cargo de Aberastury, Blanke, Gottschau y Sommermann, Buenos Aires, Abeledo Perrot y Konrad Adenauer Stiftung, 2009, pp. 123-206.

[9]   V.,, Blanco Esteve, Avelino, Artículo 37. Comentarios a la Ley de la Jurisdicción Contencioso-Administrativa de 1998, *Civitas Revista Española de Derecho Administrativo*, N° 100, octubre-diciembre, 1998, pp. 362-366.

menos, también está diseñado para los actos administrativos en masa –con un motivo, contenido y fin predeterminado e idéntico- que son comunicados individualmente a un grupo considerable de administrados.

Desde el punto de vista del trámite el CPCA es diferente al proceso tipo regulado en la legislación procesal administrativa alemana, puesto que, desde la contestación de la demanda y hasta antes de ser concluido el juicio oral y público, el juez tramitador o el tribunal, de oficio o a instancia de parte, insta a los actores de diversos procesos con identidad de objeto –de pretensión y específicamente del *petitium*, puesto que, la fundamentación jurídica puede variar- y causa, concediéndoles una audiencia de cinco días hábiles, para que se unan en un solo proceso, todo sin perjuicio de la facultad de actuar bajo una sola representación. En la legislación alemana, previa audiencia a las partes, el tribunal toma uno de los procesos como el tipo o modelo y suspende el resto, siendo que sólo ese se instruye. El CPCA plantea, más bien, una suerte de acumulación de procesos con lo cual la sentencia produce cosa juzgada material para todas las partes que han decidido continuar con un solo proceso, evitándose sentencias contradictorias y asimetrías temporales en la resolución de asuntos idénticos o muy similares. De esta forma se supera la compleja tarea, propia de la legislación alemana, de ponderar, una vez resuelto el proceso modelo, si resulta aplicable la sentencia a los suspendidos.

El artículo 48 del CPCA supera las críticas que ha efectuado la doctrina española al trámite preferente a uno o varios procesos –tipo o modelo- sin acumulación del artículo 37, párrafo 2°, de la LRJCA de ese país después de la reforma de 1998, en el sentido que violenta la tutela judicial efectiva, el principio de igualdad y la defensa.

El CPCA dispone que de no existir oposición se tramita un solo proceso y que cuando ésta exista el proceso se tramitará individualmente, por lo que habrá que entender que se sustanciaran separadamente aquellos en los que la parte se opuso, no así en los que existió aquiescencia de la parte.

XII. PROCESO DE TRÁMITE PREFERENTE

Por razones de celeridad y prontitud el artículo 60 CPCA introduce la figura del proceso de trámite preferente. Ese numeral dispone lo siguiente.

"1) En caso de que el juez tramitador, de oficio o a gestión de cualquiera de las partes, estime que el asunto bajo su instrucción reviste urgencia o necesidad o es de gran trascendencia para el interés público, directamente lo remitirá al conocimiento del tribunal de juicio al que por turno le corresponda, para que este decida si se le da trámite preferente, en los términos de este artículo, mediante resolución motivada que no tendrá recurso alguno.

2) Si el tribunal estima que el trámite preferente no procede, devolverá el proceso al juez tramitador, para que lo curse por el procedimiento común.

3) De dársele trámite preferente, se dará traslado de la demanda y se concederá un plazo perentorio de cinco días hábiles para su contestación.

Cuando resulte necesario, el tribunal dispondrá celebrar una única audiencia en la que se entrará a conocer y resolver sobre los extremos a que alude el artículo 90 de este Código, se evacuará la prueba y oirán conclusiones de las partes.   De no haber pruebas por evacuar se prescindirá de la audiencia oral y pública.

Únicamente cuando surjan hechos nuevos o deba completarse la prueba a juicio del tribunal, podrá celebrarse una nueva audiencia.

4) El señalamiento de la audiencia tendrá prioridad en la agenda del tribunal.

5) Si la conversión del proceso se produce en una oportunidad procesal posterior a la regulada en el párrafo tercero de este artículo, el tribunal dispondrá el ajuste correspondiente a las reglas de dicho párrafo.

6) La sentencia deberá dictarse en un plazo máximo de cinco días hábiles, contados a partir del día siguiente a aquel en que se decidió darle trámite preferente al proceso o, en su caso, a partir de la celebración de la última audiencia.

7) En caso de ser planteado, la resolución del recurso de casación tendrá prioridad en la agenda del Tribunal de Casación de lo Contencioso-Administrativo o de la Sala Primera de la Corte Suprema de Justicia, según corresponda.   El recurso deberá resolverse en un plazo de diez días hábiles".

En este tipo de procesos, la sustanciación y resolución tiene prioridad frente a cualquier otro por razones de urgencia o necesidad (estado de necesidad) o de gran trascendencia para el interés público (v. gr. en materia de contratación administrativa para la construcción de obras públicas de gran importancia o de omisiones en ciertos servicios públicos esenciales como en materia de seguridad social –provisión de medicamentos, tratamientos, equipo tecnológico, infraestructura, etc.-). La tramitación preferente, supone, en esencia, el acortamiento de ciertos plazos procesales en aras de la celeridad, prontitud y urgencia impuesta por la naturaleza de la cuestión debatida.

La ponderación de los conceptos jurídicos indeterminados señalados, le corresponde a cualquiera de las partes interesadas –incluida la propia administración pública- o de oficio al juez tramitador (artículo 60, párrafo 1°). Este proceso preferente está diseñado, por su emplazamiento sistemático, para que desde el inicio del proceso así se sustancie, evitando dilaciones indebidas o retardos innecesarios.

XIII. CONCILIACIÓN INTRA-PROCESAL

Como un instrumento de resolución alternativa de conflictos, el CPCA introduce la figura de la conciliación intra-procesal, tanto que existe un cuerpo de jueces conciliadores encargados de llevarla a cabo. El artículo 72.1 dispone que *"La Administración Pública podrá conciliar sobre la conducta administrativa, su validez y sus efectos, con independencia de su naturaleza pública o privada"*. Se prevé la posibilidad de las partes de manifestar, en cualquier momento, antes de la realización de la audiencia, su negativa expresa o tácita a conciliar (artículo 75, párrafo 1°).

El numeral 74 faculta al juez conciliador para convocar a tantas audiencias como estime necesarias y lo habilita para reunirse con las partes de manera conjunta o separada.

En caso de arribarse a un acuerdo conciliatorio el juez lo homologará y dará por terminado el proceso *"siempre que lo acordado no sea contrario al ordenamiento jurídico, ni lesivo al interés público"* (artículo 76).

XIV. ORALIDAD Y PROCESO POR AUDIENCIAS

Una de las grandes innovaciones de la nueva legislación procesal la constituye el proceso por audiencias lo que ha contribuido a humanizarlo. La oralidad ha dotado al nuevo proceso de una significativa celeridad que resulta congruente con el derecho a un proceso en un plazo razonable o una "justicia pronta" (artículos 8, párrafo 1°, de la Convención Americana sobre Derechos Humanos y 41 de la Constitución Política). En promedio el proceso en única instancia tarda en ser conocido y resuelto seis meses y veinte días a lo que se debe agregar el plazo que insume la casación.

El nuevo Código Procesal Contencioso Administrativo obliga a los órganos jurisdiccionales a observar y actuar los sub-principios de la oralidad (inmediación, concentración, celeridad, publicidad, identidad física del juez), de modo que su infracción puede provocar un vicio pasible de la casación (artículo 85, párrafo 1°). De igual modo, se habilita a los órganos jurisdiccionales para el dictado de resoluciones orales durante las audiencias (artículo 88), contra las cuales cabe el recurso revocatoria el que debe interponerse y sustentarse verbalmente en ese mismo momento procesal para ser conocido, evitándose, consecuentemente, la fragmentación del proceso (artículo 89).

En cuanto a la audiencia preliminar el CPCA recoge dos de sus tres funciones clásicas que son (a) la saneadora o depuradora del proceso, resolviéndose en una sola audiencia, todas las cuestiones que puedan obstaculizar el conocimiento del mérito del asunto –*meritum causae*- (*v.gr.* incidentes, nulidades, recursos, excepciones previas, cuestiones concernientes a la admisibilidad y validez del proceso – competencia, jurisdicción, capacidad, legitimación, representación, conexidad, litispendencia y cosa juzgada, integración de la litis, etc.), con lo que se abrevia el proceso y b) la esclarecedora de la *causa petenti* (hechos), *petitium* (pretensión), del *thema decidendum* (puntos controvertidos) y de la prueba que debe ser admitida y evacuada[10]. En lo relativo a la función conciliadora, el CPCA establece una audiencia de conciliación separada de la preliminar.

---

[10]   *V.,* Jinesta Lobo, Ernesto, La oralidad en el proceso contencioso administrativo. *Revista IVS-TITIA,* año 13, N° 155-156, noviembre-diciembre 1999, pp. 23-31. Jinesta Lobo, Ernesto, "Particularidades de la oralidad en el proceso contencioso-administrativo". En *La Gran Reforma Procesal,* San José, Editorial Guayacán, 2000, pp. 121-122. Zeledón Zeledón, Ricardo, "El proceso por audiencias orales en el "Código Procesal General". En la *Gran Reforma Procesal,* San José, Editorial Guayacán, 2000, pp. 9-31; Artavia Barrantes, Sergio, *El proceso civil por audiencias y la oralidad (El proyecto del Código Procesal General para Costa Rica), ibidem,* pp. 31- 49; Zeledón Zeledón, Ricardo, *¡Salvemos la Justicia! (Humanización y Oralidad para el*

La audiencia preliminar pone de manifiesto el carácter atenuado del principio dispositivo, por cuanto, el juez tramitador ejerce de oficio una serie de competencias importantes para depurar el proceso de cara a un eventual juicio oral y público. En esta audiencia se concentra el conocimiento y resolución de una serie de cuestiones de forma, de modo que la preliminar prepara el juicio oral y público en la que se concentra el conocimiento de las cuestiones de fondo. Los extremos que resuelve el juez tramitador en la audiencia preliminar (artículo 90) son los siguientes:

1°) Saneamiento del proceso: Cuando resulta necesario para su depuración, resolviendo, de oficio o a instancia de parte, todo tipo de nulidades procesales por vicios esenciales en la ritualidad del proceso y toda cuestión no atinente al mérito del asunto, esto es, interlocutoria.

2°) Aclaración y ajuste de los extremos de la demanda, contrademanda, réplica y dúplica: Esta precisión o afinamiento de los extremos de la demanda y contrademanda es de suma importancia, por cuanto, puede comprender cualquiera de sus extremos, es decir, desde el objeto o la pretensión, hasta los hechos y el fundamento de derecho. El ejercicio de esta competencia por el juez tramitador, de oficio o a instancia de parte, procede cuando los extremos indicados resultan oscuros o imprecisos. En lo relativo a los hechos, se admite que en la propia audiencia las partes ofrezcan otros medios de prueba que en criterio del juez tramitador sean de interés para resolver el litigio, únicamente, si se refieran a hechos nuevos o rectificaciones efectuadas en la audiencia. El artículo 95.1 le permite al juez tramitador o al Tribunal de Juicio, de oficio o a instancia de parte, además de ajustar o aclarar la pretensión o los fundamentos alegados, ampliarlos o adaptarlos, con lo que va más allá del artículo 90, párrafo 1°, inciso b), en este supuesto se prevé la suspensión de la audiencia, por un plazo que no puede exceder de 5 días hábiles, para garantizar el debido proceso y la defensa de la contraparte.

3°) Intervención adhesiva de terceros: El juez tramitador debe resolver en la audiencia preliminar si un tercero tiene interés indirecto en el objeto del proceso para tenerlo como coadyuvante activo o pasivo.

4°) Defensas previas: En la audiencia preliminar el juez tramitador conoce y resuelve las defensas previas que afectan la válida constitución del proceso o sus presupuestos, así como aquellas de carácter formal o material que pueden oponerse como tales y que de ser acreditadas provocan la terminación anticipada del proceso.

5°) Determinación de los hechos trascendentes controvertidos: Esta competencia *ex officio* del juez tramitador es de suma importancia, por cuanto, permite definir o determinar claramente y de manera anticipada, de cara al juicio oral y público, el *thema decidendi* y el *thema probandi*. Es una definición anticipada del elenco de los hechos de trascendencia y controvertidos para resolver el asunto que pueden llegar a ser demostrados o no.

Siglo XXI), San José, Editorial Guayacán, pp. 99 y siguientes. Artavia Barrantes (Sergio), *Sugerencias para introducir la oralidad y otras instituciones procesales en el Derecho Procesal. Consideraciones para una Reforma del Proceso Civil*, San José, Poder Judicial-CONAMAJ, 1999, pp. 36-42. Vescovi, Enrique, *La reforma de la justicia civil en Latinoamérica*, Bogotá, Editorial Temis, 1996, pp. 48-51. Instituto Iberoamericano de Derecho Procesal, *El Código Procesal Civil Modelo para Iberoamerica (Historia-Antecedentes-exposición de motivos)*, Montevideo, 2ª Edición, 1997, pp. 25-38.

6°) Admisión o rechazo de los elementos probatorios: El juez tramitador resolverá si admite los medios de convicción ofrecidos por las partes, en cuanto se refieran a los hechos trascendentes y controvertidos para ser evacuados en el juicio oral y público. Tiene facultad suficiente para rechazar los medios de prueba evidentemente impertinentes o inconducentes. El artículo 93, párrafo 3°, habilita al juez tramitador para que cuando resulte indispensable o manifiestamente útil para esclarecer la verdad real de los hechos controvertidos, ordene, de oficio, la recepción de cualquier medio de prueba no ofrecido por la partes.

En lo relativo al juicio oral y público tiene por objeto tres actos procesales claramente delimitados que son los siguientes: a) la evacuación de la prueba; b) la formulación de las conclusiones sobre los aspectos fácticos y jurídicos y c) el dictado inmediato o diferido de la sentencia[11].

La regla que se establece es que es una audiencia pública, salvo si el Tribunal dispone lo contrario por resolución motivada (artículo 99, párrafo 1°). En aras de garantizar la concentración, el artículo 100, párrafo 1°, dispone que se realizará sin interrupciones, durante las sesiones consecutivas que sean necesarias para su terminación, siendo que se admite la suspensión bajo circunstancias excepcionales – artículo 100, párrafo 1°, incisos a, b, c, d y e- (*v.g.* deber de resolver una gestión que, por su naturaleza, no se pueda decidir inmediatamente; cuando sea necesario practicar fuera del lugar de la audiencia algún acto que no puede cumplirse en el intervalo entre una sesión y otra; si no comparecen testigos, peritos o interpretes cuya intervención es indispensable; cuando algún juez, las partes, sus representantes o abogados estén impedidos por justa causa, salvo posibilidad de reemplazo en el último supuesto; cuando alguna manifestación o circunstancias inesperada produzca alteraciones sustanciales en el proceso y se haga indispensable una prueba extraordinaria).

La suspensión debe ser por un plazo máximo de cinco días, salvo que en criterio del Tribunal exista motivo suficiente para una mayor (artículo 100, párrafo 3°), en todo caso cuando exceda los quince días, todo lo actuado y resuelto será nulo de pleno derecho, salvo los actos y actuaciones irreproductibles (artículo 100, párrafo 5°).

El artículo 110 prevé que si durante la deliberación el Tribunal estima absolutamente necesario recibir nuevas pruebas o ampliar las incorporadas reabra el debate, siendo que el respectivo medio de convicción debe ser evacuado y valorado aunque una de las partes o ambas no asistan.

Se prevé el dictado de la sentencia después de concluida la audiencia y de haber deliberado el Tribunal, siendo que para casos complejos se puede notificar en un plazo máximo de quince días hábiles siguientes a la terminación del juicio (artículo 111, párrafo 1°). Si se incumple con lo anterior, lo actuado y resuelto será nulo, debiéndose repetir ante otro tribunal el juicio, con la salvedad de los actos y actuaciones irreproductibles que conservarán su validez (artículo 111, párrafo 2°). Cabe anotar que la valentía y compromiso de los jueces contencioso-administrativos con la

---

[11]   *V.*, Jinesta Lobo, Ernesto, *La oralidad en el proceso contencioso administrativo*, p. 30. Jinesta Lobo, Ernesto, *Particularidades de la oralidad en el proceso contencioso-administrativo*, pp. 121-122. Artavia Barrantes (S.), *Sugerencias para introducir la oralidad y otras instituciones procesales en el Derecho procesal. Consideraciones para una Reforma del Proceso Civil*, p. 42.

nueva legislación, los ha llevado, en la práctica, a dictar todas las sentencias oralmente, una vez concluido el juicio oral y público, quedando ésta respaldada a través de los medios tecnológicos audiovisuales del caso para efectos de su revisión, con lo cual la judicatura ha logrado mayores niveles de celeridad, concentración y oralidad que los propuestos por el propio CPCA.

XV. PROCESOS EXCEPCIONALES SIN JUICIO ORAL Y PÚBLICO O SIN AUDIENCIA

Excepcionalmente, tratándose de asuntos de puro derecho o en los que no existe prueba que evacuar, por razones de economía procesal y de celeridad, se prescinde del juicio oral y público, debiendo el juez tramitador, antes de finalizar la preliminar, conceder a las partes oportunidad para que formulen conclusiones (artículo 98, párrafo 2°). Adicionalmente, el artículo 69 CPCA admite, por las razones ya apuntadas, que, el actor o reconventor pueda solicitar que, una vez contestada la demanda o contrademanda, el proceso se falle, con prescindencia de la recepción de pruebas, las audiencias y la conciliación, debiendo estar la contraparte de acuerdo.

XVI. EXTENSIÓN JUDICIAL A LAS PARTES PRINCIPALES DE LO RE- SUELTO EN VÍA ADMINISTRATIVA PARA TERCEROS

Dentro de los modos anormales o anticipados de terminación del proceso, el artículo 116 prevé la "extensión judicial a las partes principales de lo resuelto en vía administrativa para terceros".

La figura consiste en solicitarle al órgano jurisdiccional que lo que se resolvió en sede administrativa de manera favorable para otro sujeto de derecho se le extienda o reconozca judicialmente al que lo solicita. Es evidente que si lo impugnado en la vía jurisdiccional es revertido por una conducta administrativa en la sede administrativa aunque sus destinatarios sean otros sujetos, de lograr extenderse judicialmente a los sujetos de la relación jurídico procesal, provocará la terminación anticipada del proceso.

Precisa advertir que la extensión judicial de lo resuelto en firme y favorablemente para terceros en vía administrativa, resulta aplicable no solo respecto de la actividad formal, sino también de actuaciones materiales u omisiones.

Cualquiera de las partes principales pueden solicitar, durante el transcurso del litigio, esto es, hasta antes del dictado de la sentencia en única instancia por el Tribunal, que se equipare en lo judicial, total o parcialmente, los efectos de una resolución administrativa firme, esto es, que no quepan recursos administrativos en su contra, y favorable. El requisito indispensable es que haya recaído sobre la misma o idéntica conducta o relación jurídico-administrativa a la que se discute en el proceso, lo anterior aunque quien solicita la extensión o equiparación judicial no haya sido destinataria de sus efectos, se trate de partes diferentes o no haya intervenido en el procedimiento administrativo en el que se produjo el acto firme y favorable (artículo

116.1). Cualquiera de las partes, antes o durante las audiencias, puede poner en conocimiento del juez tramitador o del Tribunal de juicio lo actuado o resuelto en vía administrativa de manera firme y favorable (artículo 116.2). En todo caso, la administración pública respectiva, una vez adoptada la conducta en vía administrativa que incide en las pretensiones del proceso, tiene la carga de comunicarle al órgano jurisdiccional competente en un plazo máximo de ocho días hábiles contado a partir de la adopción del acto firme (artículo 116.3).

Cualquiera que sea la forma en que el órgano jurisdiccional se imponga de lo resuelto en firme y favorablemente para terceros en vía administrativa, debe conceder audiencia inmediata a las partes por un plazo de 5 días hábiles para que aleguen lo que estimen conveniente (artículo 116.4). Esta audiencia resulta muy importante, por cuanto, a partir de ahí puede empezar a discutirse si efectivamente se trata de una misma o una idéntica conducta o relación jurídica o no, si la extensión debe ser parcial o total, etc.

En los ocho días hábiles posteriores a la conclusión de la audiencia, el órgano jurisdiccional resolverá si acoge o no la equiparación o extensión, todo previa comprobación de lo exactamente resuelto por la administración pública. Si no versa sobre la misma o idéntica conducta o relación jurídico-administrativa o lo dispuesto en vía administrativa es sustancialmente disconforme con el ordenamiento jurídico, se denegará motivadamente la extensión o equiparación, sin que lo resuelto prejuzgue la validez de la conducta cuya eficacia se pretendía extender, puesto que, para anularla se debe acudir al procedimiento de revisión de oficio (artículo 173 LGAP) o a otro proceso de lesividad, cauces en los que las partes principales serán otras (artículo 116.5).

XVII. CUMPLIMIENTO DE LA CONDUCTA OMITIDA

Este modo de terminación anticipado o anormal del proceso contencioso-administrativo (artículo 118) es verdaderamente novedoso y obedece al carácter plenario y universal de la nueva justicia administrativa, que ahora fiscaliza, también, las omisiones formales y materiales de las administraciones públicas.

El juez tramitador, de oficio o a instancia de parte, debe valorar interlocutoriamente la demanda ponderando su probable fundamento –juicio de verosimilitud de carácter *prima facie*-, en caso que goce de una apariencia de buen derecho (*fumus boni iuris*), podrá instar a la administración omisa para que cumpla con la conducta requerida en la demanda, para lo cual le confiere un plazo de 5 días para que alegue lo que estime oportuno (artículo 118.1).

Si el ente público manifiesta su voluntad de cumplir con la conducta debida, el juez tramitador debe trasladar los autos al Tribunal para que, sin más trámite, dicte sentencia conforme a las pretensiones de la parte actora, sin especial condenatoria en costas, salvo que tal pronunciamiento estimatorio implique una infracción manifiesta del ordenamiento jurídico, en cuyo caso debe dictar sentencia conforme a Derecho.

El Tribunal podrá, en casos de especial complejidad para el cumplimiento de la obligación o en los que sea previsible la ausencia de recursos financieros y materiales necesarios para cumplirla, dimensionar en el tiempo su cumplimiento por la administración pública, otorgando un plazo prudencial para que se cumpla la conducta, el que no puede exceder del ejercicio presupuestario siguiente (artículo 118.2).

Si dentro del plazo otorgado para que la administración pública formule alegaciones no contesta o se manifiesta reacia a cumplir con su obligación, el proceso continúa su trámite normal (artículo 118.3).

XVIII. TIPOLOGÍA DE LAS SENTENCIAS ESTIMATORIAS

Al superarse el carácter revisor u objetivo de la jurisdicción contencioso-administrativa, la tipología de las sentencias resulta congruente con un control plenario y universal de la función administrativa y con el carácter *numerus apertus* de las pretensiones. Así, el artículo 122 CPCA dispone que la sentencia estimatoria –total o parcial- podrá contener los siguientes pronunciamientos:

"a) Declarar la disconformidad de la conducta administrativa con el ordenamiento jurídico y de todos los actos o actuaciones conexos.

b) Anular, total o parcialmente, la conducta administrativa.

c) Modificar o adaptar, según corresponda, la conducta administrativa a las reglas establecidas por el ordenamiento jurídico, de acuerdo con los hechos probados en el proceso.

d) Reconocer, restablecer o declarar cualquier situación jurídica tutelable, adoptando cuantas medidas resulten necesarias y apropiadas para ello.

e) Declarar la existencia, la inexistencia o el contenido de una relación sujeta al ordenamiento jurídico-administrativo.

f) Fijar los límites y las reglas impuestos por el ordenamiento jurídico y los hechos, para el ejercicio de la potestad administrativa, sin perjuicio del margen de discrecionalidad que conserve la Administración Pública.

g) Condenar a la Administración a realizar cualquier conducta administrativa específica impuesta por el ordenamiento jurídico.

h) En los casos excepcionales en los que la Administración sea parte actora, se podrá imponer a un sujeto de Derecho privado, público o mixto,   una condena de hacer, de no hacer o de dar.

i) Declarar la disconformidad con el ordenamiento jurídico y hacer cesar la actuación material constitutiva de la vía de hecho, sin perjuicio de la adopción de cualquiera de las medidas previstas en el inciso d) de este artículo.

j) Ordenar a la Administración Pública que se abstenga de adoptar o ejecutar cualquier conducta administrativa, que pueda lesionar el interés público o las situaciones jurídicas actuales o potenciales de la persona.

k) Suprimir, aun de oficio, toda conducta administrativa directamente relacionada con la sometida a proceso, cuando sea disconforme con el ordenamiento jurídico.

l) Hacer cesar la ejecución en curso y los efectos remanentes de la conducta administrativa ilegítima.

m) Condenar al pago de los daños y perjuicios, en los siguientes términos:

    i) Pronunciamiento sobre su existencia y cuantía, siempre que consten probados en autos al dictarse la sentencia.

    ii) Pronunciamiento en abstracto, cuando conste su existencia, pero no su cuantía.

    iii) Pronunciamiento en abstracto, cuando no conste su existencia y cuantía, siempre que sean consecuencia de la conducta administrativa o relación jurídico-administrativa objeto de la demanda.

XIX. ACTUALIZACIÓN O INDEXACIÓN DE LAS OBLIGACIONES PECUNIARIAS

El artículo 123 CPCA lo que hace es conferirle habilitación legislativa expresa al Tribunal para que proceda a reajustar las obligaciones pecuniarias a cuyo pago condene la sentencia. Se indica que el fin del reajuste es compensar la variación en el poder adquisitivo de la moneda ocurrido en el lapso que media entre la fecha de exigibilidad de la obligación y la de su extinción por pago efectivo. Incluso, se indica que cuando le sea posible al Tribunal liquidar o fijar el quantum exacto de la obligación en sentencia debe contener pronunciamiento sobre su debida actualización. En los supuestos de la condenatoria en abstracto a una obligación de valor (indemnización de los daños y perjuicios) al quedar la cuantificación o traducción en dinerario diferida para la ejecución de sentencia, se le confiere al juez ejecutor la competencia de conocer y resolver, en ese caso, la liquidación y su debido reajuste (artículo 123.1).

Dentro de los diversos parámetros que pudo adoptar el legislador ordinario para el reajuste de las obligaciones pecuniarias, optó por el índice de precios al consumidor emitido por el Instituto Nacional de Estadística y Censos para las obligaciones en colones y la tasa *prime rate* establecida para los bancos internacionales de primer orden para las obligaciones en moneda extranjera. Se trata de parámetros muy acertados en cuanto tienen una fluidez y dinamismo constantes, determinados por cambios en las economías y los mercados nacionales e internacionales, lo que los hace inherentemente justos y equitativos (artículo 123.2).

En caso que las partes del proceso hayan pactado previamente un parámetro de compensación de la obligación dineraria, distinto de los fijados (IPC y tasa *prime rate*) en el párrafo 2°, el órgano jurisdiccional competente, debe reconocer en sentencia el mecanismo pactado, actualizar y liquidar la obligación correspondiente hasta su pago efectivo (artículo 123.3).

XX. EFECTOS DE LA NULIDAD DE UN ACTO ADMINISTRATIVO DE ALCANCE GENERAL Y "DIMENSIONAMIENTO" DE LOS EFECTOS DE LA SENTENCIA

El artículo 130, párrafo 3°, dispone que la anulación de un acto administrativo de efectos generales, produce efectos *erga omnes*, salvo derechos adquiridos de buena fe y situaciones jurídicas consolidadas, en cuyo caso la sentencia firme debe ser publicada íntegramente en el diario oficial a cargo de la administración que lo dictó.

Por su parte, el artículo 131, párrafo 3°, establece que cuando sea necesario para la estabilidad social y la seguridad jurídica, la sentencia debe graduar y dimensionar sus efectos en el tiempo, el espacio o la materia, norma de suma importancia cuando se trata de la impugnación de normas reglamentarias.

XXI. APELACIÓN TASADA

Con el fin de lograr una mayor celeridad procesal y de evitar las dilaciones injustificadas que atentan contra el derecho a un proceso en un plazo razonable, el CPCA establece un elenco taxativo de resoluciones impugnables en apelación (artículos 132 y 133)[12].

XXII. FLEXIBILIZACIÓN DE LA CASACIÓN Y CASACIÓN EN INTERÉS DEL ORDENAMIENTO JURÍDICO

En aras del *indubio pro actione*, la casación ha sido flexibilizada, suprimiendo una serie de requisitos de carácter meramente formal y admitiendo su interposición cuando la sentencia incurra en cualquier infracción del ordenamiento jurídico (artículo 134 CPCA).

De otra parte el artículo 153 CPCA, como novedad, introduce la casación en interés del ordenamiento jurídico. Este recurso cabe cuando las sentencias del Tribu-

---

[12]   El CPCA prevé, únicamente, 5 supuestos de autos apelables que son los siguientes: a) el que resuelve sobre la caución u otra contra-cautela (artículo 28.2); b) el que se pronuncia sobre las medidas cautelares (artículo 30); c) el que acuerda el archivo de la demanda defectuosa (artículo 61.2); d) el que resuelve sobre la integración de la litis (artículo 71.4) y e) el que resuelve el embargo de bienes (artículo 178). En materia de diligencias de expropiación, los artículos 41 de la Ley de Expropiaciones (N° 7495 de 3 de mayo de 1995) y 21 de la Ley de adquisiciones, expropiaciones y constitución de servidumbres del ICE (N° 6313 de 4 de enero de 1979), disponen que cabe el recurso de apelación, dentro de los 5 días hábiles siguientes a la notificación, ante el Tribunal de Casación contra la resolución final que fije el monto de la indemnización. Finalmente, el artículo 45 de la Ley de Expropiaciones, indica que son apelables, en el plazo de 3 días hábiles y en efecto devolutivo, ante el Tribunal de Casación los autos dictados en el transcurso del proceso –diligencias de expropiación- que versen sobre los siguientes extremos: a) La entrada en posesión del bien expropiado; b) la designación de los peritos; c) la fijación de los honorarios de los peritos; d) lo concerniente al retiro, el monto y la distribución del avalúo; e) los que resuelvan sobre nulidades de actuaciones y resoluciones y f) los que resuelvan los incidentes de nulidad de las actuaciones periciales.

nal de Casación o del Tribunal Contencioso-Administrativo que producen cosa juzgada material, se estimen violatorias del ordenamiento jurídico. El conocimiento y resolución de este recurso se le reservó, en exclusiva, a la Sala Primera de la Corte Suprema de Justicia, al ser el órgano jurisdiccional que ocupa la cúspide de la organización judicial contencioso-administrativa y, por consiguiente, del control de legalidad de la función administrativa.

Por su carácter objetivo se prevé una legitimación institucional a favor del Procurador General de la República, el Contralor General, el Defensor de los Habitantes y el Fiscal General.

La sentencia que sea dictada por la Sala Primera no podrá afectar ninguna situación jurídica sustancial subjetiva consolidada, de manera que cuando sea estimatoria se limita a fijar la correcta interpretación y aplicación del ordenamiento jurídico, razón por la cual la sentencia se debe publicar en una sección especial del diario oficial La Gaceta para que sea de conocimiento público.

XXIII. CUERPO DE JUECES DE EJECUCIÓN

Para fortalecer la tutela judicial efectiva o la "justicia cumplida" (artículo 41 constitucional), el CPCA dispuso la creación de un cuerpo especializado de jueces de ejecución con amplios poderes y facultades para lograr el cumplimiento integral y efectivo de lo establecido en sentencia (artículo 155).

Al juez ejecutor se le otorga un poder general de ejecución, puesto que, se estatuye que *"(...) tendrá todos los poderes y deberes necesarios para su plena efectividad y eficacia"* (artículo 155.2), esta es una cláusula general que otorga amplios poderes cuyos único límite lo constituye el principio de proporcionalidad, en el sentido que sus actuaciones sean necesarias e idóneas –al incumplimiento y a la necesidad de cumplir con las órdenes o condenas contenidas en la resolución- y exista una proporción entre la medida de ejecución adoptada y los fines propuestos de efectividad y eficacia de la sentencia o resolución. Lo anterior resulta ratificado cuando se indica que firme la sentencia, de oficio o a instancia de parte, el juez ejecutor podrá adoptar, dictar o disponer las *"(...) medidas adecuadas y necesarias para su pronta y debida ejecución"* (artículo 155.3).

XXIV. MULTAS COERCITIVAS

Como un medio para conminar el cumplimiento de lo dispuesto en sentencia, el CPCA introduce las multas coercitivas (artículo 159) para el funcionario público condenado en sentencia o responsable de la ejecución de la sentencia o resolución que incumple, sin justa causa, cualquier requerimiento del juez ejecutor. La multa a imponer puede oscilar entre uno o cinco salarios base. De previo a imponer la multa coercitiva, se debe dar audiencia en lo personal, por tres días hábiles, al servidor público para que formule alegatos o se oponga, de igual manera la resolución que le imponga la multa debe ser comunicada de forma personal.

Después de transcurridos 5 días a partir de la firmeza de la multa correctiva sin ser pagada, el servidor público debe pagar intereses moratorios al tipo legal por todo el lapso que no cancele, sin perjuicio de la responsabilidad civil, penal y administrativa del caso.

XXV. EJECUCIÓN SUSTITUTIVA DE LA SENTENCIA POR EL JUEZ DE EJECUCIÓN

El artículo 161 del CPCA dispone una serie de mecanismos para lograr la ejecución, después de haber aplicado las multas coercitivas del artículo 159, habrá que entender estos instrumentos como de utilización sucesiva y escalonada, de modo que si falla el anterior, el juez ejecutor debe emplear el siguiente y así sucesivamente. Se establecen las siguientes herramientas de ejecución: a) Requerir colaboración de las autoridades y agentes de la administración condenada o de otros entes públicos, mediante una ejecución sustitutiva; b) adoptar las medidas necesarias y adecuadas para que el fallo adquiera la eficacia equivalente a la conducta omitida, incluyendo la ejecución subsidiara con cargo al ente público condenado; c) para todo efecto legal el juez o la autoridad pública requerida por éste se reputa como el competente para efectuar todas las conductas necesarias para la debida y oportuna ejecución de la sentencia, todo a cargo del presupuesto del ente condenado, siendo que el juez ejecutor puede, de conformidad con las reglas y procedimientos presupuestarios, allegar los fondos indispensables para la plena ejecución.

En caso de haberse empleado los instrumentos señalados y persiste la renuencia del ente público en cumplir, el juez ejecutor podrá adoptar, por su cuenta, las conductas necesarias y equivalentes para su pleno cumplimiento, con lo cual se produce una ejecución sustitutiva o sustitución comisarial de las autoridades administrativas

XXVI. SENTENCIA ESTIMATORIA Y PRESUPUESTOS PÚBLICOS

En los supuestos en que un ente público resulta condenado al pago de una obligación pecuniaria, debe acordarlo y verificarlo inmediatamente de haber contenido económico suficiente y debidamente presupuestado. La sentencia firme produce, automáticamente, el compromiso presupuestario de los fondos pertinentes para el ejercicio fiscal en que se produzca la firmeza del fallo (artículo 166).

La certificación emitida por el juez ejecutor remitida al Departamento de Presupuesto o al superior jerárquico supremo encargado de la ejecución presupuestaria, constituye título suficiente y único para el pago respectivo y esos funcionarios deben incluir el contenido presupuestario necesario para el debido cumplimiento de la sentencia en el presupuesto inmediato siguiente, la omisión de tales funcionarios se presume falta grave de servicio –presupuesto generador de responsabilidad administrativa por funcionamiento anormal-, además causal de responsabilidad disciplinaria y penal (artículo 167).

En tratándose de la administración pública descentralizada, se admite el ajuste o modificación de un presupuesto en ejecución o la confección de uno extraordinario para dar cabal cumplimiento a lo resuelto, en cuyo caso los trámites necesarios deben realizarse en los tres meses siguientes a la firmeza del fallo. En caso de sobrepasarse ese plazo, el juez ejecutor le comunica a la Contraloría General de la República para que no ejecute ningún trámite de aprobación o modificación presupuestaria del ente incumplidor, todo hasta tanto no se incluya la partida presupuestaria pertinente. Esa paralización presupuestaria podrá ser dimensionada por el juez ejecutor para no afectar la gestión sustantiva de la entidad o las situaciones jurídicas sustanciales de terceros (artículo 168).

El artículo 172, párrafo 1°, habilita a la administración pública condenada al pago de una cantidad líquida, cuando el cumplimiento de la sentencia signifique la provisión de fondos para los cuales no es posible allegar recursos sin afectar seriamente el interés público o sin provocar trastornos graves a sus situación patrimonial, para solicitar el pago fraccionado en un máximo de tres anualidades, consignándose en el respectivo presupuesto el principal más los intereses.

XXVII. EMBARGO DE BIENES DEL DOMINIO FISCAL Y ALGUNOS DEL DOMINIO PÚBLICO

Como una poderos herramienta para garantizar el cumplimiento efectivo de lo establecido en sentencia el CPCA admite el embargo de bienes del dominio fiscal y de algunos del público.

El embargo será procedente, a petición de parte y según el criterio del juez ejecutor, respecto de los bienes siguientes (artículo 169):

a) Los del dominio privado de los entes públicos, en cuanto no se encuentran afectados a un fin público.

b) La participación accionaria o económica del ente público condenado en una empresa pública -50% o más de capital público- o privada, siempre que la totalidad del embargo no supere un 25% del total participativo.

c) Los ingresos percibidos por transferencias presupuestarias previstas en la ley a favor del ente público condenado, siempre que no superen un 25% del total de la transferencia correspondiente a ese período presupuestario.

Constituye una carga procesal del ejecutante identificar, con precisión, los bienes, fondos o rubros presupuestarios que serán objeto de embargo, so pena de un rechazo de plano de la solicitud. Para evitar el impacto nocivo sobre la gestión administrativa, se prevé la posibilidad que el ente público identifique los bienes, en sustitución de los propuestos por la parte interesada, que deben ser objeto de embargo, cambio que deberá ser aprobado por el juez ejecutor según su prudente arbitrio.

El CPCA en el artículo 170 rompe con el viejo dogma de la inembargabilidad de los bienes del dominio público, en aras del imperativo constitucional de una justicia cumplida. Es así como el artículo 209 del CPCA deroga expresamente varias leyes preconstitucionales que establecían la inembargabilidad de los bienes del dominio público (Leyes Nos. 12 de 26 de septiembre de 1918 y sus reformas y N° 70 de 8 de febrero de 1925). El artículo 170 enuncia cuáles bienes del dominio público no pueden ser objeto de embargo, así se indica que no lo pueden ser los de titularidad pública destinados al uso y aprovechamiento común, esto es, los que están sujetos a los usos generales o comunes –v.gr. área pública en la zona marítimo terrestre, parques, plazas, ríos, lagos, caminos públicos, mercados, etc.-, como tampoco los que están vinculados directamente con la prestación de servicios públicos de salud, educación o seguridad o cualquier otro que sea considerado y calificado, por el juez ejecutor, de naturaleza esencial, calificativo que debe obedecer a razones objetivas y claramente justificadas.

Tampoco se admite el embargo sobre bienes de dominio público custodiados o explotados por particulares bajo cualquier título o modalidad de gestión, esto es, los que están sometidos a un uso privativo de un particular, por virtud de ley, un permiso de uso o una concesión.

Se descarta, también, para evitar una paralización absoluta de la gestión administrativa, el embargo sobre las cuentas corrientes y cuentas clientes, fondos, valores o bienes indispensables o insustituibles para el cumplimiento de fines o servicios públicos de las administraciones públicas, los destinos específicos dispuestos por ley –y admitidos por la jurisprudencia constitucional-, el servicio de la deuda pública –tanto de intereses como de amortización-, el pago de servicios personales, los fondos destinados para atender estados de necesidad o urgencia, para dar efectividad al sufragio, los destinados al pago de pensiones, las transferencias del fondo especial para la educación superior y los fondos otorgados en garantía, aval o reserva en un proceso judicial.

XXVIII. DISCONFORMIDAD CON EL ORDENAMIENTO JURÍDICO DE TODA CONDUCTA ADMINISTRATIVA QUE NO SE AJUSTE A LA SENTENCIA Y SU IMPUGNACIÓN EN FASE DE EJECUCIÓN

El numeral 175 CPCA, en su párrafo primero, califica contraria al ordenamiento jurídico cualquier conducta administrativa que no se ajuste a lo establecido en la sentencia firme. Lo novedoso de la norma es su párrafo 2° que habilita a la parte ejecutante para requerirle al juez ejecutor, en la fase de ejecución, que declare su nulidad, sin necesidad de incoar un nuevo proceso. Es una norma congruente con ciertos principios de relevancia como la celeridad y economía procesales y la justicia pronta.

XXIX. REITERACIÓN DE LA CONDUCTA ADMINISTRATIVA ILEGÍTIMA EN CONTRA DE UNA CONDENATORIA

Por razones de economía procesal, el artículo 177 CPCA dispone que, en caso que la administración pública condenada por sentencia firme, reitere la conducta administrativa declarada ilegítima, estando en curso la ejecución, podrá impugnarse, en esa fase, la reiteración y obtener su anulación. En caso de haber concluido el proceso de ejecución, sumariamente y en el mismo expediente, podrá gestionarse, en cualquier momento, la ilegitimidad de su conducta.

XXX. PROCESO DE EXTENSIÓN Y ADAPTACIÓN DE LA JURISPRUDENCIA A TERCEROS

Para que proceda la extensión y adaptación de la jurisprudencia a terceros (artículo 185 párrafo 1°), es preciso la existencia, al menos, de 2 fallos de casación –de la Sala Primera o del Tribunal de Casación- que hayan reconocido una situación jurídica sustancial a los sujetos que fueron parte de esos procesos, siempre que exista identidad de objeto y causa, entre la pretensión de los procesos ya fallados y el que está en trámite.

El CPCA (artículo 185, párrafo 2) prevé que la solicitud de extensión y adaptación se haga en la propia vía administrativa, en cuyo caso la solicitud se dirige a la propia administración pública activa demandada, en escrito razonado y con copia de la jurisprudencia, dentro del plazo de 1 año a partir de la firmeza del segundo fallo. Si la administración activa no resuelve la solicitud en el plazo de 15 días hábiles o la desestima expresamente, la parte interesada acudirá directamente ante el Tribunal de Casación o la Sala Primera según corresponda.

El artículo 186 prevé la solicitud formulada en la sede jurisdiccional –ante el Tribunal de Casación o la Sala Primera de la Corte Suprema de Justicia-, en cuyo caso si el órgano jurisdiccional la estima procedente emite resolución ordenando la extensión y adaptación de los efectos de los fallos y se hará efectiva a través del proceso de ejecución de sentencia.

CHILE

§7. LA JUSTICIA ADMINISTRATIVA EN EL DERECHO CHILENO

Juan Carlos Ferrada Bórquez

I. INTRODUCCIÓN

La justicia administrativa o la jurisdicción contencioso-administrativa, como gustan decir los de la península, es una materia que presenta características peculiares en el derecho chileno, producto de una construcción fragmentada, asistemática e incoherente, la que ha sido formulada tradicionalmente sobre patrones doctrinarios decimonónicos, pero luego unido a nuevas formulaciones contemporáneas de inspiración anglosajona[1]. Esto da lugar a un sistema complejo y confuso, de una gran variedad de procesos contenciosos administrativos generales y especiales, con características muy disímiles, en que se mezclan requisitos y elementos de procesos judiciales propiamente tales, con procedimientos administrativos impugnatorios de primer nivel, contra cuya resolución precisamente se abre la vía judicial.

Lo anterior nos pone –parafraseando a Cruz Villalón[2]-, ante la difícil tarea de describir y explicar a un jurista extranjero, los difíciles contornos de la justicia administrativa chilena, tarea que tiene un gran riesgo, atendida la dispersión y confusión imperante. Sin embargo este trabajo pareciera necesario abordarse, aún cuando la arbitrariedad de los criterios y conceptos utilizados sean controvertidos y discutidos por la doctrina.

---

[1] Ferrada Bórquez, JC., "Los principios estructurales del Derecho Administrativo chileno: un análisis comparativo", en *Revista de Derecho,* Universidad de Concepción, N° 221-222, año LXXV, 2007, p. 129.

[2] Cruz villalón, P. *La curiosidad del jurista persa y otros estudios sobre Constitución,* Ed. Centro de Estudios Políticos y Constitucionales, 2° edición, Madrid, 2007.

Un primer paso en este sentido será un intento de elaboración de una visión sinóptica de esta materia, que sirva de referencia a trabajos posteriores más profundos sobre el tema, en el que tomando algunas de las cuestiones descriptivamente planteadas, analice las cuestiones problemáticas presentadas aquí sucintamente.

En este contexto, este trabajo se estructura en tres apartados. El primero aborda el estudio de los antecedentes generales de la justicia administrativa en Chile, tratando de reconstruir históricamente la formación de ésta hasta 1989, fecha de su reformulación actual, al menos en las cuestiones capitales. A continuación, en un segundo apartado se revisan los tribunales especiales y ordinarios dispuestos en el ordenamiento jurídico chileno para conocer de los asuntos contenciosos administrativos. En fin, en el tercer apartado, se analizan brevemente los procesos especiales y generales a través de los cuales se desarrolla esta justicia administrativa, dando una visión panorámica en la materia. Finalmente se formulan algunas conclusiones sustentadas en lo analizado previamente.

II. ANTECEDENTES GENERALES DE LA JUSTICIA ADMINISTRATIVA EN CHILE

1. *La difícil construcción del contencioso administrativo en Chile*

A. *Los orígenes del contencioso administrativo en el siglo XIX*

El contencioso administrativo en el Chile republicano surge muy de la mano del sistema francés. La Constitución de 1823 primero[3] y la Carta de 1833 después[4], siguiendo muy probablemente las constituciones francesas de fines del XVIII y principios del XIX, establecieron un Consejo de Estado, como órgano consultivo del Gobierno, aunque con algunas facultades jurisdiccionales relevantes en ciertas materias[5]. Así, en virtud de las atribuciones establecidas para el Consejo de Estado, en los numerales 4 y 7 del art. 104 de esta última Carta[6], éste conoció y resolvió algunas

---

[3]   El art. 28 de la Constitución de 1822 creó un Consejo de Estado como órgano consultivo del Director Supremo, el que tenía amplias atribuciones en diversas materias administrativas. Este Consejo estaba dividido en siete secciones, una de las cuales era la de "gobierno interior, justicia, legislación y elecciones" (art.32).

[4]   Cierto es que la Constitución de 1828 suprimió este órgano y encomendó el conocimiento de estos asuntos a los tribunales superiores de justicia, pero ello parece ser más una excepción puntual en nuestro ordenamiento que una regla en el siglo XIX, la que en todo caso tuvo escasa vigencia temporal. Ver, en este sentido, Varas, G., *Derecho Administrativo*, Ed. Nascimento, Madrid, 1940, pp. 379-340 y Roldán, A., *Elementos de Derecho Constitucional*, Imprenta, Litografía i Encuadernación Barcelona, Santiago de Chile, 1913, p. 452-456.

[5]   V., por todos, Prado, S., *Principios elementales de Derecho Administrativo*, Imprenta Nacional, Santiago de Chile, 1859, p. 309 y ss.; Lastarria, J.V., *Estudios Políticos i Constitucionales*, Volúmen I, Imprenta, Litografía i Encuadernación Barcelona, Santiago de Chile, 1906, p.122-123 y Hunneus, J., *La Constitución ante el Congreso*, Imprenta de "Los Tiempos", Santiago de Chile, 1879, p. 239 y ss.

[6]   El art. 104 de la Constitución de 1833 disponía: "Son atribuciones del Consejo de Estado: 4° Conocer en todas las materias de patronato y protección que se redujeren a contenciosas, oyendo el dictamen

controversias jurídicas en que estaba involucrada la Administración del Estado, ya sea como poder inspector o como contratante, según el caso. En este contexto, el propio Lastarria destacará la importancia y centralidad de este órgano administrativo con competencias jurisdiccionales en el ordenamiento jurídico administrativo chileno, atribuyéndole un rol decisivo en la estabilidad del sistema político y en la propia existencia del Derecho Administrativo[7].

Cierto es que algunos autores más modernos cuestionarán este rol clave atribuido al Consejo de Estado bajo la Constitución de 1833, estableciendo una competencia más restrictiva del Consejo de Estado en los asuntos contencioso-administrativos, asignando esta materia, por regla general, a los tribunales ordinarios de justicia[8].

Sin embargo la evidencia empírica parece desmentirlo, ya que si se analizan las normas legales y reglamentarias de la época, así como los propios registros forenses del Consejo, se confirma el carácter amplio y general que tenía esta atribución jurisdiccional del Consejo en esta materia[9]. Lo anterior es, evidentemente, sin perjuicio de la competencia que tenían los tribunales ordinarios en los conflictos derivados de la responsabilidad patrimonial del Estado ("contencioso administrativo reparatorio"), ya que éstos son mirados como asuntos meramente civiles por la doctrina y jurisprudencia de la época, por lo que su competencia era natural.

La interpretación anterior parece confirmarse si se atiende al hecho de que incluso después de la reforma constitucional de 1874, que suprimió la atribución del Consejo de Estado para conocer del denominado "contencioso contractual" (art. 104 N° 7), éste siguió teniendo competencia en estas materias, lo que es criticado fuertemente por los autores liberales de la época[10].

Así en materia municipal, por ejemplo, el reclamo de ilegalidad siguió radicado en el Consejo de Estado[11], lo que confirma su carácter de órgano de justicia administrativa bajo la Constitución de 1833.

B. *La confirmación del modelo de justicia administrativa en la Constitución de 1925 y su inaplicación*

Si bien la Constitución de 1925 suprimió definitivamente el Consejo de Estado del ordenamiento jurídico chileno, el modelo de justicia administrativa no cambió radicalmente, ya que mantuvo, teóricamente, una separación entre la justicia administrativa y la justicia ordinaria radicada en los tribunales ordinarios de justicia. En efecto,

---

del Tribunal superior de justicia que señale la ley". Y el numeral 7° de la misma disposición establecía: "Resolver las disputas que se suscitaren sobre contratos o negociaciones celebradas por el Gobierno Supremo y sus agentes".
[7] Lastarria, J.V., *Estudios Políticos i Constitucionales, ob.cit.*, pp. 121-124.
[8] Soto Kloss, E., "Lo contencioso administrativo y los tribunales ordinarios de justicia", *Revista de Derecho Público*, Vol. I, N° 21-22, 1977, pp. 233-235.
[9] En este punto recomiendo la memoria de prueba de Cárdenas Galli, D., *El Consejo de Estado como tribunal contencioso-administrativo bajo la vigencia de la Constitución de 1833*, Facultad de Ciencias Jurídicas y Sociales, Universidad Austral de Chile, Valdivia, 2004.
[10] *V.*, por todos, y Hunneus, J., *La Constitución ante el Congreso, ob. cit.*, p. 226 y ss.
[11] *V.*, en este sentido, Varas, G., *Derecho Administrativo, ob.cit.*, p. 380.

la Carta de 1925, probablemente también por influencia del derecho francés, dispuso la creación de los denominados "Tribunales Administrativos"[12], los que estarían facultados para resolver las controversias entre los particulares y la Administración del Estado, sin perjuicio de que algunas materias sean entregadas a tribunales especiales u órganos administrativos especializados.

No obstante, esta disposición constitucional no pasó de ser una norma programática, que nunca tuvo desarrollo legislativo, lo que implicó en la práctica la inexistencia de los tribunales administrativos especializados en el derecho chileno[13].

Ello llevó a un gran vacío en la construcción de un sistema de justicia administrativa eficaz, ya que a la ausencia de justicia especializada, se añadió una interpretación restrictiva y excluyente de la competencia de los tribunales ordinarios de justicia para conocer de estas materias.

En efecto, como la Constitución Política del Estado de 1925 afirmó en forma categórica, como ya se señaló, la existencia de Tribunales Administrativos para la resolución de las reclamaciones de los particulares frente a los actos ilegales o arbitrarios de las autoridades políticas y administrativas, los tribunales ordinarios, con la Corte Suprema a la cabeza, se declararon absolutamente incompetentes para conocer esos asuntos, ya que carecían de norma constitucional o legal que le atribuyera dicha potestad[14].

Este planteamiento jurisprudencial era coherente con lo sostenido por la amplia mayoría de la doctrina nacional de la época, que aplicando estrictamente el principio de separación de poderes, aparentemente siguiendo en ello a la doctrina francesa, llegaba a la misma conclusión[15].

No obstante lo anterior, en algunas materias específicas, los tribunales ordinarios de justicia, por vía indirecta, aplicando normas y procedimientos civiles, ejerció esporádicamente un control contencioso administrativo de ciertos actos de la Administración estatal[16].

---

[12]   El art. 87 de la Constitución de 1925 disponía: "Habrá Tribunales Administrativos, formados con miembros permanentes, para resolver las reclamaciones que se interpongan contra los actos o disposiciones arbitrarias de las autoridades políticas o administrativas y cuyo conocimiento no esté entregado a otros Tribunales por la Constitución o las leyes. Su organización y atribuciones son materia de ley".

[13]   Un buen análisis de este tema, revisando los distintos proyectos legislativos que se presentaron en esa época, en Pantoja Bauzá, R., *La jurisdicción contencioso-administrativo. Decisiones legislativas al año 2001*, Fundación Facultad de Derecho Universidad de Chile, Santiago de Chile, 2001.

[14]   Por todos, ver Sentencia de la Corte Suprema "Sociedad cooperativa de compraventa de transportes colectivos Ltda. (SOCOTRANSCO Ltda.). con Fisco", en *Los Tribunales Contencioso Administrativos. Doctrina, Jurisprudencia, proyectos*, Junta de Gobierno de la República de Chile, Santiago de Chile, 1982, pp. 215-222 y "Cabezas con Fisco", en *Revista de Derecho y Jurisprudencia*, T. LXXVIII, Nº 2, segunda parte, sección quinta, mayo-agosto 1981, p. 125-126.

[15]   Ver, por todos, Silva Cimma, E., *Derecho Administrativo chileno y comparado. El control público*, Editorial Jurídica de Chile, Santiago de Chile, 1994, p. 191.

[16]   Ver, Ferrada, JC., "El Recurso de Protección como mecanismo de control contencioso administrativo", en *La Justicia Administrativa*, Lexis Nexis, Santiago de Chile, 2005, p. 136-137.

En este sentido fue particularmente relevante la posición adoptada por la Corte Suprema desde fines de los años 60, en que a partir de la protección de derechos de contenido patrimonial inaplicó tácitamente actos o disposiciones administrativas que aparentemente pugnaban con la Constitución, pero sin declararlas nulas[17].

Esta posición fue respaldada por un sector de la doctrina, que en la década del 70 se pronunció favorablemente a la competencia parcial de los tribunales ordinarios para conocer de asuntos administrativos, pero sin que ello implique un reconocimiento de un contencioso anulatorio en la jurisdicción ordinaria, sino uno declarativo de derechos de los particulares o de condena pecuniaria contra la Administración[18].

A lo antes expuesto debe sumarse la actividad de control desempeñada por los propios órganos administrativos en procedimientos especiales establecidos expresamente, los que pese a que se les consideraban jurisdiccionales, tenían un carácter más bien *cuasi jurisdiccional*[19] .

Ello es evidente si se considera que se trataba de autoridades u órganos situados dentro de la propia Administración estatal que, por la vía de reposición o jerárquica, revisaban las decisiones administrativas, disponiendo su modificación o anulación, en su caso. Como se puede observar, se trataba de un control administrativo interno, pero que el ordenamiento jurídico chileno le reconocía impropiamente un carácter jurisdiccional, atendido la naturaleza contenciosa de los conflictos que se resolvían en dichas instancias.

Lo mismo ocurría con la Contraloría General de la República, órgano autónomo inserto dentro de la propia Administración del Estado, la que en virtud de su función general de control de legalidad de los actos administrativos[20] conoció y resolvió diversos contenciosos planteados por los particulares, aunque sin tener las potestades jurisdiccionales para ello.

En este sentido, la Contraloría General de la República, se transformó imperceptiblemente de un órgano administrativo de control de la legalidad del gasto público, a un órgano administrativo resolutor de contenciosos entre los particulares y la Administración, pero sin tener las condiciones, características y efectos de propios de una actividad judicial[21].

---

[17] *V.,* en este sentido, Sentencia de la Corte Suprema "Juez de Letras de Melipilla con Presidente de la República", en *Revista de Derecho y Jurisprudencia,* T. LXIV, sección primera, p. 109.

[18] *V.,* en este sentido, Pierry, p., "Notas en torno a la competencia de los tribunales ordinarios para conocer de la actividad administrativa", en *Revista de Derecho,* Universidad Católica de Valparaíso, Vol. III, 1979, p. 164 y ss.

[19] *V.,* por todos, Iribarren, JA., *Lecciones de Derecho Administrativo,* Ed. Nascimento, Santiago de Chile, 1936, p. 55 y ss.

[20] Esta función deriva directamente de la Ley Orgánica de la Contraloría General de la República, sin que aparezca mencionada, sin embargo, dentro de las atribuciones establecidas en el art. 21 de la Constitución de 1925, añadido por la reforma introducida por la Ley N° 7727 de 1943.

[21] *V.,* en este sentido, Aldunate, E., "La evolución de la función de control de la Contraloría General de la República", en *Revista de Derecho,* Pontificia Universidad Católica de Valparaíso, Vol. XXVI, 2005, p.19-29 y Cordero, L., "La jurisprudencia administrativa en perspectiva: entre legislador positivo y juez activista", en *Anuario de Derecho Público,* 2010, Ed. Universidad Diego Portales, p. 179-181.

C. *La configuración de un modelo de justicia administrativa no especializada en el derecho chileno*

La situación descrita anteriormente empieza a variar a principios de la década del '70, en que producto del conflicto político entre el Gobierno del Presidente Allende y los propietarios de empresas y tierras agrícolas, se producirán controversias jurídicas que terminarán en los tribunales de justicia, conociendo éstos de impugnaciones de los particulares a los actos expropiatorios, requisitorios y de intervención administrativa decretados por el Gobierno. Frente a esto la resolución ordinaria de los tribunales ordinarios había sido la declaración de incompetencia para conocer de dichos asuntos.

Sin embargo la Corte Suprema cambia radicalmente de posición, declarándose plenamente competente para conocer de estas controversias ante la ausencia de tribunales administrativos.

En esta nueva postura es clave el discurso de inauguración del año judicial de marzo de 1973 del Presidente de la Corte Suprema Enrique Urrutia Manzano, en el que fijando un nuevo criterio interpretativo de los tribunales en esta materia, dio una señal inequívoca a todos los jueces del cambio jurisprudencial impulsado[22]. Ello tuvo su confirmación plena en algunas sentencias dictadas por la Corte Suprema algunos años más tarde, ya en plena dictadura militar, en que asumiendo la plena competencia de los tribunales ordinarios, declaró la nulidad de actos administrativos dictados por el Gobierno del Presidente Allende algunos años antes[23].

Esta nueva interpretación de la competencia de los tribunales de justicia en esta materia se vio complementada en la misma época (1976) con la formulación teórica de la denominada "acción de nulidad de derecho público", construcción doctrinal realizada, como ya se verá más adelante, a partir de la Constitución –especialmente art. 4º de la Carta de 1925, hoy art. 7º de la Constitución de 1980- y que da lugar a un procedimiento ordinario y común de impugnación de los actos administrativos[24].

Ahora bien, lo anterior, sin embargo, no fue un criterio constante y uniforme de nuestros tribunales, ya que posteriormente se dictaron algunos fallos que vuelven al criterio mayoritario sostenido hasta 1973, declarándose incompetente estos mismos tribunales ordinarios para conocer de los asuntos administrativos[25]. Asimismo, la misma Corte Suprema retomó también la tesis de la inaplicabilidad particular del acto administrativo (pero sin declarar la nulidad del mismo), protegiendo derechos

---

[22]   "Memoria. Leída por el Presidente de la Excma. Corte Suprema en la sesión inaugural del año 1973", en *Revista de Derecho y Jurisprudencia, T. LXX,* 1973, p. XII y XIII.

[23]   Por todas, Sentencias de la Corte Suprema "Undurraga con Corporación de la Reforma Agraria (CORA)", en *Revista de Derecho Público,* Nº 21-22, 1977, p. 233-235 y "Rosales con Colegio de Constructores Civiles", en *Revista de Derecho y Jurisprudencia,* T. LXXV, segunda parte, sección quinta, enero-junio 1978, p. 167-169.

[24]   V., por todos, Soto, E. *Derecho Administrativo,* T. II. El principio de juridicidad, Ed. Jurídica de Chile, Santiago de Chile, p. 163 y ss.

[25]   Por todas, Sentencia de la Corte Suprema "Cabezas con Fisco", en *Revista de Derecho y Jurisprudencia,* T. LXXVIII, Nº2, segunda parte, sección quinta, mayo-agosto 1981, p. 125-126.

de particulares afectados por el acto ilegal[26]. Ello da cuenta de la poca consistencia del criterio adoptado por el máximo tribunal, sin duda impulsado por la contingencia política, así como de las dudas persistentes de la doctrina y la jurisprudencia con el nuevo criterio adoptado.

Lo anterior trata de resolverlo definitivamente la Constitución de 1980 en que, no obstante persistir en la tesis tradicional traída desde la Constitución de 1925 - creación de tribunales administrativos especializados-, la fórmula normativa empleada es menos programática que su antecedente y construida esta vez como un derecho de los particulares para acudir ante los tribunales contencioso administrativos que determine la ley[27]. Ello se justifica además en la probable inmediata aprobación que tendría el proyecto de ley que creaba estos tribunales a la fecha de elaboración de la Constitución. Sin embargo la esperada ley de la jurisdicción administrativa no se dictó como estaba previsto, lo que volvió a generar, a mediados de los '80, la controversia doctrinal acerca de la competencia de los tribunales ordinarios para conocer de estas materias. Algunos autores sostuvieron que la nueva Carta de 1980 no innovaba mayormente en esta materia, por lo que los tribunales ordinarios seguían siendo incompetentes, especialmente del denominado contencioso anulatorio[28]. No obstante otros, siguiendo muy de cerca la discusión generada en el seno de la comisión redactora de la nueva Constitución, señalaron que la norma constitucional (art. 38 ya citado) que otorgaba competencia a los tribunales contencioso administrativos en esta materia, debía interpretarse sin perjuicio de la competencia residual que tenían los tribunales ordinarios de justicia. Ello en virtud de la atribución general que ostentaban éstos para conocer de las "causas civiles" (como incluyente de todas las materias no criminales) y del principio de inexcusabilidad reconocido ahora en la misma Constitución (art. 73, párrafos 1° y 2°)[29].

En este contexto, la Corte Suprema, a fines de la década de los '80, dictó una conocida sentencia que declaró la incompetencia de los tribunales ordinarios para conocer de los asuntos administrativos, retomando la jurisprudencia tradicional seguida bajo la Carta de 1925[30]. Ello motivó una rápida respuesta de la doctrina que im-

---

[26]   Pierry, P., "Notas en torno a la competencia de los tribunales ordinarios para conocer la actividad administrativa", *ob.cit.*, p. 161 y ss.

[27]   El art. 38, párrafo 2°, de la Constitución de 1980 disponía en su texto original lo siguiente: "Cualquier persona que sea lesionada en sus derechos por la Administración del Estado, de sus organismos o de las municipalidades, podrá reclamar ante los tribunales contencioso administrativos que determine la ley, sin perjuicio de la responsabilidad que pudiere afectar al funcionario que hubiere causado el daño".

[28]   Por todos, Silva Cimma, E., *Derecho Administrativo chileno y comparado,* ob. *cit.*, p. 192 y Aylwin, A. "Efectos de la reforma del art. 38, inciso 2°, de la Constitución Política sobre el régimen de lo contencioso administrativo", en *Cuadernos de Análisis Jurídico, N° 13: La reforma constitucional de 1989. Estudio crítico,* Universidad Diego Portales, p. 46.

[29]   Ver, por todos, Caldera Delgado, H. "Competencia de los tribunales ordinarios sobre los actos y omisiones de los órganos de la Administración del Estado", en *Gaceta Jurídica,* N° 52, 1984, p. 16 y ss.

[30]   Recuérdese la famosa Sentencia de la Excma. Corte Suprema "Parra Acuña con I. Municipalidad de Temuco", que desencadenó la reforma constitucional al art.38 de la Constitución Política de la República, al volver a la teoría de la incompetencia de los tribunales ordinarios de justicia para conocer de los asuntos contencioso-administrativos. Ver, Aróstica, I., "Estado de Derecho y nulidad de derecho público", en *20 años de la Constitución chilena 1981-2001,* Universidad Finis Terrea, Ed. Conosur, Santiago de Chile, 2001, p. 131.

pulsó, en el marco de las reformas políticas de 1989[31], la incorporación de una disposición que modificaba los art. 38, párrafo 2°, y 79 de la Constitución, suprimiendo toda referencia a los "tribunales contencioso administrativos". Así, a partir de ese momento, la regla constitucional pasaba a ser que los asuntos administrativos quedaban bajo la competencia de los "tribunales que determine la ley", lo que se transforma en la cláusula general de acceso a la jurisdicción para todos los particulares frente a las actuaciones ilegales de la Administración del Estado[32].

Esto, evidentemente, significa un cambio de signo en el modelo de justicia administrativa en nuestro país, ya que por primera vez, normativamente al menos, el ordenamiento jurídico chileno hace una opción por una justicia no especializada en materia administrativa, aún cuando considera ésta para aquellos casos en que el legislador expresamente lo establezca. En efecto, como la nueva cláusula constitucional establece que los particulares, ante la lesión de derechos por la Administración del Estado, "podrá reclamar ante los tribunales que determine la ley", abre las opciones legislativas a la existencia de jurisdicciones especializadas generales o particulares o la jurisdicción ordinaria, en forma residual y general.

III. LOS TRIBUNALES ADMINISTRATIVOS EN EL DERECHO CHILENO

1. El sistema dual o mixto de justicia administrativa: el "tribunal que determina la ley"

Como ya se expuso, a partir de la reforma de 1989, ya no existe controversia acerca de la competencia general y residual de los tribunales ordinarios de justicia para conocer de los denominados "asuntos contenciosos administrativos", incluyendo bajo esta nomenclatura al contencioso anulatorio.

Así, a partir de la cláusula constitucional establecida en el art. 38 de la Carta, que señala que conocen de las reclamaciones presentadas por los particulares contra actos lesivos de la Administración del Estado "los tribunales que determine la ley", la doctrina chilena asigna una competencia general y residual a los tribunales ordinarios de justicia para conocer de esta materia, sin perjuicio, como ya se señaló, de la competencia de los tribunales especiales para conocer de los asuntos entregados específicamente por el legislador a éstos.

En este contexto, es posible sostener que, en la actualidad, en el ordenamiento jurídico chileno existe un sistema mixto de justicia administrativa en el que conviven tribunales especiales y ordinarios para el juzgamiento de los asuntos administrativos, lo que depende de las regulaciones dispuestas por el legislador en cada caso. Así, junto a tribunales especiales como el Tribunal de Contratación Pública (Ley N° 19886) y los Tribunales Tributarios y Aduaneros (Ley N° 20322), que conocen de ciertos contenciosos especiales, existe una amplia cantidad de procedimientos espe-

---

[31] Sobre el contenido y el análisis de estas reformas, ver Andrade, Geywitz, C., *Reforma de la Constitución Política de la República de Chile de 1980*, Ed. Jurídica de Chile, Santiago de Chile, 1991.
[32] Aróstica, I., "Estado de derecho y nulidad de derecho público", ob.*cit.*, p. 130 y ss.

ciales y generales entregados al conocimiento de los tribunales ordinarios de justicia, radicados, como se verá más adelante, en juzgados de letras civiles de primera instancia, Cortes de Apelaciones y aún en la propia Corte Suprema, según el caso.

En suma, el conocimiento de los asuntos administrativos está atribuido, a partir de 1989, sin ninguna duda, a los tribunales especiales dispuestos por el legislador expresamente en cada caso y, a falta de previsión legal expresa, o por expresa disposición legal en otros, a los tribunales ordinarios. De esta forma, en el derecho chileno, las controversias entre un particular y un órgano de la Administración del Estado, o entre dos órganos de la Administración, no carecen de tribunal competente, haciendo efectivo, de este modo, el derecho fundamental de las personas al acceso a la jurisdicción o a la tutela judicial, que establece en general el art. 19 N° 3 de la Constitución y, de forma más específica para los asuntos administrativos, el art. 38 de la misma Carta[33].

2. *Los tribunales especiales de justicia administrativa*

A. *Los tribunales administrativos especiales propiamente tales*

Como ya se expuso, en el ordenamiento jurídico chileno existen una serie de tribunales especiales competentes para conocer de las reclamaciones o impugnaciones a la legalidad de un acto de la Administración del Estado en ciertos ámbitos específicos. Así se contempla la existencia de tribunales especiales, dentro o fuera del Poder Judicial, para conocer de los asuntos administrativos, dependiendo de la materia específica de que trata el acto u omisión impugnada.

Ejemplo de los primeros –tribunales dentro del Poder judicial- son los Juzgados de Letras del Trabajo que, de acuerdo a lo establecido en el art. 5° del Código Orgánico de Tribunales y art. 417 del Código del Trabajo, son tribunales especiales, con conocimiento de ciertas materias, pero integrantes del Poder Judicial.

Éstos son tribunales especiales en materia administrativa, en la medida que son competentes para conocer de los reclamos que presenten las asociaciones de funcionarios y las empresas u organismos técnicos por los actos administrativos dictados por la Inspección del Trabajo o el Servicio Nacional de Capacitación y Empleo (SENCE), respectivamente, en las materias específicas que establecen las normas legales pertinentes (art. 10 de la Ley N° 19296 sobre asociaciones de funcionarios de la Administración del Estado y 75 de la Ley N° 19518 que fija nuevo estatuto de capacitación y empleo).

Por otro lado, fuera del Poder Judicial, también con competencia contencioso administrativa especial, existen tribunales especiales para el conocimiento de ciertos asuntos contencioso administrativos, como el Tribunal de Contratación Pública (Ley N° 19886 sobre bases de contratos de suministro), los Tribunales Tributarios y Aduaneros (Ley N° 20322 que perfecciona la Jurisdicción Tributaria), el Tribunal de

---

[33]   Sobre la vigencia de este derecho en el ordenamiento jurídico chileno, ver Ferrada Bórquez, J.C., y Bordalí Salamanca, A. "La tutela judicial del ciudadano frente a la Administración del Estado", en *Estudios de Justicia Administrativa*, Lexis Nexis, Santiago de Chile, 2008, pp. 137-158.

Propiedad Industrial (DFL 3/2006 del Ministerio de Economía, que fija texto de la Ley de Propiedad Industrial) y el Tribunal de Defensa de la Libre Competencia (DFL N° 1/2005 del Ministerio de Economía, que fija texto del Decreto Ley N° 211, Ley Antimonopolios).

Estos Tribunales tienen en común que son tribunales especiales, ajenos al Poder Judicial, como ya se señaló, pero sometidos directa o indirectamente a la Superintendencia de la Corte Suprema. Su competencia contencioso administrativa es acotada y se relaciona estrictamente con las materias específicas que regulan las leyes especiales en que están insertos, conociendo de las reclamaciones e impugnaciones de actos dictados por un órgano de la Administración del Estado, estando facultado para anular o dejar sin efecto el acto, y aún, en ciertos casos, disponer otras medidas complementarias que otorguen debida protección y reparación al afectado.

Así, en el caso del Tribunal de Contratación Pública, éste conoce de las impugnaciones de actos u omisiones ilegales o arbitrarios, ocurridos en los procedimientos administrativos de contratación de bienes muebles o servicios con organismos públicos, cubriendo desde el trámite de aprobación de las bases de licitación hasta la adjudicación formal del contrato, ambas inclusive (art. 24 de la Ley N° 19886). En este sentido, este Tribunal es exclusivamente competente del contencioso contractual de bienes muebles y servicios, quedando sometidos al mismo las reclamaciones e impugnaciones hechas valer por los particulares en esta materia.

Asimismo, en materia contencioso tributaria, los Tribunales Tributarios y Aduaneros (art. 1° de la Ley N° 20322) conocen de las reclamaciones e impugnaciones que realizan los particulares a los actos que dicta la Administración tributaria (Servicio de Impuestos Internos), configurándose en una jurisdicción especializada para el conocimiento de los contenciosos administrativos en esta materia.

Por otro lado, el Tribunal de Propiedad Industrial es un tribunal especial que conoce de las resoluciones que dicta el Jefe del Departamento de Propiedad Industrial (art. 17 bis B y C del DFL 3/2006), constituyéndose en una instancia de revisión de las actuaciones de este órgano administrativo, con competencia específica para resolver las controversias en esta materia.

Por último, el Tribunal de Defensa de la Libre Competencia, es un tribunal especial que conoce de diversas cuestiones relacionadas con la libre competencia, incluyendo actuaciones de órganos de la Administración del Estado que pudieran afectar los derechos de los particulares en esta materia (art. 18 N° 1 del DFL 1/2005). En este sentido, el Tribunal de Defensa de la Libre Competencia es también, potencialmente –aunque no exclusivamente-, un tribunal contencioso administrativo, en la medida que puede conocer de actos materiales o jurídicos de órganos de la Administración estatal que afecta o lesiona derechos de particulares relacionados con el bien jurídico que protege esta ley especial.

Ahora bien, como ya se señaló, estos tribunales están configurados como órganos independientes del Poder Judicial, con miembros temporales nombrados especialmente para estos efectos por el Presidente de la República, previa propuesta de la Corte Suprema o Corte de Apelaciones, y con intervención previa, en su caso, del

Consejo de Alta Dirección Pública[34] o intervención directa del Banco Central[35]. Estos procedimientos de nombramiento precisamente estar destinados a otorgar mayor independencia a estos tribunales del Gobierno, ya que no tendría éste atribución para su designación directa, lo que cumpliría, en principio, con las exigencias de independencia e imparcialidad exigidos doctrinalmente para todo tribunal.

Como se puede observar de estos ejemplos, el legislador chileno ha establecido tribunales especiales de conformación peculiar para el conocimiento de asuntos administrativos –tendencia que se ha acentuado en la última década-, todos los cuales están relacionados con actividades administrativas de contenido económico, privilegiándose así en estos casos un sistema expedito y eficiente de resolución de conflictos con la Administración del Estado, al margen de la jurisdicción ordinaria. Esto da lugar a una jurisdicción contencioso administrativa que podríamos denominar de "alfombra roja", en comparación a la jurisdicción ordinaria, lo que presenta algunos inconvenientes en esta materia.

B. *Los órganos administrativos con "facultades jurisdiccionales"*

Sin perjuicio de lo anterior, en el derecho chileno también existen un conjunto de órganos que integran la propia Administración del Estado y que desarrollan, según la terminología de la doctrina nacional, "funciones jurisdiccionales", en ámbitos específicos de la actividad administrativa. Así, el legislador establece como "tribunales de primera instancia" –y los denomina así en muchos casos o los concibe así al menos- a jefes superiores de servicio o unidades administrativas, para que resuelva las controversias jurídicas generadas entre ese mismo órgano de la Administración estatal y un particular, considerando la resolución emitida, para todos los efectos legales, como una sentencia de primera instancia.

Este sería el caso del Ministro de Transporte y Telecomunicaciones (art. 36 A de la Ley General de Telecomunicaciones), el Jefe del Departamento de Propiedad Industrial (art. 4 y ss. del DFL 1/2006), el Director Regional del Servicio de Impuestos Internos (art. 115 del Código Tributario) y la Junta General de Aduanas (art. 29 del DFL 30/1994, del Ministerio de Hacienda, que fija el texto de la Ordenanza General de Aduanas) -en las regiones donde aún no entrado en vigencia la reforma establecida por la Ley N° 20322-, y el Consejo Nacional de Televisión (art. 34 de la Ley N° 18838). También podría incorporarse en este grupo al Subcontralor General de la República, por la actividad jurisdiccional desplegada a través del Tribunal de Cuentas (art. 107 y ss. de la Ley Orgánica de la Contraloría General de la República),

---

[34]   En el caso de los miembros del Tribunal de Contratación Pública y el Tribunal de Propiedad Industrial, la designación de sus miembros corresponde al Presidente de la República, de una terna propuesta por la Corte Suprema (art. 22 de la Ley N° 19886 y 17 bis C del DFL 1/2006). Por su parte, en el caso de los jueces de los Tribunales Tributarios y Aduaneros, éstos también son nombrados por el Presidente de la República, pero esta vez de una terna confeccionada por las Cortes de Apelaciones respectivas, sobre la base de una propuesta del Consejo de Alta Dirección Pública (art. 5° de la Ley 20322).

[35]   En el caso del Tribunal de Defensa de la Libre Competencia, la ley establece un sistema complejo de nombramiento en que interviene el Presidente de la República y el Banco Central de Chile, alternativa o complementariamente (art. 6° DFL 1/2005).

aunque en este último caso esta actividad tiene una cobertura especial en el texto constitucional, lo que hace más consistente la actividad jurisdiccional desplegada (art. 98 de la Constitución Política de la República)[36].

En todos estos casos, el legislador denomina directamente a estos órganos como tribunales, cuyas resoluciones son apelables, por regla general, ante las Cortes de Apelaciones respectiva[37] o ante el Tribunal Especial que dispone la ley en cada caso[38]. Ello lleva a un complejo problema de delimitación orgánica de la función jurisdiccional, ya que el ordenamiento jurídico chileno estaría admitiendo el ejercicio de esta función en "tribunales" que carecen de la independencia e imparcialidad necesarias, en la medida que están directa o indirectamente vinculadas al Gobierno o suponen la revisión por la misma Administración de una decisión dictada por la misma autoridad contra la cual se reclama. Así, el carácter de juez y parte –al menos en la primera fase de la controversia jurídica- parece evidente, lo que supondría, aparentemente, una vulneración al derecho fundamental al acceso a la jurisdicción que reconoce la propia Constitución (art. 19 N° 3 y 38).

Sin embargo, la situación se vuelva más compleja aún tratándose de los órganos que sin ser tribunales o denominados así, ejercen funciones resolutivas o de "adjudicación" -en la terminología anglosajona- en el derecho administrativo chileno, las que la doctrina mayoritaria ha calificado tradicionalmente de "funciones jurisdiccionales". En efecto, si asumimos esta doctrina, es evidente que el término "órganos que ejercen jurisdicción", para estos autores[39], son todos aquellos que dictan actos o resoluciones "que afectan derechos de las personas" o "susceptibles de afectar situaciones, intereses y derechos de las personas", independientemente de su carácter de órgano administrativo o de tribunal que ostenta el órgano emisor del acto.

La afirmación anterior tendría fundamento, aparentemente, en la propia historia fidedigna de la norma constitucional que le da cobertura, ya que al discutirse el derecho a un proceso racional o justo –o "debido proceso" en su nomenclatura más utilizada en el derecho comparado-, como derecho fundamental reconocido a todas las personas, se señaló por alguno de los miembros de la comisión redactora que dicha exigencia es predicable de cualquier "órgano que ejerce jurisdicción", incluyendo bajo esta denominación a cualquier órgano que resuelve una controversia en

---

[36]   El art. 98 de la Constitución al enumerar las funciones de la Contraloría General de la República señala la de "examinar y juzgar las cuentas de las personas que tengan a su cargo bienes de esas entidades", configurando directamente una jurisdicción especializada distinta a la establecida en el Capítulo VI para el Poder Judicial.

[37]   Este sería el caso de la resolución adoptada por el Director Regional del Servicio de Impuestos Internos (art. 120 del Código Tributario) o en el caso del Consejo Nacional de Televisión y el Ministro de Transporte y Telecomunicaciones, aunque en estos últimos casos la resolución es apelable ante la Corte de Apelaciones de Santiago, específicamente (art. 27 de la Ley N° 18838 y 36 A de la Ley General de Telecomunicaciones).

[38]   En este caso se encuentran las resoluciones del Jefe del Departamento de Propiedad Industrial, cuya resolución se apela ante el Tribunal de Propiedad Industrial (art. 17 bis B del DFL 1/2006) o del Subcontralor de la Contraloría General de la República, actuando como Tribunal de Primera Instancia en esta materia (art. 119 de la Ley Orgánica de la Contraloría General de la República).

[39]   V., por todos, Evans de la Cuadra, E. *Los derechos constitucionales*, Tomo II, Ed. Jurídica de Chile, Santiago de Chile, 3° edición, Santiago de Chile, p. 144 y Zapata Larraín, P., *Justicia Constitucional. Teoría y práctica en el derecho chileno*, Ed. Jurídica de Chile, Santiago de Chile, 2008, p. 570.

el orden temporal, sean tribunales ordinarios, especiales, arbitrales, la Contraloría General de la República o el Servicio de Impuestos Internos[40]. Así, por ejemplo, en los términos de esta doctrina, en el ámbito de la Administración del Estado, "el administrador está ejerciendo una función jurisdiccional cuando, por ejemplo, impone sanciones, priva de la administración de bienes a sus dueños, temporal o definitivamente, desconoce el derecho de asociación negando arbitrariamente la personalidad jurídica, etc."[41].

Esta doctrina ha sido acogida entusiastamente por el Tribunal Constitucional, señalando expresamente que el concepto de "órgano que ejerce jurisdicción" se extiende a todos los órganos con potestades resolutivas, atribuyendo a la "función jurisdiccional" un "carácter genérico y omnicomprensivo", lo que incluiría la actividad resolutiva de los órganos que integran la Administración del Estado, en aquellos casos en que resuelvan situaciones jurídicas que afectan a las personas y sus bienes[42].

En este contexto, formarían parte, en principio, de la voz "órganos que ejercen jurisdicción", en la medida que ejercen funciones resolutivas y adjudican derechos, el Servicio Nacional del Consumidor (art. 58 letra f de la Ley N° 19496), el Servicio Agrícola y Ganadero (art. 11 y ss. de la Ley N° 18755), la Dirección General de Aguas (art. 130 y ss. del Código de Aguas), la Superintendencia de Salud (art. 110 y 113 del Decreto con Fuerza de Ley N° 1/2005, del Ministerio de Salud), los alcaldes de cada una de las comunas del país (art. 141 de la Ley Orgánica Constitucional de Municipalidades), el Intendente Regional (art. 4° de la Ley N° 18020), el Comité Calificador de Inscripción de Variedades Protegidas (art. 39 a 43 de la Ley N° 19342), la Tesorería General de la República (art. 168 y ss. del Código Tributario), el Ministro de Transporte y Telecomunicaciones (art. 13 A de la Ley General de Telecomunicaciones) y el Presidente de la República (art. 559 del Código Civil), entre otros. Todos estos órganos, como ya se señaló, tendrían atribuidas facultades "jurisdiccionales" –en la terminología de la doctrina y jurisprudencia dominante- en materias de su competencia, lo que se extendería incluso a potestades de arbitraje y sanción.

Ahora bien, es evidente que esta concepción amplia de "tribunal" y/o de "órgano que ejerce jurisdicción" implica una extensión desmesurada del concepto de control judicial de la actividad administrativa, desnaturalizando y debilitando su contenido. En efecto al considerar "tribunales especiales" u "órganos que ejercen jurisdicción" a órganos administrativos que resuelven controversias entre la propia Administración y los particulares, se estaría dando por satisfecha la exigencia constitucional del reconocimiento del derecho de los particulares de reclamar ante "los tribunales que determine la ley", en el caso de lesión de derechos por un órgano de la Administración del Estado (art. 38 de la Constitución), sin que efectivamente éstos accedan a

---

[40] Verdugo Marinkovic, M., Pfeffer urquiaga, e., y Nogueira Alcalá, H. *Derecho Constitucional*, Tomo I, Ed. Jurídica de Chile, Santiago de Chile, 1994, p. 216.
[41] Evans de la Cuadra, E. *Los derechos constitucionales*, Tomo II, *ob.cit*, p. 144.
[42] Sentencia del Tribunal Constitucional, rol 616/2006.

un órgano independiente e imparcial que resuelva esta controversia[43]. Ello vulneraría además el derecho fundamental a la acción o a la tutela judicial reconocido en nuestro derecho (art. 19 N° 3 y 38 de la Constitución), el que según el propio Tribunal Constitucional, consideraría el acceso a un tribunal independiente e imparcial que resuelva la controversia jurídica planteada por un particular[44].

Cierto es que estas regulaciones especiales antes señaladas establecen, por regla general, un procedimiento de apelación ante las Cortes de Apelaciones respectivas que revisa la decisión administrativa, pero este procedimiento ante la Corte tiene el carácter de segunda instancia, revisora de la decisión administrativa previa, y en la que se han establecido de forma más o menos permanente –es decir, sin posibilidad de cuestionamiento posterior- los hechos y las pruebas aportadas por las partes.

En este contexto, es evidente que en el derecho chileno, la doctrina constitucional y administrativa en general confunde los términos de "jurisdicción" y "resolución", atribuyendo el ejercicio de aquella a cualquier órgano que dicte ésta. Ello parece tener alguna conexión con la terminología utilizada por la doctrina publicista anglosajona –aunque ello está en proceso de cambio con las reformas legales de 2005 y 2007 en el derecho inglés[45]-, en que el concepto de "*tribunals*" precisamente se refiere a órganos administrativos resolutores, pero con la diferencia sustancial que éstos –los *tribunals* ingleses- son órganos "cuasi jurisdiccionales", rodeados de ciertas garantías de independencia, con altos estándares de regularidad en el procedimiento administrativo y con un proceso de revisión posterior ante los verdaderos tribunales de justicia (*Courts*)[46].

De este modo, parece claro que en el sistema administrativo chileno no se termina de configurar un modelo coherente de justicia administrativa especializado, ya que junto a una supuesta heterotutela judicial construida sobre la base de tribunales especiales, se conserva un modelo de autotutela administrativa de primera instancia para ciertos casos, el que parece tener sus antecedentes en el modelo gubernativo del antiguo régimen[47] y en el abandonado sistema del ministro-juez del derecho francés[48].

---

[43] Bordalí Salamanca, A. y Ferrada Bórquez JC., *Estudios de Justicia Administrativa, Ed.* Lexis Nexis, Santiago de Chile, 2008, p. 147.

[44] El Tribunal Constitucional ha señalado que "todo juzgamiento debe emanar de un órgano objetivamente independiente y subjetivamente imparcial, elementos esenciales del debido proceso que consagra toda la doctrina procesal contemporánea. Es más, a juicio de este Tribunal, la independencia e imparcialidad del juez no sólo son componentes de todo proceso justo y racional, sino, además, son elementos consubstanciales al concepto mismo de tal". Sentencia del Tribunal Constitucional rol 46/1987.

[45] V., en este sentido, la *Tribunals, Courts and Enforcement Act 2007* y el comentario en esta materia de Le Sueur, A., "Courts, Tribunals, Ombudsmen, ADR: Administrative justice, constitucionalism and informality", en *The Changing Constitution,* Jowell, J and Oliver, D. (Edit.), Oxford University Press, 6° edición, pp. 317-338.

[46] Wade, H.W.R. & Forsyth, CF., *Administrative Law,* Oxford University Press, 9° edición, p. 909 y ss.

[47] García de Enterría, E. y Fernández, T-R., *Curso de Derecho Administrativo,* Tomo I, Civitas, Madrid, 1996, 7° edición, p. 472 y ss.

[48] Vedel, G., *Derecho Administrativo,* Ed. Aguilar, 1980, 1980, p. 373-374.

Ello explica, probablemente, los conflictos constitucionales generados en algunos ámbitos en que nuestros tribunales supremo y constitucional vacilan en la calificación jurisdiccional de estos órganos administrativos y en la aplicación de las normas procesales correspondientes[49].

3. Los tribunales ordinarios como tribunales administrativos

A. La competencia especial y general de los tribunales ordinarios

Como ya se señaló, el art. 38 de la Constitución, al establecer en su párrafo 2° la competencia de los "tribunales que determine la ley" para el conocimiento de los asuntos administrativos, considera también la opción de asignar a los tribunales ordinarios establecidos en el art. 5° del Código Orgánico de Tribunales[50] el conocimiento de estas materias, ya sea por disposición expresa de la ley o como aplicación subsidiaria de su competencia general y residual.

Así los tribunales ordinarios son competentes para conocer los contenciosos administrativos, en el primer caso, por expresa disposición de la ley, en los procedimiento de reclamación por pérdida de nacionalidad (art. 12 de la Constitución Política de la República), impugnación de sanciones administrativas que imponga el Consejo Nacional de Televisión (art. 34 de la Ley N° 18838), impugnación de de las multas que aplique a un particular la Superintendencia de Electricidad y Combustibles (art. 19 de la Ley N° 18410), reclamación por acuerdos ilegales de un Gobierno Regional (art. 108 de la Ley N° 19175), impugnación de rechazo a solicitud de inscripción en registro de iglesias y confesiones religiosas (art. 11 de la Ley N° 19638), impugnación de resolución administrativa de Consejo para la Transparencia (art. 24 de la Ley N° 20285), Recurso de Protección (art. 20 de la Constitución Política de la República), Recurso de Amparo Económico (art. único de la Ley N° 18971), impugnación de acto administrativo de suspensión o cancelación de servicio de transporte público de pasajeros (art. 3° de la Ley N° 18696), rechazo a solicitud de inscripción o anotación de vehículo motorizado en el Servicio del Registro Civil (art. 43 de la Ley N° 18290), impugnación del rechazo del reconocimiento de la calidad de indígena (art. 3° de la Ley N° 19253) y impugnación de acto administrativo de rechazo de autorización para celebrar espectáculos deportivos, entre muchos otros casos. En todos ellos es el legislador el que dispone expresamente la competencia de los tribunales ordinarios para impugnar el acto administrativo específico, disponiendo al efecto el tribunal ordinario específico competente.

---

[49]   V., Ferrada, JC., "Tutela y configuración del derecho fundamental a un juez predeterminado por la ley y potestades administrativas", en *Justicia Constitucional y Derechos Fundamentales*, Ed. Lexis Nexis, Santiago de Chile, 2006, p. 129 y ss.

[50]   El art. 5° del Código Orgánico de Tribunales establece en su párrafo 2° que "Integran el Poder Judicial, como tribunales ordinarios de justicia, la Corte Suprema, las Cortes de Apelaciones, los Presidentes y Ministros de Corte, los tribunales de juicio oral en lo penal, los juzgados de letras y los juzgados de garantía".

Por otro lado, como aplicación de su competencia general y residual, los tribunales ordinarios también son competentes para conocer de los asuntos contenciosos administrativos, por aplicación de la regla amplia de cobertura establecido en el art. 76 de la Constitución Política de la República. En efecto, esta disposición señala que "La facultad de conocer las causas civiles y criminales, de resolverlas y de hacer ejecutar lo juzgado, pertenece exclusivamente a los tribunales establecidos por la ley", siendo estos tribunales, por regla general, los tribunales ordinarios (art. 5° del Código Orgánico de Tribunales).

En este sentido, la competencia del juez ordinario derivaría de los alcances generales que tendría la voz "causas civiles" que utiliza la Constitución para demarcar la competencia de éstos, incluyendo en ellas todos aquellos asuntos no criminales, dentro de los cuales estarían precisamente los contenciosos administrativos[51]. Esta doctrina ha sido confirmada por el Tribunal Constitucional, que ha señalado (Sentencia rol 176/1993) "que dentro del concepto <causas civiles> a que se refiere la disposición preinserta, se deben incluir todas aquellas controversias jurídico administrativas que se pueden suscitar, y que deben resolver autoridades, que si bien no están insertas dentro de los tribunales que regula el Código Orgánico de Tribunales, están ejerciendo jurisdicción y resolviendo cuestiones que afectan los derechos de las personas".

Esta regla residual es la que opera, precisamente, como ya se verá, en el caso de la denominada "acción de nulidad de derecho público" o "proceso de nulidad de derecho público", procedimiento construido doctrinal y jurisprudencialmente en base a algunas disposiciones constitucionales, pero sin desarrollo legislativo –como ya veremos a continuación-, y en el que a falta de regla procesal que establezca el tribunal competente, se ha estimado que éste es el tribunal ordinario (que será el juez de letras civil o el tribunal de competencia común, en su caso, como ya veremos)[52].

B. *La determinación del tribunal ordinario específico competente*

Ahora bien, una vez definida la competencia genérica de los tribunales ordinarios para conocer de los asuntos contenciosos administrativos, es necesario precisar cuál de éstos será competente en el caso específico planteado. Para responder esta interrogante lo primero que debe hacerse es analizar la ley específica que establece el proceso administrativo específico destinado a impugnar dicha acción u omisión administrativa, la que usualmente definirá con toda precisión el tribunal ordinario competente en cada caso.

Así si se analizan las leyes que establecen los procesos especiales en el ordenamiento jurídico chileno, se aprecia que existe una gran diversidad de opciones en este ámbito, asignado la competencia para conocer de estos contenciosos, en primera instancia, a los jueces de letras, las Cortes de Apelaciones o la Corte Suprema, según el caso. Así, son competentes los jueces de letras, por ejemplo, en los procesos administrativos de impugnación de la suspensión o cancelación de un servicio de

---

[51] Soto Kloss, E. *Derecho Administrativo, T.* II, *ob.cit.,* p. 190.
[52] *Ibid,* p. 190-191.

transporte público (art. 3° de la Ley N° 18696), en el reclamo contra la negativa de la autoridad a inscribir o anotar un vehículo en el registro de vehículos motorizados (art. 43 de la Ley del Tránsito), en la impugnación de la denegación del permiso de la autoridad administrativa para celebrar un espectáculo en un recinto deportivo (art. 5° de la Ley N° 19327), en el reclamo de ilegalidad del acto expropiatorio (art. 19 N° 24 de la Constitución y art. 9 y 39 del Decreto Ley N° 2186) o en el reclamo de las sanciones impuestas por la Superintendencia de Servicios Sanitarios a los operados del sector (art. 13 de la Ley N° 18902).

Por otro lado, son competentes en asuntos contencioso administrativos las Cortes de Apelaciones respectivas, como tribunales de primera instancia, por ejemplo, en los procesos administrativos de reclamos de ilegalidad contra actos u omisiones de los Gobiernos Regionales o Municipalidades (art. 108 de la Ley Orgánica Constitucional de Gobiernos Regionales y 141 de la Ley Orgánica Constitucional de Municipalidades, respectivamente), en la impugnación de la denegación a inscripción en registro de iglesias y confesiones religiosas (art. 11 de la Ley N° 19638), en el recurso de amparo económico (art. único de la Ley N° 18971) o en los reclamos por multas impuestas a los operadores privados por la Superintendencia de Electricidad y Combustibles o la Defensoría Penal Pública (art. 19 de la Ley N° 18410 y art. 73 de la Ley N° 19718, respectivamente).

En fin, será la Corte Suprema excepcionalmente juez competente para conocer de asuntos administrativos, esta vez de única instancia -sin perjuicio de los casos en que conoce como tribunal de segunda instancia o de casación-, en el proceso administrativo de reclamación por pérdida de nacionalidad, según lo establece directamente la Constitución Política de la República (art. 12).

Ahora bien, sin perjuicio de lo señalado anteriormente, en los casos en que la ley no se señale el tribunal ordinario específico competente para conocer de un asunto contencioso administrativo, la doctrina ha entendido que la competencia material le corresponde a los jueces de letras civiles, o en los territorios donde no existe éstos, los de competencia común establecidos en la localidad respectiva, como órganos de competencia general y residual establecidos para conocer, por regla general, de los "asuntos civiles" en primera instancia[53].

Como se puede observar, el ordenamiento jurídico chileno contiene una diversidad de opciones para establecer el tribunal ordinario competente en cada caso, sin seguir un patrón o criterio general en la materia. Así las opciones más recurrentes son atribuir esta materia a los jueces de letras y a las Cortes de Apelaciones, como tribunales de primera instancia en materia administrativa, pero sin que exista una justificación clara de la opción seguido por el legislador en uno u otro caso. Aún más, en materias bastante similares –como son la impugnación de multas impuestas por la autoridad administrativa-, el legislador chileno asigna competencia al juez de letras o a la Corte de Apelaciones, según el caso (multas impuestas por la Superintendencia de Valores y Seguros y por la Superintendencia de Electricidad y Combustibles, respectivamente), no existiendo ningún criterio material, histórico o temporal que justifique dichas opciones.

---

[53]   *Ibid*, p. 190-191.

Aparentemente sólo las preferencias del legislador temporal explican la opción – repitiéndose esta tendencia irregular y episódica hasta el día de hoy-, lo que hace poco sistemática la configuración de la justicia administrativa en nuestro derecho.

IV. LOS PROCESOS DE JUSTICIA ADMINISTRATIVA

1. *Los procedimientos y procesos de impugnación de los actos administrativos*

A. *La utilización de vías administrativas y judiciales de impugnación*

En el ordenamiento jurídico chileno, como también ocurre en el derecho comparado, existen vías administrativas y judiciales de impugnación de los actos administrativos. Las primeras, que las leyes chilenas denomina "recursos", son los que la doctrina comparada identifica como los procedimientos administrativos de impugnación y corresponden en el derecho chileno a los denominados recursos de reposición, jerárquico y extraordinario de revisión. En cambio las segundas, que estas mismas leyes denominan "acciones" o "acciones jurisdiccionales", son los procesos administrativos propiamente tales (art. 2° y 10 de la Ley Orgánica Constitucional de Bases Generales de la Administración del Estado y art. 15, 54 y 59 de la Ley de Bases de los Procedimientos Administrativos), y que son a través de los cuales se ejerce la justicia administrativa propiamente tal, como ya se ha señalado[54].

Pues bien, ambas vías, procedimientos y procesos administrativos, permiten la revisión de la legalidad de la actuación administrativa y, complementariamente, la nulidad de la misma y aún, en ciertos casos, la dictación de un acto administrativo sustitutivo o de reemplazo de la decisión anulada. La diferencia fundamental estriba en que los primeros –los procedimientos administrativos- se ventilan ante la propia autoridad administrativa y en ellos la autoridad administrativa no sólo puede revisar la legalidad de la actuación administrativa, como ya se señaló, sino también la oportunidad y el mérito de ésta (art. 11 de la Ley Orgánica Constitucional de Bases Generales de la Administración del Estado). Por el contrario, los procesos administrativos, como ya se apuntó, se desarrollan ante un tribunal de justicia, y en éstos sólo cabe la revisión de la legalidad del acto u omisión de la Administración, ya que están sujetos estrictamente, como se sabe, al principio de legalidad.

Ahora bien, una cuestión más compleja es determinar la relación jurídica que existe entre estos procedimientos administrativos y los procesos administrativos. En otras palabras, identificar la forma como se relacionan ambas vías de impugnación, ya sea como prelación, exclusión, complementariedad o sustitución.

---

[54] La diferencia entre procedimientos y procesos administrativos es una cuestión bastante clara en el derecho comparado y que no admite discusión. Sin embargo en el derecho chileno es una distinción poco clara, cuya confusión probablemente justifica algunos de los problemas conceptuales en el desarrollo de la justicia administrativa. Sobre las características propias del proceso administrativo, distinguiéndolo de los procedimientos administrativos internos, ver, por todos, González Pérez, J. *Derecho Procesal Administrativo,* Ed. Civitas, Madrid, 2000, p. 67-72 y, desde una perspectiva más teórica, Schmidt-Assmann, E. *La teoría general del Derecho Administrativo como sistema*, Ed. INAP/Marcial Pons, Madrid, p. 381-382.

En el caso del ordenamiento jurídico chileno, el art. 54 de la Ley de Bases de los Procedimientos Administrativos establece la regla general en esta materia, otorgando a los particulares un derecho de opción para utilizar a su arbitrio los procedimientos o los procesos administrativos de impugnación, según estimen conveniente.

De este modo no es necesario que el particular agote la vía administrativa para impugnar judicialmente el acto, sino que es el propio particular el que opta por la vía administrativa o judicial, según su estrategia de defensa. No obstante, si el particular opta por la vía administrativa, el legislador dispone -en el mismo art. 54 de la Ley de Bases de Procedimiento Administrativo antes citada-, en este caso, la necesidad de agotar esa vía administrativa de impugnación -en el recurso administrativo que corresponda-, generándose un impedimento para el ejercicio de las acciones judiciales, hasta que no se agote ese procedimiento administrativo impugnatorio[55]. Por el contrario, si el particular opta por la vía judicial, la Administración queda totalmente impedida de conocer de un recurso administrativo impugnatorio del mismo acto, ya que la materia ya se encuentra sometida al conocimiento de los tribunales de justicia.

Como se puede observar, el diseño legislativo es reconocer a los particulares el derecho de opción correspondiente, sin impedir –prima facie- el acceso directo de los particulares a los tribunales de justicia. Esta solución parece ser coherente con la concepción doctrinal que sostiene que el reconocimiento del derecho fundamental a la acción o tutela judicial en el constitucionalismo moderno haría improcedente exigir el agotamiento de la vía administrativa para acceder a los tribunales, ya que ello impondría una carga al particular que denegaría o haría ilusorio el derecho fundamental reconocido[56].

En este contexto, la opción adoptada por el legislador chileno sería clara, zanjando aparentemente el tema. Sin embargo, si analizamos el conjunto del ordenamiento jurídico chileno vemos que esta regla se invierte en muchas ocasiones, estableciéndose perentoriamente la exigencia del agotamiento de la vía administrativa antes de la impugnación del mismo ante los tribunales de justicia. Así, en materia municipal (art. 141 de la ley Orgánica Constitucional de Municipalidades), regional (art. 108 de la Ley Orgánica Constitucional de Gobiernos Regionales) o acceso a la información pública (art. 24 y 28 de la Ley N° 20285, sobre acceso a la información pública), por nombrar sólo algunos ejemplos, el legislador dispone que la vía judicial ante el tribunal correspondiente -Corte de Apelaciones, en la mayoría de los casos- sólo es admisible una vez resuelta la impugnación administrativa por el jefe superior del Servicio o el órgano competente, fecha desde la cual se cuenta precisamente el plazo para impugnar judicialmente el acto.

---

[55]   Bermúdez, señala en este sentido que, en este caso, esta impugnación del acto a través de los recursos administrativos impedirá precisamente la impugnación judicial, lo que la propia Administración podría hacer valer en nuestro derecho a través de la excepción dilatoria amplia establecida en el art. 303 N° 6 del Código de Procedimiento Civil. Bermúdez Soto, J., Derecho Administrativo General, Ed. Abeledo Perrot / Legal Publishing, Santiago de Chile, 2010, p. 137.

[56]   En términos similares, criticando la formulación legal española, ver por todos, García de Enterría, E. y Fernández, T-R., Curso de Derecho Administrativo, Tomo II, Ed. Cívitas, 4° edición, 4° reimpresión, Madrid, 199, p. 508 y ss.

Ahora bien, en este contexto es evidente que dichas reglas especiales son contradictorias con la regla general dispuesta en el art. 54 de la Ley de Bases de Procedimientos Administrativos, pero ello no supondría un problema jurídico mayor, en principio, ya que ésta opera como una regla supletoria de lo dispuesto en las leyes especiales (art. 1° de la Ley de Bases de los Procedimientos Administrativos). Ello no impide apreciar negativamente esta diversidad de regímenes jurídicos, lo que impide construir una ordenación sistemática del derecho chileno en esta materia, afirmando con propiedad la regla general aparentemente dispuesta en el art. 54 ya citado.

Cuestión distinta, y sin duda más compleja, es determinar la conformidad de estas reglas especiales con el texto constitucional, a partir del ya señalado reconocimiento del derecho fundamental a la acción o tutela judicial en aquel.

Así, si se fuera coherente y consistente con el fundamento de la opción tomada por la Ley de Bases de los Procedimientos Administrativos, se tendría que llegar a la conclusión que son inconstitucionales las normas legales que disponen la exigencia del agotamiento de la vía administrativa previa antes de acceder a los tribunales de justicia[57]. Sin embargo, ello parece ser una interpretación estricta del derecho a la tutela judicial que impediría cualquier regulación previa al ejercicio de la vía judicial impugnatoria, lo que afectaría incluso a los mecanismos obligatorios de solución alternativa de conflictos (arbitraje o mediación obligatorio) que pretenden cautelar otros valores y bienes jurídicos también relevantes en el ordenamiento chileno.

En todo caso éste no parece ser el criterio mantenido por el Tribunal Constitucional chileno, ya que al ejercer el control obligatorio de algunas de las leyes que contienen procedimientos y procesos administrativos impugnatorios, ha declarado la constitucionalidad de estas disposiciones, sin cuestionar esta opción[58].

Ahora bien, en la doctrina y jurisprudencia comparada tampoco parece existir una interpretación uniforme de esta materia, ya que algunos afirman la constitucionalidad de esta exigencia del agotamiento de la vía administrativa, siempre que éste tenga una fundamentación y construcción razonable, como paso previo a la impugnación judicial del acto.

Así, en el derecho español por ejemplo, Sánchez Morón, citando la Sentencia del Tribunal Constitucional 60/1989, señala que "en sí misma, la vía administrativa previa de recurso es admisible en nuestro Derecho, siempre que obedezca a <razonables

---

[57] Esta es precisamente la interpretación que hace Aróstica para el derecho chileno, siguiendo precisamente a González Pérez, señalando que exigencias de este tipo en nuestro ordenamiento son "flagrantemente inconstitucionales", ya que, en sus palabras, "suspenden (prohíben transitoriamente) el ejercicio del derecho a la acción reconocido por la Constitución (art. 19 N°3), al impedirle al afectado acudir sin más trámite ante los tribunales en defensa de sus derechos". Aróstica, I., "Los contenciosos administrativos especiales en la legislación chilena", en *Ius Publicum*, N° 20, 2008, p. 97.

[58] Precisamente los 3 ejemplos antes señalados, en materia municipal (art. 141 de la ley Orgánica Constitucional de Municipalidades), regional (art. 108 de la Ley Orgánica Constitucional de Gobiernos Regionales) y acceso a la información pública (art. 24 y 28 de la Ley N° 20285, sobre acceso a la información pública), las leyes correspondientes pasaron por el control preventivo del Tribunal Constitucional, en ninguna de ellos éste planteo objeción alguna al modelo del agotamiento de la vía administrativa previa, antes de la impugnación del mismo acto ante los tribunales de justicia.

finalidades de protección de bienes e intereses constitucionalmente protegidos> y que no supongan un obstáculo carente de <razonabilidad y proporcionalidad> respecto de los fines que lícitamente puede perseguir el legislador[59].

B. *Los efectos suspensivos de la impugnación administrativa del acto*

Para hacer posible la opción de utilizar los procedimientos administrativos de impugnación del acto emanado de la Administración, antes de acudir a los tribunales de justicia, la ley chilena establece la interrupción del plazo para el ejercicio de las acciones judiciales, mientras se resuelve aquella. En este sentido, el art. 54 de la Ley de Bases de los Procedimientos Administrativos ya citado dispone que "planteada la reclamación se interrumpirá el plazo para ejercer la acción jurisdiccional". De este modo, este plazo se volverá a contar desde la fecha en que se notifique el acto que la resuelve o, en su caso, desde que la reclamación se entienda desestimada por el transcurso del plazo. Como bien apunta Bermúdez[60], la ley con propiedad habla en este caso de "interrupción" y no de "suspensión", lo que permite precisamente utilizar íntegramente el plazo dispuesto para impugnar judicialmente el mismo acto.

Esta regla general, que evidentemente beneficia a los particulares, permitiéndole, si así lo desea, una utilización consecutiva de los procedimientos administrativos primero, y de los procesos judiciales después, sin embargo presenta una anomalía relevante, a propósito del proceso constitucional de tutela de derechos fundamentales (Recurso de Protección), al que la jurisprudencia no le ha aplicado los efectos suspensivos antes señalados. En efecto, la jurisprudencia constante de la Excma. Corte Suprema ha señalado que la interposición de recursos administrativos no suspende ni interrumpe el plazo para la interposición del Recurso de Protección, ya que este último es un proceso de tutela urgente de los derechos fundamentales que no puede ser coartado, ni limitado por disposición legal alguna[61]. Este criterio ha sido reiterado por la misma Corte recientemente señalando que el plazo dispuesto en el ordenamiento "se cuenta desde la fecha en que el interesado conoce del agravio, real o inminente, a sus derechos esenciales", para luego añadir que, por tanto, en esta caso, al impugnar la parte el acto en la vía administrativa, el plazo dispuesto para la interposición del Recurso de Protección sigue corriendo desde la fecha de emisión original del acto[62].

---

[59]   Sánchez Morón, M. "Recursos Administrativos", en *La nueva Ley de Régimen Jurídico de las Administraciones Públicas y del Procedimiento Administrativo Común*, capítulo XII J. Leguina y M. Sánchez Morón (Dir.), Ed. Tecnos, Madrid, 1993, p. 322. En términos similares, destacando las ventajas de este sistema de agotamiento de la vía administrativa, Parejo Alfonso, l., *Derecho Administrativo*, Ed. Ariel Derecho, Barcelona, 2003, p. 1089.

[60]   Bermúdez Soto, J., *Derecho Administrativo General, ob.cit.,* p. 138.

[61]   Sentencia de la Excma. Corte Suprema "Thunderbird IEG con Superintendencia de Casinos", rol 1717/2006, de 31 de mayo de 2006. En el mismo sentido, posteriormente, Sentencias de la Corte de Apelaciones de Concepción, confirmada por la Corte Suprema, "Acuña Flores con Contralor Regional del Bìo-Bìo", rol 75-2007, de 5 de junio de 2007, y Sentencia de la Corte Suprema "Sociedad Educacional Pablo Neruda de Talca Ltda. con Secretaría Regional Ministerial de Educación de la Región del Maule", rol 7618/2009, de 29 de diciembre de 2009.

[62]   Sentencia de la Corte Suprema "Salazar Godoy con Comisión Médica Central de la Superintendencia de Pensiones", rol 3324/2010, de 7 de junio de 2010.

167

Este curioso criterio del máximo tribunal, pareciera estar justificado –y así lo señala el propio Tribunal, parcialmente- en la urgencia y celeridad que exige este proceso de tutela de derechos fundamentales, lo que haría improcedente la prohibición de impugnación judicial del acto mientras esté pendiente la impugnación administrativa. No obstante, la Corte ha ampliado este efecto a la negación de la interrupción del plazo establecida en el art. 54 de la Ley de Bases de los Procedimientos Administrativos, excluyendo al Recurso de Protección de toda esta regulación. Ello además estaría respaldado, en opinión de la Excma. Corte, en lo dispuesto en el propio art. 20 de la Constitución, al disponer que este proceso de amparo opera "sin perjuicio de los demás derechos que pueda hacer valer ante la autoridad o los tribunales correspondientes".

No obstante, esta interpretación –como ya lo he sostenido anteriormente[63]- no parece muy consistente con los objetivos perseguidos por el legislador al disponer la regla del art. 54 ya citado, con una efectiva protección de los derechos de los particulares y, aún menos, con la utilización eficiente del sistema judicial. En efecto, precisamente el objetivo perseguido por el legislador no era impedir el acceso de los particulares a los tribunales de justicia, sino al contrario allanarle el camino, permitiendo la utilización de esta vía de impugnación de los actos administrativos y de protección de sus derechos en el momento que el estime conveniente, pero sin imposibilitar alguno por la sola reclamación administrativa del acto. Además, con esta interpretación el particular queda prácticamente constreñido –a propósito del Recurso de Protección solamente- a una utilización simultánea de ambas vías de impugnación (administrativa y judicial), lo que hace ineficaz la vía administrativa y recarga innecesariamente la vía judicial general.

2. Los procesos administrativos especiales y generales

A. La diversidad de los procesos administrativos especiales y generales

La diversidad de tribunales con competencia administrativa antes apuntada, tiene también su expresión en la diversidad de procesos administrativos dispuestos en el ordenamiento jurídico chileno para impugnar la actividad de la Administración del Estado. Así, se puede apreciar una amplia variedad de procesos especiales dispuestos por el legislador para conocer de estas controversias, los que tienen características y reglas especiales, como se verá a continuación. De este modo, es evidente la opción seguida por el legislador chileno de establecer una amplia variedad de procesos especiales para impugnar los actos u omisiones de los órganos administrativos, especialmente en todas aquellas materias que considera relevantes para la protección de los derechos de las personas o cautelar los intereses públicos comprometidos. Ello ha tenido un particular desarrollo –como veremos a continuación- en ámbitos

---

[63] *V.,* en este sentido, mi comentario de jurisprudencia "Sentencia sobre interpretación del Art. 54 LBPA que establece la interrupción de los plazos judiciales mientras se resuelven recursos administrativos interpuestos previamente (Corte Suprema), en *Revista de Derecho,* Universidad Austral de Chile, Volumen XIX, N°2, diciembre 2006, pp. 257-264.

de actividad administrativo con efectos en sectores económicos relevantes, estableciendo una justicia especializada y privilegiada en ciertos ámbitos específicos ("la justicia administrativa de alfombra roja" como ya afirmé anteriormente).

Ahora bien, sin perjuicio de ello, en el Derecho Administrativo chileno existen también procesos generales de Derecho Administrativo, como serían los denominados "acción de nulidad de derecho público" (o recurso de nulidad o recurso por exceso de poder, como se le conoce en el derecho comparado) y el "Recurso de Protección" (o amparo de derechos fundamentales, como se le conoce en la mayoría de los ordenamientos comparados), en aquellos casos en que opera como contencioso administrativo. Ambos procesos son de aplicación general y común, y pueden ser utilizados por los particulares para impugnar cualquier acto administrativo, siempre que se encuadre en alguna de las causales o presupuestos de admisión que establece el propio ordenamiento.

B. *La aparición y consolidación de los contenciosos administrativos especiales en el Derecho Administrativo chileno*

Como ya se señaló, en el derecho chileno existen un conjunto de procesos administrativos especiales para impugnar ciertos actos de la Administración del Estado, controlando la legalidad de éstos o tutelando los derechos o intereses de los particulares afectados. El profesor Carmona Santander, en un estudio publicado el año 2005[64], cifraba en 120 los contenciosos administrativos especiales al año 2003, cifra que ha seguido subiendo posteriormente, alcanzando una cifra cercana a los 140 actualmente, lo que permite sostener que existe una tendencia favorable a esta solución legislativa. Es cierto que muchos de ellos ya venían desde hace 30 años o más, especialmente con la construcción del modelo neoliberal de mercado y la configuración de un Estado regulador, pero ello parece acrecentarse en las dos últimas décadas, abandonando lamentablemente la opción de generar un contencioso administrativo general, como se había previsto originalmente en la Constitución de 1980.

En este contexto, como ya se ha venido señalando, el legislador chileno ha establecido procesos administrativos especiales para conocer las impugnaciones de actos emanados de órganos especializados de la Administración del Estado en ámbitos tan diversos como las telecomunicaciones (art. 39 de la Ley General de Telecomunicaciones), la televisión (art. 34 de la Ley N° 18838), el servicio de transporte público (art. 3° de la Ley N° 18696), la inscripción de vehículos motorizados (art. 43 de la Ley del Tránsito), la prestación de salud privada (art. 7° de la Ley N° 18933), las controversias generadas en los procesos de licitación pública destinadas a la compraventa de bienes muebles por el Estado (art. 22 y ss. de la Ley N° 19886), la operación de privados de los servicios de electricidad y agua potable (art. 19 de la Ley N° 18410 y 13 de la Ley N° 18902, respectivamente), el establecimiento de la calidad de indígena (art. 3° de la Ley N° 19253) y el acceso a la información pública (art. 28 al 30 de la Ley N° 20285), por nombrar algunos de los procesos más relevantes.

---

[64] Carmona Santander, C., "El contencioso administrativo entre 1990-2003", en *La Justicia Administrativa*, Ed. Lexis Nexis, Santiago de Chile, 2005, p. 204.

Ahora bien, estos contenciosos administrativos especiales operan en diversos ámbitos, concentrándose con mayor claridad en el ámbito de los sectores económicos regulados[65], en que el impacto de la actividad administrativa, los intereses involucrados y la relevancia de los actores privados, parecen mover al legislador al establecimiento de un proceso y un tribunal especial en estas materias. En este sentido se ha ido configurando una justicia especializada privilegiada, con tribunales y procesos diferenciados que cautelan de mejor forma, más eficiente y eficazmente, ciertos derechos e intereses, en desmedro de otros de menor impacto social.

Por otro lado, en cuanto a las características de estos procesos especiales, la verdad es que es difícil construir una tipología muy ordenada de éstos, atendido la diversidad de reglas que ha dado el legislador en esta materia. Así ya desde su denominación (reclamación, apelación, recurso, demanda), la tramitación que debe seguir la demanda (ordinaria, sumaria, proceso de protección, tramitación incidental, sin forma de juicio), los plazos de interposición (5, 10, 15, 30, 60 días), las reglas probatorias que siguen (ya sea en cuanto al término probatorio, los medios de prueba y la valoración de éstos) y el contenido mismo de la sentencia (anulatoria, condenatoria, reparatoria), denotan una pluralidad y heterogeneidad difícilmente sistematizable.

Sin perjuicio de lo anterior, y sin que ello signifique un juicio definitivo sobre su contenido, pareciera existir en el último tiempo una cierta tendencia a uniformar la regulación de estos procesos a la tramitación establecida para el Recurso de Protección en el Auto Acordado dictado por la Corte Suprema en 1992[66], lo que supone un procedimiento breve y sumario, no muy apto para discusiones de fondo sobre la legalidad de la actuación administrativa, privilegiándose la concentración y celeridad en el juicio, más que la profundidad en el debate y análisis del caso. No obstante, se aprecian también algunas normas especiales en ciertas materias, las que no responden a un diseño coherente y sistemático del procedimiento, sino a ciertas innovaciones introducidas por el legislador sin explicación, ni fundamento suficiente.

C. *Los procesos administrativos generales*

Por otro lado, junto a estos procesos administrativos especiales, existen, como ya se señaló, dos procesos administrativos generales en el ordenamiento jurídico chileno: el Recurso de Protección y la acción de nulidad de derecho público.

El primero de éstos, el Recurso de Protección –que, como se dijo anteriormente, en el derecho comparado se denomina regularmente "amparo"-, como se sabe, es un proceso urgente de tutela de derechos fundamentales, que tiene por objeto cautelar a todas las personas –privadas y públicas, naturales y jurídicas- en el pleno disfrute de los derechos fundamentales establecidos en la Constitución y que ella misma declara amparables por este mecanismo procesal (art. 19 y 20 de la Constitución Política de la República).

---

[65] *Ibid*, p. 208.
[66] "Auto Acordado de la Corte Suprema sobre tramitación del Recurso de Protección de Garantías Constitucionales", publicado en el Diario Oficial de 27 de junio de 1992, modificado por los Autos Acordados de la misma Corte de 1998 y 2007, publicados en el Diario Oficial el 9 de junio de 1998 y el 8 de junio de 2007, respectivamente.

Este proceso, que fue creado por el Acta Constitucional N° 3 de 1976 y recogido en la Constitución de 1980, se ventila directamente ante la Corte de Apelaciones competente en cada caso, sin que sea necesario agotar instancia administrativa o judicial previa. Así, las personas solicitan directamente al tribunal el amparo o protección de alguno de sus derechos fundamentales, los que se pueden haber visto amenazados, privados o perturbados por actos u omisiones ilegales o arbitrarias de cualquier persona, órgano u organización pública o privada. Su procedimiento, como ya se señaló, está regulado, curiosamente[67], en una norma reglamentaria emanada de la Excma. Corte Suprema –Auto Acordado de 1992- y dispone tanto el plazo para recurrir, la tramitación ante la Corte de Apelaciones y Corte Suprema, la sentencia y su ejecución.

Entre estos aspectos vale destacar el breve plazo dispuesto para su interposición (30 días corridos), su tramitación breve y sumaria ante la Corte de Apelaciones respectiva (presentación, informe del recurrido, audiencia y sentencia), resolución en cuenta de la apelación que conoce la Corte Suprema, y establecimiento de mecanismos compulsivos directos para la ejecución.

Como se puede observar, este es un proceso excepcional, de características sumarísimas y urgente, que solo pretende amparar de forma rápida y expedita a los particulares, frente a actos u omisiones que afecten sus derechos fundamentales. Sin embargo, en el ámbito administrativo, este proceso ha jugado desde un comienzo (1976) como un verdadero contencioso administrativo general, ya que ha sido utilizado por los operadores jurídicos como un mecanismo rápido de impugnación de actos u omisiones ilegales o arbitrarias de los órganos de la Administración del Estado, solicitando indirectamente la anulación de los mismos[68]. Así, frente a actuaciones de un órgano de la Administración del Estado que un particular considere ilegales o arbitrarias, éste solicitará directamente a la Corte de Apelaciones respectiva el amparo constitucional de sus derechos, consecuencia de lo cual, normalmente, llevará envuelto, si cabe, la nulidad del acto impugnado.

Ahora bien, como este proceso requiere, para su procedencia, la afectación de alguno de los derechos fundamentales establecidos en la Constitución, el particular deberá establecer una vinculación entre la actuación ilegal o arbitraria y la privación, perturbación o amenaza de alguno de esos derechos, lo que en algunos casos será relativamente complejo. De este modo será usual que los operadores jurídicos utilicen derechos como la igualdad ante la ley, la interdicción de comisiones especiales o la propiedad sobre bienes incorporales (art. 19 numerales 2, 3, y 24 de la Constitución Política de la República, respectivamente), como cláusulas abiertas de cobertura, tratando, a veces forzadamente, de enmarcar la actuación administrativa como perturbadora de alguno de ellos[69].

---

[67] Digo curiosamente, ya que a partir de lo dispuesto en el art. 19 N° 3, párrafo 5° de la Constitución, pareciera haber una reserva de ley para la regulación de los procesos judiciales. Sin embargo, el proceso judicial más relevante del sistema, el que ampara los derechos fundamentales de las personas, tiene una regulación reglamentaria emanada de la propia Corte Suprema.

[68] Para analizar, la forma como este proceso de tutela urgente de derechos fundamentales ha derivado en un contencioso administrativo, lo que encuentra su fundamento en su propia creación, ver Ferrada, JC., "El Recurso de Protección como mecanismo de control contencioso administrativo", en *La Justicia Administrativa*, 2005, p. 129-164.

[69] *Ibid*, p.152-153.

Precisamente esta última circunstancia, es decir, la exigencia de encontrarse ante una afectación de un derecho fundamental específico, y no solamente la presencia de un acto u omisión ilegal de la Administración del Estado, constituye una limitación relevante de este proceso de tutela de derechos fundamentales como contencioso administrativo, lo que obviamente es consecuencia del objeto o finalidad del mismo.

Por su parte, la denominada "acción de nulidad de derecho público" es el otro proceso administrativo general dispuesto en el ordenamiento jurídico chileno. Este es un proceso ordinario, con fundamento directo en la propia Constitución (art. 6 y 7[70]) –aunque originalmente en el art. 4° de la Constitución de 1925, aunque con su antecedente en el art. 160 de la Constitución de 1833-, que no tiene desarrollo legislativo, como ya se señaló, y cuya construcción ha sido fruto de la doctrina y jurisprudencia de nuestros tribunales[71]. En efecto, la nulidad de derecho público ha sido formulada como una sanción de ineficacia dispuesta en la Constitución para los actos de los órganos del Estado que contravienen el ordenamiento jurídico chileno, y cuya tramitación se sujeta a las reglas del juicio ordinario civil, procedimiento de lato conocimiento[72].

Este proceso, según la construcción doctrinal más citada[73], tiene por objeto perseguir la nulidad del acto administrativo que contraviene el ordenamiento jurídico chileno, estableciendo además las responsabilidades civiles que procedan, las cuales son establecidas por el tribunal en la misma sentencia judicial. Así, a través de este proceso los particulares persiguen restablecer el imperio del derecho y satisfacer sus propios derechos e intereses, siendo –utilizando la terminología francesa clásica- un contencioso anulatorio y de plena jurisdicción al mismo tiempo.

Sin embargo, este proceso presenta ciertas dificultades de configuración, tanto en sus aspectos substantivos como procesales. Por un lado, en lo sustantivo, si bien esta formulado como un contencioso administrativo anulatorio general, la jurisprudencia ha ido acotando las causales que permiten su ejercicio, reduciéndolo a los tres elementos que menciona el art. 7°, párrafo 1°, de la Constitución: competencia, investi-

---

[70] El art. 6° de la Constitución Política de la República señala: "Los órganos del Estado deberán someter su acción a la Constitución y a las normas dictadas conforme a ella, y garantizar el orden institucional de la República. Los preceptos de esta Constitución obligan tanto a los titulares o integrantes de dichos órganos como a toda persona, institución o grupo. La infracción de esta norma generará las responsabilidades y sanciones que determine la ley". Por su parte, el art. 7° dispone: "Los órganos del Estado actúan válidamente previa investidura regular de sus integrantes, dentro de su competencia y en la forma que prescribe la ley. Ninguna magistratura, ninguna persona ni grupo de personas pueden atribuirse, ni aún a pretexto de circunstancias extraordinarias, otra autoridad o derechos que los que expresamente se le hayan conferido en virtud de la Constitución o las leyes. Todo acto en contravención a este art. es nulo y originará las responsabilidades y sanciones que la ley señale".
[71] V., en este sentido, por todos, Soto Kloss, E., "La nulidad de derecho público en el derecho chileno", en *Revista de Derecho Público*, N° 47-48, 1990, p. 11-25 y Fiamma Olivares, G., "Acción constitucional de nulidad y legitimación activa objetiva", en *Revista de Derecho Público*, N° 49, 1991, p. 91-98.
[72] Soto Kloss, E., *Derecho Administrativo*, Tomo II, p. 192.
[73] Ver, por todos, Soto Kloss, E., "La nulidad de derecho público en el derecho chileno", *ob.cit.*, p. 19 y ss.

dura regular y formalidades establecidas por la ley[74]. Por otro, se ha discutido arduamente sobre el carácter prescriptible o no de la acción de nulidad de derecho público, lo que se ha zanjado finalmente –por ahora- en la afirmación de la imprescriptibilidad de ésta, pero la prescripción de la acciones patrimoniales asociadas a ella, criterio que ha venido sosteniendo invariablemente la Excma. Corte Suprema desde fines del año 2000[75].

En cuanto a los aspectos procesales, las dificultades que presenta este proceso derivan de la propia aplicación de las normas procesales civiles a este contencioso administrativo, las que en muchas ocasiones no se adaptan las características de este tipo de procesos. Así, los problemas que ha generado la identificación de los legitimados activos y la aplicación de las medidas cautelares han sido dos de los más relevantes. El primero, porque se ha construido la legitimación activa en la nulidad de derecho público sobre la idea de la titularidad de derechos e intereses legítimos, siguiendo en ello a la doctrina española.

Sin embargo, se ha identificando a estos intereses con una categoría procesal y no sustancial, limitando finalmente la legitimación a la concurrencia de un derecho subjetivo que sostenga el interés para actuar en juicio[76].

En cuanto a lo segundo, las medidas cautelares, se ha hecho una aplicación supletoria de las normas existentes en esta materia en el Código de Procedimiento Civil, utilizando la misma lógica civil y sin comprender la relevancia y centralidad de éstas en la justicia administrativa. Así la propia insuficiencia de las medidas cautelares típicas del procedimiento civil –en relación al proceso administrativo- ya han supuesto un desafío al otorgamiento de la medida cautelar ordinaria de la justicia administrativa, la suspensión del acto administrativo impugnado, en la mediad que ésta no se encuentra expresamente reconocida en la normativa citada. A ello se añade la renuncia de los jueces a conceder esta medida suspensiva, exigiendo altos estándares de probabilidad del daño patrimonial y de apariencia de buen derecho, lo que hace prácticamente imposible su procedencia.

3. *La relación jurídica entre procesos administrativos especiales y generales*

Una vez enumerados y descritos sucintamente los procesos administrativos especiales y generales en el derecho chileno, una cuestión relevante a resolver es establecer la relación jurídica que existe entre éstos, ya que todos ellos forman parte del conjunto de mecanismos de impugnación de los actos administrativos.

---

[74]   Bermúdez Soto, J., "El principio de legalidad y la Nulidad de Derecho Público en la Constitución Política. Fundamentos para la aplicación de una solución de Derecho Común" en *Revista de Derecho Público*, Vol. 70, 2009, p. 280 y ss.

[75]   La sentencia clave en esta materia, es la Sentencia de la Corte Suprema "Aedo con Fisco", rol 852/2000, de 27 de noviembre de 2000, en que precisamente se afirmó la distinción entre la acción de nulidad de derecho público, de carácter imprescriptible, y las acciones patrimoniales que pudieran estar vinculadas, las que son prescriptibles, como todas las demás acciones civiles.

[76]   En este sentido, *v.*, Ferrada Bórquez, JC., "Nuevas restricciones a la nulidad de derecho público como proceso administrativo: una jurisprudencia interesante, pero inconsistente", en *Anuario de Derecho Público 2010*, Universidad Diego Portales, p. 189 y ss.

En este contexto, una primera cuestión es dilucidar como operan éstos entre sí, particularmente atendido la pluralidad y heterogeneidad imperante. Sobre ello no parece haber dudas que los procesos administrativos especiales se excluyen unos a otros, atendido la particularidad o especificidad del objeto pedido y los alcances establecidos en la regulación especial dispuesta para cada caso. Sin embargo, hay ciertos ámbitos donde la especialidad opera en dos ámbitos convergentes, en relación a la autoridad emisora del acto, como la materia específica de que trata el acto administrativo impugnable, admitiéndose la procedencia de vías de impugnación paralelas. Así opera, por ejemplo, en el ámbito municipal, en el que confluyen los reclamos de ilegalidad municipal (art. 141 de la Ley Orgánica Constitucional de Municipalidades) y el reclamo de ilegalidad de urbanismo y construcción (art. 12 y 118 de la Ley General de Urbanismo y Construcción) -aunque este último sería más propiamente un recurso administrativo-, declarando la jurisprudencia la procedencia de ambos, sin excluir uno a otro por especialidad de la materia.

Por otro lado, en cuanto a la relación de estos procesos especiales y los procesos generales, la cuestión es más compleja. La opinión de la doctrina más consolidada[77] es, aparentemente, que estos últimos –los procesos generales- operan no sólo como mecanismos residuales o supletorios de los primeros –los procesos especiales-, sino como procesos alternativos o complementarios. Así, bajo este enfoque, los particulares po-drían utilizar, para impugnar una acción u omisión administrativa, el procedimiento especial dispuesto por el ordenamiento jurídico, o el general y subsidiario dispuesto por el mismo, quedando a criterio o decisión del reclamante o demandante la alternativa seguida. Este criterio ha sido respaldado por la jurisprudencia, particularmente a propósito de la acción de nulidad de derecho público -atendido el carácter de imprescriptible que se le ha reconocido a esta acción por la jurisprudencia-, aunque también han utilizado –particularmente para el Recurso de Protección- el criterio de especialidad para inhibirse del conocimiento de algunas controversias administrativas específicas.

A mi juicio, la relación jurídica entre procesos especiales y generales en el ordenamiento jurídico chileno no se resuelve de forma general ni por un criterio de supletoriedad, ni especialidad, al menos en relación a los dos procesos generales antes apuntados. Así, en el caso de la acción de nulidad de derecho público y los procesos especiales, es evidente que estos últimos –en aquellos casos en que se persigue la nulidad o invalidez del acto administrativo- excluyen la primera -la acción de nulidad de derecho público-, ya que el objeto pedido es el mismo, por lo que debe operar un criterio de especialidad. Lo contrario llevaría a la existencia de vías paralelas de impugnación administrativa del acto, lo que además de absurdo e ineficiente, desde el punto de vista del ejercicio de la actividad jurisdiccional, podría dar lugar a resoluciones judiciales contradictorias

Por otro lado, en cuanto a la vinculación entre Recurso de Protección y procesos especiales, la situación es algo distinto, porque ya no operaría una relación de generalidad-especialidad –como lo ha sostenido la doctrina y un sector de la jurispruden-

---

[77]   Por todos, Aróstica, I., "Los contenciosos administrativos especiales en la legislación chilena", *ob.cit.,* p. 86.

cia-, sino de exclusión en relación al objeto pedido. Así, será procedente el Recurso de Protección en aquellos casos en que se pretende la tutela de un derecho fundamental de aquellos especialmente amparados por esta vía. En cambio será aplicable el proceso especial en aquellos casos en que se discuta la legalidad o regularidad del acto administrativo en general, o la protección de un derecho no fundamental o un interés legítimo –en los casos que proceda-, pero sin que opere como criterio de solución la generalidad o especialidad de la materia.

V. CONCLUSIONES

De lo expuesto en las páginas precedentes, se pueden extraer algunas conclusiones que paso a formular:

1.   En el ordenamiento jurídico chileno se aprecia una carencia histórica en la construcción de un sistema de justicia administrativa, observándose un tradicional abandono por esta materia, el que ha sido suplido por mecanismos imperfectos de control de la actividad administrativa.

2.   El sistema de justicia administrativa en el ordenamiento jurídico chileno es muy heterogéneo y diverso, existiendo una dispersión de tribunales y procesos para impugnar los actos de la Administración del Estado y tutelar los derechos de los particulares.

3.   Existe una cierta tendencia en las últimas décadas en la construcción de tribunales y procesos especiales para controlar la actividad administrativa, lo que se ha desarrollado particularmente en ámbitos sensibles de la actividad económica, en los que la organización estatal puede afectar derechos e intereses de relevancia económica y social.

4.   Se aprecia un cierto abandono del legislador en la construcción de un sistema de justicia administrativa general, dejándose entregado a la jurisprudencia la definición de sus características y elementos, los que presentan desarrollos irregulares e imprecisos.

5.   Producto de lo anterior, la doctrina pareciera estar concentrada en el último tiempo en el estudio y análisis estos procesos administrativos especiales, tratando de consolidar un sistema eficaz de control de la actividad administrativa y protección de los derechos de los particulares.

EL SALVADOR

§ 8. LA JURISDICCIÓN CONTENCIOSA ADMINISTRATIVA EN EL SALVADOR

Henry Alexander Mejía

I. GENERALIDADES

1. Evolución histórica del sistema contencioso administrativo

Al proclamarse la revolución francesa, y se decreta la "*Declaración de Derechos del hombre y del ciudadano en 1789*", que contendría los principios elementales en que descansarían el nuevo sistema de libertades públicas que habían sido vedadas en el régimen de absolutista; se plantea la necesidad de controlar los actos dictados por la Administración, aunque en principio predominó la idea que los actos de la Administración fueran controlados por ella misma, por la desconfianza que existía hacia los tribunales, que no estaban a favor del nuevo sistema.

Cuando se crea el Consejo de Estado se estableció en dos modalidades: el primero "sistema de competencia retenida" (1789-1872), aquí el Consejo de Estado se organiza como dependencia del Poder Ejecutivo y como un organismo consultivo de éste[1].

---

[1]   Las normas legislativas que crearon la jurisdicción contencioso-administrativa provenían del Decreto del 22 de diciembre de 1789, que establecía lo siguiente: "Las administraciones de departamentos de distrito no podrán ser perturbadas, en el ejercicio de sus funciones administrativas, por ningún acto del poder judicial". A su vez, esta norma fue consagrada en el artículo 3º de la Constitución francesa de 1791, según el cual: "Los tribunales no pueden intervenir en las funciones administrativas o citar ante ellos a los agentes de la Administración, por razón de sus funciones". Posteriormente, estos dispositivos fueron ratificados por la Ley

No constituye un sistema de de control judicial, sino un simple autocontrol administrativo, por ello se llama retenida en manos de la Administración que es objeto de enjuiciamiento, aunque ello resultaba ser una contradicción, *en virtud que "nadie puede ser juez de su propia causa"*. Sin embargo, fue hasta en 1872 donde, se implementa el segundo "sistema de justicia delegada"; el Consejo de Estado cambia su competencia a fin de que juzgue plena y soberanamente en materia contenciosa administrativo[2], puesto que se convierte en un tribunal de naturaleza imparcial, sus potestades se vieron mejoradas con las reformas de 1953 y 1987, se sustituyen los *"Consejos de Prefectiva"* por tribunales administrativos y luego se le añaden los Tribunales de Apelación, aunque no se encuentran integrados orgánicamente al Poder Judicial francés.

No obstante que la construcción científica para el desarrollo del Derecho administrativo se debe al aporte jurisprudencial del Consejo de Estado[3]. Aunque no todos los Estados han seguido su modelo de tener un órgano jurisdiccional especializada como Colombia, en los países del *"Common Law"* son los tribunales comunes los que controlan los actos de la Administración, y el modelo que predomina en muchas naciones, el que posee una estructura jurisdiccional especializada dentro del Órgano Judicial, por medio de tribunales contenciosos administrativos de instancia o centralizado, tal como sucede en España en el primero y en El Salvador el segundo[4].

En nuestro país, la Jurisdicción Contenciosa Administrativa (en adelante JCA), ha llegado relativamente tarde, pese que la Constitución de 1824 que le da vida al Estado salvadoreño, hacía alusión a la creación de los tribunales administrativos, pero sin que se creara ninguno al efecto. Luego las Constituciones posteriores nada dispusieron en relación a los tribunales contenciosos administrativos.

---

del 16 de Fructidor del año III (2 de septiembre de 1795), donde se dispuso, que: "Se prohíbe intervenir a los tribunales de conocer los actos de la administración de cualquier especie que ellos sean". Por tanto, los litigios en los cuales la Administración estaba interesada escapaban del conocimiento de los tribunales judiciales. *Vid.* Arauz Sanchez, H., *Curso de Derecho Procesal Administrativo: La Jurisdicción contenciosa Administrativa en Panamá,* Ed. Universal Books, Panamá, 2004, p. 61-64.

[2] La expresión contencioso-administrativa procede desde los orígenes de la Revolución Francesa, el término une dos conceptos opuestos: contencioso y administrativo. El vocablo "contencioso". significa contienda -cuando se comenzó a utilizar en Francia se le entendía como litigio-. La palabra "administrativo", sustantivación de la Administración, significa dirección ejecutiva de personas y cosas -cuando comenzó a usarse en Francia representaba la materia correspondiente a esta clase de litigio-. Por ello, en su origen, la prenombrada expresión significó *"litigio administrativo"*, pero, como debían tramitarse ante órganos que formaban parte de la Administración Pública, se llamó "contencioso administrativo". La denominación es confusa, pero ha sido aceptada por los diferentes ordenamientos jurídicos administrativos. *Vid.* al respecto, AA. VV., *Manual de Derecho Administrativo,* (Ismael Farrando h. y Patricia Martínez) Directores, Ed. Depalma, Buenos Aires, 2000, p. 667-668.

[3] *Vid.* al respecto Garcia De Enterria, E., y Ramón Fernandez T., *Curso de Derecho administrativo,* Tomo I, 9ª edición, Ed. Civitas, Madrid, 1999, p. 83; Santamaria Pastor, J. A, *Principios de Derecho Administrativo,* Volumen I, 4ª edición, Ed. Centro de Estudios Ramón Areces, S.A., Madrid, 2000, P. 166-167; VEDEL, G., *Derecho administrativo,* (traducido al castellano por Rincón Jurado), España Aguilar, 6ª edición, 1980, p. 46. En la doctrina latinoamericana *Vid.* Cassagne, J. C., *Derecho administrativo,* Tomo I, 1ª reimpresión, 7ª edición, Ed. Lexis Nexis Abeledo-Perrot, Buenos Aires, 2000, p. 174, manifiestan que la jurisprudencia en la su formación del Derecho administrativo, ha jugado una función preponderante en la formulación de las principales instituciones, tales como la responsabilidad del Estado, los Contratos administrativos, nulidades del acto administrativo, entre otras instituciones.

[4] *Vid.* Gonzalez Perez, J., "Evolución de la Jurisdicción Contenciosa Administrativa, en Revista de Administración Pública, Nº 150, 1999, P. 209 y ss.

Es hasta la Constitución de 1939, promulgada en la dictadura militar del General Maximiliano Hernández Martínez, estableció en el Art. 77.17, como atribución de la Asamblea Nacional, erigir jurisdicciones y establecer funcionarios que, a nombre de la república conozcan, juzguen y sentencien en toda clase de asuntos administrativos[5].

Posteriormente con la Constitución de 1950, aparece en el Art. 46.13 que le corresponde al Poder Judicial conocer en toda clase de asuntos administrativos. Esta disposición se estableció exactamente igual en la Constitución de 1962 en el Art. 47.13. La necesidad de tener un Tribunal Contencioso Administrativo, era latente ya que el quehacer de la Administración cada día estaba sujeto arbitrariedades, aunado a los regímenes dictatoriales militares, lo cual era frecuente el quebrantamiento de la ley, consecuentemente la imposibilidad de un verdadero Estado de Derecho.

Al tener la competencia los tribunales comunes en resolver los conflictos entre los particulares y los sujetos administrativos, no era posible la tutela de los derechos subjetivos de los gobernados[6].

Por tanto, con la iniciativa del Ministerio de Justicia[7], el Poder Judicial de la época y el apoyo de las Federaciones de Abogados se presentaron varias propuestas de Proyectos de Ley de la Jurisdicción Contenciosa Administrativa. Después de estudiar varias propuestas la Asamblea Legislativa el catorce de noviembre de 1978, dicta la Ley de la Jurisdicción Contenciosa Administrativo (en adelante LJCA), entrando en vigencia el uno de enero de 1979, erigiéndose la Sala de lo Contencioso de lo Administrativo, adscrita a la Corte Suprema de Justicia (en adelante SCA), conformada desde sus inicios por tres Magistrados.

2. *Composición y caracteres de la Jurisdicción Contenciosa Administrativa*

Al entrar en vigencia la actual Constitución de 1983, en el Art. 172 quedó configurado constitucionalmente la *"potestad del Órgano Judicial de juzgar y hacer ejecutar lo juzgado en materia (...) de lo contencioso administrativo (...)"*.

Posteriormente, como resultado de los Acuerdos de Paz en 1992, que dio por terminado la guerra civil salvadoreña se reforma la Ley Orgánica Judicial, y se aumenta el número de Magistrados de la Corte Suprema de Justicia de catorce a quince, y se compone de cuatro magistrados-un presidente y tres vocales- para que constitu-

[5] Desde 1960, después de la promulgación de la primera Ley de la Jurisdicción Contenciosa Administrativa de 1956 se estableció la necesidad de erigir una ley que controlara los actos de la Administración, en este sentido *Vid.* Gómez Campos, O., *El Control Jurisdiccional de la Administración Pública*, Tesis de grado presentada en la Universidad de El Salvador, 1961, y Tenorio, J. E., *El Contencioso Administrativo en El Salvador*, Tesis de grado presentada en la Universidad de El Salvador, 1970.
[6] Nuestro país no se escapa de esa influencia del modelo francés, ya que en 1960 se crea el Tribunal del Servicio Civil, -vigente a la fecha- como un ente competente para ventilar los conflictos administrativos derivados de la función pública. Cuando se crea la LJCA el Art. 4, d) excluía que sus actos no fueran sometidos a la SCA, conformándose una especie de justicia administrativa retenida. Hasta que la SCA lo determina inaplicable en 1998 y la Sala de lo Constitucional (en adelante SC) lo declara inconstitucional en 2004.
[7] *Vid.* Cuestas, H. G., *Breve reseña histórica del establecimiento del tribunal contencioso administrativo*, en "Sentencias. Quince años de la Jurisdicción Contenciosa Administrativa", Publicaciones de la Corte Suprema de Justicia, San Salvador, 1995, P. I-IX.

yan la SCA[8] (Art. 4. 2 de la Ley Orgánica Judicial). Se adujo que el aumento de un Magistrado, es por el crecimiento de los casos sometidos por los particulares ante la SCA.

En consecuencia, para que la SCA emita sentencia interlocutoria o definitiva se necesitan los votos unánimes de los cuatro magistrados (Art. 14.2 de la Ley Orgánica Judicial). El magistrado que no esté de acuerdo con la decisión deberá razonar su voto y mandará a llamar a uno más suplentes para se conozca y resuelva sobre el asunto[9] (Art. 12 de la Ley Orgánica Judicial).

La SCA tiene, como exclusividad la competencia de resolver las controversias entre los particulares y la Administración (Art.1 de la LJCA), en efecto es una jurisdicción especializada, pero centralizada, por ser el único tribunal jurisdiccional, donde los administrados pueden impugnar los actos administrativos que consideren ilegales y que le ocasionen un agravio. No constituye un tribunal de segunda instancia, ni una vía de Casación, respecto de lo que se hubiere actuado, previamente en el proceso administrativo. Es un proceso jurisdiccional, donde las partes procesales pueden controvertir en iguales condiciones bajo plenas garantías reconocidas por nuestra Constitución.

En este sentido, respecto a que, la SCA sea el único Tribunal contencioso administrativo, lo consideramos atentatorio, puesto al no existir tribunales cercanos a la población, es violatorio *al Acceso a la Justicia,* si bien somos un país pequeño territorialmente, con ello se le hace dificultoso al particular la interposición de una demanda contra un sujeto administrativo. En virtud de esto, se requiere una articulación jurisdiccional en tribunales de instancia y descentralizados. Porque, el único mecanismo jurisdiccional que podría invocarse para controlar una decisión de la SCA en el orden jurídico salvadoreño, es por medio del Proceso de Amparo, pero la pretensión debe estar fundamentada en la violación de un Derecho constitucional, de lo contrario no habría otra forma de controlarla.

---

[8] La elección de los Magistrados de la Corte Suprema de Justicia se hace de una lista de treinta candidatos, quince son propuestos por el Consejo Nacional de la Judicatura en los términos que determina la ley. Los otros quince provienen de los aportes de las entidades representativas de los abogados de El Salvador y donde deben estar representadas las más relevantes corrientes del pensamiento jurídico. Además, los magistrados –donde se encuentran los de la SCA- sólo pueden ser removidos por causas específicas, previamente establecidas por la ley. Tanto para elección como para la destitución, el acuerdo respectivo debe tomarse con el voto favorable de por lo menos los dos tercios de los Diputados electos, con lo cual se procuró procurar el consenso en relación a los mejores candidatos. Otro de los aspectos, que en 1991 se consideró necesario reformar, es el del período de ejercicio de los magistrados de la Corte Suprema de Justicia a nueve años renovándose por terceras partes cada tres años. *Vid.* Arts. 172 y 186 de la Constitución.

[9] Como caso relevante es el auto interlocutorio de la SCA del 13 de julio de 2007, ref. 164-P-2003, donde para decidir se mandó a llamar hasta tres suplentes, habiendo existido siete votos en un resolución interlocutoria, los Magistrados suplentes adujeron que conformaron Sala, queriendo hacer valer su criterio.

II. OBJETO LA JURISDICCIÓN CONTENCIOSA ADMINISTRATIVA

1. *Ámbito de aplicación*

El proceso contencioso administrativo, constituye una garantía, con el propósito de de tutelar los derechos y libertades de los particulares, afectados por una decisión arbitraria o ilegal de cualquier sujeto de la Administración. El control se extiende a todas las actuaciones e inactividades de la propia Administración, incluso a entes que no forman parte de la misma, que se encuentran vinculados por relaciones emanadas del Derecho administrativo, como sucede con los concesionarios de servicio u obra pública. Nuestra LJCA, si bien fue un hito jurídico en su momento para nuestro país, sin embargo, es una ley preconstitucional que no está acorde al nuevo modelo procesal administrativo, puesto que su aplicación es limitada tanto a los sujetos que se le destina, (delimitación subjetiva), como en su ámbito material (delimitación material).

2. *Delimitación subjetiva*

El Art. 2.2, de la ley, establece los entes administrativos que conforman la Administración Pública salvadoreña[10], a fin de la aplicación de la LJCA, estos son los siguientes:

a. El Órgano Ejecutivo: Constituye la Administración central, se compone del Presidente, Vicepresidente, Ministros y Viceministros de Estado y demás entes dependientes del mismo, como las Direcciones de los Ministerios. La Constitución delimita las competencias del Presidente (Art. 168) y las del Concejo de Ministros que se componen de todos miembros de todos los Ministros y Viceministros, el Presidente y Vicepresidente, tiene el carácter de organismos colegiado (Art. 167). Pese que la Constitución otorga un capitulo especifico a la Fuerza Armada (Art. 212-216), integra el Órgano Ejecutivo, y está regida por una Jurisdicción especial que conocen de los delitos y faltas puramente militares. No obstante sus actos administrativos, que son dictados fuera de dicha jurisdicción si están sujetos a la JCA.

b. Las actuaciones del Órgano Ejecutivo están sujetas a la personalidad jurídica del Estado, sin embargo cuando sus actos son demandados por un particular ante la SCA, se hace directamente al funcionario o autoridad que dictó el acto administrativo y no al Órgano Ejecutivo directamente.

c. Instituciones Oficiales Autónomas: Estas son entidades descentralizadas, que son creadas en virtud del Art. 225 de la Constitución, donde se aparta de la masa patrimonial de la Hacienda Pública estatal, para constituir una entidad con patrimonio específico y con per-

---

[10]   La SCA en auto interlocutorio del 22 de mayo de 2000, ref. 230-C-2002, ha sostuvo sobre la impugnación de ciertos actos *"...que la Administración Pública salvadoreña a diferencia de otros ordenamientos, no poseen personalidad jurídica única, sino que constituye como una pluralidad de órganos, algunos con personalidad jurídicas y otros no, que realizan función administrativa (...), en este orden de ideas los organismos colegiados y funcionarios directamente son susceptibles de ser demandados en un proceso contencioso administrativo."* En consecuencia, No podrán ser demandados ante la SCA aquellos órganos, que aun cuando dicten actos similares o sujeto al Derecho administrativo, tal es el caso de los particulares, cuando actuando como concesionarios realizan potestades derivadas del contrato administrativo de concesión.

sonalidad jurídica propia, distinta a la del Estado. Dentro de éstas entidades tenemos la Universidad de El Salvador, Instituto Salvadoreño del Seguro Social, la Comisión Hidroeléctrica del río Lempa, Administración Nacional de Acueductos y Alcantarillados, Fondo Social para la Vivienda, y las diferentes Superintendencias que fueron creadas en virtud de los cambios impulsados por la privatización de los Servicios Públicos, como los entes regulados de las entidades prestatarias de tales servicios; tales como la Superintendencia del Sistema Financiero, Superintendencia de Valores, Superintendencia de Pensiones, Superintendencia de Competencia, Superintendencia de Electricidad y Telecomunicaciones, y Defensoría de Protección al Consumidor, entre otras.

d. El Gobierno Local: Según nuestra Constitución en el Art. 200, por una parte lo componen las "Gobernaciones Departamentales", existentes en cada uno de los catorce departamentos de la República, presididas por un Gobernador y un Vicegobernador, son designados por el Presidente de la República, al cual dependen jerárquicamente; estas entidades no tienen personalidad jurídica propia y se integran a la del Estado.

e. Por otro lado de conformidad a los Arts. 202-207, de la Constitución, tenemos las "Municipalidades", cuyos entes son descentralizados, por tanto dotados de personalidad jurídica propia, tienen autonomía en lo técnico, administrativo y económico; sus competencias están delimitadas entre el Alcalde Municipal y el Concejo Municipal y sus dependencias. Constituyen funcionarios de elección popular su mandato es para tres años, pudiendo ser reelectos.

f. Los Órganos Legislativo, Judicial y los Órganos independientes: La LJCA, los incluye que forman parte de manera excepcional cuando realizan únicamente función administrativa, como nombramientos de servidores públicos, sanciones administrativas, adjudicación y extinción de contratos administrativos, puesto que la Constitución les otorga en estricto sentido otras funciones.

Para el caso el Órgano Legislativo, tiene la función de legislar (Art 131.5) y el Órgano Judicial de juzgar y ejecutar los juzgado (Art. 172). Incluso la SCA puede controlar los actos administrativos que emita la Corte en Pleno de la Corte Suprema de Justicia, cuando éstos sean contrarios a la legalidad[11]. En igual circunstancia, sucede con los Órganos independientes, llamados Órganos Constitucionales: la Procuraduría General de la Republica, Fiscalía General de la República, Procuraduría para Defensa de los Derechos Humanos, Corte de Cuentas, Concejo Nacional de la Judicatura y el Tribunal Supremo Electoral.

3. *Delimitación Material*

El Art. 5 de la LJCA, establece que la competencia de la SCA es improrrogable y se extenderá a todo el territorio de la república. Esto en virtud, del carácter privativo de la JCA, que constituyen un orden específico dentro de la Jurisdicción en general de todo el Estado. En consecuencia, asume competencias concretas, que le otorga la LJCA y la Ley Orgánica Judicial. Actualmente, nuestra LJCA, su competencia material está destinada a determinar la ilegalidad de los actos administrativos, y no se extiende el control a otras actuaciones sujetas al Derecho administrativo[12].

---

[11]   A manera de ejemplo *Vid.* la SCA del 21 de octubre de 2009, ref. 281-C-2002, donde se declara ilegal la destitución de un juez.

[12]   Sobre un análisis muy detallado de la Jurisdicción Contenciosa Administrativa salvadoreña, donde apoyamos ampliamente nuestro trabajo son las obras de Gamero Casado, E., *Monografías de Derecho*

A. *Impugnación exclusiva de actos administrativos*

La competencia natural de la JCA, viene representada históricamente, con el fin de fiscalizar la legalidad de los actos administrativos[13] aspecto reconocido en los Arts. 2 y 3 de la LJCA, donde hace una determinación expresa de que actos están sometidos al conocimiento de la SCA; sean estos definitivos o de trámite[14]; reglados o discrecionales incurriendo en desviación de poder[15]; expresos o presuntos denegatorios[16] y presuntos estimatorios[17], y actos nulos de pleno derecho que tienen una particularidad normativa en el derecho salvadoreño, lo cual haremos una referencia especial en el apartado siguiente.

Asimismo, se excluyen del conocimiento de la SCA la impugnación de disposiciones normativas de los reglamentos y ordenanzas municipales de manera directa, lo que es posible la impugnación los actos que se produzcan en aplicación de los

---

Administrativo: La Jurisdicción Contenciosa Administrativa y El acto administrativo, Publicación del Consejo Nacional de la Judicatura y Escuela de Capacitación Judicial, San Salvador, 2001, y Ayala, J. M., *et al.*, *Manual de Justicia Administrativa*, Publicación del Consejo Nacional de la Judicatura y Escuela de Capacitación Judicial, San Salvador, 2003.

[13] El Código Tributario, define legalmente al acto administrativo en el Art. 20 y dice que es *"una declaración unilateral, productora de efectos jurídicos singulares, sean de trámite o definitivos, dictada por la administración tributaria en el ejerció de de su potestad administrativa."* En cambio la SCA lo ha definido de manera más amplia como *"una declaración unilateral de conocimiento, juicio o voluntad, emanada de una entidad administrativa actuando en su faceta de Derecho Publico, bien tendente a constatar hechos, emitir opiniones, crear, modificar o extinguir relaciones jurídicas entre los administrados o con la administración, o bien con simples efectos dentro de la esfera administrativa".* *Vid.* Al respecto Sentencias de la SCA, del 28 de octubre de 1998, ref. 134-M-97 y del 16 de octubre de 1998, ref. 109- A-96. De esto se infiere que el acto administrativo tiene las características siguientes: es un acto dictado por la administración, unilateral, con efectos jurídicos concretos. Esto lo hace diferente al reglamento, sus efectos pueden ser internos y externos de la administración y está sujeto a control ante la propia administración y ante la JCA, por excepción ante el proceso de amparo cuando a través de ellos de infrinjan derechos fundamentales.

[14] La SCA ha establecido un que no todos los actos administrativos de trámite puede ser impugnados por esta vía. Solo los siguientes: a) los que deciden directa indirectamente, el fondo del asunto, b) los que generen una situación de indefensión o un perjuicio irreparable a derechos o intereses legítimos, c) los que impiden continuar el procedimiento. Tal postura ha sido congruente con la doctrina y el Derecho comparado, que sostiene que los actos de trámite son recurribles de forma autónoma por excepción, cuando: *"aún bajo la apariencia de actos procedimentales no resolutorios del fondo del asunto, de hecho vienen a decidirlo, por poner término al procedimiento o suspender o hacer imposible su continuación..."*, acotando que el resto de actos de trámite no son impugnables separadamente, y habrá que esperar a que se produzca la resolución final del procedimiento para impugnarla y plantear entonces todas las irregularidades o vicios de los actos de trámite. *Vid.* Sentencia de la SCA del 14 de octubre de 2003, ref. 199-A-2001.

[15] El Art. 3. b), de la LJCA, establece que constituye como tal: "el ejercicio de potestades administrativas para fines distintos de los fijados por el ordenamiento jurídico."

[16] La SCA, ha manifestado según el Art. 3, a) de la LJCA, constituye la denegación presunta una ficción legal que habilita al particular, la interposición de la pretensión contenciosa administrativa, cuando la autoridad después de haber transcurrido sesenta días hábiles, contados desde la fecha de la solicitud y no ha dado respuesta a su solicitud. *Vid.* Sentencia de la SCA del 11 de noviembre de 1997, ref. 8-U-94.

[17] Los actos presuntos estimatorios no están regulados en forma expresa por la LJCA, sin embargo diversas leyes de orden administrativo establecen el silencio administrativo positivo. Por lo que, un tercero que se vea afectado por el acto estimatorio presunto, puede impugnarlo ante la SCA, tal como podría suceder con el otorgamiento de personalidad jurídica de una asociación, sindicato o partido político que no reúna los requisitos formales, y en virtud del silencio de la administración se le confiera un derecho que se oponga a terceros.

referidos cuerpos normativos, porque tales disposiciones no están conforme a derecho, a esto se le denomina "el recurso indirecto"[18]. Entre otras actuaciones administrativas, tal como nos referiremos posteriormente.

B. *Sobre los actos nulos de pleno derecho*

La determinación de las nulidades de pleno derecho, es una de las dificultades que afronta la normativa administrativa, no obstante la LJCA, en su Art. 7 b). 2, reconoce que dichos actos son recurribles, aun teniendo el estado de firmeza, lo cual hay inexistencia de plazo de impugnación, sobre la lógica que éstos son imprescriptibles, pero sin carácter retroactivo, ya que manda dicho precepto a no afectar los derechos adquiridos.

El inconveniente de éstos, radica en que, los supuestos de nulidades de pleno derecho, no se encuentran tasados en el ordenamiento salvadoreño, es por ello la SCA, en un primer momento se mostró reticente en pronunciarse en estos casos, ya que argüía que por carecer de una ley de procedimientos administrativos le imposibilitaba conocer de ellos. Este criterio posteriormente fue cuestionado por la SC[19], sustentando que a falta de precepto legal expreso, la SCA debía de elaborar a través de la jurisprudencia el elenco de vicios sancionados con nulidad de pleno derecho.

Por tanto, siguiendo esta línea, la SCA[20], por la vía jurisprudencial, estableció que los actos nulos de pleno derecho regulados en el Art. 7 de la LJCA son una expresión de los actos nulos a que se refiere el Art. 164 de la Constitución[21]. En consecuencia, para efectos de la LJCA, la nulidad de pleno derecho en el ordenamiento jurídico-administrativo salvadoreño es una categoría especial de invalidez del acto administrativo, que se configura cuando concurren los supuestos siguientes:

1. *Que el acto administrativo transgreda la normativa secundaria (de carácter administrativo), por haberse emitido en exceso, o fuera de las potestades normativas;*

2. *Que esta vulneración trascienda a la violación del ordenamiento constitucional;*

3. *Que esta transgresión sea concretable en la esfera jurídica del sujeto que alega la nulidad".*

En virtud de lo anterior, es la SCA en cada caso concreto será la que determine si se configura o no tal categoría de nulidad. Esto implica, que no ha de realizarse un

---

[18]   El Art. 3, c) de la LJCA estipula que pueden impugnarse actos administrativos que se pronunciaren en aplicación de disposiciones de carecer general de la Administración Pública, fundada en que tales disposiciones adolecen de ilegalidad.

[19]   Así los sostuvo la SC, en Sentencia de Amparo, del 9 de febrero de 1999, ref. 384-97.

[20]   Esta doctrina ha sido creada por la Sentencia Definitiva de la SCA, del 20 de junio de 2005, ref. 88-V-2002.

[21]   Este Art.164, de manera literal dispone: "*Todos los decretos, acuerdos, órdenes y resoluciones que los funcionarios del Órgano Ejecutivo emitan, excediendo las facultades que esta Constitución establece, serán nulos y no deberán ser obedecidos, aunque se den a reserva de someterlos a la aprobación de la Asamblea Legislativa*". La SCA, en la sentencia citada en la nota anterior, sostiene que el término "*Órgano Ejecutivo*", no debe de entenderse de manera literal, ya que haciendo una interpretación progresista, es aplicable a todos los entes que conforman la Administración Pública.

catálogo cerrado de los supuestos que configuran la nulidad de pleno derecho, sino, compete a la SCA, a partir de tales parámetros determinar cada vez que se alegue, si el vicio que se le presenta encaja en esta categoría. Esto, deja claro el panorama jurídico de la regulación de las nulidades de pleno derecho, que la decisión de la SCA, abre la puerta a que actos considerados en tal calidad puedan ser controlados por la vía jurisdiccional; sin embargo, esto nuestro juicio ocasiona mayor confusión sobre todo por es innegable que la nulidades de pleno derecho son zonas reservadas a la ley.

C. *Exclusiones*

Nuestra LJCA, al igual que muchas leyes, hace referencia a las materias que se encuentran excluidas de la competencia de la SCA, así encontramos en el Art. 4[22], los ámbitos que no son impugnables, aunque es de aclarar que este precepto no debe de entenderse de manera literal, puesto como ya nos referimos la LJCA es una ley preconstitucional, y dicha disposición en algunos aspectos es contraria a la Constitución de la república que entró en vigencia el 20 de diciembre de 1983. En este sentido, la SCA declaró inaplicable el Art. 4 d) y e), respecto a las exclusiones del control de los actos administrativos del Tribunal del Servicio Civil[23] y el Consejo Superior de Salud Pública[24], y que posteriormente la SC la declaró inconstitucional[25].

a. *Actos Políticos de Gobierno*

El Art. 4 a) de la LJCA, excluye expresamente la impugnación de los actos políticos de gobierno, ante la JCA. Estas exclusiones en un Estado de Derecho son contrarias al Derecho al acceso a la justicia, ya que estos actos, al igual que actos discrecionales, están sujetos a requisitos reglados -competencia y procedimiento-, controlables jurisdiccionalmente.

Nuestra Constitución de la República establece una gama de actos políticos de gobierno, que le otorgan a los Órganos del Estado; por una parte que le corresponden al Órgano Legislativo: elección de funcionarios de segundo grado (Art. 131.19),

---

[22]   "El Art. 4. de la LJCA, prescribe: "No corresponderán a la jurisdicción contencioso administrativa: a) los actos políticos o de gobierno; b) la actividad privada de la Administración Pública; c) los actos del Consejo Central de Elecciones y demás organismos electorales relacionados exclusivamente con la función electoral; ch) los actos de la Corte de Cuentas de la República relacionados con la fiscalización de la Hacienda Pública; d) los actos del Consejo Superior de Salud Pública ejecutados en virtud de la facultad que le confiere el artículo 208 de la Constitución Política; e) las resoluciones del Tribunal de Servicio Civil; y f) derogado.
[23]   *Vid.* Sentencia SCA del 28 de abril de 2000, ref. 18-Z-98, así como la del 26 de mayo de 2000, pronunciadas en los procesos 24-O-98 y 59-B-98.
[24]   *Vid.* Sentencia del 29 de octubre de 1996, ref. 108-M-1996
[25]   La Sentencia de la SC Inc., del 22 de octubre de 2004, ref. 9-2003, el fallo literalmente dice: "Declárase de un modo general y obligatorio la letra "e" y por conexión la letra "d" del Art. 4 de la Ley de la Jurisdicción Contencioso Administrativa, emitida por D. L. n° 81, de 14-XI-1978, publicado en el Diario Oficial n° 236, T. 261, correspondiente al 19-XII-1978, contraviene lo dispuesto en el inciso 1° del Art. 2 de la Constitución, al establecer como materias excluidas del conocimiento de la jurisdicción contencioso administrativa los actos del Consejo Superior de Salud Pública ejecutados en virtud de la facultad que le confiere el actual Art. 68 Constitución y la resoluciones del Tribunal del Servicio Civil."

nombramiento de Comisiones Políticas para fines investigativos (Art. 131. 32), elección de designados a la presidencia, indultar (Art. 131. 18) y decretar amnistía (Art. 131.26). En cuanto al Órgano Ejecutivo: designación de embajadores (Art. 171), nombramientos de Ministros de Estado (Art. 162), y Gobernadores Departamentales (Art. 200). La jurisprudencia ha sido tajante en reafirmar que la SCA no tiene competencia en controlar los actos políticos, como ha sucedido en la impugnación de funcionarios de elección de segundo grado[26]. Sin embargo, estos casos como ha sucedido en la designación del Pleno Legislativo de Comisiones Políticas han sido controlables por medio del recurso de inconstitucionalidad[27].

b. *Actividad privada de la Administración*

El Art. 4 b), excluye las actuaciones de la Administración Pública cuando no actúe con poderes soberanos, y cuando intervenga como un particular sus decisiones estarán sometidas ya sea al Derecho civil o mercantil, tales como: Contratos de compraventa, donación, permuta, arrendamiento y demás negocios análogos sobre bienes inmuebles y valores negociables, o los contratos de obras materiales o inmateriales destinados a fines patrimoniales, pecuniarios o lucrativos, las controversias que surjan en este ámbito estarán sometidas al Derecho privado. Sin embargo, apunta la SCA, que cuando se trate de actos derivados con prerrogativas soberanas dentro del trámite de dicha actividad privada, si estarán sujetas a la JCA, por ser verdaderos actos administrativos, sobre la teoría francesa de los actos separables[28].

c. *Actos sometidos a jurisdicciones administrativas especiales*

La LJCA en el Art. 4 ch) y d) excluye materias que se encuentran atribuidas a jurisdicciones administrativas especificas, determinadas en función de la actividad especializadas, aunque esto no signifique que todos sus actos se encuentren exclui-

---

[26]   *Vid.* Auto interlocutorio de la SCA, del 27 de noviembre de 2007, ref. 195-2006, donde declara inadmisible la demanda presentada, cuya pretensión era declarar ilegal la elección de los Magistrados de la Corte Suprema de Justicia, decisión tomada en el Pleno Legislativo del 30 de abril de 2006.
[27]   *Vid.* Sentencias de la SC, Inc., del 21 de diciembre de 2007, causas acumuladas, ref.29-2004/1-2005, sobre la petición de inconstitucionalidad de la elección de la Asamblea Legislativa del tercer Magistrado del Tribunal Supremo Electoral; Sentencia de la SC, Inc. del 1 de diciembre de 1998, ref. 16-98, donde se impugna el Acuerdo Legislativo N° 342, de dos de julio de 1998 presente año, publicado en el Diario Oficial N° 132, Tomo 340, correspondiente al día dieciséis del mismo mes y año, donde se nombra una "*Comisión Especial, para investigar: a) la resolución proveída por la Corte Plena, en el caso del suplicatorio librado por un Juez de instrucción, en la investigación de secuestros imputados a miembros de la Fracción que ahora integra el principal partido de izquierda, b) Que además se le faculte para investigar las implicaciones de otros fallos de la Corte Suprema de Justicia, que hayan puesto en grave riesgo la institucionalidad del estado, la seguridad jurídica y el fortalecimiento del estado de derecho y c) Que también investigue si los fallos de la Corte Suprema de Justicia, a partir de su elección, han sido o son motivados por intereses particulares de cualquier tipo, de los magistrados del máximo tribunal, para el estudio de las implicaciones al estado de derecho*" y Sentencia de la SC, Inc., del 11 de noviembre de 2003, ref. 17-2001, sobre la inconstitucionalidad, en su forma, del Acuerdo Legislativo n° 199, de 20-XII-2000, publicado en el Diario Oficial N° 241, T. 349, de 22-XII-2000, a través del cual se conforma una Comisión Especial que investigue y aporte soluciones con relación al relleno sanitario que utilizan los municipios de San Salvador.
[28]   *Vid.* Sentencia de la SC, Inc., del 22 de octubre de 2004, ref. 9-2003.

dos, ya que los que se refieran a nombramientos, adjudicaciones de contratos, sanciones administrativas entres otros, son competencia de la SCA. Al respecto tenemos, la exclusión de actos relacionados con la fiscalización de la Hacienda Pública, encomendadas a la Corte de Cuentas de la República, (Art. 195 y ss.), puesto que este órgano tiene una estructura jurisdiccional en Cámaras de Primera Instancia y la Cámara de Segunda Instancia, competente en resolver el ámbito del control y vigilancia del gasto de fondos públicos y manejo de bienes de parte de autoridades y funcionarios públicos. Le corresponderá tramitar los procedimientos administrativos-contables para establecer la responsabilidad patrimonial en la realización de las actividades administrativas antes referidas.

Por otra parte, está el Tribunal Supremo Electoral, y demás organismos electorales (Juntas Departamentales, Juntas Municipales y Mesas Receptoras de Votos) sus actos no son justiciables ante la SCA, cuando estos se refieran estrictamente a los procesos electorales, incluso su jurisprudencia ha incorporado dentro del elenco de actos no fiscalizables en sede contenciosa administrativa, los que deniegan la inscripción de Partidos Políticos[29].

En este caso, a nuestro juicio es criticable ya que se trata de una actividad sujeta aspectos reglados y no en *"estricto sensu"* función electoral encomendada al Tribunal Supremo Electoral.

d. *Otras exclusiones*

La actividad contractual, en el orden salvadoreño está regulada por la Ley de Adquisiciones y Contrataciones de la Administración Pública (en adelante LACAP). La LJCA no excluye expresamente el control, pero la SCA ha sostenido que cuando se trate de conflictos propios del contrato, como la interpretación y ejecución del mismo no es de su competencia[30]. Dado que, la LACAP en los Arts. 161 y ss., ha articulado el trato directo y el arbitraje de derecho para tal fin. Por tanto, el laudo arbitral que resuelve el conflicto contractual, es impugnado ante los tribunales civiles y mercantiles según sea el caso, y no ante la SCA.

Solamente ha reconocido la impugnación de los actos de preparación, adjudicación del contrato y las multas que pueda imponer la Administración[31], como consecuencia del incumplimiento del mismo. Asimismo, la SCA ha sostenido que le corresponde conocer, cuando la Administración da por extinto el contrato, por medio de declaratoria de caducidad del contrato administrativo[32].

---

[29]   *Vid.* auto interlocutorio del 20 de junio de 2006, ref. 105-L-2004, donde se declara inadmisible la demanda presentada por representantes del Partido Políticos de los Trabajadores. Por considerar que la denegatoria de inscripción constituye función electoral.
[30]   *Vid.* Sentencias de la SCA, del 7 de agosto de 2001, ref. 161-C-2000, y del 25 de febrero de 2003, ref. 99-S-99.
[31]   *Vid.* Sentencia de la SCA, del 21 de diciembre de 2004, ref. 19-J-2001.
[32]   La Sentencia de la SCA, del 9 nueve octubre de 2002, ref. 83-D-2000, al respecto pronunció: "En este contexto de interpretación, la competencia para declarar la caducidad de los contratos corresponde al órgano de la administración contratante, como una potestad propia del régimen de contratación administrativa. Pretender que la caducidad deba declararla en todo caso el Juez, reñiría también con los principios de celeridad y agilidad. Tal potestad en manos de la administración, precedida de un procedimiento ágil, evita que el interés

Por circunstancias análogas podría controlarse el acto donde se rescata el servicio concesionado, y el acto donde se revoca el servicio público concesionado por razones de interés público.

Además son materias ajenas – no obstante se encuentran excluidos expresamente-, pero lo SCA lo ha sostenido de manera implícita, se encuentran excluidas la vía de hecho de la Administración, la inactividad de la Administración por falta de prestación de servicios públicos. Mientras que la actividad de los entes concesionarios, por no considerarse actos emanados de la Administración, no son impugnables ante la SCA de manera directa.

III. EL PROCESO CONTENCIOSO ADMINISTRATIVO

1. *Principios básicos*

El proceso contencioso administrativo, en nuestro país es un verdadero juicio, cuya finalidad es la defensa de los derechos o intereses legítimos del administrado, que hayan sido vulnerados por la Administración. Tiene como propósito de reafirmar y fortalecer la legalidad misma, al tener el carácter revisor de las actuaciones administrativas. Nos encontramos ante un verdadero proceso jurisdiccional, donde las partes procesales -ante jueces especializados- tienen todos los derechos y garantías constitucionales para hacer valer sus pretensiones y alegaciones en iguales condiciones, presentando todo tipo de prueba distinta a la que se presentó en sede administrativa, salvo la proscrita por la LJCA.

En consecuencia, al tenor de nuestra LJCA, se configuran principios procesales que deben de respetarse y que resultan del Derecho Procesal en general. Siguiendo a Gamero Casado[33], la mayor parte derivan del Derecho de protección jurisdiccional[34],

---

público se vea afectado por la paralización de las obras o del servicio contratado ante el incumplimiento del particular (…). En el caso en análisis, al regular la revocación, como otra forma de extinción de los contratos, la LACAP en su Art. 100. 3, dispone que: La revocación del contrato se acordará por la institución contratante, *de oficio o a solicitud del contratista, y en todo caso al tomar dicho acuerdo, deberá considerarse lo expresado en el contrato mismo y lo dispuesto en la ley.* Se puede entonces afirmar que el espíritu del legislador fue conferir a la administración, no solo la potestad de revocar los contratos celebrados por ella, sino también darlos por caducados y consecuentemente extintos.

[33]   Gamero Casado, E., *op.cit.*, p. 9-15.

[34]   La SC lo ha reconocido que es un Derecho fundamental y lo ha instaurado con la esencial finalidad de darle vida a todas las categorías jurídicas subjetivas integrantes de la esfera jurídica del individuo, al poder validamente reclamar frente a actos particulares y estatales que atenten contra la conservación, mantenimiento, defensa y titularidad de tales categorías. Todo ciudadano de acudir al órgano estatal competente para plantearle, por la vía procesal, cualquier vulneración constitucional en la conservación, defensa, mantenimiento y titularidad de sus derechos. Y es que, la Constitución obliga al Estado Salvadoreño a dar protección jurisdiccional integral a todos sus miembros, frente a actos arbitrarios e ilegales que afecten la esfera jurídica de los mismos, y a través del instrumento heterocompositivo –también creado constitucionalmente- diseñado con tal finalidad: el proceso jurisdiccional en todas sus instancias y en todos sus grados de conocimiento. En tal sentido el proceso como realizador del derecho a la protección jurisdiccional, es el instrumento de que se vale el Estado para satisfacer las pretensiones de los particulares en cumplimiento de su función de administrar justicia. (Vid Sentencia de Amparo del 16 de octubre de 2006, ref. 407-2004). El nuevo Código Procesal Civil y

del que constituye manifestaciones singulares, dentro de los cuales podemos destacar los siguientes:

a. Principio contradictorio: Su fundamento nace del Derecho de defensa, donde las partes dispondrán de todos los instrumentos procesales oportunos para hacer valer sus pretensiones y probaran los hechos que alegan en su propio beneficio.

b. Principio de audiencia: Tiene una gran relación con el Derecho de protección jurisdiccional, y la garantía de audiencia recogida en el Art. 11 de nuestra Constitución. Por tanto, se exige la participación en el proceso contencioso administrativo de todos los sujetos afectados por el acto administrativo, en cuanto a sus derechos e intereses legítimos, que pudieren verse afectados en la sentencia definitiva o al momento de decretar la tutela cautelar.

c. Principio *pro accione*: Supone que los preceptos de la LJCA deben de interpretarse en un sentido favorable para la obtención de una tutela de fondo sobre las pretensiones de las partes. Deben de eliminarse los obstáculos formales que impidan sobre todo el acceso a la justicia contenciosa administrativo, en todo el proceso debe evitarse demasiada rigurosidad ceremonial en los escritos y alegaciones. Nuestra ley en alguna medida, no responde a este principio, puesto que el Art. 50 le exige a los particulares en la demanda y todo escrito deberá llevar firma y de Abogado director.

d. Principio de oficialidad: El juez contencioso administrativo, tiene un conjunto de facultades, a fin de ordenar e impulsar la tramitación del proceso. Se manifiesta su operatividad en la fase de la admisión de la demanda, ya que el juez debe de oficio analizar los requisitos formales de la demanda que estipula el Art. 10 de la LJCA, pero conforme al principio *"pro actione"*. En el trascurso del proceso según la facultades que le otorga los Arts. 47 y 48 de la LJCA, podrá subsanar vicios que causaren nulidad de los actos procesales, y podrá solicitar cualquier prueba de oficio para mejor proveer, es por ello que en nuestro proceso contencioso administrativo, cuando se admite la demanda obliga a la administración a enviar el expediente administrativo.

e. Principio rogatorio o dispositivo: El proceso contencioso se inicia a instancia de parte. Del mimo modo la SCA no podrá introducir nuevas pretensiones planteadas inicialmente. Esto está ligado al principio de congruencia, recogido en el Art. 32 de la LJCA, puesto que el juez solo puede fallar sobre los argumentos presentados en la demanda, contestación de la demanda y en las alegaciones. Es decir la sentencia solo podrá abordar únicamente las cuestiones que hayan sido de debate durante el proceso contencioso. Excepcionalmente se podrá apreciar los vicios que causaren nulidad de pleno derecho, por su gravedad justifican el conocimiento de oficio por el juez y su pronunciamiento sobre el asunto.

2. Presupuestos procesales para la iniciación del Proceso

Al iniciar el proceso contencioso administrativo, por su naturaleza les confieren potestades a los jueces de examinar requisitos formales, con el fin de conocer del fondo del asunto y resolver la controversia trazada en la demanda. Nuestra LJCA en el Art. 7, estipula aspectos fundamentales que el demandante al plantear sus pretensiones, esto son los siguientes:

Mercantil próximo a entrar en vigencia, lo ha instaurado en el Art. 1 como un principio esencial en que se fundamenta el proceso.

a) Agotamiento de la vía administrativa: La LJCA, dispone el agotamiento de los recursos administrativos de parte del particular previo a que, acuda ante la SCA a interponer la demanda. Por carecer de una ley de procedimientos administrativos, existe una dispersión de recursos administrativos, por tanto, regulación de éstos no son uniformes en cuanto, tipo, requisitos, plazos de interposición y tramitación del recurso. Esta dispersión le ocasiona una carga procesal para el administrado, antes de presentar la demanda contenciosa administrativa.

Sin embargo, existen básicamente tres formas de agotar la vía administrativa en el ordenamiento salvadoreño[35]: la primera es interponer los recursos administrativos pertinentes en tiempo y en forma (Art. 7.1, LJCA), la segunda cuando una ley diga expresamente o que se entienda de manera implícita[36], que un determinado acto da por agotada la vía administrativa; y la tercera modalidad es el ejercicio potestativo de la utilización de los recursos administrativos o directamente presentar la demanda contenciosa administrativa[37]. Por tanto, los particulares, que no cumplan este requisito, la SCA, le declarará la demanda inadmisible, por tener el acto el carácter de consentido. En igual sentido, si la impugnación recae en actos que sean reproductorios o definitivos de actos anteriores

b) La doctrina jurisprudencial de la SCA, en principio sostenía que la regulación de los recursos administrativos debía estar contemplada en ley formal, caso contrario, no era obligación del particular su interposición previa, para promover el proceso contencioso administrativo, por ser ilegal. Sin embargo es la SC, que viene a modificar el criterio que cuando nuestra Constitución se refiera al término "leyes", deberá entenderse en un sentido material y no solamente formal. Consecuentemente el régimen de recursos administrativos según dispone el Art. 7 a) de la LJCA, podrá hacerse por la vía reglamentaria o legislativa[38].

El plazo para presentar la demanda: El Art. 10 de la LJCA, estipula los requisitos formales, que deben cumplir la demanda, caso contrarío la SCA prevendría al actor, para que las subsane, dentro del plazo de tres días, de no hacerlo se declara inadmisible. En relación al plazo la SCA, ha sido categórica que de conformidad a los Arts. 11 a) y b) y 12 de la LJCA al señalar que la inadmisibilidad de la acción contenciosa administrativa[39], se encuentra condicionada al supuesto que se ejercite dentro del plazo de sesenta días hábiles contados al día siguiente de la notificación de la resolución administrativa que se impugna, o desde el día siguiente al de la publicación del acto en el Diario Oficial, si no hubiese sido notificado.

En cuanto a la denegación presunta se determinará al día siguiente cuando se entienda desestimada la petición. Finalmente, cuando se inicia un proceso de lesividad, el plazo se contará a partir de la publicación en el Diario Oficial del acuerdo de lesividad. Este plazo es perentorio, la acción caduca si no se intenta en la forma y el plazo establecido con anterioridad[40].

---

[35]   Sobre un breve comentario del tema puede consultarse mi trabajo: *Los Recursos Administrativos: Una referencia a la normativa universitaria*, en "Revista de Derecho", Universidad de El Salvador, Num. 1, época VI, 2006.

[36]   A guisa de ejemplo podemos mencionar los actos de la Administración que extinguen un contrato administrativo, según los Arts. 100 y ss., de la LACAP.

[37]   En el ordenamiento salvadoreño, se tiene las disposiciones de las leyes administrativas siguientes: Art. 97 de la Ley del Medio Ambiente, Art. 55 de Ley de Áreas Naturales Protegidas, Art. 148 de Ley de Protección al Consumidor, Art. 48 de la Ley de la Superintendencia de Competencia.

[38]   *Vid.* sentencia de la SCA, del 18 de noviembre de 2002, ref. 135-G-2002, y auto interlocutorio del 8 de enero de 2003, ref. 69-F-2002.

[39]   *Vid.* sentencia de la SCA del 27 de septiembre de 1995, ref. 21-H-91; en igual sentido autos interlocutorios del 6 de enero de 2003, ref. 293-C- 2002, del 8 de enero de 2003, ref. 291-C-2002.

[40]   La SCA ha reconocido la interposición de recursos no reglados, que tienen como efecto que si éstos son resueltos en forma desestimatoria por la Administración, dentro de los sesenta días posteriores al

IV. LOS SUJETOS DEL PROCESO CONTENCIOSO ADMINISTRATIVO

Al igual que en todo proceso en el contencioso administrativo existen sujetos que se encuentra ligados por la *litis* iniciada con la demanda[41]. Para intervenir en él, deberán de tener la capacidad procesal, que en nuestro ordenamiento se rige por el Derecho común, y sólo la tendrán, los que estén el pleno ejercicio de sus derechos civiles, y plena capacidad jurídica de obrar[42]. Los que ostenten dicha calidad, podrán comparecer en el proceso mediante apoderado, que es meramente potestativo en nuestro proceso contencioso administrativo, la LJCA exige únicamente, según el Art. 50, la firma y sello de Abogado Director que deberán de estamparse al pie de la demanda. El Art. 9 a) de la LJCA, estipula para la comparecencia de los menores de edad, tendrán que hacerlo por medio de su represéntate legal -padres o tutores- según sea el caso.

1. *La Legitimación activa*

Este tema reviste relación con las ideas antes expuestas, porque la legitimación indica quienes son los verdaderos titulares de la relación material –pretensor y demandado- que se intenta dilucidar en el ámbito del proceso, y cuya participación procesal es necesaria para que la sentencia resulte eficaz[43]. Presupone que no toda persona con capacidad procesal puede ser parte en un proceso, sino únicamente las que se encuentren en determinada relación con la pretensión. En este sentido, si las partes

---

primer acto, la nueva declaración de voluntad de la administración produce el efecto de suspender el plazo para acceder a esta jurisdicción. A "*contrario sensu*", una vez que el acto adquiere firmeza, la interposición de cualquier recurso (reglado o no), no puede modificar el contenido del acto controvertido, y en caso de ser resuelto por la Administración, resulta ser un acto confirmatorio posterior por tanto no impugnable ante esta jurisdicción de acuerdo al Art. 7, b) de la LJCA. De acuerdo al Derecho al acceso a la jurisdicción, resulta potestativo para el administrado la impugnación de la resolución que desestima el recurso no reglado, pues como ha sido advertido en líneas anteriores, su único efecto es habilitar un nuevo cómputo de sesenta días para interponer la demanda contenciosa administrativa de acuerdo al Art. 11 LJCA. *Vid.* Sentencia del 23 de diciembre de 2004, ref. 155-S-2002.

[41]   Así lo sostiene Gimeno Sendra, V., *et al.*, *Derecho Procesal Administrativo*, Ed. Tirant lo Blanch, Valencia, 1993, p. 204. La SCA en Sentencias de la SCA del 17 de noviembre de 1998, Ref. 22-H-92 y otra de la misma fecha, ref. 20-H-91, establecen que la pretensión objeto del juicio -declaratoria de ilegalidad del acto impugnado- si el demandante no es un legítimo contradictor. Es decir, no podrá obtener un pronunciamiento de fondo ante su pretensión -un análisis de la legalidad del acto administrativo- un sujeto que no se encuentre en tal condición.

[42]   Echandía D., *Teoría General del Proceso*, 3ª edición, Ed. Temis, Bogotá, 1985, p. 269, sostiene que cualquier sujeto que desee comparecer a un tribunal en un proceso judicial, ya sea como sujeto activo o como sujeto pasivo "*...necesita poseer legitimación "ad processum" y legitimación "ad causam" La primera es la capacidad de comparecer en procesos judiciales por sí mismo. Esta capacidad procesal la poseen, en su caso, todos los entes que tienen personalidad jurídica, y que tengan conforme al derecho sustancial, capacidad para realizar actos jurídicos válidos por sí mismos. Es decir que todo sujeto de derecho que tenga capacidad jurídica de ejercicio, posee también la capacidad de comparecer en un proceso judicial. La legitimación "ad causam" consiste en "ser la persona que, de conformidad con la ley sustancial, puede formular o contradecir las pretensiones contenidas en la demanda (...) por el sujeto activo o pasivo de la relación jurídica sustancial pretendida (...) que deben ser objeto de la decisión del juez..."* En el mismo sentido Vescoví, E., *Teoría General del Proceso*, Ed. Temis, Santa Fe, Bogotá, 2ª edición, 1999. p. 159, y ss.

[43]   *Vid.* González Pérez, J., *Derecho Procesal Administrativo Hispanoamericano*, Ed. Temis, Bogotá, 1985, p. 115.

carecen de legitimación el desarrollo de todo el proceso no servirá para solucionar el concreto conflicto intersubjetivo que se somete al enjuiciamiento de los Jueces y Tribunales. Condiciona la eficacia misma de la sentencia que se pronuncia sobre el objeto procesal[44].

En el proceso contencioso, pueden presentar la demanda para pretender la declaratoria de ilegalidad de actos de la Administración Pública, los titulares de un derecho que se considere infringido, y quien tenga un interés legítimo y directo en ello, según lo prescrito por el Art. 9 de la LJCA. Existen dos requisitos que contiene la legitimación, veámoslos a continuación cuales son:

a. Titularidad de un derecho: Constituye una situación jurídica individualizada, reconocida por el ordenamiento jurídico a favor de un sujeto determinado. El derecho no es una mera expectativa jurídica, sino una situación que existe en el momento presente. Puede derivar tanto de un acto como de una norma jurídica; pero según la literalidad de la Ley, sólo cuentan con legitimación quienes ostenten un derecho que esgrimir frente a un acto.

b. Interés Legítimo: Es la relación unívoca existente entre el sujeto y el objeto de la pretensión (acto o disposición impugnados), de tal forma que su anulación produzca automáticamente un efecto positivo (beneficio) o negativo (perjuicio), actual o futuro pero cierto. Los titulares de derechos e intereses legítimos pueden ser tanto personas físicas como jurídicas, y dentro de estas últimas, cualesquiera de ellas. En este sentido, puede suceder que determinadas personas jurídicas representen el interés conjunto de una agrupación de personas físicas. Como ocurre con las asociaciones, corporaciones, partidos políticos, sindicatos, o cualesquiera otras formas de personificación de agrupaciones de sujetos privados de carácter asociativo. Son una agrupación de intereses individuales, y por consiguiente, ostentan el mismo interés colectivo que es propio de cada uno de sus miembros. Por tanto, se les debe reconocer legitimación procesal para la defensa de los derechos e intereses legítimos de sus componentes relacionados con el ámbito de actuación propio de la entidad[45].

2. Legitimación e intereses difusos

La referida concepción doctrinal sobre el interés legítimo que se reconoce el Art. 9 de la LJCA, no se ajustaba a literalmente a todos aquellos que se encuentren en una situación supraindividual, por tanto, la SCA interpretó de forma amplia o extensiva el sentido del contenido del referido artículo, más allá de la perspectiva individual o personalizada; ya que se suscitan hoy en día, una multiplicidad de controversias de horizonte diferente, que también deben ser resueltas bajo la concepción de lo que se conoce como interés difuso[46], a fin de potenciar el Acceso a la Jurisdicción a todos aquellos que ostenten de manera suficiente y razonable tales intereses[47].

---

[44]   Vid. Sentencias de la SCA del 17 de enero de 1997, ref. 29-H-95 y del 15 diciembre de 1997, ref. 32-F-96.

[45]   Vid. Auto interlocutorio del 12 de mayo de 2005, ref. 354-C-2004.

[46]   Vid. El Auto interlocutorio de la SCA, del 7 de febrero de 2007, ref. 301-2006, donde se admite la demanda presentada por la Asociación Herencia Natural y de la Federación Unidad Ecológica Salvadoreña, contra el Ministro de Medio ambiente y Recursos Naturales (MARN), por haber emitido la resolución número 6314-5227-2007, de fecha cinco de mayo de dos mil seis, en la que se otorga permiso ambiental al proyecto denominado "Ampliación de campo de golf exclusivamente del Club Campestre Cuscatlán", el cual considera nulo de pleno derecho. En igual sentido, el Auto interlocutorio de la SCA, del 26 de marzo de 2007,

El titular del denominado "interés difuso"[48], lo es porque ha sido extendida o proyectada hacia otros sujetos que se encuentran en igual o semejante situación jurídica. Comprende una amplísima gama de verdaderos derechos vitales no susceptibles de titularidad exclusiva, como la calidad de vida, preservación del medio, defensa de los derechos del consumidor, la tutela de la fauna, etc., los cuales no pueden quedar en desamparo. En consecuencia, la legitimación desde la anterior perspectiva, lo podrían ejercer, las personas directamente afectadas, las comunidades que no tengan personalidad jurídicas, la propia Administración, el Procurador para la Defensa de los Derechos Humanos, y por supuesto las asociaciones que ostentan un reconocimiento social en la protección del medio ambiente[49].

En síntesis, puede señalarse que el interés legítimo además de ser personal y directo puede ser colectivo e indirecto. Se puede hablar de un interés en el que el éxito de la acción puede conllevar la obtención de beneficios o perjuicios por vía indirecta o refleja. A partir del cambio de precedente jurisprudencial de la SCA, se considera como parte de la esencia del interés legítimo, una vertiente de naturaleza colectiva, a partir de la cual pueden suscitarse una multiplicidad de controversias de modalidad diferente; no sólo en los derechos e intereses individualizados, sino que también, los que se encuentran identificados bajo la concepción de lo que se conoce como interés difuso.

---

ref. 73-2007, la SCA admite la demanda presentada, por la Fundación de Vecinos del Arrecife de los Cóbanos, que se abrevia FUNDARECIFE, contra el MARN, por haber emitido la Resolución MARN-N° 7440-1360-2006, de fecha quince de diciembre de dos mil seis, en la que se otorga permiso ambiental a la Sociedad Jordán S.A. de CV, para realizar ciertas actividades relativas a la construcción de un embarcadero de lanchas con capacidad máxima de 128 lanchas de diferentes dimensiones.

[47] Cuando se desarrolla la categoría de los intereses difusos nos enfrentamos a una terminología oscura por naturaleza, que niega en principio los dogmas clásicos del derecho individual, acepta y potencia la necesidad de tutela para las personas vinculadas por una necesidad común. Los primeros antecedentes los encontramos en algunos escritos de la doctrina italiana de 1911 y 1912, en estos trabajos se pone de manifiesto la problemática de la existencia de intereses propios de una pluralidad de personas y se analizaba la posibilidad de que fueran defendidos por los sujetos privados cuando la protección, a través de los poderes públicos fueran insuficientes. Esto se vio potenciado con el surgimiento del movimiento obrero, lo cual articulaban formas de solidaridad colectiva que obligan al Estado a replantear algunos esquemas tradicionales. *Vid.* Armijo Sancho, G. A., *La Tutela Constitucional del Interés Difuso*, 2ª edición, Ed. Investigación Jurídica S.A., San José de Costa Rica, 1999, p. 41.

[48] La SC reconoció la teoría de los intereses difusos con el auto de admisión de la demanda de Amparo incoado contra la Oficina Planificadora del Área Metropolitana de San Salvador y el Servicio Forestal y de Fauna del Ministerio de Agricultura y Ganadería, proveído el 26 de marzo de 1998 se estableció que, en los supuestos de protección de los intereses difusos, adquiere legitimación procesal para plantear la pretensión de Amparo, cualquier persona que considere que se le ha vulnerado un derecho de naturaleza difusa, sin necesidad que intervengan en el proceso los demás titulares de tal derecho. En consecuencia cualquier ciudadano tiene la acción popular cuando una entidad estatal o empresarial vulnere el derecho fundamental a un medio ambiente sano.

[49] Nuestra Ley del Medio Ambiente en el Art. 101, amplia la legitimación, en consonancia con los intereses difusos para ejercer interponer la demanda civil de reparación de daños ambientales causados a la comunidad, estos son: a) La persona natural o jurídica que haya sufrido el daño de manera indirecta e inmediata; b) Por cinco ciudadanos miembros de una comunidad, que carezca de personalidad jurídica, debiendo adjuntar a la demanda los nombres y apellidos números de documentos únicos de identidad, lugar de residencia, firma o huella digital del pulgar de la mano derecha de las personas que conforman la comunidad; y c) El Fiscal General de la República, así como el Procurador para la Defensa de los Derechos Humanos".

3. *Legitimación pasiva*

En el proceso contencioso, la legitimación pasiva no corresponde al funcionario de turno, sino al cargo u órgano institución. Es así que los funcionarios no han sido demandados en su carácter personal, sino precisamente como funcionarios de la Institución. De lo anterior se colige que de conformidad a lo preceptuado en el Art. 10 letra b) de la LJCA[50] está permitido demandar ya sea a los funcionarios o autoridades a través de quienes las entidades realizan las funciones, o a la entidad misma, y que en concordancia con tal postura, las disposiciones de la ley de la materia hacen referencia a "la autoridad o funcionario demandado", es decir, se reitera que será parte en el proceso contencioso -y debe intervenir como tal- el ente u órgano emisor del acto. En consecuencia, tendrán las facultades para presentar el informe que justifiquen la legalidad del acto administrativo (alegaciones previas), es decir la contestación de la demanda (Art. 24 LJCA), así como, las pruebas a favor de la Administración y alegaciones conclusivas dentro del proceso(Art. 26. 27 y 28 de la LJCA).

Además, esto conlleva la imposibilidad de que un órgano de una determinada Administración recurra contra los actos de otros órganos que forman de la misma estructura jerárquica, salvo que la misma se decida iniciar un proceso de lesividad, según se prescribe el Art. 8 de la LJCA. En este sentido, es Ilustrativo el ejemplo de GAMERO CASADO[51], donde manifiesta que la Dirección General de Impuestos Internos y Aduanas no puede interponer un recurso contencioso contra el Tribunal de Apelaciones de Impuestos Internos y Aduanas.

Sin embargo, la SCA ha reconocido los contenciosos interadministrativos[52] entre administraciones, cuando una de ella dicte actos administrativos que afecten derechos o intereses legítimos de otra. Esto virtud, que la Administración Pública salvadoreña se compone de diversos órganos administrativos que tienen personalidad jurídica propia, que le da la calidad de actuar por sí sola.

4. *Otros sujetos intervinientes*

A. *La calidad de tercero en proceso contencioso administrativo*

El Art. 14 de la LJCA, reconoce el tercero como parte en el proceso contencioso administrativo y sólo podrá concurrir cuando el acto que se impugna le beneficia o perjudica. De hecho el Art. 9 de la LJCA, estipula como requisito formal de la demanda la existencia de un tercero en las condiciones antes descritas, para que la SCA le notifique todas las resoluciones que se deriven dentro del proceso, para que se pueda apersonar en el mismo o pueda ser uso de sus derechos y garantías procesales reconocidas constitucionalmente.

---

[50] Es el "Órgano Institución" que se encuentra pasivamente legitimado en el proceso contencioso administrativo. *Vid.* Sentencia del 25 de septiembre de 1998, ref. 37-G-95.

[51] Gamero Casado, E., *op.cit.*, p. 74.

[52] A manera de ejemplo tenemos la Sentencia de la SCA, del 29 de julio de 2004, ref. 266-M-2002.

No obstante, el tercero no podrá postular en la demanda una pretensión con el actor, no está facultado para retrotraer los trámites procesales ya cumplidos, entra al proceso en el estado en que se encuentre, sin alterar el mismo, es decir no podrá modificar el *"thema dicendi"* que está circunscrito a las partes principales . Sólo podrá plantear argumentos y exponer alegaciones, ya sea oponiéndose o arguyendo a favor del actor.

Su intervención surte efecto al momento de emitir la sentencia definitiva, ya sea manteniéndose su derecho o sucumbiendo en las pretensiones con el actor, condenándole en costas y en daños y perjuicios si diere lugar.

B. *El Fiscal General de la República*

El Art. 13 de la LJCA, establece la intervención en el proceso contencioso el Fiscal General de la República, en defensa de los intereses del Estado y de la Sociedad. Este mandato es una particularidad de nuestro proceso, ya que su función se limita a dar informes u opiniones imparciales sobre las pretensiones de las partes, sin que sus argumentos puedan incidir en el fallo correspondiente. Inclusive nada le impide solicitar la presentación de pruebas para esclarecer los hechos. Sin embargo, a tenor del Derecho procesal moderno, su intervención de *"amicus curiae"* se prescindirá, cuando sea éste el que interponga la demanda en el ejercicio de sus funciones constitucionales, en defensa de la legalidad y de los intereses del Estado.

V. LA TUTELA CAUTELAR

1. *Presupuestos básicos*

La tutela cautelar[53] constituye una necesidad esencial del proceso contencioso administrativo, sobre todo a favor del particular que suele ser mayormente vulnerable

---

[53]   Según la jurisprudencia constitucional, ha establecido que las medidas cautelares tienen los caracteres siguientes: a) *instrumentalidad*: Las medidas cautelares están predeterminadas, en general, al aseguramiento de una decisión definitiva, es decir, debe atender a la eficacia práctica de la resolución definitiva que pretende asegurar; b) *provisionalidad*: Sus efectos tienen duración limitada, es decir, no aspiran a trasformarse en definitivas, sino que por su naturaleza están destinadas a extinguirse en el momento en que dicte la resolución sobre el fondo del asunto o desaparezcan las razones que la motivaron; c) *urgencia*: No basta para su pronunciamiento la idea de peligro, sino que precisa que exista en sí, pues de no proveer a él rápidamente, el peligro se transformaría en realidad; d) *alterabilidad*: Es decir, son variables y aun revocables, siempre de acuerdo al principio *"rebuc sic stantibus"*, esto es, cabe su modificación en cuanto se altere el estado sustancial de los datos reales sobre los cuales la medida se adoptó – aumento o disminución del *periculum in mora*, desaparición del mismo o disminución del *fumus boni iuris*–; y e) *No surten efectos de cosa juzgada*: Su especial objeto, su instrumentalidad, su variabilidad y especial provisionalidad, excluyen la duración de los efectos de una decisión en que consiste la cosa juzgada. *Vid*. Sentencia de la SC Inc. del 12 de julio de 2005, ref. 59-2003. Sobre un amplio desarrollo de los caracteres de las medidas cautelares en el proceso contencioso administrativo Rodriguez Arana-Muñoz, J., *Funcionalidad de las medidas Cautelares en el sistema contencioso administrativo (Especial referencia al Derecho Español*, en "Congreso Iberoamericano de derecho administrativo (Discrecionalidad, Justicia Administrativa y entes reguladores)", Vol. I, Panamá 2009, Pag. 36-39. Padros, R.

dentro del proceso[54]. Con su imposición se pretende evitar las posibles frustraciones, tanto de la tramitación del proceso, como de la efectividad de la sentencia que lo culmina, en caso de ser estimatoria; se pretende asegurar el cumplimiento de la decisión de fondo.

Las medidas cautelares son las herramientas procesales a través del cual, se persigue dotar de eficacia la decisión que dicte el órgano jurisdiccional pronunciarse sobre el fondo del asunto sometido a su conocimiento[55].

La SCA, podrá acordarla la medida cautelar al admitir la demanda (Art. 16.1 LJCA), ante la amenaza presentada por los efectos del acto; en el transcurso o tramitación del mismo a solicitud de cualquiera de las partes (Art. 20 a 22 de la LJCA); aunque la LJCA, no lo prescribe expresamente, haciendo una integración con el Derecho procesal común podría solicitarse como acto previo de la demanda y funcionalmente operaría como una verdadera medida precautelar. En los casos en que la SCA, ordene a la autoridad o funcionario suspender los efectos del acto impugnado y no obedeciere el mandato judicial, se aplicaran las mismas reglas dadas para el incumplimiento de la sentencia definitiva (Art. 19, 36 y 37 de la LJCA).

2. Requisitos de la tutela cautelar en el proceso contencioso

La LJCA, ha considerado como única medida cautelar[56] y exclusiva, *"la suspensión de los efectos del acto impugnado"* (Art. 16.1). En la jurisprudencia más reciente, la SCA ha tomado en consideración y analizado por lo general al momento de otorgar la suspensión de la ejecución de los efectos del acto administrativo impugnado, como únicos requisitos: primero, que mediare petición de parte y, segundo, que se tratase de un acto capaz de producir efectos positivos. De acuerdo con lo anterior, la SCA interpreta que la suspensión requiere previamente el examen y valoración de todos los requisitos que determina la ley, de modo que, ésta no constituya en el proceso contencioso administrativo salvadoreño una medida cautelar automática que atienda la sola petición y el efecto positivo que del acto derive.

Conforme a las consideraciones expuestas, son tres los requisitos que deben examinarse en cada caso para efecto de resolver la procedencia de la suspensión del acto, éstas son:

1°) Que sea un acto capaz de producir efectos positivos (Art. 16 LJCA); es decir que mediante sus efectos sea capaz de crear, modificar o dejar sin efecto una situación preexistente a su emisión. Precisamente, es la consolidación de esa nueva situación, que altera un *"statu quo"* determinado, es lo que se pretende evitar mediante la suspensión de los efectos del acto prevista por la ley (*fumus boni iuris*).

S., *La tutela cautelar en la jurisdicción contenciosa administrativa*, Ed. *Lexis Nexis*, Buenos Aires, 2005, P. 137 y ss.

[54] Al respecto puede consultarse: Marinoni, L. G., y Arenhart, *Processo Cautelar*, Ed. Revista Dos Tribunais, São Paulo, 3ª reimpresión, 2008.

[55] Así lo ha prescrito la SC, en Inc. del 12 de julio de 2005, ref. 59-2003.

[56] Nuestra LJCA, no se prescribe el término de tutela cautelar, ni medida cautelar, solamente la suspensión de los efectos del acto, aunque ha sido la jurisprudencia citada en *supra*, la que se ha referido a ella con dicha denominación.

2º) Que exista un daño irreparable o de difícil reparación por la sentencia (Art. 17 LJCA). *"Se entiende que puede existir un daño irreparable cuando no pudiere restituirse el bien jurídico lesionado íntegramente si se consuman los efectos del acto; y que el daño provocado por la consumación del mismo sea de difícil reparación cuando la situación alterada es difícil de ser restablecida por la sentencia."*

El daño –como parámetro de procedencia de la medida cautelar- está íntimamente vinculado con los efectos del acto sobre la esfera jurídica del destinatario, en relación con la duración del proceso (*periculum in mora*).

Corresponde, entonces, a quien solicita la suspensión, proporcionar los elementos objetivos con los cuales acredite, cuando menos de forma indiciaria, las razones por las que considera que los posibles daños y perjuicios que pudieran derivarse de la inmediata ejecución del acto impugnado no serían reparados efectivamente por la sentencia. En función de los caracteres de de la tutela cautelar (la provisionalidad) la suspensión del acto no causa estado (Art. 23 LJCA), si cambian las condiciones objetivas que las originaron –*rebus sic stantibus*- la SCA, podrá modificarla o revocarla durante la tramitación del proceso, *inaudita parte.*

3º) Que la suspensión no produzca un perjuicio a un evidente interés social o pueda ocasionar un peligro al orden público (Art. 18 LJCA). En cuanto a este último requisito, su alegación y comprobación se encuentra a cargo de la Administración, quien deberá aportar los elementos que permitan considerar que la suspensión causa un perjuicio o un peligro al interés u orden público superior al derecho del administrado que se pretende garantizar con la adopción de la medida.

A esto se le agrega que, en cuanto a la ponderación de intereses debe señalarse que, a pesar del silencio del legislador, para la decisión sobre la medida cautelar es necesario valorar no sólo los intereses de la parte demandante y los públicos que demandan la inmediata ejecución, sino también los intereses de terceros que puedan resultar perjudicados con la adopción de la medida. Si la LJCA en el Art. 14, reconoce la posibilidad de que los terceros puedan intervenir en el proceso, con el fin de recabar la tutela de sus derechos e intereses, es correcto interpretar que su posición también deba ser considerada a la hora de decidir la suspensión del acto.

3. *Necesidad de ampliar la tutela cautelar*

Sin embargo, tal como ha resuelto, en la mayoría de los casos, para que la sentencia definitiva que haya que dictarse sea eficaz desde el punto de vista material; a fin de satisfacer plenamente los intereses del demandante, el hecho de tener como una única medida cautelar la "suspensión del acto", lo consideramos contrario al "Derecho de protección jurisdiccional", ya que puede presentarse otras circunstancias que no implique la suspensión del acto, adoptando otras medidas cautelares como el reconocimiento de un derecho subjetivo provisionalmente[57]. La SCA lastimosamente ha realizado una interpretación restrictiva de la LJCA, a pesar que en muchas oca-

---

[57]　　Es de reconocer que la moderna doctrina procesal la distingue de la "Tutela anticipada y la tutela cautelar" Vid en este tema: Marinoni, L. G., *Anticipacão da tutela*, Ed. Revista Dos Tribunais, São Paulo, 2009.

siones los demandantes le ha solicitado medidas cautelares de índole "positiva o innovativa"-realizando verdaderas batallas por el reconocimiento de otras medidas cautelares[58]-, fincándose la SCA en que no es posible decretarlas porque no son reconocidas expresamente[59].

Hay que enmarcar que la LJCA, es de carácter preconstitucional, y la SCA deberá adecuarla a las nuevas exigencias sociales y a las tendencias modernas del Derecho Procesal administrativo. Debe seguir el criterio de la SC, en el proceso de amparo mejorando la tutela cautelar reconociendo las "medidas innovativas"[60], a fin de salvaguardar los derechos constitucionales de los demandantes[61].

VI. ACTOS DE DESARROLLO DEL PROCESO CONTENCIOSO ADMINISTRATIVO

1. *La Fase probatoria*

El proceso contencioso administrativo, tal como hemos apuntado en *supra* no es una mera revisión del Derecho, respecto de las cuestiones de hecho acontecidas durante la tramitación del procedimiento administrativo que dio como resultado el acto

---

[58] *Vid.* un análisis cronológico del tema García Enterria, E., *La batalla por la medidas cautelares*, Ed. Civitas, 2ª edición, Madrid, 1995.

[59] A manera de ejemplo *Vid.* las sentencias de la SCA, del 30 de junio de 2006, ref. 21-2006, se le solicitó que se autorizara a una sociedad la importación de bienes mientras se tramitaba el proceso; del 30 de octubre de 2007, ref. 209-2007, se solicitaba el nombramiento interino de una plaza de profesor universitario I, en el área de matemática de la Facultad de Ciencias Económicas de la Universidad de El Salvador; del 14 de enero de 2008, ref. 468-2007, se solicitaba que se le ordene al Director de Comercio e Inversiones que devuelva la cantidad de seis por ciento, por exportaciones diversas.

[60] Sobre el tema *Vid.* Peyrano, J. W., (Director), *Medida Innovativa*, Rubinzal Culzoni Editores, Santa Fe, Argentina, 2003.

[61] Para justificar la adopción de medidas cautelares que superan la clásica suspensión del acto reclamado, la SC en auto interlocutorio del 14 de enero de 2002, ref. 12-2002, ha expresado: "*Conviene ilustrar que si bien es cierto la Ley de Procedimientos Constitucionales únicamente se refiere a la suspensión del acto reclamado como medida cautelar en el amparo, esta previsión legislativa no constituye un valladar para decretar cualquier otro tipo de medidas tendentes a asegurar la ejecución de las decisiones que se dicten en esta sede. Precisamente, porque la actividad cautelar representa un elemento esencial del estatuto de este Tribunal y su propósito fundamental consiste en lograr la plena realización de la potestad jurisdiccional que se ejercita, mediante la ejecución concreta, real y lícita de aquello que específicamente se decida en la fase cognoscitiva del proceso; finalidad que no puede ser solventada en todos los casos que elevan los justiciables ante esta jurisdicción a través de la mera paralización de los actos impugnados, motivo por el cual se vuelve indispensable la adopción de otras medidas aseguratorias de la satisfacción de las pretensiones de amparo (...)*" En este caso se acordó: "*(...) dada la condición clínica del actor y el lapso transcurrido desde la fecha en que asegura haber presentado su petición al Ministro de Salud Pública y Asistencia Social, resulta de extrema urgencia decretar una providencia cautelar innovadora que permita razonablemente asegurar el desarrollo del ciclo vital del quejoso, pues de no proveerse la misma, se pondría en riesgo su ya precario estado de salud; situación que podría derivar en último término -por el avance acelerado del virus de inmuno deficiencia humana- en la pérdida de su vida. (...) Por tanto, en el fallo: (...) (b) Ordenase como medida cautelar a las autoridades del sistema nacional de salud, la administración al demandante de los medicamentos adecuados para el tratamiento de su enfermedad, una vez realizadas las pruebas o exámenes necesarios para evaluar la terapia médica aplicable a su situación clínica, todo ello bajo la supervisión médica necesaria (...)*".

que se impugna. Es verdadero proceso con plenitud de garantías para las partes, por lo que se podrá discutir tanto los hechos como el Derecho, y que para tal fin, se necesita hacerse en la etapa probatoria. El Art. 26 LJCA, de ser necesario dentro del proceso contencioso, la SCA procederá a la apertura del periodo probatorio, dentro del plazo de veinte días hábiles y comunes para todos.

Aunque puede hacerlo a petición hecha por cualquiera de las partes, inclusive el tercero que se ha personado en el proceso, y por el mandato que le da el Art. 13 de la LJCA, lo puede pedirlo el Fiscal General de la República. De otro modo, aun cuando no solicitara la apertura a pruebas, la SCA en virtud del principio de oficialidad podrá hacerlo de oficio, cuando considere necesario esclarecer los hechos. En tal caso invitará a las partes a que propongan las mismas sobre la pertinencia de los hechos. El Art. 48.2, de la LJCA, le otorga amplio poderes a la SCA, para que ordene la práctica de cualquiera de las pruebas, para mejor proveer. De hecho la SCA, al admitir la demanda presentada, le solicita al funcionario o autoridad demanda el envío del expediente administrativo, para que sea agregado al proceso contencioso.

La LJCA no contiene reglas específicas respecto a los medios probatorios, la SCA ha preestablecido que se deben de aplicarse la remisión supletoria al Derecho procesal común[62], en virtud del Art. 53. Esto no es óbice para que se ofrezca la prueba testimonial, instrumental o documental (instrumentos públicos, auténticos y privados) pericial e inspección personal de juzgador. No obstante el Art. 27 de la LJCA, no permite la "absolución de posiciones" o confesión provocada, por los intereses los públicos que están en juego. El sistema de valoración de la prueba, es la "Sana crítica".

El término de prueba según prescriba nuestra LJCA, al tenor del Art. 25, puede prescindirse, si el "objeto del litigio" se fundamenta en la discusión de la ley o un hecho preestablecido que se basó con documentos públicos o auténticos. La LJCA disponía en la referida disposición, que una vez establecía la anterior circunstancia, quedaba concluida la causa y la SCA, pronunciaría sentencia definitiva. Pero ésta, según su jurisprudencia desaplicó, esta última parte en virtud de los principios de Audiencia e igualdad, reconocidos en los Arts. 11 y 3 de nuestra Constitución respectivamente, aunado al principio de contradicción, manda a que se den los traslados correspondientes a las partes, al tercero y a la representación fiscal para que expongan sus alegatos y argumentaciones de fondo en relación a la legalidad del acto controvertido[63], previo a pronunciar sentencia.

2. Alegaciones conclusivas

El Art. 28 de la LJCA, de manera expresa dispone: "*concluido en término de prueba....*" o haberse omitido por no ser pertinente según la jurisprudencia de la SCA, se dará traslado al Agente Fiscal, al demandante, demandado, por el plazo de ocho días hábiles cada uno, para que presenten sus respectivos alegatos, pero sin que pueda agregar nuevas pretensiones.

---

[62] *Vid.* Sentencia de la SCA, del 26 de enero de 1996, ref. 11-Z-94.
[63] Así lo dijo, en la Sentencia del 23 de julio de 2003, ref. 164-P-2003.

El Art. 28.2 de la LJCA, estipula cuando fueren varios los que tengan la calidad de tercero, la SCA, no les dará traslado, sino audiencia común por 8 días, previniéndoles que designen un representante común para que evacué dicha audiencia. Esto virtud del principio de celeridad y economía procesal.

A pesar que el proceso contencioso se vuelve engorroso para las partes resulta esencial este trámite, ya que después de haber fijado los hechos y los fundamentos de derecho, las partes podrán ampliar sus argumentaciones, incluso la parte demandada podrá advertir que la pretensión que se funda a la demanda contiene un vicio procesal, para que la SCA no conozca sobre el fondo del asunto. Devueltos los traslados con las alegaciones correspondientes, el proceso que listo para que la SCA pronuncie la sentencia (Art. 30 de la LJCA), dentro del plazo de doce días, que de acuerdo a la práctica funcional esto se vuelve un mero ideal, ya que transcurre mucho meses para que ésta dicte la anhelada sentencia.

VII. TERMINACIÓN DEL PROCEDIMIENTO

1. *Formas anormales*

La forma usual y ordinaria de finalizar el proceso contencioso administrativo, es mediante la sentencia definitiva que resuelve el conflicto entre el particular y la Administración. Sin embargo, el proceso puede terminar de una manera anormal; por otras causas que conllevan a que la SCA no se pronuncie en el fondo del asunto, y decrete el sobreseimiento en el proceso, además de otras formas, tales como: inadmisibilidad e improcedencia; la LJCA, en el Art. 40 establece las causas las cuales se pueden agrupar siguiendo el esquema de Santamaria Pastor[64], de la forma siguiente:

a. Desistimiento y conformidad expresa del demandante. (Art. 40, b) y c) LJCA).

b. Satisfacción extraprocesal del demandante, puede ocurrir cuando el acto que se impugna desaparece del mundo jurídico por medio de la revocación y ya no existe caso seguir con el proceso o bien porque la Administración resuelva favorablemente la pretensión planteada en sede administrativa a favor del demandante. (Art. 40, a) y d) LJCA).

c. Cuando la demanda contenga un vicio en la pretensión, ya sea porque es materia ajena al conocimiento de la SCA o el caso se ha resuelto con anterioridad. (Art. 40, f) LJCA).

d. La LJCA señala, en la letra ch.), la falta de presentación de prueba sobre la existencia del acto administrativo, situación que ya no tiene razón de ser porque la SCA, sobre la base del principio de oficialidad solicita el expediente y ahí se comprueba el acto o los actos impugnados. Asimismo en la letra e), estipula como causa la muerte del demandante, cuando afecte únicamente a su persona, aspecto que hoy en día suele ser difícil porque casi todas pretensiones tienen un contenido patrimonial, que puede seguir el proceso sus herederos, como sucede, con el acto que mande el cierre de un negocio o establecimiento co-

---

[64]   Santamaria Pastor, J. A., *op.cit.*, p. 690-691.

mercial, incluso en las sanciones administrativas el causante puede solicitar que se declare la ilegalidad del acto para efectos de perseguir por medio de los "daños y perjuicios" a la Administración.

2. *La sentencia definitiva*

La sentencia definitiva, constituye la forma normal de terminación del proceso contencioso administrativo, deberá de dictarse en el plazo de doce días hábiles (algo que no pasa en la práctica funcional de la SCA). Contiene dos aspectos básicos: 1) Su contenido formal y 2) sus efectos. El Art. 31 de la LJCA, señala que la sentencia definitiva debe contener las formalidades siguientes:

- La relación de los hechos y cuestiones jurídicas que se controvierten (*thema decidendum*)[65];

- Los argumentos principales de cada parte procesal;

- Los Fundamentos legales que la SCA estime conveniente, citando doctrina de los expositores del Derecho, principios del Derecho, jurisprudencia y leyes (*ratio dicendi y obiter dictum*);

- La relación de la admisión o desestimación de la prueba vertida en el proceso (*thema probandi*), así como la valoración de la misma, respecto al objeto del proceso;

- El fallo donde determina sus efectos y la obligatoriedad de las partes.

Por su parte el Art. 32 de la LJCA, determina los puntos que recaerá la sentencia y sobre la base del principio de congruencia recaerá únicamente sobre los hechos controvertidos en el proceso. Veamos sus efectos:

a. La declaratoria de legalidad o ilegalidad del Acto administrativo: Este aspecto constituye el elemento básico de la sentencia, puesto que determinará si el acto administrativo impugnado está acorde a la legalidad fijada en el ordenamiento jurídico.

b. Restablecimiento del derecho violado: En este caso la SCA deberá de ordenar las providencias que fueren necesarias para volver las cosas en el estado en que se encontraban, au-

---

[65]   La congruencia como principio rector de todo proceso, debe ser entendida como la articulación progresiva de "actos que deben guardar necesaria correspondencia entre sí; tal circunstancia se comprueba con mayor de claridad a través del principio de congruencia. En el entendido que este principio obtiene concreción con el proveído final del juzgador, entiéndase la sentencia definitiva, ya que es el momento que representa, frente a la tutela efectiva y normal de los derechos de los gobernados..". Por tanto, existe incongruencia cuando hay desajuste entre el fallo judicial y los términos en que las partes han planteado los términos del debate procesal. Los tipos de incongruencia existentes son: a) incongruencia por "plus o ultra petita"; b) incongruencia por "extra petita"; y c) incongruencia por "citra petita". La incongruencia por plus o ultra petita se presenta cuando la sentencia concede más de lo requerido por el actor o peticionante. La incongruencia "extra petita" se manifiesta cuando el juzgador sustituye una de las pretensiones del demandante por otra o cuando además de otorgar las primeras, concede algo adicional, y cuando se otorga lo pedido, pero por argumentos diferentes de los invocados. Sin embargo, esta incongruencia no se configura cuando la resolución del Tribunal versa sobre puntos o cuestiones que el Tribunal está facultado para introducir ex oficio, por existir habilitación legal para ello. En cuanto a la incongruencia "citra petita", esta se configura cuando el juzgador deja de resolver respecto de la pretensión o en relación de algún punto de la misma. No debe tenerse en cuenta que, la decisión puede existir implícitamente en la sentencia, caso en el cual no existirá incongruencia. Doctrina jurisprudencial emanada de las Sentencias de la SCA, del 9 de septiembre de 2004, ref. 52-F-2001; del 13 de diciembre de 2004, ref. 246-R- 2004.

torizando o reconociendo el ejercicio de un derecho, devolver la cantidad liquida cobrada ilegalmente, reinstalarle en su cargo de servidor público, más cantidades liquidas provenientes de salarios, y prestaciones sociales, para este según prescribe el Art. 39 de la LJCA, la SCA hará del conocimiento del titular de la institución, Ministerio de Hacienda y a la Corte de la República, para que autoricen la incorporación de la partida al presupuesto General de la Nación, del siguiente año fiscal.

En este punto, la SCA ha sostenido que algunas sentencias no se "...*limitan a reparar el daño causado, sino que además evitan los futuros daños que puedan generar conductas que tiendan nugatorias la protección de la sentencia...*" "*...las sentencias tienen un pronunciamiento que se encuentra acompañado de una medida para restablecimiento de la situación jurídica violentada, que por regla general implica un "hacer de la administración". Sin embargo de manera excepcional existirán ocasiones en que la medida sea una orden de abstención "de no hacer para la administración, a esto se le denomina "efecto prohibitivo de la sentencia". Esto implica que, a futuro la Administración no podrá llevar a cabo actuaciones que vayan en detrimento de la situación jurídica tutelada...*[66]*".

En virtud de lo anterior, no se podrá ejecutarse un acto que tenga como propósito alterar el goce de una situación jurídica concreta, ya que conllevaría el incumplimiento de los efectos de la sentencia. Esto evita que el particular esté entablando una cadena de pretensiones sobre el mismo objeto ya resuelto y tutelado a su favor, así se le garantiza la protección jurisdiccional de sus derechos subjetivos.

c. Condena de costas y daños y perjuicios: Aquí hay que deslindar dos aspectos, en primer lugar: la condena de costas, que según nuestro Derecho Procesal, deberá condenarse a todo aquel que no pruebe sus pretensiones, excepciones o que abandone la acción incoada, segundo el resarcimiento de daños y perjuicios, (Art. 34 LJCA) que procede cuando el acto se ejecutó en todo en parte de manera irremediable y se hace difícil volver las cosas en el estado que se encontraba, y el efecto restitutorio de la sentencia no se hace posible. En este caso, deberá de probar la existencia del daño si la SCA, no lo haya estimado en el fallo y la tasación de los daños materiales o morales que dieren lugar, respondiendo directamente el funcionario y subsidiariamente la Administración[67].

---

[66] *Vid.* Sentencia de la SCA del 28 de marzo de 2005, ref. 27-U-2001.

[67] Esta disposición sigue la directriz de nuestra constitución, según prescribe el Art. 245, "Los funcionarios y empleados públicos responderán personalmente y el Estado subsidiariamente, por los daños materiales o morales que causaren a consecuencia de la violación a los derechos consagrados en esta Constitución." La Sentencia de la SC Amparo del 26 de agosto de 1998, ref. 317-97, al respecto estableció: "la responsabilidad directa que cabe al funcionario que ha emitido o ejecutado el acto violatorio de las disposiciones constitucionales, no puede estimarse una responsabilidad objetiva, esto es, no puede atenderse única y exclusivamente al daño producido, prescindiendo en absoluto de la conducta del funcionario; ya que, si bien es cierto que la aceptación de un cargo público implica, por el solo hecho de aceptarlo, la obligación de desempeñarlo ajustado a las normas constitucionales (Art. 235 de la Constitución), la presunción de capacidad y suficiencia que existe respecto de los funcionarios, no debe extremarse hasta el punto de no admitir errores excusables, por cuanto puede suceder que el funcionario no está, sea porque la ley secundaria no desarrolla la norma constitucional, o porque la ley es contraria a la Constitución, en situación de apreciar por sí la posibilidad de la violación constitucional, el concepto de responsabilidad personal del funcionario no puede formarse sobre la base unilateral de la relación causa-efecto, pues ello conduciría a decisiones absurdas e injustas; como sería el caso de obligar a responder por daños y perjuicios al funcionario que procede con sujeción a una ley y en cumplimiento a sus disposiciones.

3. *Ejecución de la sentencia*

Uno de los puntos más débiles de todo el sistema de la garantía jurisdiccional frente a la Administración, en el que se ha reflejado con toda intensidad la desconfianza administrativa frente al control judicial, ha sido desde siempre la fase de ejecución de la sentencia.

La LJCA, en el Art. 33, establece que una vez *"pronunciada la sentencia definitiva y se le notificará a todas las partes, y se certificará a la autoridad o funcionario demandado"*. En este sentido el Art. 34.1 LJCA, determina que recibida la referida certificación, el funcionario o autoridad practicará las diligencias para su cumplimiento dentro del plazo del treinta días, contados desde aquel en sea recibida. Al transcurrir el plazo anterior, y la sentencia no se cumple, a solicitud de parte le requerirá la SCA, al superior jerárquico inmediato, si lo tuviere, si es el propio titular de la institución a él se le hará tal requerimiento, para que la haga cumplir. En caso que se negare a cumplir la sentencia dictada por la SCA, ésta tiene la posibilidad de emplear medios coactivos que permitan su cumplimiento. Además mandará a procesar al desobediente, quien quedará desde ese momento en suspenso en el ejercicio de sus funciones, aplicándose el Art. 241 vigente de la Constitución[68] (Art. 37 LJCA).

El problema que se suscita en la práctica de las Administraciones condenadas en el proceso contencioso administrativo, es que en muchas ocasiones archivan la certificación de la sentencia y retrasan su ejecución, llevando en muchos ocasiones al particular a otro valladar procesal para que se haga efectiva. A nuestro juicio la SCA, debería de exigirle a la autoridad o funcionario perdidoso, que después de transcurrido el plazo de los treinta días – la fase de cumplimiento voluntario-, que informen a la SCA, sobre el acatamiento de la misma, poderes que le nacen de las disposiciones de la LJCA, antes aludidas.

Lo anterior, sin perjuicio de las acciones que pueda entablar las partes interesadas, de conformidad con la ley, dispone el Art. 38 de la LJCA. La potestad constitucional del Art 172.1, atribuida al Órgano Judicial en el sentido de juzgar y hacer ejecutar lo juzgado, conlleva el uso de todas las vías legales y activarse todos los medios que el ordenamiento jurídico contempla.

Sin embargo, la LJCA en los Arts. 41 y 42, le otorga prerrogativa a la Administración, a fin de que puede solicitar a la Corte Suprema de Justicia la suspensión de la ejecución de la sentencia, ya sea total o parcialmente, previa audiencia al demandante, siempre que esté fundada en las causas siguientes: a) Si la ejecución pudiere ocasionar peligro de trastorno grave al orden público, supresión o suspensión del servicio público esencial a la comunidad, b) Cuando la cantidad liquida que se pagará de parte de la autoridad administrativa, implicare grave detrimento a la Hacienda Pública, pero lastimosamente este atraso no la hace incurrir en intereses a la Administración a favor del particular. Además, esta última causa solo es justificable

---

[68]   Esta disposición dispone: *"Los funcionarios públicos, civiles o militares que tengan conocimiento de delitos oficiales cometidos por funcionarios o empleados que les estén subordinados, deberán comunicarlo a la mayor brevedad a las autoridades competentes para su juzgamiento, y si no lo hicieren oportunamente; serán considerados como encubridores e incurrirán en las responsabilidades penales correspondientes."*

cuando en la sentencia se haya condenado directamente a la administración. Caso contrario no procedería porque la responsabilidad es directa hacia los funcionarios. El plazo de la suspensión no podrá acordarla en un periodo mayor de tres años.

VIII. EL PROCESO DE LESIVIDAD

Es un proceso especial, aunque no consta de manera expresa en un apartado en la LJCA. La jurisprudencia de la SCA, lo ha denominado como un proceso contencioso administrativo con características especiales, sin que esa especialidad signifique una desviación de los principios fundamentales que en él subyacen y se sujeta a las reglas procesales aplicables a lo que podría denominarse el proceso ordinario.

Según el Art. 8 de la LJCA, se estatuye como un instrumento procesal para revocar actos administrativos firmes[69], de carácter favorable[70], es decir generadores de derechos subjetivos a la esfera de un particular[71]. Es una manifestación objetiva del *Derecho a la seguridad jurídica* prescrito en el Art. 2 de nuestra Constitución, ya que la Administración para anular dichos actos no podrá hacerlo a "muto propio", sin que siga este procedimiento especializado[72].

Además prescribe la aludida disposición, para que se inicie este procedimiento, previamente el órgano superior, deberá de acordar "*la lesividad al interés publico*" del acto administrativo que se pretende revocar, dentro de los cuatro años siguientes a la fecha que se pronunció el acto. El acuerdo de lesividad tendrá que ser publicado en el Diario Oficial; pero la LJCA no establece plazo preciso a la Administración para que haga la publicación respectiva, generando inseguridad jurídica, puesto que la misma podría retardar el tiempo, para interponer la demanda, debido a que los sesenta días, comienzan a contarse a partir de la publicación en el Diario Oficial. Aunque la LJCA no lo diga deberá hacerlo en un plazo razonable. Del mismo modo, no señala a la administración a que debe de notificarse el "acuerdo de lesividad" al particular titular del derecho reconocido por el acto que se proyecta declarar ilegal, pero sobre la base del Art. 11, de la Constitución, le obliga hacerlo para su impugnación, si no reúne las formalidades de la ley.

---

[69] La firmeza a la que alude la norma ha de entenderse como el estado que resulta de la imposibilidad de su impugnación, por parte de algún sujeto legitimado, por la vía de los recursos administrativos y aún por la vía judicial contencioso administrativa.

[70] Los actos favorables son aquellos que entrañan un efecto positivo para su destinatario. Ello supone el reconocimiento de un derecho subjetivo o de un beneficio directo en la esfera jurídica del destinatario. En otros términos, los actos favorables crean una situación de ventaja al particular, ya sea reconociendo o ampliando un derecho o una facultad, o liberándolo de una obligación, de un deber o de un gravamen a favor del administrado. *Vid.* SCA del 13 de julio de dos mil uno, referencia 138-A-1999.

[71] Quedan excluidas las pretensiones que en el proceso de lesividad las que estén fundadas en razones de oportunidad o conveniencia de la decisión administrativa, pues no es esa su función en el ordenamiento jurídico salvadoreño.

[72] Estos actos que reúnan estos caracteres sólo podrán ser revisados en el proceso de lesividad, sin que sea admisible la revisión oficiosa de los mismos, tal como ha reconocido la reiterada línea jurisprudencial de la SCA, sentencias del 24 de octubre de 1994, referencia 46-P-1993; del 20 de marzo de 1997, referencia 17-T-1996; del 27 de octubre de 1998, referencia 8-T-1992; del 17 de diciembre de 1999, referencia 27-T-1999 y del 20 de abril de 2005, referencia 139-S-2002.

La demanda deberá de contener los requisitos formales del Art. 10 de la LJCA, en lo que fuere aplicable a la pretensión de la declaratoria de lesividad al interés público, pero se exige que se anexe a la presentación de la demanda, el ejemplar del Diario Oficial, donde se publicó el acuerdo de lesividad. El Art. 29 de la LJCA, dispone que una vez se admitida la demanda se dará traslado de ésta por quince días al administrado afectado, para que formule la contestación. Luego se abrirá a prueba si la SCA lo estime necesario, de ahí se aplican las reglas del proceso contencioso ordinario, lo cual pueden solicitarse medidas cautelares y la realización cualquier otro acto procesal.

Finalmente este proceso, es poco utilizado, primero por desconocimiento de las autoridades administrativas o funcionarios, que en muchas ocasiones la Administración ha revocado actos administrativos que conlleven la realización de éste procedimiento, lo cual la SCA se los ha declarado ilegal y le ha hecho hincapié en su utilización. Segundo por el poco interés de la Administración, en declarar la "lesividad" de actos contrarios al interés público, a fin de salvaguardarlos del control judicial; en consecuencia, se tiene poco nivel de litigiosidad en este ámbito. Al respecto se conocen dos casos emblemáticos: 1) El promovido por el Instituto de Transformación Agraria (ISTA), para que se declare ilegal, el pago de una indemnización originada del proceso de reforma agraria que acordó en Consejo Directivo del ISTA[73], 2) El promovido por la Administración Nacional de Acueductos y Alcantarillados (ANDA), para que se declare ilegal un acto de la Junta de Gobierno de ANDA que resolvió adjudicar parcialmente a la Sociedad "Drillmasters", Sociedad Anónima de Capital Variable, el contrato de obra pública, en lo que respecta a ochenta y cinco pozos[74]. En ambos casos la SCA, resolvió declarar la ilegalidad, consecuentemente lesivos los actos administrativos impugnados por los entes administrativos antes mencionados.

IX. CONSIDERACIONES FINALES

1ª El control contencioso administrativo es necesario para fortalecer el Estado Constitucional de Derecho, porque constituye una herramienta eficaz en manos del particular, para tutelar sus derechos frente a las arbitrariedades del poder de la Administración.

En El Salvador, en su momento, la creación de la LJCA, que data desde 1979, fue un avance importante para robustecer el Derecho administrativo, pero como le hemos dejado plasmado, es una ley vetusta que necesita grandes reformas, y porque, no decirlo una nueva que se encauce a las tendencias modernas del Derecho procesal administrativo en todas sus dimensiones.

2ª Dentro de esos grandes cambios, a realizar es la descentralización de la justicia contenciosa administrativa. Creando tribunales de primera y segunda instancia, presididos por jueces especializados, guardianes de la Constitución y de la legalidad, y que la SCA se transforme en un órgano de carácter jurisdiccional extraordinario,

[73] Sentencia de la SCA, del 11 de septiembre de 1998, ref. 26-I-96.
[74] Sentencia de la SCA, del 31 de octubre de 2006, ref. 295-A-2004.

que conozca del recurso de Casación y entre otros aspectos jurisdiccionales relevantes; con esto mejoraríamos el acceso a la justicia contenciosa administrativa a los particulares.

3ª El ámbito de la competencia material de la JCA, debe de abrirse a nuevos espacios de control, tales como los actos políticos de gobierno, delimitándose los aspectos que tendrían que ser controlados, las actuaciones de los entes concesionarios de manera directa, el conocimiento de los actos derivados de la interpretación, incumplimiento y ejecución de los contratos administrativos, la vía de hecho y la inactividad de la Administración, estableciéndose los requisitos de procedencia y los procedimientos especiales para su control.

4ª A pesar que la SCA, ha dado un alcance amplio de la legitimación activa reconociendo la tutela de los intereses colectivos y difusos, se debe de instaurarse de manera expresa, además debe establecerse la figura procesal de la "litis consorcio" en sus diversas modalidades y su forma de proceder.

5ª La ampliación de la tutela cautelar es uno de los problemas que adolece la LJCA, aunado a que la SCA ha realizado una interpretación restrictiva, para la aplicación de la misma aduciendo que no las reconoce la LJCA, en consecuencia debe de dársele facultades amplias a los tribunales contenciosos administrativos para decretar cualquier medida cautelar que fuere necesaria, sobre la base de los presupuestos doctrinales de procedencia. Así evitaríamos que la Administración incurra en daños y perjuicios innecesarios y se salvaguardaría los derechos de particulares.

6ª No es posible la efectividad de la tutela jurisdiccional, si no existen mecanismos firmes para hacer cumplir la sentencia. Por ello, debe de dotarse a los tribunales contenciosos administrativos de poderes coercitivos eficaces para ejecutar la sentencia, evitándole un nuevo valladar al particular para hacer valer sus derechos después de haberle ganado el juicio de a la Administración.

7ª Finalmente todos los razonamientos jurídicos que hemos apuntado, no podrían ser posibles si los esfuerzos de reforma o cambios, no va paralelo a la promulgación de una ley de procedimientos administrativos, para uniformar las actuaciones de la Administración, y someterla al principio constitucional de legalidad.

X. BIBLIOGRAFÍA RECOMENDADA

AA.VV., *Manual de Derecho Administrativo*, (Ismael FARRANDO (h.) y Patricia MARTÍNEZ) Directores, Ed. Depalma, Buenos Aires, 2000.

AYALA, J. M., *et al.*, *Manual de Justicia Administrativa*, Publicación del Consejo Nacional de la Judicatura y Escuela de Capacitación Judicial, San Salvador, 2003.

ARAUZ SÁNCHEZ, H., *Curso de Derecho Procesal Administrativo: La Jurisdicción contenciosa Administrativa en Panamá*, Ed. Universal Books, Panamá, 2004.

ARMIJO SANCHO, G. A., *La Tutela Constitucional del Interés Difuso*, 2ª edición, Ed. Investigación Jurídica S.A., San José de Costa Rica, 1999.

CASSAGNE, J. C., *Derecho administrativo*, Tomo I, 1ª reimpresión, 7ª edición, Ed. Lexis Nexis Abeledo-Perrot, Buenos Aires, 2000.

CUESTAS, H. G., *Breve reseña histórica del establecimiento del tribunal contencioso administrativo*, en "Sentencias. Quince años de la Jurisdicción Contenciosa Administrativa", Publicaciones de la Corte Suprema de Justicia, San Salvador, 1995.

ECHANDÍA D., *Teoría General del Proceso*, 3ª edición, Ed. Temis, Bogotá, 1985.

GAMERO CASADO, E., *Monografías de Derecho Administrativo: La Jurisdicción Contenciosa Administrativa y El acto administrativo*, Publicación del Consejo Nacional de la Judicatura y Escuela de Capacitación Judicial, San Salvador, 2000.

GARCÍA DE ENTERRÍA, E., *La batalla por la medidas cautelares*, Ed. Civitas, 2ª edición, Madrid, 1995.

GARCÍA DE ENTERRÍA, E., y Ramón FERNÁNDEZ T., *Curso de Derecho administrativo*, Tomo I, 9ª edición, Ed. Civitas, Madrid, 1999.

GÓMEZ CAMPOS, O., *El Control Jurisdiccional de la Administración Pública*, Tesis de grado presentada en la Universidad de El Salvador, 1961.

GONZÁLEZ PÉREZ, J., *Derecho Procesal Administrativo Hispanoamericano*, Ed. Temis, Bogotá, 1985.

——————————, "Evolución de la Jurisdicción Contenciosa Administrativa", en *Revista de Administración Pública*, N° 150, 1999.

MEJÍA, H. A., Los Recursos Administrativos: una referencia a la normativa universitaria, en *Revista de Derecho*, Universidad de El Salvador, N° 1, época VI, 2006.

PADROS, R. S., *La tutela cautelar en la jurisdicción contenciosa administrativa*, Ed. *Lexis Nexis*, Buenos Aires, 2005.

RODRÍGUEZ ARANA-MUÑOZ, J., *Funcionalidad de las medidas Cautelares en el sistema contencioso administrativo (Especial referencia al Derecho Español*, en "Congreso Iberoamericano de derecho administrativo (Discrecionalidad, Justicia Administrativa y entes reguladores)", Vol. I, Panamá 2009.

SANTAMARÍA PASTOR, J. A, *Principios de Derecho Administrativo*, Volumen I, 4ª edición, Ed. Centro de Estudios Ramón Areces, S.A., Madrid, 2000.

TENORIO, J. E., *El Contencioso Administrativo en El Salvador*, Tesis de grado presentada en la Universidad de El Salvador, 1970.

VEDEL, G., *Derecho administrativo*, (traducido al castellano por Rincón Jurado), 6ª edición, España Aguilar, 1980.

VESCOVÍ, E., *Teoría General del Proceso*, Ed. Temis, 2ª edición, Santa Fe, Bogotá, 1999.

ESPAÑA

§ 9. UNA VISIÓN ACTUAL DE LA JUSTICIA ADMINISTRATIVA EN ESPAÑA

José Luis Meilán Gil
Marta García Pérez

I. PERSPECTIVA CONSTITUCIONAL DE LA JUSTICIA ADMINISTRATIVA

Es una afirmación ampliamente consolidada la raíz constitucional del ordenamiento jurídico-administrativo[1]. Desde esa perspectiva ha de ser analizada la justicia administrativa[2]. El resultado es singularmente expresivo por lo que se refiere a España. En un régimen político predemocrático, la ley reguladora de la jurisdicción contencioso-administrativa de 1956, supuso un avance sorprendente para las exigencias de un Estado de Derecho. Ilustres Catedráticos de Derecho administrativo- profesores Ballbé, González Pérez, López Rodó- dejaron en ella su saber y su impronta. De su validez es testimonio su vigencia durante dos décadas de régimen democrático bajo la Constitución de 1978, y el reconocimiento explícito y elogioso que figura en la Exposición de Motivos de la ley hoy vigente, 29/1998, de 13 de julio[3].

---

[1]   *Cfr.* Meilán Gil, J.L., "El marco constitucional del Derecho administrativo en España" en *V Foro Iberoamericano de Derecho administrativo*, Quito, 2006, pp. 159-168.

[2]   *Cfr.* Meilán Gil, J.L., "La aplicación de la ley de la jurisdicción contencioso-administrativa en el marco del derecho a la tutela judicial efectiva", *El procedimiento administrativo y el control judicial de la Administración Pública*, INAP, Madrid, 2001, pp. 19 y ss.

[3]   "Dicha Ley, en efecto, universalmente apreciada por los principios en los que se inspira y por la excelencia de su técnica, que combina a la perfección rigor y sencillez, acertó a generalizar el control judicial de la actuación administrativa, aunque con algunas excepciones notorias que imponía el régimen político bajo el que fue aprobada ...".

En aquella se dice que generalizó el control judicial de la actividad administrativa, abarcando a los actos administrativos discrecionales y a las disposiciones administrativas de carácter general, ratificó el carácter judicial del contencioso-administrativo propiciando la especialización de los magistrados y se hizo eco de una concepción espiritualista del proceso.

La Ley de 1956 prestó, sin duda, positivos servicios no obstante encontrarse limitada por la organización del Poder en el momento en que se promulgó. Introdujo como vicio del acto administrativo y, por tanto, como causa de su anulación la desviación de poder, aunque tuvo que admitir reductos inmunes al control judicial, como los actos políticos del Gobierno, o un número amplio de supuestos de inadmisibilidad del recurso contencioso-administrativo y, por tanto, negación de acceso a la justicia.

De los principios inspiradores de la ley del 56 son expresión afirmaciones que rebasan con amplitud el ámbito de lo puramente técnico y son perfectamente asumibles en un Estado democrático de Derecho.

> "En verdad, únicamente a través de la Justicia, a través de la observancia de las normas y principios del derecho es posible organizar la Sociedad y llevar a cabo la empresa de la administración del Estado moderno ...

> ... Las formalidades procesales han de entenderse siempre para servir a la Justicia, garantizando el acierto de la decisión jurisdiccional; jamás como obstáculos encaminados a dificultar el pronunciamiento de la sentencia acerca de la cuestión de fondo, y así obstruir la actuación de lo que constituye la razón misma de ser de la Jurisdicción".

Otras servidumbres tenía la Ley de 1956 que no provenían directamente del sistema político –aunque le beneficiaban-, sino de una tradición doctrinal y legislativa de inspiración fundamentalmente francesa, de la que se apartó al no recibir los clásicos recursos de anulación y plena jurisdicción, y que situaban al acto administrativo en el centro de lo contencioso-administrativo -necesidad de un acto previo, carácter revisor de la jurisdicción- que se consideraba, por ello, como un proceso al acto.

Bien es verdad que la propia ley contenía expresiones susceptibles de ser interpretadas, como así hizo una jurisprudencia con fino sentido de la justicia, más allá de los postulados previamente aceptados. Es lo que sucedió con una frase lapidaria de la exposición de motivos: la conformidad o no conformidad del acto administrativo se refiere *"genéricamente al Derecho, al ordenamiento jurídico, por entender que reconducirla simplemente a las leyes equivale a incurrir en un positivismo superado y olvidar que lo jurídico no se encierra y circunscribe a las disposiciones escritas, sino que se extiende a los principios y a la normatividad inmanente de las instituciones".*

Una lectura atenta y sin prejuicios de la citada exposición de motivos, una de las más lúcidas explicaciones sobre el contencioso-administrativo, permitía rebajar la importancia de la función central del acto administrativo. Ante la jurisdicción contencioso-administrativa decía *"se sigue un auténtico juicio o proceso entre partes".* No tenía ya, por tanto, razón de ser la máxima de "proceso al acto" admitida acríticamente por inercia. El pronunciamiento de la ley se ratificaba al declarar que la jurisdicción contencioso-administrativo *"tiene por objeto específico el conocimiento de las pretensiones que se deduzcan en relación con los actos de la Administración sujetos al Derecho administrativo como presupuesto de la admisibilidad de la acción contencioso-administrativa"*, que, sin embargo, en expresión de la ley *"no debe erigirse en obstáculo que impida a las partes someter sus pretensiones a la jurisdicción contencioso-administrativa"*[4].

Existían elementos con los que construir una justicia administrativa que respondiese a los requerimientos de un Estado social y democrático de Derecho como lo define la Constitución de 1978. Lo que desde la ley de 1956 podía entenderse como un meritorio punto de llegada, desde la Constitución era un elemental punto de partida con posibilidades sólo hasta entonces intuidas.

La justicia es un valor superior del ordenamiento jurídico del Estado (artículo 1 CE). Los derechos fundamentales ocupan un lugar central en la Constitución, "vinculan a todos los poderes públicos", incluido al legislador "que en todo caso ha de respetar su contenido esencial (artículo 53,1)". Derechos que en su faceta objetiva forman parte del ordenamiento jurídico (artículo 9,1) y en su subjetiva tienen un titular, cuya dignidad se reconoce constitucionalmente (artículo 10)[5].

Fue una importación deliberada de la ley fundamental del Bonn[6], que dejó constancia de la supremacía del poder constituyente sobre cualquier otro constituido. Se expresa en el artículo 9.1 CE: *"Los ciudadanos y los poderes públicos están sujetos a la Constitución y al resto del ordenamiento jurídico"*. Uno de estos poderes es la Administración Pública, que *"sirve con objetividad los intereses generales"* y *"actúa con sometimiento pleno a la Ley y al Derecho"* (artículo 103 CE).

Las palabras fueron elegidas con conciencia de su alcance. Además de la influencia alemana, constaba también el precedente antes transcrito de la ley de 1956 en su referencia al Derecho. La plenitud del sometimiento deroga, sin necesidad de desarrollo legislativo, los ámbitos de poder inmunes al control judicial. El carácter servicial que se atribuye a la Administración Pública –"sirve con objetividad los intereses generales"- se contrapone a lo que decía la Ley orgánica del Estado del régimen predemocrático, según la cual "la Administración asume el cumplimiento de los fines del Estado".

El paradigma constitucional permite situar adecuadamente el papel de la Administración Pública, rechazar la admisión de privilegios y hacer innecesario, por inadecuado, el privilegio de autotutela[7]. La Administración pública tiene –y ejerce- potestades en función de los fines que las justifiquen, por los cuales son controlables judicialmente. Así consta en el artículo 106 CE: *"Los Tribunales controlan la potestad*

---

⁴ *Cfr.* Meilán Gil, J.L., "El objeto del contencioso-administrativo", en *El proceso contencioso-administrativo*, EGAP, Santiago de Compostela, 1994, pp. 19-38.

⁵ *Cfr.* Meilán Gil, J.L., "La jurisdicción contencueso-administrativa y la Constitución española 1978", en *Jornadas de estudio sobre la jurisdicción contencioso-administrativa, Universidad de A Coruña, 1998, en donde los derechos fundamentales se califican como "elementos fundantes de la jurisdicción contencioso-administrativa"*, p. 14.

⁶ El anticipo fue una enmienda de autoría de Meilán Gil a la "ley para la reforma política" previa a la Constitución. *Cfr.* Fernández Miranda, P. y A., Lo que el Rey me he pedido, Barcelona, 1995, p. 261. González Pérez, J., La dignidad de la persona, RAJ y L, 1986, pp. 64-65. Anexo al núm. 158 del Boletín Oficial de las Cortes, p. 145.

⁷ *Cfr.* Meilán Gil, J.L., "Sobre el acto administrativo y los privilegios de la Administración" en Administración Pública en perspectiva, Universidade da Coruña, 1996, pp. 391 y ss.

reglamentaria y la legalidad de la actuación administrativa, así como el someti-miento de ésta a los fines que la justifican". El acto administrativo no ocupa el lugar central que tenía anteriormente y cede protagonismo a favor de la "actuación admi-nistrativa", que cubre un campo más amplio y abarca tanto la actividad material eje-cutada sin fundamento jurídico –vía de hecho- como, aunque resulte paradójico y lingüísticamente incorrecto, la falta de actuación debida, la inactividad. En último término, cualquier comportamiento de la Administración puede ser controlado por la magistratura.

La primacía de los derechos fundamentales, en relación con la justicia administra-tiva, se pone de manifiesto en el artículo 24, que es como su clave de bóveda, según el cual *"todas las personas tienen derecho a obtener tutela efectiva de los jueces y tribunales en el ejercicio de sus derechos e intereses legítimos, sin que, en ningún caso, pueda producirse indefensión"*. Es el principio de tutela judicial efectiva, eri-gida como un derecho fundamental, que ha obligado a operar un vuelco espectacular en el contencioso-administrativo, tanto en su legislación reguladora como en la ju-risprudencia, desplazando de su puesto central al acto administrativo.

Lo prioritario no es la declaración de nulidad o la anulación del acto sino el reco-nocimiento de un derecho o de un interés legítimo. No se tratará ya, como decía la ley de 1956 (art. 41 y 42) de pretender la declaración de no ser conforme a Derecho un acto de la Administración y además el reconocimiento de una situación jurídica individualizada. Es esto último lo que ha de pretenderse, aunque ese reconocimiento del derecho subjetivo no puede realizarse sin la anulación del acto correspondiente.

De otra parte, el interés legítimo, colocado como una alternativa al derecho subje-tivo, deja de ser considerado como un mero requisito procesal justificador de la legi-timación. Adquiere sustantividad, lejos también de ser considerado como un "dere-cho debilitado" según doctrina italiana importada. La diferente naturaleza de dere-cho e interés se manifestará en la diferencia de la pretensión. El interés legítimo tie-ne un titular que puede invocarlo ante el Tribunal. Sucede que no puede fundar más que la anulación del acto o La superación de la situación de inactividad de la Admi-nistración o la cesación de una actuación material[8], lo que facilita la impugnación por entidades titulares de intereses colectivos.

En la interpretación del derecho a la tutela judicial efectiva el Tribunal Constitu-cional ha ampliado el alcance del principio *"pro actione"* que la jurisprudencia había ido perfilando en la aplicación de la ley de 1956. En ese sentido ha declarado que "… los órganos judiciales quedan compelidos a *interpretar las normas procesales* no sólo de manera razonable y razonada, sin sombra de arbitrariedad ni error noto-rio, sino *en sentido amplio y no restrictivo, esto es, conforme al principio pro actio-ne, con interdicción de aquellas decisiones de inadmisión que, por su rigorismo, por su formalismo excesivo o por cualquier otra razón, se revelen desfavorables para la efectividad del derecho a la tutela judicial efectiva o resulten desproporcionadas en la apreciación del equilibrio entre los fines que se pretenden preservar y la conse-cuencia de cierre del proceso…"* (STC 112/2004, de 12 de julio).

---

[8]   *Cfr.* J.L. Meilán Gil, "Prólogo" a García Pérez, M., El objeto del contencioso-administrativo, Aranzadi, Pamplona, 1999, pp. 21-22.

El Tribunal Constitucional ha reiterado que, si bien las formas y requisitos procesales cumplen un papel de capital importancia para la ordenación del proceso, "no toda irregularidad formal puede convertirse en un obstáculo insalvable para su prosecución" (STC 19/1983), pues los requisitos de forma no son valores autónomos que tengan sustantividad propia "sino que sólo sirven en la medida que son instrumentos para conseguir una finalidad legítima" (STC 41/1986). Esta doctrina ha servido a la jurisprudencia contencioso-administrativa para relanzar el principio *pro actione* y atemperar el rigor de las causas de inadmisibilidad del contencioso[9].

De la doctrina del Tribunal Constitucional se desprende con claridad que el derecho fundamental a la tutela judicial efectiva queda plenamente satisfecho con una resolución judicial motivada de inadmisión "siempre que se dicte en aplicación razonada de una causa legal, debiendo el razonamiento responder a una *interpretación de las normas legales de conformidad con la Constitución y en el sentido más favorable para la efectividad del derecho fundamental*", pues "*en los supuestos en los que está en juego el derecho a la tutela judicial efectiva en su vertiente de acceso a la jurisdicción, el canon de enjuiciamiento constitucional de las decisiones de inadmisión es más severo o estricto que el que rige el derecho de acceso a los recursos*" (STC 112/2004, de 12 de julio). Pero al propio tiempo recuerda que "*los presupuestos legales de acceso al proceso deben interpretarse de forma que resulten favorables a la efectividad del derecho fundamental a la tutela judicial*" (STC 23/1992).

El artículo 24 CE en su apartado 2 reconoce el derecho a un proceso –también el contencioso-administrativo- sin dilaciones. Este y el anterior apartado sobre la tutela judicial efectiva, aunque autónomos, están intrínsecamente relacionados. El propio Tribunal Constitucional ha reconocido la íntima conexión y, sobre todo, la posibilidad de lesión simultánea de ambos derechos. En la STC 324/1994, de 1 de diciembre, se dice, en ese sentido, que el artículo 24.2 también asegura la tutela judicial efectiva, pero lo hace a través del correcto juego de los instrumentos procesales, mientras que el artículo 24.1 asegura la tutela efectiva mediante el acceso mismo al proceso. "Desde el punto de vista sociológico y práctico – dice el TC- puede seguramente afirmarse que una justicia tardíamente concedida equivale a una falta de tutela judicial efectiva" (STC 26/1983, de 13 de abril)[10] y, a la inversa, una denegación de tutela no es sino un presupuesto extremo de dilación.

El Tribunal Constitucional asumió muy tempranamente la doctrina jurisprudencial del Tribunal Europeo de Derechos Humanos que interpreta la expresión "derecho a un proceso sin dilaciones indebidas" como el derecho de toda persona a que su cau-

---

[9]   *Vid.* un análisis de esta doctrina constitucional en Alonso Ibáñez, M.R., "Artículo 51", en Comentarios a la LJCA de 1998, Civitas, 1999, p. 441 y ss.
[10]   ¿Qué otra cosa se puede decir de la situación del ciudadano que tarda diez años en obtener una sentencia que decida su pretensión para empezar el calvario de intentar que se lleven a efecto sus mandatos si tiene la suerte de que la resolución le sea favorable? El dato de los diez años es sugerido junto con otras interesantes reflexiones por J. González Pérez en sus clásicos Comentarios a la LJCA, Civitas, tercera edición, Madrid, 1999, p. 45. "La cifra no es exagerada ni excepcional", aclara el autor, para quien "si la lentitud ha sido uno de los males endémicos del proceso, de todo proceso, hoy ha adquirido niveles inadmisibles en el ámbito de la Justicia administrativa". Delgado Barrio, Magistrado del Tribunal Supremo y después su presidente, escribía en el año 1988 un artículo en Actualidad administrativa con un título muy expresivo: "En torno al recurso contencioso-administrativo: una regulación excelente y un resultado decepcionante".

sa se resuelva dentro de un plazo razonable". La expresión "plazo razonable" referida a la duración del proceso se erige en un concepto jurídico indeterminado[11] sobre el que se ha polemizado frecuentemente. ¿Qué dilación es razonable o debida, cual irrazonable o indebida? El propio Tribunal Constitucional advierte que "la problemática derivada de una dilación indebida plantea la necesaria concreción de lo que ha de ser un plazo razonable para dictar una resolución judicial" (ATC 159/1984, de 14 de marzo), aplicando criterios como la materia litigiosa, la complejidad del litigio, la conducta de los litigantes y de las autoridades y las consecuencias que del litigio presuntamente demorado se siguen para las partes (STC 5/1985, de 23 de enero).

Frente a intentos de defender el retraso en función de la "normalidad" del mismo (es un retraso normal, y por tanto legítimo o debido) se ha sostenido clarividentemente que "lo normal es lo ajustado a la norma y no lo contrario a ella aunque sea más frecuente[12]. La excesiva duración de los procesos contencioso-administrativos debe ser rechazada como normal. Es habitual o frecuente, pero no ajustada a la norma. Los estándares de actuación en el servicio de la justicia no deben constituir la justificación de las dilaciones a que a día de hoy se ve avocado el justiciable, ni mucho menos excluir la responsabilidad de la Justicia invocando un inexistente funcionamiento "normal" (aunque sí habitual o frecuente) de la misma.

No ha sido ésta, sin embargo, la posición unánime del Tribunal Constitucional[13], que no sólo atiende a los estándares de actuación de los tribunales para justificar retrasos injustificables sino que, además, exige una determinada "conducta procesal" de la parte afectada por la dilación ("denunciar previamente el retraso o dilación, con cita expresa del precepto constitucional, con el fin de que el juez o Tribunal pueda reparar –evitar- la vulneración que se denuncia"[14]).

La tutela judicial efectiva exige investir al juez de plenas potestades para la total y completa satisfacción de las pretensiones que ante él se formulen. La expresión "juzgar y ejecutar lo juzgado" con la que el artículo 117 de la Constitución de 1978 define la función jurisdiccional significa realizar el ordenamiento jurídico, poner fin a la situación ilegítima que dio lugar a la intervención judicial y restablecer el orden jurídico perturbado.

El derecho a la tutela judicial efectiva no se agota en obtener una resolución dictada por un órgano jurisdiccional que dé respuesta a la pretensión planteada desde el estricto punto de vista de la legalidad, sino que exige la plena eficacia de lo sentenciado. En otras palabras, que el contenido del fallo sea ejecutado. Así lo ha expresado el TC:

---

[11]   STC 36/1984, de 14 de marzo: "Este concepto (el de proceso sin dilaciones indebidas) es manifiestamente un concepto jurídico indeterminado o abierto que ha de ser dotado de un contenido concreto en cada caso atendiendo a criterios objetivos congruentes con su enunciado genérico...".

[12]   *Vid.* el voto particular del magistrado Tomás Y Valiente en la STC 5/1985, de 23 de enero.

[13]   Existen sentencias alentadoras: "Excluir, por lo tanto, del derecho al proceso sin dilaciones indebidas las que vengan ocasionadas en defectos de estructura de la organización judicial sería tanto como dejar sin contenido dicho derecho frente a esa clase de dilaciones" (STC 223/1988, de 24 de noviembre).

[14]   STC 73/1992, de 13 de mayo. *Vid.* extensamente López Muñoz, R., *Dilaciones indebidas y responsabilidad patrimonial de la Administración de Justicia*, Ed. Comares, Granada, 2.000, 2ª ed.

"el cumplimiento de lo acordado por Jueces y Tribunales en el ejercicio de su función juris-diccional constituye una exigencia objetiva del sistema jurídico y una de las más importantes garantías para el funcionamiento y desarrollo del Estado de Derecho, pues implica, entre otras manifestaciones, la vinculación de todos los sujetos al ordenamiento jurídico y a las decisio-nes que adoptan los órganos judiciales, no sólo juzgando sino haciendo ejecutar lo juzgado" (STC 73/2000, de 14 de marzo).

La ejecución de las sentencias es una función jurisdiccional, que corresponde a los jueces y tribunales. Por muy obvia que pueda resultar la afirmación, el contencioso tradicional gravitaba en torno a la idea contraria: la ejecución de sentencias se con-cebía como una típica función ejecutiva que quedaba vedada al poder judicial, en una mal entendida teoría de la división de poderes. Por otra parte, el dogma de la inembargabilidad de los bienes de la Administración impedía cualquier mandamien-to de embargo contra aquellos bienes, con la consiguiente insatisfacción del vence-dor del pleito.

Los artículos 24, 106, 117 y 118 de la Constitución han consagrado definitivamen-te la plena judicialización del proceso contencioso-administrativo. La Administra-ción y los ciudadanos están obligados a cumplir las resoluciones judiciales en sus justos términos y a colaborar en la ejecución de lo resuelto (art. 103 LJCA), siendo potestad de los órganos judiciales "hacer ejecutar" lo juzgado. En palabras del Tri-bunal Supremo:

"La ejecución de las sentencias forma parte del derecho a la tutela efectiva de los Jueces y Tribunales, ya que en caso contrario las decisiones judiciales y los derechos que en las mis-mas se reconocen o declaran no serían otra cosa que meras declaraciones de intenciones sin alcance práctico ni efectividad alguna (SSTC 167/1987, 92/1988 y 107/1992). *La ejecución de sentencias es, por tanto, parte esencial del derecho a la tutela judicial efectiva y es, además, cuestión de esencial importancia para dar efectividad a la cláusula de Estado social y democrático de Derecho, que implica, entre otras manifestaciones, la vinculación de todos los sujetos al ordenamiento jurídico y a las decisiones que adoptan los órganos jurisdicciona-les, no sólo juzgando, sino también haciendo ejecutar lo juzgado*, según se desprende del art. 117.3 CE (SSTC 67/1984, 92/1988 y 107/1992)" (STS de 3 de mayo de 2005).

Además, el Tribunal Constitucional ha puesto fin al principio de inembargabilidad de los bienes de la Administración, limitado, como es natural, respecto a los bienes de dominio público o afectos a un servicio público:

"El privilegio de inembargabilidad de los "bienes en general" de las Entidades Locales que consagra el art. 154.2 Ley de Haciendas Locales, en la medida en que comprende no sólo los bienes demaniales y comunales sino también los bienes patrimoniales pertenecientes a las En-tidades Locales que no se hallan materialmente afectados a un uso o servicio público *no resul-ta conforme con el derecho a la tutela judicial efectiva que el art. 24.1 CE garantiza a todos, en su vertiente de derecho subjetivo a la ejecución de las resoluciones judiciales firmes*" (STC 166/1998, de 15 de julio)[15].

---

[15]   *Vid.* extensamente sobre la inembargabilidad de bienes públicos Cholbi Cachá, F.A. Y Meri-no Molins, V., *Ejecución de sentencias en el proceso contencioso-administrativo e inembargabilidad de bienes públicos*, Ed. Lex Nova, 2007.

II. REPLANTEAMIENTO DEL PROCESO
CONTENCIOSO-ADMINISTRATIVO

La necesidad de revisar la ley de 1956 no procedía solo de la inexcusable obligación de adecuarla al nuevo orden constitucional, sino también de la situación crítica en que se encontraba la jurisdicción por la acumulación extraordinaria de asuntos sin resolver, en claro incumplimiento del artículo 24 de la Constitución. No sin idas y venidas y tras un intenso debate público la revisión culminó con la Ley 29/1998, de 13 de julio, reguladora de la jurisdicción contencioso-administrativa, que introduce significativas novedades, principalmente en dos direcciones. Una, de carácter orgánico, se plasma en una profunda revisión de la planta judicial, en la que destaca la creación de los juzgados unipersonales de lo contencioso-administrativo. Otra, de carácter sustantivo, persigue corregir las deficiencias detectadas en el planteamiento del proceso contencioso y adaptarlo a las exigencias constitucionales antes indicadas.

Sin ánimo de profundizar en las cusas del notable atasco de asuntos en todos los órdenes jurisdiccionales y, en particular y significativamente, en el contencioso-administrativo, parece ineludible afirmar que la planta judicial se mostró durante décadas poco operativa e insuficiente ante el crecimiento exponencial del número de contenciosos presentados cada año. El legislador de 1998 intentó hacer frente a la situación con la creación de los juzgados unipersonales, en medio de una fuerte polémica y con el rechazo de un amplio sector doctrinal. Los números son reveladores de una evidencia: el retraso global no ha mejorado. Se han conseguido importantes objetivos en la rapidez con que los asuntos están siendo resueltos en la primera instancia cuando se produce ante los juzgados, pero la rapidez en resolver se convierte en nueva paralización en la apelación. La reforma tampoco ha aliviado sustancialmente el funcionamiento de los demás órganos colegiados ni del Tribunal Supremo cuando actúa en casación[16].

Centrándonos en la reforma sustantiva operada por la Ley 29/1998 y sin ánimo de realizar un examen exhaustivo del replanteamiento que realiza la ley de 1998 del proceso contencioso-administrativo, bastará señalar sus líneas fundamentales y reflexionar sobre algunas de las cuestiones que su aplicación plantea.

1. *Concepción y amplitud de la justicia administrativa*

Sobre la concepción de la jurisdicción contencioso-administrativa la ley se pronuncia con claridad. Se trata de *"superar la tradicional y restringida concepción del*

---

[16]   Son reveladores los datos que arroja el Estudio del Servicio de Inspección del Consejo General del Poder Judicial referido al año 2007 (www.poderjudicial.es). Si atendemos, por ejemplo, a la actividad del Tribunal Superior de Justicia de Galicia, que resuelve en única instancia un volumen importante de asuntos pero recibe, además, los recursos de apelación contra sentencias o autos dictados por los juzgados de lo contencioso-administrativo, observamos que en el año 2007 entraron 8.002 nuevos asuntos (5.381 en 2006 y 4.769 en 2005); se resolvieron 5.413 (5.560 en 2006 y 5.538 en 2005); con un volumen acumulado de asuntos pendientes de 11.473 (8.834 en 2006 y 9.146 en 2005). En el mismo Estudio figura el tiempo medio de respuesta por parte del órgano judicial: 23,31 meses en 2007 (17,58 en 2006 y 18,17 en 2005).

recurso contencioso-administrativo como una revisión judicial de actos administrativos previos, es decir, como un recurso al acto, y de abrir definitivamente las puertas para obtener justicia frente a cualquier comportamiento ilícito de la Administración".

Pese a todo, no es procedente el examen de actos administrativos diferentes de los impugnados e identificados en el escrito de interposición del recurso[17] ni el planteamiento de pretensiones para prevenir agravios potenciales o de futuro. El peso del carácter revisor del contencioso-administrativo se manifiesta en el instituto de la desviación procesal (*mutatio libelli*), que admite la modificación de los fundamentos de la pretensión pero no el cambio de esta última[18] ni, mucho menos, la alteración del acto administrativo impugnado.

Por lo demás, la Ley de la Jurisdicción contencioso-administrativa se mantiene fiel a las exigencias constitucionales de someter toda la actuación administrativa al control jurisdiccional, vetando ámbitos inmune al control.

En este sentido, el artículo 2, a) de la LJCA, siguiendo una avanzada jurisprudencia del Tribunal Supremo, hace desaparecer del texto legal la expresión "acto político", que había permitido bajo la vigencia de la ley de 1956 preservar un reducto de actuación inmune al control de los tribunales. Cualquiera que fuere su naturaleza, está sometido al control por parte de los tribunales de justicia respecto a la protección de los derechos fundamentales, la determinación de las indemnizaciones que resultaren procedentes y sus elementos reglados[19].

Por otra parte, la ley extiende a órganos que no son Administración pública, en sentido jurídico-formal, el conocimiento por la jurisdicción contencioso-administrativa. El art. 1.3 atribuye a esta Jurisdicción el conocimiento de las pretensiones procesales que se deduzcan en relación con *"los actos y disposiciones en materia de personal, administración y gestión patrimonial sujetos a Derecho público"* adoptados por los órganos constitucionales o de las Comunidades Autónomas que no formen parte de la Administración Pública (Cámaras Parlamentarias, Tribunal Constitucional, Tribunal de Cuentas y Defensor del Pueblo e instituciones análogas de las Comunidades Autónomas).

Igualmente, le corresponde el conocimiento de las pretensiones que se deduzcan en relación con los actos y disposiciones del Consejo General del Poder Judicial y la

---

[17]   *Vid.* por todas la STS de 13 de marzo de 2000: "...El escrito de interposición del recurso, al concretar los actos administrativos referidos a la materia litigiosa, expresa el objeto preciso sobre el que ha de proyectarse la función revisora de este orden de jurisdicción contencioso-administrativa, ya que marca los límites del contenido sustancial del proceso (sentencias de 13 de marzo de 1999, 22 de enero de 1994 o 2 de marzo de 1993)". *Vid.* Una posición crítica en Garcia Perez, M., *El objeto del proceso contencioso-administrativo*, Aranzadi, Pamplona, 1999, p. 146 y ss.

[18]   *Vid.* Garcia Perez, M., "La regla de la inalterabilidad de la pretensión en el proceso contencioso-administrativo", *Anuario da Facultade de Dereito da Universidade da Coruña*, Nº 2, 1998, pp. 299 y ss.

[19]   *Vid.* Por todas la STS de 24 de julio de 2000 (RJ 1001/289): "... el artículo 2,a) de la Ley de la Jurisdicción, ha hecho desaparecer legalmente la noción del acto político como causa de exclusión del control judicial de los actos del Gobierno, en cuanto que ya toda la actividad de éste, cualquiera que sea su naturaleza, se somete al control del orden jurisdiccional contencioso-administrativo, en lo que se refiere a la protección de los derechos fundamentales y al cumplimiento de los elementos reglados a que deba sujetarse aquella actividad".

actividad administrativa de los actos de gobierno de los Jueces y Tribunales y también de aquellas pretensiones que se deduzcan en relación con la actuación de la Administración Electoral, en los términos previstos en la Ley Orgánica de Régimen Electoral General.

Finalmente, queda sujeta a la ley jurisdiccional la actuación de personas ajenas a la Administración que desarrollen potestades o funciones públicas, como es el caso de las corporaciones de derecho público (por ejemplo, colegios profesionales, comunidades de regantes, cámaras de comercio, etc.) y de los concesionarios de servicios públicos cuando ejerciten potestades públicas.

2. *La inadmisión del recurso*

La marea incontenible de recursos sin resolver ha generado un caldo de cultivo propicio para la utilización espuria de la inadmisibilidad, con los efectos perniciosos que puede tener sobre el derecho a la tutela judicial *efectiva*[20].

La ley ha reducido los supuestos de inadmisibilidad de carácter obligatorio (la falta de jurisdicción o incompetencia del juzgado o tribunal, la falta de legitimación del recurrente, haberse interpuesto el recurso contra actividad no susceptible de impugnación o haber caducado el plazo de interposición del recurso)[21], aunque admite como potestativos los siguientes: cuando se hubieran desestimado en el fondo otros recursos sustancialmente iguales por sentencia firme; cuando, en caso de que se impugne una actuación material constitutiva de vía de hecho, fuera evidente que la actuación administrativa se ha producido dentro de la competencia y en conformidad con las reglas de procedimiento legalmente establecido; cuando se impugne la inactividad de la Administración y fuera evidente la ausencia de obligación concreta de la Administración respecto de los recurrentes[22].

De todos los supuestos enunciados, plantea graves dudas la posibilidad de inadmitir el recurso por el hecho de que se hayan desestimado en el fondo otros recursos sustancialmente iguales por sentencia firme. Sin duda, se está primando la eficacia de los órganos judiciales sobre la efectividad de la tutela judicial, mediante la técnica de eliminar desde un inicio los procesos que presentan una "apariencia de mal derecho". Por otra parte, la propia literalidad del precepto ofrece dudas: ¿basta una única sentencia para declarar la inadmisibilidad? ¿deben invocarse sentencias que provengan del propio órgano jurisdiccional que resuelve la inadmisión o de cualquier otro?; ¿por qué ha de presuponerse que la demanda se va a fundamentar en los mismos argumentos tenidos en cuenta en el/los proceso(s) anterior(es)?; ¿y si a la vista de los nuevos argumentos de las partes la sentencia tuviera otro alcance distinto a la que ha ganado firmeza?; en definitiva, ¿cómo garantizar la igualdad sustancial entre recursos en un trámite que tiene lugar antes de presentarse la demanda?

---

[20] *Vid.* una reflexión sobre esta cuestión en Meilan Gil, J.L., "La aplicación de la LJCA en el marco del derecho a la tutela judicial efectiva", en *El procedimiento administrativo y el control judicial de la Administración Pública*, MAP, 2001, p. 28 y ss.
[21] Artículo 51 LJCA.
[22] Apartados 2, 3 y 4 del artículo 51 LJCA.

En realidad, y a pesar de que el precepto se incluye entre la regulación del trámite de admisión del recurso, estamos en presencia de una "desestimación anticipada" del mismo por cuestiones de fondo, que no se reproducen porque ya se ha hecho en otra(s) ocasión(es) con firmeza. Ahora bien, el momento en que se produce este acontecimiento ni siquiera propicia que el órgano judicial pueda realizar una actuación comparativa adecuada, teniendo en cuenta las limitaciones del escrito de interposición del recurso –salvo en los casos en que se inicie el proceso mediante demanda- donde no tienen por qué constar las pretensiones de la parte demandante y cuando el juez no dispone, siquiera, del expediente administrativo.

En fin, las dudas planteadas deben servir para valorar la idea inicial: el loable afán de reducir el número de asuntos pendientes y colaborar en la eliminación de demoras indebidas no deben favorecer la búsqueda de atajos injustificados[23] en detrimento de la efectividad de la tutela judicial proclamada en el artículo 24.1 de la Constitución.

3. El silencio administrativo y el acceso a la jurisdicción

La Ley de la Jurisdicción Contencioso-administrativa establece un plazo de dos meses para la interposición del recurso contra actos expresos y de seis meses cuando se trata de actos presuntos (artículo 46.1). La referencia al carácter "presunto" de los actos trae causa de una inestable y confusa regulación del silencio administrativo auspiciada por la derogación de la vieja Ley de Procedimiento Administrativo (LPA) y la entrada en vigor de la Ley 30/1992, de 26 de noviembre, del Régimen Jurídico de Las Administraciones Públicas y del Procedimiento Administrativo Común (LPAC). En la actualidad, el ordenamiento jurídico español diferencia el silencio administrativo positivo del negativo, concediendo a aquel el carácter de un "acto presunto"[24] y a éste la naturaleza de técnica estrictamente procesal que permite a los interesados la interposición del recurso administrativo o contencioso-administrativo que resulte procedente[25]. Esta diferente concepción de ambas manifestaciones del silencio tiene una consecuencia muy interesante en lo que al proceso contencioso se refiere: la impugnación de los actos presuntos está sometida a un plazo inexorable (seis meses); sin embargo, para impugnar una desestimación por silencio no existe plazo alguno.

Llegar a este punto ha exigido un largo recorrido, en el que no han faltado reformas legislativas de importante calado, sentencias del Tribunal Supremo y del Tribunal Constitucional determinantes y un intenso debate doctrinal.

---

[23]   Una muestra de esta interpretación espuria de la inadmisibilidad se encuentra también en relación con el escrito de preparación del recurso de casación, tanto por el Tribunal Supremo como por el Tribunal Constitucional. *Vid.* una reflexión más extensa en Meilan Gil, J.L., "La aplicación …", *cit.*, p. 32 y ss y en la interpretación mayoritaria de lo que se entiende por normas de derecho autonómico –no estatal o comunitario europeo- para fundar la inadmisión del recurso de casación. *Cfr.* Meilán Gil, J.L., "Interés y desinterés casacional", en *Libro homenaje al profesor Pérez Moreno, Sevilla* (en prensa).

[24]   "La estimación por silencio administrativo tiene a todos los efectos la consideración de acto administrativo finalizador del procedimiento" (artículo 43 de la LPAC).

[25]   *Vid.* artículo 43 LPAC.

En este largo recorrido, la Constitución española de 1978 aportó una interesante visión de las posibilidades de la técnica del silencio administrativo hasta entonces desconocida o ignorada: su papel clave en la consecución del Estado de Derecho, afirmado en el artículo 1 del texto constitucional y confirmado con la declaración del sometimiento pleno de la Administración a la ley y al Derecho (artículo 103.1) y con la generalización del control jurisdiccional de toda la actuación administrativa (artículo 106.1)[26]. Al mismo tiempo, tras la inactividad de la Administración, en cualquiera de sus manifestaciones, se intuye la presencia del derecho fundamental a la tutela judicial efectiva del artículo 24.1 CE.

A lo largo de los más de diez años de vigencia postconstitucional de la LPA y, sin solución de continuidad, una vez promulgada la LPAC, el Tribunal Constitucional tuvo un intenso protagonismo en la reformulación constitucional del silencio administrativo y su debida interpretación a la luz de la Constitución española y lo hizo valorando la técnica bajo el raseo de la "razonabilidad" y de la "mayor efectividad" del derecho fundamental a la tutela judicial efectiva. Así, al pronunciarse sobre aspectos de carácter procesal que tenían, no obstante, una incidencia real sobre aquél derecho, reconoció sin rodeos que siendo el silencio una *ficción legal* que responde a la finalidad de que el administrado pueda, previos los recursos pertinentes, llegar a la vía judicial superando los efectos de la inactividad de la Administración", no sería razonable una interpretación que primara tal inactividad colocando a la Administración "en mejor situación que si hubiera efectuado una notificación con todos los requisitos legales". De ahí la aplicación al silencio del régimen de las notificaciones defectuosas, porque en estos casos "puede entenderse que el particular conoce el texto íntegro del acto –la denegación presunta por razón de ficción legal- pero no los demás extremos que deben constar en la notificación" (STC 6/1986, de 21 de enero).

La doctrina constitucional decidió el camino a recorrer en los años venideros por la jurisprudencia. De unos iniciales tímidos avances, que consistieron básicamente en la confirmación de la citada doctrina de las notificaciones defectuosas aplicada al silencio desestimatorio, se pasó a negar la extemporaneidad de la vía jurisdiccional, aplicando la doctrina de las notificaciones inexistentes en los supuestos de inactividad formal de la Administración. El Tribunal Supremo declara con gran persuasión y contundencia que "no puede aceptarse como fecha la pretendida por la Administración, sino aquella en que dicho administrado lo manifieste así, o interponga el recurso … de lo contrario, se colocaría al administrado en inferioridad de condiciones con respecto al supuesto de resolución expresa, en cuya notificación han de figurar los recursos procedentes y los datos esenciales para su empleo". Sin que, por lo demás, valga redargüir que tal interpretación genere inseguridad jurídica ya que "la Administración siempre tiene en su mano la posibilidad de evitarla dictando una resolución expresa, como es su obligación"[27].

---

[26]   *Vid.* una interesante reflexión sobre el fundamento constitucional de la obligación de resolver tras la CE de 1978 en Morillo-Velarde Pérez, J.I. (1986).
[27]   Sentencia de 7 de noviembre de 1999, ponente Francisco González Navarro.

La idea central está clara y la había expresado el propio Tribunal Supremo en otras ocasiones: "no puede pretender extraerse del incumplimiento del deber de resolver por parte de la Administración consecuencias obstativas al libre ejercicio de las acciones judiciales que puedan emprenderse para tutelar el derecho de los particulares"[28].

El 24 de enero de 2004, la Sección 2ª de la Sala de lo Contencioso-administrativo del Tribunal Supremo dicta una sentencia trascendental que aborda directamente la cuestión, y se pronuncia con una fundamentación jurídica irrefutable sobre el artículo 46.1 de la LJCA:

"...la remisión que el artículo 46.1 de la Ley Jurisdiccional hace al acto presunto, *no es susceptible de ser aplicada al silencio negativo*, pues la regulación que del silencio negativo se hace en la LRJ-PAC y PC lo configura como una ficción y no como un acto presunto...".

"...*el artículo 46.1 LJCA se refiere sin duda al plazo para recurrir ante ese orden jurisdiccional respecto de actos presuntos...* Mas tratándose de silencio negativo, desde la reforma de la Ley 30/1992, de 26 de noviembre, ya no cabe hablar de actos presuntos desestimatorios sino sólo -nuevamente- de ficción legal que abre la posibilidad de impugnación, en beneficio del interesado ... Por ello, *el supuesto de desestimaciones por silencio negativo ya no puede entenderse comprendido en la previsión del artículo 46.1 LJCA,* promulgada en un momento en que la Ley 30/1992 sí parecía considerar tales desestimaciones como verdaderos actos y no simplemente como una ficción legal ...".

Concluye la sentencia reiterando una anterior jurisprudencia:

"7. Desde tales premisas, se comprende que quepa concluir -como hacemos- que en la ordenación legal comentada encuentra de nuevo perfecto encaje la doctrina jurisprudencial en virtud de la cual *no cabe apreciar extemporaneidad en la vía jurisdiccional cuando la Administración incumple su obligación de resolver*".

La tesis ha sido reforzada por una sentencia del TC, la 14/2006, de 16 de enero, en la que, tras relatar con gran detalle y pulcritud la evolución sufrida por el silencio administrativo desde su regulación en la LPA hasta la actualidad, sostiene la misma afirmación respecto al plazo para recurrir contra el silencio desestimatorio ("sin consideración a plazo alguno").

4. *La adecuación del sistema de pretensiones procesales*[29]

Una de las principales aportaciones de la reforma del contencioso-administrativo operada en 1998 fue la revisión del cuadro de pretensiones procesales ejercitables por los interesados. La doctrina, y en pequeñas dosis la jurisprudencia, venía postulando un replanteamiento de la funcionalidad del proceso contencioso, con el abandono de la visión puramente objetiva o, en otras palabras, la filosofía exclusivamente reaccional, y la generalización del proceso subjetivo, si se quiere, prestacional.

La solución pasa por concebir un sistema plural o abierto de pretensiones procesales, que pone a disposición de los interesados distintas vías aptas para el resarci-

---

[28]   Sentencia de 30 de junio de 1999, ponente Rodolfo Soto Vázquez.
[29]   *Vid.* sobre el objeto del proceso contencioso-administrativo García Perez, M., *El objeto del proceso...*, cit.

miento de las diferentes necesidades de protección jurídica[30]. De forma que, surgido el conflicto, los tribunales se limiten a determinar cuál es la concreta necesidad del litigante, cuál su reclamación, cuál, en definitiva, su pretensión.

La Exposición de Motivos de la ley lo plantea con claridad:

> *"Por razón de su objeto se establecen cuatro modalidades de recurso*: el tradicional dirigido contra actos administrativos, ya sean expresos o presuntos; el que, de manera directa o indirecta, versa sobre la legalidad de alguna disposición general, que precisa unas reglas especiales; el recurso contra la inactividad de la Administración y el que se interpone contra actuaciones materiales constitutivas de vía de hecho".

Dado que "del recurso contra actos, el mejor modelado en el período precedente, poco hay que renovar" la reforma se limitó a depurar formalmente las causas de inadmisibilidad del recurso.

Por lo que se refiere a las disposiciones generales, la falta de impugnación directa de una disposición general o la desestimación del recurso que frente a ella se hubiera interpuesto no impiden la impugnación de sus actos de aplicación[31]. Es decir, se establecen –no es novedad- dos modalidades de impugnación de disposiciones de carácter general: el recurso directo y el indirecto. Pero la Ley pretende algo más: erradicar la confusión reinante en la teoría jurídica y en la práctica judicial sobre los efectos del recurso indirecto, confusión generadora de situaciones de inseguridad jurídica y desigualdad manifiesta, dependiendo del criterio de cada órgano judicial y a falta de una instancia unificadora, muchas veces inexistente.

A tal fin se articuló un sistema de impugnación en torno a una idea clave: posibilitar al órgano jurisdiccional una declaración sobre la disposición impugnada, a propósito de resolver sobre la legalidad del acto aplicativo de la norma. Para ello, era preciso superar la traba de la incompetencia que impedía en la práctica al tribunal sentenciador ir más allá de la anulación del acto, si era ilegal, y la inaplicación del reglamento. Si el juez o Tribunal es competente para conocer el recurso directo podría declarar la nulidad de la misma cuando el recurso se haya interpuesto contra un acto. En caso contrario ha de plantearse una cuestión de ilegalidad[32] ante el Tribunal competente para conocer del recurso contra la disposición (artículos 27 y 123 y ss.). Recuerda la cuestión de inconstitucionalidad, aunque esta se plantea a priori, y no deja de suscitar dudas sobre su eficacia[33].

---

[30]   *Cfr.* Meilán, J.L., "Prólogo" a García Pérez, M., y su referencia a los *remedies* de la *judicial review*, pp. 20-21. González-Varas *Comentarios a la Ley de la Jurisdicción Contencioso-administrativa*, Ed. Tecnos, Madrid, 2000.

[31]   *Vid.* artículos 26.1 y 31.

[32]   Una de las principales dudas que plantea la articulación de la cuestión de legalidad es la exigencia de firmeza de la resolución judicial sobre el acto administrativo, al que no afectará la sentencia que en su caso pudiera recaer sobre la legalidad del reglamento que le sirvió de aplicación. La alternativa a este sistema es recognoscible en otras fórmulas de nuestro ordenamiento jurídico. Por ejemplo, y salvando las distancias, la cuestión de inconstitucionalidad suspende el proceso principal en el cual se planteó, quedando condicionada la resolución del conflicto a una previa decisión del Tribunal Constitucional sobre la cuestión planteada.

[33]   *Cfr.* Carlon Ruiz, La cuestión de ilegalidad en el contencioso-administrativo contra reglamentos, Thomson-Civitas, 2005.

Las *pretensiones condenatorias* son una novedad de la LJCA. Son aquéllas que tratan de obtener no sólo la declaración judicial de la existencia o inexistencia de un hecho o un derecho, sino además la ejecución posterior de la obligación de dar, hacer o no hacer impuesta por la sentencia a la parte demandada. En dicho concepto son reconocibles dos de las novedosas pretensiones previstas en el texto legal, dirigidas a condenar a la Administración al cumplimiento de sus obligaciones (generadora del llamado "recurso contra la inactividad de la Administración") y a cesar una vía de hecho ("recurso contra las actuaciones materiales en vía de hecho").

a) Con la pretenciosa intención de cerrar "un importante agujero negro de nuestro Estado de Derecho" y de otorgar "un arma efectiva al ciudadano para combatir la pasividad y las dilaciones administrativas"[34], la LJCA creó un *recurso contra la inactividad de la Administración*, dirigido a obtener una prestación material debida o la adopción de un acto expreso en procedimientos iniciados de oficio, allí donde no juega la técnica del silencio administrativo.

La acción se regula en el artículo 29 LJCA, que contiene a su vez dos tipos de pretensión distintos: la acción de condena al cumplimiento de una prestación en favor de quien tiene derecho a ella (art. 29.1); y la acción de condena a la ejecución de un acto firme a favor de quien ostenta un interés legítimo a dicha ejecución (art. 29.2).

1º) A tenor del artículo 29.1 de la LJCA, el demandante podrá pretender la condena de la Administración al cumplimiento de sus obligaciones en los concretos términos en que estén establecidas en una disposición general que no precise de actos de aplicación o en virtud de acto, contrato o convenio, cuando reclamada la prestación la Administración se haya abstenido de cumplirla en un plazo de tres meses (artículos 29 y 32). Es decir, lo que el ciudadano pretende es que la Administración realice una actividad o dicte un acto que le viene impuesto *ex lege, ex acto o ex contractu*.

En primer lugar, el Tribunal Supremo ha puesto el acento en la legitimación (*ad causam*) necesaria para plantear esta acción, exigiendo al demandante que ostente un "derecho subjetivo" definido por una norma que no necesite actos de aplicación o en un acto, contrato o convenio:

"... lo que no ofrece duda es que para que pueda prosperar la pretensión se necesita que la disposición general invocada sea constitutiva de una obligación con un contenido prestacional concreto y determinado, no necesitado de ulterior especificación y que, además, el titular de la pretensión sea a su vez acreedor de aquella prestación a la que viene obligada la Administración, *de modo que no basta con invocar el posible beneficio que para el recurrente implique una actividad concreta de la Administración, lo cual constituye soporte procesal suficiente para pretender frente a cualquier otra actividad o inactividad de la Administración, sino que en el supuesto del artículo 29 lo lesionado por esta inactividad ha de ser necesariamente un derecho del recurrente*, definido en la norma, correlativo a la imposición a la Administración de la obligación de realizar una actividad que satisfaga la prestación concreta que aquél tiene derecho a percibir, conforme a la propia disposición general" (STS de 24 de julio de 2000, RJ 2001/289).

---

[34]   Son palabras de la Exposición de Motivos del Proyecto de Ley, que fueron luego suavizadas en la versión definitiva de la Ley 29/1998.

En segundo lugar, insiste el Tribunal Supremo en la necesidad de que la prestación exigida en vía jurisdiccional debe ser concreta. Se trata de condenar a la Administración "en los concretos términos en que estén establecidas" sus obligaciones (artículo 32.1). Es decir, los jueces y tribunales no se verán en la tesitura de tener que "sustituir" a la Administración ante su inactividad determinando el cómo, dónde o cuándo del ejercicio de una potestad administrativa, porque los términos de su cumplimiento se desprenden objetivamente de la norma, del acto, del contrato o del convenio.

El único trámite previo que establece la nueva regulación para acceder al contencioso es la "reclamación" realizada al órgano administrativo que permanece inactivo[35]. No se trata de forzar el acto administrativo como requisito previo al proceso, sino de dar la oportunidad a la Administración de actuar debidamente a través de una especie de *interpellatio*, que tiene por finalidad tratar de evitar el proceso cuando la Administración no ha cumplido por motivos distintos a su falta de voluntad de cumplimiento. La propia estructura administrativa y la eficacia de la actividad administrativa requieren esta "llamada de atención" que, en ningún caso, debe volverse contra el ciudadano diligente. Pasados tres meses desde que fuera presentada la reclamación sin haberse obtenido la prestación, quedará expedita la vía judicial.

2°) El apartado 2 del artículo 29 da cabida a un supuesto de hecho distinto del anterior: los "afectados" por la inejecución de un acto administrativo pueden reclamar su ejecución. Las diferencias son ostensibles. Se tratará normalmente de actos firmes de contenido desfavorable (frente al concepto de "prestación" que determina la acción del apartado 1) que no han sido debidamente ejecutados con el consiguiente perjuicio a terceros interesados en que dicha ejecución se produzca (a quienes se exigirá por tanto un simple interés legítimo y no un derecho subjetivo).

En estos casos, deberá hacerse igualmente una reclamación ante la Administración, de la misma naturaleza que la prevista en el apartado 1 del artículo. Con la diferencia de que el plazo para que la Administración actúe es ahora de un mes, transcurrido el cual quedará abierta la vía judicial, cuyo proceso se sustanciará por el procedimiento abreviado.

b) "Otra novedad destacable es el *recurso contra las actuaciones materiales en vía de hecho*. Mediante este recurso se pueden combatir aquellas actuaciones materiales de la Administración que carecen de la necesaria cobertura jurídica y lesionan derechos e intereses legítimos de cualquier clase. La acción tiene una naturaleza declarativa y de condena y a la vez, en cierto modo, interdictal, a cuyo efecto no puede dejar de relacionarse con la regulación de las medidas cautelares" (E.M.).

---

[35] Dicha reclamación no debe confundirse con una solicitud en sentido formal, es decir, con la forma de iniciación de un procedimiento (artículos 68 y 70 de la Ley 30/1992), ni la desatención de la Administración con un "acto presunto" (artículo 43). Ello significaría una vuelta al carácter revisor de la JCA, que expresamente niega la Exposición de Motivos de la Ley.

El concepto de "vía de hecho" ha estado presente en la doctrina[36] y la jurisprudencia de los tribunales ordinarios y del propio Tribunal Constitucional[37], mucho antes, incluso, de que el legislador de 1998 acometiera la tarea de regular la acción para exigir su cesación.

No existe unanimidad jurisprudencial sobre el alcance que tiene la expresión "vía de hecho". Así, existe una línea jurisprudencial que encaja en el concepto los supuestos de nulidad de pleno derecho de actos administrativos dictados prescindiendo total y absolutamente del procedimiento legalmente establecido.

Por el contrario, existe otra línea jurisprudencial más restrictiva, que limita los supuestos de vía de hecho a los de inexistencia absoluta de decisión o soporte administrativo.

El TS no ha tomado posición en esta cuestión. Desde fechas muy tempranas ha reconocido claramente como "vía de hecho" la ausencia absoluta de procedimiento (STS 22 de septiembre de 1990).

Con frecuencia, la vía de hecho se mide desde el parámetro de la seguridad jurídica y de la protección de la confianza legítima de los ciudadanos (STS de 18 de octubre de 2000).

El tradicional carácter revisor de la JCA logró durante largo tiempo que el conocimiento de estas cuestiones se remitiese a la jurisdicción civil, por la vía de la admisión de interdictos contra la Administración Pública. La ausencia de acto administrativo, la consiguiente actividad material de la Administración y la naturaleza revisora de la jurisdicción contenciosa provocaron una línea jurisprudencial con escasas excepciones proclive a la declaración de inadmisibilidad de los recursos planteados ante vías de hecho, salvo que previamente se hubiese provocado una decisión administrativa[38].

La superación de esta recortada panorámica del proceso contencioso-administrativo se produjo a través del reconocimiento del propio TC de la vía de hecho como una actuación material de la Administración "no amparada siquiera

---

[36]   Cuando la actividad ejecutoria administrativa no se legitima en un acto administrativo previo, porque no se ha dictado o porque ha dejado de existir (por haber sido anulado o revocado); cuando el acto incurre en tan grave defecto que carece de toda fuerza legitimadora; cuando la ejecución material no guarda conexión con el supuesto de hecho del acto que le sirve de fundamento o es desproporcionada con los fines que se propone; cuando, con posterioridad al título de la ejecución (acto administrativo), no se realizan los actos conminatorios previos a la ejecución (notificación y apercibimiento, cuando su ausencia constituye un vicio esencial y no se reducen a una mera comunicación o aviso de lo que la Administración se propone realizar); o cuando las actuaciones ejecutorias se realizan sin previo procedimiento o sin observar las reglas de competencia, la doctrina habla de actuaciones de la Administración en vía de hecho. *Vid.* por todos López Menudo, F., *Vía de hecho administrativa y justicia civil*, Civitas, Madrid, 1988, 1ª ed.

[37]   *Vid.* STC 160/1991, de 18 de julio: "No existe en la doctrina científica unanimidad acerca del concepto de vía de hecho. Mientras para algunos en tal concepto se engloban todos aquellos supuestos en que la Administración "pasa a la acción sin haber adoptado previamente la decisión que le sirva de fundamento jurídico" o cuando comete "una irregularidad grosera en perjuicio del derecho de propiedad o de una libertad pública", para otros se refiere a los supuestos en los que se produce "inexistencia de acto legitimador" o cuando "existiendo acto administrativo, adolezca de tal grado de ilicitud, que se le niegue la fuerza legitimadora". Puede definirse la vía de hecho como una "pura actuación material", no amparada siquiera aparentemente por una cobertura jurídica".

[38]   *Vid.* la STS de 20 de mayo de 1977.

aparentemente por una cobertura jurídica" comprensible en la genérica expresión "actos de la Administración Pública sujetos al Derecho administrativo" de la Ley Jurisdiccional entonces vigente y de otras leyes similares (STC 160/1991, de 18 de julio)[39].

Actualmente, la LJCA reconoce como actividad administrativa impugnable las "actuaciones materiales que constituyan vía de hecho" (artículo 25.2) y establece que el demandante podrá pretender que se declare contraria a Derecho y que cese dicha situación, cuando formulado requerimiento de cesación a la Administración no fuera atendida dentro de los veinte días siguientes, sin necesidad de ulteriores trámites (artículos 30 y 32).

Lo dicho respecto a la reclamación previa al recurso contra la inactividad debe reproducirse aquí, con un matiz importante: el carácter potestativo del requerimiento. Ahora bien, tal carácter potestativo es más teórico que real. Una simple simulación de un caso de vía de hecho pone de manifiesto que las posibilidades de acudir directamente a la JCA son escasas, a la vista del plazo recortadísimo que se establece en el artículo 46.3 de la LJCA:

> *"Si el recurso contencioso-administrativo se dirigiera contra una actuación en vía de hecho, el plazo para interponer el recurso será de diez días a contar desde el día siguiente a la terminación del plazo establecido en el artículo 30. Si no hubiere requerimiento, el plazo será de veinte días desde el día en que se inició la actuación administrativa en vía de hecho".*

El tenor literal del precepto no ofrece dudas respecto a su aplicación: si no se hace requerimiento, el interesado tendrá un plazo de veinte días desde el día en que se inició la vía de hecho. La regla parece desproporcionada. En primer lugar, no debería establecerse como *dies a quo* el del "inicio" de la vía de hecho, sino el del momento en el que el interesado tiene constancia de tal situación. Porque la vía de hecho es en sí misma una actuación llevada a cabo por cauces ilegítimos, sin rodearse el poder público de sus formalidades habituales. En segundo lugar, la existencia misma de un plazo plantea dudas: ¿acaso la vía de hecho no es una situación de tal ilicitud que debiera poder plantearse ante la justicia administrativa en cualquier momento mientras persistan sus efectos?

5. *Las medidas cautelares*

Si el artículo 24 de la Constitución española de 1978 se dejó sentir con fuerza en cada una de las facetas del contencioso-administrativo, la impronta en la regulación de las medidas cautelares fue decisiva. La configuración tradicional del proceso contencioso-administrativo como proceso al acto había venido predeterminando una regulación recortada e insatisfactoria de la justicia cautelar. La preponderancia de la

---

[39]   La cuestión, como se deduce de lo expuesto, no está definitivamente zanjada y tal como se ha enjuiciado no deja de producir insatisfacciones, como es el caso de imputación de infracción y sanción correspondiente, cuando la Administración se funda en un supuesto de hecho interno que, por propia inactividad, no ha sido objeto del preceptivo procedimiento con exigencias de publicación y audiencia de los interesados. La Administración ejerce una potestad sancionadora con base en una apariencia de legalidad que no existe, como es el caso de una línea de deslinde del dominio público marítimo-terrestre, de lo que no se ha iniciado formalmente el procedimiento para establecer, al menos, un deslinde provisional.

presunción de legalidad del acto administrativo sólo permitía considerar como ex-cepcional su suspensión, erigida además en la única medida a acordar por los tribu-nales de justicia.

La jurisprudencia y la doctrina[40], en una atenta lectura de la Exposición de Moti-vos de la LJCA de 1956, permitieron ir ampliando las posibilidades de juego de la suspensión de la ejecutividad del acto administrativo, pero fue sin duda la fuerza del artículo 24.1 de la Constitución, en su vertiente de derecho a la justicia cautelar, la que impuso una "nueva matriz teórica" en esta y tantas otras cuestiones. La expre-sión se debe a un colega y magistrado, González Navarro, utilizada en un auto del Tribunal Supremo de 20 de diciembre de 1990 que revela la virtualidad del artículo 24 de la Constitución, ya que dentro del derecho a una tutela judicial efectiva se in-cluye el derecho a una cautelar, pero también la influencia positiva del Derecho y de la jurisprudencia comunitaria. De ésta se deduce la máxima de que "la necesidad del proceso para obtener razón no debe convertirse en un daño para el que tiene razón".

La Ley de 1998 se hace eco de este nuevo planteamiento. El carácter excepcional de la medida de suspensión del acto en el contencioso tradicional deja paso a la fa-cultad del juzgador de adoptar las medidas cautelares que resulten necesarias cuando sea necesario para asegurar a finalidad legítima del proceso[41]. La admisión de las medidas cautelares como un remedio común y no excepcional venía requerido por la larga duración de los procesos contencioso-administrativos que, además de consti-tuir en si mismo una quiebra del derecho a un proceso sin dilaciones indebidas, pod-ía llegar a provocar que en el momento de dictarse la sentencia la actuación recurri-da fuese irreversible o el derecho vulnerado no pudiese ser restituido en su integri-dad[42].

En relación con lo que se está tratando, la ley del 1998 dispone que la medida cau-telar podrá únicamente acordarse cuando, previa valoración de todos los intereses en conflicto, la ejecución del acto o la aplicación de la disposición "pudieran hacer per-der su finalidad legítima al recurso". Y podrá denegarse cuando de ella "pudiera seguirse perturbación grave a lo intereses generales o de tercero".

El primer criterio es expresión del conocido *periculum in mora*. El segundo es "contrapeso o parámetro de contención del anterior criterio"[43].

En definitiva, el interés general ha de ser ponderado por el Tribunal o juez tanto para acordar la suspensión, como de una manera específica para denegarla si su otorgamiento pudiera ocasionar daño grave. La confrontación se plantea entre in-terés general e intereses particulares o entre diferentes intereses generales o públi-cos.

---

[40]   *Cfr.* Meilán Gil, J.L., "La suspensión jurisdiccional de los actos administrativos en el derecho español", *Revista andaluza de Administración Pública,* 28 (1996) pp. 11 y ss. y bibliografía allí citada.
[41]   Esta idea se plasmó en la Exposición de Motivos de la Ley de 1998, al señalar que "la adop-ción de medidas provisionales que permitan asegurar el resultado del proceso no debe contemplarse como una excepción, sino como facultad que el órgano judicial puede ejercitar siempre que resulte necesaria".
[42]   La regulación de las medidas cautelares se contienen en los artículos 129 a 136 del texto le-gal vigente. Atendidas las circunstancias de especial urgencia se adoptará la medida *inaudita parte* (art. 135).
[43]   STS de 20 de mayo de 2009, con un excelente resumen de la doctrina jurisprudencial.

Con anterioridad a la vigente ley de 1998 el criterio fundamental era la imposibilidad o dificultad en la reparación del daño causado[44]. En la actualidad el centro se encuentra en la posible pérdida de razón del proceso en el que se inserta el incidente de la medida cautelar. Quien pide la suspensión ha de aducir esa pérdida, que es lo prioritario[45], y la Administración para impedirla ha de invocar que la suspensión ocasionaría un daño grave para el interés general. La decisión queda en manos del Tribunal al enjuiciar cada caso concreto.

El interés general es determinado por el Tribunal contencioso-administrativo, al hilo de cada caso, como indica el precepto legal al referirse a la valoración o ponderación "circunstanciada".

Controvertido es el principio de la "apariencia de buen derecho" (*fumus boni iuris*)[46], presente en la jurisprudencia nacional y comunitaria antes y después de la entrada en vigor de la LJCA de 1998. El principio del *fumus boni iuris* impone una "actividad de predicción elemental" (STS de 9 de febrero de 2004) que debe realizarse sin entrar a valorar el fondo del asunto ni prejuzgar la decisión final que pudiera recaer, pues en tal caso "se quebrantaría el derecho fundamental al proceso con las debidas garantías de contradicción y prueba" (STS de 14 de abril de 2003).

Según el Tribunal Supremo, "permite (1) en un marco de provisionalidad, (2) dentro del limitado ámbito de la pieza de medidas cautelares, y (3) sin prejuzgar lo que en su día declare la sentencia definitiva, proceder a valorar la solidez de los fundamentos jurídicos de la pretensión, siquiera a los meros fines de la tutela cautelar" (STS de 16 de abril de 2006). La aplicación del principio tras la entrada en vigor de la LJCA de 1998 ha generado una jurisprudencia cambiante, mayoritariamente restrictiva respecto a la aplicación del criterio, al menos como elemento decisivo de la adopción de la medida cautelar.

La influencia del Derecho comunitario se ha hecho notar en una ampliación del fin de estas medidas cautelares, como sucede en materia de contratos públicos. No se trata solo de impedir que se causen perjuicios a los licitadores, sino también de la posibilidad de corregir, "lo antes posible y mediante procedimiento de urgencia" las infracciones ocurridas en la preparación del contrato, antes de su adjudicación definitiva, con legitimación posible para cualquier interesado. Por eso, con toda propiedad se denominan provisionales[47].

---

[44] La referencia al interés general, que figuraba en la exposición de motivos de la ley de 1956, fue adquiriendo mayor importancia en la jurisprudencia. *Cfr.* Rodríguez-Arana,J., *La suspensión del acto administrativo*, Montecorvo, Madrid, 1986. Chinchilla Marin, C. *La tutela cautelar en la nueva justicia administrativa*, 1991. Jimenez Plaza, C., *El fumus boni iuris, Un análisis jurisprudencial*, Iustel, Madrid, 2005.

[45] "La finalidad legítima del recurso es no sólo, pero sí *prioritariamente*, la efectividad de la sentencia que finalmente haya de ser dictada en él" STS de 18 de noviembre de 2003.

[46] Referencia que sí aparecía, sin embargo, en el proyecto de Ley, en el que se contemplaba como supuesto habilitante de la medida cautelar "cuando existan dudas razonables sobre la legalidad de la actividad administrativa".

[47] Directiva 89/665/CE de 21 de diciembre modificado en 1993 y 1997. *Cfr.* artículo 37 de la ley 30/2007 de 30 de octubre de contratos del sector público que regula un recurso especial en materia de contratación que se refiere a "defectos de tramitación".

6. *La sentencia*

A. *La motivación de las sentencias*

La motivación de las Sentencias es una obligación constitucional (artículo 120,3 CE) que deriva del derecho a la tutela judicial efectiva, pero también corresponde a una adecuada argumentación jurídica de relevancia procesal incuestionable, en el diálogo que se establece entre actores y juez en el proceso.

La motivación está en estrecha relación con el principio de congruencia. El artículo 33 de la LJCA dispone que se juzgarán "dentro del límite de las pretensiones formuladas por las partes", pero también "de los motivos que fundamente el recurso y la oposición". Y el 67, que la sentencia "decidirá todas las cuestiones controvertidas en el proceso".

El no cumplimiento de esos preceptos dará lugar a los conocidos supuestos de incongruencia omisiva, positiva, mixta o por desviación. Que no siempre se cumplen lo testimonian frecuentes sentencias del Tribunal Supremo que resuelven recursos de casación[48].

No ofrece dudas la existencia de una incongruencia omisiva -la más frecuente- cuando falta resolución sobre una de las pretensiones de las partes[49], aunque admitido el recurso de casación por esa falta no es obstáculo para que el Tribunal Supremo desestime el recurso contencioso originario, entrando en el fondo del asunto, sin limitarse a anular la Sentencia del Tribunal "*a quo*"[50].

La evolución en esta materia se refleja en la STS de 14 de diciembre de 2007:

"Debe precisarse que en un primer momento la jurisprudencia identificaba "cuestiones" con "pretensiones" y "oposiciones", y aquellas y estas con el "petitum" de la demanda y de la contestación, lo que llevó en más de una ocasión a afirmar que cuando la sentencia desestima el recurso resuelve todas las cuestiones planteadas en la demanda. Pero es cierto, sin embargo, que esta doctrina fue matizada e, incluso superada, por otra línea jurisprudencial más reciente de esta misma Sala que viene proclamando la necesidad de examinar la incongruencia a la luz de los arts. 24.1 y 120.3 de la CE; de aquí que para definirla no baste comparar el "suplico" de la demanda y de la contestación con el "fallo" de la sentencia, sino que ha atenderse también a la "causa *petendi* de aquellas" y a la motivación de ésta (Sentencias de 25 de marzo de 1992, 18 de julio del mismo año y 27 de marzo de 1993, entre otras)".

La cuestión litigiosa que determina objetivamente el ámbito del proceso se distingue, obviamente, de los motivos o razones jurídicas alegadas[51]. El Tribunal puede, no obstante, fundar la sentencia en motivos distintos sometiéndolos a las partes para que aleguen (artículo 33.2)[52].

---

[48]   La STS de 3 de junio de 2003 cita la jurisprudencia constitucional.
[49]   STS de 1 de diciembre de 2003.
[50]   STS de 17 de julio de 2007.
[51]   Como dice la STS de 12 de enero de 1996, el primero se enmarca "en el ámbito propio de los hechos, y el otro, en el de la dialéctica, la lógica y el derecho, circunstancia que explica la inalterabilidad que debe existir en el planteamiento y fijación de lo perteneciente al primer campo (supuestos de hecho), sobre todo y especialmente en los escritos de conclusiones, y la elasticidad y ductilidad permitida en el campo de lo segundo (fundamentos o razones jurídicos)".
[52]   *Vid.* García Pérez, M., "La inalterabilidad ...", *cit.*

No es inusual que se produzcan auténticas incongruencias materiales por omisión o Sentencias que no basan su fallo en precepto alguno citado formalmente, sin jurisprudencia expresa en que fundarse y sin invocación de un principio general del Derecho.

B. *Alcance de la potestad de ejecución*

La ley de 1998 (artículo 71) ha supuesto un avance en la línea del protagonismo de las pretensiones y los derechos subjetivos o intereses legítimos que las sustentan. Se echa en falta, sin embargo, un contenido más apropiado de la sentencia en los procesos que han nacido como consecuencia de una inactividad material de la Administración, en los que el demandante espera –esa era su pretensión- que se lleve a cabo una determinada actividad debida. En estos casos, el Juez debería tener poder para dar cumplimiento, por sí mismo o por medio de un tercero, a lo dispuesto en la sentencia con independencia de la voluntad de la Administración condenada.

Se ha cuestionado su existencia en el proceso contencioso-administrativo sobre la base de la imposibilidad de la ejecución forzosa contra la Administración[53] y porque supondría, en puridad, "sustituir" a la Administración en un ámbito tradicionalmente reservado al poder ejecutivo. Concretamente, el llamado poder de sustitución[54] es un imperativo constitucional de los artículos 117.3 y 118 de la Constitución cuando se trata de inejecución de sentencias, al atribuir exclusivamente a los jueces y tribunales, sin excepción de orden jurisdiccional, la función de "ejecutar lo juzgado" de acuerdo con las leyes, pudiendo adoptar las medidas que estimen precisas, concretamente las previstas en la LEC -de aplicación supletoria-, entre las cuales consta ordenar que se haga lo mandado a costa del obligado (artículo 924 LEC), requiriendo a tal efecto la colaboración que estimen oportuna de otros entes públicos o personas privadas (STC 67/1984, de 7 de junio).

Además, la posibilidad de que los jueces y tribunales sustituyan la inactividad de la Administración tiene ya una base legal en el artículo 108 de la LJCA, que otorga al tribunal una doble facultad-deber, en caso de incumplimiento de sentencias, consistente en: 1) adoptar las medidas necesarias para que el fallo adquiera eficacia cuando se trate de sentencias que condenen a la Administración a dictar un acto (letra b); 2) ejecutar la sentencia a través de sus propios medios o requiriendo la colaboración de autoridades y agentes de la Administración demandada o de otra diferente (letra a).

No habría ningún inconveniente en admitir la posibilidad de que los jueces y tribunales ejecutasen directamente -y ese sería el fallo de la sentencia estimatoria- una actividad de obligada prestación incumplida por parte de la Administración en favor de uno o más interesados cuando el título legitimador no sea la sentencia, sino otra fuente obligacional: una norma de directa aplicación, un acto, un contrato o un convenio administrativo, por utilizar las mismas expresiones que actualmente emplea la LJCA en su artículo 29.1. Se trataría de dar más protagonismo a los jueces en la fase ejecutiva del pro-

---

[53]   *Vid.* en general la monografía de Beltrán De Felipe, M., El poder de sustitución en la ejecución de sentencias condenatorias de la Administración, Civitas, 1995.

[54]   Utilizando la expresiva terminología de Beltrán De Felipe, M., *El poder de sustitución ..., cit.*

ceso "sustituyendo" la indolencia o pasividad de la Administración[55]. La sustitución de la Administración en todos estos casos encontraría su límite tan sólo en las llamadas "prestaciones personalísimas o infungibles".

La sustitución de la inactividad administrativa por una decisión jurisdiccional será terminantemente posible -más aún, dice el TS, imprescindible, en términos de congruencia- cuando el acto anulado sea fruto de la actuación de una potestad reglada: aquí el Derecho proporciona al juez todos los datos necesarios para definir el contenido de su decisión. Tal sustitución es viable, así, en el desarrollo de un control de legalidad y resulta insoslayable en la actuación de una "efectiva" tutela judicial (STS de 3 de diciembre de 1993).

C. *La inejecución de Sentencias*

La inejecución de sentencias tiene una larga y variada historia. El fenómeno ha puesto de relieve la dificultad que, con demasiada frecuencia, ha tenido que afrontar el ciudadano que ha obtenido una sentencia estimatoria de su pretensión. Los artilugios empleados por la Administración son variados. No es cuestión de analizarlos con detenimiento. Bastará la enumeración de los que constituyen un muestrario sacado de la realidad vivida: retrasos o ejecución morosa; tergiversación de los términos de la ejecutoria; anulación de los efectos mediante actos o disposiciones posteriores: elevación de rango de la norma; creación por vía reglamentaria de la imposibilidad de ejecutar; aprobación de disposiciones aclaratorias; traslado por necesidades del servicio del funcionario repuesto en virtud de la Sentencia...

El Tribunal Constitucional corrobora la existencia de esas prácticas recordando lo que también el Tribunal Supremo ha calificado como "la insinceridad de la desobediencia disimulada" por parte de los órganos administrativos (STS de 21 de junio de 1977, Sala 5ª), que se traduce en cumplimiento defectuoso o puramente aparente, o en formas de inejecución indirecta, como son entre otras las modificaciones de los términos establecidos en la ejecutoria, la reproducción total o parcial del acto anulado o la emisión de otros actos de contenido incompatible con la plena eficacia del fallo" (STC 16/1987, de 27 de octubre).

Cuestiones actuales se plantean con la petición de ejecución de sentencias desestimatorias. A pesar de los inconvenientes de orden práctico que puedan resultar y los propios Tribunales reconocen, se sostiene que "la ejecución que procede es la del acto, y no la de la sentencia, la cuál, a efectos de ejecución, lo ha dejado intacto, sin quitar ni añadir nada a su fuerza ejecutiva. Una sentencia desestimatoria confirma el acto impugnado, lo deja tal como fue dictado por la Administración demandada, y el Tribunal de Justicia no puede decir ni aconsejar ni ordenar a aquella cómo tiene que ejecutarlo" (STS de 22 de septiembre de 1999).

---

[55] *Vid.* Un planteamiento extenso de esta posibilidad, con referencia al derecho italiano, en Martin Delgado, Isaac, *La ejecución subrogatoria de las sentencias contencioso-administrativas*, IUSTEL, 2006.

La cuestión se plantea en asuntos trilaterales, como sucede en la expropiación forzosa, cuando la Administración expropia a favor de un particular. Los actores son la Administración expropiante, el beneficiario de la expropiación y el expropiado.

Problemática también es la ejecución de sentencia que anula en apelación otra estimatoria. Y aunque parece sorprendente, tiene también dificultades la ejecución de sentencia desestimatoria, favorable a la Administración, cuando se trata de desestimación parcial y más aun si se ha operado una alternancia política que afecta a lo órganos de la Administración. La composición de intereses se entrecruza con el "llevar a puro y debido término la Sentencia".

III. REFLEXIÓN FINAL

Las fortalezas y debilidades del sistema judicial español son suficientemente debatidas y sopesadas por la clase política, los gobernantes y, sin duda, la ciudadanía. Los poderes del Estado no han estado al margen de esa reflexión.

La Ley de 1998 ha supuesto un paso adelante en la consecución de las aspiraciones del Estado de Derecho proclamado en la Constitución. La ampliación de pretensiones, la justicia cautelar o la reducción a mínimos de obstáculos formales en el proceso contencioso-administrativo son buenas muestras de ello.

Pese a todo, es tarea pendiente la mejora de la calidad y del servicio que el ciudadano reclama de la Administración de Justicia. La duración de los procesos y la calidad de las resoluciones judiciales son los mejores ejemplos. Será cuestión de agilizar el proceso, sin merma de garantías esenciales, de medios propios del siglo XXI y de más personal. Pero de poco servirían las reformas si no se cuenta con jueces preparados. "Mientras que una judicatura especializada puede administrar una justicia impecable con instrumentos procesales deficientes, unos jueces ineptos, aun rodeados de las máximas garantías de independencia, serán incapaces de satisfacer las demandas de Justicia de los ciudadanos frente a las arbitrariedades de unas Administraciones públicas cada día más complejas y tecnificadas", decía GONZÁLEZ PÉREZ en el Paraninfo de la Universidad de A Coruña a propósito de unas *Jornadas de Estudio sobre la Jurisdicción Contencioso-administrativa*[56].

Por eso cuidar la formación de los magistrados debería ser preocupación principal de los poderes públicos, no sólo para lograr la calidad de la justicia, sobre todo en materias muchas veces de alta especialización, sino y principalmente para aumentar la confianza de los ciudadanos en el Estado de Derecho[57].

---

[56] *Cfr.* Jornadas de Estudio sobre la Jurisdicción Contencioso-Administrativa, Coord. M. García Pérez, Ed. Universidade da Coruña, 1998.
[57] *Vid.* Meilan Gil, "La Jurisdicción contencioso-administrativa y la Constitución española de 1978", en *Jornadas de Estudio, cit.*, p.30.

§10. FUNCIONALIDAD DE LAS MEDIDAS CAUTELARES EN EL SISTEMA CONTENCIOSO ADMINISTRATIVO (ESPECIAL REFERENCIA AL DERECHO ESPAÑOL)

Jaime F. Rodríguez-Arana Muñoz

I. INTRODUCCIÓN

La cuestión de las medidas cautelares, a día de hoy, en los inicios del siglo XXI, con una justicia administrativa más bien lenta y que suele pronunciarse sobre la legalidad de la actuación administrativa cuando esta se ha consumado tiempo atrás, constituye hoy uno de los temas centrales del entero sistema del Derecho Administrativo. Por muchas razones, entre otras, porque el juicio cautelar, que no es un juicio de validez, sino de eficacia, se nos presenta como un primer test sobre la eficacia del acto y su posible afectación al derecho fundamental a la tutela judicial efectiva. En efecto, la tensión entre eficacia, ejecutividad y ejecutoriedad, que son dimensiones temporales de la eficacia, y tutela judicial efectiva, constituye el ámbito propio en el que despliegan su virtualidad operativa las medidas cautelares.

El dogma de la ejecutividad del acto administrativo, uno de los principales pilares de la construcción continental europeo del Derecho Administrativo, está siendo reinterpretado a la luz de los principios y criterios constitucionales; en especial, desde el derecho fundamental a la tutela judicial efectiva que, en España, como en otros países, ha traído consigo la doctrina de la justicia cautelar hasta el punto que la jurisprudencia ha terminado por deducir una nueva dimensión de la tutela judicial efectiva: la tutela judicial cautelar.

Tal y como ha afirmado el Tribunal Supremo español en un auto de 18 de julio de 2006, la razón de ser de la justicia cautelar se encuentra en la necesidad de evitar que el lapso de tiempo que transcurre entre hasta que recae un pronunciamiento judicial firme suponga a pérdida de la finalidad del proceso. O, lo que es lo mismo, que se pueda asegurar razonablemente la efectividad de una sentencia futura que pueda llevarse a la práctica, como sigue diciendo el Tribunal Supremo español en el auto citado, de modo útil. Si el acto se ejecuta, desaparece su objeto, y por ello la pretensión del recurrente se desnaturaliza al igual que una eventual sentencia favorable a quien insta la medida cautelar. Si el recurso pierde su finalidad legítima, por haberse ejecutado inmediatamente el acto, sobre todo en los casos de daños irreversibles, entonces la justicia se torna ilusoria con la consiguiente desmoralización del pueblo, que empieza a perder la fe en la impartición eficaz de la justicia.

Es decir, es tanta la trascendencia que tiene la justicia cautelar cuándo la lentitud es la característica esencial de la Administración de justicia, que en estos procedimientos se ha concentrado, aunque sea una justicia provisional, una de las principales expectativas para la obtención de resoluciones judiciales en tiempo razonable. No en vano hace años Carnelluti sentenció que la justicia cautelar se está convirtiendo en la única justicia, reflexión que debe llevarnos a construir una justicia cautelar que se mueva en el ámbito de una tutea judicial efectiva que impida las situaciones de indefensión a que podría conducirnos una perspectiva absoluta del dogma de la ejecutividad y ejecutoriedad de los actos administrativos.

En efecto, la cuestión de la renovación de viejos dogmas, expresiones de la autotutela de la Administración pública, es la consecuencia lógica de la proyección del Estado social y democrático de Derecho sobre las categorías que venían inveteradamente fundando el Derecho Administrativo en el viejo continente. No se trata, pues, de desmontar el viejo sistema del Derecho Administrativo continental, sino de "aggiornar" sus basamentos a la realidad social y normativa que, obviamente, ha cambiado y mucho, especialmente en materia de derechos fundamentales de la persona. No es que la ejecutividad y la ejecutoriedad del acto administrativo deban desparecer por mor de la relevancia del derecho fundamental a la tutela judicial efectiva, sino que hemos de reclamar una posibilidad del control judicial de la actuación administrativa que sea razonable que evite las situaciones irreversibles. Es decir, que la justicia administrativa, especialmente la cautelar ha de poder conocer de determinadas actuaciones administrativas antes de que se hayan consumado o ejecutado, máxime cuando nos encontremos con situaciones de irreversibilidad, con situaciones en las que el recurso contencioso administrativo pueda perder su finalidad legítima.

En este punto es menester señalar que la evolución legislativa se ha producido a golpe de sentencia, por lo que los Tribunales, y especialmente el Tribunal Supremo Español, han tenido el acierto, ya desde la interpretación de la Ley jurisdiccional de 1956, de haber ido abriendo el camino que ha desembocado en la ley vigente de 1998 que, en esta materia, puede decirse que ha recogido fielmente las aportaciones jurisprudenciales y doctrinales más relevantes. Así lo ha puesto de manifiesto la exposición de motivos de la Ley de 1998 y así lo ha demostrado la centralidad de los derechos fundamentales en su proyección sobre el entero sistema del Derecho Administrativo.

El problema fundamental estriba, como veremos a continuación, en que el privilegio de la ejecutividad no puede operar al margen de la tutela judicial efectiva, por lo que el Tribunal Supremo en su sentencia de 10 de noviembre de 2003 señaló que "en el proceso administrativo, la justicia cautelar tiene determinadas finalidades específicas, incluso con trascendencia constitucional, que pueden cifrarse genéricamente en constituir un límite o contrapeso a las prerrogativas exorbitantes de la Administración, con el fin de garantizar una situación de igualdad, con respecto a los particulares, ante los Tribunales, sin la cual sería pura ficción la facultad de control o fiscalización de la actuación administrativa que garantiza el artículo 106.1 CE ("los Tribunales controlan la potestad reglamentaria y la legalidad de la actuación administrativa, así como el sometimiento de ésta a los fines que la justifican"), así como el 153.6 CE ("El control de la actividad de los órganos de las Comunidades Autónomas se ejercerá: (...), por la jurisdicción contencioso–administrativa, el de la Administración autónoma y sus normas reglamentarias"), y, en último término, respecto de la legislación delegada, el artículo 86.2 CE ("Sin perjuicio de la competencia propia de los Tribunales, las leyes de delegación podrán establecer en cada caso fórmulas adicionales de control").

El principio de la tutela cautelar, derivación de la tutela judicial efectiva del artículo 24.1 de la Constitución , se nos presenta como límite infranqueable a la ejecutividad administrativa, por lo que las medidas cautelares ya no son medidas extraordinarias o excepcionales sino que, como ha señalado la propia exposición de motivos de la Ley de 1998 y afirma el Supremo en esta capital sentencia de 10 de noviembre de 2003, se convierten "en instrumento de la tutela judicial ordinaria", adquiriendo así una perspectiva constitucional que sitúa estas medidas en el ámbito del denominado Derecho Administrativo Constitucional.

Por ejemplo, las sentencias del Tribunal Supremo de 7 de noviembre y 2 de febrero de 2007, "con la nueva regulación concluye el monopolio de la medida cautelar de suspensión, perfilándose un sistema de "*numerus apertos*", de medidas innominadas, entre las que sin duda se encuentran las de carácter positivo". Las medidas cautelares no son excepciones, son facultades, dice la sentencia del Tribunal Supremo de 22 de enero de 2002, que el órgano judicial puede ejercitar siempre que resulte necesario. Y será necesario cuando la ejecución del acto pueda hacer perder al recurso su finalidad legítima. Esta es la nueva funcionalidad de las medidas cautelares en el marco constitucional, una funcionalidad que se inserta en una justicia lenta que poco a poco, aunque no debiera ser así, va sustituyendo una justicia definitiva sobre la validez que llega muy tarde, y a veces en malas condiciones, por una justicia provisional, cautelar, que se centra en los efectos del acto en relación con la irreversibilidad del daño producido y con la naturaleza de la incidencia que pueda tener en el interés general.

En este sentido, la sentencia del Tribunal Supremo de 18 de julio de 2006 señala que la razón de ser de la justicia cautelar en el proceso en general se encuentra, como estableció ya el Supremo por sentencia de 22 de julio de 2002, en la necesidad de evitar que el lapso de tiempo que transcurre hasta que recae un pronunciamiento firme suponga la pérdida de finalidad del proceso. Con las medidas cautelares se trata de asegurar la eficacia de la resolución que ponga fin al proceso, evitando la producción de un perjuicio de imposible o difícil reparación, como señalaba anteriormente el artículo 122 de la ley de 1956, y como hoy dice expresivamente el artículo 129 de la ley jurisdiccional de 1998, asegurando la efectividad de la sentencia. Por ello, sigue diciendo esta sentencia, el "*periculum in mora*" forma parte de la esencia de la medida cautelar pues, en definitiva, con ella se intenta asegurar que la futura sentencia pueda llevarse a la práctica de manera útil. Sería inútil si es que el acto ya se ejecutó o si es que su conocimiento lesiona la tutela judicial efectiva.

No digamos si es que la sentencia provoca o produce indefensión, situación que no es sólo exclusiva del accionar administrativo, también puede ocasionarse, aunque es más difícil, por el propio poder judicial a través de sus resoluciones.

Hoy, tras la ley de 1998, las medidas cautelares "podrán acordarse –dice el artículo 129.2– únicamente cuando la ejecución del acto o la aplicación de la disposición pudiera hacer perder su finalidad legítima al recurso". Criterio que parece traer causa del artículo 56 de la Ley Orgánica del Tribunal Constitucional de 1979 y de la doctrina recogida en el auto del Tribunal Supremo de 20 de diciembre de 1990, en el que se proclama el derecho a la tutela cautelar; y, por supuesto, de la sentencia Factorfame del Tribunal de Justicia de Luxemburgo, de 19 de junio de 1990, que establece que "la necesidad del proceso para obtener la razón no debe convertirse en un daño para el que tiene la razón". Ahora bien, junto a este presupuesto es menester que la ponderación circunstanciada de los intereses en juego así lo aconseje.

La doctrina sentada en la sentencia Factortame, que introduce en el Derecho español el auto de 1990, del Tribunal Supremo, ha sido glosada, para el tema que ahora nos ocupa, por una sentencia del Tribunal Supremo de 25 de febrero de 2003. En dicho pronunciamiento, el Tribunal Supremo, siguiendo su jurisprudencia, entiende que parece como una derivación del derecho a la tutela judicial efectiva, el derecho a una tutela judicial cautelar por fuerza del principio del derecho que se resume en que la necesidad del proceso para obtener razón no debe convertirse en un daño para el que tiene la razón. Entiende también el Supremo español que esta tutela cautelar trata de evitar la frustración de una sentencia final, ya que de lo contrario, la obtención futura y dilatoria del reconocimiento de su previsible razón, no supone una entera satisfacción de sus legítimas pretensiones, aunque posteriormente fuera resarcido en sus daños o perjuicios.

Este principio del derecho comunitario nos lleva a cuestionarnos hasta que punto en el análisis de la medida cautelar, aunque no es posible entrar en el fondo, en la cuestión de validez del acto norma recurrida, no es posible que el juzgador realice determinadas reflexiones en orden a analizar la consistencia o solidez de la razón que asiste a quien solicita la cautelar, reflexiones que de alguna manera sean inescindibles, inseparables, del juicio o test de legalidad.

Como es sabido, la preocupación por las medidas cautelares en el orden jurisdiccional contencioso-administrativo ha cobrado un especial relieve en este tiempo debido, en gran parte, a su consideración como parte integrante del derecho a la tutela judicial efectiva del artículo 24.1 de la Constitución. Derecho que, como hemos comprobado, es de construcción jurisprudencial a partir de la introducción en nuestro Derecho de la doctrina Factortame del Tribunal de Justicia de las Comunidades Europeas de 19 de julio de 1990.

El caso es que la tutela judicial efectiva de carácter cautelar se ha convertido en un hecho cotidiano en los Tribunales contencioso-administrativos españoles, actuando como un mecanismo para asegurar provisionalmente la eficacia de la sentencia definitiva y como remedio para que ésta, llegada a su ejecución, no sea inútil.

En efecto, la potestad de los Jueces y Tribunales de adoptar medidas cautelares responde, como ha señalado el Tribunal Constitucional, "a la necesidad de asegurar, en su caso, la efectividad del pronunciamiento futuro del órgano jurisdiccional" (sentencia 218/1994) evitando que un posible fallo a favor de la pretensión "quede desprovisto de la eficacia por la conservación o consolidación irreversibles de situaciones contrarias a derecho o interés reconocido por el órgano jurisdiccional en su momento" (sentencia 218/1994). Esta es, en mi opinión, la clave del tema, evitar que se consoliden situaciones irreversibles que, obviamente, la indemnización "a posteriori" puede no restaurar. Para evitar que la ejecutividad genere supuestos de "irreversibilidad", se somete a control judicial para que su entendimiento y aplicación se realice en el marco constitucional que dibuja el artículo 24.1. Esta referencia a la irreversibilidad, nudo gordiano de la materia que vamos a examinar, también puede colegirse sin especial dificultad de la línea argumental mantenida por la Jurisprudencia del Tribunal Supremo durante la vigencia de la Ley de 1956 tal y como tuve ocasión de estudiar, van a hacer ahora veintitrés años en mi tesis doctoral precisamente sobre la suspensión del acto administrativo en vía contencioso administrativa, entonces -1986- la única medida cautelar prevista en nuestro Ordenamiento jurídico.

El profesor García de Enterría, que ha estudiado a fondo esta cuestión, señala como auténtico hito de esta evolución el citado auto del Supremo de 20 de diciembre de 1990, en el que el ponente, Profesor González Navarro, configura un genuino derecho a la tutela cautelar, que se corresponde con un deber, por parte de la Administración y de los Tribunales, de acordar la medida cautelar que resulte necesaria para asegurar el contenido de la resolución que finalmente se adopte. En este sentido, el Tribunal Supremo   –auto de 20 de diciembre de 1990- señalaba lo siguiente interpretando, por elevación, el antiguo artículo 122 de la Ley de 1956, precepto que en el régimen anterior sólo preveía la suspensión como medida cautelar única:

"los estrechos límites del artículo 122 de la LJCA tienen hoy que entenderse ampliados por el expreso reconocimiento del derecho a una tutela judicial efectiva en la propia Constitución, derecho que implica, entre otras cosas, el derecho a una tutela cautelar".

Estas aproximaciones, realizadas durante la vigencia de la ley jurisdiccional de 1956, prepararon el terreno para que la ley de 1998 dedicara al tema de las medidas cautelares nada menos que un capítulo: el capítulo II del título VI de la ley a través de los artículos 129 a 136.

El articulado responde a lo dispuesto en la exposición de motivos de la ley de 1998 que reconoce que "el espectacular desarrollo de estas medidas en la jurisprudencia y la práctica procesal de los últimos años ha llegado a desbordar las moderadas previsiones de la legislación anterior, certificando su antigüedad en este punto. La nueva ley actualiza considerablemente la regulación de la materia, amplía los tipos de medidas cautelares posibles y determina los criterios que han de servir de guía en su adopción". El legislador, pues, se limita a registrar lo que la jurisprudencia y la doctrina han venido señalando tiempo atrás en orden a disponer de una justicia cautelar de mayor calidad, para, desde el entendimiento de que esta modalidad de Justicia forma parte integrante del principio de tutela judicial efectiva, señalar que, estas medidas en modo alguno son una excepción, sino que, por el contrario, se nos presentan "como facultad que el órgano judicial puede ejercitar siempre que sea necesario".

La doctrina está de acuerdo en situar como un elemento clave a la hora de tratar el fundamento de las medidas cautelares en general, el problema de la lentitud en la resolución de los procesos jurisdiccionales. El artículo 24.2 de nuestra Constitución afirma claramente que "todos tienen derecho a un proceso público sin dilaciones indebidas y con todas las garantías..." por lo cual el retraso desproporcionado en la resolución de los procedimientos supone una grave conculcación del derecho a la tutela judicial efectiva reconocida en el artículo 24 de nuestra norma suprema. Así, además, lo ha reconocido el Tribunal Constitucional, en su Sentencia 26/1983, al afirmar que "desde el punto de vista sociológico y práctico puede seguramente afirmarse que una justicia tardíamente concedida equivale a una falta de tutela judicial efectiva".

Básicamente, lo que se pretende es que la duración del procedimiento no altere el equilibrio inicial de fuerzas entre las partes. En otras palabras, el principio de efectividad de la tutela judicial recogido en el artículo 24.1 de la Constitución reclama que el control jurisdiccional que ampliamente traza su artículo 106.1 haya de proyectarse también sobre la ejecutividad del acto administrativo. Y dada la duración del proceso, el control judicial sobre la ejecutividad ha de adelantarse al enjuiciamiento del fondo del asunto. La armonización de las exigencias de ambos principios da lugar a que la regla general de la ejecutividad haya de ser controlada en cada caso concreto para evitar que pueda dar lugar a situaciones de indefensión, situaciones claramente prohibidas por la propia Carta Magna en su artículo 24.

El Tribunal Supremo ha construido recientemente, a partir de los preceptos que el legislador de 1998 dedica a esta materia un sistema general (artículos 129 a 134) y dos supuestos especiales (artículos 135 y 136) con siete notas o características (sentencias de 13 de junio de 2007, de 6 de febrero de 2007, de 21 de junio de 2006, de 30 de noviembre de 2005 o de 14 de octubre de 2005):

En primer lugar, la regulación de las medidas cautelares en el orden judicial contencioso administrativo constituye un sistema amplio, por cuanto resulta de aplicación al procedimiento ordinario, al abreviado, al especial de protección de derechos fundamentales de la persona. Las medidas cautelares pueden adoptarse respecto de actos y de normas, si bien en relación con las disposiciones generales sólo cabe la tradicional medida de suspensión y cuenta con algunas especialidades procesales (artículos 129.2 y 134.2 de la Ley de la jurisdicción contencioso administrativa de 1998). Respecto a la supresión de la especialidad que tenía la suspensión del acto en punto al procedimiento especial de derechos fundamentales, mi juicio es francamente negativo puesto que si tanto predicamos la centralidad de los derechos fundamentales de la persona, resulta que el sistema anterior de suspensión automática como regla salvo que el abogado del Estado acreditara un perjuicio grave al interés general parecía congruente con esa posición medular en el sistema jurídico. Ahora, al seguir las medidas cautelares en este procedimiento especial de protección de los derechos fundamentales de la persona el régimen general, resulta que esa centralidad queda diluida, desnaturalizada.

En segundo lugar, las medidas cautelares se fundamentan en un presupuesto claro: el denominado tradicionalmente "*periculum in mora*", ahora bajo el rotulo de la irreversibilidad, es decir, que el recurso pueda perder su finalidad legítima, lo que acontece cuando el daño ocasionado por la actuación administrativa recurrida es imposible de reparar razonablemente. Supuesto que se produce de ordinario cuando el acto se ejecuta antes de la sentencia, algo muy frecuente en un universo en el que prima, a veces de manera irracional, el dogma de la ejecutividad y ejecutoriedad de los actos administrativos. Por eso, el artículo 130.2 de la vigente ley jurisdiccional dispone que procederá "únicamente" la medida cautelar cuando "la ejecución del acto o la aplicación de la disposición pudieran hacer perder su finalidad legítima al recurso". Sin embargo, no es cierto que sea este el requisito o presupuesto único porque, como ahora señalaremos, es necesaria la concurrencia de otro elemento.

En tercer lugar, efectivamente, como parámetro o contrapeso del anterior criterio, el nuevo sistema exige, como reconoce el Tribunal Supremo, al mismo tiempo, una detallada ponderación del interés general o de tercero. Tal ponderación o valoración jurídica habrá de realizarse en relación con el propio *"periculum in mora"* En el mismo sentido, el propio artículo 130.2 de la vigente ley establece que, no obstante, la concurrencia del *"periculum in mora"*, "la medida cautelar podrá denegarse cuándo de esta pueda seguirse perturbación grave de los intereses generales o de tercero". Ambos criterios, insisto, han de darse conjuntamente a través de una ponderación circunstanciada, como también dice la ley, de los intereses y de las consecuencias de la ejecutividad de la actuación administrativa.

En cuarto lugar, desde una perspectiva procedimental se apuesta por la motivación de la medida cautelar, lo cual es muy saludable y conveniente al sistema de justicia administrativa en el que cada vez la justicia cautelar tiene un papel más relevante. La motivación de la medida cautelar, como señala certeramente el Tribuna Supremo en la sentencia de 14 de octubre 2005, una de las más recientes, es consecuencia de la ponderación de los intereses en conflicto; así en el artículo 130.1.ª se exige para su adopción la previa valoración circunstanciada de todos los intereses en conflicto, expresión que se reitera en el artículo 130.2 *"in fine"*, al exigir igualmente una ponderación en forma circunstanciada de los citados intereses generales o de tercero. Tal operación jurídica de ponderación implica una argumentación racional acerca de la incidencia de la cautelar en el interés general y de la previsibilidad de que la ejecución de la actuación administrativa pueda hacer la finalidad legítima al recurso.

Es decir, su racionalmente se puede deducir una posible situación irreversible que haría inútil la interposición del recurso contencioso administrativo.

En quinto lugar, tal y como dispone la sentencia del Tribunal Supremo de 13 de junio de 2007, con la nueva regulación concluye el monopolio legal de la medida cautelar de suspensión, pasándose a un sistema de *"numerus apertos"*, entre las que, sin duda se encuentran las de carácter positivo. En este sentido, el artículo 129.1 de la vigente se remite a cuantas medidas aseguren la efectividad de la sentencia. Medidas que pueden ser de orden positivo y que pueden adoptarse en relación con actos negativos de la Administración pública, tal y como en este último caso previene, por ejemplo, la sentencia del Tribunal Supremo de 21 de marzo de 2001.

Por lo que se refiere al ámbito temporal de las medidas, la nota sexta subraya que la solicitud de las medidas cautelares podrá llevarse a cabo en cualquier estado del proceso (artículo 129.1 de la vigente ley con la excepción del número 2 para las disposiciones generales), extendiéndose en cuanto a su duración, hasta que recaiga sentencia firme que ponga fin al procedimiento en que se hayan acordado, o hasta que este finalice por cualquiera de las causas previstas en esta Ley (artículo 132.1 de la vigente ley de la jurisdicción contencioso administrativa), contemplándose, no obstante, su modificación por el cambio de circunstancias.

Y, finalmente, en séptimo lugar, como correspondencia a la apertura de las medidas cautelares del nuevo sistema, la nueva Ley lleva a cabo una ampliación de las contra-cautelas, permitiéndose, sin límite alguno, que puedan acordarse las medidas que sean necesarias para evitar a paliar los perjuicios de cualquier naturaleza que pudieran derivarse de la medida cautelar que se adopte (artículo 133.1 de la ley de 1998), añadiéndose, además, que la misma podrá constituirse en cualquiera de las formas admitidas en derecho (artículo 133.3 de la ley jurisdiccional contencioso administrativa de 1998).

El Tribunal Supremo, en la sentencia de 14 de octubre de 2005, además de la doctrina expuesta, cita jurisprudencia abundante para concluir que el adverbio "únicamente" del artículo 130.1 de la vigente ley debe interpretarse teniendo en cuenta una doble referencia: " valorando no solo la posibilidad de que la ejecución del acto pudiera hacer perder su finalidad legítima al recurso, sino también la de que con la medida cautelar pudiera seguirse perturbación grave de los intereses generales o de tercero, que el Juez o Tribunal ponderará de forma circunstanciada".

Además, el Tribunal Supremo, por ejemplo, sentencia de 6 de febrero de 2007, extrae tres conclusiones de la exégesis del artículo 130.1 de la ley de la jurisdicción contencioso administrativa de 1998:

> "a) La adopción de la medida exige de modo ineludible que el recurso pueda perder su finalidad legítima, lo que significa que, de ejecutarse el acto, se crearían situaciones jurídicas irreversibles haciendo ineficaz la sentencia que se dicte e imposibilitando el cumplimiento de la misma en sus propios términos, con merma del principio de identidad, en el caso de estimarse el recurso.
>
> b) Aún concurriendo el anterior presupuesto, puede denegarse la medida cautelar, siempre que se aprecie perturbación grave de los intereses generales o de tercero, lo que obliga siempre a considerar un juicio comparativo de todos los intereses en juego, concediendo especial relevancia, a la hora de decidir, a la mayor perturbación que la medida cautelar al interés general o al de un tercer afectado por la eficacia del acto impugnado.
>
> c) En todo caso, el juicio de ponderación que al efecto el órgano jurisdiccional ha de realizar ha de atender a las circunstancias particulares de cada situación, y exige una motivación acorde con el proceso lógico efectuado para justificar la adopción o no de la medida cautelar solicitada".

Irreversibilidad y grave afectación al interés general o de tercero afectado han de integrarse armónicamente para que prospere la medida cautelar.

He aquí, pues, un diseño acabado del sistema cautelar del derecho español en el orden contencioso administrativo. Ahora corresponde, una vez establecido el contorno jurídico de la institución, analizar algunos elementos que ayuden a entender este completo sistema que el Tribunal Supremo español ha caracterizado con rigor y precisión.

II. EJECUTIVIDAD DEL ACTO Y TUTELA JUDICIAL EFECTIVA: DE LA LEY DE 1956 A LA DE 1998

Como es sabido, la Ley Jurisdiccional de 1956, en consonancia con el momento y las circunstancias históricas que presidieron su nacimiento, partía de una consideración general del efecto no suspensivo de la interposición de recursos en vía judicial contenciosa, contra actos o disposiciones administrativas. Frente a este principio, se contemplaba la sola excepción de que la ejecución de actos o normas pudieran causar perjuicios de reparación imposible o difícil, en cuyo caso el Tribunal, a instancia del interesado, podría acordar la suspensión. Este es, en esencia, el contenido del viejo artículo 122 de la ley jurisdiccional de 27 de diciembre de 1.956, cuya exposición de motivos se situaba, sin embargo, un paso más allá de la propia regulación que interpretaba, al señalar que, a la hora de declarar la suspensión, se deberá ponderar en qué medida el interés público la exige. De igual modo, en relación con la dificultad de la reparación, dicha exposición de motivos afirmaba que no cabía excluirla, sin más, por el hecho de que el daño fuese evaluable económicamente. Es decir, el legislador tenía claro que los intereses en juego, especialmente el público, debían modular el régimen demasiado estricto del presupuesto de la irreparabilidad o difícil reparación.

Desde este punto de partida -que, como hemos visto, apuntaba en su propio nacimiento, unas interesantes posibilidades interpretativas- se edifica la construcción doctrinal y jurisprudencial sobre las medidas cautelares en general y la suspensión en particular que, tiene, en su evolución, un antes y un después de la Constitución de 1.978.

En efecto, podemos, en primer lugar, identificar un progresivo debilitamiento del requisito de la imposible o difícil reparación de los daños, como elemento central del sistema, que parte, como hemos señalado, de la propia ley jurisdiccional de 1956. Del carácter vertebrador de este requisito de la dificultad de la reparación se ha señalado, con acierto, que desviaba la atención hacia un problema que no era el fundamental, ya que lo realmente decisivo es la protección de los bienes jurídicos en presencia en el caso concreto, mediante una solución de justicia material.

Se ha querido, también, buscar la causa de esta interpretación exclusivamente centrada en la dificultad o imposibilidad de reparación en la propia -e inadecuada- redacción del párrafo 2º del artículo 122 de la ley de 1956 y en el paralelo desconocimiento del contenido de la exposición de motivos, a cuyas posibilidades interpretativas ya hemos aludido y que, ciertamente, sólo al final de la vida de esta ley se le supo sacar toda la virtualidad que encerraba.

Pues bien, sobre estos presupuestos, la Jurisprudencia se situó, en el momento inicial de la aplicación de la Ley de 1956, en una posición marcadamente favorable a la preeminencia de el principio de ejecutividad de los actos, denegando prácticamente como regla toda suspensión cuyo posible daño fuera evaluable económicamente, desoyendo, por otra parte, la propia exposición de motivos de la ley.

Ahora bien, esta posición inicial fue progresivamente matizada al socaire de la realidad constitucional que, a partir de 1.978, marcó una consideración nueva de las medidas cautelares y, entre ellas, de la suspensión, al entrar en relación ejecutividad y ejecutoriedad de la actuación administrativa con las exigencias derivadas del derecho a la tutela judicial efectiva. Es, ésta, una de las consecuencias de la proyección de un orden jurídico nuevo sobre unos cimientos viejos que precisaban de una tarea a fondo de remozamiento, rehabilitación y reconstrucción.

Efectivamente, el criterio de la reparación económica -y de su presupuesto: la evaluabilidad de los daños- no podía ser considerado de manera absoluta, más bien requería de una solución valorativa caso por caso. A partir de aquí, la jurisprudencia entendió que el precepto del artículo 122 de la Jurisdicción de 1956 encerraba un concepto jurídico indeterminado, necesitado de ser traducido conforme al conjunto de circunstancias concurrentes en cada supuesto concreto. Casuismo que, unido a la citada, aunque tardía incorporación del texto de la exposición de motivos de la Ley de 1956 como elemento hermenéutico de primer orden, invitaba claramente a valorar los intereses implicados para decidir otorgar o no la suspensión. Tarea de ponderación que, sin embargo y como ya hemos advertido, es uno de los criterios determinantes que la Ley de 1998 establece para la procedencia o no de la medida cautelar.

El Tribunal Supremo ha tenido ocasión de llamar la atención sobre la necesidad de obrar en este tema de acuerdo con el caso concreto, recogiendo una vieja jurisprudencia que más que negar la virtualidad de los principios, los fortalece puesto que el caso concreto ha de ser analizado jurídicamente en el marco de la legalidad y de los principios generales del Derecho. Al casuismo en materia de medidas cautelares se han referido, por ejemplo, las sentencias del Tribunal Supremo de 13 de junio de 2007, de 21 de junio de 2006 o de 21 de marzo, puesto que la proyección de los criterios que establece la ley de 1998 para pronunciarse si procede o no la medida cautelar de que se trate ha de hacerse en el caso concreto y éste, la realidad, en muchas ocasiones revela o no la propia aplicación de los principios o criterios previstos en la ley. Casuismo integrado en los principios y, por supuestos, principios aplicados a la realidad.

A partir de la Constitución de 1978 el criterio de la irreparabilidad de los daños deja de ser, al menos en apariencia, el eje sobre el que pivota la suspensión de la ejecución del acto recurrido, entonces la única medida cautelar prevista en la ley. La necesidad de la solución justa en cada caso trajo como lógica consecuencia la necesidad de ponderar los intereses en conflicto, teniendo muy en cuenta la incidencia del interés público. Y, en este punto, la combinación del criterio de los daños y la incidencia del interés público fue calificada por el Tribunal Supremo de "interpretación auténtica" del artículo 122 de la Ley de 1956, abriendo las puertas a la nueva regulación que hoy contempla el Derecho vigente.

Una nueva nota vino a completar este debate. En el mismo sentido de la ponderación de intereses se pronunció la regulación del procedimiento de amparo constitucional en la Ley Orgánica del Tribunal Constitucional, que estableció que, en materia de suspensión en esta vía, la Sala suspenderá el acto cuando la ejecución hubiere de ocasionar un perjuicio que haría perder al amparo su finalidad y, *a sensu contrario*, podrá denegarse la suspensión solo cuando de ésta pueda seguirse perturbación grave de los intereses generales. Regulación, insisto, que hasta literalmente recoge el legislador de 1998.

Poco a poco, pues, como fruto de la labor del Tribunal Supremo basada en la cantidad y la calidad de sus autos relativos a la posibilidad de suspender actos recurridos, fue viendo la luz una nueva interpretación del artículo 122 de la Ley de 1956 en la que el criterio de la irreparabilidad o difícil reparación, fue, sustituido por la concepción de la "irreversibilidad" -que permite una más amplia tutela judicial- adquiriendo la ponderación del interés público en presencia, a partir de la consideración de lo expuesto en la exposición de motivos de la Ley Jurisdiccional de 1956, un notable protagonismo. Hoy, la jurisprudencia más reciente entiende que el presupuesto fundamental que habilita la adopción de la medida cautelar es precisamente que el recurso pierda su finalidad legítima, lo que acontece de ordinario cuando se consuman situaciones "irreversibles" (sentencias de 27 de julio de 2005, de 8 de julio de 2005, ambas del Tribunal Supremo). Situaciones, insisto, como también reconoce la jurisprudencia del Tribunal Supremo, que han de integrarse en el marco de la ponderación de los intereses en conflicto, especialmente en relación con la incidencia de la medida cautelar en el siempre relevante interés público.

Realmente, si la ejecutividad se fundamenta en razones de interés público, no parece muy aventurado pensar que la suspensión, o la medida cautelar de que se trate, pueda jugar cuando no haya interés público grave en la ejecución del acto o norma. Sabemos que el conflicto de intereses es frecuente en estos casos. Pero sabemos, también, que los principios constitucionales concretados en la *vis expansiva* de las libertades públicas y los derechos fundamentales deben abrirnos las puertas de la solución. La reciente jurisprudencia también se ha ocupado de este tema, por ejemplo, en las sentencias de 7 de noviembre de 2007, de 21 de junio de 2006 o de 18 de mayo de 2004.

No debe, sin embargo, asimilarse un progresivo aumento de la operatividad de las medidas cautelares con un paulatino debilitamiento de la ejecutividad. Más bien, por situar la polémica en los que entiendo son sus justos términos, es menester señalar la necesidad de integrar la ejecutividad en el marco constitucional en que discurre la Administración Pública. La ejecutividad debe, por tanto, entenderse precisamente en clave constitucional. Y, en esta línea, lo relevante es, como queda señalado, que el enjuiciamiento de dicha ejecutividad garantice la tutela cautelar que la Constitución hace nacer del principio del artículo 24.1 de nuestra Carta Magna.

En este sentido sí me parece interesante citar la sentencia del Tribunal Supremo de 15 de junio de 1987, según la cual, la potestad ejecutoria de la Administración, legalmente reconocida, no puede considerarse, en modo alguno, como opuesto la Constitución, sino, muy al contrario, como desarrollo necesario del principio de «eficacia con sometimiento pleno a la Ley y al Derecho» que proclama el art. 103 de la Carta Magna. Ahora bien, que esto sea así, no quiere decir, ni mucho menos, que la tutela cautelar introduzca fuertes límites a la posición institucional de una Administración que ya no dispone de la ejecutividad. Más bien, de lo que se trata es de situar a la ejecutividad en el marco de la Constitución, tarea que reclama seriamente evitar que tal propiedad de los actos administrativos produzca situaciones de indefensión, situaciones prohibidas por la Carta Magna. Es decir, lo que a mi juicio no es compatible con la Constitución es una versión radical, absoluta, del privilegio de autotutela. La autotutela constituye un poder público que debe operarse en el marco de la Constitución, lo que quiere decir que también la tutela judicial efectiva, la interdicción de la arbitrariedad y la prohibición de la indefensión deben integrarse como elementos del ejercicio de dicha potestad.

A partir de aquí, y a pesar de que en la Ley Orgánica del Tribunal Constitucional o en la ley de protección jurisdiccional de los derechos fundamentales de 1978 se haya invertido la regla general de la no suspensión como efecto de la interposición del recurso, no debe deducirse que la suspensión deba ser la regla general ya que esta regulación no es más que la consecuencia de que, en determinados presupuestos -protección de libertades públicas hasta 1998 o sanciones administrativas- el Derecho se ajusta a la propia realidad y naturaleza de las cosas. Hoy, con la ley jurisdiccional de 1998 en la mano, como ya he señalado, el régimen de las medidas cautelares en los supuestos del procedimiento especial en materia de derechos fundamentales son las ordinarias, habiéndose terminado, desafortunadamente, ya lo anunciamos, el régimen de la suspensión como regla salvo que se acredite el perjuicio grave al interés público. Aquí ha prevalecido el funcionalismo sobre la centralidad de los derechos fundamentales, ha prevalecido un exceso de realismo sobre la fuerza jurídica que deben tener los derechos fundamentales de las personas.

Como punto final a la construcción jurisprudencial que venimos describiendo, debemos situar el juego de la interrelación entre la ejecutividad y la tutela judicial efectiva del artículo 24 de la Constitución. Frente a quienes vieron en esta relación la necesidad de interpretar de modo distinto -cuando no de vaciar completamente de contenido- la regulación de la ley jurisdiccional de 1956, parece afirmarse una postura más razonable y equilibrada, según la cual, la protección de los derechos fundamentales -en especial del derecho a la tutela judicial efectiva- se satisface haciendo que la ejecutividad de los actos administrativos pueda ser sometida a la decisión de un Tribunal y que éste, con la información y los instrumentos propios del principio de contradicción, resuelva en Derecho.

Sin ánimo de realizar una exposición exhaustiva de la evolución jurisprudencial bien difundida y conocida en esta materia- sí quisiera llamar la atención sobre algunas resoluciones judiciales que ilustran la evolución que hasta aquí hemos comentado, trabajando en este caso también con la interesante y evolutiva jurisprudencia del Tribunal Supremo.

Efectivamente, la jurisprudencia ha sido la responsable de incorporar una nueva aproximación de las medidas cautelares, antes de 1998 la suspensión, mediante la cual éstas, o ésta según el tiempo en que nos situemos, dejó de ser un mero mecanismo excepcional, para convertirse en una pieza central del sistema de garantías consagrado en la Constitución, tal y como, por ejemplo, ya lo sabemos, ha registrado la exposición de motivos de la ley jurisdiccional de 1998. El nuevo camino no es ya la protección radical del interés público, sino la lógica constitucional de garantizar la plena eficacia de la decisión judicial sobre el conflicto, que deriva del derecho a la tutela judicial efectiva en relación con las exigencias ponderadas de la ejecución del acto en su conexión con el propio interés general

En esta línea, el auto del Supremo de 2 de noviembre de 1993, califica de provisionalísimas las medidas que adopta (comunicación telemática a la Administración de que se abstenga de adoptar medida alguna en tanto no recaiga resolución sobre la suspensión solicitada) que, evidentemente, no tienen su base en la regulación de la Ley de 1956, si no en otras normas (este caso en la Ley de Enjuiciamiento Civil, que el auto entiende supletoria). El auto realiza una sutil distinción entre la suspensión de la eficacia del acto recurrido y la demora de su materialización, impuesta por el

Tribunal sobre la base de la necesidad de garantizar el derecho fundamental a la tutela judicial efectiva. Este pronunciamiento no puede hoy considerarse como doctrina extendida en sede judicial. Es más, continuaron siendo mayoría los autos en los que el Tribunal Supremo se "ceñía" a la letra de la Ley de 1.956, para interpretar la necesidad de suspender la eficacia de los actos recurridos.

Hoy, tras la redacción del artículo 135 de la ley de 1998, las medidas provisionalísimas tienen especial relevancia cuando la naturaleza del caso lo permita.

La suspensión ha sido tradicionalmente, como hemos indicado, la única medida cautelar regulada en la Ley de la Jurisdicción contencioso-administrativa de 1956, respondiendo a una necesidad actual por alejar el temor o peligro de un daño futuro, lo que hace aconsejable mantener el estado o situación que tienen las personas, cosas o derechos en el momento en que se solicita la medida, en el que no puede decidirse si el derecho esgrimido existe, y por ello si el sujeto activo lo ostenta frente al sujeto pasivo. Mientras tanto, los ciudadanos tienen derecho a que se respete su situación actual, porque han solicitado la tutela de los jueces y Tribunales, ejercitando un derecho proclamado en la Constitución (art. 24), tutela que no solamente ha de entenderse referida a una sentencia fundada que ponga fin al proceso, sino también ha de ser interpretada en el sentido de obtener una tutela cautelar, que se eleva así la condición de derecho.

III. CARACTERIZACIÓN DE LAS MEDIDAS CAUTELARES

Las medidas cautelares, como es sabido, presentan una serie de caracteres que suscitan el consenso doctrinal y entre las que pueden citarse las siguientes: instrumentalidad, homogeneidad, temporalidad y provisionalidad, variabilidad y jurisdiccionalidad.

La instrumentalidad se refiere a que las medidas cautelares son únicamente concebibles en virtud de la interposición de un recurso contencioso-administrativo, recurso que ha dado lugar al proceso y al hecho de que lo que se persigue es el mantenimiento de la situación inicial; es decir lo que el particular pretende es que las cosas vuelvan a su estado originario. Esta instrumentalidad aparece reconocida en el artículo 129 de la nueva Ley, del que se infiere que las medidas cautelares dependen siempre del proceso principal, como lo subraya el hecho de que es competente para conocer de la pretensión el mismo órgano que conozca del proceso principal y asimismo se da identidad de partes con el proceso principal. Asimismo, la medida cautelar es instrumento de la resolución definitiva, teniendo por finalidad permitir su ejecución y estando subordinada a ella.

 Como ha señalado el Tribunal Constitucional en la Sentencia 148/1993 "el incidente cautelar entraña un juicio de cognición limitada en el que el órgano judicial no debe pronunciarse sobre las cuestiones que corresponde resolver en el proceso principal".

Al respecto de la homogeneidad, se puede señalar que las medidas que anticipen en parte o provisionalmente efectos de la sentencia responden a la función de asegurar la efectividad de la misma; lo que supone algo más que asegurar la ejecución, dado que implica también proteger aquélla frente a riesgos que impidan que sus efectos se desarrollen en condiciones de plena utilidad para el que sea reconocido como titular del derecho. Aquí aparece la cuestión relativa a si la medida cautelar supone un test previo de la legalidad del acto o norma; cuestión que debe rechazarse por ser contraria, dicha posibilidad, a la naturaleza jurídica de la medida cautelar. En este sentido, la jurisprudencia del Tribunal Supremo español es bien clara tal y como, por ejemplo, podemos deducir de las sentencias de 7 de noviembre de 2007 o de 18 de mayo de 2004. En esta última resolución judicial se afirma con todas claridad que si la medida cautelar anticipa el fallo sobre el fondo se desnaturaliza su función propia, suponiendo una extralimitación del contenido propio de la medida cautelar.

La provisionalidad hace referencia al carácter no definitivo de las medidas cautelares, pues éstas desaparecen, perdiendo toda su eficacia, cuando faltan los presupuestos que originaron su adopción, y en todo caso cuando finaliza el proceso principal. La nota de la provisionalidad se entiende bien si se conecta con la finalidad de las medidas cautelares; si lo que se trata de proteger y tutelar mediante la adopción de tales medidas es la efectividad de una ulterior sentencia, lógico es que las mismas tengan una vigencia limitada en el tiempo, concretamente aquella en la que dicha sentencia tarde en obtenerse.

Esta provisionalidad aparece muy claramente en dos casos: las medidas "inaudita parte *debitoris*" del artículo 135 de la vigente ley y en los supuestos de impugnación de inactividades administrativas o de actuaciones materiales constitutivas de vía de hecho que el artículo 136.2 de la ley de 1998 permite solicitar antes de la interposición del recurso para evitar la producción de daños irreversibles que harían que la medida perdiese su finalidad de instarse una vez iniciado el proceso. En los casos de las medidas provisionalísimas, la clave reside en acreditar la existencia de causa objetiva de urgencia para proceder de acuerdo con este excepcional régimen. Y, en los supuestos de inactividad, ha de justificarse suficientemente que la posición jurídica de inactividad en verdad ocasiona situaciones irreversibles y contrarias al interés general.

Con la nota de la variabilidad se quiere indicar que la permanencia o modificación de la medida cautelar esta siempre condicionada al mantenimiento de los presupuestos que justificaron su adopción.

La medida cautelar podrá ser reformada, si se producen modificaciones en el estado de los hechos respecto de los cuales la medida fue adoptada, y en el supuesto en el que no fuera otorgada cuando se solicitó, se podrá volver a pedir siempre que se haya producido un cambio de las circunstancias anteriores.

Esto es lo que establece el artículo 132.1 de la nueva Ley, el cual partiendo de la cláusula "*rebus sic stantibus*" afirma que las medidas cautelares podrán ser modificadas o revocadas durante el curso del procedimiento si cambiaran las circunstancias en virtud de las cuales se hayan adoptado.

Como ha señalado el auto del Tribunal Superior de Justicia de Cantabria, es menester, para que proceda la modificación de la medida, acreditar que se ha producido un verdadero cambio de situaciones fácticas o una situación sobrevenida a la existente al dictar la pertinente medida cautelar.

Esta manifestación de la "*potestas variandi*" de la Administración pública, se basa en una alteración del equilibrio de intereses en el que se fundamenta la adopción de la medida o en la propia desaparición sobrevenida de la necesidad de su existencia para garantizar la decisión final del proceso. Ahora bien, esta *"potestas variandi"* está sometida a las limitaciones establecidas en el artículo 132.2 de la Ley, ya que las medidas no podrán modificarse o revocarse en función de los distintos avances que se vayan haciendo durante el proceso respecto al análisis de la cuestión litigiosa, ni tampoco en razón de la modificación de los criterios de valoración que el órgano jurisdiccional aplicó a los hechos al decidir el incidente cautelar.

Estas dos excepciones pretenden evitar que la modificación de la medida pueda parecer que se trata de una pura decisión subjetiva completamente desvinculada de la aparición de nuevas circunstancias que deberán ser alegadas por las partes. En definitiva, las medidas cautelares no producen el efecto de cosa juzgada y son, por ello, modificables siempre que se produzca una variación de las circunstancias de hecho.

En cuanto a la jurisdiccionalidad, puede señalarse que está implícita en las notas anteriores puesto que significa que la adopción de la suspensión compete al órgano jurisdiccional que este conociendo el proceso principal ya que, según dispone el artículo 117.3 de la Constitución española de 1978, solo a los órganos jurisdiccionales les corresponde el juzgar y hacer ejecutar lo juzgado.

La nueva Ley, pues, pone de manifiesto el insuficiente tratamiento que las medidas cautelares recibían en la anterior regulación, regulación que fue ampliamente desbordada por la jurisprudencia y la práctica procesales, tal y como hemos señalado anteriormente

La nueva Ley actualiza la regulación anterior en cuestiones tales como el establecimiento de una regulación común a todas ellas, cualquiera que sea su naturaleza o la ampliación de los tipos de medidas posibles.

La Ley opta así por una cláusula abierta que permita adoptar en cada caso concreto la medida que sea idónea para cumplir su función de garantía de la efectividad de la tutela judicial que se solicita. La Ley ha seguido así el criterio del artículo 1428 de la Ley de Enjuiciamiento Civil, reconociendo un genérico derecho a solicitar cualquier medida cautelar y no establece límites de ninguna clase ni en cuanto al tipo de medida que puede solicitarse y adoptarse ni en cuanto a los supuestos de hecho frente a los que procede su adopción ni tampoco en cuanto a los efectos que estas medidas puedan tener, optando por un régimen de gran flexibilidad, con dos únicos límites en los artículos 130.2 y 133.1, a los que me referiré posteriormente.

Así, el Tribunal Supremo en sentencia de 21 de octubre de 2003 ha señalado que "el carácter innominado de las medidas cautelares autorizadas por la ley 29/1998 permite que puedan adoptarse cualesquiera disposiciones de orden cautelar que sean proporcionadamente adecuadas al fin de garantizar la eficacia de la sentencia dictada (artículo 129.1), aún cuando no se trate de la suspensión de la ejecutividad del acto impugnado". Además, la referencia genérica de la Ley, sigue diciendo el Supremo, debe entenderse también como una remisión a las leyes que contemplan medidas específicas, en cuanto puedan considerarse expresión de los criterios de *"periculum in mora* y *fumus boni iuris"*.

En este sentido, la innominatividad de las medidas cautelares resulta ser muy importante para el administrado, acorde con el artículo 24 de la Constitución y en consonancia con una concepción del orden jurisdiccional contencioso-administrativo cada vez menos revisor y más tendente a conocer del conjunto de pretensiones que puedan suscitarse frente a la actuación u omisión de la Administración. La jurisdicción contencioso–administrativa ha pasado de ser sólo revisora de un acto previo a centrarse en la protección jurídica de los derechos en juego, haya acto o haya omisión de la Administración pública.

Así, entre las medidas anteriormente no previstas y que ahora quedarían cubiertas con la nueva regulación, pueden citarse las condenas cautelares de hacer o no hacer, las medidas consistentes en la provisión anticipada de una deuda en caso de negativa injustificada de la Administración o la anotación preventiva de demanda sobre bienes inmuebles en materias urbanísticas.

IV. RÉGIMEN JURÍDICO DE LAS MEDIDAS CAUTELARES EN LA NUEVA LEY CONTENCIOSO–ADMINISTRATIVO

1. *Presupuestos de las medidas*

La doctrina ha señalado tradicionalmente tres elementos como presupuesto para la adopción de las medidas cautelares: el "*periculum in mora*", el "fumus boni iuris" y la fianza. De los tres, el único que contemplaba la legislación anterior (artículo 122 de la ley de 1956) era el "*periculum in mora*", esto es, la irreversibilidad del daño que se deriva de la inmediata ejecución del acto administrativo en conjunción con el necesario transcurso del tiempo de cara a resolver el incidente cautelar. El Tribunal Supremo, para la apreciación de los daños a perjuicios que ocasiona la ejecución del acto administrativo, ha recurrido tradicionalmente al criterio de la ponderación entre los intereses públicos y privados en juego, tal y como ya hemos señalado.

A este respecto, la nueva regulación (sobre todo el artículo 130 de la ley de 1998) no parte de la prevalencia del interés público, sino de la ponderación de "todos los intereses en conflicto" que se comparan a efectos de que el Juez al Tribunal decida sobre la procedencia o no de la suspensión. Es decir, la "ejecutividad del acto" no puede de tal forma alegarse en el proceso, unida a la presunción de validez "iuris tantum", como motivo de oposición a la práctica de la medida cautelar, sino que la prevalencia de un "interés público" en colisión con otros intereses públicos o privados en conflicto debe justificarse (en el propio procedimiento incidental-cautelar) en circunstancias determinantes de su "preponderancia" y de su "grave perturbación" en el caso concreto.

Por su parte, la consideración del "*fumus boni iuris*" en el proceso contencioso-administrativo se ha ido introduciendo en la jurisprudencia, no sin una lógica polémica, a partir del año 1990. En virtud de la aplicación del "fumus boni iuris" es posible valorar con carácter provisional las posiciones de las partes y los fundamentos jurídicos de su pretensión, dentro del limitado ámbito que incumbe a los incidentes de esta naturaleza y sin prejuzgar lo que en su día se declare en la sentencia definitiva.

El Auto del Tribunal Supremo de 20 de diciembre de 1990 inaugura en nuestro Derecho (siguiendo la doctrina jurisprudencial del Tribunal de Justicia de Luxemburgo en el asunto Factortame) una nueva corriente jurisprudencial sentando la siguiente doctrina fundamental para nuestro estudio:

"una armónica interpretación de la dispersa regulación de las medidas cautelares en nuestro derecho positivo permite descubrir cuando se lea desde esa atalaya que es el artículo 24 de la Constitución, que aquel principio del derecho comunitario estaba ya latente, escondido, en nuestro ordenamiento, y que una jurisprudencia sensible a las líneas de evolución jurídica que marcan los nuevos tiempos -que rechazan aquella concepción sacral del poder que llevaba a ver en el individuo un súbdito y no un ciudadano- permite hacer patente".

Por otro lado, el propio Tribunal Supremo considera que para conceder la tutela cautelar el elemento que hay que analizar del *"fumus boni iuris"* es la alta dosis de razonabilidad entendida como "razonable apariencia de que la parte recurrente litiga con razón" y de otra que existan "dudas razonables sobre la legalidad de la actuación administrativa". Sin embargo, hay que decir que este criterio no está consolidado en la jurisprudencia y que, según en qué casos y cómo se interpreta, puede hasta constituir un test previo de legalidad que no corresponde a la justicia cautelar.

Este criterio de la apariencia de buen derecho se hallaba incluido en el artículo 124.2 del Proyecto remitido por el Gobierno a las Cortes. Sin embargo, la redacción final de la Ley la omitió al optar por acoger la fórmula del artículo 56.1 de la Ley Orgánica del Tribunal Constitucional.

De acuerdo con ello, la medida cautelar podrá adaptarse -dice el artículo 130- previa valoración circunstanciada de todos los intereses en conflicto, cuando la ejecución del acto o la aplicación de la disposición pudiera hacer perder su finalidad legítima al recurso y podrá denegarse si media perturbación grave de los intereses generales o de tercero.

La pérdida de finalidad del recurso ha sido interpretada por el Tribunal Constitucional, en relación con el recurso de amparo, en el sentido siguiente: se concede la suspensión cuando la ejecución del acto conlleve unos efectos que impidiesen la efectividad del amparo en caso de ser otorgado teniendo presente que la efectividad de la actuación no impida que las cosas pudieran ser devueltas al estado en que se hallaba antes de la ejecución.

No obstante, a pesar de la ausencia de referencias explícitas a la apariencia de buen derecho en la ley, parece que ha de considerarse que el órgano jurisdiccional, como ha establecido alguna jurisprudencia reciente, no puede abstenerse de tener presente este presupuesto, ya que no hay nada que se lo impida en la nueva regulación aunque, es claro, no es criterio determinante y su consagración en la letra de la ley podría introducir un peligroso elemento interpretativo que podría hacer perder a la medida cautelar su naturaleza provisional. En mi opinión, como regle general, hay que estar a los criterios que establece la ley. Si en algún caso, el fumus es de tal magnitud o de tal evidencia, entonces motivadamente no veo mayores problemas en esgrimirlo. Pero a estos efectos hemos de tener en cuenta que la sentencia del Tribunal Supremo de 14 de octubre de 2005, ya glosada, no cita el *"fumus bomi iuris"* entre las siete notas o características que a su juicio integran el sistema de la justicia cautelar establecido en la Ley de 1998. Supongo que será por alguna poderosa razón.

El Tribunal Supremo, siguiendo una línea no mayoritaria, estableció en la sentencia de 10 de noviembre de 2003 que el *"fumus boni iuris"* debe ser un criterio a ponderar por el órgano jurisdiccional. Reconoce que, en efecto, "esta doctrina permite valorar con carácter provisional, dentro del limitado ámbito que incumbe a los incidentes de esta naturaleza y sin prejuzgar lo que en su día declare la sentencia deducida a los meros fines de la tutela cautelar. "Este es, bien establecido, el margen interpretativo para la apreciación de la apariencia de buen derecho en el caso de que sea conveniente su utilización.

Ciertamente, el legislador de 1998 no recogió en la letra de la ley este criterio que, sin embargo, si acoge alguna jurisprudencia cuya pervivencia en esta materia, como señala la sentencia de 10 de noviembre de 2003, se deriva "de la jurisprudencia y del efecto reflejo de la ley de Enjuiciamiento Civil de 2000 que si alude a este criterio en el artículo 728". A ello habría que añadir que cierta doctrina científica se ha empeñado en acuñar este criterio como uno de los más relevantes en orden a la adopción de la medida cautelar con el resultado real de todos conocido.

El Tribunal Supremo ha entendido, siguiendo la opinión que aquí se mantiene, que la doctrina del "*fumus boni iuris*" debe matizarse y utilizarse en determinados supuestos: "de nulidad de pleno derecho, siempre que sea manifiesta –auto de 14 de abril de 1997– de actos dictados en ejecución, cumplimiento de una disposición general declarada nula, de existencia de una sentencia que anula el acto en una instancia anterior aunque no sea firme; y de existencia de un criterio reiterado de la Jurisprudencia frente al que la Administración opone una resistencia contumaz"; (sentencia del Tribunal Supremo de 10 de noviembre de 2003). Esta doctrina sobre los límites de operatividad del "*fumus boni iuris*" "debe ser tenida en cuenta al solicitarse la nulidad de un acto dictado en cumplimiento o ejecución de una norma o disposición general, declarada previamente nula de pleno derecho o bien cuando se impugna un acto idéntico a otro ya anulado jurisdiccionalmente, pero no al predicarse la nulidad de un acto, en virtud de causas que han de ser, por vez primera, objeto de valoración y decisión, pues, de lo contrario se prejuzgaría la cuestión de fondo, de manera que por amparar el derecho a la tutela judicial efectiva, se vulneraría otro derecho, también fundamental y recogido en el propio artículo 24 de la Constitución, cual es el derecho al proceso con las garantías debidas de contradicción y prueba, porque el incidente de suspensión no es trámite idóneo para decidir la cuestión objeto del pleito" (Autos del Tribunal Supremo de 22 de noviembre de 1993, de 7 de noviembre de 1995, de 26 de noviembre de 2001, de 29 de diciembre de 2002 y sentencia del Tribunal Supremo de 14 de enero de 1997).

Tal y como ha señalado el Tribunal Supremo en una reciente sentencia de 13 de junio de 2007, la doctrina del "*fumus boni iuris*" "permite, en un marco de provisionalidad, dentro del limitado ámbito de la pieza de medidas cautelares y sin prejuzgar lo que en su día declare la sentencia definitiva, proceder a valorar la solidez de los argumentos de la pretensión, si quiera a los meros fines de la justicia cautelar". Tal doctrina es aplicable al análisis de la solidez de los argumentos que avalan a no incidencia que pueda tener la consideración del interés general en relación con la ejecución del acto o la adopción de la medida cautelar solicitada.

Por otra parte, la medida cautelar, como ya hemos tenido ocasión de examinar, se adopta para garantizar la eficacia de la sentencia frente al "*periculum in mora*"; sin embargo, es evidente que estas mismas medidas pueden a su vez provocar perjuicios que deben ser evitados.

Ahora bien, la preservación de los intereses en conflicto, exigidos por el derecho a la tutela judicial efectiva, se opera a costa del titular que se beneficia de la medida, a través de la contra cautela.

En opinión del Tribunal Supremo, el *"periculum in mora"* es "el primer criterio a considerar para la adopción de la medida cautelar, si bien, ha de tenerse en cuenta que el aseguramiento del proceso, nuevo parámetro esencial, no se agota en la fórmula clásica de irreparabilidad del perjuicio, sino que su justificación puede presentarse, con abstracción de eventuales perjuicios, siempre que se advierta que de modo inmediato pueda producirse una situación que haga ineficaz el proceso, si bien se debe tener en cuenta que la finalidad asegurable a través de las medidas cautelares es la finalidad legítima que se deriva de la pretensión formulada ante los Tribunales (sentencia 10 de noviembre de 2003). Éste es el fundamento último de la regulación del artículo 133 de la Ley, que parte de una consideración amplia de las medidas que pueden adoptarse al establecer que serán "las adecuadas para evitar o paliar los perjuicios", si bien la medida típica por excelencia es la caución.

La caución impuesta al demandante pretende, dentro de una mínima prudencia judicial, compensar a la Administración de los daños que pueda causar la inevitable incertidumbre que provoca, para ambas partes, el fallo de toda sentencia en relación con la determinación de quien se va a alzar con la razón.

A este respecto, la Ley amplía las posibilidades de constituir caución pues, frente a la regulación de 1956 que exigía su constitución "en metálico o fondos públicos, depositados en la Caja General de Depósitos o en las sucursales de provincias o en las de las Corporaciones locales respectivamente; o mediante aval bancario", la nueva Ley dice que podrá constituirse "en cualquiera de las formas admitidas en Derecho", sin limitación alguna.

La caución se instrumenta como una carga procesal y *"conditio iuris"* de la eficacia de la propia medida cautelar ya que la medida cautelar acordada -dice el artículo 133.2 de la nueva Ley- no se llevará a efecto hasta que la caución o garantía esté constituida y acreditada en autos. A ello se añade la propia afección de la caución, durante un año, al abono de los daños que la práctica de la medida hubiese podido originar conforme a principios similares a los que rigen la responsabilidad extracontractual ya que -como establece el art. 133.3- "levantada la medida por sentencia o por cualquier otra causa, la Administración o la persona que pretendiere tener derecho a indemnización de los daños sufridos, podrá solicitar ésta ante el propio órgano jurisdiccional por el trámite de los incidentes dentro del año siguiente a la fecha del alzamiento. Si no se formulase la solicitud en dicho plazo, se renunciase a la misma o no se acreditase el derecho se cancelará la garantía constituida".

De esta forma, no constituye obstáculo para la adopción y práctica de cualquier clase de medida cautelar, presupuesta su necesidad para evitar la preservación del interés preponderante, la eventual causación de daños o perjuicios irreparables o de muy difícil reparación u otros intereses concurrentes en conflicto, pues éstos encontrarán su garan-tía en todo caso en la mayor extensión de la caución.

Antes de pasar a analizar muy someramente algunas cuestiones procedimentales, procede señalar que el criterio de la ponderación de intereses: generales y de tercero es, en la letra del artículo 130.2 de la ley, criterio rector para denegar la medida cautelar cuando de ésta pueda seguirse perturbación grave de los intereses generales o de tercero que el juez o Tribunal ponderará en forma circunstanciada. Este criterio de ponderación de interés es, en opinión del Tribunal Supremo, "complementario al de la pérdida de la finalidad legítima del recurso y ha sido destacado frecuentemente por la Jurisprudencia", entre la que cita el Auto de 3 de junio de 1997 al señalar que "cuando las exigencias de ejecución que el interés público presenta son tenues bastarán perjuicios de escasa entidad para provocar la suspensión; por el contrario, cuando aquella exigencia es de gran intensidad, sólo perjuicios de elevada consideración podrán determinar la suspensión de la ejecución del acto"

2. Procedimiento

La pretensión de adopción de una medida cautelar se configura, de acuerdo con el artículo 131, como un incidente cautelar sustanciado en pieza separada y que será resuelto en un plazo breve, 15 días, precisamente por que lo que se trata de conseguir con el mismo es asegurar los efectos del proceso.

En los artículos 129 a 136 se especifican algunos aspectos concretos del régimen de las medidas cautelares. Entre estos pueden citarse los siguientes:

- Adopción en cualquier momento del proceso (artículo 129), si bien con dos excepciones: para el caso de disposiciones generales la petición habrá de efectuarse en el escrito de interposición o en el de demanda, y para el caso de inactividad de la Administración y vía de hecho cabe la posibilidad de solicitarlas antes de la interposición del recurso. Esta libertad de petición, siempre que no haya recaído sentencia firme, amplía de una manera plausible las posibilidades de apreciar los eventuales perjuicios que puedan derivarse a lo largo del proceso por la prematura ejecución de los actos impugnados.

- Audiencia de la parte contraria (artículo 131). Para el caso de que la misma sea una Administración Pública, la Ley trata de salvar la falta de personación de la Administración demandada estableciendo que la audiencia a la parte se entenderá con el órgano autor de la actividad impugnada.

- Comunicación de la adopción de la medida al órgano administrativo que hubiese dictado el acto (artículo 134), el cual deberá ordenar su publicación en el diario oficial si la suspensión se refiere a un acto administrativo que afecte a una pluralidad indeterminada de personas.

- La medida de suspensión es inmediatamente ejecutiva (artículo 134), siendo aplicable la regulación prevista para la ejecución de sentencias, de modo similar a como la hacía el artículo 125 de la Ley de 1956.

- Posibilidad de adoptar medidas cautelares provisionalísimas (artículo 135).

Con el término medidas cautelares provisionalísimas se conoce, ya lo hemos comentado, la posibilidad de adoptar medidas cautelares por parte de los Tribunales de lo Contencioso-Administrativo, mientras se sustancia el incidente de suspensión, a fin de preservar la efectividad de la resolución que pueda recaer.

Esta posibilidad tiene su origen en dos autos bien conocidos del Tribunal Supremo de 2 y 19 de noviembre de 1993. En estas resoluciones se declara la aplicación supletoria de las medidas cautelares atípicas o innominadas del artículo 1428 de la Ley de Enjuiciamiento Civil conforme a la disposición adicional sexta de la Ley de 1956 y se concluye en la posibilidad de acordar la medida de suspensión con carácter provisionalísimo, incluso "inaudita parte", cuando su eficacia así lo exija, entre tanto se tramite y resuelva sobre la medida cautelar definitiva en la correspondiente pieza de suspensión. Los presupuestos a los que ha de atenerse el Tribunal para acordar la suspensión, según el Tribunal Supremo, son los propios de la suspensión ordinaria; es decir, la ponderación de intereses, la apariencia de buen derecho, la nulidad del acto, la irresponsabilidad de los perjuicios, el quebranto para los bienes públicos ... etc. Estas excepciones al principio contradictorio ya se recogen en el derecho comunitario (artículos 83 y 84 del Reglamento de Procedimiento del Tribunal de Justicia de la Comunidad Europea de 1991) y pueden encontrar su fundamento en la tutela judicial efectiva que exige la propia efectividad o utilidad del procedimiento cautelar.

Los rasgos más destacados de esta medida son los siguientes:

- La posibilidad de adoptar la medida "inaudita parte", si bien se reconoce un cierto carácter contradictorio a la adopción de las medidas instaurándose la audiencia de parte afectada en el breve plazo de tres días, atemperando así un tanto la inicial formulación jurisprudencial.

- Se prevé, asimismo, la posibilidad de modificación o levantamiento de las medidas provisionalísimas ya que no ha de olvidarse el carácter accesorio e interdependiente de estas medidas, determinante de la confirmación o en su caso revocación o modificación de las mismas; así, se levantarán las medidas si no se adoptó acuerdo de suspensión o de práctica de otra medida cautelar, se modificarán para adaptarlas a la propia intensidad de la medida cautelar adoptada, conforme a los principios de congruencia o proporcionalidad, o se confirmarán en el propio auto que ponga fin al incidente.

3. Supuestos especiales

Por las especiales características la actuación administrativa adquiere en determinadas situaciones la Ley ha distinguido una serie de especialidades en varios supuestos:

1) Impugnación de una disposición general:

En este caso, si los interesados quieren solicitar la suspensión de la vigencia de los preceptos impugnados habrán de hacerlo en el escrito de interposición o en el de demanda. Lo que se persigue con esta actuación es evitar la consolidación de situaciones firmes e irreversibles durante el tiempo de litispendencia del proceso dirigido a obtener la declaración de nulidad de la disposición general ya que ello podría conllevar limitaciones para el fallo.

De todo lo anterior se deduce que el Tribunal competente para adoptar la medida es el que lo sea para conocer del recurso directo o de la cuestión de ilegalidad puesto que solo a través de estos dos procedimientos puede atacarse la vigencia de los preceptos de una disposición general.

2) Actos de contenido negativo:

En relación a los actos de contenido negativo, la solución que tradicionalmente ha venido ofreciendo el Tribunal Supremo ha sido su denegación.

Del análisis de la jurisprudencia se deduce que solamente se otorga la suspensión en los supuestos en los que un determinado acto suponga la clausura de una actividad industrial o un negocio en los que se podrían producir perjuicios o daños de imposible o difícil reparación. En todos los demás casos, el alto Tribunal estima que resulta improcedente la suspensión de actos administrativos de contenido negativo puesto que, en caso contrario, por vía cautelar se produciría el otorgamiento de lo pedido en vía administrativa lo que no se ajusta a la naturaleza de la suspensión solicitada para mantener la situación anterior al acto impugnado y no para crear una situación jurídico nueva por esta vía.

No obstante esta línea jurisprudencial, el Tribunal Superior de Justicia del País Vasco ha acordado en algunas ocasiones (autos de 21 de marzo de 1991 y 29 de marzo de 1993) la imposición a la administración de una determinada conducta, como medida cautelar durante el proceso de impugnación de un acto administrativo negatorio.

Con la nueva regulación, que admite la posibilidad de solicitar medidas cautelares en los casos de actos, disposiciones, actividad de la Administración y vía de hecho y amplía las medidas a adoptar a otros supuestos distintos de la suspensión parece que hay que estimar la inexistencia de limitación alguna derivada de la naturaleza de la actuación que motiva el proceso.

3) Inactividad de la Administración y vía de hecho:

Para estos supuestos el artículo 136 de la Ley establece una presunción favorable a la adopción de la medida cautelar; presunción que sólo puede destruirse mediante la acreditación de la situación o perturbación grave de los intereses generales o de tercero.

Además, el apartado 2 de este mismo artículo, reconoce la posibilidad de solicitar medidas cautelares con anterioridad a la iniciación del proceso sometidas a la condición de petición de notificación por el interesado al interponer el recurso, interposición que deberá realizarse en el plazo de diez días desde la adopción de las medidas cautelares.

4) Actos que afecten a los derechos fundamentales y libertades públicas.

La Ley regula en el Capítulo I del Título V (art. 144 a 122) el procedimiento para la protección de los derechos fundamentales de las personas, en desarrollo del artículo 53.2 de la Constitución.

A los efectos que ahora interesan, lo más destacable es la supresión de la suspensión prevista en el ya derogado artículo 7.4 de la Ley 62/1978, de 26 de diciembre, de protección jurisdiccional de los derechos fundamentales de la persona. Este precepto establecía la suspensión del acto impugnado salvo que se justificara la existencia o posibilidad de perjuicio grave para el interés general. Sin embargo, pese a la dicción literal del precepto, la jurisprudencia terminó exigiendo los requisitos ordinarios para adoptar la medida cautelar de suspensión. En cualquier caso, juzgo un desacierto la aplicación a estos supuestos del régimen general de las medidas cautelare de la Ley de 1998.

Así, en este aspecto concreto, la Ley recoge una práctica jurisprudencial ya consolidada y no hace mención alguna en la regulación de este procedimiento a medidas cautelares específicas por lo que se aplicará el régimen general. En este sentido, el legislador parece considerar que la brevedad de los plazos de este procedimiento especial hace que no sea necesario establecer regulaciones específicas en materia de medidas cautelares.

5) El caso especial de la suspensión de acuerdos de corporaciones o entidades públicas.

Al amparo del artículo 111 de la ley 30/1992, todo acto administrativo puede ver suspendida su ejecutividad al ser impugnado en vía administrativa. Estas resoluciones son de carácter administrativo y no están relacionadas con la suspensión cautelar acordada en vía jurisdiccional y regulada en los artículos 129 y siguientes de la Ley.

De este mismo carácter administrativo participa la suspensión previa de acuerdo de Corporaciones o Entidades públicas prevista en el artículo 127 de la Ley. Esta medida ya estaba contenida en nuestro ordenamiento (artículo 67 de la Ley de Bases de Régimen Local) y, la nueva Ley la recoge extendiendo su aplicación no solo a las entidades locales sino también a los actos y acuerdos de cualquier entidad pública siempre que dicha posibilidad esté expresamente prevista por las leyes.

V. REFLEXIÓN CONCLUSIVA

La exposición de motivos de la Ley actual destaca, como hemos señalado, la atención que la norma presta a las medidas cautelares ampliando su tipología anteriormente limitada únicamente a la suspensión. Por ello, la Ley parte de una regulación análoga a todas las medidas cautelares con independencia de cual sea su naturaleza con el criterio de adopción de que la ejecución del acto a la aplicación de la disposición puedan hacer perder su finalidad al recurso, pero siempre sobre la base de la ponderación suficientemente motivada de todos los intereses en conflicto. Por ello, como señala la exposición de motivos, la suspensión ya no puede ser la única medida cautelar posible por lo que es el Juez o Tribunal el que debe valorar la adopción de las que, según las circunstancias, fuesen necesarias.

Como corolario de todo lo dicho hasta aquí, podemos afirmar que el texto de la nueva Ley Reguladora de la Jurisdicción Contencioso-Administrativa es un serio intento de encontrar un equilibrio -siempre dinámico entre la ejecutividad de la actuación administrativa y el respecto a los derechos de los ciudadanos. Para ello, se pone en manos de los jueces un instrumento -la aplicación de medidas cautelares- enmarcado en sus propias facultades para paralizar cautelarmente la actuación administrativa en función de la ponderación de los intereses -todos ellos, públicos y privados- en presencia.

En mi país, España, la incidencia de la Constitución sobre el entero sistema de Derecho Administrativo ha traído consigo la necesidad de reinterpretar tantas instituciones, categorías y conceptos que bien se puede decir que el nuevo Derecho Administrativo Español debe ser construido desde la luz constitucional y en el marco de los postulados del pensamiento abierto, plural, dinámico y complementario, posición metodológica que nos lleva a superar "*aprioris*" o "prejuicios" sin sentido y a colocar, con valentía y decisión, a la persona en el centro de este nuevo edificio jurídico.

GUATEMALA

§11. EL PROCESO CONTENCIOSO ADMINISTRATIVO EN GUATEMALA

Hugo H. Calderón M.

I. LA JURISDICCIÓN CONTENCIOSO ADMINISTRATIVA

La jurisdicción Contencioso administrativa es la jurisdicción administrativa por naturaleza. De tal manera que la misma debe conocer de las pretensiones fundamentadas en Derecho Administrativo, salvo que, aun que se relacionen con los actos administrativos, se atribuyan por una ley a jurisdicción distinta a la administrativa.

Aparte del ámbito propio y específico como jurisdicción administrativa, la ley le atribuye esta jurisdicción al Tribunal de lo contencioso administrativo y la misión muy importante de contralor de la juridicidad de los actos de la administración pública y sus entidades descentralizadas y autónomas, establecido en el artículo 221 de la Constitución Política de la República de Guatemala.

Por supuesto no se trata de de una jurisdiccional constitucional. No se le atribuye el control de la constitucionalidad de las leyes, éste pertenece por antonomasia a la Corte de Constitucionalidad. Las leyes escapan de la fiscalización de la jurisdicción contencioso administrativa. El Tribunal ha de limitarse a conocer las pretensiones que se deduzcan en relación con las disposiciones del Derecho Administrativo. Especialmente se trata de una jurisdicción que nace como medio de control para que los administrados se defiendan en contra de los actos y resoluciones de la administración y excepcionalmente para que la administración pueda dejar sin efectos sus propias resoluciones, a través de la declaratoria de lesividad de sus propios actos.

II. NATURALEZA JURÍDICA DE LA JURISDICCIÓN CONTENCIOSO ADMINISTRATIVA

La jurisdicción contencioso-administrativa, dice González Pérez, es una jurisdicción especial. Aun cuando, en ocasiones parece haberse puesto en tela de juicio el carácter especial de la jurisdicción contencioso-administrativa, la mayoría de las doctrinas no duda al afirmar tal característica de esta jurisdicción. La afirmación no tiene un valor puramente doctrinal. Por el contrario tiene una trascendencia práctica indudable. Porque, al ser especial, no hay necesidad alguna que se dicte un código al servicio de las misma, regulando todos y cada uno de los aspectos orgánicos y procesales que ofrece. Al ser jurisdicción le serán aplicables todos los preceptos orgánicos y procesales comunes, si bien con las especialidades propias de la materia sobre la que versa[1]. Ello explica sobradamente la aplicación por integración del Código Procesal Civil y de la Ley del Organismo Judicial en nuestro ordenamiento jurídico (Artículo 26 de la Ley de lo Contencioso Administrativo).

Desde otro punto de vista, la jurisdicción del Tribunal de lo Contencioso Administrativo, es un requisito procesal y el requisito más importante de los requisitos procesales. Esto significa que para que pueda ser examinada en cuanto al fondo una pretensión fundada en preceptos del Derecho Administrativo debe ser deducida, precisamente, ente esta jurisdicción especial. Ni una pretensión de este tipo puede ser deducida ente jurisdicción distinta, salvo las excepciones ya establecidas anteriormente, ni una pretensión con otro fundamento podrá ser examinada ente la jurisdicción del Tribunal de lo contencioso-administrativo.

III. LA RESPONSABILIDAD JURÍDICA DE LOS ACTOS DE LA ADMINISTRACIÓN PÚBLICA

La responsabilidad de los funcionarios públicos es de diversa índole, que va de la responsabilidad de tipo penal, cuando los funcionaros incurren en los supuestos enmarcados en leyes penales, por haber incurrido en ilícitos penales, en cuyo caso son sometidos a la jurisdicción de tipo penal. Pueden incurrir en responsabilidad civil al causar daños y perjuicios a las personas individuales o jurídicas, en cuyo caso pueden ser sometidos a la jurisdicción civil, a través del juicio sumario de responsabilidades en esta vía. Puede haber responsabilidades de tipo laboral en las relaciones entre el Estado y sus trabajadores, en cuyo caso estas pretensiones deben ser del conocimiento de los tribunales de trabajo y previsión Social. Cuando los funcionarios incurren en responsabilidad por mala aplicación de los fondos públicos, al no aplicar las normas establecidas en la ley de Contrataciones del Estado, también son sometidos a la jurisdicción del Tribunal de Cuentas.

---

[1]   *Derecho Procesal Administrativo*, Estudios de Administración XII, Instituto de Estudios Políticos, Tomo Segundo, Segunda Edición, Madrid, España, 1966.

Pero también el Estado debe someterse a jurisdicciones especiales, tal es el caso de la ejecución indirecta de los actos administrativos, caso de multas, de determinación de falta de impuestos, etc. El Estado en este tipo de pretensiones debe someterlos a la jurisdicción del los tribunales Económico-Coactivo.

Por esa razón en el presente estudio se hace necesario el estudio, aunque pertenecen a distintas áreas de estudio, de los distintos tipos de control de los actos y resoluciones de la Administración Pública, como el control penal, a través del proceso penal; el administrativo competencia del Tribunal de lo Contencioso Administrativo, el laboral, a través del ordinario laboral, el de cuentas, el económico coactivo etc.

Pero si es importante poner especial énfasis a la jurisdicción administrativa, a través del Proceso de lo Contencioso Administrativo, como la parte medular de nuestra disciplina jurídica, el Derecho Procesal Administrativo.

IV. EL PROCESO DE LO CONTENCIOSO ADMINISTRATIVO

1. *Aspectos generales*

A. *Introducción al inicio de la vía judicial en materia administrativa*

En principio, únicamente las pretensiones fundadas en preceptos de Derecho Administrativo pueden ser deducidas ante la jurisdicción especial del Tribunal de lo Contencioso Administrativo; esto es, cuando las pretensiones se deducen en ocasión de las relaciones jurídico-administrativas entre la administración y otro sujeto, entendiéndose por administración pública: la administración del Estado y sus entidades descentralizadas y autónomas que integran la misma.

El problema, por lo tanto, dice González Pérez, se reduce a determinar cuándo estamos en presencia de una norma jurídico-administrativa, esto es el concepto mismo del Derecho administrativo y su delimitación frente a otras ramas del Ordenamiento jurídico. No se trata de delimitar únicamente lo que sean leyes administrativas, concepto más amplio, ya que la jurisdicción contencioso-administrativa dictará sus decisiones de conformidad con el Ordenamiento jurídico que fuere aplicable a la cuestión sometida a su conocimiento[2]

La pregunta lógica es ¿cuándo estamos ante una norma jurídico-administrativa? En principio dice el maestro González, la diferencia entre Derecho administrativo y las distintas ramas del Ordenamiento jurídico pueden establecerse en función de su contenido, del objeto de su regulación de la parcela de la realidad regulada por el mismo. Parece existir unanimidad en que el objeto del Derecho administrativo es la administración pública; el derecho administrativo regula la organización y actividad administrativa. Pero la polémica fundamental existe en torno a que debe de entenderse por administración pública, si la actividad de unos determinados sujetos, si la

---

[2]   González Pérez, Jesús, *Op. Cit.* p. 49

actividad que reúna determinadas características de orden material diferentes a la de otras funciones estatales, si la actividad sometida a un mismo régimen jurídico. Por supuesto, el punto de partida para dar las características de la norma jurídico-administrativa no puede ser otro que este: el objeto del derecho administrativo es siempre la actividad de las entidades públicas.[3] La pregunta lógica que nos tenemos que hacer es ¿todas las actividades de la administración pública están sometidas al Derecho administrativo? La respuesta lógica es no. Por ello hay que señalar cuándo la actividad de la administración esta sometida al Derecho administrativo.

Se ha dicho que existe coincidencia de los conceptos subjetivo y formal de la Administración pública, de tal modo que puede delimitarse el Derecho administrativo refiriéndole sin más a la Administración pública, subjetivamente considerada. Pero, desde un punto de vista estrictamente jurídico quizá sea posible que el objeto del Derecho Administrativo, la administración en sentido formal, lo constituya la actividad materialmente administrativa de la Administración pública; es decir, se llega al concepto mediante una fusión de los criterios subjetivo y objetivo. Esto quiere decir que la norma administrativa regula no solo a la administración en sí misma, si no que especialmente la función administrativa que desarrolla.

Y ¿cuándo existe función administrativa? Se pregunta González, Como se ha dicho *ut supra,* el Estado, en su faceta administrativa, es titular de un interés público frente a otros posibles intereses; es un sujeto de Derecho, sometido al Derecho, que trata de realizar determinados fines, relacionándose con otros sujetos de Derecho. No realiza una función innovadora del Ordenamiento jurídico –función legislativa-, ni conoce y decide acerca de las pretensiones que una parte esgrime frente a otra – función jurisdiccional- : es sujeto de Derecho, titular de intereses. No tiene por qué extrañarnos, por tanto, que el problema de la personalidad del Estado se haya planteado su faceta administrativa, que la personalidad del Estado se haya planteado al hablar de la Administración pública. Porque la Administración pública es el Estado –y además entidades públicas- en cuanto a sujeto de Derecho que trata de realizar ciertos fines.[4]

Estos razonamientos nos llevan a los principios fundamentales que informan al régimen administrativo, que impiden la admisión, ante la jurisdicción contenciosa administrativa, de pretensiones contra la administración pública, sin la existencia de una manifestación de voluntad de ésta, en relación a la cual la pretensión se formula, esto es el *acto administrativo.* De este modo, el acto administrativo, entendiendo la expresión en sentido amplio (como una declaración de voluntad del órgano administrativo), deviene presupuesto objetivo indispensable para que sea admisible la pretensión el la vía judicial administrativa. En consecuencia, para que sea admisible una pretensión ante la jurisdicción contencioso-administrativo es necesaria la existencia previa de un acto administrativo, y que la pretensión se deduzca precisamente en relación a un acto administrativo, bien para pedir la declaración de no ser conforme a Derecho, y en su caso la anulación, bien para solicitar, además el reconocimiento de una jurídica individualizada y la adopción de las medidas adecuadas para el reestablecimiento de la misma.

---

[3]   González Pérez, Jesús, *Op. Cit.* p. 50
[4]   González Pérez, Jesús, *Op. Cit.* p. 53.

B. *La vía administrativa y judicial en el Procesal Administrativo*

En nuestro Ordenamiento jurídico Procesal administrativo vamos a encontrar dos fases o etapas importantes, que dependen una de la otra, una administrativa y otra judicial, para que los administrados tengan el acceso a la declaración mediante sentencia, de la jurisdicción contencioso administrativa.

a. *La vía administrativa*

Son todos aquellos recursos o medios de impugnación que se pueden plantear contra las resoluciones y actos de la Administración Pública. Se denomina Vía Administrativa, puesto que los medios de impugnación o recursos se van a plantear ante los órganos Administrativos y los mismos órganos de la Administración revisan su propia actuación y resuelven de los mismos, este tema lo hemos abordado en capítulos anteriores. En algunas leyes, como el Decreto 119-96 del Congreso de la República, Ley de lo Contencioso Administrativo, en su capítulo II que se denomina *RECURSOS*, lo que en doctrina se denomina diligencias previa al contencioso administrativo. Este es el medio de control directo que los particulares disponen para oponerse a la decisión administrativa. Como ya lo explicamos en páginas anteriores la vía administrativa o recursos administrativos, son una condición para que el particular tenga acceso a la actividad jurisdiccional, puesto que debe agostar los recursos en la administración para tener el acceso a la justicia.

b. *La vía judicial*

La vía judicial es lo que algunos autores denominan el proceso administrativo o la jurisdicción contencioso administrativa. La Vía Judicial significa que cuando hemos agotado la Vía Administrativa y el particular, agotó los recursos Administrativos y estos fueron adversos a sus intereses, no le queda otra opción que acudir a un órgano jurisdiccional, que se denomina Tribunal de lo Contencioso Administrativo, a través de un proceso judicial, el cual como veremos en adelante es un verdadero proceso de conocimiento.

2. *Origen*

El contencioso-administrativo, surge como consecuencia del nacimiento del Derecho administrativo mismo y la necesidad de tener un medio de control, para que los particulares, puedan someter a un órgano jurisdiccional las controversias que se derivaban del ejercicio de la función administrativa, a través de las resoluciones y decisiones de la administración pública.

En Guatemala, este medio de control surge como el recurso de lo contencioso-administrativo, sin embargo ya se estableció que se trata de un verdadero proceso judicial, regulado dentro de la Ley de lo contencioso-administrativo, emitido el veinticinco de septiembre de 1,936, del General Jorge Ubico, reformado por el Decreto Numero 60 de la Junta de Gobierno de la República de Guatemala, del Teniente Coronel Carlos Castillo Armas, derogados por el Decreto número 119-96 del Congreso de la República Ley de lo Contencioso Administrativo, reformado por el Decreto 98-87 del Congreso de la República y leyes complementarias para este proceso otras leyes entre las que encontramos, la aplicación por integración de la Ley del Organismo Judicial y el Código Procesal Civil y Mercantil.

3. *Características*

Dentro de las características más importantes del contencioso-administrativo, encontramos:

a) Que no se trata de un recurso, como se le denominó en algún tiempo y lo regulaba la derogada Ley de lo contencioso, sino de un verdadero proceso de conocimiento.

b) Que es un Proceso que se conoce y se resuelve dentro de un órgano Jurisdiccional (Tribunal de lo contencioso-administrativo), en este sentido, hay que hacer notar, que el Código Tributario, creó las Salas de lo contencioso-administrativo de conformidad con la especialidad.

c) Su competencia está dirigida a conocer de las controversias que surgen de las relaciones que se dan entre la Administración Pública y los particulares.

d) Lo conoce un tribunal integrado por dos salas, colegiadas, integradas con tres magistrados titulares, la sala administrativa y la sala tributaria.

4. *La competencia procesal administrativa*

Ya dijimos antes, que para que un órgano estatal pueda realizar válidamente una actividad es necesario que esté dentro de su esfera de atribuciones, la competencia será un requisito del acto de que se trate: legislativo, administrativo o jurisdiccional. Cuando hablamos de actividad jurisdiccional, la competencia es un requisito procesal, esto es, uno de los requisitos que debe concurrir para que el órgano jurisdiccional pueda examinar la pretensión en cuanto al fondo.

En Guatemala, la competencia del tribunal contencioso administrativo se encuentra dividida en dos salas muy importantes, la primera administrativa y la segunda de carácter tributario. Estas dos salas, son las que conocen de toda controversia derivada de la actividad administrativa, tanto en los departamentos como en los municipios de toda la república y tiene su asiento en la ciudad de Guatemala.

5. *Elementos*

Son elementos importantes del Proceso administrativo, en primer término el juez, en segundo las partes y por último los terceros, veamos una forma somera cada uno de estos elementos.

A. *El Juez*

Ya dijimos que el más importante entre los personajes del proceso, es el juez. El Juez, dice el profesor González Pérez, o mejor el órgano jurisdiccional, será el que decida el proceso; será el que, en el ejercicio del deber, administre justicia.

El juez desarrolla una actividad que es concreción de la función del Estado que se reconoce con el nombre de jurisdicción.[5]

La función jurisdiccional se realiza, en el Estado democrático, por la institución de orden jurídico. La justicia no se emite en nombre de ningún organismo en especial, ni del presidente de la república. La justicia se emite en nombre de la Nación organizada como tal.

La idoneidad de los órganos jurisdiccionales supone la idoneidad de los agentes que desempeñan los cometidos del órgano. Esa idoneidad de los agentes exige, ante todo, la imparcialidad.

Una garantía mínima de la jurisdicción, dice Couture, consiste en poder alejar, mediante recusación, al juez inidóneo. Los ciudadanos no tienen un derecho adquirido a la sabiduría del juez; pero tienen un derecho adquirido a la independencia, a la autoridad y a la responsabilidad del juez.[6]

Todas las libertades inherentes a la persona humana son vanas si no se puede defender en un juicio. Si la persona no se encuentra ante si un juez que pueda darle la razón, teniéndola, las garantías, libertades del individuo no tienen razón de ser y de nada sirve el Estado de Derecho.

El juez no es una máquina de producir razonamientos, sino, esencialmente, un ser humano que toma conocimiento del mundo que le rodea y le conoce a través de de sus procesos sensibles e intelectuales.

Un juicio, dice Couture, seguido ante quien ya no es juez, no es propiamente un juicio defectuoso, sino es un no juicio, un juicio inexistente; un juicio seguido por dos incapaces no es tampoco juicio, sino una serie de hechos privados de eficacia jurídica. *La investidura del* juez y la capacidad de quienes están en juicio y la capacidad de quienes están en el juicio son dos presupuestos procesales, porque constituyen esa especie de mínimum necesario para que el juicio exista y tenga validez formal. La doctrina ha convenido en llamarles presupuestos, o sea, supuestos previos al juicio, sin los cuales no puede pensarse en él.[7]

Por otro lado hay que aclarar que la norma procesal no va dirigida al juez omnipotente, no es exclusiva para el juez, la norma va dirigida a todos.

El juez no es el destinatario de la ley procesal, ya que el impulso y la forma del proceso lo dan tanto las partes como él. Los destinatarios de la ley somos todos los habitantes del país a quienes nos es aplicable. El juez, como tal, no es destinatario sino intermediario entre la norma y los sujetos del Derecho, que ventilan sus controversias en el proceso.

Pero en fin todo el proceso y su desarrollo recae sobre los hombros del juez y la decisión final (la sentencia), también es la mayor responsabilidad de él. Podremos decir en resumen que el órgano jurisdiccional sin juez no puede jamás existir.

---

[5] *Op. Cit.*, p. 33.
[6] Couture, Eduardo J., *Op. Cit.* p. 43.
[7] Couture, Eduardo J., *Op. Cit.* p. 103.

En el derecho procesal administrativo guatemalteco, el Tribunal de lo Contencioso Administrativo, se encuentra integrado por salas y éstas con tres magistrados, es un órgano jurisdiccional colegiado y el proceso es de única instancia.

Actualmente se encuentra dividido en dos salas, que conocen dependiendo de la materia, hay que hacer notar que el Tribunal de lo contencioso administrativo es único, por lo preceptuado en el artículo 221 de la Constitución Política de la República, al establecer, que *el Tribunal de lo contencioso administrativo es el controlador de la Juridicidad.*

B. *Las Partes*

Las partes y la capacidad de las partes, ya lo dijimos, es uno de los presupuestos procesales indispensables en el contencioso administrativo.

En principio el proceso debe ser formulado por la persona que, teniendo capacidad legal para ser parte procesal, esté legitimada para iniciar el proceso de que se trate, y frente a la persona que el demandante estime legitimada pasivamente, lo que es necesario indicar en el memorial, de suyo importante también es señalar objeto de la impugnación y sus pretensiones.

El proceso se presenta como un complejo de actividades y existen dos tipos de sujetos procesales: unos, que discuten acerca de una pretensión procesal (el actor); otros, que actúan negando a la preatención deducida por las otra (la parte demandada). Estos sujetos son las partes dentro del proceso. En consecuencia son partes procesales aquellas que formulan y aquellas frente a quien se formula la pretensión que va a ser el objeto del proceso.

Admitido que lo contencioso administrativo es un auténtico proceso, dice González Pérez, no ofrece duda que también en él exista partes: aquella que deduce la pretensión procesal –o, dicho en terminología administrativa, la que "interpone el contencioso administrativo"- y aquella frente a la que la pretensión se deduce.[8] Normalmente es la parte demandada o el actor el particular y el demandado el órgano de la administración que dicto el acto o resolución administrativa que da lugar al proceso. Excepcionalmente, en el proceso contencioso administrativo, la administración pública es demandante y los demandados los particulares. Se trata de aquellos casos conocidos con el nombre de lesividad de los actos de la administración, en este caso la pretensión consiste en la anulación de un acto administrativo declaratorio de derechos otorgado a los particulares; en este caso, si el acto no es nulo de pleno derecho ni infringe manifiestamente una Ley formal, la administración no puede anular por si el acto declaratorio de derechos y tiene la necesidad de incoar un proceso cuyo objeto es la pretensión de anulación, que deberá dirigirse frente al particular o particulares, a cuyo favor declaró derechos el actora cuya anulación se pretende

En consecuencia son partes, con arreglo a nuestro Derecho positivo, en todo proceso administrativo aquellas que deducen, aquellas frente a las que se deducen las pretensiones procesal administrativa, objeto del proceso.

---

[8]   González Pérez, Jesús, *Op. Cit.* p. 242.

C. *Los Terceros*

Además son partes dentro del proceso, según nuestro Ordenamiento jurídico positivo:

a) Los terceros: Los terceros, son aquellos que el Juez determina que pueden ser afectados al dictar la sentencia.

b) La Procuraduría General de la Nación.

c) La Contraloría General de Cuentas cuando el proceso se refiera al control o fiscalización de la hacienda pública.

6. *Naturaleza jurídica*

Para establecer la naturaleza jurídica del contencioso administrativo se debe distinguir si el mismo es un Recurso Judicial o se trata de un Proceso Judicial.

Como quedó apuntado, el contencioso administrativo ya se encuentra conceptual izado en el Decreto 119-96 del Congreso de la República, Ley de lo contencioso administrativo como un Proceso Judicial, así como en la Constitución Política de la República de Guatemala, aunque no de manera expresa, como un proceso, al regularse que cabe el recurso de Casación contra la sentencia del proceso.

El contencioso administrativo es un verdadero proceso de conocimiento cuya función esencial es la de Contralor de la Juridicidad de la administración pública y tiene atribuciones para conocer en caso de contienda por actos o resoluciones de la administración y de las entidades descentralizadas y autónomas del Estado, así como en los casos de controversias derivadas de contratos y concesiones administrativas.

En cuanto a la naturaleza del Proceso de lo contencioso administrativo, se encuentra regulado en el artículo 18 del Decreto 119-96 del Congreso de la República establece que: *"el proceso contencioso administrativo será de única instancia y su planteamiento carecerá de efectos suspensivos, salvo para casos concretos excepcionales en que el tribunal decida lo contrario, en la misma resolución que admita para su trámite la demanda, siempre que lo considere indispensable y que de no hacerlo se causen daños irreparables a las partes".*

7. *El tribunal de lo contencioso administrativo como órgano jurisdiccional*

La jurisdicción contencioso administrativa es una jurisdicción especial. Aun cuando en ocasiones, parece haberse puesto en telas de juicio el carácter especial de la de la jurisdicción contencioso administrativa, la mayoría de la doctrina no duda en afirmar tal característica a esta jurisdicción. Por el contrario tiene una trascendencia práctica indudable. Porque, al ser especial, encontramos una ley que regula lo relacionado al proceso (Ley de lo Contencioso Administrativo), al servicio del tribunal de lo contencioso. Al ser jurisdicción le serán aplicables todos los preceptos orgánicos y procesales comunes, si bien con las especialidades propias de la materia sobre la que versa. Ello explica sobradamente la aplicación por incorporación de la Ley del Organismo Judicial y el Código Procesal Civil y Mercantil.

Desde otro punto de vista, la jurisdicción contencioso administrativa es un requisito procesal, el primero y más importante de los requisitos procesales. Esto quiere decir que para que pueda ser examinada en cuanto al fondo una pretensión fundada en preceptos de derecho administrativo debe ser deducida, precisamente, ante esta jurisdicción especial. Ni una pretensión de este tipo puede ser deducida ante jurisdicción distinta, ni una pretensión con otro fundamento podrá ser examinada ante la jurisdicción contenciosa administrativa.

Se ha discutido por la doctrina la necesidad de una jurisdicción especial encargada de examinar las pretensiones fundadas en preceptos de derecho administrativo. Los ordenamientos jurídicos han adoptado posiciones diversas y mientras unos instituyen una jurisdicción especial, otros atribuyen el conocimiento de aquellas pretensiones a los órganos de jurisdicción ordinaria. En la doctrina, sin embargo, domina la posición que estima justificada la necesidad de una jurisdicción especial. Pero ello no quiere decir que sea necesario encuadrar la jurisdicción administrativa en la organización administrativa, como el caso del sistema francés que la jurisdicción administrativa es un órgano administrativo (El Consejo de Estado). Basta que los órganos de la misma estén integrados por personal idóneo para conocer de las cuestiones administrativas, este o no encuadrado en la organización judicial. En este sentido el caso de Guatemala, como ya lo hemos analizado es un órgano jurisdiccional que pertenece al Organismo Judicial y que su creación es de naturaleza constitucional (Art. 221 de la Constitución P. de la R. de G.) y lo regula como el *"Contralor de la Juridicidad de los actos de la administración pública"*.

Hay que tomar en cuenta que el tribunal de lo contencioso administrativo es único en Guatemala, actualmente seccionado en dos salas, las que conocen de acuerdo a la especialidad de cada una, como lo veremos más adelante.

Tribunal de lo contencioso administrativo, afirmamos, es un órgano jurisdiccional, no un órgano administrativo, se trata de un tribunal colegiado y que pertenece a la estructura del Organismo Judicial. No es un órgano de justicia delegada como lo hemos analizado, como por ejemplo el Consejo de Estado francés que tiene a su cargo el ejercicio de esa jurisdicción.

Por esta razón cuando analizamos la jurisprudencia administrativa en el libro de Derecho Administrativo I, indicamos que en Guatemala no existe, sino lo que se puede producir es la jurisprudencia judicial, a través de las sentencias dictadas por el Tribunal de lo contencioso administrativo.

8. *Procedencia del contencioso administrativo*

La procedencia se puede analizar del estudio del artículo 19 de del Decreto 119-96 del Congreso de la República, Ley de lo contencioso administrativo, en el cual hace una enumeración de los casos de procedencia de este proceso:

1. En caso de contienda por actos y resoluciones de la administración y de las entidades descentralizadas y autónomas del Estado.
2. Los casos de controversias derivadas de contratos y concesiones administrativas.

Para que el proceso contencioso administrativo pueda iniciarse se requiere que la resolución que lo origina no haya podido remediarse por medio de los recursos puramente administrativos.

En cuanto a los requisitos que debe contener las resoluciones sobre las cuales se puede plantear este proceso, se señalan en el artículo 20 de dicha ley. Los requisitos son los siguientes:

1. Que la resolución cause estado. Causan estado las resoluciones de la administración que decidan el asunto cuando no sean susceptibles de impugnarse en la vía administrativa, por haberse resuelto los recursos administrativos.

2. Que vulnere un derecho del demandante reconocido por una ley, reglamento o resolución anterior.

Esto implica que el particular se le otorgue algún derecho y que por una ley ordinaria o un reglamento se pretenda modificar la situación del particular, en este caso ya hay *derechos adquiridos,* los cuales no pueden ser vulnerados por la administración, es susceptible de interponerles la demanda contencioso administrativa, salvo el caso que dentro de los tres años se declare la lesividad del acto o resolución.

Si el proceso es planteado por la administración por sus actos o resoluciones, no será necesario que concurran los requisitos indicados, siempre que el acto o resolución haya sido declarado lesivo para los intereses del Estado, en Acuerdo Gubernativo emitido por el Presidente de la República en Consejo de Ministros. Esta declaración solo podrá hacerse dentro de los tres años siguientes a la fecha de la resolución o acto que la origina.

Causar estado significa técnicamente que dentro de la vía administrativa no existe ningún otro recurso administrativo que plantear, es decir que se agotó la vía administrativa, se plantearon los recursos administrativos que la ley determina.

Ya no es necesario que la administración proceda en ejercicio de su facultades regladas, ni el Decreto 119-96 ni la Constitución Política de la República de Guatemala, en su artículo 221 no hace referencia a que la administración deba proceda en ejercicio de sus facultades regladas. Por el contrario la Constitución actual amplia el margen de conocimiento del Tribunal y lo regula como un controlador de la juridicidad y establece que procede el contencioso contra actos y resoluciones, sin hacer mención que deba tratarse de un acto o resolución reglada.

El hecho que el Tribunal de lo contencioso administrativo sea el controlador de la juridicidad de la Administración Pública, implica que la Administración debe basar su actuación a este principio que es más amplio, resolver en base al principio de legalidad, significa que con el primero el administrador tiene un marco más amplio para actuar, pues, como ya lo estudiamos en el trabajo de Derecho administrativo I, resolver en base a la Juridicidad implica la aplicación del derecho y el derecho como ciencia no sólo son normas, sino también son principios, instituciones doctrinarias, significa que la Administración tiene la obligación de resolver en base a éste.

Estos son los requisitos que según la Ley de lo contencioso administrativo deben contener para su planteamiento.

Los casos de procedencia del contencioso administrativo inician cuando las resoluciones cumplen con los requisitos que establece el artículo 20 de la Ley.

Otro caso de procedencia del contencioso administrativo es cuando las resoluciones son lesivas para los intereses del estado, en este caso los órganos de la administración son sujetos activos del contencioso.

9. *La Lesividad de las Resoluciones Administrativas*

La administración pública puede también plantear el contencioso administrativo en aquellos casos en que una resolución administrativa lesione los intereses del Estado.

En este caso el Estado cuenta con *tres años para declararla,* mediante Acuerdo Gubernativo del Presidente de la República en Consejo de Ministros, cuando se trata de órganos centralizados. Si se trata de órganos denominados constitucionalmente autónomos; aunque la ley no lo dice, por resolución de Concejo Municipal, Consejo Superior Universitario o de su Junta Directiva u Órgano Colegiado, si son órganos descentralizados, por tratarse de órganos con personalidad jurídica propia.

Esta declaratoria debe publicarse en el Diario Oficial y a partir de la misma, el órgano administrativo cuenta con *tres meses* para plantear el contencioso administrativo (Artículos 23 Decreto 19-96 del Congreso de la República, Ley de lo contencioso administrativo).

Los órganos administrativos también pueden plantar el contencioso administrativo contra resoluciones de la misma administración, por ejemplo, una municipalidad puede plantearlo contra un ministerio de Estado o un ministerio contra una municipalidad.

En cuanto a la declaratoria de lesividad de las resoluciones de las entidades descentralizadas y autónomas, somos del criterio, que quienes tienen la competencia, sin necesidad de recurrir al Presidente, son los órganos de mayor jerarquía, los concejos municipales, el Consejo Superior Universitario, las juntas directivas de las descentralizadas, etc., por las razones ya explicadas

10. *Improcedencia del contencioso administrativo*

El contencioso administrativo es improcedente en los siguientes casos:
1. En los asuntos referentes al orden político, militar o de defensa, sin perjuicio de las indemnizaciones que procedan;
2. En asuntos referentes a disposiciones de carácter general sobre salud e higiene públicas, sin perjuicio de las indemnizaciones que procedan;
3. En los asuntos que sean competencia de otros tribunales;
4. En los asuntos originados por denegatorias de concesiones de toda especie, salvo lo dispuesto en contrario por leyes especiales; y,
5. En los asuntos en que una ley excluya la posibilidad de ser planteados en la vía contencioso administrativa."

11. *Acumulación*

El Artículo 24 del Decreto 119-96 establece: "Acumulación. Cuando se hubieren planteado varios contencioso administrativos en relación al mismo asunto, se acumularan de oficio o a solicitud de parte, a fin de resolverlos en una misma sentencia.

12. *Caducidad de la instancia*

El Artículo 25 del Decreto 119-96 establece: "Caducidad de la Instancia. En el proceso contencioso administrativo, la instancia caduca por el transcurso del plazo de tres meses sin que el demandante promueva, cuando para impulsar el proceso sea necesario gestión de parte. El plazo empezará a contarse desde la última actuación judicial.

La caducidad de la instancia debe ser declarada de oficio o a solicitud de parte.

13. *De los recursos*

El Artículo 27 del Decreto 119-96 Establece: "Recursos. Salvo el recurso de apelación, en este proceso son admisibles los recursos que contemplen las normas que regulan el proceso civil, incluso el de casación, contra las sentencias y autos definitivos que pongan fin al proceso, los cuales se substanciarán conforme tales normas.

En el presente caso no es procedente el planteamiento de la apelación, porque se trata de un tribunal de única instancia, únicamente de conformidad con el artículo 221 de la Constitución Política de la República de Guatemala y del articulo analizado cabe el recurso de casación.

14. *Interposición de la demanda y plazo*

Si el proceso es una institución de la satisfacción de las pretensiones que una parte esgrime frente a otra, es lógico, dice González Pérez, que se inicie normalmente por el acto de la parte que solicita la actuación del órgano jurisdiccional. La misión del juez no es plantear problemas, sino resolverlos; de aquí que la regla *ne procedat iudex ex oficio*. El acto de iniciación del proceso se ha designado con el nombre de demanda. La demanda, en su concepto técnico procesal, no es, como podría pensarse de acuerdo con su significado terminológico, cualquier petición –hay muchas peticiones en el proceso que no son demanda-, sino que precisamente la petición de iniciación. La demanda es el acto típico y ordinario de iniciación del proceso.[9]

Durante mucho tiempo la doctrina procesal ha considerado a la demanda no sólo el acto de iniciación del proceso, sino como manifestación o ejercicio de la acción. Se puede definir, entonces, a la demanda como el acto procesal de la parte actora, en el cual ejercita la acción procesal, solicitando del tribunal un acto de tutela jurídica frente al demandado.

---

[9]   González Pérez, Jesús, *Op. Cit.* p. 627

En efecto el Proceso de lo Contencioso Administrativo se inicia con la demanda del actor, que por la naturaleza del mismo, es un particular afectado por una resolución de la administración pública, pero excepcionalmente la propia administración puede ser la parte actora, y quien por consecuencia, es la parte que presento la demanda, en aquellos casos en los que se declare la lesividad de un acto de la propia administración ya consentido por el particular.

El plazo para la iniciación del proceso es un requisito procesal. Una vez transcurrido el plazo, el órgano jurisdiccional no podrá examinar la cuestión de fondo planteada. Se produce la caducidad de la instancia. En orden al tratamiento jurídico de este requisito procesal, siguiendo los principios generales de la Ley de lo Contencioso Administrativo, es de tres meses, pero hay que analizarlo desde que momento inicia el plazo.

El plazo para el planteamiento de la demanda contencioso administrativa, es de tres meses, contados a partir de la última notificación de la resolución que concluyó el procedimiento administrativo, del vencimiento del plazo en que la administración debió resolver en definitiva o de la fecha de publicación del Acuerdo Gubernativo que declaró lesivo el acto o resolución, en su caso.

Para establecer el momento que inicia el plazo para el planteamiento del Contencioso administrativo se tendrá que observar los dos supuestos que contiene la Ley.

A. *Cuando existe resolución al recurso en la vía administrativa*

En este caso el plazo para el planteamiento de la demanda contencioso Administrativa, se comenzará a contar a partir de la última notificación de la resolución del recurso administrativo, que deja firme la resolución en la vía administrativa. (Artículo 23 del Decreto 119-91 del Congreso de la República "Ley de lo contencioso administrativo").

En este sentido también el Código Tributario establece actualmente el plazo de tres meses para plantearlo, ya no de noventa días como lo tenía contemplado.

B. *Cuando existe silencio administrativo*

Cuando el Recurso administrativo no ha sido resuelto dentro del plazo que la ley establece, se da la figura jurídica del silencio administrativo de naturaleza adjetiva y se dan dos consecuencias jurídicas, para el solo efecto de acudir a la vía judicial:

1. Se tiene por resuelto *en forma desfavorable* el Recurso administrativo; y

2. Se tiene por agotada la vía administrativa.

En este caso el plazo para el planteamiento del contencioso administrativo se cuenta del vencimiento del plazo en que la administración debió resolver en definitiva, esto es la resolución al recurso en la vía administrativa.

Como ya se explico, en el tema de los recursos administrativos, no en todos los casos se puede aplicar este principio, pues no todas las leyes contienen la figura del Silencio administrativo, por ejemplo el Código Municipal.

Como es normal toda demanda debe plantearse por escrito y en términos respetuosos.

15. *Requisitos legales y técnicos de la demanda*

Existen regulados en su artículo 28 del Decreto 119-96 del Congreso de la República, Ley de lo contencioso administrativo, enumerados requisitos que deben cumplirse en la demanda, los cuales son los siguientes:

1.- Designación de la Sala del Tribunal de lo contencioso administrativo al cual se dirige. La designación del Tribunal debe hacerse en forma respetuosa, regularmente se indica: Honorables Magistrados del Tribunal de lo contencioso administrativo, Sala Primera o Segunda.

En esto hay que recordar que el Tribunal de lo contencioso administrativo es *único*, pues la Constitución Política de la República, en su artículo 221, establece la existencia del Tribunal de lo contencioso administrativo. Por razones de la materia y especialización, la Ley Ordinaria ha hecho la división en dos Salas de lo contencioso administrativo y pueden ser más si la Ley lo estableciera, pues la misma necesidad y el abundante planteamiento de este proceso lo hace necesario, pero hasta que no se reforme la Constitución, el Tribunal de lo contencioso administrativo es único y de única instancia.

2.- Nombres y apellidos del demandante o su representante, indicación del lugar donde recibirá notificaciones y nombre del Abogado bajo cuya dirección y procuración actúa.

3.- Si se actúa en representación de otra persona la designación de éste y la identificación del título de representación, el cual acompañará en original o en fotocopia legalizada.

4.- Indicación precisa del órgano administrativo a quien se demanda y el lugar en donde puede ser notificado.

5.- Identificación del expediente administrativo, de la resolución que se controvierte, de la última notificación al actor, de las personas que aparezcan con interés en el expediente y del lugar donde estas pueden ser notificadas, todo ello cuando fuere el caso.

6.- Relación de los hechos y los fundamentos de Derecho en que se base la demanda. Los hechos es un relato que se hace en una demanda de como un órgano administrativo no emitió la resolución que estamos impugnando. Dentro de un procedimiento administrativo, recordemos, se puede haber iniciado de oficio o a petición de interesado y los hechos debemos iniciarlo desde el momento que del inicio del procedimiento la resolución originaria del órgano administrativo, el planteamiento del recurso administrativo con el cual agotamos la vía administrativa, la resolución al recurso administrativo, de la cual debemos solicitar copia certificada o en su caso la indicación precisa de donde se encuentra el expediente, pues recordemos que el contencioso administrativo puede plantearse por silencio administrativo, para lo cual tenemos como resuelto desfavorablemente y por agotada la vía administrativa.

Todo esto debemos tomar en cuenta para razonar nuestros hechos, relatados en forma cronológica en nuestra demanda.

7.- *El ofrecimiento de los medios de prueba que rendirá.* En este caso si existiere prueba que deba rendirse deberá individualizarse en la demanda, si fuera el caso, pues recordemos que dentro del contencioso podemos estar discutiendo puntos de puro derecho en este caso no tendríamos pruebas que aportar, el proceso no da lugar a que se pueda abrir a prueba.

8.- *Las peticiones de trámite y de fondo.*

9.- *Lugar y fecha.* El lugar consideramos que siempre debe ser el lugar donde se planteó la demanda, recordemos que de conformidad con la ley la presentación de la demanda puede ser en los Tribunales de Primera Instancia en los departamentos.

La fecha, naturalmente la fecha en la que estamos presentando la demanda contencioso Administrativa.

10.- *Firma del demandante.* Si éste no sabe o no puede firmar, lo hará a su ruego otra persona, cuyo nombre se indicará o el Abogado que lo auxilia.

11.- *Firma y sello del abogado director o abogados directores.*

Estos son los requisitos que debe contener según la Ley de lo contencioso administrativo la demanda que se esta planteando, pero hay que tomar en cuenta otros factores.

Otro aspecto importante es la *postulación.* El proceso debe ser Dirigido y Procurado por un Abogado, colegiado activo, recordemos que se trata de un verdadero proceso y que el Tribunal es un Tribunal Colegiado integrado por Magistrados. Significa la aplicación del artículo analizado y del 50 del Decreto-Ley 107, Código Procesal Civil y Mercantil, que establece:

> *"Las partes deberán comparecer auxiliados por abogado colegiado. No será necesario el auxilio de abogado en los asuntos de ínfima cuantía y cuando en la población donde tenga su asiento el Tribunal, estén radicados menos de cuatro abogados hábiles.*
>
> *Los escritos que no lleven firma y sello de abogado director, así como los timbres forenses, serán rechazados de plano. "*

Hay que agregar la aplicación también del artículo 197 del Decreto 2.89 del Congreso de la República "Ley del Organismo Judicial", que indica:

> *"Las demandas, peticiones y memoriales que se presenten a los tribunales de justicia deberán ser respaldados con la firma y sello de abogado colegiado, sin ese requisito no se dará curso a ninguna gestión. El abogado es responsable del fondo y de la forma de los escritos que autorice con su firma. No es necesaria la intervención de un abogado en los asuntos verbales de que conozcan los juzgados menores, en las gestiones del Ministerio Público, cuando el cargo no esté servido por profesional; y en los demás casos previstos por otras leyes."*

Es importante este Artículo 197 del Decreto 2.89 del Congreso de la República, en el cual ya se estableció, que todas las demandas, peticiones y memorial que se presenten a los tribunales de justicia deberán ser respaldados con la firma y sello del abogado colegiado y sin este requisito no se dará curso a ninguna gestión. También señala la ley mencionada casos en que no es necesario este requisito, pero la última frase de este artículo expresa que *no será necesario en los demás casos previsto en ley.* Esto debe ser interpretado en los casos en que la ley establezca taxativamente que no es necesario este requisito.

En el caso del contencioso administrativo no expresa taxativamente la necesidad de este requisito. Pero es necesaria la aplicación por integración de los artículos que analizamos del Código Procesal Civil y Mercantil y la Ley del Organismo Judicial, puesto que la misma Ley de lo contencioso administrativo regula en su artículo 25 la integración con las normas de las leyes mencionadas. Significa que debemos aplicar por integración de la ley el artículo 61 y 62 del Código Procesal Civil y Mercantil, para llenar y completar los requisitos de la demanda, así como el artículo 50 del mismo cuerpo legal.

Ya hemos analizado los requisitos que debe contener nuestra demanda, sin embargo encontramos otros requisitos que debe contener nuestra demanda y que algunos que se encuentran en la Ley de lo contencioso administrativo no son suficientes y otros constitucionalmente están derogados.

Veamos algunos otros requisitos que debe contener la demanda, regulados en el artículo 28 numeral III) del Decreto 119-96 Ley, el cual establece los si se actúa en representación de otra persona, la designación de ésta y la identificación del título de representación, el cual acompañará en original o en fotocopia legalizada.

La personería se puede ejercer de la siguiente forma:

1.- *Testimonio de la escritura de poder que acredite la representación del compareciente, cuando este no fuere el mismo interesado.*

En este sentido debemos recordar que podemos actuar en diversas formas dentro del proceso, analizaremos las más frecuentes sólo a manera de ejemplo:

a.   Se puede actuar como *Mandatarios Especiales Judiciales*:

En este caso debemos presentar el Testimonio de la Escritura Pública debidamente registrada en la Sección de Mandatos del Archivo de Protocolos de la Corte Suprema de Justicia y si es mandato de alguna empresa mercantil o sociedad anónima, el Mandato deberá ser registrado también en el Registro Mercantil General de la República.

b.   Podemos actuar en *representación de un menor de edad*:

Es necesario que acompañar a la demanda la certificación de la partida de nacimiento del menor, a efecto de demostrar que estamos ejerciendo la patria potestad del menor.

c.   Como *Representante legal de una Sociedad*:

Aquí debemos demostrar la personería, con el Acta Notarial de nombramiento debidamente registrado en el Registro Mercantil General de la República o en el Registro Civil si se trata de una entidad no lucrativa, como por ejemplo una Asociación.

d.   Si comparecemos como *Alcaldes Municipales*:

La personería se demuestra con la certificación del Tribunal Supremo Electoral de adjudicación del cargo para el cual fue electo y con certificación del acta de toma de posesión del cargo.

En este caso podemos notar que depende de la calidad en que estemos actuado, así debemos acreditar la personería que ejercitamos.

Los documentos que también puede ser presentados son los que se establece en el artículo 29 del Decreto 119-96 del Congreso de la república, que consiste en los documentos en que el actor funde su derecho, siempre que estén en su poder, en caso contrario, indicará el lugar donde se encuentren o persona que los tenga en su poder, para que el Tribunal lo requiera en la resolución que le de trámite a la demanda.

En este caso todos aquellos documentos que sirven como medios de prueba documental, con los cuales podemos probar nuestro derecho, en este sentido hay que hacer una aplicación por integración del Código Procesal Civil y Mercantil en cuanto a los documentos que pueden ser admitidos como prueba.

De todo memorial que se presente al Tribunal, dentro del Proceso contencioso administrativo, deberán presentarse las copias y deberán presentarse tantas copias como partes que intervengan dentro del proceso.

16. *Decretos de trámite*

Primero el Tribunal debe revisar si el memorial de interposición de la Demanda cumple con requisitos y si el memorial presente errores o deficiencias que a juicio del Tribunal sean subsanables, deberá señalar un plazo a criterio del Tribunal para que el demandante enmiende su demanda.

Si los errores son insubsanables a juicio del Tribunal *rechaza la demanda.*

El Tribunal únicamente revisa requisitos formales de la demanda, no entra a considerar si esta ajustada a derecho o no. Artículo 31 del Decreto 119-96 del Congreso de la República.

Se debe iniciar el proceso, naturalmente con la demanda, y es aquí donde debe el tribunal de lo contencioso administrativo de emitir su segundo decreto, que es el de solicitar al órgano administrativo el expediente, uno de los contenidos de la demanda es el señalamiento expreso de la Institución u oficina administrativa en donde se encuentra el expediente administrativo.

Si la demanda contiene los requisitos de forma exigidos, debe pedir los antecedentes directamente al órgano administrativo, dentro de los *cinco días hábiles* siguientes a la presentación de la demanda con apercibimiento que si no lo envía se le procesara por desobediencia y el Tribunal entra a conocer con lo dicho por el demandante o parte actora.

El órgano administrativo requerido enviará los antecedentes, con informe circunstanciado, dentro de *diez días,* de pedido el expediente.

Si la autoridad administrativa no envía los antecedentes el tribunal da tramite a la demanda, sin perjuicio que la Administración Pública en cualquier etapa del proceso se puede presentar el expediente, siempre que no se haya emitido la sentencia y se encuentre firme (Artículo 32 del Decreto 119-96).

17. *Decreto de solicitud del expediente administrativo*

Debemos acotar que el Tribunal de lo contencioso administrativo, para emitir una sentencia justa debe tener las actuaciones administrativas dentro del proceso, a efecto de establecer lo que en el mismo ocurrió.

Si planteamos nuestra demanda por silencio administrativo, para facilitar al tribunal a donde debe solicitar el expediente administrativo.

Ya se expresó anteriormente, que el tribunal de lo contencioso, no es un defensor del Estado, sino un Tribunal que aplica justicia a quien tenga la razón dentro del proceso en sentencia y produce *cosa juzgada*.

Planteada la demanda contencioso administrativa, el Tribunal dentro de los *cinco días* debe solicitar el expediente a la autoridad administrativa, oficina o dependencia administrativa donde se encuentre el expediente, como primera fase del Proceso.

18. *Forma y contenido*

Como lo expresa el *artículo 143 del Decreto 2-89 del Congreso*: Toda resolución judicial llevará necesariamente, los siguientes datos:

a)   el nombre del Tribunal que las dicte,

b)   el lugar,

c)   la fecha,

d)   su contenido,

e)   la cita de leyes, y

f)   las firmas completas del Juez, del Magistrado o Magistrados y del Secretario cuando esté legalmente autorizado para dictar las providencias de puro trámite.

En el caso anterior, cuando el Tribunal de lo contencioso administrativo debe solicitar el expediente al órgano administrativo, es la Secretaría del Tribunal la que está autorizada para la solicitud del expediente, la misma no contiene cuestiones de fondo dentro del proceso, se trata de una simple solicitud.

La ley del Organismo Judicial en su última frase expresa que el Secretario del Tribunal, cuando se trate de providencias de puro trámite, puede firmar este tipo de resoluciones.

19. *Decreto de admisión a trámite*

Cuando el expediente se encuentra en el Tribunal de lo contencioso administrativo o ante la negativa del órgano administrativo de enviarlo, el Tribunal establece si la demanda se encuentra ajustada a derecho, dicta resolución dentro de los tres días siguientes al que recibió los antecedentes o de vencido el plazo para su envió. (Artículo 33 del Decreto 119-96 del Congreso de la República, Ley de lo contencioso administrativo).

Esta segunda revisión se debe establecer son el expediente, si el tribunal es competente para el caso planteado, si se agotó la vía administrativa y si los recursos administrativos se plantearon dentro de los plazos, para que la resolución haya causado estado, el tribunal no revisa el fondo de las pretensiones, únicamente si la demanda esta ajustada a derecho. La resolución de las pretensiones, que son el fondo del asunto, se decide en la sentencia.

Se pueden dictar *providencias precautorias,* solicitadas por el actor, medidas precautorias urgentes e indispensables, las que se decretaran en la resolución que le dio trámite a la demanda. Estas son una potestad del órgano jurisdiccional. (Artículo 34 del Decreto 119-96 del Congreso).

20. *Emplazamiento*

El emplazamiento es la audiencia que por quince días se les da a las partes, y como ya se expresó, en el Proceso de lo contencioso administrativo se tiene como partes al órgano administrativo que emitió la resolución que deja firme la vías administrativa como la Procuraduría General de la Nación y a los terceros que aparecieren dentro del expediente administrativo.

En la resolución que da trámite a la demanda se emplaza a las partes dando audiencia por el *plazo de quince días.* Son partes dentro del proceso los siguientes:

a. El órgano administrativo, contra el cual se plantea el contencioso administrativo.

b. La Procuraduría General de la Nación.

c. Todas las personas que aparecieran como interesados en las diligencias administrativas que originan el contencioso administrativo.

d. La Contraloría General de Cuentas, en los casos que se refiera al control o fiscalización de la hacienda pública.

21. *Forma y contenido*

Los decretos de mero trámite deben contener los requisitos que se establecen en la *Ley del Organismo Judicial en su artículo 143,* pero en este caso por tratarse de una resolución que contiene cuestiones de fondo, es necesario que el mismo sea firmado por los magistrados del Tribunal, pues en este decreto se esta dando trámite a la demanda planteada y se están dando audiencias a las partes, razón por la cual consideramos, que aunque son de mero trámite ya contienen cuestiones de fondo, pues el Tribunal ya encontró ajustada a derecho la demanda.

ay que tomar en cuenta que a la Procuraduría General de la Nación se le da un plazo más amplio, el artículo 18 del Decreto 512 del Congreso de la República establece:"Las notificaciones que para contestación de demanda hubieran de hacerse al Procurador General de la Nación, se practicarán por medio de cedula, a la cual deberá acompañarse la copia o copias de ley. La cedula deberá ser entregada personalmente al Procurador General o al Jefe de la Sección; y desde la fecha de la entrega anotada por el Notificador, comenzará a correr un **lapso de quince días,** a cuya terminación se considerará consumada la notificación. Sin embargo, el Procurador General puede darse por notificado en cualquier momento durante ese lapso." Esto significa que corre un plazo de *quince días* desde que se notificó y hasta que transcurran los mismos se tiene por notificado al Procurador y desde entonces le corren los *quince días* para la contestación de la demanda. El espíritu de esta norma es porque la Procuraduría tiene que intervenir en todos los procesos contencioso Administrativos que sean planteados, naturalmente tiene que contar con más tiempo para evacuar su audiencia.

22. *Intervención de terceros y obligatoria de la P. G. N.*

A todas aquellas personas que se les pueda dar audiencia dentro del Proceso, se les considera como terceros de conformidad con el *artículo 56 del Código Procesal Civil y Mercantil,* que establece: *"En un proceso seguido entre dos personas, puede un tercero presentarse a deducir una acción relativa al mismo asunto. Esta nueva acción se llama tercería y el que la promueve, tercero, opositor o coadyuvante."*

Así mismo debe aplicársele por integración los *artículos 57, 58, 59, 547, 548, 5,49 550, 551, 552, 553, 554 del Decreto Ley 107, "Código Procesal Civil y Mercantil.*

23. *Notificaciones*

Las Notificaciones, en el Proceso: *"Es el Acto Procesal por medio del cual se hace saber a las partes las decisiones de un órgano jurisdiccional o la existencia de una acción en su contra.*

Para el autor Eduardo J. Couture, "Los actos de comunicación constituyen tan sólo un medio de establecer el contacto de los órganos de la jurisdicción con las partes (notificaciones) o con los otros órganos del poder público (oficios, en sentido genérico)"[10].

De conformidad con el Decreto Ley 107, en su artículo 66, establece que *"Toda resolución debe hacerse saber a las partes en forma legal y sin ello no quedan obligadas ni se les puede afectar en sus derechos. También se notificará a las otras personas a quienes la resolución se refiera. Las notificaciones se harán, según el caso: 1°. personalmente; 2°. por los estrados del Tribunal; 3°. Por el libro de copias; y 4°. Por el boletín judicial".*

Recordemos que la aplicación de estas normas, se hace en forma supletoria, por integración de la ley, conforme al *artículo 26 de la Ley de lo contencioso administrativo.*

Es necesario hacer la aplicación del artículo 70 del Decreto Ley 107, que establece que: *Al hacer cualquiera de las notificaciones a que se refiere el artículo 67, se entregará la copia de la solicitud con la trascripción de la resolución en ella dictada, o solo de la resolución cuando no haya recaído en una solicitud, identificando en todo caso el expediente respectivo.*

---

[10]   Couture, Eduardo J., *Fundamentos del Derecho Procesal Civil,* p. 205.

A. *Clasificación*

En este caso hay que establecer las clases de notificaciones que existen dentro de la legislación y que ya transcribimos con el artículo 66 del Decreto Ley 107.

Este artículo establece las clases de notificaciones que debe hacer el Tribunal y establece:

"Las notificaciones se harán, según el caso:

1°. Personalmente;

2°. Por los estrados del Tribunal;

3°. Por el libro de copias; y

4°. Por el boletín judicial."

También las notificaciones se pueden hacer, según el artículo 73 del Decreto Ley 107, por exhorto, despacho o suplicatorio. Expresa el mencionado artículo que: *Cuando haya de notificarse o citarse a una persona residente fuera del lugar del proceso, se hará la notificación o citación por medio de exhorto o despacho dirigido a Juez de Primera Instancia si la persona residiere en la cabecera departamental dirigido a Juez menor correspondiente si residiere en un municipio. Cuando el suplicatorio o comisión rogatoria haya de remitirse a Juez o Tribunal de otro país, deberá hacerse por medio de la Corte Suprema de Justicia.*

B. *Forma*

En cuanto a la forma que deben adoptar la notificaciones lo encontramos regulado en el artículo 71 del Decreto Ley 107, el que establece: Para hacer las notificaciones personales, el Notificador del tribunal o un notario designado por el juez a costa del solicitante y cuyo nombramiento recaerá preferentemente en el propuesto por el interesado, ira a la casa que haya indicado éste y, en su defecto, a la de su residencia conocida o lugar donde habitualmente se encuentre, y si no lo hallare, hará la notificación por medio de cédula que entregará a los familiares o domésticos o cualquier otra persona que viva en la casa. Si se negaren a recibirla, el notificador fijará en la puerta de la casa y expresará al pie de la cédula, la fecha y la hora de la entrega y podrá en el expediente razón de haber notificado en esa norma.

También podrán hacerse estas notificaciones entregándose en las propias manos del destinatario, donde quiera que se le encuentre dentro de la jurisdicción del tribunal, la copia de la solicitud y resolución o solo copia de ésta, como se indica en el artículo anterior.

Cuando las notificaciones se haga por el Notario el juez entregará a éste, original y copia de la solicitud o memorial y de la resolución correspondiente debiendo el notario firmar en el libro la constancia de darse por recibido. Los Notarios asentaran la notificación a continuación de la providencia o resolución correspondiente.

Los Abogados de los Litigantes no podrán actuar como Notarios notificadores del proceso que se trate.

C. *Contenido de las notificaciones*

Las cédulas de notificación deberán contener, de conformidad con el artículo 72 del Decreto Ley 107:

a)   Identificación del proceso.

b)   La fecha.

c)   La hora.

d)   El nombre y apellido de la persona a quien se entregue la copia de la resolución y la del escrito.

e)   La advertencia de haberse entregado o fijado en la puerta,

f)   La firma del Notificador.

g)   El sello del Tribunal.

h)   La firma y sello del Notario, si fuere el caso.

Sin estos requisitos las notificaciones adolecen de defecto y pueden tener como no hechas y al final se puede plantear, contra ellas la nulidad.

24. *De las excepciones previas*

Dice Eduardo J. Couture, cuando se examina el problema de los presupuestos procesales en relación con el de las excepciones, se comprueba que en múltiples casos la excepción es un medio legal de denunciar al juez la falta de presupuestos necesarios para la validez del juicio.

La falta de competencia se denuncia mediante la excepción de incompetencia; la incapacidad de las partes, o la defectuosa representación, mediante la excepción de falta de personería; la ausencia de formas en la demanda mediante la excepción de defecto de modo de preparar la demanda. Y así sucesivamente estas excepciones aparecen en todos los códigos, lo que pone de relieve la importancia de dichos requisitos para construir un juicio válido.

Pero debe aclararse que tal relación no es constante. Por un lado, debe recordarse, una vez más que los presupuestos procesales no necesitan excepción y puede hacerse valer de oficio por el juez. Y por otro lado, debe también recordarse que existen numerosas excepciones que no son denuncia de falta de presupuestos.

Así por ejemplo, es evidente que la excepción de arraigo que muchos de nuestros códigos recogen todavía no procura denunciar la falta de un presupuesto procesal, porque bien puede realizarse un proceso válido sin que el demandado exija al actor fianza de arraigo.

En la doctrina más reciente y el lenguaje de la jurisprudencia, los presupuestos procesales han sido nominados, además, cuestiones de procedibilidad, y se suponen vigentes tanto en materia civil como penal.

Últimamente, se ha preferido denominarles *óbices de procedibilidad,* con el objeto de subrayar el impedimento que su ausencia crea en el proceso.

Al mantener, por nuestra parte, el léxico de la doctrina dominante, lo hacemos por considerar que la falta de presupuesto no obsta al procedimiento, sino al proceso; y en cuanto a la segunda denominación la descartamos porque lo que es un óbice es la falta de presupuesto y no el presupuesto mismo. Escogemos en el anverso y no en el reverso del instituto. Como la palabra lo dice, un presupuesto es un supuesto previo, una suposición necesariamente anterior a la presencia de un objeto, sin la cual éste no puede hacerse perceptible ante nosotros. [11]

En fin la excepción dice Couture, es la falta de presupuesto necesario para la validez del juicio.

En nuestra legislación existen dos clases de Excepciones, las Excepciones Previas y las Excepciones Perentorias.

En este caso nos interesa analizar las Excepciones Dilatorias o previas como les denominan las diferentes doctrinas del Derecho Procesal.

Pues las Excepciones Previas como su nombre lo indica dilatan el proceso y son presentadas y resueltas antes de dar inicio el proceso mismo, no atacan el fondo de las pretensiones que se quiere hacer valer dentro del proceso.

Las Perentorias no son defensas sobre el proceso en sí, sino que sobre el derecho que se quiere hacer valer dentro del proceso, razón por la cual estas excepciones se resuelven en sentencia y se presentan con la contestación de la demanda, porque atacan el fondo del asunto.

Las Excepciones Previas, dice *Couture:* Tal como se hayan legisladas en nuestro derecho, corresponde al concepto de excepciones procesales existentes en el derecho común europeos antes del Código Francés y derivadas del derecho romano.

Son defensas previas, alegadas *in limine litis* y que, normalmente versan sobre el proceso y no sobre el derecho material alegado por el actor. Tienden a corregir errores que obstaran a una fácil decisión (defecto legal en el modo de preparar la demanda); a evitar un proceso inútil (litispendencia); a impedir un juicio nulo (incompetencia absoluta, falta de capacidad o de personería); a asegurar el resultado del juicio (fianzas de arraigo y de rato et grato); etc.

Constituyen, como se ha dicho, una especie de eliminación previa de ciertas cuestiones que embarazarían en lo futuro el desarrollo del proceso. Tienen un carácter acentuadamente preventivo en cuanto tienden a economizar esfuerzos inútiles. Se dicen previamente a toda otra cuestión razón por la cual se les llamo en el derecho clásico español alongaderas y más tarde artículos de no contestar. [12]

Este carácter dilatorio ha hecho creer frecuentemente que el fin de la excepción es el de dilatar o de alargar el juicio, circunstancia a la que no es ajeno el impropio y malicioso uso que se hace de este tipo de defensas en la actividad procesal. Sin embargo, desde un punto de vista científico, es cosa muy clara que la dilatación o postergación (no ya del juicio, sino de la contestación de la demanda) es sólo una consecuencia y no el contenido de la excepción; ésta es el medio procesal de dilucidar una cuestión que tiene el carácter previo, dado que compromete la eficacia y la validez de los actos posteriores del proceso.

---

[11]   *Op. Cit.* p. 112.
[12]   *Op. Cit.* p. 115.

En nuestra legislación encontramos enumeradas una serie de excepciones dilatorias, que se pueden hacer valer antes de iniciarse el Proceso y que de hecho tienen un procedimiento que hacen que el juicio se retarde, como se explicará dentro del esquema de las mismas, aunque algunos tratadistas y analíticos del proceso de lo contencioso administrativo en Guatemala, expresan que con el planteamiento de este tipo de excepciones se acorta el emplazamiento, no es así, pues como lo veremos adelante, es más tardado el trámite y resolución que el plazo del emplazamiento mismo.

A. *Clases*

En el artículo 36 del Decreto 119-96 del Congreso de la República, Ley de lo contencioso administrativo, se encuentran enumeradas las excepciones previas que se puedan hacer valer, en el momento del emplazamiento del Proceso contencioso administrativo, son:

- *Incompetencia del Tribunal:* Se podría estar discutiendo asuntos en los cuales no fuera competencia del Tribunal de lo contencioso administrativo y que fuera de otra materia.

- *Falta de Capacidad Legal:* Que la persona que está presentando la demanda no tuviera la capacidad legal para demandar, por ejemplo, una persona menor de edad o una persona que se haya declarado en estado de interdicción.

- *Falta de Personería:* Se puede presentar cuando una persona no acredite eficientemente la calidad con que está actuando dentro del proceso, por ejemplo, si no presentáramos con nuestra demanda el original del mandato legal, el acta notarial del nombramiento del representante legal de una Sociedad Anónima, o de una entidad no lucrativa, etc.

- *Falta de Personalidad:* Cuando la resolución administrativa haya recaído en otra persona distinta a la que se está presentando mediante el contencioso administrativo.

- *Litispendencia:* La litispendencia es la existencia simultánea de más de un proceso entre las mismas personas acerca de una misma cosa y pendientes de resolver

- Otras como: *Demanda Defectuosa, Caducidad, Prescripción, Cosa Juzgada, Transacción.*

Cuando la demanda adolece de algún defecto de forma o no cumple con los requisitos que la ley establece y el tribunal no los observó, es facultad del tribunal rechazar de plano la demanda que no cumpla con requisitos.

Antes de la contestación de la demanda, dentro de los primeros cinco días del emplazamiento, deben ser presentadas estas excepciones.

B. *Interposición*

Las excepciones previas deben presentarse por escrito y antes de contestar la demanda, no con la contestación de la demanda, recordemos que si estas son declaradas sin lugar, entonces si es procedente contestar la demanda dentro de los *cinco días* siguientes de notificada la resolución que las declara sin lugar.

C. *Plazos*

El plazo para el planteamiento de las excepciones es el de *cinco días,* contados desde el día siguiente en que se ha emplazado a las partes dentro del contencioso administrativo.

D. *Procedimiento*

El procedimiento no es complicado se inicia con la presentación de las mismas antes de contestar la demanda, es decir que son independientes de la contestación, por escrito en este caso el procedimiento que se sigue es el de los incidentes regulado por la Ley del Organismo Judicial.

E. *Resolución*

Como se observó dentro del procedimiento de arriba, la resolución de las excepciones, debe ser emitida dentro de los *tres días* siguientes al del vencimiento del período de prueba o bien de contestada la audiencia conferida a las partes.

La resolución a estas se pueden dar las siguientes consecuencias jurídicas:

a)   Si son declaradas con lugar: El proceso automáticamente se detiene.

b)   Si son declaradas sin lugar: El proceso continúa y el órgano administrativo debe contestar la demanda.

F. *Recursos contra la resolución de las excepciones*

Contra lo resuelto por el Tribunal no cabe recurso alguno, pero si el auto que resuelve las excepciones da por terminado el proceso, la única acción que puede intentarse es la casación.

25. *De las excepciones perentorias*

En las excepciones perentorias se plantean cuestiones de fondo, razón por la que se presentan en la *contestación negativa de la demanda,* las que deben ser resueltas en *sentencia.* Estas excepciones se encuentran reguladas en el artículo 39 del Decreto 119-96 del Congreso.

26. *Forma y contenido de los decretos, memoriales y autos*

La forma y el contenido de los decretos, memoriales y autos, en el proceso de lo contencioso administrativo, se debe tener el cuidado de redactarlos cuidando de cumplir con los requisitos que establecen las leyes.

En este caso son tres leyes la que debemos aplicar para el cumplimiento de requisitos: Decreto 119-96 del Congreso de la República, Ley de lo contencioso administrativo y por integración el Código Procesal Civil y Mercantil y la Ley del Organismo Judicial.

27. *Contestación y caducidad de la instancia*

A. *La contestación*

La contestación de la demanda implica una acción en donde el demandado se presenta al proceso como sujeto del mismo y se opone a la demanda, argumentando jurídicamente el porque son improcedentes las pretensiones del el Actor.

Dentro del Proceso de lo contencioso administrativo, la parte Demandada debe contestar la demanda dentro de los *quince días* del emplazamiento o bien dentro de los *cinco días* de notificado el auto mediante el cual se declaran sin lugar las excepciones dilatorias.

Si la parte Demandada tiene pruebas que aportar dentro del Proceso de lo contencioso administrativo, debe individualizarlas y podrá en su misma contestación de demanda, solicitar que el Juicio se abra a prueba.

B. *Requisitos formales y de fondo*

Dentro del proceso contencioso administrativo, la contestación de la demanda debe contener los requisitos que se requieren en el artículo 61 del Código Procesal Civil y Mercantil.

C. *La figura procesal de la caducidad de la instancia*

Dentro del proceso de lo contencioso administrativo no se puede dejar de promover por más de *tres meses,* los que se cuentan a partir de la última actuación dentro del proceso, este hecho da como consecuencia que la institución u órgano administrativo pueda pedir que se tenga por abandonado el proceso y tenga como consecuencia esta declaratoria que la resolución quede firme y tenga necesariamente que cumplir con la resolución que impugnamos.

Esto lo encontramos regulado en el artículo 25 del Decreto 119-96 del Congreso, el que establece: *En el proceso contencioso administrativo la instancia caduca por el transcurso del plazo de tres meses sin que el demandante promueva cuando para impulsar el proceso sea necesaria la gestión de parte. El plazo empezara a contarse desde la última actuación judicial.*

Si se trata de adeudos al fisco o a las entidades descentralizada, esta declaratoria trae como consecuencia que la administración pueda plantear el Juicio Económico-Coactivo, para conseguir el pago del adeudo, desde el momento que se declara la caducidad de la instancia, porque la resolución administrativa esta firme.

En este caso es necesario que la declaratoria de Caducidad de la Instancia esté firme.

28. *Fase probatoria*

Probar en un proceso, es demostrar al órgano jurisdiccional, sin lugar a dudas, que lo que se demanda en el proceso es cierto y que el Derecho nos asiste en nuestras pretensiones.

Con la palabra prueba, dice González Pérez, se designa realidades muy distintas. En ocasiones, con ellas se designa la actividad encaminada a probar ciertos hechos; en otras, los instrumentos que llegan a producir la convicción del juez a cerca del hecho que se prueba; en otras, el resultado de las operaciones por las cuales se obtiene la convicción del juez con el empleo de aquellos instrumentos, etc. De todas estas acepciones, partimos de una primera para llegar al concepto de la prueba procesal. Con la palabra prueba designamos la actividad que desarrolla una de las partes en el proceso.[13]

Como las actividades que realiza una parte en el proceso son muy distintas, para diferenciar la actividad probatoria de las demás es necesario precisar su tendencia o sentido. La actividad probatoria tiende a convencer al juez de la existencia o inexistencia de los datos procesales que han de servir de fundamento de la decisión del proceso.

Consecuentemente se puede concluir diciendo que la prueba es una actividad por la que se trata de convencer al juez de la existencia o inexistencia de los datos que han de servir de fundamento a la sentencia del proceso.

En cuando a la naturaleza jurídica, se discute si la prueba es procesal o también extraprocesal. Entre las corrientes procesalistas domina la posición que la prueba es procesal. Carneluti, mencionado por *González Pérez,* ha señalado que la institución de las pruebas se presenta como "perteneciente la Derecho material y al Derecho procesal, por lo que algunas, y hasta las más importantes, de las normas referentes a pruebas están contenidas en los códigos civiles y mercantiles, en lugar de en el Código de procedimiento civil", afirmando que tales normas tienen carácter procesal –determinar el valor de la prueba en el proceso-, pero la eficiencia de las misma es extraprocesal: precisamente porque una prueba tiene o no tiene una cierta eficacia procesal, la misma es idónea para determinar, aún fuera del proceso, la actitud de las partes, y por esta tal eficacia se difunde, de una manera refleja, en el campo del Derecho material.

Como ha dicho Guasp, en realidad existen dos tipos de prueba que no tienen de común más que el nombre: Uno, el definido anteriormente, puramente procesal –regido por los principios de este Derecho-, y otro, que consiste en conferir a una persona alguna cualidad que refuerce su posición en vista a quedar legitimada ulteriormente, puramente material, que ser rige por los principios de Derecho material. Por ello, un mismo instrumento probatorio lleva una función y tiene un valor completamente distinto según que despliegue su eficacia fuera o dentro del mundo del proceso. En el primer caso, legitima la posición jurídica de su tenedor; en el segundo, se trata de convencer al juez de la existencia de un dato determinado.[14]

---

[13]   González Pérez, Jesús, *Op. Cit.* p. 711.
[14]   González Pérez, Jesús, *Op. Cit.* p. 713.

Existe por otro lado muchas clasificaciones de las pruebas procesales, por los sujetos, en razón del objeto, en razón de de los actos, en razón del procedimiento, y en
relación al resultado.

En razón de ello, ha dicho el Maestro González, en razón de los sujetos –por iniciativa de la parte y del órgano jurisdiccional-, en razón del objeto –necesaria e innecesaria, pertinente e impertinente, útil o inútil-, en razón de los actos oral o escrita
mediata o inmediata, pública o secreta-, en razón al procedimiento –simple o pre-
constituida- y en relación al resultado –ordinaria o plena-. Una de las clasificaciones
más generales de la prueba es la que se basa en el medio que se utiliza para lograr el
convencimiento del juez, clasificándose las pruebas en:

- *Personales*. Si se logra tal convencimiento por medio de personas. Según la posición de estas personas en relación al proceso, las pruebas pueden ser:

Si son partes en el proceso: Confesión.

Si no son Partes: Puede ocurrir a su vez: Que el tercero conozca los datos dentro
del proceso, en cuyo caso estamos ante la prueba pericial; Que el tercero conozca los
datos fuera del proceso, en cuyo caso estamos ante la prueba testifical.

- *Reales*: Si se logra el convencimiento por medio de cosas: Si la cosa es mueble,
estamos ante la prueba documental. Si es cosa inmueble, estamos ante el reconocimiento judicial.

- *Presunciones*: Se logra el convencimiento del juez por medio de hechos, indicios
de la existencia o no existencia de otros.[15]

Los medios de convicción o medios de prueba son en esencia medios de prueba de
las pretensiones de las partes, que quiere hacer valer dentro del proceso.

En el Proceso las partes que intervienen afirman la existencia, la modificación o la
extinción de ciertos hechos, cuya alegación fundamenta la posición que tales sujetos
procesales mantienen en el desarrollo de la controversia, manifiesta el Doctor Mario
Aguirre Godoy en su libro de Derecho Procesal Civil, tomo I.[16].

Alsina, mencionado por el Doctor Mario Aguirre Godoy, establece que: después
de indicar las distintas acepciones que tiene la palabra prueba la define como la
comprobación judicial por los modos que la ley establece, de la verdad de un hecho
controvertido del cual depende el derecho que se pretende.[17]

Eduardo Couture J. nos expresa que la prueba es: En su acepción común, es la acción y el efecto de probar; y probar y demostrar es de algún modo la certeza de un
hecho o la verdad de una afirmación.

La prueba es, en todo caso, una experiencia una operación, un ensayo, dirigido a
hacer patente la exactitud o inexactitud de una proposición. En ciencia probar es
tanto la operación tendiente a hallar algo incierto, como la destinada a hallar la verdad de algo que se afirma como cierto.

---

[15] González Pérez, Jesús, *Op. Cit.* p. 714
[16] Aguirre Godoy, Mario, *Derecho Procesal Civil*, Tomo I, p. 560
[17] *Op. Cit.* p. 560.

En sentido jurídico, y específicamente en sentido jurídico procesal, la prueba es ambas: Un método de averiguación y un método de comprobación. La prueba penal es, normalmente averiguación, búsqueda, procura de algo. La prueba civil es, normalmente comprobación, demostración, corroboración de la verdad o falsedad de las proposiciones formuladas en juicio. La prueba penal se asemeja a la prueba científica; la prueba civil se parece a la prueba matemática: Una operación destinada a demostrar la verdad de otra operación.

Desde el punto de vista los problemas de la prueba consisten en saber que es la prueba; que se prueba; quien prueba; como se prueba; que valor tiene la prueba producida.

En otros términos el primero de esos temas plantea el problema del concepto de la prueba; el segundo el objeto de la prueba; el tercero, la carga de la prueba; el cuarto, el procedimiento probatorio; el último la valoración de la prueba.

Estos son los problemas generales de la prueba civil.

Por debajo de ellos se encuentran todos los relativos al estudio particular de cada uno de los medios de prueba: documentos, testigos, confesión, pericia, juramento, inspección judicial, etc.[18]

En el Proceso de lo contencioso administrativo puede abrirse a prueba o no, es decir que cuando estamos discutiendo cuestiones de puro derecho, no es necesario que se abra a prueba el Proceso, el derecho que hacemos valer contra la Administración Pública se encuentra contenido en una norma legal y se discutirá en el proceso la no aplicación de la misma y por derecho nos deben resolver en base a la ley.

En consecuencia hay de establecer la razón por la que se está planteando la demanda, si es por un hecho o acto en donde el órgano administrativo resolvió de acuerdo a la pura decisión que tienen los órganos, a este se le llamará un juicio de hecho; o bien si se trató de una resolución en donde dentro del proceso queremos hacer valer un punto de puro derecho, se tratará de un juicio de puro derecho. Si se trata de un punto de puro derecho no es necesaria la prueba, el derecho existe por si sólo en la norma jurídica, independiente de la decisión o la facultad que tienen los órganos para decidir una cuestión administrativa. El Derecho no está sujeto a prueba.

Cuando existen hechos controvertidos en los que deba ser demostrado con medios de convicción o medios probatorios el proceso de lo contencioso administrativo debe ser abierto a prueba.

También si el tribunal de lo contencioso lo considera se puede omitir la prueba, en aquellos casos en que en el expediente existen suficientes elementos de convicción, que hagan que no sea necesario recibir ninguna otra prueba. Normalmente en los expedientes administrativos se encuentran suficientes elementos como para que las salas del tribunal de lo contencioso administrativo pueda ejercer su función jurisdiccional.

---

[18]   *Op. Cit.* p. 215.

El artículo 41 y 42 del Decreto 119-96 del Congreso, que establece que, contestada la demanda y la reconvención en su caso, se abrirá a prueba el proceso por el plazo de *treinta días,* salvo que la cuestión sea de puro derecho, caso en el cual se omitirá la apertura aprueba, la que también se omitirá cuando a juicio del tribunal existan suficientes elementos de convicción en el expediente. La resolución por la que se omita la apertura a prueba será motivada

El período de prueba podrá declararse vencido, cuando hubieren recibido todos los elementos de prueba ofrecidos.

A. *Ofrecimiento y propuesta de pruebas*

El ofrecimiento de la prueba deberá hacerse, según la parte que las haya propuesto en la demanda o en su contestación.

- *Si es el Actor*: Si la prueba es pedida por el Actor deberá ofrecerla en su demanda e individualizar los medios de prueba que va a presentar dentro del Proceso.

- *Si el Procurador General de la Nación, el órgano administrativo o en su caso la Contraloría General de Cuentas en su caso*: El ofrecimiento de la prueba deberá hacerlo el Procurador General de la Nación, el órgano administrativo, los terceros o la Contraloría General de la Nación en su caso, al evacuar la audiencia en el emplazamiento o cuando le corresponda contestar la demanda.

En este sentido el Decreto 119-96 del Congreso de la República, en su artículo 28 numeral VIII, establece que, en la demanda debe ofrecerse los medios de prueba que rendirá; así también en el artículo 29 de dicha ley se establece: El actor acompañará los documentos en que funde su derecho, siempre que estén en su poder; en caso contrario, indicará el lugar donde se encuentren o persona que los tenga en su poder, para que el tribunal los requiera en la resolución que le de trámite a la demanda.

B. *Diligenciamiento*

Dentro del período de prueba que es de *treinta días,* es donde deben diligenciarse las pruebas, como las pruebas se han propuesto dentro de la demanda o en la Contestación de la Demanda o las que ya existen dentro del expediente administrativo, en este último caso cuando a juicio del tribunal existen suficientes elementos de convicción en el expediente, se omitirá, o cuando la cuestión sea un punto de puro derecho.

El artículo 41 del Decreto 119-96 del Congreso, preceptúa: Contestada la demanda y la reconvención, en su caso, se abrirá a prueba el proceso, por el plazo de treinta días, salvo que la cuestión sea de puro Derecho, caso en el cual se omitirá cuando a juicio del tribunal existen suficientes elementos de convicción en el expediente. La resolución por la que se omita la apertura a prueba será motivada.

El artículo 42 de la misma ley establece: El período de prueba podrá declararse vencido, cuando se hubieren recibido todos los medios de prueba ofrecidos.

Puede darse el caso que dentro del expediente administrativo ya se encuentren suficientes medios de prueba el tribunal puede decretar no abrir a prueba el proceso.

C. *Finalización del período de prueba*

El período de prueba debe finalizar dentro de los *treinta días* que señala el *artículo 41 del Decreto 119-96 del Congreso*, que analizó anteriormente.

También es cierto que si en un período más corto que el de treinta días se produce toda la prueba dentro en el proceso, debe darse por vencido y señalar el día para la vista.

D. *Período extraordinario de prueba*

En el contencioso administrativo, por integración de la ley el Código Procesal Civil y Mercantil, se debe aplicar el artículo 124 del mismo que dice: *"Cuando en la demanda o en la contestación se hubieren ofrecido pruebas que deberán recibirse fuera de la república y procedieren legalmente, el juez, a solicitud de cualquiera de las partes, fijará un término improrrogable, suficiente según los casos y circunstancias, que no podrán exceder de 120 días."*

Por la integración de la ley, regulada en el artículo 26 del Decreto 119-96 del Congreso de la República, la aplicación por integración del Código Procesal Civil y Mercantil en el supuesto que se pueda dar lo previsto dentro del Código, se tendrá que aplicar éste.

29. *Fondo y forma de memoriales, decretos, diligencias, razones y autos*

La forma y contenido de memoriales, decretos, diligencia y autos dependerá de los dispuesto en la Ley de lo Contencioso Administrativo, el Código Procesal Civil y la Ley del Organismo Judicial.

30. *Vista y auto para mejor fallar*

Ya concluido el período de prueba, el proceso entra en estado de resolver y el Tribunal de lo contencioso administrativo desde el momento que transcurrieron los treinta días, puede finalizar el Proceso, de la siguiente forma:

A. *Señala el día para la vista*

Esto lo tenemos contenido en el artículo 43 del Decreto 119-96 del Congreso, el que establece: *"Vencido el período de prueba se señalará día y hora para la vista"*.

En el día para la vista es cuando se tiene la oportunidad de presentar las últimas alegaciones, antes que el Tribunal dicte la sentencia que en derecho corresponde. Las alegaciones, por tanto, es un acto procesal. Puesto que se trata de una declaración de voluntad que produce determinados efectos jurídicos procesales. No hay que confundir la alegación como acto procesal con el trámite o fase el procedimiento que suelen regular los Ordenamientos jurídicos con aquella finalidad, y que suele admitirse en la regulación del proceso administrativo. Tampoco debe confundirse la alegación con el escrito en que han de fundarse las alegaciones en aquellos procesos que se inspiran en el principio de escritura: en un mismo escrito pueden deducirse varias alegaciones, tanto de hachos como de derecho.

B. *Dicta un Auto Para Mejor Fallar después de la vista*

El mismo cuerpo el artículo 44 del Decreto 119-96 del Congreso de la República, establece que: "*Transcurrida la vista, el tribunal podrá, si lo estimare necesario, dictar auto para mejor fallar por un plazo que no exceda de diez días, para practicar cuanta diligencia fueren necesarias para determinar el derecho de los litigantes, indicando en dicho auto las que habrán de practicarse, las que se efectuarán con citación de parte.*"

Contra esta clase de auto o resoluciones del tribunal no cabe recurso alguno y las partes dentro del proceso no tendrán más intervención que la que el Tribunal les conceda en virtud del auto decretado.

Somos del criterio que cuando hay suficientes pruebas dentro del expediente, no existe la necesidad de decretar un auto para mejor fallar, es de suponerse que no quedo nada por diligenciar o ya existe dentro del expediente administrativo enviado por el órgano.

Desde este punto de vista se puede inferir, que cuando se discute en el contencioso administrativo un punto de puro derecho, no es pertinente que el tribunal decrete el auto para mejor fallar, no hay hechos controvertidos, sino un punto de verdadero derecho. En este caso no se puede justificar la practica de diligencias, puesto que no son necesarias, ni hay en que practicarlas.

C. *Justificación*

El Decreto para mejor proveer o auto para mejor fallar, se justifica en que el tribunal tiene dudas para emitir su fallo y cree conveniente la práctica de algunas diligencias que suponen una sentencia más justa para las partes.

El Auto que se dicte para mejor fallar es procedente, de conformidad con el artículo 44 del Decreto 119-96 del Congreso de la República y se puede aplicar el artículo 197 del Decreto 107, que establece:

1. Que se traiga a la vista cualquier documento que crean conveniente para esclarecer el derecho de los litigantes;

2. Que se practique cualquier reconocimiento o avalúo que consideren necesario o que se amplíen los que ya se hubiesen hecho;

3. Traer a la vista cualquier actuación que tenga relación con el proceso.

D. *Período*

El período dentro del cual se puede decretar el auto para mejor fallar, será de un plazo que no exceda de *diez días* y no se podrá decretar por más de una vez.

E. *Forma y fondo de decretos y memoriales relacionados con la vista del proceso*

En cuanto a los requisitos que deben contener toda resolución judicial son las que se establecen en el artículo 143 de la Ley del Organismo Judicial.

Son requisitos:

1. El nombre del tribunal que dicta la resolución.
2. El lugar.
3. La fecha.
4. Contenido.
5. La cita de leyes.
6. La firma completa del juez, del magistrado o de los magistrados.
7. La del secretario o sólo la de éste cuando esté legalmente autorizado para dictar providencia o decretos de puro trámite.

En cuanto al contenido de los memoriales hay que hacer referencia a los requisitos que debe contener la demanda, cuando se inicia el proceso es el artículo 28 del Decreto 119-96 del Congreso de la República Ley de lo contencioso administrativo y a la integración del Código Procesal Civil y Mercantil, de conformidad con el artículo 26 de la Ley de lo contencioso administrativo.

El memorial en donde evacua la vista, en principio debe regularse por lo que establece el artículo 62 del Código Procesal Civil y Mercantil, que establece: Las demás solicitudes sobre el mismo asunto no es necesario que contenga los datos de identificación personal y de residencia del solicitante ni de las otras partes, pero deberán ser auxiliadas por el abogado director. Si este cambiare, deberá manifestarse expresamente tal circunstancia; en casos de urgencia, a juicio del Tribunal podrá aceptarse el auxilio de otro abogado colegiado.

Con lo regulado en el artículo analizado en la evacuación de la vista, debe tomarse en cuenta que es la última gestión antes que se dicte la sentencia, en este sentido el memorial debe contener el alegato final y haciendo un análisis de la prueba producida y hacerle ver al tribunal que las pretensiones del actor están fundamentadas en derecho y que la prueba producida y solicitar que la sentencia sea emitida a favor de parte por quien estemos gestionando.

31. *Sentencia contencioso administrativa*

Como todo proceso, la sentencia es la forma normal de su finalización, la que no difiere en su estructura lógica ni en sus elementos materiales de las demás que se emiten a nivel jurisdiccional.

Se hará un estudio de las diferentes doctrinas que tratan lo relativo al Derecho Procesal, la sentencia de lo contencioso administrativo no difieren de las otras decisiones jurisdiccionales en general.

La sentencia dice Eduardo J. Couture: El vocablo sentencia sirve para denotar, a un mismo tiempo, un acto jurídico procesal y el documento que en él se consigna.

Como acto, la sentencia es aquel que emana de los agentes de la jurisdicción y mediante el cual deciden la causa o punto sometidos a su conocimiento.

Como documento, la sentencia es la pieza escrita, emanada del tribunal, que contiene el texto de la decisión emitida.[19]

La sentencia es el documento escrito en el cual se encuentra contenida la decisión que el tribunal ha tomado al final de haber analizado, desde la demanda, las excepciones perentorias, la contestación de la demanda, el análisis de las pruebas que se rindieron dentro del Proceso.

Recordemos que cuando analizamos el Proceso y el Procedimiento administrativo se dijo que la finalidad principal del Proceso es la sentencia.

Continúa diciendo *Couture:* Al mismo tiempo que un hecho y un acto jurídico, la sentencia es un documento, elemento material, indispensable en un derecho evolucionado, para reflejar su existencia y sus efectos hacia el mundo jurídico.

Existe sentencia en el espíritu del Juez o en la sala del tribunal colegiado, mucho antes del otorgamiento de la pieza escrita; pero para que esa sentencia sea perceptible y conocida, se requiere que una forma mediante la cual se represente y se refleje la voluntad del juez o tribunal.[20]

Para el Tratadista *Mario Aguirre Godoy,* en su obra Derecho Procesal Civil, la sentencia es: el acto procesal por excelencia de los que están atribuidos al órgano jurisdiccional. Mediante ella termina normalmente el proceso y cumple el Estado la delicada tarea de actuar el Derecho objetivo. En la importante clasificación de los actos procesales, atendiendo precisamente a su función, o sea la que los divide en actos de iniciación, actos de desarrollo y actos de terminación (de decisión y de extinción), la sentencia corresponde a los actos de decisión. Para Guasp la sentencia es el acto del órgano jurisdiccional en que este emite su juicio sobre la conformidad o inconformidad de la pretensión de la parte con derecho objetivo y, en consecuencia, actúa o se niega a actuar dicha pretensión, satisfaciéndola en todo caso.[21]

32. *Impugnaciones de la sentencia contencioso administrativa*

Dentro del proceso de lo contencioso administrativo podemos acotar que el único recurso que no cabe dentro del proceso es la apelación por tratarse de un tribunal colegiado de única instancia.

En consecuencia los recursos que proceden son los siguientes:

- Revocatoria y reposición dentro del proceso
- Nulidad
- Aclaración y ampliación de la sentencia

---

[19] Couture, Eduardo J., *Fundamentos de Derecho Procesal Civil*, p. 275.
[20] *Op. Cit.* p. 290.
[21] *Op. Cit.* p. 762.

A. *La casación en materia contencioso administrativo*

Constitucionalmente existe la posibilidad del planteamiento de la Casación en materia del Proceso de lo contencioso administrativo, de conformidad con el artículo 221 de la Constitución Política de la República de Guatemala, el que en su párrafo último indica: *"...Contra las resoluciones y autos que pongan fin al proceso, puede interponerse el recurso de casación."*

En primer término es necesario establecer lo que significa *casación*, esto lo desarrollan algunos autores, que se analizarán.

Para Ossorio, casación es: Acción de cesar o anular. Este concepto tiene extraordinaria importancia en materia procesal, porque hace referencia a la facultad que en algunas legislaciones está atribuidas a los más altos tribunales de esos países (Tribunal Supremo, Corte Suprema de Justicia, Corte de Casación) para entender en los recursos que se interponen contra las sentencias definitivas de los tribunales inferiores, revocándolas o anulándolas, es decir casándolas o conformándolas. Por regla general el recurso de casación se limita a plantear cuestiones de Derecho, sin que esté permitido abordar cuestiones de hecho; y, naturalmente tampoco el tribunal de casación puede entrar en ellas.

La casación tiene como principal finalidad unificar la jurisprudencia, pues sin esa unificación no existe verdadera seguridad jurídica. En la Argentina, donde no se ha establecido el recurso de casación, tiene un equivalente, por cierto deficiente, en el mal llamado recurso de inaplicabilidad de la ley. Mal llamado, porque el fundamento del recurso tanto puede ser la indebida aplicación de una ley como no haberse aplicado la ley debida; y porque luego se dice que sólo será admisible contra la sentencia definitiva que contradiga la doctrina establecida por alguna de las cámaras. Todo esto con referencia al procedimiento de la capital federal. [22]

Para Cabanellas, la casación es: Acción de anular y declarar sin ningún efecto un acto o documento. La instancia excepcional, al punto de no resultar grato a los procesalistas el término que permite recurrir contra el tribunal de apelación u otros especiales (como los amigables componedores), tan sólo en los casos estrictamente previstos en la ley, cuando se ha incurrido en el fallo contra el cual se acude en casación, bien en una infracción evidente de la ley o en la omisión de alguna formalidad esencial en el procedimiento. La casación donde no se admite ni reitera la prueba, por limitarse a puntos de Derecho es de la competencia exclusiva del Tribunal Supremo o Suprema Corte que puede adoptar estas actitudes: a) rechazar el recurso en la fase llamada de admisión, que sólo juzga exteriormente si concurren los motivos que se invocan entre los que la ley autoriza; b) admitir el recurso y resolver en nueva vista sobre el fondo.

La decisión puede, a su vez, presentar diversas características: 1- confirmar plenamente el fallo recurrido; 2- revocarlo íntegramente, en lo que consiste la genuina casación (que etimológicamente es ruptura) y dictar el pronunciamiento que corresponda para enmendar las infracciones de forma o de fondo cometidas por lo jueces o

---

[22]   Ossorio, Manuel, *Diccionario de Ciencias Jurídicas, Políticas y Sociales*, p. 114.

tribunales inferiores en el trámite o resolución de los juicios; 3- Modificar parcialmente el fallo, ya en pro o en contra del que obtuvo la sentencia favorable (y por
tanto, adversa para la otras parte), que constituye la casación parcial.

Según los sistemas de casación, el superior tribunal resuelve en definitiva, al menos en los de infracción de la ley (ya que en los de quebrantamiento de forma esencial, han de reponerse las actuaciones en el momento del defecto procesal y luego
proseguir nuevamente el juicio), o remite los autos al tribunal inferior para que dicte
nueva sentencia, teniendo en cuenta los puntos reformados o casados por el supremo
tribunal. En el primer caso, contra tales fallos no cabe recurso, la sentencia pasa en
autoridad de cosa juzgada y los fundamentos integran la jurisprudencia citada ante
los mismos tribunales.[23]

Para *Efraín Najera Farfán,* la casación es: el recurso extraordinario que se interpone ante el órgano supremo de la organización judicial y por motivos taxativamente establecidos en la ley, para que examine y juzgue sobre el juicio de derecho contenido en la sentencias definitivas de los Tribunales de Segunda Instancia, o sobre la
actividad realizada en el proceso, a efecto que se mantenga la exacta observancia de
la ley por parte de los Tribunales de Justicia. Esta definición es extensa pero así
construida se comprenden en ella las características y objeto de este recurso.

Recurso extraordinario, porque como ya lo hemos dicho procede en un juicio ya
fenecido; porque es introducible sólo contra determinadas resoluciones; porque debe
fundarse en motivos específicos cuyo examen se limitan el poder jurisdiccional, y
porque para conocer de él es competente únicamente la máxima autoridad judicial.
A fin de que se juzgue el juicio de Derecho contenido en la sentencia o actividad
procesal, porque a lo que circunscribe aquella máxima autoridad es de determinar no
la calificación jurídica de los hechos, sino la existencia o inexistencia del error denunciado e incurrido al aplicar la ley sustantiva o adjetiva. A efecto que se mantenga
la exacta observancia de la ley, porque ya se conciba el recurso en razón del interés
de las partes o del interés público, con esa función cumple desde luego que, al sustituir, anularlo o confirmar el fallo recurrido, cual es la norma apropiada a aplicar en
el caso concreto o cual su correcta aplicación, conservando en esa forma, la unidad
del derecho objetivo y como consecuencia la unidad jurisprudencial. [24]

V. BIBLIOGRAFÍA

ÁLVAREZ, Gendin y BLANCO, Garbino, *Tratado General del Derecho Administrativo*, Bosch Casa Editorial Urgel, Barcelona, España 1963.

CABANELLAS, Guillermo, *Diccionario de Derecho Usual*, Editorial Heliasta,
S.R.L., 10ª edición, Buenos Aires, República de Argentina, 1976.

---

23   Cabanellas Guillermo, *Diccionario de Derecho Usual*, p. 356.
24   Najera Farfán, Mario Efraín, *Derecho Procesal Civil*, p. 667.

CALDERÓN MORALES, Hugo Haroldo, *Derecho Administrativo Guatemalteco*, Primera Edición, Editorial Porrua, Instituto de Investigaciones Jurídicas, Universidad Autónoma de México, México, 2003

————————————— *Manual de Derecho Administrativo. Una Perspectiva desde los ordenamientos Jurídicos de Guatemala y España*, Primera Edición, Editorial Marqués Tallers Gráfics, Girona, Catalunya, Universidad Autónoma de Barcelona, España, 2002

————————————— *Derecho Administrativo II*, Segunda Edición actualizada, Montana Impresos, Guatemala, 2000.

————————————— *Derecho Administrativo I*, Editorial Fénix, Guatemala, 2002.

————————————— *Derecho Administrativo II*, Editorial Fénix, Guatemala, 2002.

————————————— *Derecho Administrativo Parte Especial*, Editorial Orión, Guatemala, 2002.

————————————— *Derecho Procesal Administrativo*, Editorial Fénix, Guatemala, 2001.

COUTURE, Eduardo J. *Fundamento de Derecho Procesal Civil*, Editorial Arte y Fotografía, S.A., México, D.F., 1984.

GONZÁLEZ PÉREZ, Jesús, *Derecho Procesal Administrativo*, Estudios de Administración XII Instituto de Estudios Políticos, Tomo Segundo Segunda Edición, Madrid, España, 1966.

NAJERA FARFAN, Mario Efraín, *Derecho Procesal Civil*, Editorial Eros, Guatemala, C. A. 1970.

OSORIO, Manuel, *Diccionario de Ciencias Jurídicas, Políticas y Sociales*, Editorial Heliasta, Buenos Aires, Argentina, 1981.

MÉXICO

§12. LA JUSTICIA ADMINISTRATIVA FRANCESA Y MEXICANA. UN ANÁLISIS COMPARATIVO

Luis José Béjar Rivera

> *"La primera condición para que una institución jurídica sea verdaderamente interesante es que posea una fuente de vida propia; si no recae más que en disposiciones de leyes, si no tiene nada más que una existencia artificial, puede quizá ocupar al comentarista, pero el jurista se desvía de ella."*
>
> Maurice Hauriou

I. INTRODUCCIÓN

Nos dice André Maurin:

"La concepción francesa de la justicia administrativa reposa sobre la institución en dos órdenes –*administrativo y judicial*- distintos. *Dicho sistema de la dualidad de tribunales se opone a la de unidad jurisdiccional que conocen los países anglosajones: un solo orden de jurisdicciones es competente para conocer a la vez del contencioso administrativo y de los litigios entre particulares.*"[1]

En el derecho mexicano, la justicia administrativa opera bajo el esquema de la dualidad de jurisdicciones, aunque con pocas similitudes al modelo francés, que explicaremos más adelante.

---

[1]   Maurín, A., *Derecho Administrativo Francés,* trad. Julio Bustillos, Porrúa, México, 2004, p. 139.

La justicia administrativa, por lo menos en Francia, se presenta como un fenómeno histórico, indispensable conocer su historia para comprender su modelo, y a su vez, conocer las bases y principios rectores del contencioso administrativo mexicano, donde probablemente sea uno de los países, junto con Bélgica, que continúan viviendo un modelo francés o mixto de justicia para nuestra materia.

II. HISTORIA

1. *Francia*

En el caso de Francia, la separación de las autoridades administrativas y judiciales se dio a partir de la Ley 16-24 de agosto de 1790, que citaba:

"... *las funciones judiciales son distintas y permanecen siempre separadas de las funciones administrativas. Los jueces no podrán dictar penas por prevaricación, turbados de alguna manera más que por las operaciones de los cuerpos administrativos, ni citar ante ellos a los administradores en razón de sus funciones.*"

En el mismo tenor, Bouffandeau señala:

"*El principio de separación de las autoridades administrativas y judiciales prohíbe a los Tribunales del orden judicial, siguiendo los mismos términos de las leyes 16-24 agosto de 1790 y del 16 fructidor del año III, perturbar (troubler) de cualquier manea las operaciones de los cuerpos administrativos y conocer los actos de la Administración, de cualquier clase que sean.*"[2]

También León Duguit nos dice:

"*La Asamblea había votado el principio del contencioso-administrativo y establecido, al mismo tiempo, las bases de la teoría moderna sobre la separación de los tribunales judiciales y de los tribunales administrativos. En esta teoría tan ingeniosa de nuestro Derecho Público actual, la separación entre la autoridad administrativa y la autoridad judicial subsiste incluso cuando se cuestiona el ejercicio de una función administrativa. La autoridad judicial es la única competente para aplicar la ley cuando afecta directa y principalmente a un interés individual, haya o no litigio. La autoridad administrativa es siempre, sólo y exclusivamente, competente cuando se trata directa y principalmente de un interés colectivo, exista o no litigio. Se sigue de ello que si hay un acto administrativo y si se pretende que un derecho ha sido violado, la autoridad judicial no será competente para juzgar este litigio y sólo cabrá acudir ante la autoridad administrativa... el sistema del Derecho Público actual, sistema acertado en su principio, ingenioso en sus aplicaciones. No es la consecuencia de la separación de poderes tal y como la comprendió la Asamblea Nacional de 1789. Resulta simplemente de la distinción hecha entre los dos agentes de ejecución, dependientes del gobierno, la autoridad administrativo y la autoridad judicial; esta separación asegura felizmente el equilibrio del interés individual y del interés colectivo, factor esencial de la vida social.*"[3]

Tres etapas históricas se identifican con la génesis del contencioso francés:

---

[2]   Bouffandeau. La delimitation de la competence de la jurisdiction administrative par la jurisprudence du Tribunal des conflicts, LJCE, p. 143.

[3]   Duguit, L. *La separación de poderes y la Asamblea Nacional de 1789*, Centro de Estudios Constitucionales, Madrid, 1996, pp. 122 y 123.

a) *Administración Juez*.- En el Año III, aparece el reglamento de litigios (que no código o ley contenciosa), se confía a la propia Administración.

b) *Justicia retenida*.- En el año VIII, se consagra la creación de los Consejos de Prefectura y del Consejo del Estado, donde estos organismos toman una decisión, una vez consultadas las autoridades.

c) *Justicia delegada*.- Con la Ley de 24 de mayo de 1872 se autoriza al Consejo del Estado a tomar decisiones ejecutoras "a nombre del pueblo francés". Así el Jefe de Estado delega a un órgano la jurisdicción administrativa.

Con *L'Arrêt Cadot* (13 de diciembre de 1889) el Consejo del Estado se reconoce a sí mismo como Juez común de los litigios administrativos.

En 1953, se confía la jurisdicción a los tribunales administrativos.

Para algunos autores[4] el fundamento y piedra angular del Derecho Administrativo se presenta hasta el 18 de febrero de 1873 con el célebre *L'Arrêt Blanco*[5], donde se respalda jurisprudencialmente la separación del juez común del juzgador administrativo. Esto es, aún cuando en principio el Código Civil francés regulaba en su artículo 1382 la reparación del daño, el *Conseil d'Etat* resolvió que existe un sistema separado de normas que regulan las relaciones de derecho público y de derecho privado.

En este sentido, señala Eduardo García De Enterría[6] que precisamente el régimen de exención judicial de la administración determina formalmente al contencioso administrativo, pues al interés de los particulares que los funcionarios no se excedieran en la aplicación de las leyes, se unió el de la propia Administración, que busca exactamente lo mismo.

Históricamente, los dos pilares del contencioso administrativo francés son: el recurso de plena jurisdicción y el recurso por exceso de poder o anulación.

La noción de plena jurisdicción fue establecida por Laferrièrre (*Tratado de la jurisdicción administrativa*, 1887), dando origen al llamado contencioso ordinario. Hauriou describe este procedimiento como: *"Un juez actúa en un litigio administrativo con poder para decidir, para sustituir con su decisión la de las autoridades administrativas que habían intervenido en el asunto."*[7]

---

[4] Cassese, S. *Las bases del Derecho Administrativo,* trad. Luis Ortega, INAP, Madrid, 1994, p. 19 y sigs.
[5] Una niña de cinco años es herida gravemente por un pequeño carro cargado por cuatro empleados de la Fábrica estatal de tabacos. Su padre decidió iniciar un proceso por la reparación del daño, por cuarenta mil francos, a los cuatro empleados involucrados en el incidente, y de manera solidaria al propio Estado francés, ante el Tribunal de Burdeos. El Consejo del Estado francés concluye que la responsabilidad en la que incurre a causa de los daños causados por sus empleados en la prestación de los servicios públicos no pueden ser reguladas por el Código Civil Napoleónico respecto de3 las relaciones entre los particulares y, así, se establece que dicha responsabilidad tiene reglas especiales, que varían según el servicio y la necesidad de conciliar los derechos del Estado con los particulares.
Al respecto, *Cfr.* Béjar Rivera, L. J. *Curso de Derecho Administrativo*. Oxford University Press México, México, 2007, p. 12.
[6] García De Enterría, E. La lengua de los derechos. La formación del Derecho Público europeo tras la Revolución Francesa, 2ª ed., Civitas, Madrid, 2001, p. 19 y ss.
[7] Hauriou, M. *Derecho administrativo y derecho público* (edición de 1890), Editorial Jurídica Universitaria, México, 2007, p. 67.

El contencioso ordinario tiene su origen más allá de la Revolución Francesa, y es un rezago que viene desde en *Ancient Régime*. Originariamente considerado un recurso dirigido contra un acto de administración planteado ante una jurisdicción administrativa, o bien, consistía en una acción en contra más de una persona administrativa que contra un acto, aunque conceptualmente rara, pues requería de una decisión previa atacable.

El recurso ordinario, tal como lo describe J. B. Sirey (*Le Conseil d'Etat selon la Charte, 1818*), nace de la violación a un derecho adquirido, definido típicamente por el propio Hauriou como *"aquel que la administración está obligada a respetar en virtud de una disposición legal."*[8]

Adicionalmente, del estudio de Adolphe Chauveau (*Princípes de compétence, 1841*), quien trató de desarrollar una teoría pura de los derechos adquiridos para efectos del contencioso ordinario, recibió una amplia crítica por parte de sus contemporáneos; sin embargo, Hauriou parte de su obra y detecta tres fuentes fundamentales de este recurso:

a) Acciones de indemnización por perjuicios causados en el funcionamiento de los servicios del Estado. Esta acción no se genera en virtud de una disposición de ley, sino por jurisprudencia del *Conseil d'Etat*, tal como se estableció con los *arrêts Tysack, Turnbull* y el mismo *Blanco*.

b) Indemnización planteada por funcionarios municipales, manifiesta en los *arrêts Cadot, Drancy y Wottling*; aunque no se les dio la razón a los justiciables, si se admitieron en la vía.

c) La materia electoral, aún cuando no existiera un texto legal que habilitara la vía. Destacan los *arrêts De Rochetaillé* y *Bertrand Binet*, relativos a elecciones de las Cámaras de Comercio y de las Cámaras de Artes y Manufacturas.

Así las cosas, Hauriou denuncia que los problemas sufridos por el contencioso ordinario se deben en gran medida por su falta de principios rectores, o por lo menos una ordenada forma de estudiar los asuntos.

El contencioso ordinario tuvo su auge (por lo menos en cuanto a la atención que le dedicaron los doctrinarios franceses), hasta el decreto del 2 de noviembre de 1864, donde cobró mayor fuerza el otro recurso ya existente: el contencioso de anulación con el recurso por exceso de poder. Se puede decir, que el contencioso ordinario o de plena jurisdicción, fracasó como institución.

No por esto se puede decir que la figura falleció, pues en realidad, el recurso de plena jurisdicción u ordinario, se sigue utilizando cuando se trate de casos de responsabilidad, la materia fiscal y electoral.

No se debe perder de vista que el recurso por exceso de poder ya existía, sin embargo, no había sido estudiado, en gran medida por la falta de una teoría adecuada que lo justificara. Con el decreto antes mencionado se plantea una novedosa teoría para estudiar los actos de la Administración.

---

[8]   *Idem*, p. 69

El recurso de anulación por *excés de pouvoir*, es el que a la postre trascendió y propiamente creó el sistema contencioso-administrativo, ahora adoptado por muchos modelos jurisdiccionales, sean judiciales o con dualidad de jurisdicción.

El recurso de anulación por exceso de poder se cimenta sobre tres formas de apertura o inicio del procedimiento[9]: a) Incompetencia, b) Vicios de forma y, c) Desviación de poder.

Estos elementos, hoy en día, constituyen las causales básicas para decretar la nulidad de un acto administrativo.

El otro gran cambio que se sufre en el contencioso francés es a partir de la Ley 53-611 del 11 de julio de 1953, por una parte justificado en el creciente número de asuntos planteados al *Conseil d'Etat*, pero fundamentalmente entendida la justicia administrativa como una garantía del ciudadano, se crean, mediante decretos posteriores Tribunales Administrativos regionales, dejando como órgano de segunda instancia al propio Consejo.

A modo de corolario, tal como lo señala el gran profesor francés Jean Rivero[10], el diálogo entre la jurisprudencia y la doctrina, del siglo XVIII a la fecha, constituye en verdad la génesis y desarrollo del derecho administrativo, y explicamos. Algunos de los primeros miembros del Consejo del Estado eran titulares de cátedra en las universidades, así que su doctrina la tomaron del día a día y la trasladaron a las aulas.

Adicionalmente, se sabe que el derecho administrativo ha evitado o trata de evitar partir del derecho privado para fundamentar su estudio, de tal forma que ante las escasas o ausentes fuentes doctrinales, nuestra disciplina fue construida a partir de la jurisprudencia, por lo que podemos concluir que tanto el derecho administrativo, como el contencioso administrativo, son hechura precisamente de los órganos jurisdiccionales, por lo menos en el caso de Francia, y a partir de su experiencia, fue adoptado por países como España y México.

2. *México*

Para el análisis histórico del contencioso administrativo mexicano, nos limitaremos a exponer el tema a partir del Virreinato hasta los tiempos actuales.

En principio, la concreción del contencioso administrativo mexicano no fue una tarea fácil, y tuvo muchos momentos a lo largo de la historia, donde existieron acercamientos a este modelo, aunque en definitiva, el modelo operó hasta la tercera década del siglo XX, y a partir de ahí ha sufrido múltiples cambios.

El primer acercamiento con un modelo de justicia administrativa se dio con la Junta Superior de Hacienda, donde se ejercía jurisdicción en nombre del Rey de España, creada mediante la Real Ordenanza para el Establecimiento e Instrucción de Intendentes del Ejército y Provincias en el Reino de la Nueva España, de 1786.

---

[9]   *Idem*, p. 105.
[10] Rivero, J. *Páginas de derecho administrativo*, Temis, Bogotá, 2002, p. 45 y ss.

Posteriormente, con la Constitución de Cádiz, se establece alguna forma similar al contencioso administrativo francés, pero dadas las complicaciones de la época, nunca fue puesta en práctica, y de hecho, la institución fue olvidada durante la lucha de independencia, próxima a cumplir 200 años.

Con la Constitución de 1824, se optó por romper con el modelo francés y se estableció un modelo judicialista, estableciendo en su artículo 137 que la Corte Suprema de Justicia conocerá de las controversias que se susciten sobre contratos o negociaciones celebradas por el gobierno supremo y de las infracciones de la Constitución y las leyes generales.[11]

Durante el gobierno del general dictador, Antonio López De Santa Anna se creó un Consejo del Estado (siguiendo el modelo francés del Conseil d'Etat), que además de fungir como el consultor de los ministerios de Estado, se le otorgó la facultad de dirimir los negocios contencioso administrativos, bajo la figura de la jurisdicción retenida.[12]

El episodio del siglo XIX más popular, sin lugar a dudas lo constituye la *Ley para el arreglo de lo contencioso administrativo* y su Reglamento, de 1853, mejor conocida como la Ley Lares, en honor a su creador, Teodosio Lares, el cual, inspirado por el sistema francés, establecía un verdadero sistema procedimental (logro que los franceses no alcanzaron sino hasta el siglo XXI con su *Código de Justicia Administrativa*), bajo la figura de la jurisdicción delegada, dentro del Consejo del Estado Mexicano. Entre sus premisas destaca la imposibilidad del Poder Judicial de la Federación para conocer de los asuntos administrativos, y en su artículo 2 señala que es objeto del contencioso administrativo:

a) Obras públicas;

b) Ajustes públicos y contratos celebrados por la Administración;

c) Rentas nacionales;

d) Actos administrativos en materias de policía, agricultura, comercio e industria que tengan por objeto el interés general de la sociedad;

e) Inteligencia, explicación y aplicación de los actos administrativos;

f) Ejecución y cumplimiento, cuando no sea necesaria la aplicación del derecho civil.[13]

La Ley Lares fue ampliamente controvertida, y provocó rechazo por los juristas de su tiempo, e incluso el Ministro Mariano Otero[14], formuló el proyecto mediante el cual se decretaba la inconstitucional de la norma, toda vez que se trataba de una invasión a la esfera del Poder Judicial.

---

[11] *Cfr.* Nava Negrete, A. *Derecho procesal administrativo,* Porrúa, México, s./d., p. 267.

[12] *Op. Cit.* p. 278.

[13] A propósito de esto, en el siglo XIX algunos autores concebían al Derecho Administrativo como una rama del derecho civil. Del Castillo Velasco, J. M. señala: "Comprendido el derecho administrativo entre las disposiciones del derecho civil, debió buscar sus fundamentos en los principios eternos de la justicia." En *Ensayo sobre el derecho administrativo mexicano. Tomo I* (Edición facsimilar de 1874), Universidad Nacional Autónoma de México, México, 1994, p. 19.

[14] Mariano Otero, jurista jalisciense, al cual, junto con el yucateco Crescencio Rejón, se les atribuye la invención del Juicio de Amparo.

Irónicamente para uno de los creadores del amparo mexicano, la razón de ser del contencioso administrativo, la división de poderes, es precisamente la justificación para decretar esta ley como inconstitucional.

Avanzando en el tiempo, durante el Segundo Imperio Mexicano, Maximiliano estableció, con la Ley del 1 de noviembre de 1865, que dentro de las facultades de su Consejo del Estado, se encuentra la de formar el tribunal contencioso administrativo, institución que tampoco cobró vida, y México continuó con su tradición judicialista[15].

Una vez concluida la Guerra de Reforma, la dictadura del General Porfirio Díaz Mori, y concluida la Revolución Mexicana, teniendo como fundamento la Constitución de 1917, en el año de 1924 se crea la Junta Revisora del Impuesto Sobre la Renta, con la *Ley para la recaudación de los Impuestos*[16], donde se instaura un procedimiento administrativo interno, y cuyas resoluciones eran impugnables en la vía del juicio de amparo.

Hasta este punto, tal como hemos venido diciendo, y tal como lo destaca Alfonso Nava Negrete[17], México ha gozado de una férrea tradición judicialista, y No es sino hasta la *Ley de Justicia Fiscal*, expedida en 1936 donde inicia la tradición del contencioso administrativo mexicano, aunque con una dualidad jurisdiccional que explicaremos más adelante, y aunque no fueron pocos los que cuestionaron su constitucionalidad por razones similares a la inconstitucionalidad de la Ley Lares, Manuel Lucero Espinosa[18], sintetizando las palabras de Hedúan Virués, defiende la constitucionalidad del Tribunal Fiscal de la Federación con el siguiente fundamento:

a) El hecho de que la Suprema Corte en ningún momento haya objetado la constitucional de organismos administrativos encargados de revisar resoluciones en materia fiscal.

b) La interpretación jurisprudencial del artículo 14 constitucional, conforme a la cual, éste puede consistir en un procedimiento contencioso de carácter jurisdiccional promovido ante una ley administrativa.

c) La liquidación y el cobro de las prestaciones fiscales debe regularse en dos períodos: oficioso (ejercicio unilateral del Poder Público) y contencioso (revisión jurisdiccional de los actos que se producen por el ejercicio de atribuciones).

d) La ubicación del Tribunal Fiscal de la Federación dentro del Poder Ejecutivo no implica ataque a la separación de poderes, pues la seguridad del particular se garantiza vía extraordinaria por el Juicio de Amparo promovido ante las resoluciones de este tribunal.

Durante la segunda mitad del siglo XX se dieron una serie de reformas constitucionales con el fin de darle un cuerpo constitucional adecuado al Tribunal hasta culminar con el texto actual del artículo 73, fracción XXIX-H que señala:

---

[15]   En esta época, México tuvo dos gobiernos: el Imperio, instaurado por los conservadores, y la República, teniendo como presidente a Benito Juárez.

[16]   *Cfr.* Lucero Espinosa, M. *Teoría y práctica del contencioso administrativo federal*, 7ª ed., Porrúa, México, 2002, pp. 21 y 22.

[17]   Nava Negrete, A. y Sánchez Gómez, N. *Justicia Administrativa en México*, Fundap, Querétaro, 2002.

[18]   Lucero Espinosa, M. *Op. Cit.* pp. 22 y 23.

"Art. 73.- El Congreso tiene facultad:

...

XXIX-H.- Para expedir leyes que instituyan tribunales de lo contencioso-administrativo, dotados de plena autonomía para dictar sus fallos, y que tengan a su cargo dirimir las controversias que se susciten entre la administración pública federal y los particulares, así como para imponer sanciones a los servidores públicos por responsabilidad administrativa que determine la ley, estableciendo las normas para su organización, su funcionamiento, los procedimientos y los recursos contra sus resoluciones"

A propósito de lo anterior, Gustavo Esquivel Vázquez señala:

"... se opta por colocar como una de las facultades del poder legislativo, el establecimiento de los tribunales autónomos e independientes de cualquier poder además de reconocer y otorgarles condición constitucional a los tribunales administrativos."[19]

Una disposición similar se consagró en los artículos 116 y 122 constitucionales para otorgar una facultad similar al Distrito Federal y a las Entidades Federativas, y así se identifica la creación formal de los Tribunales Contencioso-administrativos, dotados de plena autonomía para la emisión de sus fallos.

Finalmente, por reforma publicada en el Diario Oficial de la Federación (D.O.F.) del 31 de diciembre del 2000, se modificó la denominación del Tribunal Fiscal de la Federación a Tribunal Federal de Justicia Fiscal y Administrativa (y con el cambio de denominación se incluyó entre sus facultades conocer de las controversias con motivo de aplicación de leyes administrativas, no sólo fiscales).

Actualmente, el Tribunal Federal de Justicia Fiscal y Administrativa (TFJFA) difiere bastante de su modelo original, pues si bien es cierto que nace bajo el esquema de ser un tribunal declarativo[20], y en general conserva esa estructura, también se debe reconocer que se le han conferido facultades de condena[21] y cierta coercitividad

---

[19] Esquivel Vázquez, G. El órgano público autónomo y el tribunal legislativo en México, Porrúa, México, 2006, p. 113.

[20] En estos tipos de tribunales, el juzgador se limita a declarar la validez o invalidez de un acto administrativo.

[21] *Cfr.* Art. 6 de la LFPCA, que señala textualmente:

"Artículo 6.- En los juicios que se tramiten ante el Tribunal no habrá lugar a condenación en costas. Cada parte será responsable de sus propios gastos y los que originen las diligencias que promuevan.

Únicamente habrá lugar a condena en costas a favor de la autoridad demandada, cuando se controviertan resoluciones con propósitos notoriamente dilatorios.

Para los efectos de este artículo, se entenderá que el actor tiene propósitos notoriamente dilatorios cuando al dictarse una sentencia que reconozca la validez de la resolución impugnada, se beneficia económicamente por la dilación en el cobro, ejecución o cumplimiento, siempre que los conceptos de impugnación formulados en la demanda sean notoriamente improcedentes o infundados. Cuando la ley prevea que las cantidades adeudadas se aumentan con actualización por inflación y con alguna tasa de interés o recargos, se entenderá que no hay beneficio económico por la dilación.

La autoridad demandada deberá indemnizar al particular afectado por el importe de los daños y perjuicios causados, cuando la unidad administrativa de dicho órgano cometa falta grave al dictar la resolución impugnada y no se allane al contestar la demanda en el concepto de impugnación de que se trata. Habrá falta grave cuando:

I. Se anule por ausencia de fundamentación o de motivación, en cuanto al fondo o a la competencia.

II. Sea contraria a una jurisprudencia de la Suprema Corte de Justicia de la Nación en materia de legalidad. Si a jurisprudencia se publica con posterioridad a la contestación no hay falta grave.

en sus sentencias[22], que constituyen características del sistema judicialista, en realidad no estamos más que frente a una evolución del propio contencioso-administrativo mexicano.

Aún así, estimamos que el contencioso-administrativo, en relación con las necesidades públicas a atender en relación con la exigencia de recibir justicia y no mera administración de legalidad, tanto para los administrados como para la administración pública, pues en este trabajo se pretende demostrar que la llamada justicia administrativa, está limitada a una mera impartición de legalidad, como se verá más adelante.

III. EL CONTENCIOSO FRANCÉS: IDEAS TORALES

El profesor español Jesús González Pérez nos dice:

> *"Cuando la Revolución consagra lo que después se llamará principio de legalidad de la Administración, proclamando la exigencia de que las distintas autoridades administrativas ajusten su actividad a las normas legales, va a nacer un sistema –el llamado sistema administrativo- en el que el principio de la división de poderes se interpreta de manera muy peculiar."[23]*

De esta interpretación del principio de la división de poderes, surgen tres ideas torales:

a) Independencia de la jurisdicción administrativa de la jurisdicción ordinaria.- Que se convierte precisamente en una garantía para los gobernados y para la Administración.

b) El *Conseil d'Etat*, además de ser un órgano consultivo de la Administración, por tanto, conocedor de las necesidades de ésta, no existe por tanto un riesgo de perjudicar los intereses públicos. Por otra parte, constituye una garantía para el particular en caso de inconformarse de un acto administrativo, pues precisamente, por la posición que guarda el juzgador administrativo, pues llegar a ser más severo con la Administración, de lo que sería un juez ordinario. Adicionalmente, al no seguirse un proceso judicial, el trámite de la inconformidad administrativa, resulta más ágil.[24]

c) Independencia de la jurisdicción administrativa de la Administración Activa.- Aunque de lenta evolución en el sistema francés, pues se pasó de la justicia retenida a la justicia delegada, tal como dice Marcel Waline:

d) "No hay cuestión más importante para una nación que la independencia de sus jueces."[25]

III.   Se anule con fundamento en el artículo 51, fracción V de esta Ley.
    La condenación en costas o la indemnización establecidas en los párrafos segundo y tercero de este artículo se reclamará a través del incidente respectivo, el que se tramitará conforme lo previsto por el cuarto párrafo del artículo 39 de esta Ley."
[22]   El artículo 58 de la LFPCA contempla un procedimiento a seguir para lograr asegurar el cumplimiento en la ejecución de sentencias emitidas por el Tribunal.
[23]   González Pérez, J. "Consideraciones sobre el contencioso francés". En *Revista de Administraciones Públicas*, N° 15, Centro de Estudios Políticos y Constitucionales, Madrid, 1954, p. 11
[24]   Al respecto, *Cfr.* Chinot. *Le privilège d'action d'office de l'Administration*, Paris, 1945, Citado por González Pérez, J. *Op. Cit.* p. 14.
[25]   *Idem*, p. 15.

e) Jurisdicción Revisora.- Finalmente, la idea fundamental del contencioso administrativo radica en qué la Administración es la que revisa sus propios actos, aunque por conducto de un órgano aparte (*Conseil d'Etat*); y lo hace mediante un procedimiento o proceso que implica la posibilidad de oír alegatos al particular afectado, actuando como un verdadero demandante, y el emisor del acto, actúa como parte en el procedimiento.

En este punto no se debe perder de vista, como lo señala Genevois[26], que el sistema se cimenta en una justificación del régimen exorbitante del derecho común.

Con estas ideas, bajo el principio de la división de poderes, se afianza la independencia de los órganos jurisdiccionales administrativos de los judiciales, originalmente atribuida al Consejo del Estado.

En Francia, el ámbito de competencia constitucionalmente reservado al juez administrativo se establece, por criterios del Consejo Constitucional, en base a criterios acumulativos, a saber:

a) Decisiones de la Administración, que en palabras de Gaudemet[27], descartan los contratos y convenios de diversa naturaleza, aún emanados de una persona pública, así como los actos materiales imputables a éstas.

b) Sólo serán competencia las decisiones emanadas de organismos públicos, así que, los actos emanados de gestores privados de los servicios públicos, aún cuando tradicionalmente están dentro de la competencia del juzgador administrativo, no tiene impedimento constitucional el órgano judicial para conocer de estos.

c) En la naturaleza de la competencia, también se tiene en consideración la intervención del juez como de anulación o reforma, entendiendo como tales la posibilidad de decretar la nulidad del acto, así como la modificación del acto tildado de ilegal.

El sistema contencioso francés no ha estado exento de críticas, tal como se desprende del afamado cuento del indígena canadiense de visita en Francia que narra Jean Rivero: "*El hurón en el palacio real o reflexiones ingenuas sobre el recurso por exceso de poder*", publicado en 1962, donde se denuncia la ingenuidad (parafraseando el título) y la poca efectividad del recurso, al no tener efectos suspensivos ni restitutorios, y más grave aún, no contar con la plena coercitividad de sus resoluciones.

Esta situación en definitiva, ha cambiado. Guillermo Cambero Quezada denuncia con razón:

"*El derecho administrativo francés es un punto de referencia obligado para nuestro contencioso administrativo. Un derecho del cual conocemos los aspectos históricos, pero desconocemos sus mecanismos y funcionamientos actuales.*"[28]

---

[26]   Citado por Lozano Cutantda, B. "Fundamento constitucional y reserva competencial de la jurisdicción administrativa en Francia: La decisión del Consejo Constitucional de 23 de febrero de 1987", En *Revista de Administraciones Públicas*, N° 126, Centro de Estudios Políticos y Constitucionales, Madrid, 1991, p. 461.

[27]   *Ibidem.*

[28]   Cambero Quezada, G. "Derecho administrativo francés: Dualismo jurisdiccional y jurisdicción administrativa", En *Letras Jurídicas. Revista electrónica de Derecho*, N° 3, Centro Universitario de la Ciénega, Universidad de Guadalajara, Guadalajara, 2006, p. 1.

El recurso por *excés de pouvoir*[29] se ha ido modificando paulatinamente en Francia, de la siguiente manera:

a) Por Decreto de 30 de julio de 1963, para los casos en que la Administración presente una resistencia para ejecutar la sentencia, el recurrente puede solicitar una intervención informal para incitar a aquélla a cumplir su decisión.

b) Con la Ley de 6 de julio de 1980, se establece un mecanismo de multa (*astreinte*) coercitiva por día de retraso, que el juez administrativo puede imponer a la autoridad administrativa que se resista a dar ejecución a una sentencia condenatoria.

c) La Ley de 8 de febrero de 1995, se deroga el *dogma de fe*, consistente en que el juez administrativo no puede condenar a la Administración a obligaciones de hacer o no hacer, es decir, se le otorga la posibilidad de dictar *injonctions*, acompañado de multas coercitivas.

d) Adicionalmente, la *Section du Rapport et des Etudes* del *Conseil d'Etat*, tiene la labor (entre otras), a solicitud de parte, de instar a la Administración condenada a la ejecución de las resoluciones contencioso-administrativas.

e) Con la Ley del 30 de junio de 2000, se ha reforzado la posibilidad de suspensión precautoria de la ejecución del acto, pudiendo ser dictada como media de urgencia, siempre y cuando exista una duda seria respecto de la legalidad de la decisión impugnada.

Actualmente, la dualidad del sistema contencioso francés se puede reducir al binomio *Conseil d'Etat-Cour de Cassation*. El primero de ellos, como órgano de instancia, por sí o por conducto de los Tribunales Administrativos regionales (como primera instancia) y la *Cour de Cassation*, que se trata de un proceso extraordinario y de carácter judicial, revisor de las resoluciones del primero.

El *Conseil d'Etat* presenta dos grandes objeciones: el sistema de designación de los miembros de los Tribunales Administrativos, que son funcionarios de carrera civil por una parte, y por otra, la doble función consultora y jurisdiccional de éste órgano pone en duda su imparcialidad como juzgadores.

1. *Características esenciales del contencioso francés actual*

A. *Competencia*

La primer problemática que plantea el contencioso francés es la competencia, situación que ha sido discutida desde sus orígenes a partir de las escuelas de Duguit (Servicio Público) y Hauriou (Poder Público), pero que no lograba definir a plenitud un criterio de aplicación claro para cada situación.

Nuevamente es la jurisprudencia, por conducto del Consejo Constitucional, mediante resolución del 23 de febrero de 1987, conocida como la *grande décision*, invocando el principio de la división de poderes desde sus orígenes con la Revolución Francesa, se establece que: *"... a la excepción de materias reservadas por naturale-*

---

[29]   Partimos para este estudio de lo expuesto por SANTAMARÍA DACAL, A. I. "Defensa e ilustración de una Administración que se juzga a sí misma", En *Revista de Administraciones Públicas*, N° 154, Centro de Estudios Políticos y Constitucionales, Madrid, 2001, pp. 541-565.

za a la autoridad judicial, es competencia de la jurisdicción administrativa la anulación o la modificación de las decisiones tomadas, en el ejercicio de sus prerrogativas de poder público, por las autoridades que ejercen el poder ejecutivo, sus agentes, las municipalidades de la República o los organismos bajo el control de su autoridad. "[30]

En principio, los criterios de competencia son establecidos por el propio legislador al ejercer su función. Ante posibles lagunas legislativas, se ha recurrido a la doctrina, mediante los indicios de competencia, y que se han traducido a lo largo de la jurisprudencia francesa, mediante el establecimiento de bloques de competencia.

Finalmente, si no es posible determinar la competencia mediante alguna de las formas anteriores, la legislación francesa ha instituido la figura del Tribunal de Conflictos, integrado por igual número de miembros del *Conseil d'Etat* y de la *Cour de Cassation*, que resuelve asuntos de competencia negativos (cuando ninguno de los jueces pretende adjudicarse el asunto) o positivos (cuando tanto el juez judicial como el *Préfet* dicen ser competentes para conocer del mismo).

En principio, el juez administrativo nunca conocerá de conflictos entre dos particulares, sin embargo, admiten una excepción en cuanto se trate de una persona privada prestadora de servicios públicos, bajo prerrogativas de derecho púbico (concesión).

B. *Instancias*

El Código de Justicia Administrativa (CDA) establece que corresponde al Tribunal Administrativo geográficamente competente (existen 36 en metrópoli más ocho en ultramar) conocer del juicio en primera instancia.

Existe una segunda instancia, ante la Corte Administrativa territorialmente competente[31], pero a partir de junio de 2003, muchos de los asuntos estimados de poca importancia, no pueden acudir a esta. La competencia de las Cortes, en razón de la materia es: recurso de reenvío de la autoridad judicial, litigios relativos a elecciones municipales y comunales, y reconducción de extranjeros a la frontera.

Su competencia en primera instancia se puede sintetizar de la siguiente manera[32]:

a) Litigios originados fuera del territorio francés.

b) Litigios relativos a un acto importante (reglamentos de Ministros, recurso de anulación, interpretación o apreciación de validez de los decretos del Presidente o del Primer Ministro).

c) Litigios tocantes a la situación individual de los funcionarios nombrados por decreto.

d) Recursos contra decisiones administrativas emanadas de organismos colegiados de competencia nacional.

e) Recursos en materia de elecciones europeas y regionales.

---

[30] Citado por Cambero Quezada, G. *Op. Cit.*, p. 9.
[31] Se dividen en siete: Bordeaux, Douai, Lyon, Marseille, Nancy, Nates y Paris.
[32] A partir de la obra de Maurin, A. *Op. Cit.*, p. 139 y ss.

f) Recursos dirigidos contra los actos administrativos unilaterales, en el campo de aplicación se extiende al de la instancia de un tribunal administrativo.

En otros casos, el *Conseil d'Etat*, podrá conocer en segunda instancia de las resoluciones de los Tribunales administrativos, como juez de apelación.

Una tercera instancia la constituye la ejercida por el *Conseil d'Etat*, como máxima autoridad en materia administrativa, como juez de casación.

Cuando los asuntos han sido tramitados ante el juez judicial, la última instancia la ejerce la *Cour de Cassation*.

Finalmente, el derecho francés, gracias a la consolidación de la Comunidad Europea se ha visto fuertemente influenciado por el derecho alemán, del cual surge un derecho administrativo comunitario.

En cuanto a un impacto directo, la Corte de Estrasburgo, es decir, la Corte Europea de los Derechos del Hombre puede intervenir en última instancia respecto de decisiones judiciales o administrativas que se dictan en los países integrantes de la Comunidad Europea, y en el caso de Francia a grados de provocar reformas en su legislación.

C. *Procedimiento*

El procedimiento francés, en la materia administrativa es completamente escrito, a diferencia de los procesos civiles o penales, que son orales o mixtos.

Debe ser iniciado por una persona capaz o competente (cuanto se trate de una persona pública). Se debe justificar un interés directo y personal (*L'Arrêt Casanova, 1901*).

Los franceses contemplan lo que denominan la *Regla de la decisión previa*, es decir, que debe existir una resolución administrativa material y jurídicamente existente, salvo los casos en que opere la figura del silencio administrativo negativo, para lo cual contemplan un plazo de dos meses (artículo R 421-2 del *Códe de Justice Administrative*).

En cuanto a los plazos, el artículo 421-1 contempla los siguientes:

a) 2 meses como regla general

b) Un plazo corto para la materia electoral

c) No hay plazo en materia de obras

d) Tratándose de la preclusión, no es oponible si la decisión expresa no contiene una indicación del plazo y las vías de recursos (A R 421-5).

Tratándose de reglamentos, los plazos empiezan a correr a partir de su publicación, mientras que las decisiones no reglamentarias, a partir de su notificación.

La fase instructiva del recurso opera de la siguiente manera:

La demanda o *requerimiento*[33] deberá contener la exposición de hechos y medios, conclusiones, nombres y demora de las partes; deberán ser redactados en francés, firmados y se deben acompañar las piezas justificativas, en especial la decisión combatida. Cualquier omisión, el Tribunal Administrativo requiere al recurrente para regularizarla.

A la memoria y le adjunta la producción (auto dictado por el juez) con el fin de requerir a la recurrida para que tome conocimiento y en determinado momento, produzca contestación.

El juez puede dictar las medidas que considere necesarias para la correcta instrucción del procedimiento, tales como requerimientos de información o desahogo de visitas, periciales o la indagatoria de documentos públicos.

Integrado lo anterior, por conducto del juez relator (miembro del Tribunal), se pasa el expediente al *Commissaire du gouvernement*[34] (miembro del Tribunal), para que realice un segundo análisis y redacte las conclusiones que se leerán en la Audiencia. Esta Audiencia es pública (artículo L 6 del CJA), iniciando con el informe del relator, seguido de las conclusiones del *Commissaire*, luego se delibera, siendo públicas las conclusiones.

La resolución no puede ser ni *infra petitia* ni *ultra petitia*, es decir, sólo puede resolver sobre lo solicitado, y no cabe suplencia de la queja deficiente, menos excederse en cuanto a lo solicitado en la memoria, aunque si existe la condena al pago de costas procesales (entre las partes, pues el tribunal administrativo no puede condenar al pago de sus gastos).

La decisión, deberá contener como mínimo cuatro elementos:

a) Las vistas analizan los medios esenciales y las conclusiones de las partes, así como la legislación aplicable.

b) Los considerandos.

c) El dispositivo de la decisión, dividida en artículos numerados.

d) La fórmula ejecutora que ordena la ejecución del dictamen o sentencia.

En cuanto a los recursos procedentes, a modo enunciativo señalamos:

a) La apelación, que conocen las Cortes Administrativas.

b) El recurso de casación, que se tramita ante el propio Conseil d'Etat, y únicamente verifica la legalidad de la resolución.

c) Las vías de revocación, que son:

---

[33]   A nuestro juicio la traducción adecuada del texto de Maurin, debería decir recurso o escrito inicial.

[34]   L'Arrêt Gervaise de 10 de julio de 1957 estableció la naturaleza y funciones de este funcionario: "... tiene por misión exponer las cuestiones que presenta cada recurso contenciosos y hacer conocer, formulando con toda independencia sus conclusiones, su apreciación, que debe ser imparcial, sobre las circunstancias de hecho que se desprenden del expediente, y las reglas de derecho aplicables, así como su opinión sobre las soluciones a que, según su conciencia, llama el litigio sometido a la jurisdicción a la que él pertenece..." Citado por Santamaría Dacal, A. I., *Op. Cit.*, p. 559.

a. Objeción, cuando se considera que la resolución fue emitida con defectos, tratándose de la última definitiva.

b. Tercería.

d) Recurso de revisión, que procede únicamente en tres casos:

a. Decisiones sobre documentos falsos

b. Retención de documento decisivo.

c. Vicios del procedimiento.

e) Rectificación por error material, cuando se cometan errores materiales que afecten la decisión final.

f) Ejecución de la cosa juzgada.

D. *Procedimientos especiales*

La legislación francesa contempla una serie de procedimientos especiales que son competencia de los tribunales administrativos, tales como el fallo de urgencia, el recurso por exceso de poder, y el contencioso para la interpretación, pero introducirnos en tales temas nos representa un ejercicio, que en razón del tiempo y espacio no es posible agotar.

IV. CARACTERÍSTICAS ESENCIALES DEL CONTENCIOSO MEXICANO ACTUAL

1. *Los medios de impugnación en materia administrativa*

En el sistema jurídico mexicano existen varios medios de impugnación en materia administrativa, a saber:

a) El *Recurso de Revisión*, contenido en la Ley Federal de Procedimiento Administrativo, que constituye una instancia estrictamente interna de la Administración Pública, completamente independiente de nuestro contencioso-administrativo[35].

b) *Juicio Contencioso-administrativo*, como un control jurisdiccional tramitado ante un órgano *independiente* de la administración, que constituirá el objeto principal de las siguientes líneas.

c) *Juicio de Amparo*, como control ejercido por el Poder Judicial, sea en amparo indirecto o directo, que se abordará brevemente más adelante.

---

[35] Aunque no es el único recurso administrativo, al estar contenido en la Ley Marco del procedimiento Administrativo, sí es el más utilizado. Los otros recursos son demasiado específicos a su materia, por ejemplo, la Revocación en materia tributaria y la Inconformidad en Materia de Competencia Económica.

d) *Juicio Ordinario Administrativo*, como otra forma poco usual de control judicial, y aunque se trata de una jurisdicción concurrente, en lo poco que se ha estudiado al respecto, se considera que tal vez, se trata de una omisión del legislador en 1995, o bien, por una herencia del anterior texto de la Ley Orgánica del Poder Judicial de la Federación[36], se preserva un numeral que le permite a los Jueces de Distrito en Materia Administrativa conocer de controversias en materia de legalidad, tratándose de actos de autoridad o de un procedimiento administrativo: el artículo 52, fracción I que a la letra dice:

"Artículo 52. Los jueces de distrito en materia administrativa conocerán:

a) De las controversias que se susciten con motivo de la aplicación de las leyes federales, cuando deba decidirse sobre la legalidad o subsistencia de un acto de autoridad o de un procedimiento seguido por autoridades administrativas;"

De cualquier manera se trata de una vía en franco desuso, sea por las precarias condiciones legales para tramitar estos asuntos, e incluso por el desconocimiento de la misma por parte de los operadores jurídicos, también debemos señalar que a nuestro juicio, invade, parafraseando a Hauriou la esfera natural de conocimiento del contencioso administrativo.

Dados los efectos claros de las resoluciones que el Juez Federal puede emitir, así como todos los medios de coercitividad que tiene a su alcance, consideramos que en este punto se antoja bastante parecido al recurso de plena jurisdicción francés. La gran diferencia radica en que no existe una verdadera distinción entre las materia que puede conocer el juez judicial (en esta vía), respecto de las materias inherentes al contencioso-administrativo.

b) *Medios alternativos de solución de conflictos*, que son de relativa novedad para resolver controversias entre la administración pública y los gobernados, pues como sistema jurídico mexicano, apenas están surgiendo los primeros esbozos e iniciativas de reforma legislativa que permitan a plenitud la incorporación de estos mecanismos.

Para efectos del presente trabajo nos habremos de abocar al análisis del juicio contencioso administrativo en exclusiva, salvo algún comentario referente a los otros medios que impactan sobre la justicia administrativa.

2. *Competencia del TFJFA*

En cuanto a la competencia, en el caso mexicano realmente no existen muchas dudas, y menos se ha presentado una tradición jurisprudencial; por el contrario, México en gran medida ha tomado la experiencia francesa y española, traduciéndola en leyes.

Así, el art. 2° de la LFPCA señala que el juicio contencioso-administrativo procede contra resoluciones administrativas definitivas que señala la LOTFJFA, en su numeral 14, a saber:

a) Las dictadas por autoridades fiscales federales y organismos fiscales autónomos, en las que se determine la existencia de una obligación fiscal, se fije en cantidad líquida o se den las bases para su liquidación.

---

[36] Publicada en el D.O.F. el día 26 de mayo de 1995.

b) Las que nieguen la devolución de un ingreso de los regulados por el Código Fiscal de la Federación (CFF), indebidamente percibidos por el Estado o cuya devolución proceda en términos de la legislación fiscal.

c) Las que impongan multas por infracción a las normas administrativas federales.

d) Las que causen un agravio en materia fiscal distinto a los supuestos anteriores.

e) Las que nieguen o reduzcan las pensiones y demás prestaciones sociales otorgadas a favor de miembros del Ejército, Fuerza Aérea y Armada Nacional o de sus derechohabientes con cargo al erario federal. Asimismo, cuando se trate de pensiones civiles con cargo al erario federal o al ISSSTE.

f) Las que se dicten en materia administrativa sobre interpretación y cumplimiento de contratos de obras públicas, adquisiciones, arrendamientos y servicios celebrados por las dependencias y entidades de la Administración Pública Federal.

g) Las que nieguen la indemnización o que, por su monto, no satisfagan al reclamante en términos de la Ley Federal de Responsabilidad Patrimonial del Estado[37], o que leyes administrativas federal que contengan un régimen especial de responsabilidad patrimonial del Estado.

h) Las que requieran el pago de garantías a favor de la Federación, Distrito Federal, los Estados o los Municipios, así como de sus entidades paraestatales.

i) Las que traten las materias contenidas en el art. 94 de la Ley de Comercio Exterior.

j) Las dictadas por autoridades administrativas que pongan fin a un procedimiento administrativo, a una instancia o resuelvan un expediente en términos de la Ley Federal de Procedimiento Administrativo.

k) Las que decidan los recursos administrativos.

l) Las que se funden en un tratado o acuerdo internacional para evitar la doble tributación.

m) Las que se configuren por negativa ficta en términos del CFF, la LFPA, o en su defecto, que en un plazo de tres meses no se hayan dictado, así como la negativa a expedir la constancia de la afirmativa ficta.

n) Las demás señaladas en la legislación como competencia del Tribunal.

o) También conocerá de los juicios promovidos en contra de actos administrativos de carácter general, diversos de los reglamentos, cuando sean autoaplicativos o cuando el interesado los controvierta con motivo de su primera acto de aplicación.

p) Conocerá además de los juicios promovidos por autoridades en contra de resoluciones administrativas favorables a un particular (lesividad).

q) Finalmente, en términos del art. 15 Ley Orgánica del Tribunal Federal de Justicia Fiscal y Administrativa (TFJFA), conocerá de los juicios que se promuevan en contra de las resoluciones definitivas que impongan sanciones administrativas en términos de la LFRASP, o del recurso de revocación contenido en dicho ordenamiento.

---

[37] Publicada en el D.O.F. el día 31 de diciembre de 2004.

3. *Instancias*

El artículo 2° de la LOTFJFA señala:

"Artículo 2.- El Tribunal Federal de Justicia Fiscal y Administrativa se integra por:

I. La Sala Superior;

II. Las Salas Regionales, y

III. La Junta de Gobierno y Administración."

Nuestra Sala Superior (integrada por 13 Magistrados, de los cuales no ejercen la función jurisdiccional por estar adscritos a la Junta de Gobierno y Administración) del Tribunal Federal de Justicia Fiscal y Administrativa, en el algún sentido equivale al *Conseil d'Etat* francés, pues se trata del órgano máximo en materia administrativa, aunque esto no es del todo cierto, toda vez que existe la vía extraordinaria, con el Amparo Directo ante los Tribunales Colegiados de Circuito del Poder Judicial de la Federación.

A su vez, para su funcionamiento, la Sala Superior actuará en Pleno o en dos Secciones, integrada por cinco Magistrados cada una.

Las decisiones se tomarán por mayoría de votos de los presentes y en ningún caso se podrán abstener (salvo impedimento legal). En caso de empate, se diferirá la sesión hasta que asista la totalidad de sus miembros, o bien, exista una composición impar (art. 21).

Definitivamente el corazón del contencioso administrativo mexicano se encuentra en las Salas Regionales (divididas en XXI Regiones), integradas por tres Magistrados cada una, son los órganos jurisdiccionales de instancia con los gobernados y las autoridades, atendiendo a un criterio de circunscripción territorial, en términos del Reglamento Interior del TFJFA[38], y que conocerán de los asuntos que sean de su competencia en términos del art. 15, excepto aquellos que sean competencia de las Secciones o del Pleno.

---

[38] El RITFJFA entró en vigor el 1 de enero de 2004, anterior a la LOTFJFA y que a la fecha de la preparación de esta obra no ha sido publicado el nuevo.

Aunque en principio el reglamento sigue la suerte de la ley de la que emana, en términos de lo dispuesto en el Transitorio Quinto de la Ley en comento, el reglamento antes aludido seguirá aplicándose en tanto el Pleno del TFJFA no expida uno nuevo.

El Pleno de la SCJN ha sostenido criterios apoyando lo anterior, como el visible a fojas 465, Tomo III, Marzo de 1996 del Semanario Judicial de la Federación y su Gaceta, identificada como la Tesis P.XX/96, a saber:

"REGLAMENTOS. EL LEGISLADOR ESTÁ FACULTADO PARA MANTENER TRANSITORIAMENTE SU VIGENCIA, AÚN CUANDO LA LEY QUE DETALLABAN HUBIESE SIDO DEROGADA O ABROGADA.- Cuando el legislador recupera de manera transitoria la preceptiva reglamentaria de la anterior ley, hasta en tanto se expide el reglamento de la nueva, actúa dentro de sus facultades y no invade la esfera de atribuciones del Ejecutivo, toda vez que en ese supuesto, el legislador no ejercita la facultad reglamentaria que es exclusiva del titular del Ejecutivo en términos de lo dispuesto por el artículo 89, fracción I constitucional, sino que está legislando con el carácter provisional del artículo transitorio, en el entendido de que no existe el impedimento para que el legislador, dentro de la ley, establezca las reglas minuciosas y de detalle que caracterizan a los reglamentos, y que hacen posible la aplicación de aquélla."

El número de Salas Regionales existentes en cada Región se determinará según la carga trabajo, circunscripción territorial dentro de la región, e incluso por especialidad[39].

Estás conocerán, al igual que los Tribunales franceses, por razón de territorio, atendiendo al domicilio fiscal del demandante o parte actora, en términos del art. 34 de la LOTFJFA, excepto:

a) Si se trata de personas morales que formen parte del sistema financiero, en términos de la Ley del Impuesto Sobre la Renta (LISR).

b) Tengan el carácter de controladoras o controladas en términos de la LISR.

c) Se impugnen resoluciones emitidas por la Administración General de Grandes Contribuyentes del Servicio de Administración Tributaria (SAT)[40], o bien por unidades administrativas de su adscripción.

En estos casos, conocerá la Sala correspondiente al domicilio de la sede de la autoridad emisora del acto, salvo que se trate de una impugnación de varias resoluciones, en cuyo caso, la Sala competente será la correspondiente al domicilio de la autoridad ejecutora de las mismas.

Para la validez de las sesiones de la SR, se requiere la presencia de los tres Magistrados que las integran (art. 35). Cada Sala nombrará un Presidente en la primera sesión del año; su encargo durará por un año y no será reelegible para el período inmediato siguiente (art. 36).

Las Salas se conforman de la siguiente manera:

a) Un magistrado presidente, que en términos del artículo 37 de la LOTFJA, tiene atribuciones de corte administrativo o de gestión normal de la Sala, así como la obligación de rendir los informes a las autoridades judiciales y actuar como cabeza de la misma.

b) Los otros magistrados, junto con el magistrado presidente, pueden actuar como instructores de los procedimientos contenciosos administrativos[41], y proyectistas, aunque la sentencia deberá ser emitida de forma colegiada por mayoría de votos.

---

[39] Recientemente se aprobó la creación de una Sala especializada en materia de propiedad intelectual, que a la edición de esta obra no ha iniciado funciones.

[40] Órgano descentralizado de la Secretaría de Hacienda y Crédito Público, pero para fines fiscales ha sido denominado Órgano Fiscal Autónomo.

[41] En términos del art. 38 de la LOTFJFA, son atribuciones del Magistrado Instructor:
- Admitir, desechar o tener por no presentada la demanda o su ampliación.
- Admitir o tener por no presentada la contestación de la demanda o su ampliación, o en su caso, desecharlas.
- Admitir o rechazar la intervención del tercero.
- Admitir o desechar o tener por no ofrecidas las pruebas.
- Sobreseer los juicios antes del cierre de la instrucción.
- Admitir, desechar y tramitar los incidentes y recursos que sean de su competencia, así como formular los proyectos de resolución, de aclaraciones de sentencia y de resoluciones de queja.
- Formular proyecto de sentencia definitiva y, en su caso de cumplimiento de ejecutorias.
- Dictar los acuerdos y providencias relativas a las medidas cautelares provisionales en términos de la LFPCA.
- Las demás que les correspondan en términos de las leyes aplicables.

V. EL PROCEDIMIENTO CONTENCIOSO ADMINISTRATIVO FEDERAL

Las partes en el juicio serán:

a) Actora, que puede ser el particular lesionado por una resolución administrativa, o la autoridad que estima que se benefició indebidamente a un particular.

b) Demandada, que será la autoridad emisora y/o ejecutora del acto, así como el particular, cuando se estime que ha sido beneficiado de forma indebida por un acto de autoridad.

c) Terceros, particulares con una pretensión contraria a la actora o demandante.

Resulta interesante para complementar este punto, el siguiente criterio:

"TERCERO INTERESADO EN EL JUICIO DE NULIDAD.- LO ES LA PERSONA QUE INTERPUSO LA QUEJA ANTE LA PROCURADURÍA FEDERAL DEL CONSUMIDOR.- En los términos del artículo 198, fracción IV, del Código Fiscal de la Federación vigente, se considera como tercero interesado a la persona que tenga un derecho incompatible con la pretensión del demandante; de ahí que en los juicios en los cuales se controvierten las multas impuestas por el Procurador Federal del Consumidor, que derivan de las quejas presentadas por los consumidores; éstos tendrán en el juicio de nulidad el carácter de tercero interesado, por lo que si de las constancias de autos no se desprende que la Sala responsable los haya emplazado, procede revocar la sentencia a revisión, a efecto de que la Sala responsable reponga el procedimiento emplazando al tercero interesado para que manifieste lo que a su derecho convenga.(69)

Revisión No. 1379/87.- Resuelta en sesión de 28 de abril de 1989, por mayoría de 6 votos y 1 en contra.- Magistrado Ponente: Genaro Martínez Moreno.- Secretario: Lic. Victorino Esquivel Camacho."[42]

El plazo para presentar la demanda de nulidad es de 45 días hábiles, contados a partir de que surtió efectos la notificación del acto impugnado, o bien, de tres meses si se considera que ha operado silencio administrativo.

En contraposición, para la lesividad, el plazo es de 5 años contados a partir de la emisión del acto, o bien, de la cesación de los efectos del mismo si se trata de un acto continuado o de efectos de tracto sucesivo.

A diferencia del recurso administrativo donde prevalece el principio de informalismo, el procedimiento contencioso-administrativo es formalista, por lo que se debe de ser particularmente cuidadoso en cumplir la totalidad de los requisitos. Estos, están contenidos en el art. 14 de la LFPCA y que a continuación se comentan:

a) El nombre del demandante y su domicilio para recibir notificaciones en cualquier parte del territorio nacional, salvo que tenga su domicilio dentro de la jurisdicción de la SR competente en razón del territorio, por lo que el domicilio se deberá señalar dentro de dicha circunscripción territorial.

b) La resolución que se impugna, debidamente identificada, o bien, si se impugna un ordenamiento de carácter general y abstracto, se deberá expresar la fecha de publicación del mismo.

---

[42]   Tesis III-TASS-910 emitida por el Pleno, Tercera Época, visible a fojas 43 de la RTFF N° 16, Abril de 1989, Año II.

c) La autoridad o autoridades demandadas, o bien, el nombre y domicilio del particular demandado.

d) Los hechos que dan motivo a la demanda.

e) Señalamiento de las pruebas que se ofrezcan.

f) Los conceptos de impugnación.

g) El nombre y domicilio del tercero interesado, en caso de existir.

h) La petición, y en caso de solicitar una condena, las cantidades o actos cuyo cumplimiento se demanda.

i) Si se reclama la falta de notificación o la misma se realizó por correo, se debe expresar así en la demanda, señalando la fecha en que dicha notificación se practicó.

El plazo para dar contestación a la demanda de nulidad o lesividad, será de 45 días hábiles, contador a partir del día siguiente en que se practicó el emplazamiento. La contestación, deberá, en términos del arábigo 20 de la multicitada LFPCA contener:

a) Los incidentes de previo y especial pronunciamiento a que haya lugar.

b) Las consideraciones que, a su juicio, impidan se emita decisión en cuanto al fondo del asunto o demuestren que no ha nacido o se ha extinguido el derecho en que el actor apoya su demanda.

c) Deberá referirse concretamente a cada uno de los hechos que el demandante le impute de manera expresa, afirmándolos, negándolos, expresando que los ignora por no ser propios o exponiendo cómo ocurrieron, según corresponda.

d) Argumentos tendientes a demostrar la ineficacia de los conceptos de impugnación.

e) Argumentos tendientes a desvirtuar el derecho a indemnización, en caso de que la actora lo reclame.

f) Las pruebas que ofrezca. Si se ofrece testimonial o pericial, deberá señalar el nombre y domicilios de los testigos y peritos.

Nuestro procedimiento contencioso administrativo, permite, bajo ciertas condiciones, ampliar la demanda[43]. Estas condiciones, establecidas en ley, son:

a) Cuando se impugne negativa ficta

b) Contra el acto principal del que derive la resolución impugnada en la demanda, así como su notificación cuando se den a conocer en la contestación.

c) En los supuestos consagrados en el art. 16 de la LFPCA, a saber:

d) Si el demandante afirma conocer la resolución, pero no fue notificado o fue notificada ilegalmente.

e) Si el actor manifiesta desconocer el acto impugnado, pero señala la autoridad a quien se lo atribuye, su notificación o ejecución.

---

[43]   Tanto el plazo para la ampliación, como para la contestación es de 20 días hábiles, y el período se otorga de manera oficiosa en el escrito que tiene por admitida la contestación.

f) Cuando por motivo de la contestación, se introduzcan cuestiones que, no sean conocidas por el actor al formular la demanda.

g) Si la demandada plantea el sobreseimiento del juicio por presentación extemporánea de la demanda.

El tercero, por su parte, tiene un plazo de 45 días hábiles para apersonarse a juicio y hacer las manifestaciones que considere necesarias.

Es importante unos breves comentarios en relación a los medios de convicción en el juicio contencioso administrativo, que de conformidad a lo dispuesto en el art. 40, párrafo segundo de la LFPCA, en el juicio contencioso administrativo proceden toda clase de pruebas, excepto la de confesión de las autoridades mediante absolución de posiciones y la petición de informes, salvo que los informes se limiten a hechos que consten en documentos que obren en poder de las autoridades.

El Magistrado Instructor, para un mejor proveer del asunto, podrá acordar la exhibición de cualquier documento que tenga relación con los hechos controvertidos, ordenar la práctica de cualquier diligencia o proveer la preparación y desahogo de la pericial cuando se planteen cuestiones de carácter técnico y no hubiere sido ofrecida por las partes. Para dar cumplimiento a lo anterior, se podrá proponer que se reabra la instrucción del asunto.

Este criterio jurisprudencial, resulta muy ilustrativo respecto de la naturaleza de los medios de convicción en materia de contencioso-administrativo.

"PRUEBAS ADMISIBLES EN EL JUICIO DE NULIDAD.- El artículo 230 del Código Fiscal de la Federación, dispone que en el juicio de nulidad se pueden admitir toda clase de pruebas, excepto la de confesión de las autoridades mediante absolución de posiciones y la petición de informes, sin embargo, dicha disposición no debe interpretarse en el sentido de que no hay limitante para que se ofrezca una prueba, pues lo que se dispone es que la prueba puede ser de diversa naturaleza, esto es, será admisible cualquier medio probatorio con las excepciones enunciadas, además, en el último párrafo del artículo en comento y en el diverso 79 del Código Federal de Procedimientos Civiles de aplicación supletoria al juicio contencioso administrativo, se precisa que dichos medios probatorios deben tener relación directa con los hechos controvertidos, y estar reconocidos por la ley, lo que significa que la prueba ofrecida debe ser idónea y verosímil, de tal forma que las pruebas relativas a hechos que no formen parte de la litis, no serán admisibles. (15)

Juicio N° 2129/01-11-02-7.- Resuelto por la la Segunda Sala Regional Hidalgo México del Tribunal Federal de Justicia Fiscal y Administrativa, el 3 de octubre de 2001, aprobada por unanimidad de votos.- Magistrado Instructor: Victorino M. Esquivel Camacho.- Secretario: Lic. José Luis Méndez Zamudio."[44]

Adicionalmente, han cobrado un especial auge los documentos digitales y las pruebas emanadas de medios electrónicos, dada la importancia que ha cobrado en los últimos años el manejo del gobierno electrónico, sobre todo en materia tributaria.

Finalmente, de conformidad con lo dispuesto en la fracción III del numeral 46 en comento, la valoración de las pruebas quedará a la prudente apreciación de la Sala, salvo disposición expresa en contrario.

---

[44]   Tesis V-TASR-XII-II-238, emitida por la Sala Regional Hidalgo-México, Quinta Época, visible en la página 171 de la RTFJFA, Año II, N° 23, Noviembre de 2002.

Dos grandes instituciones cobran especial importancia para el contencioso mexicano: las medidas cautelares y la suspensión de la ejecución del acto impugnado, que de hecho, constituyen en gran medida el pilar del juicio contencioso.

Al respecto, señalan Jesús González Pérez y José Luis Vázquez Alfaro al respecto de las medidas cautelares:

> "*La tutela jurisdiccional no será definitiva si al pronunciarse la sentencia resulta difícil o prácticamente imposible la satisfacción de las pretensiones. La lentitud de los procesos puede dar lugar a que cuando llegue la decisión, carezca de sentido. De aquí la necesidad de arbitrar medidas que aseguren los efectos de la sentencia. Es presupuesto de toda medida cautelar el periculum in mora, la existencia de un peligro derivado de la demora. Se trata de establecer unos instrumentos que garanticen frente a un riesgo.*"[45]

Así las cosas, las medidas cautelares son posibilidades intraprocesales del contencioso-administrativo, tendientes a salvaguardar el status del asunto con el fin de que no se quede sin materia el juicio y que las pretensiones puedan ser resueltas y ejecutables.

En este caso, y con las recientes reformas, se ha logrado establecer plenamente, lo que en su momento fuese la denuncia del profesor RIVERO[46], en cuanto a la falta de estas medidas.

El art. 24 de la LFPCA señala que una vez iniciado el juicio contencioso-administrativo, pueden decretarse todas las medidas cautelares necesarias para mantener la situación de hecho existente, que impidan que la resolución impugnada pueda dejar el litigio sin materia o causar un daño irreparable al acto, salvo cuando se ocasione perjuicio al interés social o se contravengan disposiciones de orden público.

Cuando en virtud de la concesión de la medida cautelar se pudiese ocasionar una lesión patrimonial, el Magistrado Instructor solicitará al incidentista que otorgue garantía suficiente para reparar los daños y perjuicios.

En tanto no se dicte sentencia definitiva, la Sala que conociere del incidente, podrá modificar o revocar la resolución que haya decretado o negado la concesión de la medida, cuando ocurra un hecho superveniente que lo justifique.

Aunque es un gran acierto del legislador incluir un capítulo para las medidas cautelares en el contencioso-administrativo, considero que es desafortunada la forma en que éstas se encuentran reguladas en la LFPCA (artículos 24 a 27), en virtud de que se trata de una redacción ambigua y por tanto, de difícil acceso para las partes, máxime que la medida cautelar madre, es decir, la suspensión de la ejecución, se encuentra claramente regulada en artículos posteriores.

Por otra parte, y ya en relación con el procedimiento contencioso-administrativo, el art. 28 de la LFPCA establece que se podrá solicitar la suspensión de la ejecución del acto impugnado cuando la autoridad demandada se ha negado a otorgarla (pre-

---

[45]   González Pérez, J. y Vázquez Alfaro, J. L. *Derecho Procesal Administrativo Federal*, Porrúa, México, 2007, p. 420.
[46]   *Cfr.* Infra Rivero, J., *Op. Cit.*

viamente a la presentación de la demanda o a la solicitud de suspensión), y que se tramitará por cuerda separada[47] señala como requisitos de dicha medida cautelar:

a) Se puede solicitar con la demanda o en cualquier tiempo hasta antes de dictar sentencia.

b) Acompañar copias de la promoción en la que solicite la suspensión y las pruebas documentales que se ofrezcan para cada una de las partes y una más para la carpeta de la suspensión.

c) En su caso, ofrecer las pruebas documentales relativas al ofrecimiento de garantía, solicitud de suspensión presentada ante la autoridad ejecutora, y si la hubiere, el documento donde conste la negativa de la suspensión, el rechazo de la garantía o el reinicio de la ejecución.

d) Se debe ofrecer garantía suficiente mediante billete de depósito o póliza de fianza expedida por institución autorizada, debiendo expedir los documentos a favor de los terceros o la contraparte, dependiendo de quién tenga el derecho a ser indemnizado.

e) Tratándose de suspensión de cobro de contribuciones o créditos de naturaleza fiscal, se deberá constituir garantía del interés fiscal ante la autoridad ejecutora, en términos del CFF.

f) Vale la pena hacer un paréntesis en este punto. La redacción de la fracción VI del art. 28 específica que tratándose de créditos fiscales, por lo que si se está frente a una multa de carácter administrativo, no será necesaria esa garantía.

La siguiente jurisprudencia ilustra nuestro punto.

"MULTAS ADMINISTRATIVAS.- PARA EFECTOS DE LA SUSPENSIÓN EN SU EJECUCIÓN NO REQUIERE EL OTORGAMIENTO DE GARANTÍA.- Los casos previstos en el artículo 208 bis del Código Fiscal de la Federación en los que necesariamente se debe otorgar garantía para obtener la suspensión de la ejecución se concretan: a) que se puedan ocasionar daños o perjuicios a la contraparte o a terceros, pues en este caso se debe garantizar la reparación del posible daño o la indemnización de los perjuicios que se pudieren causar al momento de obtener sentencia desfavorable; b) que se controviertan contribuciones. Sin embargo, tratándose de multas impuestas por infracciones a normas administrativas, aquellos supuestos no se actualizan, pues en primer término, el Estado o algún tercero no dejan de percibir ganancia lícita alguna, ni sufren menoscabo a su patrimonio con la suspensión, porque no se les priva de algún beneficio otorgado por la Ley, lo que sucederá sólo en el caso de que no se cobre la multa, puesto que la suspensión no afecta la existencia o validez de la resolución impugnada. Tampoco se trata de una contribución, toda vez que tal concepto no está contenido en el artículo 2° del Código Fiscal de la Federación, sino que tiene la naturaleza jurídica de aprovechamiento en términos del artículo 3 de ese mismo ordenamiento legal. Por ende, el solicitante de la suspensión no está obligado a ofrecer garantía para obtener la suspensión de la ejecución en estos casos, pues exigir tal requisito iría más allá de los requerimientos previstos en el artículo 208 Bis del Código Fiscal de la Federación. (4)

Contradicción de Sentencias No. 830/01-11-03-9/y otros 2/150/02-PL-11-01.- Resuelta por el Pleno de la Sala Superior del Tribunal Federal de Justicia Fiscal y Administrativa, en sesión de 6 de abril de 2005, por mayoría de 6 votos a favor y 5 votos en contra.- Magistrado Ponente: Alejandro Sánchez Hernández.- Secretaria: Lic. María de Lourdes Pérez Ocampo."[48]

---

[47] En el argot procesal mexicano, cuando se señala que algo se tramita por cuerda separada, significa que se abrirá físicamente una carpeta o expediente distinto conexo al principal.

[48] Tesis V-J-SS-77, emitida por el Pleno del TFJFA, Quinta Época, visible en la página 25 de la RTFJFA, Año V, N° 56, Agosto de 2005.

a) La Sala está facultada para reducir el monto de la garantía en los siguientes casos.

b) Si el monto de los créditos excede la capacidad económica del quejoso.

c) Si se tratase de tercero distinto al sujeto obligado de manera directa o solidaria al pago del crédito.

d) En el acuerdo que admite la solicitud de suspensión, el Magistrado Instructor podrá decretar la suspensión provisional, siempre y cuando no se afecte el interés social, se contravengan disposiciones de orden público o quede sin materia el juicio; además se debe de cumplir cualquiera de los siguientes supuestos:

e) Que no se trate de actos que se hayan consumado de manera irreparable.

f) Que se le causen al demandante daños mayores de no decretarse la suspensión.

g) Que sin entrar al análisis del fondo del asunto, se advierta claramente la ilegalidad manifiesta del acto administrativo impugnado.

h) Si la sentencia del juicio le es favorable al demandante que promovió la suspensión, podrá solicitar la cancelación de la garantía o fianza. En caso contrario, la contraparte o el tercero, previo acreditamiento de daños y perjuicios, solicitará a la Sala la ejecución de la misma a su favor.

i) Una vez desahogados todos los medios de convicción, y oídas las partes, en términos del art. 47 de la LFPCA, el Magistrado Instructor, diez días después de que se haya concluido la sustanciación o tramitación del juicio, siempre y cuando no existiere ninguna situación pendiente de resolver, mediante lista de acuerdos, otorgará a las partes un plazo de cinco días para formular por escrito sus alegatos.

En materia administrativa los alegatos, tal como ya se señaló, deben rendirse por escrito, y en general se puede decir que consiste en la expresión de razonamientos lógico-jurídicos del por qué le asiste la razón a la parte que los presenta, sin que por esto se entienda que intenta enderezar o corregir sus conceptos de impugnación, sino que lejos de eso, tienen por objeto reforzarlos y de algún modo desacreditar los argumentos vertidos por la contraria.

Concluido este plazo, con o sin alegatos, se emitirá el acuerdo que declara cerrada la instrucción.

Finalmente, por lo que ve a la sentencia o resolución del procedimiento contencioso administrativo, la técnica tradicional, basados en el pensamiento del ilustre procesalista mexicano, Cipriano Gómez Lara[49], se integra por cuatro apartados: a) Preámbulo; b) resultandos; c) considerandos; y d) resolutivos.

Los artículos 49 y 50 de la LFPCA nos establecen una serie de reglas para dictar las sentencias en el contencioso-administrativo, que se pueden esquematizar de la siguiente manera:

a) La sentencia se puede pronunciar por unanimidad o mayoría de la Sala.

b) Se debe dictar dentro de los sesenta días siguientes a aquél en que se dicte el acuerdo de cierre de instrucción.

---

[49]   Gómez Lara, C. *Teoría General del Proceso,* 8ª ed., Harla, México, 1990, p. 380 y ss.

c) De estos sesenta días, cuarenta y cinco le corresponden al Magistrado Instructor para que elabore el proyecto de sentencia y lo someta al Pleno de la Sala para su discusión y aprobación.

d) En caso de una votación por mayoría, el Magistrado disidente podrá limitarse a expresar que vota total o parcialmente en contra del proyecto o formula voto particular razonado, que deberá ser presentado en un plazo que no exceda de diez días.

e) Si el proyecto es rechazado, el magistrado ponente engrosara el fallo con los argumentos de la mayoría y el proyecto podrá quedar como voto particular.

f) Las sentencias del Tribunal se fundarán en derecho y resolverán sobre la pretensión del acto que se deduzca de su demanda, en relación con la resolución impugnada, teniendo la facultad de invocar hechos notorios.

g) En caso de que se hagan valer diversas causales de ilegalidad, la sentencia de la Sala deberá examinar primero aquéllos que puedan llevar a declarar la nulidad lisa y llana.

h) Si una sentencia declara la nulidad de una resolución por la omisión de requisitos formales exigidos por las leyes o por vicios de procedimiento, se deberá especificar la forma en qué afectaron las defensas del particular y trascienden al sentido de la resolución.

i) La Sala puede corregir los errores que adviertan en la cita de los preceptos que se consideren violados (por el particular) y examinar en su conjunto los agravios y causales de ilegalidad, así como los demás razonamientos de las partes, sin cambiar los hechos expuestos en la demanda y contestación.

Al respecto, existe la siguiente jurisprudencia:

"DEMANDA. COMO ACTO JURÍDICO ES SUSCEPTIBLE DE INTERPRETACIÓN INTEGRALMENTE.- Es legal una sentencia cuando su dictado no se parata de los hechos constitutivos de la controversia, sino que se apoya en un debida interpretación del escrito inicial de demanda, ocurso, que como cualquier otro acto jurídico es susceptible de interpretación cuando existen palabras contrarias. La interpretación de la demanda debe ser integral, a fin de que el juzgador armonice los datos en ella contenidos y fije un sentido que sea congruente con los elementos que la conforman, lo que se justifica plenamente, en virtud de que se entiende que el Juez es un perito en derecho, con la experiencia y conocimientos suficientes para interpretar la redacción oscura e irregular, y determinar el verdadero sentido y la expresión exacta del pensamiento de su autor que por error incurre en omisiones o imprecisión, tomando en cuenta que la demanda constituye un todo que debe analizarse en su integridad por la autoridad a efecto de dilucidar las verdaderas pretensiones sometidas a litigio."[50]

a) No se podrán anular o modificar los actos de las autoridades administrativas no impugnados de manera expresa en la demanda.

b) Tratándose de sentencias de condena a la autoridad para la restitución de un derecho subjetivo violado o a la devolución de una cantidad, el Tribunal deberá previamente constatar el derecho que tiene el particular, además de la ilegalidad de la resolución impugnada.

---

[50] Jurisprudencia I.3oC.J/40, emitida por el Tercer Tribunal Colegiado en Materia Civil del Primer Circuito, Novena Época, visible a fojas 1240 del Semanario Judicial de la Federación y su Gaceta, Tomo XXVI, Agosto de 2007.

c) La condena de costas está expresamente prohibida y cada parte será responsable de sus gastos, según lo dispone el art. 6º de la LFPCA, sin embargo, podrá haber lugar a condena en costas a favor de la autoridad demandada cuando una resolución se controvierta con propósitos notoriamente dilatorios.

d) Se entenderá que son notoriamente dilatorios:

   a) Si el particular se beneficia económicamente por una dilación en el cobro, ejecución o cumplimiento de la resolución impugnada.

   b) Si la ley prevé que en virtud del retraso las cantidades adeudadas se incrementan en virtud de actualización por inflación, tasa de interés o de recargos, se entenderá que no hay beneficio económico por la dilación.

   c) Aún cuando no existe una condena a costas, en términos del propio numeral 6º en comento, se puede condenar a la autoridad a indemnizar al particular afectado por el importe de los daños y perjuicios causados, si la autoridad comete falta grave al dictar la resolución impugnada y no se allana en la contestación de la demanda en el concepto de impugnación correspondiente.

e) Se entenderá por falta grave:

   a. Anulación por ausencia de fundamentación o motivación, en cuanto al fondo o la competencia.

   b. Sea contraria a una jurisprudencia de la SCJN en materia de legalidad, a menos que dicho criterio sea publicado con posterioridad a la emisión del acto.

f) Se anule con fundamento en el art. 51, fracción V

g) El Tribuna podrá hacer valer de oficio, por ser de orden público, la incompetencia de la autoridad para dictar la resolución impugnada o para ordenar o tramitar el procedimiento del que derive y la ausencia total de fundamentación o motivación de dicha resolución.

A este respecto, probablemente en los últimos años, ninguna jurisprudencia por contradicción de la SCJN había causado tanto revuelo en la materia administrativa, como la que a continuación se transcribe.

"COMPETENCIA. SU ESTUDIO OFICIOSO RESPECTO DE LA AUTORIDAD DEMANDADA EN EL JUICIO CONTENCIOSO ADMINISTRATIVO, DEBE SER ANALIZADA POR LAS SALAS DEL TRIBUNAL FEDERAL DE JUSTICIA FISCAL Y ADMINISTRATIVA.- El artículo 238, penúltimo párrafo, del Código Fiscal de la Federación y su correlativo 51, penúltimo párrafo, de la Ley Federal del Procedimiento Contencioso Administrativo, establece que ese Tribunal podrá hacer valer de oficio, por ser de orden público, la incompetencia de la autoridad para dictar la resolución impugnada.

Al respecto debe decirse que ese estudio implica todo lo relacionado con la competencia de la autoridad, supuesto en el cual se incluye tanto la ausencia de fundamentación de la competencia, como la indebida o insuficiente fundamentación de la misma, en virtud de que al tratarse de una facultad oficiosa, las Salas fiscales de cualquier modo entrarán al examen de las facultades de autoridad para emitir el acto de molestia; lo anterior con independencia de que exista o no agravio del afectado, o bien, de que invoque incompetencia o simplemente argumente una indebida, insuficiente o deficiente fundamentación de la competencia.

Cabe agregar que en el caso de que las Salas fiscales estimen que la autoridad es competente, esto no quiere decir que dicha autoridad jurisdiccional necesariamente deba pronunciarse al respecto en los fallos que emita, pues el no pronunciamiento expreso, simplemente es indicativo de que estimó que la autoridad demandada sí tenía competencia para emitir la resolución o acto impugnado en el juicio de nulidad."[51]

En términos del art. 52 de la LFPCA, los sentidos de la sentencia pueden ser:

I. Reconocer la validez del acto, que implica que una vez analizado el expediente, se arriba a la plena convicción de que el acto administrativo impugnado es válido, eficaz y por tanto, exigible al particular.

II. Declarar la nulidad de la resolución impugnada, que se entiende como la nulidad lisa y llana, y que en palabras de Jean Claude Tron Petit y Gabriel Ortiz Reyes:

"El alcance de la nulidad lisa y llana está predeterminado o gobernado por la violación o legalidad casada, depende que tan profunda sea, así será el alcance y efectos de la nulidad o del derecho subjetivo cuya declaración o restitución debe decretarse."[52]

III. Declarar la nulidad de la resolución impugnada para determinados efectos, debiendo precisar con claridad la forma y términos en que la autoridad debe cumplirla, debiendo reponer el procedimiento, en su caso, desde el momento en que se cometió la violación.

IV. Tratándose de los supuestos contenidos en las fracciones II y III del art. 51, se declarará la nulidad para el efecto de que se reponga el procedimiento o se emita una nueva resolución.

V. Además de declarar la nulidad de la resolución impugnada, podrá:

a. Reconocer al actor la existencia de un derecho subjetivo y condenar al cumplimiento de la obligación correlativa.

b. Otorgar o restituir al actor el goce de los derechos afectados.

c. Declarar la nulidad del acto o resolución administrativa, caso en que cesarán los efectos de los actos o su ejecución, inclusive el primer acto de aplicación.

De conformidad a lo dispuesto por el art. 51 de la LFPCA, serán causales de ilegalidad de una resolución administrativa:

a) Incompetencia del funcionario que la haya dicta, ordenado o tramitado el procedimiento del que deriva dicha resolución.

La incompetencia del funcionario implica que éste no está dotado de facultades legales para ejercer las atribuciones pretendidas en el acto administrativo impugnado, de tal forma, que se considera que en virtud de esto, y en congruencia con el art. 16 de la CPEUM, un gobernado no debe ser afectado bajo estas condiciones.

Al respecto, veamos el siguiente criterio jurisprudencial.

---

[51] Tesis de Jurisprudencia 2a./J.218/2007 emitida por la Segunda Sala de la SCJN, Novena Época, visible en la página 154 del Semanario Judicial de la Federación y su Gaceta, Tomo XXVI, Diciembre de 2007.

[52] Tron Petit, J. C. y Ortiz Reyes, G. *La nulidad de los actos administrativos*, 2ª ed., Porrúa, México, 2007, p. 303.

"INCOMPETENCIA.- LOS JEFES DEL ÁREA DE FISCALIZACIÓN DE LAS DELEGA-CIONES REGIONALES DEL INSTITUTO DEL FONDO NACIONAL DE LA VIVIENDA PARA LOS TRABAJADORES, CARECEN DE COMPETENCIA PARA ACTUAR DE MOTU PROPRIO.- De la lectura a los artículos 23 y 30 de la Ley del Instituto del Fondo Nacional de la Vivienda para los Trabajadores, 3°., 4°., 9°., y 10 de su Reglamento Interior, se advierte que ninguno de los numerales aludidos otorgan facultades explícitas al Jefe del Área de Fiscalización, para determinar créditos fiscales por concepto de aportaciones habitacionales omitidas al Instituto, ni menos aún para requerir de pago, siendo que estos preceptos sólo confieren facultades explícitas a los Delegados Regionales; por otro lado, el artículo 12 del Reglamento Interior de dicho Instituto, sólo autoriza a los Jefes del Área de Fiscalización para ejercer las facultades que les correspondan a los Delegados Regionales o Representantes de la Dirección General, cuando éstos se encuentren ausentes. Por lo que si el Jefe de Área de Fiscalización señala dentro del acto cuestionado que en el ejercicio de las facultades que le otorgan los artículos 23 y 30 de la Ley del Instituto del Fondo Nacional de la Vivienda para los Trabajadores, 3°, 4°, 9°, 10 y 12 de su Reglamento Interior, determina un crédito fiscal por concepto de aportaciones habitacionales omitidas al Instituto del Fondo Nacional de la Vivienda para los Trabajadores , sin señalar dentro de la resolución de que se trate que dichas facultades las ejerce en ausencia de su superior jerárquico; hace suponer que ejerce dichas facultades por derecho propio y no en suplencia por ausencia como legalmente se lo autoriza la ley; por ende, para que una resolución emitida por dicho funcionario pueda considerarse legalmente válida, debe invocarse el carácter con que está actuando y fundar legalmente su actuación a través del precepto que lo faculte, pero por ningún motivo ejercer por derecho propio las facultades encomendadas a su superior jerárquico, como resulta ser el Delegado Regional o el Representante de la Dirección General que corresponda. De ahí que si el acto es firmado por el Jefe del Área de Fiscalización de la Delegación Regional de que se trate, del Instituto del Fondo Nacional de la Vivienda para los Trabajadores, sin precisarse que es en ausencia del Delegado Regional, y sin que pueda advertirse del acto combatido que el Delegado Regional haya sido el funcionario emisor del mismo, debe entenderse que el Delegado no fue partícipe de la resolución y por tanto que ésta fue emitida por derecho propio del Jefe del Área de Fiscalización de la Delegación Regional, del Instituto del Fondo Nacional de la Vivienda para los Trabajadores, por lo que dicha actuación carece de legalidad; actualizándose, por ende, el supuesto normativo regulado en el artículo 238, fracción I del Código Fiscal de la Federación. (152)

Juicio N° 4149/01-12-01-2.- Resuelto por la Primera Sala Regional de Oriente del Tribunal Federal de Justicia Fiscal y Administrativa, el 12 de abril de 2002, por unanimidad de votos.- Magistrado Instructor: Francisco Xavier Melo Melo.- Secretaria: Lic. Blanca Lidia Madrid González."[53]

b) Omisión de los requisitos formales exigidos por las leyes, siempre que afecta las defensas del particular y trascienda al sentido de la resolución impugnada, inclusive la ausencia de fundamentación o motivación, en su caso.

Se ha insistido a lo largo de los últimos capítulos que la violación a la norma por parte de autoridad administrativa, no produce una lesión per se al derecho subjetivo del gobernado, luego entonces, sólo se podrá impugnar un acto y declarar su ilegalidad si se acredita (mediante el concepto de impugnación) dicha lesión.

El siguiente criterio jurisprudencial reitera la idea anterior.

---

[53]   Tesis V-TASR-XIII-583, emitida por la Primera Sala Regional Golfo-Centro, Quinta Época, visible en la página 590 de la RTFFJA, Año III. Tomo II. N° 29, Mayo de 2003.

"ACTOS ADMINISTRATIVOS. VICIOS LEVES DE LOS.- Vicios leves son los que no alteran la naturaleza jurídica de los actos administrativos ni producen consecuencias adversas para el gobernado; de ahí que su existencia no da lugar a la invalidación de dichos actos."[54]

Debemos detenernos un momento en este punto, pues señala el propio art. 51 en comento que hay una serie de vicios formales que no trascienden al gobernado, a saber:

- Cuando en un citatorio no se haga mención que es para recibir una orden de visita domiciliaria, siempre que ésta se inicie con el destinatario de la orden.

- Cuando en un citatorio no se haga constar en forma circunstanciada la forma en que el notificador se cercioró que se encontraba en el domicilio correcto, siempre que la diligencia se haya efectuado en el domicilio indicado en el documento que deba notificarse.

- Cuando en la entrega del citatorio se hayan cometido vicios de procedimiento, siempre que la diligencia prevista en dicho citatorio se haya entendido directamente con el interesado o con su representante legal.

- Cuando existan irregularidades en los citatorios, en las notificaciones de requerimientos de solicitudes de datos, informes o documentos, o en los propios requerimientos, siempre y cuando el particular desahogue los mismos, exhibiendo oportunamente la información y documentación solicitada.

- Cuando no se dé a conocer al contribuyente visitado el resultado de una compulsa a terceros, si la resolución impugnada no se sustenta en dichos resultados.

- Cuando no se valore alguna prueba para acreditar los hechos asentados en el oficio de observaciones o en la última acta parcial, siempre que dicha prueba no sea idónea para dichos efectos.

c)   Vicios del procedimiento siempre que afecten las defensas del particular y trasciendan al sentido de la resolución impugnada.

En el capítulo relativo a los recursos administrativos se especificó que no se pueden impugnar simples actos de administración o actos intraprocedimentales; sin embargo, los vicios que aquí se presenten podrán ser impugnados sólo en función de que se haya afectado el sentido de la resolución administrativa.

De igual forma opera para el contencioso-administrativo, es decir, no se pueden impugnar vicios en el procedimiento, a menos que estos afecten el sentido del acto o resolución administrativa.

La SCJN se ha pronuncia al respecto con la siguiente jurisprudencia.

"FORMALIDADES ESENCIALES DEL PROCEDIMIENTO, SON LAS QUE GARANTIZAN UNA ADECUADA Y OPORTUNA DEFENSA PREVIA AL ACTO PRIVATIVO.- La garantía de audiencia establecida por el artículo 14 constitucional consiste en otorgar al gobernado la oportunidad de defensa previamente al acto privativo de la vida, libertad, propiedad, posesione o derechos, y su debido respeto impone a las autoridades, entre otras obligaciones, la de que en el juicio que siga "se cumplan las formalidades esenciales del procedimiento".

---

[54]   Jurisprudencia emitida por el Segundo Tribunal Colegiado de Circuito en Materia Administrativa del Primer Circuito. Octava Época, visible a fojas 106 del Semanario Judicial de la Federación, Tomo VII, Marzo de 1991.

Éstas son las que resultan necesarias para garantizar la defensa adecuada antes del acto de privación y que, de manera genérica, se traducen en los siguientes requisitos: 1) La notificación del inicio del procedimiento y sus consecuencias; 2) La oportunidad de ofrecer y desahogar las pruebas en que se finque la defensa, 3) La oportunidad de alegar; y 4) El dictado de una resolución que dirima las cuestiones debatidas. De no respetarse estos requisitos, se dejaría de cumplir con el fin de la garantía de audiencia, que es evitar la indefensión del afectado."[55]

d) Si los hechos que la motivaron no se realizaron, fueron distintos o se apreciaron en forma equivocada, o bien, si se dictó en contravención de las disposiciones aplicadas o dejó de aplicar las debidas, en cuanto al fondo del asunto.

Los diversos supuestos consisten en un error de apreciación de la norma aplicable o bien, de los hechos en relación con la norma aplicable, por lo que se vuelve una tarea difícil para el juzgador administrativo toda vez que el análisis de los medios de convicción es principalmente documental, y esto, a nuestro juicio no permite una valoración realista de los hechos, aunque si un trabajo argumentativo de interpretación normativa.

e) Cuando la resolución administrativa dictada en ejercicio de facultades discrecionales no corresponda a los fines para los cuales la ley confiera dichas facultades.

Esto se conoce en la doctrina como *desvío de poder*, que consiste precisamente en no hacer un uso adecuado de las facultades conferidas al funcionario.

En la legislación mexicana, a diferencia de otros países como España, Argentina o Uruguay[56] está acotado a las facultades discrecionales.

De igual forma que en el contencioso francés se consagran una serie de recursos, a saber: a) Aclaración de sentencia, b) Excitativa de justicia, c) Reclamación, d) Revisión y e) Queja (que opera para la ejecución de las sentencias).

Estos recursos, estudiarlos por sí mismos, nos llevaría a una serie de disertaciones que harían interminable esta participación.

VI. CONCLUSIONES

Es evidente que el origen del contencioso mexicano está íntimamente ligado al contencioso francés, aunque su desenvolvimiento ha sido completamente distinto.

El contencioso francés es producto de la jurisprudencia y la experiencia propia, mientras que el contencioso mexicano es producto de la importación de la experiencia francesa y española primordialmente.

Tanto el contencioso francés como el mexicano tienen en común la dualidad jurisdiccional con el poder judicial, pero por razones diferentes y bajo modalidades distintas. El primero de estos su dualidad radica en el recurso de plena jurisdicción y el

---

[55] Jurisprudencia N° P./J. 47/95, visible en la *Gaceta del Semanario Judicial de la Federación.* Novena Época, Diciembre de 1995, p. 133.
[56] *Cfr.* Durán Martínez, A. *Contencioso Administrativo*, Fundación de Cultura Universitaria, Montevideo, 2007.

recurso de anulación, así como los recursos especiales; la justicia administrativa mexicana por su parte, cuenta con la concurrencia competencial del contencioso administrativo y del juez federal como órgano de primera instancia. Adicionalmente, y por una razón histórica, también gracias a la figura del amparo directo, existe la posibilidad de que el poder judicial revise los actos del tribunal administrativo.

El procedimiento y la instrucción del mismo son completamente distintos; en México se sigue más el modelo español (aunque ambos son escritos); el contencioso nacional no tiene la audiencia como parte medular de su instrucción y admite varios recursos sobre la sentencia.

Así pues, reiterando lo dicho por Guillermo Cambero, la historia y funcionamiento del contencioso administrativo francés resulta fundamental para todos aquellos que estudiamos el derecho procesal administrativo, no sólo en su aspecto histórico, que sin lugar a dudas es común a todos nosotros, sino también su actualidad, pues no en balde son creadores de este sistema, y en muchos sentidos, su desarrollo jurispru-dencial resulta fundamental para analizar y repensar nuestras posturas.

VII. BIBLIOGRAFÍA

ACOSTA ROMERO, Miguel. *Derecho Administrativo Especial*, Volumen I, Porrú, México 1999.

BÉJAR RIVERA, Luis José. *Curso de Derecho Administrativo*. Oxford University Press México, México 2007.

CAMBERO QUEZADA, Guillermo. "Derecho administrativo francés: Dualismo ju-risdiccional y jurisdicción administrativa". En *Letras Jurídicas. Revista electrónica de Derecho* N° 3, Centro Universitario de la Ciénega, Universidad de Guadalajara, Guadalajara 2006.

CASSESE, Sabino. *Las bases del derecho administrativo*. INAP. Madrid. 1994.

DEL CASTILLO VELASCO, José María. *Ensayo sobre el derecho administrativo mexicano,* Tomo I (Edición facsimilar de 1874), Universidad Nacional Autónoma de México, México 1994.

DUGUIT, León. *La separación de poderes y la Asamblea Nacional de 1789*. Centro de Estudios Constitucionales, Madrid 1996.

DURÁN Martínez, Augusto. *Contencioso Administrativo*. Fundación de Cultura Universitaria, Montevideo 2007.

ESQUIVEL VÁZQUEZ, Gustavo. *El órgano público autónomo y el tribunal legisla-tivo* en México, Porrúa, México 2006.

FERNÁNDEZ RUIZ, Jorge y Santiago Sánchez, Javier (Coordinadores). *Contencioso Administrativo. Culturas y Sistemas Jurídicos Comparados,* Universidad Nacional Autónoma de México, México 2007.

FRAGA, Gabino. *Derecho Administrativo* (28ª ed.), Porrúa, México 1989.

GARCÍA DE ENTERRÍA, Eduardo. *La lengua de los derechos. La formación del De-recho Público europeo tras la Revolución Francesa* (2ª ed.), Civitas, Madrid 2001.

GÓMEZ LARA, Cipriano. *Teoría General del Proceso* (8ª ed.), Harla, México 1990.

GONZÁLEZ PÉREZ, Jesús y VÁZQUEZ Alfaro, José Luis. *Derecho Procesal Administrativo Federal*, Porrúa, México 2007.

GONZÁLEZ PÉREZ, Jesús. "Consideraciones sobre el contencioso francés". En *Revista de Administraciones Públicas*, N° 15, Centro de Estudios Políticos y Constitucionales, Madrid 1954.

HAURIOU, Maurice. *Derecho administrativo y derecho público* (edición de 1890). Editorial Jurídica Universitaria, México 2007.

JÈZE, Gaston. *Técnica Jurídica, servicio, función pública y sus servidores* (edición de 1947). Editorial Jurídica Universitaria, México 2007.

LOZANO Cutanda, Blanca. "Fundamento constitucional y reserva competencial de la jurisdicción administrativa en Francia: La decisión del Consejo Constitucional de 23 de enero de 1987". En *Revista de Administraciones Públicas* N° 126, Centro de Estudios Políticos y Constitucionales, Madrid 1991.

LUCERO ESPINOSA, Manuel. *Teoría y práctica del contencioso administrativo federal* (7ª ed.), Porrúa, México 2002.

MARGÁIN MANAUTOU, Emilio. *Introducción al estudio del Derecho Administrativo Mexicano*, Porrúa, México 2000.

MAURIN, André. *Derecho administrativo francés*. Porrúa, México 2004.

MESTRE, A. *Le Conseil d'Etat protecteur des prerogatives de l'administration – Etudes sur le recours sur le recours par excés de pouvoir*, s./d.

NAVA NEGRETE, Alfonso y SÁNCHEZ GÓMEZ, Narciso. *Justicia Administrativa en México,* Fundap, Querétaro 2002.

NAVA NEGRETE, Alfonso, *Derecho Procesal Administrativo*. Porrúa México, S./d.

NORIEGA Cantú. *Lecciones de amparo* (3ª ed.), Porrúa, México 1991.

ORTIZ REYES, Gabriel y TRON PETIT, Jean Claude. *La nulidad de los actos administrativos* (2ª ed.), Porrúa, México 2007.

RIVERO, Jean. *Páginas de derecho administrativo*. Temis, Bogotá 2002.

RUÍZ TORRES, Humberto. *Curso General de Amparo*. Oxford University Press México, México 2007.

SANTAMARÍA DACAL, Ana Isabel. "Defensa e Ilustración de una Administración que se juzga a sí misma". En *Revista de Administraciones Públicas*. N° 154. Centro de Estudios Políticos y Constitucionales, Madrid 2001.

§13. EL DERECHO CONTENCIOSO ADMINISTRATIVO EN MÉXICO

Gustavo Arturo Esquivel Vázquez

I. INTRODUCCIÓN

El derecho contencioso administrativo en México se instauró de manera definitiva en 1936, con la publicación de la Ley de Justicia Fiscal y la instauración del Tribunal Fiscal de la Federación, si bien se puede encontrar algún antecedente del contencioso-administrativo en la época colonial con las Ordenanzas de Intendentes de 1786, que otorgaba a la Junta Superior de Hacienda facultades en los conflictos derivados de los actos administrativos[1], así como en los intentos fallidos en 1853 y 1865 de introducir un Consejo de Estado según el modelo francés; lo cierto es que hasta la expedición de la Ley de Justicia Fiscal, es que se pone en práctica de manera regular el derecho contencioso administrativo, el que ha evolucionado ampliamente desde entonces.

En los siguientes párrafos se encontrará un análisis de los principios generales de la Ley Federal del Procedimiento Contencioso Administrativo y del contencioso-administrativo en México vigente al 31 de diciembre de 2009, del que caben destacar los siguientes temas: un juicio en línea, la indemnización a favor de la autoridad administrativa por costas, la calidad de Órgano Público Autónomo del Tribunal Federal de Justicia Fiscal y Administrativa, la medida cautelar positiva, la indemnización por daños y perjuicios por la solicitud efectuada y concedida a la autoridad de que se niegue medida cautelar -siendo desfavorable el fallo a la autoridad-, el incidente de cumplimiento sustituto de la sentencia, así como la situación de que el Tribunal Federal de Justicia Fiscal y Administrativa, no solamente tiene facultades para resolver sobre controversias entre la Administración Pública Federal y los particula-

---

[1]   *V.* FIX-ZAMUDIO, Héctor. *Introducción a la justicia administrativa en el ordenamiento mexicano.* Ed. El Colegio Nacional, 1ª edición, México, 1983, p 77 y 78.

res, actualmente puede también resolver controversias entre un órgano de la Cámara de Diputados perteneciente al Poder Legislativo Federal, como lo es la Auditoria Superior de la Federación y el afectado por las resoluciones de la Auditoria Superior de la Federación, que puede ser prácticamente cualquier dependencia o entidad de cualquiera de los tres poderes: Ejecutivo, Judicial o Legislativo, de cualquier nivel de gobierno, federal estatal o municipal.

II. TRIBUNALES ADMINISTRATIVOS

El sistema de justicia administrativa mexicano resulta complejo, en cuanto a que atiende a la conformación federal del estado mexicano, por ende se cuenta con un Tribunal Federal de Justicia Fiscal y Administrativa y varios Tribunales de lo Contencioso Administrativo, establecidos por las entidades federativas que lo conforman, por así contemplarse en los artículos 73, fracción XXIX-H y 116 fracción IV, de la Constitución Política de los Estados Unidos Mexicanos; a lo que se añade que por tratarse de un sistema híbrido, ya que no es exactamente idéntico al sistema francés ni al sistema judicial de los Estados Unidos de América, además de contarse con los tribunales administrativos antes mencionados, existe un órgano revisor de las resoluciones definitivas de los tribunales administrativos -federal o de las entidades federativas-, como lo es el poder judicial federal por conducto del juicio de amparo correspondiente.

Cabe mencionar que el poder judicial federal mexicano se conforma por la Suprema Corte de Justicia de la Nación y los Tribunales Colegiados de Circuito, estos últimos serán los que conocerán regularmente del juicio de amparo intentado en contra de las resoluciones definitivas emitidas por los tribunales administrativos, excepcionalmente conocerá la Suprema Corte de Justicia de la Nación, ya sea por facultad de atracción o por un recurso excepcional en materia de constitucionalidad, intentado contra la sentencia dictada por un Tribunal Colegiado de Circuito, que regularmente es terminal.

En 1936 se estableció el Tribunal Fiscal de la Federación, que evolucionó de ser un tribunal de justicia delegada a un tribunal de plena jurisdicción en 1967, resultando ser un paradigma para los demás tribunales que fueron estableciéndose por las entidades federativas, este Tribunal ha evolucionado tanto en su ámbito competencial como en la estructura del proceso que tramita, innovando con un juicio en línea, que una vez instalada la plataforma tecnológica e informática correspondiente entrará en operación el 13 de diciembre de 2010[2].

En el año de 2001 se modifica su denominación a Tribunal Federal de Justicia Fiscal y Administrativa y su competencia ampliada a prácticamente todas las materias administrativas; por otra parte inició la vigencia de la Ley Federal del Procedimiento

---

[2]   El 12 de junio de 2009 fue publicada en el Diario Oficial de la Federación, la reforma legal correspondiente, que instrumenta el juicio en línea que permitirá acceder a los justiciables al proceso por medio de la Internet, el texto vigente de la Ley Federal de Procedimiento Contencioso Administrativo y demás ordenamientos que se mencionan en el presente texto, se puede consultar en www.ordenjuridico.gob.mx.

Contencioso Administrativo el 1° de enero de 2006; con lo cual sus etapas evoluti-vas podrían esquematizarse de la siguiente manera:

Período	Características
1. 1937-1967	Actuación como órgano de jurisdicción delegada.
2. 1967-1978	Actividad como tribunal administrativo dotado de plena autonomía para dictar sus fallos
3. 1978-1995	Desconcentración de la justicia administrativa federal y se establece la Sala Superior
4. 1996-2000	Modificación de la estructura de la Sala Superior con la creación de sus dos secciones
5. 2001-2005	Transformación y actuación como Tribunal Federal de Justicia Fiscal y Administrativa y su competencia ampliada a prácticamente todas las materias administrativas
6. 2006	Incremento de sus facultades jurisdiccionales a través de la Ley Federal del Procedimiento Contencioso Administrativo.
7. 2007	Reestructura de la Sala Superior con la creación de la Junta de Gobierno y Administración.
8. 2009	Se establece el juicio en línea que operará a partir del 13 de diciembre de 2010[3].

Este Tribunal Federal de Justicia Fiscal y Administrativa fue creado por el poder legislativo en ejercicio de sus facultades constitucionales en materia jurisdiccional, cuenta con su propia regulación y no pertenece a ningún poder, lo anterior es así ya que el Tribunal Federal de Justicia Fiscal y Administrativa, no forma parte de la Administración Pública Federal, ni del Poder Judicial Federal, resultando ser un órgano público autónomo.

Por lo que corresponde a la estructura del Tribunal Federal de Justicia Fiscal y Administrativa según su última Ley Orgánica, publicada el 6 de diciembre de 2007 en el Diario Oficial de la Federación y la reforma publicada el 21 de diciembre de 2007, así como su Reglamento Interior publicado el 13 de noviembre de 2009 en el Diario Oficial de la Federación, contaría con la siguiente estructura:

Una Sala Superior integrada por trece Magistrados, que actúan en Pleno integrado por el Presidente del Tribunal y los restantes diez; o en dos Secciones de cinco Magistrados, el Presidente no integra sección, y dos en la Junta de Gobierno y Administración.

Lo anterior es así, toda vez que con la nueva Ley Orgánica se estableció una nueva estructura para el Tribunal, ya que se creó la citada Junta de Gobierno y Administración y se incrementó el número de Magistrados de Sala Superior a trece, de los cua-

---

[3]   En diciembre de 2009 se encuentran presentadas dos iniciativas de reformas ante el Senado de la República, que tienen por objeto la instauración adicional de un procedimiento sumario dentro del contencioso administrativo, con la actuación de Magistrados unitarios para dicho procedimiento sumario, siendo que actualmente y desde 1936, los asuntos son resueltos de manera colegiada en un Sala integrada por tres Magistrados.

les once se dedicarán a funciones jurisdiccionales y dos a funciones administrativas en la Junta de Gobierno y Administración, de tal manera que puede actuar en Pleno, -con el Presidente del Tribunal y diez o doce Magistrados de Sala Superior, según el asunto de que se trate-, o en Sección -con cinco Magistrados de Sala Superior-.

Sala Superior	Número De Magistrados
Pleno	Presidente y diez o doce Magistrados
Sección	Cinco Magistrados

La Junta de Gobierno se integra con el Presidente del Tribunal y dos Magistrados de S Gustavo Arturo Esquivel Vázquez ala Superior y dos Magistrados de Sala Regional, la que llevará a cabo la administración, vigilancia, disciplina y carrera jurisdiccional del Tribunal.

Junta De Gobierno	Número De Magistrados
Integrantes de Sala Superior	Presidente y dos Magistrados
Integrantes de Sala Regional	Dos Magistrados

Además cuenta con ciento treinta y dos Magistrados Regionales y cinco Magistrados Supernumerarios -que suplen exclusivamente a los Regionales, en sus ausencias-, integrando cuarenta y cuatro Salas Regionales de las cuales una es especializada en materia de propiedad industrial; integradas por tres Magistrados cada una y distribuidas de la siguiente manera:

Número	Región	Sede	Jurisdicción
Dos	Noroeste I	Tijuana, B.C.	Baja California
Una	Noroeste II	Cd. Obregón, Son.	Sonora
Una	Noroeste III	Culiacán, Sin.	Baja California Sur y Sinaloa
Una	Norte-Centro I	Chihuahua, Chih.	Chihuahua
Tres	Norte-Centro II	Torreón, Coah.	Coahuila y Durango
Dos	Noreste	Monterrey, N.L.	Nuevo León y ciertos Municipios fronterizos de Tamaulipas[4]
Tres	Occidente	Guadalajara, Jal.	Colima, Jalisco y Nayarit.
Una	Centro I	Aguascalientes, Ags.	Aguascalientes y Zacatecas
Una	Centro II	Querétaro	Querétaro y San Luis Potosí
Una	Centro III	Celaya	Guanajuato
Tres	Hidalgo-México	Tlalnepantla, Edo. México.	Hidalgo y México
Tres	Oriente	Puebla, Pue.	Puebla y Tlaxcala
Dos	Golfo	Jalapa, Ver.	Veracruz

---

[4] Los Municipios son: Nuevo Laredo, Guerrero, Mier, Miguel Alemán, Ciudad Camargo, Díaz Ordaz y Reynosa.

Número	Región	Sede	Jurisdicción
Una	Pacífico	Acapulco, Gro.	Guerrero
Una	Sureste	Oaxaca, Oax.	Oaxaca
Una	Peninsular	Mérida, Yuc.	Yucatán y Campeche
Doce	Metropolitana	Distrito Federal	Distrito Federal y Morelos
Una	Golfo-Norte	Cd. Victoria, Tamps.	Tamaulipas, excepto ciertos Municipios fronterizos[5]
Una	Chiapas-Tabasco	Tuxtla Gutiérrez, Chis.	Chiapas y Tabasco
Una	Caribe	Cancún, Q.R.	Quintana Roo
Una	Pacífico-Centro	Morelia, Mich.	Michoacán
Una	Especializada en Materia de Propiedad Industrial	Distrito Federal	Nacional

III. COMPETENCIA

El art. 2° de la Ley Federal de Procedimiento Contencioso Administrativo, establece que procede el juicio contencioso administrativo contra las resoluciones administrativas definitivas que establece la Ley Orgánica del Tribunal Federal de Justicia Fiscal y Administrativa, así como los actos administrativos, Decretos y Acuerdos de carácter general, diversos a los Reglamentos, cuando sean autoaplicativos o cuando el interesado los controvierta en unión del primer acto de aplicación.

La competencia material del Tribunal Federal de Justicia Fiscal y Administrativa, a que alude el mencionado art. 2° de la Ley Federal de Procedimiento Contencioso Administrativo, se encuentra prevista en los arts. 14 y 15 de la Ley Orgánica del Tribunal Federal de Justicia Fiscal y Administrativa, que comprende a las siguientes resoluciones:

  a. Las dictadas por autoridades fiscales federales y organismos fiscales autónomos[6], en que se determine la existencia de una obligación fiscal, se fije en cantidad líquida o se den las bases para su liquidación.

---

[5] *Ibidem.*
[6] Instituto Mexicano del Seguro Social, Instituto de Seguridad y Servicios Sociales de los Trabajadores del Estado, Instituto de Seguridad Social de las Fuerzas Armadas Mexicanas, Instituto del Fondo Nacional de la Vivienda para los Trabajadores y Comisión Nacional del Agua.

b. Las que nieguen la devolución de un ingreso, de los regulados por el Código Fiscal de la Federación[7], indebidamente percibido por el Estado o cuya devolución proceda de conformidad con las leyes fiscales.

c. Las que impongan multas por infracción a las normas administrativas federales.

d. Las que causen un agravio en materia fiscal distinto a las anteriores.

e. Las que nieguen o reduzcan las pensiones y demás prestaciones sociales que concedan las leyes a favor de los miembros de las fuerzas armadas nacionales o de sus familiares o derechohabientes.

f. Las que se dicten en materia de pensiones civiles, con cargo al Erario Federal o al Instituto de Seguridad y Servicios Sociales de los Trabajadores del Estado.

g. Las que se dicten sobre interpretación y cumplimiento de contratos de obras públicas celebrados por las dependencias de la Administración Pública Centralizada.

h. Las que nieguen la indemnización o que, por su monto, no satisfagan al reclamante y las que impongan la obligación de resarcir los daños y perjuicios pagados con motivo de la reclamación, en los términos de la Ley Federal de Responsabilidad Patrimonial del Estado o de las leyes administrativas federales que contengan un régimen especial de responsabilidad patrimonial del Estado.

i. Las que requieran el pago de garantías a favor de la Federación, el Distrito Federal, los Estados y los Municipios, así como sus organismos descentralizados.

j. Las que traten las materias señaladas en el artículo 94 de la Ley de Comercio Exterior.

k. Las dictadas por las autoridades administrativas que pongan fin a un procedimiento administrativo, a una instancia o resuelvan un expediente, en los términos de la Ley Federal de Procedimiento Administrativo.

l. Las que decidan los recursos administrativos en contra de las resoluciones antes mencionadas.

m. Las que se funden en un tratado o acuerdo internacional para evitar la doble tributación o en materia comercial, suscrito por México, o cuando el demandante haga valer como concepto de impugnación que no se haya aplicado en su favor alguno de los referidos tratados o acuerdos

n. Las que impongan sanciones administrativas a los servidores públicos en los términos de la Ley Federal de Responsabilidades de los Servidores Públicos.

Adicionalmente se tendrían las que le atribuyan otras leyes o la jurisprudencia del poder judicial federal, que a guisa de ejemplo se podría mencionar entre otros casos a los siguientes:

---

[7] Impuestos, Derechos, Aportaciones de Seguridad Social, Contribuciones de mejoras, Productos y Aprovechamientos.

Ley	Artículos	Contenido
de Coordinación Fiscal	11-A	Resolución recaída al recurso de incon-formidad interpuesto con motivo del in-cumplimiento de las disposiciones del Sistema Nacional de Coordinación Fiscal.
del Servicio de Adminis-tración Tributaria	34	Responsabilidad del pago de los daños y perjuicios causados por los servidores del Servicio de Administración Tributaria o indemnización por gastos y perjuicios por falta de allanamiento al contestar la de-manda en las hipótesis previstas.
de Responsabilidades Administrativas de los Servidores Públicos	25	Resoluciones que apliquen sanciones administrativas
Federal de Responsabili-dad Patrimonial del Estado	24	Controversias por indemnización

Por disposición constitucional, el Tribunal Federal de Justicia Fiscal y Administra-tiva resolverá las controversias sobre las sanciones y demás resoluciones que emita la Auditoría Superior de la Federación conforme a la Ley de Fiscalización y Rendi-ción de Cuentas de la Federación, que plante una entidad fiscalizada o los servidores públicos correspondientes, considerándose como tales a:

a. los Poderes de la Unión, los entes públicos federales y los órganos jurisdiccionales que no formen parte del Poder Judicial de la Federación; las entidades federativas,

b. los municipios y los órganos político-administrativos de las demarcaciones territoriales del Distrito Federal que administren o ejerzan recursos públicos federales; incluyendo a sus respectivas dependencias y entidades paraestatales y para municipales; las entidades de in-terés público distintas a los partidos políticos;

c. los mandantes, mandatarios, fideicomitentes, fiduciarios, fideicomisarios o cualquier otra figura jurídica análoga, así como los mandatos, fondos o fideicomisos públicos o privados cuando hayan recibido por cualquier título, recursos públicos federales, no obstante que no sean considerados entidades paraestatales por la ley de la materia y aún cuando pertenez-can al sector privado o social y, en general, cualquier entidad, persona física o moral, pública o privada, que haya captado, recaudado, administrado, manejado o ejercido recur-sos públicos federales, incluidas aquellas personas morales de derecho privado que tengan autorización para expedir recibos deducibles de impuestos por donaciones destinadas para el cumplimiento de sus fines;

En efecto, de conformidad al art. 79, fracción IV, de la Constitución Política de los Estados Unidos Mexicanos, así como el diverso 69 de la Ley de Fiscalización y Rendición de Cuentas de la Federación determinan la posibilidad de que las entida-des fiscalizadas y, en su caso, los servidores públicos afectados adscritos a las mis-mas; puedan impugnarlas; con lo cual se amplía el contencioso administrativo más allá del ámbito de las controversias entre la Administración Pública y los particula-res.

En cuanto a la competencia que le es atribuida por jurisprudencia del poder judicial federal, que considera que por afinidad el Tribunal debe conocer de los casos que se le planteen en distintas materias, se menciona como ejemplo:

Jurisprudencia	Materia
2a./J. 129/2002	Asuntos derivados de la prestación de servicios de los agentes de la Policía Judicial Federal

La competencia por cuestión de territorio de conformidad al art. 34 de la Ley Orgánica del Tribunal Federal de Justicia Fiscal y Administrativa, se asigna en base a la regla general de que es competente para conocer del juicio la Sala Regional, en donde se encuentre el domicilio fiscal del demandante, con la excepción de que será competente la Sala Regional, en donde se encuentre la sede de la autoridad que haya dictado la resolución impugnada en los supuestos siguientes:

a. Se trate de personas morales[8] que formen parte del sistema financiero de conformidad con la Ley del Impuesto sobre la Renta[9], o tengan el carácter de controladoras o controladas, de conformidad con la Ley del Impuesto sobre la Renta y, determinen su resultado fiscal consolidado[10].

b. El demandante resida en el extranjero y no tenga domicilio fiscal en el país, y

c. Se impugnen resoluciones emitidas por la Administración General de Grandes Contribuyentes del Servicio de Administración Tributaria o por las unidades administrativas adscritas a la mencionada Administración General.

La Sala Superior, actuando en pleno o en secciones, así como la Sala especializada en materia de propiedad industrial, tienen competencia en todo el territorio nacional.

El Pleno de la Sala Superior de conformidad al art. 18, fracción X, de la Ley Orgánica del Tribunal Federal de Justicia Fiscal y Administrativa, tiene facultad para resolver juicios con características especiales.

Las Secciones de la Sala Superior en términos del art. 23, fracciones I y II, de la Ley Orgánica del Tribunal Federal de Justicia Fiscal y Administrativa, resuelven los juicios que traten de materias de la Ley de Comercio Exterior, especialmente lo relativo a prácticas desleales de comercio exterior, los incidentes por competencia territorial y, juicios con características especiales.

Los juicios con características especiales son definidos por el art. 48, de la Ley Federal de Procedimiento Contencioso Administrativo como aquellos que por su materia, conceptos de impugnación o cuantía se consideren de interés y trascendencia; así como aquellos que para su resolución resulte necesario establecer por primera vez, la interpretación directa de una ley, reglamento o disposición administrativa de carácter general; fijar el alcance de los elementos constitutivos de una contribución, hasta fijar jurisprudencia.

---

[8]   Se consideran como tales entre otras a las sociedades mercantiles, los organismos descentralizados que realicen preponderantemente actividades empresariales, las instituciones de crédito, las sociedades y asociaciones civiles, *véase* el primer párrafo del artículo 8º de la Ley del Impuesto Sobre la Renta.

[9]   Véase el tercer párrafo del artículo 8º de la Ley del Impuesto Sobre la Renta.

[10]   Véase los artículos 64 a 78 de la Ley del Impuesto Sobre la Renta.

La facultad de atracción respecto de juicios con características especiales, según el art. 13 del Reglamento Interior del Tribunal Federal de Justicia Fiscal y Administrativa, es de naturaleza discrecional y se ejercerá caso por caso, una vez que se haya determinado que se trata de juicios con características especiales, con las siguientes bases:

a. Cuando su cuantía tenga un valor controvertido superior a cinco mil veces el salario mínimo general del área geográfica correspondiente al Distrito Federal, elevado al año, vigente en el momento de la emisión de la resolución impugnada, y

b. Si para su resolución es necesario establecer por primera vez la interpretación directa de una ley, reglamento o disposición administrativa de carácter general, en las materias de equilibrio ecológico y de protección al medio ambiente, telecomunicaciones y competencia económica

IV. PARTES

El proceso contencioso administrativo federal, en el art. 3°, de la Ley Federal de Procedimiento Contencioso Administrativo, considera como partes a un actor, un demandado y a un tercero, resultando en la mayoría de los casos que el actor o demandante es un particular <de manera individual o colectiva>; afectado por un acto, una resolución definitiva o una negativa ficta de una autoridad administrativa, <aunque cabe la posibilidad de que pueda tratarse de una autoridad dependiente del poder legislativo, en los casos de resoluciones de la Auditoria Superior de la Federación, que depende de la Cámara de Diputados del Congreso de la Unión>, el demandado sería la autoridad que ha dictado la resolución impugnada y, el tercero, quien tenga un derecho incompatible con la pretensión del actor.

El actor debe contar con un interés jurídico directo, de carecer del mismo el juicio resulta improcedente (*Cfr.* art. 8, fracción I, 5 de la Ley Federal de Procedimiento Contencioso Administrativo), en complemento a lo anterior, la gestión de negocios se encuentra terminantemente prohibida por el art. 5 de la Ley Federal de Procedimiento Contencioso Administrativo.

Por lo que concierne al tercero, éste no es el supuesto común de la tercería de un interesado que cuente con autonomía en un litisconsorcio pasivo; es meramente un tercero que tiene interés directo en que no sea anulada la resolución impugnada, con lo cual actúa como simple coadyuvante de la autoridad demandada.

Mención especial debe efectuarse respecto del juicio de lesividad, referente a la instancia de la Administración para pedir dentro de un plazo determinado, la anulación de los actos ilegalmente emitidos y que hayan originado perjuicio a los intereses del Estado, en donde se tiene que el actor lo es la autoridad y el demandado el particular que cuenta con una resolución favorable a sus intereses.

V. PRINCIPIOS DEL PROCESO

Los principios que rigen a los diversos procesos jurisdiccionales en sus diversas ramas, se presentan de manera similar de alguna u otra forma en cada uno de ellos, no siendo la excepción el procedimiento contencioso administrativo que se instrumenta ante el Tribunal Federal de Justicia Fiscal y Administrativa. Sin embargo, existen diversos principios en el procedimiento contencioso administrativo y algunos de ellos no son comunes con los otros procesos, razón por la que se abordan conjuntamente.

1. *Respecto del proceso*

Los principios que se ubican en este apartado son los de: *definitividad, iniciativa de las partes e impulsión procesal, concentración, eventualidad, consumación procesal, economía procesal, publicidad, legalidad y congruencia.*

Se tiene el principio de *definitividad* el que consiste en que sólo será impugnable la resolución respecto de la cual se hubiese agotado ya el recurso administrativo con el que se buscaba obtener la modificación, revocación o nulidad del acto recurrido; o que su interposición sea optativa (*Cfr.* art. 14, Ley Orgánica del Tribunal Federal de Justicia Fiscal y Administrativa).

En cuanto al principio de *iniciativa de las partes e impulsión procesal*, se refiere a que el inicio del proceso debe ser llevado a cabo por las partes y no por el juzgador, así como que el proceso debe ser tramitado hasta su fin.

El principio de *concentración* procesal atiende a que se resuelvan todas las cuestiones en controversia en la sentencia definitiva (*Cfr.* art. 50, Ley Federal de Procedimiento Contencioso Administrativo), sus excepciones son las cuestiones incidentales de previo y especial pronunciamiento consistentes en la acumulación de autos, la incompetencia territorial, y la suspensión por causa de muerte, disolución, incapacidad o declaratoria de ausencia (*Cfr.* art. 29, Ley Federal de Procedimiento Contencioso Administrativo); las que se resuelven a través de una interlocutoria previamente al cierre de instrucción; así como las cuestiones incidentales de la nulidad de notificaciones y la recusación, que pueden ser promovidas hasta antes de dictarse sentencia (*Cfr.* art. 39, Ley Federal de Procedimiento Contencioso Administrativo).

Cabe señalar que el proceso básicamente cuenta con cinco etapas principales que son: demanda, contestación a la demanda, desahogo de pruebas, alegatos y sentencia; con lo cual conviene invocar el principio de *eventualidad*, consistente en que las partes deben hacer valer sus acciones o excepciones, así como ofrecer y desahogar las pruebas en el momento procesal oportuno y dentro de los términos que establezca la ley (*Cfr.* arts. 13, 17, 18, 19, 43, 44 y 47, Ley Federal de Procedimiento Contencioso Administrativo), como toda regla tiene su excepción y en el caso lo es la prueba superveniente (*Cfr.* art. 40, Ley Federal de Procedimiento Contencioso Administrativo)

Relacionado con el anterior, se encuentra el principio de *consumación procesal*, que prevé la extinción de los derechos y las facultades procesales una vez que se han ejercitado.

En lo que se refiere al principio de *economía procesal*, tiene como contenido el que el proceso se lleve a cabo en el menor lapso de tiempo, evitando actuaciones reiterativas o que lo demoren inútilmente.

El principio de *publicidad* considera que los juzgadores no deben de actuar en el secreto y por ello las audiencias deben ser públicas, excepto en los casos que la propia ley indiquen y que esencialmente se refieren a cuestiones administrativas, a la moral o interés público (*Cfr.* art. 33, Ley Orgánica del Tribunal Federal de Justicia Fiscal y Administrativa).

Por lo que toca al principio de oralidad y referente a la forma verbal que debía observarse en la audiencia de ley, es un principio que era común en el juicio de nulidad hasta el año de 1982, ya que partir de 1983 se suprimió la audiencia; algunos académicos estiman que debería de introducirse nuevamente, sin embargo la tendencia es contraria, para ello basta advertir la reciente reforma a la Ley Federal de Procedimiento Contencioso Administrativo publicada el 12 de junio de 2009 en el Diario Oficial de la Federación, que con la instauración del juicio en línea, alienta a la presentación de las promociones por medios informáticos. Con lo cual se advierte que la oralidad e incluso lo manuscrito van en desuso.

El principio de *legalidad* se observa en cuanto las actuaciones del juzgador se fundan y respaldan en la ley (*Cfr.* art. 50 Ley Federal de Procedimiento Contencioso Administrativo y 219 Código Federal de Procedimientos Civiles).

El principio de *congruencia* radica en que las sentencias que se emitan resulten congruentes con la litis planteada y lo resuelto (*Cfr* art. 50 Ley Federal de Procedimiento Contencioso Administrativo).

2. *Respecto de los elementos de convicción*

En este aspecto es donde quizás el proceso contencioso administrativo adquiere características propias y que lo diferencian notablemente de las otras clases de proceso, ya que además del sistema de valoración de pruebas con que cuenta, se tiene un principio de la presunción de legalidad de los actos de la autoridad, lo que influye definitivamente en la carga de la prueba entre las partes.

En efecto, el principio de la *presunción de legalidad* se encuentra vinculado a este proceso desde su origen en 1936, al establecerse en el art. 55, fracción IV, de la Ley de Justicia Fiscal, subsistiendo en la actual Ley Federal de Procedimiento Contencioso Administrativo en su art. 42 y en el diverso 8 de la Ley Federal de Procedimiento Administrativo.

Este principio que la ley le otorga a los actos de la autoridad, consiste en que las resoluciones emitidas por la autoridad se presumen válidas, salvo prueba en contrario del afectado; principio que trasciende a la carga de la prueba como ya se apunto es una presunción de hecho y que admite prueba en contrario[11].

Sin embargo, ante la negativa lisa y llana de la accionante de los hechos que motivan a la resolución impugnada, la demanda deberá probarlos; siendo reiterada la

---

[11]   *V.,* Esquivel Vázquez, Gustavo Arturo, "Reflexiones sobre la presunción de legalidad del acto administrativo en el derecho mexicano", en la *Revista de la Facultad de Derecho de México,* editada por la Universidad Nacional Autónoma de México, Tomo LVIII, julio-diciembre 2008, N° 250, 1ª edición, 2008, México, D.F., México, pp. 233 a 243.

opinión del Tribunal Federal de Justicia Fiscal y Administrativa de que la presunción de validez no libera a la autoridad de demostrar los hechos que sustentan su acto.

Por otra parte, el juzgador tiene atribuida la facultad de mejor proveer y que coincidiría con el principio *inquisitivo* de ordenar la exhibición de cualquier documento o la práctica de cualquier diligencia que guarde relación con los puntos controvertidos (*Cfr.* art. 41, Ley Federal de Procedimiento Contencioso Administrativo).

El principio de *adquisición procesal* tiene cabida dentro del juicio de anulación, en cuanto que consiste en que las pruebas rendidas por alguna de las partes, le es útil a todas las partes y no únicamente a quien la ofreció.

En cuanto a la valoración de las pruebas, esencialmente se contiene el principio de la *sana crítica*, principio sintético de los de valoración libre y valoración tasada, en cuanto otorga cierta libertad al juzgador para que con criterio autónomo de apreciación de los elementos de convicción y del enlace de las pruebas rendidas así como de las presunciones formadas, adquiera una convicción diversa sobre los hechos controvertidos, la Sala puede apartarse de las reglas que establece la Ley Federal de Procedimiento Contencioso Administrativo con la exigencia de motivar su decisión con los razonamientos correspondientes para justificarla (*Cfr.* art. 44 Ley Federal de Procedimiento Contencioso Administrativo).

3. *En relación a las partes*

La Ley Federal de Procedimiento Contencioso Administrativo determina a las partes en el proceso contencioso administrativo, que además de la parte actora, la demandada y el tercero, contempla la posibilidad de que sin contar con ninguna de las anteriores calidades, la Secretaría de Hacienda y Crédito Público pueda apersonarse en juicios en que se controvierta el interés fiscal (*Cfr.* Art. 3° Ley Federal de Procedimiento Contencioso Administrativo).

Quizás en lo relativo a las partes es en donde se podría corroborar la particularidad del proceso contencioso administrativo en comparación a los demás procesos; puesto que la autoridad mantiene una situación más favorable que la de su contraparte, al contar con la posibilidad de que comparezca un tercero con intereses contrarios a los de su contraria.

Por lo que corresponde a la parte actora, comúnmente es un gobernado que solicita la anulación de la resolución que afecte sus intereses, resolución que puede ser expresa o una negativa ficta.

Existe la posibilidad de que la autoridad sea actora, lo que sucede en el juicio denominado de lesividad, en donde se solicita la anulación de una resolución favorable al particular, atendiendo a la regla de que no puede revocarse por propia iniciativa de la autoridad una resolución que establezca derechos a favor de un particular (*Cfr.* arts. 34 y 36, Código Fiscal de la Federación).

La parte demandada generalmente será la autoridad que dictó la resolución cuya nulidad se solicita. Como se indicó en párrafos anteriores, en el juicio de lesividad se invierten los papeles y el demandado será el particular a quien favorezca la resolución cuya modificación o nulidad hubiese sido solicitada por la autoridad.

El tercero será un interesado que tenga un derecho incompatible con la pretensión del demandante, con lo que se corrobora cierto desequilibrio en la paridad que debe de existir entre las partes, toda vez que el particular actor carece de coadyuvantes.

Ahora bien el principio de *Igualdad* consistente en que las partes en el proceso deben gozar del mismo trato y oportunidades de hacer valer sus derechos, este principio no es estrictamente aplicable al proceso contencioso administrativo, pues como ya se advirtió, la autoridad goza de ciertos privilegios en cuanto a la conformación de las partes y el principio de validez de la resolución impugnada; sin embargo en cuanto a la posibilidad de impugnar las sentencias del Tribunal Federal de Justicia Fiscal y Administrativa, el desequilibrio es a favor del gobernado, pues siempre se encontrará en aptitud de interponer el juicio de amparo.

En cambio la autoridad administrativa podrá de manera restringida impugnar las sentencias del Tribunal Fiscal de la Federación, por rebasar cierta cuantía o por la materia de los asuntos (*Cfr.* art. 63 Ley Federal de Procedimiento Contencioso Administrativo).

Otro principio que rige el proceso contencioso administrativo lo es el de *probidad*, que contempla que el proceso es de buena fe, por lo que ante un incidente, recurso o una promoción notoriamente maliciosa, se deberá desechar de plano sin mandar correr traslado a su contraparte, ni formar artículo (*Cfr.* art. 57 Código Federal de Procedimientos Civiles).

Incluso, ante la promoción frívola e improcedente de un incidente de previo y especial pronunciamiento o una queja, el juzgador puede sancionar al promovente que pretende dilatar el proceso innecesariamente o intentar el cumplimiento de una sentencia vía queja, cuando aún no exista una resolución definitiva (*Cfr* arts. 29 *in fine* y 58 fracción IV, de la Ley Federal de Procedimiento Contencioso Administrativo).

Finalmente, el principio de *Investidura judicial*; exige a quienes acuden al Tribunal a que lo hagan con el debido respeto a la investidura de quien administra justicia, contando con el respaldo de la ley para que se le guarde el respeto y la consideración debidos, tanto por los litigantes y personas que ocurran a los tribunales, por lo que ante la conducta irrespetuosa se tiene la posibilidad de aplicar las sanciones correspondientes (*Cfr* arts. 37, fracción III, de la Ley Orgánica del Tribunal Federal de Justicia Fiscal y Administrativa y 54 Código Federal de Procedimientos Civiles).

Como se puede advertir, los principios que se observan dentro del Procedimiento Contencioso Administrativo tienen como propósito el que este sea de buena fe, que se desarrolle de la forma más expedita posible, que sea un proceso que brinde certeza y seguridad jurídica a las partes; obteniéndose una justicia administrativa completa y eficaz.

VI. OBJETO DEL PROCESO

En el proceso contencioso administrativo se desarrollan una serie de actividades cuyo objeto es la declaración de voluntad por la que se solicita del juzgador una actuación frente a una persona determinada y diferente del accionante de la declaración, sobre tal supuesto las partes argumentarán si resulta procedente y fundada la pretensión del demandante y el tribunal decidirá lo correspondiente.

Ahora bien, la serie de actividades da inicio con la presentación del escrito de demanda, en donde se indica cual es la pretensión del actor o en caso de desconocimiento del contenido del acto o resolución que impugna, que le sea presentada a efecto de que vía ampliación de demanda, se encuentre en aptitud de formular los argumentos conducentes.

Generalmente se solicita la nulidad de un acto o resolución, pero también resulta posible obtener:

a. La declaración de la existencia de un derecho subjetivo y condenar al cumplimiento de la obligación correlativa,

b. El otorgamiento o restitución al accionante en el goce de los derechos afectados (*Cfr.* art. 52, fracción V, Ley Federal de Procedimiento Contencioso Administrativo).

1. *Demanda*

El escrito inicial de demanda debe ser presentado o enviado en línea a la Sala Regional que resulte competente territorialmente, dentro de un plazo de cuarenta y cinco días siguientes al en que hubiera surtido efectos la notificación de la resolución impugnada o después de tres meses en el supuesto de una negativa ficta, cumpliendo con los requisitos básicos de mencionar (*Cfr.* arts. 13 y 14 de la Ley Federal de Procedimiento Contencioso Administrativo):

a. Los datos de identificación del actor y domicilio o dirección electrónica para recibir notificaciones.

b. Identificar la resolución que impugna, que puede ser una resolución definitiva, un decreto, acuerdo, acto o resolución de carácter general.

c. La autoridad o autoridades demandadas o el nombre y domicilio del particular en el supuesto de juicio de lesividad.

d. Los hechos que motivan al escrito de demanda.

e. Las pruebas que ofrezca.

f. Los conceptos de impugnación.

g. El nombre y domicilio del tercero interesado, de existir, y

h. La pretensión que se pide, precisando en caso de solicitar una sentencia de condena, las cantidades o actos cuyo cumplimiento se demanda.

Al escrito de demanda deberán anexarse (*Cfr.* art. 15 de la Ley Federal de Procedimiento Contencioso Administrativo):

a. Una copia del documento que contenga la demanda y de los anexos para cada una de las partes.

b. El documento con que se acredite la personalidad con que se ostenta o, que ya le hubiese sido reconocida por la autoridad demandada o, los datos del registro del documento con la que este acreditada ante el Tribunal Federal de Justicia Fiscal y Administrativa, cuando no gestione en nombre propio.

c. El documento que contenga la resolución impugnada.

d. En el caso que se trate de la impugnación de una resolución negativa ficta o la confirmación ficta de un acto recurrido administrativamente, se acompañara una copia en la que conste el sello de recepción de la instancia no resuelta expresamente por la autoridad.

e. La constancia de la notificación de la resolución impugnada, y

f. Las pruebas ofrecidas

2. *Contestación de demanda*

La demanda deberá ser contestada por el demandado y en su caso por el tercero en un plazo de cuarenta y cinco días siguientes al en que hubiera surtido efectos la notificación del auto admisorio, con la prevención de que si no se produce la contestación a tiempo o no se refiere a todos los hechos, se tendrán como ciertos los que el actor impute de manera precisa al demandado, excepto que por las pruebas rendidas o por hechos notorios resulten desvirtuados (*Cfr.* art. 19, de la Ley Federal de Procedimiento Contencioso Administrativo).

Adicionalmente, se establece en el art. 22, de la Ley Federal de Procedimiento Contencioso Administrativo que en la contestación de la demanda no podrán modificarse los fundamentos de derecho de la resolución impugnada, que en el supuesto de resolución negativa ficta, la autoridad demandad expresará los hechos y el derecho en que se sustenta la misma, siendo posible que antes del cierre de instrucción se allane a las pretensiones del demandante o revocar la resolución impugnada.

La contestación deberá mencionar (*Cfr.* arts. 19, 20, 58-B y 58-C de la Ley Federal de Procedimiento Contencioso Administrativo):

a. Los incidentes de previo y especial pronunciamiento, que tengan lugar.

b. Las causales de improcedencia y sobreseimiento.

c. La solventación de los hechos expresados en la demanda.

d. La refutación de los conceptos de impugnación de la demanda.

e. La refutación del derecho a indemnización que solicite la actora.

f. Las pruebas que ofrezca.

Al escrito de contestación de demanda deberán anexarse (*Cfr.* art. 21, de la Ley Federal de Procedimiento Contencioso Administrativo):

a. Copias del escrito de contestación y sus anexos para el demandante y el tercero.

b. El documento con que acredite su personalidad, cuando el demandado sea un particular en juicio de lesividad y no gestione en nombre propio.

c. Las pruebas que ofrezca.

3. *Ampliación de demanda y contestación a la ampliación de demanda*

Los supuestos en que puede ampliarse la demanda en un plazo de veinte días siguientes a aquel en que surta efectos la notificación del acuerdo que admita su contestación, (*Cfr.* art. 17, de la Ley Federal de Procedimiento Contencioso Administrativo) son los siguientes:

a. Negativa ficta.

b. Cuando se den a conocer el acto principal del que derive la resolución impugnada en la demanda, así como su notificación, cuando se den a conocer en la contestación.

c. En los supuestos en que el actor sabe de la existencia del acto impugnado y afirmó desconocer su contenido, exhibiendo la demanda la constancia de notificación o la resolución impugnada o, ambas.

d. Cuando sean introducidas cuestiones por la demandada y no signifiquen la modificación de la fundamentación de la resolución impugnada; que no sean del conocimiento del actor al presentar la demanda y

e. Cuando se plantee el sobreseimiento de la demanda por extemporaneidad.

La autoridad y el tercero en su caso deberán contestar la demanda en un término de veinte días siguientes a aquel en que surta efectos la notificación del acuerdo que admita la ampliación de demanda.

4. *Incidentes de previo y especial pronunciamiento*

Los incidentes de previo y especial pronunciamiento que se contemplan en el art. 29, de la Ley Federal de Procedimiento Contencioso Administrativo son los que enseguida se enlistan:

a. Incompetencia en razón de territorio.

b. Acumulación de autos.

c. Nulidad de notificaciones.

d. Recusación por causa de impedimento del Magistrado o perito tercero.

e. La reposición de autos, y

f. La interrupción por causa de muerte, disolución, declaratoria de ausencia o incapacidad

Con la promoción de alguno de los incidentes mencionados se suspende el juicio en lo principal hasta que sea resuelta previamente lo incidental, limitándose la promoción hasta antes de que quede cerrada la instrucción, para el supuesto de incompetencia, acumulación de autos y recusación.

5. *Incidentes que no son de previo y especial pronunciamiento*

Los incidentes que según los arts. 6, 25, y 36 de la Ley Federal de Procedimiento Contencioso Administrativo, no son de previo y especial pronunciamiento lo son:

a. El de falsedad de documentos.

b. El de condenación en costas o de indemnización, y

c. El de indemnización por daños y perjuicios por desacato a una medida cautelar.

Los dos últimos de los incidentes mencionados que se tramitarán una vez concluido el juicio; son una novedad, el de condenación en costas o de indemnización, regulado en el art. 6°, de la Ley Federal de Procedimiento Contencioso Administrativo, entró vigor a partir de 2006, teniendo como antecedente un incidente previsto en el art. 34, de la Ley del Servicio de Administración Tributaria, que sólo aplicaba para los actos impugnados del Servicio de Administración Tributaria, con lo cual ahora resulta generalizado.

La condenación en costas únicamente tendrá lugar a favor de la autoridad demandada, cuando se controviertan resoluciones con propósitos notoriamente dilatorios, considerándose que se surte tal supuesto, cuando al dictarse una sentencia que reconozca la validez de la resolución impugnada, se beneficia económicamente por la dilación en el cobro, ejecución o cumplimiento, siempre que los conceptos de impugnación formulados en la demanda sean notoriamente improcedentes o infundados.

La autoridad a su vez deberá indemnizar al particular afectado por el importe de los daños y perjuicios causados, cuando cometa falta grave al dictar la resolución y no se allane al contestar la demanda en el concepto de impugnación de que se trata, estimándose que se trata de falta grave cuando:

a. Se anule por ausencia de fundamentación o de motivación, en cuanto al fondo o a la competencia.

b. Resulte contraria a una jurisprudencia de la Suprema Corte de Justicia de la Nación en materia de legalidad, siempre que la jurisprudencia este publicada con anterioridad a la contestación de la demanda, o

c. Se anule por haberse dictado la resolución administrativa en ejercicio de facultades discrecionales que no correspondan a los fines para los cuales la ley confiera tales facultades, lo que se considera desvío de poder.

En el caso de indemnización por daños y perjuicios por desacato a una medida cautelar, se tiene que en el supuesto de que el obligado por las medidas cautelares no las observe, la Sala determinará en su caso, la nulidad de las actuaciones efectuadas con violación a las medidas cautelares decretadas y el solicitante de la medida cautelar tendrá derecho a una indemnización por daños y perjuicios, la que será a cuenta de la unidad administrativa en la que preste sus servicios el servidor público, según el art. 25, de la Ley Federal de Procedimiento Contencioso Administrativo.

6. *Cierre de instrucción*

Una vez que se hubiese concluido la sustanciación del juicio y no exista ninguna cuestión pendiente que impida su resolución, se indicará a las partes que cuentan con plazo de cinco días para formular sus alegatos, que de resultar oportunos y procedentes deberán ser considerados al dictarse sentencia, según el artículo 47, de la Ley Federal de Procedimiento Contencioso Administrativo, una vez transcurrido tal plazo, se deberá declarar cerrada la instrucción y dictarse la sentencia correspondiente.

VII. PROVIDENCIAS CAUTELARES

Con anterioridad a la regulación en el proceso contencioso administrativo, las providencias precautorias o cautelares, se limitaban a la suspensión de los actos de ejecución de las providencias administrativas, con un carácter principalmente conservativo, providencia que debía solicitarse a la autoridad administrativa ejecutora.

En 2001, se estableció la posibilidad de solicitar en el proceso contencioso administrativo la suspensión de la ejecución del acto impugnado y con la entrada en vigor en 2006 de la Ley Federal de Procedimiento Contencioso Administrativo, no solamente se estableció la posibilidad de solicitar en el proceso contencioso administrativo la suspensión de la ejecución del acto impugnado, también se instauró la posibilidad de obtener una medida cautelar positiva, situación que es un gran avance en esta materia, ya que tal posibilidad no se encuentra contemplada en la Ley de Amparo.

Las providencias precautorias se encuentran reguladas en dos vertientes, medidas cautelares y suspensión de la ejecución del acto administrativo impugnado. En ambos supuestos es presupuesto el *periculum im mora*, la existencia de un peligro surgido de la demora en la substanciación y resolución del proceso.

1. *Medidas cautelares*

Las medidas cautelares según el art. 24, de la Ley Federal de Procedimiento Contencioso Administrativo, podrán decretarse para conservar la situación de hecho existente, que eviten que la resolución controvertida pueda dejar sin materia o causar un daño irreparable al actor, excepto en los casos en que se cause perjuicio al interés social o se contravengan disposiciones de orden público.

Una vez admitido el incidente de petición de medidas cautelares, se solicitará por el Magistrado Instructor un informe a la autoridad administrativa a quien se atribuya el acto administrativo o los hechos objeto de la controversia, en un plazo de tres días y fenecido tal plazo se dictará por la Sala la resolución incidental correspondiente.

En el supuesto de que el obligado por las medidas cautelares no las observe, la Sala determinará en su caso, la nulidad de las actuaciones efectuadas con violación a las medidas cautelares decretadas y sancionará al renuente con una multa por el equivalente de uno a tres tantos del salario mínimo general del área geográfica correspondiente al Distrito Federal, elevado al mes, siendo de destacarse que en este supuesto el solicitante de la medida cautelar tendrá derecho a una indemnización por daños y perjuicios, la que será a cuenta de la unidad administrativa en la que preste sus servicios el servidor público, según el art. 25, de la Ley Federal de Procedimiento Contencioso Administrativo.

La medida cautelar positiva podrá ser decretada por la Sala, según el art. 26, de la Ley Federal de Procedimiento Contencioso Administrativo, entre otros supuestos, en el caso de situaciones jurídicas duraderas, se produzcan daños substanciales al actor o una lesión importante del derecho que pretende, por el mero transcurso del tiempo.

Cuando las medidas cautelares puedan causar daños a terceros, el art. 27, de la Ley Federal de Procedimiento Contencioso Administrativo, prevé que la Sala las decretará condicionada a que el actor otorgue garantía bastante para reparar a través de una indemnización el daño y los perjuicios que con aquellas puedan producirse, en el supuesto de que no se obtenga sentencia favorable en el juicio; encontrándose el tercero en posibilidad de otorgar caución bastante para indemnizar el daño y los perjuicios que pudieran causarse por subsistir las medidas cautelares, con lo cual quedarían sin efectos.

A su vez la autoridad administrativa, puede obligarse a resarcir el daño y los perjuicios que se pudieran causar al particular, en ese supuesto, la Sala ponderando las circunstancias respectivas, podrá abstenerse de dictar las medidas cautelares, con la salvedad de que de resultar adversa la sentencia definitiva a la autoridad, se deberá condenar a pagar la indemnización administrativa correspondiente.

2. *Suspensión del acto impugnado*

La solicitud de suspensión del acto impugnado contempla dos presupuestos, el primero, que en el caso de que el particular hubiese solicitado ante la autoridad administrativa ejecutora la suspensión del acto administrativo, ésta niega la suspensión, rechaza la garantía o reinicia la ejecución, encontrándose ya en trámite el juicio, el interesado puede interponer el incidente contradictorio ante la Sala; el segundo es la solicitud directa ante la Sala de la suspensión de la ejecución del acto impugnado.

Para ambos casos, la suspensión provisional o la definitiva de conformidad al art. 28, de la Ley Federal de Procedimiento Contencioso Administrativo procederá cuando con su concesión no se afecte al interés social, no se contravenga disposiciones de orden público o quede sin materia el juicio y, se adecue a los siguientes supuestos:

a. Que no se trate de actos consumados irreparablemente.

b. Que causen al actor daños mayores de no concederse la suspensión y,

c. Que sin prejuzgar acerca del fondo de la cuestión planteada, se advierta claramente la ilegalidad manifiesta del acto administrativo controvertido, lo que se conoce como la apariencia del buen derecho.

Al igual que en el caso de la medida cautelar, de encontrarse involucrado un tercero en el juicio, deberá ofrecerse garantía para reparar el daño o indemnizar los perjuicios que pudieran ocasionarse con el otorgamiento de la suspensión, de no obtenerse sentencia favorable.

La Sala juzgadora se encuentra facultada para disminuir el monto de la garantía, cuando se este en el supuesto de que los créditos fiscales excedan la capacidad económica del solicitante de la suspensión o, se trate de un tercero distinto al sujeto obligado de manera directa o solidaria al pago del crédito fiscal.

VIII. RESOLUCIÓN DEFINITIVA

La resolución final del proceso contencioso administrativo puede ser a través de una sentencia interlocutoria de sobreseimiento, lo que es llamada una terminación anormal o por una sentencia definitiva, que es una terminación normal.

La terminación anormal es por una sentencia en la que no se entra al fondo de la cuestión planteada, declarándose el sobreseimiento del juicio por alguna de las causales que establece el art. 9, de la Ley Federal de Procedimiento Contencioso Administrativo que son las siguientes:

a. Desistimiento del demandante

b. Aparición de alguna causal de improcedencia del juicio

c. Fallecimiento del actor durante el juicio y su pretensión resulte intransmisible o, el deceso deje sin materia el juicio.

d. Revocación del acto o resolución impugnada, condicionada a que se satisfaga la pretensión del demandante.

e. Por quedar sin materia el juicio y,

f. Por disposición legal exista impedimento para emitir resolución en cuanto el fondo.

El juicio terminará normalmente con una sentencia, que puede anular o reconocer la legalidad de la resolución controvertida, siendo las causales de anulación de conformidad con el art. 51, de la Ley Federal de Procedimiento Contencioso Administrativo las siguientes:

a. Incompetencia del funcionario que la haya dictado, ordenado o tramitado el procedimiento del que deriva dicha resolución.

b. Omisión de los requisitos formales exigidos por las leyes siempre que afecte las defensas del particular y trascienda al sentido de la resolución impugnada, inclusive la ausencia de fundamentación o motivación.

c. Vicios del procedimiento siempre que afecten las defensas del particular y trasciendan al sentido de la resolución impugnada.

d. Si los hechos que la motivaron no se realizaron, fueron distintos o se apreciaron en forma equivocada, o bien si se dictó en contravención de las disposiciones aplicadas o dejó de aplicar las debidas, en cuanto al fondo del asunto, y

e. Cuando la resolución administrativa dictada en ejercicio de facultades discrecionales no corresponda a los fines para los cuales la ley confiera dichas facultades.

Este proceso contencioso administrativo es de plena jurisdicción y se corrobora con las calidades de declaratoria que pueden dictarse, según el art. 52, de la Ley Federal de Procedimiento Contencioso Administrativo, ya que adicionalmente a las declaratorias tradicionales de validez de la resolución impugnada, de nulidad lisa y llana o para efectos; también podrá reconocer:

a. Al actor la existencia de un derecho subjetivo y condenar al cumplimiento de la obligación correlativa.

b. Otorgar o restituir al actor en el goce de los derechos afectados y,

c. Declarar la nulidad del acto o resolución administrativa, caso en que cesarán los efectos de los actos de ejecución que afectan al demandante, inclusive el primer acto de aplicación que hubiese impugnado

Adicionalmente, en el supuesto de anulación de sanciones, si el Tribunal advierte que la sanción es excesiva porque no se motivó adecuadamente o no se dieron los hechos agravantes de la sanción, deberá reducir el importe de la sanción apreciando libremente las circunstancias que le dieron lugar.

En la sentencia definitiva, por otra parte se podrá declarar el derecho a una indemnización, ya sea por costas a favor de la autoridad demandada o por daños y perjuicios en contra de la autoridad administrativa, por la abstención de dictar una medida cautelar, solicitada por la autoridad.

Como se mencionó con anterioridad[12], la condenación en costas únicamente tendrá lugar a favor de la autoridad demandada, cuando se controvirtió una resolución con propósitos notoriamente dilatorios, ya que los conceptos de impugnación formulados en la demanda fueron notoriamente improcedentes o infundados, se dicta sentencia que reconoce la validez de la resolución impugnada y la condena al pago de costas.

En lo concerniente a la indemnización administrativa, el Tribunal al dictar una sentencia contraria a los intereses de la autoridad, habiendo ésta última solicitado a la Sala que no dictase las medidas cautelares requeridas por el demandante[13], condenará a la autoridad a pagar la indemnización administrativa correspondiente.

IX. EJECUCIÓN DE SENTENCIA

A diferencia de la regulación anterior contenida en el título VI del Código Fiscal de la Federación, la vigente Ley Federal de Procedimiento Contencioso Administrativo en su capítulo IX *Del cumplimiento de la Sentencia y de la Suspensión* ha sido fortalecida en cuanto a la ejecución de las sentencias dictadas por el Tribunal.

X. DE LA SENTENCIA DEFINITIVA

El procedimiento de Queja contemplado en el artículo 58, fracciones I y II, de la Ley Federal de Procedimiento Contencioso Administrativo, consiste en que una vez fenecido el plazo según el art. 57, de la Ley Federal de Procedimiento Contencioso Administrativo, de un mes si se trata de sentencia definitiva de condena o de cuatro meses si se está en el supuesto de una sentencia definitiva que declaró la nulidad para efectos, si se trata de una violación de procedimiento o por vicios formales; el Tribunal Federal de Justicia Fiscal y Administrativa puede actuar a petición de parte o de oficio.

---

[12]   *V.,* el apartado VI, 5.
[13]   *V.,* el apartado VII, 1.

Si es de oficio, se requerirá a la autoridad demandada un informe dentro de los tres días siguientes, concluido el plazo mencionado con informe o sin él, se resolverá acerca de la existencia o no de incumplimiento injustificado de la sentencia correspondiente.

De resolverse en la Queja que existe incumplimiento injustificado de la sentencia, podrá imponerse una multa de apremio y exigírsele que cumpla en un plazo de tres días; si existe renuencia, se informará al superior jerárquico y podrá requerírsele para que en un plazo de tres días obligue a la renuente a cumplir lo sentenciado, en el supuesto de persistir el incumplimiento se sancionará con una multa de apremio al superior jerárquico.

En el supuesto de que la naturaleza del acto lo permita, podrá comisionarse a un funcionario jurisdiccional que por la naturaleza de sus funciones se estime más adecuado, para que de cumplimiento a la sentencia.

A petición de parte podrá acudirse en Queja por el incumplimiento a la sentencia, que puede producirse por omisión, defecto, exceso o repetición del acto impugnado, de resultar fundada; en un plazo de quince días siguientes a aquél en que surtió efectos la notificación del acto, resolución o manifestación que la provoca, en el supuesto de omisión puede interponerse la queja en cualquier tiempo después del plazo según el art. 57, de la Ley Federal de Procedimiento Contencioso Administrativo, de un mes si se trata de sentencia de condena o de cuatro meses si se está en el supuesto de una declaratoria de nulidad para efectos, si se trata de una violación de procedimiento o por vicios formales; limitado a que hubiese prescrito el derecho del quejoso.

Se solicitará el informe respectivo dentro de un plazo de cinco días en el que la autoridad demandada deberá justificar su omisión o acto; una vez concluido el plazo mencionado con informe o sin él, se resolverá acerca de la existencia o no de incumplimiento injustificado de la sentencia correspondiente.

De tratarse de una repetición de la resolución declarada nula, se efectuará la declaratoria de anulación correspondiente y se prevendrá a la autoridad para que se abstenga de incurrir en nuevas repeticiones, adicionalmente se le impondrá una multa y se informará al superior jerárquico de tal situación.

Por otra parte, si se trata de un cumplimiento defectuoso o excesivo, se dejará sin efectos la resolución que dio origen a la Queja y se concederá a la autoridad demandada un plazo de veinte días para que dé el cumplimiento debido.

Supuesto especial lo es el relativo a que, si en la sentencia se declaró la nulidad para el efecto de que la autoridad demandada diese inicio a un procedimiento o a emitir una nueva resolución, siempre que se trate de un procedimiento oficioso, y la autoridad la emitió fuera del plazo legal ya antes mencionado de cuatro meses, la Queja la anulará.

Para el supuesto comprobado y justificado de imposibilidad de cumplir con la sentencia, se ordenará por el Tribunal el cumplimiento sustituto y se ordenará instruir el incidente respectivo, aplicando en forma supletoria el Código Federal de Procedimientos Civiles.

De existir una resolución definitiva y la Sala encuentra improcedente la queja, será tramitada como juicio nuevo, otorgándosele la oportunidad de que adecue su escrito a los requisitos de una demanda

Con el objeto de evitar quejas notoriamente improcedentes contra actos que no resultan definitivos, la Ley Federal de Procedimiento Contencioso Administrativo contempla la posibilidad de sancionar al promovente.

1. *De la sentencia de suspensión*

La autoridad debe acatar la sentencia que conceda la suspensión definitiva del acto impugnado, de no cumplirse con la orden de suspensión, procede la queja, tramitándose ante el Magistrado Instructor, que requerirá el informe correspondiente dentro de un plazo de cinco días, concluido el plazo mencionado con informe o sin él, se resolverá acerca del incumplimiento de la suspensión otorgada, de considerarse procedente y fundada la queja, se declarará la nulidad de las actuaciones efectuadas en violación a la suspensión, además se notificará la sentencia al superior del funcionario responsable, para que proceda jerárquicamente y se impondrá al funcionario responsable una multa.

XI. IMPUGNACIÓN DEL PROCESO

Las resoluciones emitidas por el Tribunal Federal de Justicia Fiscal y Administrativa podrán ser impugnadas, según sea el caso, ante el propio Tribunal o ante un órgano jurisdiccional diverso, como lo es el poder judicial federal.

1. *Recurso procesal*

El único recurso que se puede intentar ante el propio Tribunal Federal de Justicia Fiscal y Administrativa, lo es el de Reclamación, contemplado en los arts. 28, fracción X, 59 y 62 de la Ley Federal de Procedimiento Contencioso Administrativo.

De manera general, la Reclamación procede en contra de resoluciones del Magistrado instructor, que:

a. Admitan, desechen o tengan por no presentada la demanda, la contestación o la ampliación de ambas.

b. Desechen pruebas.

c. Decreten o nieguen el sobreseimiento, y

d. Admitan o rechacen la intervención del tercero.

El recurso es presentado dentro de un plazo de quince días, a partir de que surta efectos la notificación correspondiente, se corre traslado a la contraparte por cinco días y se dictará de manera colegiada por los tres integrantes de la Sala, la sentencia interlocutoria correspondiente.

Para el supuesto del otorgamiento de la suspensión provisional por el Magistrado instructor, de manera limitativa únicamente la autoridad administrativa podrá recurrir tal resolución.

La sentencia interlocutoria que conceda o niegue la suspensión definitiva, podrá ser impugnada dentro de un plazo de cinco días, a partir de que surta efectos la notificación correspondiente, se corre traslado a la contraparte por cinco días, la resolución correspondiente será dictada por una de las Secciones de la Sala Superior.

2. *Procesos de impugnación ante órgano jurisdiccional diverso*

Para el supuesto de resoluciones dictadas durante la tramitación del proceso contencioso administrativo del Tribunal, que no puedan ser susceptibles de ser impugnadas con el recurso de Reclamación, podrá intentarse el juicio de amparo indirecto ante el poder judicial federal[14].

Las resoluciones definitivas que concluyan el proceso, pueden ser impugnadas por el particular a través del juicio de amparo directo, en donde se podrán hacer valer cuestiones relativas a errores en el juzgamiento, vicios en el proceso o de constitucionalidad[15]

Las autoridades administrativas podrán controvertir mediante recurso de Revisión, que es previsto en el art. 63 de la Ley Federal de Procedimiento Contencioso Administrativo, las resoluciones que dicten o nieguen el sobreseimiento, las dictadas en materia de indemnización por daños y perjuicios decretados por el Tribunal Federal de Justicia Fiscal y Administrativa y las sentencias definitivas.

La Revisión será resuelta por el Poder Judicial de la Federación y es limitada, en cuanto a su procedencia a los siguientes supuestos:

a. Cuantía superior a tres mil quinientas veces el salario mínimo general diario del área geográfica correspondiente al Distrito Federal, vigente al momento de la emisión de la resolución o sentencia.

b. Importancia y trascendencia <si la cuantía es inferior al monto mínimo ya señalado o la cuantía resulte indeterminada>, debiéndose razonar y justificar tal situación.

c. Cuando el acto impugnado hubiese sido dictado por el Servicio de Administración Tributaria de la Secretaria de Hacienda y Crédito Público o por autoridades coordinadas fiscalmente en materia federal.

d. La resolución cuestionada en juicio, hubiese sido dictada en materia de la Ley Federal de Responsabilidades Administrativas de los Servidores Públicos.

e. Sea una resolución dictada en materia de comercio exterior.

f. La resolución impugnada verse en materia de aportaciones de seguridad social, cuando el asunto se trate de la determinación de sujetos obligados, de conceptos que integren la base

---

[14] El juicio de amparo tiene sus propios requisitos de procedencia, *véase* el artículo 114 y ss de la Ley de Amparo y para profundizar sobre el tema, el libro *El juicio de amparo*, de Ignacio Burgoa Orihuela, editado por Edit. Porrúa, en México.

[15] *V.,* el artículo 158 y ss de la Ley de Amparo y para abundar sobre el tema, el libro *El juicio de amparo*, de Ignacio Burgoa Orihuela, editado por Edit. Porrúa, en México.

de cotización o sobre el grado de riesgo del trabajo o sobre cualquier aspecto relacionado con pensiones que otorga el Instituto de Seguridad y Servicios Sociales de los Trabajadores del Estado.

g. La declaratoria de indemnización por daños y perjuicios que obligue al Servicio de Administración Tributaria de la Secretaria de Hacienda y Crédito Público.

h. La resolución sobre la condena en costas o indemnización por daños y perjuicios a que se alude en el artículo 6 de la Ley Federal de Procedimiento Contencioso Administrativo, y

i. Una resolución dictada con motivo de las reclamaciones previstas en la Ley Federal de Responsabilidad Patrimonial del Estado

XII. JUICIO EN LÍNEA

Los aspectos generales del juicio en línea, según Jiménez Illescas son los siguientes:

- "Será optativo para el demandante elegir entre el juicio en la vía tradicional y el substanciado en línea. Así, de elegir esta opción la misma será obligatoria para la autoridad demandada. Por lo que respecta al juicio de lesividad, la opción de elegir será del demandado.

- Le aplicarán todas las disposiciones de la ley Federal de Procedimiento Contencioso Administrativo, salvo por las particularidades que se prevén en el capítulo X (denominado De la substanciación y Resolución del Juicio) de la citada Ley.

- La creación de un sistema electrónico denominado sistema de Justicia en Línea en el que se registrará, controlará, procesará, almacenará, difundirá, transmitirá, gestionará y notificará todo el procedimiento. En él se integrará el expediente electrónico del juicio, que incluirá: promociones, resoluciones, oficios, documentos, actuaciones, constancias, notificaciones, solicitudes, incidentes, recursos de reclamación, aclaraciones de sentencia, quejas y demás actos y hechos jurídicos que deriven de la substanciación del juicio.

- No aplicará para la presentación y trámite de los recursos de revisión y juicios de amparo que se promuevan contra las actuaciones y resoluciones derivadas del Juicio en Línea.

- Se registrarán autorizados y delegados de las partes (previa solicitud) proporcionándoles su firma electrónica avanzada, clave de acceso y contraseña.

- El Tribunal, por medio de acuerdos reglamentarios, dará a conocer los lineamientos técnicos y formales que deberán observarse por las partes.

- Las pruebas documentales electrónicas tendrán el mismo valor probatorio que su constancia física.

- No deberán exhibirse copias para traslados, con lo que se economizará y evitará en gran medida el uso excesivo de papel y el manejo indiscriminado del mismo.

- En relación al procedimiento para la notificación de acuerdos y demás resoluciones, se establece que las de carácter personal se harán a través del correo electrónico que señalen las partes, con la cual el Actuario elaborará minuta en la que precise la actuación a notificar y los documentos que se adjuntan. Finalmente, como medida de seguridad, el sistema electrónico del Tribunal registrará la fecha y hora en que se efectúe el envío.

- La notificación se tendrá por legalmente practicada cuando el sistema electrónico genere el acuse de recibo donde conste la fecha y hora en que se ha recibido el mensaje enviado, y surtirá efectos a partir del día hábil siguiente a la fecha en que se realizó.

- Se computarán hábiles las 24 horas de los días en que se encuentren abiertas al público las oficinas del Tribunal.

- Las autoridades demandadas deberán registrar a las unidades administrativas jurídicas que los representen durante el periodo de *vacatio legis*, señalando su dirección de correo electrónico.

- También se reforma la Ley Orgánica del Tribunal, en lo relativo a las facultades del Secretario General, de los secretarios de Acuerdos de Sala Superior y de Salas Regionales para la implementación del Juicio en Línea, como sería imprimir y certificar las constancias electrónicas del juicio.

- En los artículos transitorios del decreto de reformas se establece que los juicios en trámite se continuarán substanciando conforme al procedimiento vigente (no electrónico) y que, de acuerdo a la reforma que se comenta, se le denomina Juicio en la vía tradicional"[16].

XIII. BIBLIOGRAFÍA

CARRILLO FLORES, Antonio, *Estudios de Derecho Administrativo y Constitucional*, México, UNAM, Instituto de Investigaciones Jurídicas, 1987, 286 pp.

ESQUIVEL VÁZQUEZ, Gustavo Arturo, *El juicio de lesividad y otros estudios*, Ed. Porrúa, 2ª, edición. México, 2004, 180 pp.

ESQUIVEL VÁZQUEZ, Gustavo Arturo, *El Órgano Público Autónomo y el Tribunal Legislativo en México*, Ed. Porrúa, 1ª, edición. México, 2006. 138 pp.

ESQUIVEL VÁZQUEZ, Gustavo Arturo, *La prueba en el contencioso federal*, Ed. Porrúa, 1ª, edición. México, 2009. 218 pp.

FIX-ZAMUDIO, Héctor. *Introducción a la justicia administrativa en el ordenamiento mexicano.* Ed. El Colegio Nacional, 1ª edición, México, 1983, 151 pp.

GONZÁLEZ PÉREZ, Jesús y VÁZQUEZ ALFARO, José Luis, *Derecho Procesal Administrativo Federal*, Ed. Porrúa, 1ª, edición. México, 2007. 499 pp.

ITURBE RIVAS, Arturo, *Elementos de Derecho Procesal Administrativo*, Ed. Porrúa, 1ª, edición. México, 2004, 330 pp.

JIMÉNEZ ILLESCAS, Juan Manuel, *El juicio en línea*, Dofiscal Editores, 1ª, edición, México, 2009.

MARGAIN MANATOU, Emilio, *De lo contencioso administrativo de anulación o de ilegitimidad*, Ed. Porrúa, México.

VÁZQUEZ ALFARO, José Luis, *Evolución y Perspectiva de los órganos de jurisdicción administrativa en el ordenamiento mexicano*, UNAM, Instituto de Investigaciones Jurídicas, México, 1991, 294 pp.

---

[16] Jiménez Illescas, Juan Manuel, *El juicio en línea*, Dofiscal Editores, 1ª, edición, México, 2009, p. 55 y 56.

NICARAGUA

§ 14. LA JURISDICCIÓN CONTENCIOSO-ADMINISTRATIVA EN NICARAGUA

Miguel Ángel Sendín
Karlos Navarro Medal

I. ÁMBITO DE LA JURISDICCIÓN CONTENCIOSO-ADMINISTRATIVA

Con el término jurisdicción se designa al conjunto de asuntos o materias que es asignado globalmente, para su conocimiento y resolución, a un conjunto determinado de órganos judiciales, que integran un orden jurisdiccional[1], en el caso que nos ocupa, la jurisdicción contencioso-administrativa.

La LJ fija el ámbito de la jurisdicción contenciosa en su art. 14 y ss. Incluye para ello una cláusula general, a la que añade posteriormente un listado de cuestiones incluidas y excluidas del ámbito de conocimiento de la justicia administrativa.

Con carácter general, la jurisdicción contenciosa conocerá de las pretensiones que se deduzcan contra actos, resoluciones, disposiciones generales, omisiones, situaciones y simples vías de hecho de la Administración Pública (art. 14 LJ).

Como puede verse, la ley jurisdiccional es, en este sentido, bastante avanzada, en cuanto admite que se planteen pretensiones no sólo en relación con la actividad jurídica de la Administración (actos administrativos y reglamentos), sino también en relación con su actividad material (inactividad de la Administración y vías de hecho).

---

[1]   Villar Palasí y Villar Ezcurra apuntan que "la Jurisdicción puede ser configurada como la facultad concedida a unos determinados órganos judiciales para conocer de determinados procesos o materias". Villar Palasí y Villar Ezcurra, *(1982) Principios de Derecho administrativo*, Madrid, Universidad Complutense, T. II. nota 457, p. 269.

La LJ aclara el ámbito de la jurisdicción, estableciendo expresamente la inclusión en el mismo de un conjunto de pretensiones sobre las que pudieran plantearse algunas dudas. Podemos agrupar estas materias, para su mejor comprensión en dos grupos, dependiendo de si las dudas acerca de su inclusión derivan de la materia a la que vienen referida, o bien acerca de la consideración como Administración pública del sujeto que las realiza.

En lo que se refiere al primer grupo, se señala expresamente la sujeción a la Jurisdicción contenciosa de los contratos celebrados por la Administración[2]; de las cuestiones relativas a la responsabilidad patrimonial del Estado y de la Administración Pública[3]; las acciones de responsabilidad civil y administrativa que se produjeren en contra de los funcionarios y empleados públicos en el desempeño de sus funciones[4], los conflictos administrativos entre Administraciones públicas[5].

En lo que se refiere al segundo, la propia LJ aporta la definición de Administración pública en su artículo 2. 2, según el cual es:

"la que ejerce el Estado por medio de los órganos de la Administración del Poder Ejecutivo, de acuerdo con sus propias normativas; la Administración de las Regiones Autónomas de la Costa Atlántica y de las municipalidades; las instituciones gubernamentales autónomas o descentralizadas y las desconcentradas; las instituciones de creación constitucional y, en general, todas aquéllas que de acuerdo con sus normas reguladoras realicen actividades regidas por el ordenamiento jurídico administrativo y la doctrina jurídica y, en todo caso, cuando ejercieren potestades administrativas".

Este concepto general, con más o menos particularidades, viene a recoger el concepto tradicional de Administración pública, combinando, como es usual, elementos subjetivos y objetivos, y arrojando las dudas que normalmente genera todo concepto de Administración pública. Sirva lo dicho en su momento al respecto.

A ello añade la LJ un conjunto de menciones adicionales, que tratan de aclarar la sujeción a dicha jurisdicción de algunos supuestos en los que no resultaría fácil decidir dicha cuestión.

---

[2] "Los asuntos referentes a la preparación, adjudicación, cumplimiento, interpretación, validez, resolución, interpretación, validez, resolución y efectos de los contratos administrativos celebrados por la Administración Pública, especialmente cuando tuvieren por finalidad el interés público, la prestación de servicios públicos o la realización de obras públicas" (art. 15. 1 LJ).

[3] "Las cuestiones que se suscitaren sobre la responsabilidad patrimonial del Estado y de la Administración Pública por los daños y lesiones que sufrieren los particulares en sus bienes, derechos e intereses, como consecuencia de las actuaciones, omisiones o vías de hechos de sus funcionarios y empleados, sin importar cuál sea la naturaleza de la actividad o tipo de relación de que se deriven. Se exceptúan aquellas demandas civiles, mercantiles o laborales que por su naturaleza deben tramitarse ante la jurisdicción ordinaria" (art. 15. 2 LJ).

[4] "Las acciones de responsabilidad civil y administrativa que se produjeren en contra de los funcionarios y empleados públicos en el desempeño de sus funciones, sin perjuicio de las causas que podrían seguirse para determinar responsabilidades penales" (art. 15. 5 LJ).

[5] "Los conflictos de carácter administrativo que surgieran entre los distintos organismos de la Administración Pública; los conflictos administrativos de carácter intermunicipal o interregional, o entre los municipios y las Regiones Autónomas, y los de éstos con la Administración Pública" (art. 15. 6 LJ).

El primero de esos supuestos es el de la actividad materialmente administrativa de los órganos de otros poderes del Estado que no son Administración pública, que el propio art. 2. 2 LJ incluye en el concepto de Administración pública, y que deben entenderse, por tanto sujetos a la jurisdicción contenciosa[6].

En segundo lugar, también resuelve la LJ las dudas acerca de la justiciabilidad administrativa de las actuaciones de los sujetos privados que operan potestades administrativas en función de una delegación de las Administración públicas (vicarios de la Administración). Pues incluye expresamente en el ámbito de lo contencioso los "reclamos que los administrados formulen en contra de las actuaciones de la Administración concedente, relativos a la fiscalización y control de las actividades de los concesionarios de los servicios públicos, siempre que impliquen el ejercicio de potestades administrativas conferidas a ellos, así como en contra de las actuaciones de los propios concesionarios en cuanto implicaren el ejercicio de potestades administrativas" (art. 15. 4 LJ). Aunque se contempla tan sólo, como puede verse, el caso de los concesionarios de los servicios públicos, nos parece que la solución es extensible, como en su momento dijimos, a todos los vicarios de la Administración.

Por último, en tercer lugar, se incluyen dentro del ámbito de lo contencioso las pretensiones dirigidas contra determinados órganos que son enumerados específicamente: Controlaría Generales de la República, Procuraduría para la Defensa de los Derechos Humanos, Fiscalía General de la República, Procuraduría General de Justicia, Superintendencia de Bancos y otras Instituciones Financieras y la Superintendencia de Pensiones (art. 15. 3 LJ).

Mención aparte se debe hacer a las cuestiones prejudiciales e incidentales de carácter civil o laboral, que se planteen a los procesos administrativos, que quedan bajo el conocimiento de la Jurisdicción contenciosa (art. 16 LJ).

El concepto de cuestión prejudicial no es susceptible de precisión previa, debiéndose deducir su carácter en cada caso concreto. El criterio clave para la toma de dicha decisión es la existencia de una relación de dependencia entre esa cuestión cuya prejudicialidad se trata de decidir y la pretensión que se dilucida en el pleito[7].

En cualquier caso, la regulación de las cuestiones prejudiciales se rige por las notas de excepcionalidad e instrumentalidad, que determinan que la solución que el juez contencioso-administrativo dé a éstas, sólo surtirá efecto en el concreto proceso contencioso-administrativo del que se trate, careciendo de eficacia fuera de él, de capacidad vinculante para los órganos jurisdiccionales no contenciosos y de eficacia de cosa juzgada, pudiendo ser planteada, en consecuencia, dicha cuestión ante el

---

[6]   El art. 2. 2 LJ establece que la Administración Pública "incluye la actividad de los poderes legislativos, judicial y electoral en cuanto realizaren funciones administrativas en materia de personal, contratación administrativa y gestión patrimonial".

[7]   Señala Pera Verdaguer que no "se ha podido hacer una concreta enumeración de los supuestos posibles, y en cada caso habrá de procederse en lo contencioso al análisis de la pretensión ejercitada en el recurso y de la repercusión que en ella pueda tener la cuestión en principio ajena a esta jurisdicción, para concluir afirmando la naturaleza de prejudicial de la misma si se observa entre ambas un directo entrelazamiento, una dependencia en el resultado de aquella cuyo carácter de prejudicial se sostenga por alguna de las partes". Pera Verdaguer. (2004), *Comentarios a la Ley de lo Contencioso-administrativo*, 7a. ed., Barcelona, Editorial Bosch. nota 516, p. 118.

Tribunal competente para conocer de esa materia[8]. Así lo establece expresamente el art. 16 LJ, que consagra expresamente la posibilidad de "su posterior revisión por la jurisdicción correspondiente" (art. 16 LJ).

Con ello, queda, en principio, precisado el ámbito de lo contencioso, a reservas de lo que pueda establecer la legislación especial. Pues la LJ concluye la atribución de jurisdicción al orden contencioso mediante una cláusula general de cierre, en virtud de la cual entra dentro de su ámbito de conocimiento cualquier "otra materia que de forma expresa determine la Ley" (art. 15. 7 LJ).

No termina, con ello, sin embargo, la precisión del ámbito de la jurisdicción contenciosa, pues contribuyen también a perfilar ésta las exclusiones de la misma. Se trata de un conjunto de materias cuya exclusión parece se puede inferir de los criterios de atribución precedentes, pero que la ley excluye expresamente para evitar equívocos: a) los actos susceptibles del Recurso de Inconstitucionalidad, los referentes a las relaciones internacionales y a la defensa del territorio y la soberanía nacional; sin perjuicio de las indemnizaciones que fueren procedentes, cuya determinación si corresponderá a la jurisdicción de lo contencioso-administrativo; b) las violaciones o intentos de violaciones de los derechos y garantías consagrados en la Constitución Política que corresponde a la jurisdicción constitucional, a través del Recurso de Amparo; c) los de índole civil, laboral o penal atribuida a la jurisdicción ordinaria (art. 17 LJ). A estos supuestos se debe añadir las cuestiones prejudiciales penales, cuya exclusión del ámbito contencioso puede inferirse *sensu contrario* del art. 16 LJ.

En cuanto al régimen de la jurisdicción, es esencial a la misma su carácter improrrogable[9], esto es, la imposibilidad de disponer de la misma tanto por los órganos judiciales como por las partes[10], de tal forma que las cuestiones comprendidas dentro de la jurisdicción contencioso administrativa no podrán ser enjuiciadas por otro orden jurisdiccional, ni se podrán plantear ante la misma cuestiones atribuidas a otros ordenes jurisdiccionales, sin perjuicio de lo dicho respecto a las cuestiones prejudiciales e incidentales[11].

De su improrrogabilidad se deriva su aptitud para ser controlada de oficio por el propio órgano judicial[12], sin perjuicio de la capacidad de las partes para ponerla de manifiesto.

Para evitar perturbaciones y desorientaciones en las partes interesadas en el proceso, la resolución que la declare debe indicar la jurisdicción que se estime competente[13].

---

[8]   Fernández Valverde, (1999), "Objeto del proceso. Actos impugnables", en *La Nueva Ley de la Jurisdicción Contencioso-Administrativa*, Madrid, CGPJ. nota 567, pp. 187-188.

[9]   Como señalan Villar Palasí y Villar Ezcurra, "el principio de improrrogabilid de la Jurisdicción Contenciosa, que no es privativo de ésta, sino común a todas por ser una característica fundamental de la Jurisdicción". Villar Palasí y Villar Ezcurra, *Op. Cit.*, nota 457, p. 273.

[10]   Parejo Alfonso, Luciano, (2003), Derecho Administrativo, Barcelona, Editorial Ariel, nota 80, p. 819.

[11]   Villar Palasí y Villar Ezcurra, *Op. Cit.*, nota 457, 273.

[12]   Parejo Alfonso, Luciano, *Op. Cit.*, nota 80, p. 819. Villar Palasí y Villar Ezcurra, *Op. Cit.*, nota 457, p. 273.

II. COMPETENCIA

Si la jurisdicción acota el conjunto de materias o asuntos que van a ser atribuidos globalmente a la jurisdicción contenciosa, la competencia va a permitir determinar cómo se distribuyen ese conjunto de asuntos entre los distintos órganos judiciales que componen la citada jurisdicción[14].

Al igual que la jurisdicción es improrrogable y susceptible de ser controlada de oficio por el órgano judicial.

III. PRINCIPIOS DEL PROCESO

La LJ opta claramente por dar un carácter central a estos principios, que bajo la rúbrica "principios generales" recoge expresamente en su Capítulo II, de forma además muy detallada, pues aglutina una amplia enumeración de los mismos, hasta el punto de desmembrar, en nuestra opinión, de forma innecesaria, en diversos principios reglas que quedarían mejor aglutinadas en una sola (por ejemplo, el principio de concentración procesal del art. 12, es simplemente una consecuencia de los principios de celeridad y eficacia regulados en el art. 11).

Ese elenco de principios se pueda concretar, en último término, en varias reglas. En primer lugar, la idea de oficialidad, que informa todo el proceso una vez que es iniciado. Así, puesto en marcha éste, el Órgano jurisdiccional deberá dirigir el mismo (art. 4 LJ), impulsarlo (art. 5 LJ)[15], y velar por su adecuado desarrollo[16] (art. 8 LJ) y por que se tramite sin dilaciones indebidas y con la debida eficiencia, evitando gastos inútiles (arts. 11 y 12 LJ)[17].

Esta regla convive con un principio de disponibilidad, que se extiende no sólo a la iniciación del proceso, que "incumbe a los interesados" (art. 3 LJ); sino también a la posibilidad de las partes de "disponer de sus derechos en el proceso, salvo aquellos irrenunciables".

---

[13]   Pera Verdaguer, *Op. Cit.,* nota 516, p. 128.
[14]   Como señalan Villar Palasí y Villar Ezcurra, la "aptitud de cada órgano judicial para actuar una pretensión, no se apoya tan solo en el hecho de que dicho órgano pertenezca efectivamente a la Jurisdicción sino que ésta, al ser una potestad única, debe ser distribuida entre los órganos que la ejerciten. Consiguientemente y de acuerdo con este principio, la competencia puede ser definida como el criterio en virtud del cual, los órganos judiciales pertenecientes a una determinada jurisdicción (en este caso, la contencioso-administrativa) tienen la facultad para resolver las pretensiones que ante los mismos se presenten, con preferencia a los demás". Villar Palasí y Villar Ezcurra, *Op. Cit.,* nota 457, p. 276-277.
[15]   Más concretamente, señala el 5 LJ, que "el Tribunal tomará las medidas tendentes a evitar su paralización y a adelantar su trámite con la mayor celeridad posible".
[16]   Más concretamente el art. 8 LJ establece que el Tribunal "tomará todas las medidas necesarias que resulten de la Ley o de sus poderes de dirección, para prevenir o sancionar cualquier acción u omisión contrarias al orden o de protección del debido proceso".
[17]   El art. 11 LJ establece que el "Tribunal y sus auxiliares tomarán las medidas necesarias para lograr la más pronta y eficiente administración de justicia, así como la mayor economía en la realización del proceso. Se prohíbe reabrir causas debidamente fenecidas". En la misma línea incide el art. 12 LJ, según el cual los "actos procesales deberán realizarse sin demora, procurando abreviar los plazos cuando la Ley lo permita o por acuerdo entre las partes y debiendo concentrar en un mismo acto las diligencias que sean necesarias y posible de realizar".

También se contempla el principio de igualdad en el proceso, consagrado expresamente en el art. 6 LJ[18], que se debe traducir en la disposición de las mismas armas procesales para hacer valer sus posiciones por las dos partes litigantes.

Téngase en cuenta que el juez de lo contencioso está dotado de todas las garantías de independencia e imparcialidad propias de los órganos judiciales. Erigiéndose, en consecuencia, en un tercero imparcial, que actúa en aplicación estricta de la legalidad y sin introducir valoración de oportunidad o conveniencia alguna[19].

IV. LAS PARTES DEL PROCESO CONTENCIOSO-ADMINISTRATIVO

El concepto de partes del proceso contencioso se articula en base a la pretensión, de tal forma que son partes aquellas que formulan la pretensión (partes activas o partes demandantes) y aquellas contra las que se formula (partes pasivas o demandados)[20].

1. *Capacidad para ser parte y capacidad procesal*

Partiendo de una asentada, aunque, en nuestra opinión, errónea tradición[21], no se distingue en el ámbito del Derecho administrativo entre capacidad para ser parte y capacidad procesal. Esto ha llevado a que el Derecho positivo de Nicaragua se limite a regular la segunda, concretamente en el art. 26 LJ, según el cual la tendrán, con carácter general, las "personas naturales o jurídicas, sus representantes legales o sus mandatarios, de conformidad con la legislación común".

Es un precepto, como puede verse, sumamente imperfecto, en el que se confunden los conceptos de capacidad para ser parte, capacidad procesal y representación.

---

[18]   Establece este precepto que las "partes tienen igualdad de derechos en el proceso, la cual deberá ser garantizada por los órganos de la jurisdicción contencioso-administrativa, cualquier disposición que limitara este derecho se tendrá por no puesta".

[19]   Como señala Morelli, el "juez administrativo, a pesar de su origen histórico, si es un tercero entre la administración y el administrado. Las partes procesales se presentan en un plano de igualdad y el juzgador deberá ceñirse estrictamente al principio de legalidad, sin que le sea dable consideración alguna sobre la oportunidad o conveniencia de la decisión que beneficie al particular. De no ser así, ¿que sentido tendría la jurisdicción contencioso-administrativa? Bien podría eliminarse, pues no sería nada distinto de una *longa mano* de la administración estatal, una farsa a cargo del erario público". Morelli, (1995), "El procedimiento administrativo y el proceso contencioso-administrativo", en *Primeras Jornadas Internacionales de Derecho Administrativo <<Allan Randolph Brewer-Carías*, Caracas, FUNEDA/Editorial Jurídica Venezolana.

[20]   Nota 873, p. 186.

[21]   En el mismo sentido González Pérez, que apunta lo siguiente: "se presuponía que en Derecho administrativo –y en Derecho público en general- no existía diferencia entre capacidad para ser titular de derechos (capacidad jurídica) y capacidad para ejercerlos (capacidad de obrar), ya que el reconocimiento de un derecho suponía reconocimiento de la capacidad para ejercerlo. Lo que no es cierto. Porque, en efecto, también en Derecho civil, aunque ciertamente en grado menor, existen derechos de los que no puede ser titular la persona por el hecho de serlo (...). Y en Derecho administrativo, aunque es menos frecuente que la capacidad para ser titular de un derecho vaya unida a la capacidad para ejercerlo, sigue teniendo vigencia la regla general". González Pérez y González Navarro, (1999), *Comentarios a la Ley de Régimen Jurídico de las Administraciones Públicas y Procedimiento Administrativo Común I*, 2a. ed., Madrid, Civitas, nota 373, p. 857.

El primer error de que adolece es que atribuye capacidad procesal a las personas físicas o jurídicas, sin más. Lo que supone confundir capacidad para ser parte con capacidad procesal. La capacidad para ser parte, a la que no hace referencia la LJ, es la aptitud para ser titular de derechos y obligaciones en un proceso[22]. Es ésta la que corresponde propiamente a las personas naturales o jurídicas, pues viene unida al concepto de personalidad, de tal forma que la ostenta toda persona, física o jurídica, por el mero hecho de serlo[23].

La capacidad procesal es algo distinto, es la capacidad de actuar eficazmente por uno mismo en un proceso, sin la intermediación de representante[24]. Dicha capacidad no puede corresponder a todas las personas naturales o jurídicas, como pretende la LJ, sino únicamente a aquellas personas capacitadas para el pleno ejercicio de sus derechos, esto es, las personas físicas no incapacitadas y mayores de edad.

A los que se debe añadir "los menores de edad que hubieren cumplido 15 años, cuando ostentaren derechos o intereses propios, incluso cuando se tratare de gestiones a favor de los derechos de terceros vinculados con dichos menores dentro del cuarto grado de consanguinidad o segundo de afinidad" (art. 26. 2 LJ). Sujetos a los que la LJ extiende expresamente la capacidad para actuar por sí mismos en el proceso, pues establece que, en "estos caso, podrán deducir sus pretensiones sin necesidad de contar con la representación de quien ejerza la patria potestad de cualquier otro representante designado judicialmente o de apoderado especialmente facultado".

Medida que debe entenderse justificada en el antiformalismo propio del Derecho administrativo, que pugna con la negación de capacidad a los menores para ejercer directamente aquellos derechos que el ordenamiento jurídico-administrativo ejerce a su favor[25].

Esta medida se debe administrar, no obstante, con prudencia, entendiéndola como una posibilidad establecida exclusivamente en beneficio del menor. De tal forma que no debe admitirse ésta cuando vaya a redundar previsiblemente en un perjuicio para éste. Así, por poner un ejemplo, no podrá admitirse para que renuncie a un derecho. Tratándose de actuaciones de ese tipo, es obligación del juez exigir que el menor comparezca debidamente representado por persona mayor de edad.

---

[22]   González Pérez, *Op. Cit.*, nota 521, p. 169. González Escudero, "Las partes procesales, representación y defensa de las Administraciones Públicas y de los órganos constitucionales", en *Ley de la Jurisdicción Contencioso-administrativa*, Barcelona, Praxis, 1999, p. 167.

[23]   González Pérez, *Op. Cit.*, nota 521, p 170.

[24]   González Pérez, *Op. Cit.*, nota 521, p. 169. González-Escudero *Op. Cit.*, nota 1097, p. 167.

[25]   Señala Parejo Alfonso que este "régimen más flexible, amplio y generoso en materia de capacidad se explica por la naturaleza misma del Derecho administrativo y el antiformalismo que le es propio. Sería un contrasentido, en efecto, el establecimiento (...) de una política de asistencia y protección de la juventud, comprensiva de técnicas de fomento a través de asociaciones debidamente registradas, de un lado, y la negación a los jóvenes (menores de edad) de capacidad para promover, constituirse e inscribir administrativamente las correspondientes asociaciones y solicitar y obtener las correspondientes ayudas públicas". Parejo Alfonso, Luciano, *Op. Cit.*, nota 80, p. 452.

La excepción suple únicamente la falta de capacidad que se deriva de la minoría de edad. En caso de concurrencia de otra causa de incapacidad en el menor, deberá actuar éste debidamente representado, sin que sea de aplicación, lógicamente, la regla del art. 26. 2 LJ[26].

Quienes no se encuentren en estos casos carecen de capacidad procesal, por lo que deberán suplir esa carencia actuando a través de representante (art. 26. 1 LJ).

2. *Legitimación*

La legitimación es la capacidad para ser parte en un proceso concreto y determinado. Se posee cuando el sujeto se encuentra en una especial relación con el objeto de éste, consistente, salvo en los supuestos en los que excepcionalmente se reconoce acción popular, en la tenencia de un derecho o interés que se va a ver afectado por la resolución que se dicte en el mismo[27]. En definitiva, que ese proceso afecte a ese sujeto de alguna manera, que tenga algo en juego en éste[28]. Afectación que debe ser entendida en un sentido amplio, como la posibilidad de obtener cualquier beneficio o de evitar cualquier perjuicio como consecuencia del proceso. Si bien exigiéndose que se trate de una ventaja propia, pues no es suficiente con invocar el interés altruista en que se cumpla la legalidad[29]. En la legislación nicaragüense aparece regulada en los arts. 27 y 28 LJ, de forma un tanto enrevesada y confusa.

A. *Legitimación activa*

No plantea dificultades la determinación de los sujetos legitimados cuando se trate de la impugnación de actos de la Administración para solicitar su anulación. En tal caso están legitimados los titulares de interés legítimo en el asunto (art. 27 LJ). Expresión que no plantea muchas dificultades de interpretación, pues hoy en día, sentada la vigencia del derecho a la tutela judicial efectiva en Nicaragua, como vimos en su momento, dicho término debe comprender la posibilidad de evitar cualquier perjuicio o de obtener cualquier beneficio en el proceso que se trate.

---

[26] González Pérez y González Navarro, *Op. Cit.*, nota 373, p. 864. Parejo Alfonso, Luciano, *Op. Cit.*, nota 80, p. 452.

[27] González Pérez, *Op. Cit.*, nota 521, pp. 173-174. García De Enterría, Eduardo, y Fernández Rodríguez, Tomás Ramón (2005), *Curso de Derecho Administrativo* I, reimp. De la 12a. ed., Madrid, Thomson/Civitas. nota 810, p. 618-619.

[28] Señala Parada Vázquez que la legitimación "en román paladino responde a la pregunta de "en qué le afecta" o "qué le importa" o "qué le va en ello". Porque si al que pretende recurrir no le afecta en absoluto el acto, la disposición recurrida o la inactividad material o la vía de hecho no puede estar en juicio pretendiendo su nulidad o su corrección. Por ello la legitimación supone, ante todo, la existencia de un sujeto portador de un derecho o de un interés". Parada Vázquez, José Ramón, Parada Vázquez, R. (2000), *Derecho administrativo II*, 14a. ed., Marcial Pons. nota 240, p. 742.

[29] Sánchez Morón, "El control jurisdiccional. La Jurisdicción Contencioso-administrativa", en Rodríguez Arana-Muñóz (dir.), *La Administración Pública española*, Madrid, INAP, 2002, p. 804.

La cosa parece, sin embargo, bastante menos clara cuando se trata de la impugnación de disposiciones para solicitar su anulación. En tal caso la ley distingue dos supuestos.

El primero de ellos no es problemático, pues otorga legitimación a las "entidades, corporaciones o instituciones de Derecho Público y cualquier otro organismo que ostentare la representación o defensa de los intereses de carácter general o corporativo, siempre y cuando la disposición impugnada los lesionare o afectare el interés general" (art. 27. 1 LJ). Esto es, cualesquiera organismo al que se otorgue la salvaguarda de determinados intereses generales o corporativos podrá intervenir en el proceso contencioso en defensa de los mismos. Si bien teniendo en cuenta que carecen de dicha legitimación los partidos políticos (art. 27 LJ).

El segundo de ellos es, sin embargo, de notable oscuridad, pues se otorga también legitimación a los administrados, pero sólo en la medida en que tuvieran "interés de forma directa y legitima en el asunto" (art. 27. 2 LJ). La voluntad del legislador parece clara: condicionar la legitimación para la impugnación de las disposiciones generales a la concurrencia de un interés cualificado, de un interés especialmente intenso. Ahora bien, determinar cual es la entidad que debe tener un interés para no ser un simple "interés legítimo", sino un "interés de forma directa y legitima en el asunto" se nos antoja una tarea imposible. Corresponderá, pues, a la jurisprudencia lidiar en dicha cuestión, determinando el significado de tan oscura determinación.

En los casos en que se pretendiere el reconocimiento y reestablecimiento de una situación jurídica individualizada, con o sin reparación patrimonial, se requerirá la titularidad de un derecho subjetivo o interés derivado del ordenamiento que se considere infringido por el acto o disposición impugnada (art. 27 LJ).

El art. 28 LJ priva expresamente a algunos sujetos de la legitimación activa, esto es, les prohíbe "ejercer la acción contencioso-administrativa contra la actividad de la Administración Pública".

Dicha prohibición se formula, en primer lugar, respecto a los "órganos administrativos y los miembros de sus órganos colegiados, cuando actuaren como tales" (art. 28. 1 LJ).

La doctrina discrepa sobre el fundamento de esta regla. Algunos lo justifican en la prohibición de ir contra los propios actos[30]. Mientras que otros consideran que es consecuencia del principio jerárquico, que impide que mantengan postura distinta a la defendida por la institución a la que pertenecen y están ordenados[31].

En segundo lugar, alcanza también a los "particulares que habiendo actuado en los casos permitidos en la ley como agente o mandatarios de la Administración cuando pretendan ejercer la propia acción contencioso-administrativa en contra de los intereses de su mandante superior" (art. 28. 2 LJ).

---

[30]   González-Escudero *Op. Cit.,* nota 1097, p. 193.
[31]   Consideran Garrido Falla, Palomar Olmedo y Losada González que es "consecuencia del principio jerárquico de funcionamiento de la Administración que impide a los órganos de la misma y a los miembros de los órganos colegiados impugnar la decisión con olvido de la postura mantenida por el órgano". Garrido Falla, Palomar Olmeda y Losada González, *Op. Cit.,* nota 435, p. 179.

Algunos autores encuentran, como en el caso anterior, el fundamento en la prohibición de ir contra sus propios actos[32]. Otros, sin embargo, entienden que tiene su origen en la imposibilidad de diferenciar a efectos procesales entre la Administración y el sujeto que actúa en representación de ésta[33].

Por último, en tercer lugar, se extiende a "las entidades de Derecho Público que fueren dependientes o guardaren una relación de jerarquía con el Estado, las comunidades de las Regiones Autónomas, o las entidades locales respecto a las actividades de la Administración de la que dependieren, salvo los casos en que se les hubiere autorizado por medio de ley expresa" (art. 28. 3 LJ).

B. *Legitimación pasiva*

El art. 29 LJ considera como sujetos demandados y, por tanto, dotados de legitimación pasiva a los siguientes sujetos:

- En primer lugar, a la Administración Pública, sus organismos o entidades autoras del acto, omisión, disposición o vía de hecho a que se refiere la demanda (art. 29. 1 LJ).

Aunque la ley no haga mención aquí a los órganos de otros poderes del Estado que realicen actividades materialmente administrativas, se debe entender, en virtud de lo establecido en el art. 2 LJ, que, cuando se impugnen tales actividades, aquel de estos organismos que realice la actividad en cuestión será el sujeto demandado.

- En segundo lugar, las personas que, como consecuencia del acto o disposición impugnados, pudieran ser titulares de derechos o intereses (art. 29. 2 LJ). Aunque la redacción es un tanto farragosa, parece que aquí se está haciendo referencia a los sujetos privados que ostentan un derecho subjetivo o interés legítimo que se podría ver perjudicado por la apreciación del recurso contencioso-administrativo, lo que les legitima para comparecer al proceso para defender su posición al lado de la Administración demandada.

El art. 30 LJ regula la figura del coadyuvante, estableciendo que podrá "intervenir en el proceso como parte coadyuvante de la Administración recurrida cualquier persona que tuviere interés directo en el mantenimiento del acto, disposición, omisión o vía de hecho que motivare la acción contencioso-administrativa".

Como puede verse, la legislación de Nicaragua se mantiene fiel a la distinción entre codemandado y coadyuvante. Los primeros serían las partes principales, que litigan en el proceso en condiciones de igualdad con la Administración demandada; mientras que los segundos serían meras partes accesorias[34], que en cuanto tales ostentan una posición subordinada a la del demandado, careciendo de autonomía para recurrir por sí solos la resolución y de capacidad para continuar adelante con el pro-

---

[32] González-Escudero *Op. Cit.*, nota 1097, p. 193.
[33] En tal sentido señalan Garrido Falla, Palomar Olmedo y Losada González que, "aunque formalmente los agentes o mandatarios mantengan su verdadera naturaleza, es lo cierto que frente a terceros están asumiendo una representación de la Administración que les impide diferenciarse a efectos procesales". Garrido Falla, Palomar Olmeda y Losada González, *Op. Cit.*, nota 435, p. 180.
[34] González Pérez, *Op. Cit.*, nota 521, p. 200.

ceso en caso de allanamiento de éste[35]. La persistencia de esta figura ha sido cuestionada por una parte de la doctrina, que postula su desaparición. Si bien cuenta a su favor con importantes voces doctrinales, que ponen de manifiesto que existen determinadas situaciones de las que su titular debe tener plena disposición, por más que puedan existir otros sujetos interesados en su mantenimiento, pues le afectan de forma tan intensa y personal que no se puede imponer a aquél en contra de su voluntad. Lo que determina que el mantenimiento del proceso sin su anuencia carezca totalmente de sentido[36].

No resulta fácil, en cualquier caso, fijar el criterio que permite distinguir cuando estamos ante una parte codemandada y cuando ante un simple coadyuvante. Se ha señalado que el criterio diferenciador es que el demandado es titular de un derecho subjetivo, mientras que el coadyuvante lo es de un simple interés legítimo[37].

En cualquier caso, la oposición a la intervención del coadyuvante se tramitará como incidente en cuerda separada y deberá promoverse dentro de los tres días posteriores a la notificación del apersonamiento respectivo (art. 30 LJ).

Las partes coadyuvantes no incurrirán en costas ni tendrán derecho a ellas, salvo por razón de los alegatos o incidentes que ellas promovieran de forma independiente en relación con la parte principal (art. 128 LJ).

Nótese que tanto codemandados como coadyuvantes son partes de existencia eventual, no estrictamente necesarias. El reconocimiento de legitimación a los mismos no proviene de la necesidad de su presencia, pues el proceso puede desarrollarse perfectamente en su ausencia, sino más bien del deseo de ofrecerles la oportunidad de defender su posición en el mismo. De lo que se deriva a su vez el carácter estrictamente voluntario de su presencia en el proceso[38].

---

[35]   González-Escudero *Op. Cit.*, nota 1097, pp. 195-196. Morell Ocaña, *Op. Cit.*, nota 495, p. 469.

[36]   Señala González Pérez lo siguiente: "una vez personados todos aquellos que ostenten legitimación, ¿tiene sentido la diferenciación?. En mi opinión, no ofrece duda que debe ser así. Quizás, no en todos los aspectos en que se establecía, debiendo consagrarse la igualdad, por ejemplo, en aspectos como el de la legitimación para recurrir. Y aún en éste, es más que discutible. Pensemos, por ejemplo, en un proceso administrativo incoado frente a un acto administrativo que reconoció un derecho subjetivo a establecer un centro docente en una determinada localidad, en que, al existir un titular del derecho es éste el demandado, y en el que han comparecido los padres de potenciales alumnos en defensa del interés a tener tal centro docente en las proximidades de su domicilio, proceso en el que se hubiere acordado la suspensión de la ejecución del acto. La sentencia estima parcialmente el recurso y modifica el acto, imponiendo ciertas limitaciones. Supongamos que no recurre la Administración, y que el titular del derecho subjetivo derivado del acto –demandado- está conforme con las limitaciones y no decide recurrir para que la sentencia adquiera firmeza, se levante la suspensión y pueda comenzar su actividad. ¿Tendría sentido que el coadyuvante interpusiera recurso contra la sentencia, con el consiguiente efecto suspensivo, en contra de lo que interesa al demandado?". González Pérez, "Las partes en el proceso, terceros intervinientes, coadyuvantes", en *Primeras Jornadas Internacionales de Derecho Administrativo <<Allan Randolph Brewer-Carías>>*, Caracas, FUNEDA/Editorial Jurídica Venezolana, 1995, p. 405.

[37]   Señalan Villar Palasí y Villar Ezcurra que "resulta evidente que la diferencia existente entre la parte demandada y la coadyuvante radica en que aquélla ostenta un derecho que puede resultar lesionado, en tanto que ésta, tan sólo es titular de un <<interés legítimo>>". Villar Palasí y Villar Ezcurra, *Op. Cit.*, nota 457, p. 293.

[38]   Indica Santamaría Pastor que se "trata de una parte de existencia meramente eventual: es obligado emplazar a estas personas, para darles la oportunidad de comparecer en el proceso en defensa de la

La LJ otorga, por último, la consideración de demandado a los prestadores de servicios públicos (art. 29. 3 LJ).

C. *Sucesión en la legitimación*

Puede que durante el transcurso del proceso se pueda producir una mutación en los sujetos titulares de los derechos o intereses legítimos que se van a ver afectados por la situación discutida en el proceso.

El Derecho nicaragüense da respuesta a esta situación en el art. 31 LJ, según el cual, en los "casos en que la legitimación de las partes derivare de un derecho o relación jurídica transmisible, el sucesor podrá sustituir en cualquier estado del proceso a la persona que inicialmente hubiera actuado como parte o bien podrá iniciarlo mediante el ejercicio de la acción respectiva".

3. *Postulación*

Hay que distinguir entre la defensa y representación de la Administración Pública y de los demás sujetos que intervengan en el proceso.

Por lo que se refiere a la Administración, su representación y defensa corresponde a la Procuraduría General de Justicia de la República, o en su caso, a quienes ostenten la representación legal del órgano demandado (art. 32 LJ).

No establece la LJ nada acerca de la obligatoriedad de la postulación mediante profesionales jurídicos, esto es, no indica si los ciudadanos pueden comparecer por sí mismos ante la jurisdicción contenciosa, o si necesitan hacerlo mediando la intervención de un profesional en Derecho.

Entendemos que se debería permitir la actuación directa para las cuestiones menores, de cuantía reducida, pues en caso contrario resultaría excesivamente oneroso sostener el proceso y en la práctica quedarían fuera del alcance de la tutela judicial[39].

Cuestión importante, dado el contexto económico en el que desgraciadamente se mueven importantes capas de la población nicaragüense, es la posibilidad de que alguna de las partes carezca de recursos económicos para litigar. En tal supuesto, se podrá invocar ante el tribunal dicha circunstancia, bien mediante comparecencia directa ante la sala respectiva del Tribunal o por cualquier otro medio, pero siempre dentro del plazo hábil para el ejercicio de la acción (art. 33 LJ).

En tal supuesto, el órgano judicial competente, previa información sumaria de las circunstancias del solicitante, procederá inexcusablemente y con celeridad a la designación de un defensor público o de un abogado de oficio que ejerza la defensa y representación de éste (art. 33 LJ).

---

actuación administrativa impugnada (...); pero su comparecencia en el proceso es, claro está, meramente potestativa de las mismas, pudiendo hacerlo o no, libremente". Santamaría Pastor, *Op. Cit.*, nota 446, p. 659.

[39] Como señala Parada Vázquez, debería "permitirse la representación y defensa directa en asuntos de ínfima cuantía, (...) que de otra forma no serán recurribles, salvo que existan empresas especializadas en esta clase de litigiosidad que se hagan cargo de los recursos por módicos precios". Parada Vázquez, José Ramón, *Op. Cit.*, nota 240, p. 742.

La presentación de esta solicitud producirá la interrupción de los plazos, que se volverán a contar desde el momento en que se acredite en autos la aceptación de la defensa por el abogado designado de oficio. Se realizará el nombramiento del abogado conforme a las reglas del derecho común (art. 33 LJ).

Cuando los particulares que intervienen como actores, como demandantes o coadyuvantes, tuvieren posiciones que no fueren contradictorias ni excluyentes entre sí, podrán litigar unidos total o parcialmente, y bajo una misma defensa (art. 34 LJ).

V. OBJETO DEL PROCESO

Al examinar el objeto del proceso contencioso-administrativo debe comenzar destacándose la peculiar situación de éste en este aspecto, pues ha sido tradicionalmente una actividad de carácter revisor de una actividad jurídica previa de la Administración, que se había dictado en el marco de un procedimiento administrativo ya celebrado[40].

Esta concepción, que sigue influyendo aún en la configuración del proceso contencioso, está hoy en día ya superada en bastantes aspectos.

Así, en primer lugar, ya no se considera que el proceso tenga por objeto exclusivo, como ocurría conforme al dogma revisor, el examen de la legalidad objetiva de esa actividad jurídica previa (acto o disposición administrativa); sino que se convierte en un mecanismo de tutela de los derechos e intereses de los ciudadanos. Esto implica, por un lado, que constituye un mecanismo de defensa de esos derechos e intereses y no, por tanto, un simple mecanismo de la revisión del acto o disposición, y; por otro, que opera ya no sólo contra una actividad jurídica previa dictada en el marco de un procedimiento, sino contra toda actuación administrativa, o incluso la omisión de ésta, capaz de lesionar esos derechos e intereses, incluyendo así la actividad material y las vías de hecho dentro de su ámbito objetivo[41].

---

[40]   Considera Parada Vázquez que el carácter revisor del proceso contencioso-administrativo consiste en "su funcionalidad como recurso de apelación contra un acto o resolución previamente dictado por la Administración incluso ya ejecutoriado". Ibídem, p. 755.

[41]   Señalan García De Enterría y Fernández Rodríguez que "la tradición del contencioso-administrativo desde sus orígenes franceses puso todo su énfasis en su configuración como un proceso impugnatorio de actos administrativos, el examen de cuya legalidad, con la consiguiente sentencia anulatoria o absolutoria, agotaba toda su funcionalidad. Se habló, por ello, de un <<proceso al acto>>, de un proceso <<objetivo>> (...). De ello se concluía en lo que entre nosotros se llamo el <<carácter revisor>> de la jurisdicción contencioso-administrativa (...), carácter que excluía cualquier otra función del proceso que no fuese la de controlar la legalidad <<objetiva>> del acto recurrido, sin tomar en consideración más que la situación en que el acto fue producido originariamente por la Administración. El recurso contencioso-administrativo se identificaba así en su funcionalidad con la de un recurso de casación, en la que no se admitía la prueba ni cuestiones nuevas respecto de las ya tratadas en las instancias inferiores, aquí en la vía administrativa dentro de la cual el acto se había producido".

Sin embargo, "toda actuación judicial, y por tanto la contencioso-administrativa, como una técnica de tutela efectiva de <<derechos e intereses legítimos>>. El proceso contencioso-administrativo paso a ser así inequívocamente <<subjetivo>>, de defensa de esos derechos e intereses frente a la <<actuación administrativa>> en general (...) y no precisamente frente a actos administrativos formales. La tutela de los derechos e

Además de ello, queda claro que las pretensiones contenciosas no son, como se pretendía desde la posición revisionista, pretensiones contra un acto o disposición, sino pretensiones deducidas contra otro sujeto, como cualesquiera pretensiones[42].

Ahora bien, estas innovaciones no han supuesto un abandono total de los dogmas revisionistas, que siguen manteniendo alguna vigencia, pues se sigue aún exigiendo para poder acudir al proceso contencioso la existencia de un pronunciamiento o actuación previa por parte de la Administración, o al menos la falta de la misma una vez instada por el administrado. Si bien, obviamente, no constituyen éstas ya el objeto del proceso, sino tan sólo un requisito previo para entablar el mismo[43].

A ello se añade, lógicamente, una obligación de coherencia entre las pretensiones de la demanda y la vía administrativa previa, que impide que pueda plantearse cuestiones que previamente no hayan sido formuladas en vía administrativa[44].

La demanda contencioso-administrativa deberá ir dirigida necesariamente contra materia impugnable ante dicha jurisdicción, pues en caso contraria se declarará la inadmisibilidad de la misma, bien mediante declaración de inadmisibilidad de la demanda (art. 53. 3 LJ) o mediante sentencia de inadmisibilidad (art. 91. 3 LJ).

Como ya sabemos, la ruptura del dogma revisor permite que sean impugnables ante la jurisdicción contenciosa no sólo los actos administrativos y las disposiciones administrativas, sino también la inactividad de la administración y las vías de hecho (art. 35 LJ).

Eso no supone, sin embargo, que estas actuaciones sean en todo caso impugnables ante la jurisdicción contenciosa, pues en algunos casos su impugnabilidad está sujeta a algunos requisitos a los que se condiciona su procedibilidad.

En el caso de los actos administrativos se exige, en primer lugar, que hayan agotado la vía administrativa (art. 35 LJ), en los términos que vimos en su momento. Aparte de ello deberán ser resoluciones o bien actos de trámite que decidan directa o indirectamente el fondo del asunto, de forma tal que pusieran término a la vía administrativa o hicieran imposible continuar su tramitación (art. 35 LJ).

Distinto es el caso de los reglamentos, contra los que no cabe recurso en vía administrativa y son, en consecuencia, impugnables directamente ante la jurisdicción contencioso-administrativa, sin necesidad de agotar la vía administrativa (art. 36 LJ).

---

intereses legítimos de los ciudadanos no puede reducirse a la fiscalización abstracta y objetiva de la legalidad de unos actos administrativos formales". García De Enterría y Fernández Rodríguez, *Op. Cit.*, nota 113, p. 628.

[42] González Pérez señala que el "proceso administrativo tiene por objeto pretensiones procesales que no se diferencian sustancialmente de las demás, aun cuando tradicionalmente se haya creído –y aun se cree por un sector de la doctrina- que las pretensiones procesales administrativas –o al menos algunas de ellas- no se deducen frente a una persona distinta del actor, sino frente a un acto, por lo que no dan lugar a un proceso entre partes". *Manual* González Pérez, *Op. Cit.*, nota 521, p. 211.

[43] Como señala Santamaría Pastor, no se "ha abandonado por completo el principio de la necesidad de un pronunciamiento o de una actuación previos de la Administración; pronunciamiento o actuación que, sin embargo, no constituyen el objeto del proceso ni limitan su alcance, constituyendo un mero presupuesto necesario del mismo, con relación al cual la parte recurrente puede deducir las pretensiones que se basen en cualquier norma jurídica". Santamaría Pastor, *Op. Cit.*, nota 446, p. 655.

[44] Garrido Falla, Palomar Olmeda y Losada González, 2006), *Tratado de Derecho Administrativo*, 2a. ed., Madrid, vol. III., nota 435, p. 236. Morell Ocaña, *Op. Cit.*, nota 495, p. 477.

Si bien debe tenerse aquí presente que las normas reglamentarias dictadas por los Alcaldes son impugnables en vía administrativa mediante recurso de revisión ante el propio Alcalde o de apelación ante el Concejo Municipal (art. 40 LM). Agota la vía administrativa la resolución del recurso de apelación por parte del Concejo Municipal (art. 40 LM). Por lo que debe entenderse que sólo podrán impugnarse ante la jurisdicción contenciosa una vez agotada la vía administrativa, mediante la resolución del correspondiente recurso de apelación.

Serán también impugnables directamente ante la jurisdicción contenciosa los actos que se produzcan por la aplicación de la disposición impugnada, basándose precisamente en la invalidez de reglamento. Si bien esta solución debe entenderse aplicable únicamente cuando se impugne el reglamento de forma directa y al mismo tiempo los actos que se hayan dictado en aplicación del mismo, basándose en la nulidad de éste (art. 36 LJ).

Distinta solución se debe aplicar, sin embargo, cuando lo que se impugne no sean conjuntamente la disposición y los actos de aplicación de la misma, sino únicamente éstos últimos basándose en la invalidez de aquella. Este supuesto, conocido tradicionalmente como recurso indirecto contra el reglamento, no es propiamente un recurso contra un reglamento, pese a que su nombre parezca indicar otra cosa, sino contra los actos administrativos dictados en aplicación de éste.

Esto determina que sea un recurso contra un acto administrativo, sujeto a los requisitos procesales establecidos para este tipo de recursos. Lo que implica que esos actos sólo serán materia impugnable en la medida en que se haya agotado previamente la vía administrativa (art. 36 LJ).

En lo que se refiere a la inactividad de la Administración, para que sea actividad impugnable es preciso que se formule una reclamación previa a la Administración. Si ésta no fuera atendida en los plazos fijados por la ley (cuarenta y cinco días si se trata de supuestos de no realización de una prestación concreta a favor de una o varias personas determinadas; y treinta días cuando se demanda la ejecución de las resoluciones firmes de la Administración) se podrá interponer ya el recurso contencioso-administrativo (art. 37 LJ), siendo ya, por tanto, materia impugnable.

Las vías de hecho son materia impugnable sin necesidad de reclamación previa a la Administración, pues la ley establece ésta con un carácter meramente potestativo, como se deduce claramente del art. 38 LJ, que dice literalmente que "el interesado podrá solicitar". No obstante, si el administrado opta voluntariamente por presentar esa reclamación previa, ya no podrá impugnar ésta hasta que transcurran los diez días que la LJ otorga a la Administración para su resolución (art. 38 LJ). No siendo, por tanto, materia impugnable hasta que transcurra dicho plazo.

Una vez delimitada las materias impugnables debemos preguntarnos que es lo que el administrado puede solicitar respecto a ellas, esto es, cuáles pueden ser las pretensiones de las partes.

Dicha cuestión la regula el art. 39 LJ, que establece que, el "demandante podrá pedir la declaración de no ser conformes a derecho y en su caso la anulación, de los actos, omisiones, disposiciones generales y vías de hecho susceptibles de impugnación en sede contenciosa-administrativa".

También podrá el demandante "pedir el reconocimiento de una situación jurídica individualizada y la adopción de las medidas necesarias para su pleno reestablecimiento, entre ellas la declaración de haber lugar a daños y perjuicios materiales y morales, según fuere el caso, sin menoscabo de otras responsabilidades que se pudieren derivar" (art. 39 LJ).

El reconocimiento de una situación jurídica individualizada y la adopción de las medidas para su reestablecimiento, constituye una pretensión meramente eventual, que dependerá de las concretas necesidades de tutela que concurran en cada caso[45].

La determinación previa del contenido de las medidas susceptibles de adoptarse para restablecer esa situación jurídica es imposible, dada la amplitud de concreciones en que puede traducirse, pues se incluirán dentro de dicho concepto cualquier medida adecuada para restablecer el estado de cosas, fáctico o jurídico, perturbado por la actuación impugnada[46].

Hasta ahora hemos examinado el objeto general del proceso, esto es, el conjunto de materias que pueden ser impugnadas y, por tanto, objeto del proceso, y los diferentes tipos de pretensiones que cabe formular contra las mismas. Ahora bien, junto a ellas se puede distinguir un objeto concreto del proceso, esto es, la concreta prestación formulada por el demandante en un proceso concreto y determinado, que será, en consecuencia, necesariamente un supuesto particular de impugnación de alguna de las materias genéricas susceptibles de impugnación y formulará de forma particularizada alguna de las pretensiones típicas que integran el objeto general del proceso[47].

En realidad, es este último el verdadero objeto del proceso en sentido estricto, pues la materia impugnable u objeto general constituye más bien un requisito de procedibilidad[48].

A estas pretensiones se unirán las que formulen las partes demandadas, normalmente de desestimación total o parcial[49]. Teniendo en cuenta que en el ámbito contencioso, al venir el proceso marcado por una previa actuación en vía administrativa, no cabe la posibilidad de reconvención por parte del demandado. De tal forma que éste tan sólo podrá oponerse a la pretensión del actor, bien por motivos de forma o de fondo, para obtener lograr la desestimación o inadmisión del recurso[50].

---

[45]   Santamaría Pastor, *Op. Cit.,* nota 446, p. 671.

[46]   Ibídem, p. 671.

[47]   Señala Santamaría Pastor que la "referencia al objeto del proceso contencioso-administrativo es en cierta forma equívoca, pues hace referencia a dos perspectivas jurídicas diversas, cuyo contenido es igualmente dispar:

- de una parte, cuál sea el *objeto del proceso contencioso en cuanto tal,* esto es, en cuanto procedimiento judicial singular y concreto; dicho objeto está constituido (...) por las pretensiones de las partes;

- pero, de otra parte, se halla el problema del *objeto del proceso contencioso en abstracto,* como institución general de control; cuestión que nos remite a la determinación de cuál sea la actividad susceptible de impugnación". Ibídem, pp. 665-666.

[48]   Parejo Alfonso, Luciano, *Op. Cit.,* nota 80, p. 830. Fernández Fernández Valverde, *Op. Cit.,* nota 567, p. 91.

[49]   García De Enterría, Eduardo, y Fernández Rodríguez, *Op. Cit.,* nota 810, p. 633.

[50]   Como señala Santamaría Pastor, "la naturaleza impugnatoria de actuaciones autoritarias previas que posee el proceso contencioso determina que las partes demandadas (la Administración autora del acto

La suma de ambas pretensiones determina el ámbito hasta el que se extiende el conocimiento del juez, y sobre el que podrá pronunciarse en la sentencia en virtud del principio de congruencia[51].

VI. ACUMULACIÓN DE ACCIONES

Se denomina acumulación de acciones a la integración de varias pretensiones para que sean objeto de tramitación y resolución en un mismo proceso[52].

La LJ permite la acumulación de varias acciones en un mismo proceso en dos supuestos. En primer lugar, cuando las acciones y pretensiones no sean incompatibles entre sí y se hayan deducido en relación con un mismo acto, disposición, omisión o vía de hecho (art. 40 LJ).

En segundo lugar, también lo serán aquellas que se refieran a varios actos o disposiciones, cuando uno sea reproducción, confirmación o ejecución de otros o existieren entre ellos cualquier relación (art. 40 LJ).

Pueden producirse dos situaciones. En primer lugar, es posible que el demandante ejercite a través de una misma demanda varias acciones, en cuyo caso, si el Tribunal decidiese que esa acumulación es improcedente, deberá señalar, motivando la decisión, las acciones que el demandante deberá interponer por separado (art. 41 LJ), mediante auto (art. 43 LJ).

En segundo lugar, cabe que se presenten diversas demandas. En este supuesto la acumulación se podrá decretar en cualquier momento, previa audiencia a las partes, bien de oficio o a instancia de parte (art. 42 LJ), mediante auto (art. 43 LJ).

Contra el auto que resuelva sobre la acumulación, tanto el que denegare como el que accediere a la misma, podrá interponerse Recurso de apelación con expresión de agravios, en un plazo de cinco días ante el mismo Tribunal. El recurso se concederá en el efecto devolutivo y será resuelto en un plazo de diez días a partir de recibidas las actuaciones (art. 43 LJ).

El art. 44 LJ prevé la posibilidad de que el demandante o demandantes, después de finalizado el tramite de vista del expediente y antes de la contestación a la demanda, aclaren, rectifiquen o amplíen sus demandas, en un plazo común de veinte días. Si así se hiciera, se acompañará ese escrito de las copias necesarias para las distintas partes del proceso.

---

y los codemandados, si los hubiere) no pueden formular reconvención, esto es, pretensiones de condena al demandante distintas de las declaraciones que ya se contienen en el acto impugnado". Santamaría Pastor, *Op. Cit.*, nota 446, p. 657. En la misma línea, señala Pera Verdaguer que "en el procedimiento contencioso-administrativo a los demandados no les es permitido formular pretensión alguna por vía reconvencional". "En realidad, las partes demandadas ante lo Contencioso, las únicas pretensiones que pueden ejercitar son las de oponerse a las de la parte o partes demandantes, tanto por motivos formales como de fondo, para concluir solicitando que se declare bien la inadmisibilidad del recurso Contencioso-administrativo, bien su desestimación". Pera Verdaguer, *Op. Cit.*, nota 516, p. 332.

[51]   García De Enterría, Eduardo, y Fernández Rodríguez, *Op. Cit.*, nota 113, p. 633.

[52]   Morell Ocaña señala que la "acumulación es la reunión de dos o más pretensiones procesales para su tramitación y decisión en un solo proceso". Morell Ocaña, *Op. Cit.*, nota 495, p. 477.

Si una vez ampliada, aclarada o rectificada la demanda se dicta un acto o disposición administrativa que guarde la relación que permite acordar la acumulación con otro acto o disposición que fuera objeto de una demanda contencioso-administrativa en trámite, el demandante podrá solicitar la ampliación de la demanda a ese asunto administrativo dentro de un plazo de treinta días (art. 45 LJ).

Solicitada la ampliación, se suspenderá la tramitación del proceso en tanto no se hubieren publicado, respecto de la ampliación, los edictos que preceptúa la LJ y no se hubiere remitido al órgano judicial el expediente administrativo a que se refiere el nuevo acto o disposición (art. 45 LJ).

VII. EL PROCESO CONTENCIOSO-ADMINISTRATIVO

1. *Plazo para la interposición del recurso*

A. *Plazo de interposición del recurso contra actos administrativos*

Con carácter general, el plazo va a ser tan sólo de sesenta días, ampliándose excepcionalmente a noventa días para las personas que no hayan sido parte en el procedimiento administrativo, cuando el acto no hubiera sido objeto ni de notificación personal ni de publicación (art. 47 LJ).

La razón de ser de esta distinción se encuentra, obviamente, en que en el primer caso al demandante va a conocer la resolución, o al menos tiene la posibilidad de conocerla; mientras que en el segundo, al no serle está notificada ni estar tampoco publicada, va a encontrar, al menos presumiblemente, más dificultades para enterarse de su existencia y su contenido.

Nótese que este plazo de noventa días en caso de falta de notificación o publicación operará sólo para quien no haya sido parte del procedimiento administrativo, pues quien haya sido parte en el procedimiento administrativo no podrá verse perjudicado por la negligencia de la Administración de no notificar o publicar la resolución como es su obligación. Para quienes estén en esta situación el plazo de impugnación no comenzara a contarse, como bien dice la ley, hasta que tengan conocimiento de ese acto (art. 47 LJ), pues lo contrario sería un flagrante atentado contra su derecho a la tutela judicial efectiva.

Esta solución debe ser extensible, por los mismos motivos, aunque la ley no lo diga, a los titulares de derechos subjetivos o de intereses legítimos (en el caso de estos últimos tan sólo cuando sean conocidos o al menos reconocibles por el órgano administrativo actuante) que vayan a verse afectados por la resolución, cuando éstos no hayan tenido conocimiento de la iniciación del procedimiento administrativo.

Por otra parte, aunque la ley no lo diga, debe equipararse a la notificación la publicación del acto en dos supuestos: los procedimientos de concurrencia competitiva, como una procedimiento para el ingreso en la función pública o para la adjudicación de un contrato administrativo, por ejemplo; y aquellos en los que el acto tenga como destinatario una pluralidad indeterminada de personas, como por ejemplo la convocatoria de un examen en una Universidad pública.

En otro caso, la simple publicación, que más que probablemente no va a ser conocida por el interesado, no puede sustituir a la notificación personal, por lo que, tratándose de personas que han concurrido al procedimiento, no bastará para considerarlas notificadas, y no se abrirá, en consecuencia, a falta de notificación personal, el plazo para recurrir.

La regulación del día inicial del cómputo del plazo es bastante farragosa y de muy deficiente sistemática, en nuestra opinión, lo que dificulta bastante su comprensión. La razón de esta deficiencia reside en que se presenta como una regulación diferente según el interesado haya sido parte en el procedimiento o no, cuando, en realidad, el criterio a tener en cuenta, y que de hecho se tiene en cuenta, es si el acto ha sido notificado o no al administrado, o, en su caso, publicado.

Si el acto impugnado se hubiere notificado personalmente por cédula, bien se haya sido parte en el procedimiento o no, se comenzara a contar el plazo desde el día siguiente al de la notificación o a partir del día en que el interesado hubiere tenido conocimiento de dicha resolución (art. 47 LJ).

Nótese que el art. 47, en su primer párrafo, consagra esta solución sólo para quien haya sido parte en el procedimiento, pero el párrafo segundo excepcional de esta regla sólo para quien "no haya sido parte del procedimiento, ni se le hubiere notificado la resolución". Es una clara deficiencia de redacción, que debe ser reconducida, extendiendo la solución vista a quien sin haber sido parte en el procedimiento se le ha notificado la resolución. Cosa que, por otra parte, se debería hacer siempre que se conozcan titulares de derechos subjetivos o intereses legítimos claramente definidos que se van a ver afectados por ésta.

Téngase en cuenta que aún en el caso de que el acto sea notificado, el computo se puede realizar desde el día en que el interesado haya tenido conocimiento de la resolución. Esto es, puede que el interesado conozca por otras vías la resolución, antes de que le sea ésta notificada, en este caso podrá, si lo considera oportuno, interponer el recurso judicial con anterioridad a la notificación, dándose en tal caso por notificado.

En el supuesto de que el actor no haya sido parte en el procedimiento y no se le haya notificado la resolución el plazo se contara desde el día siguiente al de la publicación integra del acto en cualquier medio de comunicación (art. 47 LJ).

Cuando se trate de personas que no han sido parte en el procedimiento y el acto no haya sido, además, publicado, el plazo, que en este caso debe recordarse que es de noventa días, se deberá de contar desde la fecha de su última notificación (art. 47 LJ).

B. *Plazo de interposición del recurso contra actos producidos por silencio administrativo*

El plazo para interponer el recurso es de 60 días (art. 48 LJ). No aclara la ley el día en que se iniciara el cómputo, por lo que parece que será desde que se produzcan los efectos del silencio.

Como toda la regulación del silencio administrativa en el Derecho de Nicaragua, es una estipulación sumamente criticable, pues otorga el mismo plazo para recurrir el acto dictado por silencio que para impugnar un acto expreso y notificado. Solución inaceptable, pues la situación en uno y otro caso es radicalmente diferente, dado que, al no ser notificado, en numerosos casos el administrado que carezca de preparación jurídica específica, no se apercibirá de que se ha producido dicha circunstancia y perderá su derecho a recurrir.

C. *Plazo para la interposición del recurso contra disposiciones administrativas*

Para este supuesto el plazo de impugnación es de sesenta días desde el día siguiente al de la publicación integra de la disposición en cualquier medio de comunicación (art. 47 LJ).

D. *Plazo para interponer el recurso contra la inactividad material de la Administración*

En este caso también el plazo es de sesenta días, y se computará desde el día hábil siguiente al del vencimiento del plazo que tiene la Administración para resolver la reclamación previa que debe presentar el administrado (art. 48. 2 LJ).

E. *Plazo para interponer el recurso contra vías de hecho*

El plazo es el general de sesenta días, pero debe distinguirse aquí según el administrado opte por interponer o no reclamación previa a la Administración para fijar el día inicial del computo. Si el administrado opta por acudir directamente a la vía judicial, se contará el plazo desde que se produjere la vía de hecho (art. 48. 2 LJ). Sin embargo, si decide reclamar previamente a la Administración, se iniciará el computo una vez transcurrido el plazo de diez días que tiene la Administración para atender esa reclamación (art. 48. 3 LJ).

2. *Inicio del proceso*

El proceso comienza mediante la presentación de la demanda al tribunal o mediante la solicitud a éste de un defensor público o de oficio (art. 49 LJ).

Sorprende esta disposición, totalmente inadecuada para la estructura del proceso contencioso-administrativo. La iniciación por demanda, solución habitual en los procesos civiles, debe ser, sin embargo, excepcional en el contencioso-administrativo, en el que se ha tramitado previamente un procedimiento administrativo, en cuyo expediente obran los datos que deben de servir de base al recurso. Difícilmente se puede articular debidamente la demanda, por tanto, sin tener acceso a ese expediente[53].

---

[53] Apunta al respecto Santamaría Pastor que el expediente "constituye una pieza de valor fundamental, pues sólo a través de la misma pueden llegar a conocerse las vicisitudes y los posibles vicios en la producción del acto impugnado". Santamaría Pastor, *Op. Cit.*, nota 446, p. 678.

Sería, por ello, bastante más adecuado, que el proceso se iniciase mediante la simple presentación de un simple escrito de interposición, en el que el actor se limite a expresar su voluntad de recurrir un determinado acto administrativo, disposición administrativa, inactividad material de la Administración o vía de hecho, identificando éste, y solicitando que se tenga por interpuesto el recurso.

Una vez interpuesto el recurso de esta forma, el Tribunal pediría el expediente administrativo a la Administración, comenzando, entonces, el plazo para formular la demanda y contestar ésta[54].

3. *Demanda y contestación a la demanda*

La demanda se podrá apoyar en cualesquiera argumentos jurídicos, incluso aunque éstos no hubieran sido formulados en vía administrativa (art. 50. 6 LJ).

Ahora bien, téngase en cuenta que la jurisdicción contenciosa realiza exclusivamente un control de legalidad, nunca de oportunidad. Los tribunales no pueden inmiscuirse en las decisiones adoptadas por la Administración, sustituyendo el criterio de éstas por el suyo propio, lo que supondría una clara vulneración del principio de división de poderes. Tan sólo pueden llevar a cabo un control de la legalidad de sus decisiones[55]. De aquí se deriva que la demanda no podrá fundamentarse en motivos de pura oportunidad, que son totalmente irrelevantes, sino exclusivamente en argumentos jurídicos que denoten una vulneración de la legalidad vigente.

En caso de que la demanda adoleciese de algún defecto que impidiese su tramitación, bien porque no la acompañaran los documentos precisos, o habiéndose presentado éstos fueran insuficientes o defectuosos, o bien, a juicio del Tribunal, no concurrieran los requisitos exigidos por la LJ para la validez de la comparecencia del actor, el Tribunal no podrá rechazar la demanda, sino que deberá abrir un plazo de diez

---

[54]   Señalan García De Enterría y Fernández Rodríguez que el "apartamiento del modelo civil está en este caso justificado plenamente. El proceso contencioso-administrativo tiene normalmente carácter impugnatorio, su finalidad es, por consiguiente, combatir un acto, disposición, inactividad o vía de hecho determinados y esto no puede hacerse eficazmente sin tener a la vista el expediente que ha dado lugar al objeto contra el que se ejercita la pretensión. Resulta, pues, obligado desdoblar la impugnación en dos momentos, limitando la fase inicial a enunciar la impugnación para que, a su vista, se emplace a todos los demandados (...) y se reclame el envío al Tribunal del expediente administrativo, de forma que, en una segunda fase, el recurrente pueda formalizar su demanda con conocimiento de causa en base al expediente en cuestión". García De Enterría, Eduardo, y Fernández Rodríguez, *Op. Cit.,* nota 810, p. 634. En la misma línea, Morell Ocaña apunta que esto "es obligado, ya que el actor no cuenta con la documentación esencial hasta que la Administración demandada no remita al Tribunal el expediente administrativo". Morell Ocaña, *Op. Cit.,* nota 495, p. 479. *V.,* también al respecto, Parejo Alfonso, Luciano, *Op. Cit.,* nota 80, pp. 833-834.

[55]   Señala Santamaría Pastor que "la potestad que ejerce la Jurisdicción contenciosa se mueve dentro de unos límites estrictos: sus órganos no son ni pueden actuar a modo de una instancia organizativa jerárquicamente superior a la Administración, de forma que puedan sustituir libremente sus decisiones por otras de contenido diverso, lo cual entrañaría un desconocimiento del principio constitucional de división de poderes". "El sistema contencioso radica (...) en un control (es decir, una fiscalización *a posteriori* de actuaciones previas de carácter autoritario) de legalidad, de tal manera que la anulación de un acto administrativo y la condena a la Administración a realizar una actuación determinada sólo puede hacerse cuando aquél vulnere un precepto normativo y cuando ésta venga prevista y ordenada por otra norma jurídica". Santamaría Pastor, *Op. Cit.,* nota 446, pp. 655-656.

días para que el actor subsane los defectos de que se trate, especificándose en la providencia en que se indique dicha circunstancias que, si no se llevase a cabo dicha subsanación, el Tribunal ordenará sin mayor trámite que se tenga por no presentada la demanda y se archiven las diligencias, salvo que exista interés por la protección de los intereses públicos y de éstos se aconsejare que se continúe con la substanciación del proceso. En tal caso los trámites se impulsarán de oficio (art. 52 LJ).

Esta disposición se debe entender únicamente aplicable a aquellos defectos que impidan la tramitación del proceso. Por ello, la simple falta de presentación de documentos en que el demandante base su pretensión, no producirá tal efecto, sino tan sólo la preclusión del trámite, esto es, se pierde la posibilidad de presentar esos documentos y continúa la tramitación del proceso.

Por otra parte, debe tenerse en cuenta que la posibilidad de presentar los documentos en el plazo de diez días, que es una clara manifestación del principio *pro actione*, no constituye ni un derecho ni una obligación, sino lo que se conoce técnicamente como una carga procesal, esto es, la posibilidad de realizar una determinada actuación bajo la amenaza de tener que soportar las consecuencias derivadas de su omisión en caso de no hacerlo.

Una vez presentada la demanda, dentro del tercer día, el Tribunal citará al demandante y a la Administración Pública para celebrar el trámite de mediación previa (art. 55 LJ).

Se presume que el órgano de la Administración Pública que concurra a la mediación está legalmente facultado para llegar a un acuerdo (art. 55 LJ).

Si fracasa el trámite de mediación, el Tribunal dará curso al proceso mediante la realización de tres actuaciones que se deberían desarrollar simultánea o cuasi-simultáneamente, aunque como vamos a ver, no será posible en la práctica: el emplazamiento de los demandados, la publicación de la demanda y la solicitud de remisión del expediente administrativo.

El emplazamiento de las partes se llevará a cabo de forma diferente según se trate de la Administración demandada o de los codemandados y coadyuvantes. En lo que se refiere a la Administración Pública, será emplazada por medio de la notificación de la demanda a la Procuraduría General de Justicia de la República o al representante legal del órgano demandado (art. 56 LJ).

Tratándose de demandados y coadyuvantes debe diferenciarse dependiendo de si se trata de personas que están identificadas en el expediente o no. En el primer caso el Tribunal deberá emplazarlas personalmente o por medio de cedula, bajo pena de nulidad (art. 59 LJ). En realidad, la LJ prevé esta solución tan sólo cuando del expediente "resultare el domicilio de las personas en cuyo beneficio se derivaren derechos". Sin embargo, en nuestra opinión, dicha estipulación debe entenderse en sentido amplio, extendiéndola a todo posible interesado que conste en el expediente, bien sea titular de derechos subjetivos o de intereses legítimos y, por supuesto, bastará con que conste un lugar para hacerle llegar las notificaciones, sea o no su domicilio.

A quienes no aparezcan identificados en el expediente se les notificará mediante la publicación de la demanda. Dicha publicación la mandará realizar el Tribunal en extracto, en idioma español y en el de la lengua de las comunidades de la Costa

Atlántica de Nicaragua en que aquella hubiere sido formulada y presentada en el territorio de las Regiones Autónomas, a más tardar el siguiente día hábil a través de edictos que se fijarán en la Tabla de Avisos y en el territorio donde esa lengua se utiliza, sin perjuicio de que la parte actora o cualquier otra persona interesada en el asunto la mande a publicar a su costa en cualquiera de los medios de comunicación social escritos de circulación nacional (art. 58 LJ).

La demanda y demás documentos que fueren presentados en el juicio que no fueren escritos en idioma español, deberán ser acompañados de una traducción al español debidamente validada (art. 58 LJ).

La ley incurre aquí de nuevo en una incongruencia notable, pues el emplazamiento de las partes no se podrá realizar hasta que se reciba el expediente, momento en que se sabrá que personas deben ser objeto de emplazamiento personal. Inconscientemente el legislador da muestras, en nuestra opinión, de su error, regulando el trámite de petición del expediente después del emplazamiento, cuando cabalmente no se podrá llevar a cabo el segundo sin haber realizado antes el primero.

Ya criticamos en su momento el diseño general del proceso por no tener en cuenta la importancia del expediente, que postula que no se formule la demanda hasta que llegue éste. En este punto, sin embargo, el problema proviene no de la iniciación del proceso mediante demanda, sino de que sea el Tribunal quien tenga que emplazar a los interesados que aparezcan en el expediente. La solución lógica sería que se ordenara a la propia Administración realizar ese emplazamiento al mismo tiempo que se le ordena la remisión del expediente, sin perjuicio de la facultad del Tribunal de emplazar por sí misma otros interesados al llegar el expediente, si comprobara que la Administración no ha emplazado a todas aquellas personas que deben serlo. De esta forma sería posible emplazar de forma cuasi-simultánea a todos los interesados, evitando que el proceso estuviera paralizado inútilmente.

La finalidad del emplazamiento es poner en conocimiento de los interesados la iniciación del proceso, a fin de que puedan personarse en el mismo y defender su posición. Ahora bien, la posición de los distintos sujetos implicados no es, al respecto, ni mucho menos uniforme, sino que varía dependiendo de la situación en que se encuentren.

Así hay que distinguir, por un lado, el régimen aplicable a la Administración demandada, que deberá personarse en un plazo de seis días que se le concederá al efecto cuando reciba el emplazamiento. En caso de no hacerlo será declarada rebelde (art. 56 LJ).

Los demandados y coadyuvantes, sin embargo, podrán personarse en el procedimiento desde el momento que tengan conocimiento de la acción, sin que tengan necesidad de esperar al emplazamiento para oponerse (art. 57 LJ).

La posibilidad de personarse para demandados y coadyuvantes va a permanecer abierta durante todo el proceso, pues serán admitidos como partes en cualquier tiempo del mismo. Ahora bien, las actuaciones se desarrollarán en su ausencia hasta que no se personen, sin que su personación posterior determine la retroacción del proceso (art. 57 y 59 LJ). Esto es, se les tendrá como parte únicamente para los trámites que no hayan sido ya realizados en el momento de su personación, lo que implica que aquellos trámites que hayan sido realizados previamente precluyen y se pierde, por tanto, la posibilidad de realizarlos.

Toda esta regulación es en si misma correcta, en nuestra opinión, y no debe ser objeto de crítica. Sin embargo, falta un elemento crucial que la hace totalmente inadecuada globalmente considerada: no se señala un plazo desde el emplazamiento para la personación de los interesados. A nuestro juicio esta situación genera una grave inseguridad jurídica, totalmente inadmisible. Debería, por ello, darse un plazo mínimo y suficiente desde que los distintos interesados son emplazados para su personación.

Sólo transcurrido ese plazo sin la personación del interesado podrá continuar el proceso sin que se genere indefensión para éste, pues la falta de defensa de su posición sólo a él le es imputable.

La posibilidad de personarse entra, por tanto, dentro del concepto de carga procesal, pues es una actuación que el afectado es libre de realizar o no (puede personarse o no en el proceso), pero si no lo hace queda obligado a soportar las consecuencias jurídicas de su omisión (no podrá alegar indefensión por una defensa cuya no realización sólo a él le es imputable)[56].

Huelga decir, por otra parte, que este planteamiento tiene como presupuesto el debido emplazamiento de los distintos sujetos afectados según las normas vistas. Faltando éste o habiéndose llevado a cabo de forma incorrecta, se deberá admitir no sólo la posibilidad de que el perjudicado adquiera con posterioridad la posición de parte, sino también habrá que ordenar la retroacción del proceso para que éste pueda defender su posición, pues en caso contrario se estaría generando una indefensión que debería determinar la nulidad del mismo.

Esta última solución es indudablemente aplicable cuando alguien que debió ser emplazado al proceso no lo fue, y se dicta sentencia en su ausencia. Un claro supuesto de invalidez dada la manifiesta situación de indefensión en la que queda una de las partes afectadas.

En cuanto a la solicitud de la remisión del expediente administrativo, se llevará a cabo una vez publicada la demanda por el tribunal competente, dentro del tercer día, mediante un requerimiento a los funcionarios responsables del acto impugnado para que envíen el citado expediente completo (art. 60 LJ). A tales efectos se les dirigirá y remitirá oficio por correo en pieza certificada, con acuse de recibo, o por medio de cualquier otro medio de comunicación vía que a juicio del órgano judicial resulte más expedita (art. 60 LJ).

El expediente deberá hacerse llegar en un plazo no mayor de diez días, contados a partir de la fecha en que recibieren el oficio correspondiente (art. 60 LJ). Si así no lo hiciere la Administración no se paralizará el curso del proceso y se constituirá presunción de ser ciertos los hechos en los que se funda la demanda (art. 60 LJ).

---

[56] En tal sentido González Pérez, que señala que la "rebeldía no supone el incumplimiento de una obligación, sino el no ejercicio de un derecho subjetivo; el resultado perjudicial producido por la situación llamada de rebeldía no es más que el resultado que produce la falta de ese ejercicio. El término "rebeldía" -de rebelarse- es impropio, pues no hay obligación de comparecer contra la que el demandante se pudiera rebelar, sino sólo la "carga" de comparecer para el ejercicio de la defensa del propio derecho. La declaración de rebeldía es la simple verificación de la conducta pasiva del demandado". González Pérez, *Op. Cit.*, nota 521, p. 194.

Estas medidas parecen querer reaccionar contra la tendencia por parte de la Administración a no remitir el expediente en plazo. Sin embargo, en nuestra opinión, no es una regulación muy efectiva por varios motivos.

En primer lugar, la necesaria continuación del proceso puede convertirse en un perjuicio notable para la parte, que se verá obligada a defender su posición sin un correcto conocimiento de los presupuestos del proceso. Se debería, por ello, dejar que sea la parte demandante quien decidiera si continúa el curso del proceso o si quiere esperar a la remisión del expediente.

Ciertamente se da a la parte demandante una compensación por la no remisión del expediente, en su caso. Pero es una medida, en nuestra opinión, muy difícil de entender, dado que nos movemos en el marco de un proceso en el que no están en juego simples intereses particulares, sino el interés público, que no puede verse perjudicado a modo de sanción por la negligencia de un funcionario público.

Por todo ello, a nuestro juicio, lo que debería hacer la regulación es establecer un sistema de sanciones que garanticen la debida remisión del expediente en los plazos establecidos, que es, a fin de cuentas de lo que se trata, y no de buscar una suerte de compensación entre partes, en la que al final quien puede salir mal parado es el interés de todos, que no otra cosa es, en definitiva, el interés público.

Cabe también la posibilidad de que se remita el expediente, pero incompleto. A tales efectos se obliga al Tribunal a dar un plazo al demandante de diez días, una vez recibido el expediente, para que lo examine y pueda pedir que se complete con los informes y los documentos que la Administración no hubiere incluido o enviado, según el caso. De este derecho podrá hacerse uso en cualquier momento del proceso mientras no haya concluido el período probatorio (art. 61 LJ).

El precepto nos parece, no obstante, contradictorio, pues no se ve el sentido que tiene que se de un plazo de días al efecto, si luego se va a poder formular la misma petición en cualquier momento hasta que haya concluido el periodo probatorio. A nuestro juicio, salvo que concurran motivos excepcionales que lo justifiquen (como por ejemplo, que se sepa de la existencia de documentos, hasta entonces ignorados, que no consten en el expediente), una vez trascurrido el plazo de diez días al efecto debería darse el trámite por precluido, perdiéndose la posibilidad de solicitar que se complete el expediente. Lo contrario puede dar lugar a prácticas dilatorias de las partes, que traten de paralizar el proceso mediante peticiones extemporáneas de incorporación de documentos al expediente.

Una vez recibido el expediente administrativo, y previo examen del mismo, el Tribunal podrá declarar la inadmisibilidad, de oficio o a instancia de parte, cuando conste de modo inequívoco y manifiesto cualquiera de las circunstancias siguientes: a) la falta de jurisdicción; b) la incompetencia del Tribunal; c) que se trate de actos no susceptibles de impugnación en la vía contencioso-administrativa; d) que haya prescrito la acción; e) que no se hubiere agotado la vía administrativa (art. 53 LJ).

Es una posibilidad que responde a motivos evidentes de economía procesal, pues trata de evitar la tramitación de procesos inútiles, por adolecer de defectos procesales que van a impedir un pronunciamiento sobre el fondo, que supondrían un gasto sin sentido de tiempo y dinero[57]. Contra la resolución que declare la inadmisibilidad de la demanda cabrá recurso (art. 54 LJ). Siempre que no se produzca esa declaración de inadmisibilidad, una vez presentada la demanda, finalizado el trámite de vista del expediente y emplazadas la Administración y quienes figuraren como partes en el proceso, se dará vista a las partes legitimadas como demandadas y coadyuvantes que estuvieren personadas, dándoseles, si lo pidieren, a su costa copia del expediente para que contesten la demanda dentro del plazo común de veinte días, tiempo durante el cual las diligencias permanecerán en el Tribunal (art. 69 LJ).

Si el demandado no presentare el escrito de contestación a la demanda en el plazo señalado, el Tribunal la tendrá por contestada negativamente en cuanto a los hechos (art. 69 LJ).

Esta última estipulación nos resulta sorprendente y es, a nuestro juicio, sumamente inadecuada. Una vez más el legislador nicaragüense parece estar pensando desde una perspectiva propia del proceso privado, olvidándose del interés público en juego en el proceso, que no puede verse perjudicado por la simple negligencia del demandado.

El art. 70 LJ establece que el escrito de contestación se pautará a los requisitos generales que se establecen para el escrito de demanda[58], a los que se añadirán la consignación de las referencias que el propio art. 70 LJ recoge[59].

Los demandados tienen no obstante, una opción distinta durante los primeros diez días del plazo concedido para contestar a la demanda. Durante este plazo podrán interponer las excepciones de previo y especial pronunciamiento fundadas en los motivos que podrían determinar la inadmisibilidad de la acción, falta de legitimidad e incompetencia, litispendencia y falta de agotamiento de la vía administrativa (art. 71 LJ). Esto es, podrán poner de manifiesto la existencia de motivos que van a determinar la imposibilidad de dictar una sentencia sobre el fondo del asunto, obligando a pronunciarse mediante una sentencia de inadmisibilidad si el proceso se tramitase hasta su fin. A fin de evitar un proceso que resultaría inútil se ofrece aquí a las partes demandadas la posibilidad de poner de manifiesto dichas circunstancias, para poner fin, en tal caso, aquí, sin más trámites, a un proceso que no merece la pena tramitar[60].

---

[57] Señalan Garrido Falla, Palomar Olmeda y Losada González, que el "principio de economía procesal justifica la existencia de un trámite de admisión, que permite al Juzgado o Tribunal declarar *a limine litis* la inadmisión de recursos que adolecen de defecto procesal insubsanable, lo que hace inviable su continuación", Garrido Falla, Palomar Olmeda y Losada González, *Op. Cit.,* nota 435, p. 229.

[58] Estipulación lógica, pues, como señalan Garrido Falla, Palomar Olmeda, y Losada González, el "escrito de contestación a la demanda es el correlativo del escrito de demanda, por lo que aparece sujeto, esencialmente, a los mismos requisitos que aquélla". Ibídem, p. 242.

[59] Concretamente, se deberán de consignar además de los requisitos señalados en la demanda: a) los hechos; b) los fundamentos de hechos y de derecho de su oposición; c) lista de pruebas que se presentarán en la vista oral y los hechos sobre los cuales hubieren de versar, cuando no hubiere conformidad en los hechos; d) las alegaciones, excepciones perentorias, impugnaciones y peticiones que estimen pertinentes (art. 70 LJ).

[60] Se trata, por tanto, como señala Gil Ibáñez, respecto a las alegaciones previas, trámite análogo en el Derecho español, de un "mecanismo de filtro que garantiza la economía procesal". Gil Ibáñez, "El

Las excepciones se sustanciarán sumariamente. Del escrito correspondiente se dará audiencia por tres días al demandante, quien podrá subsanar el o los defectos si fuera posible (art. 72 LJ).

El Tribunal podrá abrir a prueba por ocho días improrrogables y resolverá en un plazo de tres días. Contra la resolución cabrá recurso, que deberá interponerse en un plazo de tres días (art. 72 LJ).

Una vez resueltas las excepciones, si fuere procedente, se concederá nueva vista por veinte días para contestar la demanda (art. 72 LJ).

4. Prueba

La petición de prueba se deberá llevar a cabo en el escrito de demanda y de contestación. Así se deduce del art. 50. 7 LJ, según el cual el escrito de demanda debe contener el ofrecimiento de "las pruebas pertinentes"; y del art. 70. 3 LJ, que establece que en el escrito de contestación debe figurar la lista "de pruebas que se presentarán en la vista oral y los hechos sobre los cuales hubieren de versar, cuando no hubiere conformidad en los hechos".

De nuevo se manifiestan aquí los efectos nocivos de la formulación de la demanda antes de la remisión del expediente administrativo, pues cabe la posibilidad de que a la vista de éste se descubran hechos o circunstancias que demanden la realización de alguna prueba. Debería excepcionarse en tal caso la aplicación de los efectos de la preclusión, permitiéndose al demandante solicitar la práctica de prueba al efecto.

No prevé tampoco la ley la posibilidad de que el demandante pueda solicitar la práctica de pruebas para desvirtuar las alegaciones contenidas en el escrito de contestación a la demanda, esto es, lo que es tradicionalmente conocido como escrito de alegaciones complementarias. A fin de evitar la indefensión del actor, el juez debería admitir dicha posibilidad, a pesar del silencio de la LJ.

En cualquier caso, al solicitar la prueba se deberá hacer constar no sólo las pruebas que se pretenden realizar, sino también los hechos sobre las que éstas van a versar (art. 50. 7 LJ y 70 LJ).

Para que pueda realizarse la prueba deberá, en primer lugar, venir referida a hechos de interés para el pleito. Así se deduce del art. 73 LJ, que establece que podrán "ser objeto de prueba todos los hechos y circunstancias de interés para la solución justa del caso".

A ello se añade, en segundo lugar, la exigencia de que la prueba realizada sea adecuada y útil para el esclarecimiento de esos hechos y circunstancias de interés para el pleito. Así lo establece el art. 74 LJ, según el cual, la "prueba deberá referirse, directa o indirectamente, al objeto de la averiguación y ser útil para descubrir la verdad".

---

procedimiento contencioso-administrativo", en *Ley de la Jurisdicción Contencioso-administrativa*, Barcelona, Praxis, 1999, p. 235.

Por último, en tercer lugar, es preciso que la prueba sea necesaria, lo que habilita al Tribunal a "limitar los medios de prueba ofrecidos par demostrar un hecho o una circunstancia siempre que resulten manifiestamente superabundantes, repetitivos o notorios" (art. 74 LJ).

No es preciso, sin embargo, que esa prueba haya sido planteada previamente en el procedimiento administrativo del que se trae causa (art. 50. 7 LJ).

Si no se cumplen estos requisitos el Juez rechazará la práctica de la prueba. Pronunciamiento que deberá hacer después de vencido el plazo para la contestación de la demanda y resueltas, en su caso, las excepciones, y antes del celebración de la vista (art. 77 LJ).

En cuanto a los medios de prueba, se permite la utilización de cualquiera de ellos (art. 73), siempre que sea un medio lícito (art. 75 LJ).

La valoración de la prueba aparece regulada en el art. 76 LJ, que establece, so pena de nulidad de la sentencia, que el juez "apreciará cada uno de los elementos de prueba, con aplicación estricta del criterio racional o recta razón y deberá justificar y fundamentar adecuadamente con base en la apreciación conjunta y armónica de toda la prueba esencial, siempre que sea posible verificar su autoridad".

La realización de la prueba tendrá lugar en la vista (art. 77 LJ), a la que nos vamos a referir inmediatamente. Si bien el órgano judicial, de oficio o a instancia de parte, podrá acordar la práctica anticipada de la prueba, cuando se trate de pruebas extensas, difíciles o imposibles de realizar en la vista general del juicio (art. 77 LJ).

5. Vista

A. Concepto y características

La sustanciación del proceso se va a llevar a cabo en la vista general del juicio, de la que se levantará acta[61] (art. 87 LJ), cuya iniciación se debe llevar a cabo en un plazo no menor de diez días ni mayor de veinte desde el vencimiento del plazo de contestación a la demanda. Antes de ello el Tribunal deberá haberse pronunciado sobre la admisibilidad de las pruebas y haber puesto a disposición de las partes toda la prueba documental aportada (art. 77 LJ).

El sentido de que se establezca un plazo mínimo antes de la celebración de la vista parece que debe buscarse en la necesidad de ofrecer tiempo suficiente a las partes

---

[61]   Dicha acta deberá contener: a) lugar, fecha y magistrado que presidiere el acto, las partes comparecientes, sus representantes, en su caso, así como los defensores que las asistieren; b) un resumen de las peticiones y alegatos de las partes, de las pruebas propuestas por ellas, declaración expresa de su pertinencia, razones de la denegación y protesta, en su caso, así como de las pruebas admitidas y practicadas (art. 87 LJ). El Tribunal resolverá sin ulterior recurso, cualquier observación o petición que se hiciere sobre el contenido del acta, firmándola seguidamente en unión de las partes o de sus representantes o defensores y de los peritos, haciendo constar si alguno de ellos no firmare por no poder o no querer hacerlo o por no estar presente (art. 88 LJ). Deberá ser firmada por los miembros de la Sala del Tribunal que estén presentes y debe ser autorizada por el Secretario (art. 88 LJ). También podrá extenderse el acta a través de medios mecánicos de reproducción, exigiendo, en tal caso, los mismos requisitos que hemos visto antes (art. 88 LJ).

para preparar la vista. El plazo mínimo de diez días es razonable, pero sólo suponiendo que se haya hecho entrega de la prueba documental y, en el caso del demandante, de la contestación al demandante, en el mismo momento en que se inicia el cómputo de dicho plazo.

En nuestra opinión, se debe entender que el plazo mínimo de diez días debe contarse desde que se remite a ambas partes la prueba documental y al demandado la contestación a la demanda. En caso contrario se podría estar generando una indefensión que determinaría la nulidad del proceso.

B. *Principios que rigen la celebración de la vista*

La vista deberá ser oral, pública y continua, so pena de nulidad (art. 77 LJ).

a. *Continuidad e inmediación*

La continuidad de la vista es una consecuencia necesaria del principio de inmediación, que exige que la vista general del juicio se realice con la presencia ininterrumpida de todos los miembros del órgano judicial y las partes o sus representantes durante todas las sesiones consecutivas que sean necesarias hasta su terminación (art. 78 LJ).

La sentencia sólo podrá ser dictada, so pena de nulidad, por los mismos magistrados que hubieren participado en todas las sesiones de la vista general. Si alguno de ellos falleciere o se incapacitare en forma absoluta antes de ser dictada la sentencia, la vista tendrá que celebrarse de nuevo (art. 78 LJ).

Si falta alguno de los Magistrados, por causa justificada o no, se incorporará el suplente, que asumirá ese papel hasta que se dicte sentencia (art. 78 LJ).

Únicamente podrá suspenderse hasta por diez días cuando alguno de los magistrados o abogados de las partes se enfermare o se viere imposibilitado de actuar por cualquier otra causa, cuando fuere preciso hacer comparecer a un testigo o perito o se ordene prueba para mejor proveer (art. 78 LJ).

Esa suspensión se podrá prolongar sólo hasta ese plazo de diez días, pues si no fuera posible la reanudación dentro del plazo señalado, la vista deberá iniciarse de nuevo (art. 78 LJ).

b. *Publicidad*

La exigencia de publicidad se desdobla en un doble plano. Por un lado, la exigencia de publicidad presencial, permitiendo estar físicamente presente en la celebración de la vista a todos aquellos que estén interesados en la misma. Por otro, la publicidad indirecta para la generalidad del público, que se hará efectiva con la intermediación de los medios de comunicación social.

El órgano judicial puede resolver fundadamente que se realice la vista total o parcialmente de forma privada cuando la publicidad pueda poner en peligro la seguridad del Estado, los intereses de la justicia o un secreto oficial, particular, comercial o industrial cuya revelación indebida fuera posible (art. 79 LJ). Si bien, una vez desaparecida la causa, el público ingresará de nuevo y el Presidente hará un breve relato de lo sucedido (art. 79 LJ).

El juez podrá imponer a las partes que intervengan en el acto el deber de guardar secreto sobre los hechos que hubieran presenciado o conocido (art. 79 LJ).

Se podrá ordenar, por motivos de orden, el alejamiento de las personas ajenas al asunto o cuya presencia no fuera necesaria, así como limitar la admisión a un determinado número (art. 79 LJ).

En lo que se refiere a la publicidad respecto a la generalidad del público, se permite que las empresas de radiodifusión, televisión o prensa instalar en la Sala respectiva aparatos de grabación, fotografía, radiofonía, filmación u otros, en las condiciones que fije en cada caso el órgano judicial, tras oír a las partes (art. 80 LJ).

Mediante resolución fundada, el tribunal podrá prohibir, no obstante, esa instalación, cuando pueda perjudicar el desarrollo de la vista o sea susceptible de afectar a la seguridad del Estado, los intereses de la justicia o a secretos oficiales, particulares, comerciales o industriales cuya revelación indebida fuera posible (art. 81 LJ en relación con art. 80 LJ).

C. *Desarrollo de la vista*

El tribunal declarara abierta la vista, concediendo sucesivamente a los demandantes y a los demandados, por este orden, la palabra, para que hagan una sucinta exposición de sus pretensiones y de los fundamentos fácticos y jurídicos en que apoyan éstas (art. 81 LJ).

Tras ello se incorporará la prueba documental que haya sido admitida, de cuyo contenido el órgano judicial hará una breve relación. Pasándose, posteriormente a oír a los testigos y los peritos, comenzando por el demandante. A los que podrán formular preguntas, sin adelantar conclusiones, el actor, el demandado y los miembros del tribunal por este orden (salvo en el caso de los testigos y peritos de descargo, en los que el demandado precederá al actor y a los miembros del tribunal en el interrogatorio) (art. 82 LJ).

Si el tribunal lo estima conveniente podrá, para un mejor esclarecimiento del asunto, ordenar de oficio una o varias de las providencias para mejor proveer que regula el art. 83 LJ[62]. Decisión contra la que no cabe interponer recurso alguno (art. 83 LJ).

Una vez incluida la recepción de las pruebas, se concederá la palabra sucesivamente a los representantes legales de la parte actora y de la parte demandada, para

---

[62]   Concretamente, podrá interponer alguna de las providencias siguientes: a) que se traiga a la vista cualquier documento que creyeren conveniente para la determinación de los hechos objeto de la litis y el derecho o interés de las partes; b) solicitar aclaración o ampliación a cualquiera de las partes, peritos o testigos, sobre hechos que estimaren de influencia en la cuestión y no hubieren resultado suficientemente probados; c) que se practique cualquier reconocimiento o avalúo que reputaren necesario, o que amplíen los que se hubieren hecho; d) traer a la vista cualesquiera actuaciones o diligencias que tuvieren relación con el asunto; e) la inspección personal del objeto de la cuestión (art. 83 LJ).

que expongan de viva voz sus alegatos de conclusión[63], en los que se deberán referir, al menos, a los puntos esenciales de la demanda, de la contestación y de las pruebas evacuadas, emitiendo sus conclusiones y peticiones. También se admite que los abogados puedan replicar, pero limitándose a la refutación de los argumentos adversos (art. 84 LJ)[64].

Tras ello, el Presidente, guardando la debida imparcialidad y cuidando de no adelantar criterio, deberá analizar la cuestión litigiosa con las partes y los argumentos de hecho y de derecho que hubieren expuesto.

Se permitirá, además, a cada miembro del Tribunal que lo solicite, realizar preguntas a los abogados. Decidiendo, en caso de que una pregunta sea objetada, los miembros del Tribunal sobre su admisibilidad (art. 85 LJ).

Oídas las razones expuestas por los abogados de las partes, el Presidente dará por terminada la vista general y en el mismo acto señalará fecha y hora para celebrar una audiencia oral y pública, en un plazo mayor de quince días, con el objeto de leer la sentencia (art. 86 LJ).

6. Terminación del proceso

Al igual que en el procedimiento administrativo, en el proceso contencioso se debe distinguir entre la terminación normal o anormal del proceso. La primera aparece regulada en el Capítulo X del título VIII, bajo la rúbrica "De la Sentencia"; mientras que de la segunda se encarga el Título IX, que regula las "otras formas de concluir el proceso.

A. Terminación normal del proceso: la sentencia

El modo normal de terminar el proceso es mediante sentencia, que podrá ser constitutiva o declarativa y producirá los efectos jurídicos inherentes a su naturaleza (art. 89 LJ).

En puridad, por sentencia debe entenderse la resolución judicial en la que se resuelve las cuestiones planteadas en el procedimiento, mediante la confrontación de las pretensiones formuladas por las partes con el ordenamiento jurídico[65]. Tienen, no

---

[63]   No pueden leerse memoriales, pero si pueden consultarse breves notas para ayudar a la memoria, y hacer citas de textos legales, jurisprudencia y doctrina (art. 84 LJ).
[64]   En caso de manifiesto abuso de la palabra por los abogados de las partes, el tribunal llamará la atención al orador, y si éste persistiere, podrá limitar prudentemente el tiempo del alegato, para lo cual tendrá en cuenta la naturaleza de los hechos en examen, las pruebas recibidas y el grado de dificultad de las cuestiones por decidir (art. 84 LJ).
[65]   Señala González Pérez que la "sentencia es el acto de terminación normal de un proceso. Es una resolución del órgano jurisdiccional, que se diferencia de las demás en su finalidad. En ella se deciden las cuestiones planteadas en el proceso, se emite juicio sobre la conformidad o disconformidad de la pretensión con el Ordenamiento jurídico, en consecuencia, se actúa o se niega a actuar la pretensión formulada en el proceso". González Pérez, Op. Cit., nota 521, p. 363. En la misma línea, Gil Ibáñez la define como "la resolución del Juez o Tribunal que, decidiendo definitivamente el recurso contencioso-administrativo, satisface las pretensiones y resistencias deducidas por las partes, emitiendo su juicio sobre la conformidad o disconformidad a

obstante, también esa consideración las resoluciones judiciales en las que se declara la inadmisibilidad, a pesar de que en ellas propiamente no se resuelve sobre el fondo del asunto planteado en el pleito, por lo que en sentido estricto no son tales[66].

La propia ley aclara, aunque es innecesario por evidente, que pueden ser declarativas o constitutivas (art. 89 LJ). Las primeras son aquellas que se limitan a hacer una declaración en la que se aclara la existencia o inexistencia de una relación jurídica o derecho, dando, con ello, certeza jurídica a dicha cuestión, pero sin afectar a las situaciones jurídicas existentes. Las segundas son aquellas que suponen una modificación de una relación jurídica, bien porque la crean, la modifican o la extinguen[67].

La sistemática del título es realmente caótica, mezclándose en ella de forma harto confusa los tipos de sentencias y los contenidos mínimos de las mismas. Para poner un poco de orden, parece que se debe comenzar señalando que pueden darse dos grandes tipos de sentencia: las de inadmisibilidad y las que resuelven sobre el fondo del asunto.

Sólo partiendo de esta distinción se puede examinar con cierta lógica el art. 90 LJ, que regula el contenido mínimo que deben tener las sentencias, exigiendo que se incluyan en la misma las siguientes menciones: a) la resolución de todos los puntos comprendidos en la demanda y en la contestación; b) la resolución de todos los puntos que hayan sido debatidos por las partes; c) la admisibilidad de la demanda; d) la estimación o desestimación de la demanda en cuanto al fondo; d) las costas, si hubiere, estando para su tasación a lo que se dispone en el Código de Aranceles Judiciales en lo que respecta a los jueces ordinarios civiles.

Derecho de la actuación administrativa impugnada". Gil Ibáñez, *Op. Cit.,* nota 1140, p. 244. Por su parte, Sarriá Olcos considera que la "sentencia es la decisión del juez, quien luego de analizar los hechos mencionados por el demandante como fundamento de su pretensión, de establecer si se encuentran debidamente probados, de precisar la normatividad aplicable a la controversia que le ha sido planteada y de hacer un juicio lógico, *resuelve*, precisando así la voluntad abstracta de la ley". Sarriá Olcos, "Acciones contencioso-administrativas, contenido y clases de sentencias", en *Primeras Jornadas Internacionales de Derecho Administrativo "Allan Randolph Brewer-Carías"*, Caracas, FUNEDA/Editorial Jurídica Venezolana, 1995, p. 458. Para Parejo Alfonso, la sentencia es "la decisión judicial que pone fin al proceso –lo resuelve definitivamente- y constituye, por tanto, la forma normal de terminación de éste". Parejo Alfonso, Luciano, *Op. Cit.,* nota 80, p. 851.

[66] Apunta González Pérez que "en puridad de términos, no son sentencias, aunque los Derechos positivos las consideran como tales, aquellas resoluciones en que el órgano jurisdiccional no lleva a cabo la comparación con el Ordenamiento jurídico (...) por incurrir la falta de algún requisito procesal. En este (...) supuesto, también se examina la conformidad o disconformidad de la pretensión con el Ordenamiento jurídico; pero por incumplirse alguno de los requisitos procesales exigidos por el ordenamiento para que el órgano jurisdiccional pueda conocer la cuestión de fondo, no llega a confrontar la pretensión con el ordenamiento objetivo material". González Pérez, *Op. Cit.,* nota 521, p. 364.

[67] Señala Brewer-Carías que las "sentencias declarativas tiene por objeto la mera declaración de la existencia o inexistencia de una relación jurídica o de un derecho. El fin de estas sentencias es la precisión de una certeza, la desaparición de una incertidumbre o de una inseguridad jurídica que pueda existir en relación a un derecho a una relación jurídica". Mientras que las sentencias constitutivas se "producen cuando se pide al órgano jurisdiccional la creación, modificación o extinción de una situación jurídica preexistente. Una sentencia constitutiva produce una mutación en la realidad jurídica, y eso es lo que la distingue de las declarativas". Brewer-Carías, Allan Randolph, *Op. Cit.,* nota 519, pp. 200 y 202. Por su parte, Sarria Olcos nos indica que existe sentencia declarativa cuando "la decisión tomada por el juez es una mera declaración, que no afecta las situaciones jurídicas existentes y sólo declara la existencia o inexistencia de una resolución jurídica o de un derecho, para dar certeza y seguridad jurídicas". Será, sin embargo, constitutiva, cuando la "decisión del judicial implica una modificación en la relación jurídica material, ya sea porque la crea, la modifica o extingue". Sarria Olcos, *Op. Cit.,* nota 1445, p. 461.

Este precepto es, en nuestra opinión, sumamente equívoco, pues su lectura literal lleva a entender que recoge un conjunto de pronunciamientos mínimos que debe tener toda sentencia para ser congruente. Propósito imposible, pues no se podrá determinar ese contenido mínimo de la sentencia al margen del tipo de sentencia con que nos encontremos.

Así, las sentencias de inadmisibilidad se darán exclusivamente en aquellos casos en los que existen obstáculos que impidan pronunciarse sobre el fondo de asunto[68], por lo que, aunque la redacción de la ley parece indicar lo contrario, no contendrá los contenidos recogidos en el art. 90 LJ, salvo los recogidos en los art. 90. 1 y 90. 3 LJ, esto es, los relativos a al admisibilidad de la demanda y a las costas, si hubiere.

No tiene sentido alguno, sin embargo, que se haga mención en una sentencia de inadmisibilidad a la estimación o desestimación de la misma en cuanto al fondo, pues precisamente al dictarse una sentencia de este tipo se está declarando que no se va a resolver sobre el fondo y, en consecuencia, no se va a declarar acerca de la estimación o desestimación de la pretensión.

En cuanto a la resolución de los puntos planteados en la demanda y contestación y los debatidos por las partes, no se incluirán en este tipo de sentencias en todo lo que haga referencia al fondo del asunto. Para ser congruente el órgano judicial deberá dar respuesta únicamente a esos puntos en la medida en que vengan referidos a la admisibilidad.

Los supuestos que pueden determinar la inadmisibilidad aparecen regulados en el art. 91 LJ, que hace referencia a los siguientes supuestos: a) cuando su conocimiento no correspondiere, por razón de la materia, a la jurisdicción de lo contencioso-administrativo; b) cuando la acción hubiere sido ejercida por persona incapaz, no debidamente representada o legitimada; c) cuando tuviere por objeto actos, actuaciones u omisiones no susceptibles de impugnación, conforme a la LJ; d) cuando recayere sobre cosa juzgada o existiese litispendencia; cuando, de previo, no se hubiere agotado la vía administrativa; e) cuando los escritos de interposición, ampliación, aclaración o rectificación de la demanda se hubieren presentado fuera de los plazos establecidos o los defectos de forma no se hubieren subsanado debidamente, de manera tal que impidieran al Tribunal pronunciarse en cuanto al fondo.

Cabe la posibilidad de que esas circunstancias se den únicamente respecto a algunas de las pretensiones planteadas, en cuyo caso los efectos de la declaración de inadmisibilidad se circunscribirán a éstas, debiendo resolverse las demás en cuanto al fondo[69].

Un pronunciamiento de inadmisibilidad no es, por lo demás, contrario al derecho a la tutela judicial efectiva. Este derecho no exige que el proceso termine en todo caso con una resolución sobre el fondo del asunto, sino tan sólo un derecho a recibir una respuesta fundada en Derecho, facultad que queda perfectamente satisfecha con una sentencia de inadmisión, siempre que ésta constituya una aplicación razonada de una

---

[68]   Como señala Santamaría Pastor, la declaración de inadmisibilidad se da cuando "el órgano jurisdiccional no se pronuncia sobre las pretensiones de las partes por existir un defecto insubsanable en la constitución de la relación jurídica procesal". Santamaría Pastor, *Op. Cit.*, nota 446, p. 693.
[69]   Parejo Alfonso, Luciano, *Op. Cit.*, nota 80, p. 852-853.

causa legal[70]. El planteamiento es totalmente distinto cuando se trate de sentencias que resuelvan sobre el fondo. En este tipo de sentencias será siempre preciso que el órgano judicial responda a todos los puntos comprendido en la demanda y en la contestación y a los que hayan sido debatidos por las partes, pues en caso contrario estaremos ante un supuesto de incongruencia.

Para que esa incongruencia no se produzca es igualmente preciso que no se pronuncie sobre elementos ajenos a la pretensión, pues ésta marca los límites a los que se extiende la capacidad juzgadora del órgano judicial[71].

A lo que se añade la necesidad de adecuación entre los pronunciamientos de la sentencia con la fundamentación o motivación que se de a los mismos[72].

No debe confundirse la motivación con la pretensión. A diferencia de lo que ocurre con ésta, que vincula al órgano judicial, los motivos alegados por las partes no son determinantes para el Tribunal, lo que permite a éste fundamentar la sentencia en cualesquiera otros, si bien, en tal caso, por aplicación del principio de contradicción, se deberá dar a las partes la posibilidad de pronunciarse sobre ellos[73]. Sobre este último aspecto se pronuncia claramente el art. 92. 6 LJ, que establece que la "sentencia sólo podrá fundamentarse en hechos o resultados probatorios acerca de los cuales las partes hayan podido expresarse".

Dentro de las sentencias que se pronuncian sobre el fondo del asunto se pueden distinguir, a su vez, dos tipos de sentencias: estimatorias o desestimatorias. Son sentencias desestimatorias aquellas en que el Tribunal "encontrare que el acto, disposición u omisión objeto de ella está ajustada a derecho" (art. 93 LJ); y estimatorias aquellas en que el acto, disposición u omisión objeto de la misma no se ajusta a derecho (art. 93 LJ *sensu contrario*).

Tenga el sentido que tenga esa sentencia sobre el fondo, esto es, sea estimatoria o desestimatoria, deberá incluir, bajo pena de nulidad, los contenidos que recoge el art. 92 LJ[74]. A ello se añadirá, si la sentencia es de desestimación, la declaración de

---

[70] Señalan al respecto Garrido Falla, Palomar Olmeda y Losada González que "la sentencia es el modo normal u ordinario de satisfacer el derecho a la tutela judicial efectiva de los justiciables (...). Ahora bien, este derecho fundamental no es un derecho absoluto susceptible de ser ejercitado en caso y al margen del procedimiento legalmente establecido, por lo que la resolución judicial puede ser de inadmisibilidad. Lo que garantiza" este derecho "es el derecho a obtener una resolución fundada en Derecho, sea o no favorable a las pretensiones del justiciable, y que podrá ser de inadmisión cuando así lo acuerde el Juez o Tribunal en aplicación razonada de una causa legal". Garrido Falla, Palomar Olmeda y Losada González, *Op. Cit.,* nota 435, p. 266.
[71] Morell Ocaña, *Op. Cit.,* nota 495, p. 476.
[72] González Pérez, *Op. Cit.,* nota 521, p. 369.
[73] Morell Ocaña, *Op. Cit.,* nota 495, p. 476.
[74] Concretamente: a) la identificación de la Sala respectiva del Tribunal competente y el nombre de los magistrados que la integran y que hayan participado en la decisión; b) la identificación de las partes, de sus representantes legales y de los apoderados, por su nombre, profesión, residencia y su posición en el proceso; b) la identificación de las partes, de sus representantes legales y de los apoderados, por su nombre, profesión, residencia y su posición en el proceso; c) la enunciación de los hechos y circunstancias que hayan sido objeto del juicio; d) la indicación sucinta del contenido de la prueba oral producida en la vista general del juicio y de la prueba documental o anticipada que hubiere sido incorporada durante la vista mediante lectura; e) la determinación precisa y circunstanciada de los hechos que el Tribunal estime demostrados; f) los motivos de la decisión, con exposición de los fundamentos de hecho y de derecho (teniendo en cuenta que la sentencia sólo podrá fundamentarse en hechos o resultados probatorios acerca de los cuales las partes hayan podido

no lugar a la demanda (art. 93 LJ); y si la sentencia es estimatoria de las siguientes menciones: a) declaratoria de ser contrario a derecho el acto, disposición, omisión o vía de hecho impugnados y su nulidad total o parcial; b) reconocimiento de la situación jurídica individualizada, en su caso, ordenando la adopción de cuantas medidas fueren necesarias para su pleno reconocimiento y restablecimiento, si es necesario; c) la declaración de haber lugar o no a la existencia de daños y perjuicios demandados, así como el de las responsabilidades e indemnizaciones que pudiere derivarse, formulando pronunciamiento concreto sobre la existencia y cuantía de los mismos, así como el plazo para su efectivo pago (art. 94 LJ).

La sentencia que invalide un reglamento o un acto discrecional no podrá redactar el precepto de ese reglamento o la parte discrecional del acto. Lo más que podrá hacer es fijar los criterios u orientaciones que debe seguir la Administración al dictar esa resolución o ese acto discrecional para cumplir con la legalidad.

La razón que justifica esta regla básica es que la existencia de un ámbito de discrecionalidad genera un margen de libre apreciación a favor de la Administración que el juez no puede usurpar, por lo que sus facultades de control quedan reducidas a la posibilidad de fijar los límites que el ordenamiento jurídico establece para el ejercicio de esa facultad de estimación[75].

Este razonamiento vale no sólo para los actos discrecionales, sino que se extiende también a los reglamentos, pues la potestad reglamentaria es, como en su momento se vio, una potestad en todo caso discrecional, lo que impide que el juez pueda sustituir a la Administración en su ejercicio[76].

Existen, no obstante, supuestos en los que las diversas opciones en que se traducía en un principio la discrecionalidad administrativa quedan reducidas a una única so-

---

expresarse); g) la parte resolutiva, con mención de las disposiciones legales aplicables, así como de la jurisprudencia y de la doctrina, en su caso; h) la firma de los miembros que integran el órgano jurisdiccional, salvo en caso de que alguno de los miembros no pudiera suscribir la sentencia por impedimento ulterior a la deliberación y votación, ello se hará constar y aquélla valdrá sin esa firma (art. 92 LJ.

[75] Señalan García De Enterría y Fernández Rodríguez que "la esencia de la discrecionalidad radica en la existencia de una pluralidad de soluciones entre las cuales la Administración puede elegir con libertad, supuesto que para la norma habilitante todas ellas son igualmente aceptables, en principio. De ello se sigue que el control de la discrecionalidad opera como un control de la observancia de los límites que la Ley y el Derecho establecen en cada caso para enmarcar esa libertad de elección". García De Enterría, Eduardo, y Fernández Rodríguez, *Op. Cit.*, nota 113, p. 473 (1997). Por su parte, Martín Rebollo señala "la naturaleza de control en derecho que tiene el recurso contencioso-administrativo y de ahí que (...) no pueden los jueces y tribunales determinar el contenido discrecional de los actos que anulen. Como es lógico, esta regla no pretende coartar en absoluto la potestad de los órganos judiciales para extender su control de los actos discrecionales hasta donde lo exija el sometimiento de la Administración al derecho, es decir mediante el enjuiciamiento de los elementos reglados de dichos actos y la garantía de los límites jurídicos de la discrecionalidad". Martín Rebollo, "Procedimiento general y abreviado", en Picó Lonrenzo (dir), *La nueva Ley de la Jurisdicción Contencioso-adminsitrativa*, Madrid, CGPJ, 1999, p. 364.

[76] Señala Sánchez Morón que, en "la medida en que el ejercicio de la potestad reglamentaria está sometido a límites jurídicos, es controlable por los Tribunales de Justicia. Ahora bien, puesto que se trata de una potestad discrecional, no pueden aquéllos invadir el núcleo de la discrecionalidad reglamentaria ni sustituir a los Gobiernos y Administración públicas en su ejercicio (...). Esto no significa, sin embargo, que las sentencias que anulen disposiciones de carácter general no puedan señalar los criterios o bases jurídicas que han de tenerse en cuenta para subsanar los defectos legales determinantes de la nulidad. Tales indicaciones son lícitas (...), pero sin que ello suponga proceder a la redacción de nuevos preceptos". Sánchez Morón, *Op. Cit.*, nota 355, pp. 203-204.

lución posible, bien como consecuencia de la acotación de la solución adecuada que puede derivarse de la tramitación del procedimiento administrativo previo, bien por los datos que aporte la tramitación del proceso contencioso-administrativo seguido contra el acto de que se trate. En tales casos, desaparecido el margen de apreciación que poseía la Administración, no existe inconveniente alguno para que el tribunal resuelva conforme a esa única alternativa resultante[77].

Los efectos de la sentencia aparecen regulados en el art. 95 LJ, de forma, a nuestro entender, poco acertada.

La LJ distingue dos supuestos. Por un lado, la "sentencia que declare la nulidad del acto o disposición de carácter particular, la inadmisibilidad o desestimación de la demanda solamente producirá efectos entre las partes y los terceros afectados por ella" (art. 95 LJ).

Por otro, en segundo lugar, establece que, la "sentencia que anulare el acto o disposición de carácter general producirá efecto *erga omnes*" (art. 95 LJ).

Nos parece incomprensible la distinción que realiza este artículo entre actos o disposiciones de carácter particular y actos o disposiciones de carácter general. O nos encontramos ante una resolución, esto es, ante un acto administrativo o ante una disposición general, esto es, un reglamento, sin que haya posibilidad de realizar ninguna distinción adicional.

Dicha diferenciación es, además, totalmente inútil a la hora de analizar los efectos de las sentencias contenciosas, pues no es relevante para ello la naturaleza de la actuación impugnada, no ya que sea general o particular (que insistimos una vez más, no sabemos en absoluto a que pretende referirse), sino incluso si es un acto administrativo o reglamento. Lo verdaderamente importante es si la sentencia es estimatoria, desistimatoria o de inadmisibilidad.

Si la sentencia declara la estimación del recurso, el acto administrativo o reglamento impugnado va a ser invalidado, desaparece, por tanto, del mundo jurídico, y la sentencia adquiere, con ello, eficacia *erga omnes*, pues queda definitivamente invalidado y ya nadie podrá invocarlo, ni a su favor ni en contra.

Sin embargo, si la sentencia es de inadmisión o desestimación del recurso, el acto o reglamento mantienen su vigencia, continúan operando en la vida jurídica y, en consecuencia, otros afectados por los mismos podrán entablar recurso contra él. A

---

[77] En tal sentido García De Enterría y Fernández Rodríguez, que apuntan que ocurre "con alguna frecuencia que esa inicial pluralidad de soluciones alternativas que la norma habilitante de un poder discrecional hace posibles se reduce notablemente en los casos concretos, como consecuencia natural del propio procedimiento administrativo que la Administración viene obligada a seguir en todo caso para efectuar la elección que esa norma hace posible. Para esto está, precisamente, el procedimiento administrativo, cuya función institucional es asegurar <<la legalidad, acierto y oportunidad>> de las decisiones de la Administración. Trabado el proceso contencioso-administrativo contra la decisión concretamente adoptada, es también posible que como consecuencia del mismo el abanico de alternativas disponibles se reduzca todavía más e, incluso, que desaparezca y sólo quede en pie al final del mismo una única solución. Eso es lo que la doctrina alemana llama la reducción a cero (*Ermessens reduzierung auf Null*) de la discrecionalidad. Cuando ésta se produce en un proceso dado, es absolutamente inevitable que el juez lo reconozca así e incorpore al fallo esa única solución ya posible, porque así lo impone la lógica más elemental y así lo exige, en fin, el derecho fundamental a una tutela judicial *efectiva y plena*". García De Enterría, Eduardo, y Fernández Rodríguez, *Op. Cit.*, nota 113, pp. 473-474. (1997).

estas terceras personas no se les puede imponer la cosa juzgada (entre otras razones porque no hay identidad de sujetos), que sólo será oponible a las partes. Este tipo de sentencias, por tanto, carece de eficacia *erga omnes*, afectando únicamente a las partes[78].

En definitiva, las sentencias producen efectos generales si estiman el recurso y exclusivamente entre las partes si son de inadmisión o de desestimación.

En caso de anularse una disposición general hay que determinar que ocurre con los actos administrativos que se puedan haber dictado en aplicación de la misma. Una parte de la doctrina considera que hay que atender al régimen de invalidez, de tal forma que si el reglamento es nulo de pleno derecho se invalidarían éstos, y si fuera anulable no[79].

Sin embargo, parece más adecuado considerar, por evidentes razones de seguridad jurídica, que los efectos anulatorios afectaran a los actos administrativos dictados en aplicación del reglamento tan sólo en la medida que no hayan adquirido firmeza dichos actos.

La sentencia que anulare actos o disposiciones de carácter general deberá publicarse en La Gaceta, Diario Oficial, y a solicitud de parte y a su costa, podrá publicarse en cualquiera de los diarios de circulación nacional (art. 95 LJ).

Los efectos de la sentencia se producirán a partir de la firmeza de la sentencia (art. 95 LJ).

En el plazo de tres días, contados a partir de la fecha de notificación de la sentencia definitiva, las partes podrán pedir a los miembros del órgano judicial correspondiente, en su caso, la aclaración sobre los puntos que considere oscuros o dudosos, o sobre la condenatoria en costas (art. 95 LJ).

---

[78]   Morell Ocaña, *Op. Cit.*, nota 495, pp. 487-488.
[79]   En tal sentido Boquera Oliver, que considera que la "desaparición de los actos de aplicación puede ser, y es, una consecuencia necesaria de la nulidad *in radice* de la disposición que aplican. El acto de aplicación de la disposición crea o declara consecuencias jurídicas para que el mandato general de aquélla tenga efectividad. La <<aplicación>> establece un vínculo evidente entre la disposición y la resolución – cualquiera que sea la diferencia o coincidencia de naturaleza que existe entre una y otra-, con independencia de que la resolución aplique sólo la disposición o también, indirectamente, un elemento del bloque de la legalidad. La desaparición de la disposición significará también la desaparición de los actos singulares que la aplican. Los efectos de éstos desaparecerán a partir del instante en que desaparece la disposición". "La firmeza de un acto sólo significa que ya no se admiten pruebas contra su presunción de legalidad; la firmeza no proporciona al acto ningún valor jurídico especial, ni siquiera sana sus posibles vicios. La firmeza de los actos de aplicación no puede, pues, ser la causa o el origen de su subsistencia pese a la declaración de nulidad de la disposición que aplican". "No obstante, (...) las disposiciones contrarias a las leyes pueden ser nulas de pleno derecho o anulables. Si se estima el recurso interpuesto contra la disposición por estar viciada de nulidad, desaparecerá *ex tunc* ella y los actos dictados para su aplicación, sean éstos firmes o no, pues así lo exige la eficacia *ex tunc* de la declaración de nulidad. (...) Pero si se estima el recurso por ser la disposición anulable –lo que implica su derogación o reforma con efectos *ex nunc*-, subsistirán los actos firmes dictados en aplicación de aquélla. Subsistirán y no podrán ser impugnados, por ser firmes. Los actos no firmes subsistirán aunque haya sido anulada la disposición, pero, lógicamente, podrán ser impugnados". Boquera, Oliver, *Op. Cit.*, nota 377, pp. 164-165.

B. *Terminación anormal del proceso*

Se dice que el procedimiento termina anormalmente cuando no lo hace mediante sentencia. Eso no supone que no se vaya a dictar en estos casos una resolución judicial que ponga fin al proceso, que también será precisa en estos supuestos, sino que el juez no va a realizar en ella una confrontación de la pretensión con el Derecho objetivo[80].

El proceso contencioso-administrativo podrá concluir de modo anormal por avenimiento o transacción, por desistimiento o por allanamiento (art. 97 LJ).

a. *Avenimiento y transacción*

El avenimiento o transacción es un negocio jurídico por el que las partes, mediante la realización de concesiones reciprocas, llegan a un acuerdo que pone fin al pleito[81].

Su adecuación para operar en el ámbito del Derecho administrativo es cuestionada, en cuanto se discute la facultad de la Administración de poder transigir sobre situaciones que no son propias, sino que debe gestionar con el objetivo exclusivo de dar servicio al interés público, y que, por tanto, le resultan indisponibles.

No obstante, parece haberse impuesto la postura de aquellos que defienden su juego en el ámbito público, siempre, lógico es, que se trate de materias en las que la Administración goza de un margen de disponibilidad[82].

Se puede llegar al mismo como resultado de la propia iniciativa de la Administración demandada, que podrá *motu propio* realizarla en cualquier momento del proceso (art. 98 LJ); o bien a través de la mediación del tribunal, pues el art. 98 LJ hace referencia a la posibilidad de que tenga lugar un acto de conciliación, que no suspenderá el curso de las actuaciones y que podrá producirse en cualquier momento anterior al día de la vista, citación para sentencia o señalamiento para votación y fallo (art. 98 LJ).

En cuanto a los requisitos para que pueda llevarse a cabo, la LJ autoriza a realizarla tan sólo cuando se trate de materias susceptibles de transacción, particularmente cuando se trate de la estimación de la cantidad reclamada (art. 98 LJ).

Aparte de ello es preciso que lo acordado no sea contrario al orden público (art. 98 LJ).

---

[80] Señala González Pérez que puede "ocurrir que el proceso no termine con la sentencia. Cabe que se den determinadas circunstancias que provoquen la terminación del proceso sin que el juez dicte sentencia. No quiere decir que en estos casos no exista un acto del órgano jurisdiccional por el que se de por terminado el proceso, ya que todo proceso, una vez iniciado, no tendrá hasta que no lo declare así el órgano jurisdiccional ante el que se dedujo la pretensión. Lo que se afirma es que el acto que dicta en estos casos el juez no decide acerca de la conformidad o disconformidad de la pretensión con el Derecho objetivo, ante unos determinados hechos o actos ha de dictar decisión en un sentido determinado". González Pérez, *Op. Cit.*, nota 521, p. 381.

[81] *Ibídem*, p. 395.

[82] En tal sentido González Pérez, que considera que "en cuanto existe un margen de disponibilidad dentro del ordenamiento jurídico-administrativo para la actuación de las Administraciones públicas no existe razón para no admitir la transacción en este ámbito". *Ibídem*, p. 396.

En cuanto a la forma de realización, se llevara a efecto mediante auto que declarara terminado el proceso en los términos convenidos por las partes (art. 98 LJ).

b. *Desistimiento*

El proceso judicial puede acabar también por la acción del demandante, que decida apartarse del litigio. Posibilidad que da lugar a dos figuras jurídicas diferentes: el desistimiento y la renuncia. La LJ, sin embargo, limita tan sólo una de ellas (el desistimiento) olvidándose totalmente de la segunda (la renuncia).

Para explicar esta decisión debe partirse del examen de estas figuras. Cuestión en la que no debemos, sin embargo, detenernos demasiado, pues su naturaleza y características en la vía judicial son análogas a las que en su momento vimos al estudiar la terminación en el procedimiento administrativo.

Basta, pues, con que recordemos que es un modo de terminación del proceso que tiene su origen en un apartamiento voluntario del demandante, en el primer caso, de la acción[83] y, en el segundo, del propio derecho o situación jurídica material que se trata de hacer valer en el proceso. Esto marca la diferencia, como ya sabemos, entre una y otra figura, pues en caso de desistimiento se conserva la situación jurídica material sobre la que se fundamenta la acción, por lo que se puede hacer valer ésta en un ulterior proceso; mientras que en la renuncia se abandona ésta, por lo que no cabe su ejercicio posterior en un proceso diferente[84].

Sin embargo, esta última diferencia se diluye en la práctica en el caso del proceso administrativo, cuya iniciación está sujeta a rigurosos plazos de caducidad, que una vez transcurridos hacen inimpugnable la actuación o disposición administrativa impugnada. Si a esto se añade la brevedad de esos plazos de impugnación, es evidente que en la mayor parte de los casos una vez formulado el desistimiento ya no habrá tiempo para iniciar un nuevo proceso, por lo que los efectos de éste acabaran equiparándose casi siempre a los de la renuncia[85].

Esta parece ser la razón que está en la base de esta decisión. Si bien no podemos dejar de formular nuestras reservas acerca de esta regulación, que no deja de entrañar algún problema.

Por lo demás, el desistimiento se podrá llevar a cabo en cualquier momento del proceso, antes que sea dictada la sentencia (art. 99 LJ), mediante la presentación de un escrito al órgano judicial (art. 100 LJ). El representante del actor deberá estar autorizado especialmente para ello y se mandará a oír al demandado (art. 99 LJ).

El Tribunal dictará, si el desistimiento es admisible, resolución en la que declarará terminado el proceso y extinguida la acción y ordenará archivar las actuaciones y la devolución del expediente administrativo a la entidad de origen (art. 100 LJ).

---

[83]   Señala Morell Ocaña que el desistimiento "se produce cuando el demandante abandona formalmente su condición de parte, renunciando a la pretensión procesal ya formulada". Morell Ocaña, *Op. Cit.*, nota 495, p. 489.
[84]   González Pérez, *Op. Cit.*, nota 521, p. 383. Gil Ibáñez: *El procedimiento...* Pág. 250.
[85]   González Pérez, *Op. Cit.*, nota 521, p. 383.

Dado que el desistimiento es un modo de terminación del proceso que tiene su origen en la simple voluntad del demandante, no puede exigirse a éste justificación alguna al respecto, bastando, por tanto, con que exprese su deseo de poner fin al mismo, sin necesidad de fundamentación alguna[86].

Si bien, lo anterior no supone que sea admisible en todo caso, pues para que se pueda aceptar éste es preciso que no suponga daño para el interés público, en cuyo caso, el órgano judicial lo podrá rechazar motivadamente (art. 100 LJ).

La ley permite la posibilidad de que el desistimiento sea total o parcial (art. 99). En este último caso, aunque la ley no lo diga, se debe entender que limitará sus efectos a aquella parte de la pretensión a la que afecta, continuando el proceso hasta su resolución respecto al resto de la misma.

Cabe igualmente el supuesto de que existan diversos actores, y sólo renuncien algunos de los mismos, el cuyo caso el proceso continuará exclusivamente respecto a los que no hubieren desistido (art. 100 LJ).

Un supuesto especial de desistimiento es aquel que tiene lugar como consecuencia del reconocimiento extraprocesal de la pretensión, esto es, cuando la Administración demandada concede en vía administrativa aquello que el demandante solicita[87]. En realidad, no es propiamente un desistimiento, pues el demandante no abandona aquello que solicita, sino que lo obtiene por otra vía, por lo que deja de interesarle el proceso y acaba con él, desistiendo del mismo.

La LJ se ocupa de este supuesto únicamente para dar respuesta a la situación a que daría lugar que ese acto de reconocimiento fuera posteriormente revocado, con el consiguiente perjuicio para el demandante, que habría desistido de un proceso ya avanzado, por tener reconocido ya aquello que tenía en el mismo, para verse posteriormente desposeído de aquello que estaba solicitando.

Para evitar tan injusta situación, la ley reconoce en este supuesto, tanto si la Administración dicta un acto total como parcialmente revocatorio, el derecho del demandante a que continúe el proceso en el estado en que se encontraba antes del desistimiento, extendiéndose, inclusive, al acto revocatorio (art. 99 LJ).

Si el órgano judicial lo estimase conveniente, concederá a las partes un plazo común de diez días para que formulen por escrito las alegaciones que tuvieran a bien sobre la revocación, debiendo resolver en un plazo de diez días. Contra la resolución cabrá recurso (art. 99 LJ).

Esta solución es, no obstante, considerada insuficiente por un sector de la doctrina, que demanda que el contenido de la decisión que reconoce en vía administrativa la pretensión del demandante sea incorporada a la resolución judicial que pone fin al proceso, adquiriendo así el valor propio de ésta[88].

---

[86] Santamaría Pastor, *Op. Cit.*, nota 446, p. 690.

[87] Como indica Santamaría Pastor, con el término satisfacción extraprocesal de la pretensión se "designa al supuesto en que, tras la interposición del recurso, la Administración demandada reconociese totalmente en vía administrativa las pretensiones del demandante". Santamaría Pastor, *Op. Cit.*, nota 446, p. 691.

[88] Parejo Alfonso, Luciano, *Op. Cit.*, nota 80, p. 851.

c. *Allanamiento*

El allanamiento es el acto procesal mediante el cual el demandado abandona su oposición a la pretensión y se conforma a lo pedido por el demandante[89].

En el ámbito contencioso-administrativo, marcado por el servicio al interés público al que está sometido el sujeto llamado a prestarlo (la Administración), es una figura que se ve con una cierta desconfianza, y tiende a ser reconocida con carácter restrictivo[90]. Así ocurre, de hecho en Nicaragua, donde se permite llevarlo a cabo únicamente a los demandados facultados especialmente, de acuerdo con las disposiciones respectivas (art. 101 LJ).

A lo que se añade la exigencia de que la pretensión del actor no constituya una infracción del ordenamiento jurídico, pues en caso contrario el tribunal no puede aceptarlo, estando obligado a dictar sentencia conforme a derecho (art. 101 LJ).

Se podrá llevar a cabo en cualquier momento del proceso, antes de que se pronuncie la sentencia (art. 101 LJ).

El allanamiento, si cumple los requisitos establecidos, determinará, que el órgano judicial dicte sentencia acogiendo las pretensiones del actor (art. 101 LJ).

Si bien, si fueran varios los demandados, el juicio continuará con respecto a los que no se hubieran allanado (art. 101 LJ).

---

[89]   González Pérez, *Op. Cit.,* nota 521, pp. 387-388. Señala Gil Ibáñez que el allanamiento "es una declaración de voluntad efectuada por el demandado mediante la cual manifiesta su conformidad con la pretensión del demandante en el proceso contencioso-administrativo". Gil Ibáñez, *Op. Cit.,* nota 1140, p. 252. Santamaría Pastor señala que el allanamiento consiste "en el reconocimiento de las pretensiones del recurrente". Santamaría Pastor, *Op. Cit.,* nota 446, p. 691. Para Garrido Falla, Palomar Olmeda y Losada González, el "allanamiento es un acto procesal de la parte demandada por el que ésta renuncia a oponerse a la pretensión del demandante, de suerte que el Juez o Tribunal, si el allanamiento cumple los requisitos formales establecidos para su validez, pondrá fin al proceso, sin más trámites, mediante sentencia". *Tratado de...* III. Pág. 286. Morell Ocaña entiende que allanamiento es "el abandono formal de su posición procesal por el demandado, aceptando la pretensión formulada por el demandante". Garrido Falla, Palomar Olmeda y Losada González, *Op. Cit.,* nota 435, p. 489.

[90]   Apunta Gil Ibáñez que "se trata de un supuesto <<insólito>> o <<anormal>>, debido sin duda a la rigidez de los trámites que deben cumplirse para que la Administración demandada acuerde allanarse a las pretensiones de la parte actora, lo que dificulta su utilización práctica". Gil Ibáñez, *Op. Cit.,* nota 1140, p. 252.

PANAMÁ

§15. UN CAMINO POSIBLE EN POS DE LA REFORMA DEL CONTENCIOSO ADMINISTRATIVO EN PANAMÁ

Javier Ernesto Sheffer Tuñón

I. INTRODUCCIÓN

De seguido comparto un cúmulo de reflexiones sobre el Derecho Administrativo panameño y, de modo específico acerca de lo contencioso administrativo.

Sabido es que lo contencioso administrativo es una institución de garantía que, técnicamente, está diseñada para la tutela o protección de derechos de los particulares que se estiman violados, contravenidos o afectados a causa de una acción u omisión administrativa, que debe ser controlada por un organismo jurisdiccional.

¿Pero quién o qué autoridad -tratándose de actos administrativos- tiene la potestad suficiente y legitimidad constitucional dentro de Estado de Derecho para llevar a cabo esa tarea de control?

Efectivamente, en los países de tradición similar a la iniciada en el Derecho francés, por el Tribunal de Conflictos, ha de ser una Corte, Consejo o Tribunal de lo contencioso administrativo.

El título de esta exposición no tiene otra pretensión que esbozar algunas ideas en torno a la necesidad en Panamá de reformar el actual sistema contencioso administrativo.

Esta necesidad se palpa hondamente en el foro nacional, entre otros indicios por la concentración del poder en manos del Órgano Ejecutivo, que viene a ser una nota distintiva en Latinoamérica. Países que adoptaron el presidencialismo norteamericano, en el que se observa dicha tendencia, con la salvedad y proporción guardada que por debajo del Río Grande los frenos y contrapesos de la tridivisión del poder se ha visto frecuentemente reducido a escasos niveles, y en otras oportunidades ha desaparecido ante la conducción de gobiernos militares o de civiles igualmente autoritarios.

Cualquier persona puede ser afectada por el actuar arbitrario, desviado de la norma, materializado en un acto administrativo de contenido individual o uno de carácter objetivo e impersonal, sujetos ambos al control de la legalidad.

Las vías de hecho no son extrañas en el proceder de la Administración; suelen cometerse por los funcionarios en perjuicio de los particulares. De producirse un daño, éste ha de ser reparado, por lo que es de suyo un requerimiento del sistema que exista un Juez dotado de los instrumentos jurídicos para lograr el cometido de supeditación de la Administración y de sus funcionarios que en ejercicio de una función administrativa violen la Ley, en sentido formal o material. Trátese en este punto de la responsabilidad administrativa o pública de tipo extracontractual, que incluiría la posibilidad que la Administración irrogue daños al particular producto de una actividad lícita, sin que medie o importe el concepto de culpa.

Como parte de un legado aprovechable por las futuras generaciones, debe surgir un compromiso serio, respaldado por la voluntad política, de quienes conscientemente procuran una actualización del sistema contencioso vigente en Panamá, para que sus normas -que datan de un poco antes de mediados del siglo XX-, sean puestas a tono con las necesidades o demandas imperantes.

Aspectos tan puntuales como la ampliación del número de medidas cautelares, efectividad y perentoriedad en el cumplimiento de las sentencias contra la Administración, creación de procesos sumarios, rápidos en ciertas materias que no deberían pasar por el proceso ordinario contencioso administrativo, entre otros aspectos expuestos más adelante; pero que por motivos obvios no podrán ser ahondados en este escrito.

II. RECUENTO HISTÓRICO CONCISO DEL CONTENCIOSO ADMINISTRATIVO PATRIO

La jurisdicción contencioso administrativa se originó en el sistema jurídico nacional gracias al destacado esfuerzo académico y divulgación en el Foro, del maestro José Dolores Moscote, mediante sus obras: "Introducción al Estudio de la Constitución" (1929), "Estudios constitucionales" (1938), "Derecho constitucional panameño" (1943).

Esfuerzos que sólo con el paso del tiempo ha sido aquilatado, por esa sabia visión que la retrospectiva es capaz de generar en el investigador no condicionado por las circunstancias de aquel pasado.

La Constitución de 1941, en sus artículos 190, 191 y 192 recogió la institución de garantía comentada; denominando Tribunal de lo Contencioso Administrativo al organismo encargado de ejercer la función revisora y fiscalizadora de la legalidad administrativa, ante el cual actuaría el "Fiscal del Tribunal", hoy en día Procurador o Procuradora de la Administración.

Moscote en su obra "Instituciones de Garantía", recalca la trascendencia de la institución recién creada y que fue desarrollada por medio de la Ley 135 de 1943.

Cabe recordar que en el hermano país Colombia ya se había adoptado desde 1913 una legislación al respecto, dato que es importante porque ciertos Códigos y otras leyes colombianas permanecieron vigentes en Panamá por razones prácticas de certeza y seguridad jurídica, en la medida que no fue sino hasta 1917 que entraron en vigencia los primeros Códigos nacionales; sin embargo, ninguna regulación se refirió a lo contencioso administrativo, tal vez como especie de reflejo de lo que sucedía en el resto del subcontinente latinoamericano, para sólo enmarcarnos en sistemas legales de tradición común.

Por ello es fácil colegir que los primeros 40 años del siglo XX estuvieron marcados por la ausencia de un Juez que juzgara las actuaciones u omisiones de la Administración. Un ejercicio de esta naturaleza chocaba con el "principio de separación de poderes", que ha sido receptado desde la primera de las constituciones republicanas.[1]

Aunque como resabio del centralismo y esa dominación de la Administración central de decidir e incluso gerenciar aspectos de las municipalidades, sobre todo si éstas como es regular cuentan con escasos recursos para sostenerse, el Código Administrativo de la época, le confería al Presidente de la República, la atribución "como suprema autoridad administrativa", de "Revisar los acuerdos y los demás actos de los Consejos Municipales y suspenderlos por medio de resoluciones razonadas y únicamente por motivos de inconveniencia e ilegalidad".

Obsérvese que la atribución literalmente estaba circunscrita a causas de inconveniencia e ilegalidad, ilegalidad que supone un examen o control, como si el ejecutivo nacional fuese el Tribunal llamado a fiscalizar los acuerdos y demás actos del "legislativo local". Esto es una competencia superada actualmente; pero es claro que en virtud del principio de jerarquía normativa las Alcaldías y los Concejos respectivos han de respetar los Decretos y otros reglamentos que dicte la Administración central.

Los municipios ostentan personalidad jurídica propia por lo que nada obsta para que demanden por medio de las acciones pertinentes aquellas regulaciones o actuación es de autoridades nacionales o regionales que se estimen atentorias de la autonomía municipal.[2] Autonomía que fluye de manera directa del artículo 232 constitucional.

---

[1]   Este principio, más que de separación de poderes u órganos, lo ha dicho la jurisprudencia constitucional, es de distribución de funciones en el manejo del poder público, que emana del pueblo como titular de la soberanía, y ya se desprendía del artículo 1 de la Constitución de 1904, al señalar que: "El pueblo panameño se constituye en Nación independiente y soberana, regida por un Gobierno republicano y democrático, bajo la denominación de República de Panamá". Es consabido que sólo un "gobierno" en que exista democracia y en que uno y otro de sus órganos (legislativo, ejecutivo y judicial) ejerzan controles entre sí, está regido por la división constitucional de funciones. Consúltese dicho principio en los artículos 3, 2 y 2 de las Constituciones subsiguientes de 1941, 1946 y 1972, respectivamente. *Cf.* Fábrega, Ramón, et. al., Constituciones de la República de Panamá (1972, 1946, 1941, 1904), 1981, pp. 259, 205, 119 y 7.

[2]   *Cf.* Con igual objetivo pero para sujetar las acciones u omisiones del gobierno local ceñidas a la Ley y la Constitución, se concede acción popular a cualquier persona natural o jurídica para impugnar los acuerdos, resoluciones o actos del Concejo, o de cualesquiera actos de servidores públicos administrativos del

Otra forma de ver esta competencia del Presidente de la República prevista por el artículo 633, numeral 6, de ese Código de 1917, que aunque debe estimarse insubsistente por los cambios legislativos y por imperio de las posteriores constituciones a las de 1904[3]; consiste en que ese espacio de convivencia comunitaria podría ser afectado por actuaciones arbitrarias o ilegales de los Concejos, al expedir los denominados Acuerdos Municipales (leyes en sus respectivos municipios). Por lo que Presidente tenía una especie de control de legalidad específico, porque podía sólo *suspenderlos* por razón de "inconveniencia o ilegalidad".

En el año 1920 se dio un intento de regular lo contencioso administrativo por intermedio del Diputado Pedro Vidal; pero esta iniciativa no fructificó.

Si bien la jurisdicción se creó constitucionalmente en 1941, la Ley que la desarrolló fue dictada dos años después. Esta Ley fue la 135 de 1943 inspirada en la 167 de 1941 de Colombia.

Vale anotar algunos de los comentarios que hizo Moscote desde la Magistratura del Primer Tribunal Superior de Justicia en la que fungió, por la mora legislativa que se produjo en dictar la Ley reguladora. Destaco el siguiente fallo de 22 de septiembre de 1941:

> "Mientras esta jurisdicción no se organice por la ley, es forzoso que el régimen de la justicia administrativa interna, con todos su (sic) defectos, sea el que prevalezca, cuando hayan de dirimirse conflictos derivados de los mencionados casos, órdenes, resoluciones, etc. Mal parada quedaría la autoridad del Tribunal, si por atender el clamor de los que se creen, con razón o sin ella, víctimas de los errores de hecho o de derecho en que incurren algunos funcionarios administrativos, incurriera en la misma peligrosa irregularidad de traspasar, a su vez, la órbita de competencia que la constitución y la ley le han trazado.
>
> A este respecto sólo le es dable al Tribunal consignar aquí un voto vehemente de esperanza de quienes tengan la facultad de poner en función las leyes complementarias de la nueva carta política se preocupen porque se expida, cuanto antes, la orgánica de lo contencioso-administrativo, sin la cual el querer del constituyente en esta materia carecerá por mucho tiempo del sentido vital que debe ser característico de tan importante institución".[4]

El Tribunal de lo Contencioso Administrativo consistió, por lo menos teóricamente, en un Juez especial e independiente de la Administración como de la justicia ordinaria, porque no estaba imbricado en ninguno de los poderes del Estado.

Municipio que considere inconstitucionales o ilegales o violatorios de Acuerdos Municipales, de conformidad con el artículo 68 de la Ley 106 de 1973, orgánica del régimen municipal.

[3] Recuérdese que de conformidad con el Código Civil, la Constitución "es la ley reformatoria y derogatoria de la legislación preexistente. Toda disposición legal anterior a la Constitución y que sea claramente contraria a su letra y espíritu, se desechará como insubsistente" (*Cf.* Art. 35). El artículo 232 de la Carta Política establece la autonomía municipal y con ella la del Consejo Municipal, por lo que incluso constitucionalmente (Art. 242) están previstas las funciones de este cuerpo colegiado, entre ellas "expedir, modificar, reformar y derogar acuerdos y resoluciones municipales"; mientras que las atribuciones del Estatuto del Presidente en la Constitución no prevén aquella antigua facultad de suspender acuerdos municipales (*Cf.* Arts. 183 y 184 de la CN).

[4] Moscote, J.D. *Instituciones de garantía* (Título XV de la Constitución), Casa Editorial La Moderna, Panamá, 1943, p. 58.

A partir de 1956, según las reformas que se hicieron a la Constitución de 1946, este Tribunal quedó extinguido, y sus funciones fueron asignadas a la Corte Suprema de Justicia, específicamente a una de sus Salas, la Sala Tercera, cambio al que se le ha llamado "judicialización de lo contencioso administrativo".

Algunos opinan que es preciso volver a separar del Órgano Judicial a la jurisdicción contencioso administrativa, alegando razones de falta de independencia y que la Sala de la Corte no da vida a los principios y fundamentos que promuevan un contencioso administrativo dinámico, de efectivo contralor, y protector de los derechos y garantías de los justiciables. Además, porque se inclina a absolver de las demandas a la Administración, sobre todo si los procesos tienen una "connotación política" relevante por sus actores, de interés para el ejecutivo o por su cuantía.

III. ASPECTOS DEL RÉGIMEN VIGENTE SUJETOS A ACTUALIZACIÓN O REFORMA

Autores nacionales han reseñado ciertos temas de interés que deben incluirse en un futuro cambio de la legislación que nos ocupa; la verdad es que existen, como había de esperarse, coincidencias. A continuación, algunos de esos ítem, en una lista y comentarios que no aspiran ser taxativos, porque no pueden serlo.

1. *Falta de especialización*

La Sala Tercera además de conocer de los asuntos contencioso administrativos, tiene la atribución de ventilar el recurso extraordinario de casación laboral. Esto pone en entredicho la especialización del Tribunal integrado por sólo tres Magistrados. Además, este recurso extraordinario es sobre materia extraña a lo contencioso administrativo, que se rige por otros principios ya que se trata de conflictos que derivan de la relación entre capital y trabajo.

Un detalle: el control de legalidad se ejerce sobre actos administrativos no respecto de actos jurisdiccionales, ya de por sí este rasgo ocasiona divergencia en cuanto a la función específica que está llamada a desempeñar la Sala Tercera.

El control que como Tribunal de Casación ejerce lo hace respecto de sentencias de los Tribunales Superiores de Trabajo, que son *actos jurisdiccionales (no de tipo administrativo)*, sujetos a la aplicación de las normas de una legislación distinta a la administrativa, regida por principios igualmente diferentes.

Con el Código de Trabajo de 1972 fue creada la Corte de Casación Laboral, porque la Constitución prevé la jurisdicción del trabajo que es también de carácter especial; no obstante, la Ley 59 de 2001 redujo a una Sala de la Corte Suprema la aspirada Corte de Casación de los codificadores de 1972.

Una política legislativa injustificada sólo cimentada en constantes carencias de fondos o recursos financieros, parecen ser las razones para que se creen normas que dilatan los fines institucionales y con ello soluciones adecuadas, porque la "Sala Tercera de la Corte Suprema de Justicia continuará conociendo del Recurso de Casación Laboral y de cualesquiera otros asuntos que se atribuyan a la Sala de Casación Laboral, *mientras* ésta entra en funcionamiento".[5] La deficiencia en la especialización en esta Sala, se ve enfatizada por poco personal instruido en los principios no sólo de la legislación del trabajo, ya que esta no ocupa un carácter residual, sino de las materias del Derecho del Administrativo, producto de la globalización, caso específico del mercado de las telecomunicaciones, el mercado eléctrico, aunado a los temas tributarios y el régimen de los organismos sectoriales concomitantes a ese proceso tecnológico de transformación del Estado, que enfatiza en los llamados derechos difusos, en la participación ciudadana, en las nuevas tecnologías de la comunicación y la información, íntimamente relacionados con un nuevo concepto de interés legítimo o un simple interés en el asunto objeto de controversia contencioso administrativa, qué no decir de la denominada administración electrónica[6].

No sólo nos referimos a la especialización profesional que implica exigir más requisitos para ocupar el cargo a los propios aspirantes a Magistrados[7]; sino que a esto se añade el escaso número de asistentes o auxiliares nombrados en propiedad que han de asumir la carga de proyectar[8] un cúmulo considerable de expedientes, previamente tramitados en Secretaría del Tribunal, cuyo recurso humano tampoco se da abasto.

2. *Respeto al debido proceso legal*

En mi opinión, no existe una regulación adecuada de los procesos o acciones que se ventilan ante la jurisdicción contenciosa.

El capítulo III de la Ley 135 de 1943 aborda el "...procedimiento ante el Tribunal", pero no establece claras reglas procedimentales y sólo parece prever un criterio común de sustanciación no importa el tipo de demanda contencioso administrativa de que se trate.

Esto no se ajusta al concepto de conformidad "con los trámites legales", previsto en el artículo 32 de la Constitución, y desatiende el fin de la tutela judicial efectiva.

---

[5]   *Cf.* artículos 1064, numeral 3, del Código de Trabajo de 1972, antes de ser reformado, y el parágrafo que acompaña al 460 C del Código Judicial.

[6]   Resulta no menos que interesante el devenir de ciertos aspectos y proyecciones de la Administración del Siglo XXI, coincido con E. Jinesta Lobo en que "las administraciones electrónicas son aquellas que usan de manera extensiva e intensiva tecnologías de la información y la comunicación en su organización, funciones y competencias y relaciones internas, con los fines de racionalizar el gasto público, mejorar la calidad de los servicios públicos, obtener mayores grados de eficiencia y eficacia, transparencia, y participación ciudadana y facilitar la rendición de cuentas y la evaluación del desempeño". *Tratado de Derecho administrativo* (Parte General), T. I, Segunda edición ampliada y corregida, Editorial Jurídica Continental, San José, Costa Rica, 2009, p. 185-186.

[7]   Ya que la actual Constitución en su artículo 204 sólo requiere para ser Magistrado de la Corte Suprema: 1. Ser panameño por nacimiento, 2. Haber cumplido treinta y cinco años de edad; 3. Hallarse en pleno goce de derechos civiles y políticos; 4. Ser graduado en Derecho con título inscrito; y 5. Haber ejercido la profesión durante 10 años o fungido por ese lapso en un cargo del Órgano Judicial, Ministerio Público, Tribunal Electoral o de la Defensoría del Pueblo, que requiera título universitario en Derecho, o haber sido profesor de Derecho en un establecimiento de enseñanza universitaria por ese lapso.

[8]   Me refiero a elaborar el borrador de sentencia o resolución de que se trate.

Según el artículo 32 de la Constitución "Nadie será juzgado, sino por autoridad competente y conforme a los trámites legales, y no más de una vez por la misma causa penal, administrativa, policiva o disciplinaria".

Aprovecho la oportunidad para decir que la norma en mención presenta una apreciable tautología, bastaba con señalar que en todo tipo de procesos, judiciales o administrativos, debe observarse el debido trámite legal.

En Panamá, el debido proceso fue concebido como un derecho fundamental aplicable solamente a los procesos penales; pero en la actualidad, con la progresiva interpretación del Pleno de la Corte Suprema iniciada desde finales de la década del 70, se abarca a todos los procesos, judiciales y administrativos[9].

La frase conforme a los trámites legales tiene una connotación jurídica especial, que ha sido recalcada por la jurisprudencia: "La expresión trámites legales que utiliza el artículo 31 (ahora 32) de la Constitución no puede interpretarse en el sentido común que le da el diccionario. La expresión es comprensiva de vía procesal adecuada y de formas esenciales que constituyen garantía suficiente de un proceso regular." [10]

Igualmente, según el bloque de la constitucionalidad, fórmula de interpretación e integración de la Constitución utilizada por la Corte mayormente en los años 90 del siglo pasado, integran el debido proceso, las declaraciones sobre derechos fundamentales aprobadas en tratados internacionales, muy singularmente el artículo 8 de la Convención Americana sobre Derechos Humanos, de 22 de noviembre de 1969, por lo regular conocida como Pacto de san José.

Esta expansión se ha visto incrementada más aún con la incorporación del derecho fundamental a un debido proceso de la denominada tutela judicial efectiva, hecha por el Pleno (sentencia de inconstitucionalidad de 20 de octubre de 1992) que constituye, además, un derecho fundamental de contenido múltiple (acceso a los tribunales, derecho a una sentencia dictada con arreglo al sistema de fuentes, derecho a recurrir mediante los recursos legalmente establecidos y a que la sentencia sea ejecu-

---

[9]   La Corte Suprema ha fijado en numerosos precedentes el sentido y alcance del artículo 32 constitucional, por ejemplo, en Sentencia de 29 de julio de 1992 estableció: "El Pleno considera conveniente reiterar que la garantía constitucional del debido proceso consagrada en el artículo 32 de la Constitución es una institución instrumental en virtud de la cual debe asegurarse a las partes en todo proceso - legalmente establecido y que se desarrolle sin dilaciones injustificadas- oportunidad razonable de ser oídas por un tribunal competente, predeterminado por la ley, independiente e imparcial, de pronunciarse respecto de las pretensiones y manifestaciones de la parte contraria, de aportar pruebas lícitas relacionadas con el objeto del proceso y de contradecir las aportadas por la contraparte, de hacer uso de los medios de impugnación consagrados por la ley contra resoluciones judiciales motivadas y conforme a derecho, de tal manera que las personas puedan defender efectivamente sus derechos". Sentencia de 5 de abril de 2006. Caso: *Carlos Carrillo Gomila y Otro*, en nombre y representación de la señora Brenda Libertad De Icaza, promueven acción de inconstitucionalidad contra la Resolución fechada el 21 de febrero de 2002, dentro del reparto N° 263-2000-JUR del Tribunal Electoral, MP. José A. Troyano.

[10]   *Cf.* Sentencia de 14 de abril de 1983. Citada en Sentencia calendada 16 de enero de 1985. Registro Judicial, enero de 1985, p. 69.

tada en sus propios términos), incorporación ésta que ha enriquecido, por vía jurisdiccional, de manera espectacular el derecho fundamental a un debido proceso.[11]

La jurisdicción contencioso administrativa conoce de demandas de plena jurisdicción, nulidad, apreciación de validez e interpretación, que son las acciones tradicionales, constitucionalmente previstas en el numeral 2 del artículo 206 de la Constitución, además de los contenciosos establecidos en leyes especiales; pero con la deficiencia que no regular procedimientos que se ajusten a las singularidades de cada cual, para su sustanciación. Los siguientes ejemplos son tipos de causas previstas en leyes especiales:

a. Viabilidad jurídica de pago o cumplimiento del acto (Art. 77 de la Ley 32 de 1984, Orgánica de la Contraloría General de la República), demanda cuya *legitimación activa* corresponde al Contralor General;

b. Contencioso de protección de los derechos humanos "justiciables" (Ley 15 de 1991). Esta norma ordena que este contencioso por medio de cual se atacan actos *sólo de autoridades de carácter nacional* y no hay que agotar la vía administrativa, prevé que se sustancie conforme a las Leyes de la jurisdicción, y éstas carecen de procedimiento apropiado;

c. Consulta o advertencia de ilegalidad. Éste es un nuevo contencioso (Art. 73 de la Ley 38 de 2000), que viene a establecer la posibilidad que en la tramitación del proceso, *si la autoridad encargada de decidir advirtiera* o se lo *advirtiera alguna de las partes*, que la norma reglamentaria que constituye el fundamento de la decisión o resolución a adoptar *en la vía administrativa* tiene vicios de ilegalidad, habrá de someter la advertencia o la consulta a la Sala Tercera, para que ésta decida. La figura mimetiza la advertencia y la consulta de inconstitucionalidad, sólo que ahora en el plano de la legalidad, a modo de un control preventivo y prejudicial. Sin embargo, la Ley 38 de 2000, no establece el régimen procedimental de los citados mecanismos de consulta. La jurisprudencia se ha pronunciado al respecto, mas no corresponde a los Tribunales crear las normas legales (sustantivas y procedimentales) sino declarar el derecho;[12]

d. Contenciosos de indemnización o reparación directa. En estos contenciosos no hay que agotar la vía administrativa; están previstos en los numerales 8, 9 y 10 del artículo 97 del Código Judicial, y sirven para hacer viable el principio de responsabilidad administrativa o pública que emana del artículo 18 de la Constitución. Se entiende que también deben ajustarse a los requisitos que ha de cumplir "Toda de-

---

[11] *Cf.* Pleno. Corte Suprema de Justicia, Sentencia de 16 de octubre de 2002. Caso: *Amparo de derechos y garantías fundamentales promovido por Abel Comrie, en representación de Multimax, S.A., contra la sentencia N°109, de 31 de diciembre de 2001*, emitida por el Juzgado Noveno de Circuito Civil del Primer Circuito Judicial, de Panamá, MP. Rogelio Fábrega Zarak.

[12] Ahora bien, el artículo 206, numeral 2, de la Carta Magna establece la facultad de la Sala Tercera para, coetáneo al ejercicio de la función de control de legalidad, pueda "*estatuir nuevas disposiciones en reemplazo de las impugnadas*"; pero a mi juicio y siendo respetuosos del principio antes anotado en cuanto a que el legislador crea la Ley y el Juez con base en ella declara el derecho, debe ser de interpretación restrictiva. La verdad es que en pocas ocasiones la Sala hace uso de esta "competencia", que es muy útil pero considero que debe seguir aplicándose de manera prudente en asuntos en que la declaratoria de ilegalidad por nulidad o por demanda de plena jurisdicción genere una situación de vacío o irregular, no compatible con la función de garantía o tutela que reviste a la jurisdicción, y en suma con la seguridad jurídica.

manda ante la jurisdicción contencioso administrativa", requerimientos exigidos por el artículo 43 de la Ley 135 de 1943, pero como los anteriores, la tramitación utiliza lo que antes denominé "criterio común de sustanciación" no importa el tipo de demanda;

e. Procesos por cobro coactivo. En este rubro la Sala funge como especie de Tribunal de apelación, de incidentes, tercerías propuestas por los ejecutados; no como instancia primaria; sin embargo, la sustanciación de cara a las normas existentes para los juicios ejecutivos del Código Judicial, lo que refleja es cierto grado de inconsistencia y no plenitud de lo contencioso administrativo;

f. Recurso de apelación contra los *laudos arbitrales* proferidos por la Junta de Relaciones Laborales de la Autoridad del Canal de Panamá (Ley 19 de 1997), o de la Superintendencia de Bancos, en caso de una liquidación bancaria. Estos ejemplos y otros colocan mayor énfasis en la crisis del sistema y lo curioso es que suelen seguir añadiéndosele competencias para conocer de asuntos no regidos por el Derecho Administrativo, convirtiendo la jurisdicción especial en una especie de depósito jurídico de aquellos temas que no tienen qué Tribunal los decida.

Comparto el criterio que la nueva regulación o modificación que se introduzca debe prever trámites ordinarios, sumarios o abreviados, para ventilar las distintas causas que concluyan en resoluciones ya sea declarativas, de condenas o mixtas, para que se respete el concepto implicado en la frase "conforme a los trámites legales".

3. *La mora judicial*

Anualmente ingresan a la Sala Tercera más de mil asuntos repartidos entre sus tres (3) Magistrados integrantes, lo que indica, por una parte, una actividad de pleitos importante entre el Estado y los particulares; sin embargo, llama a la reflexión porque muchos de esos casos habrían de haber obtenido composición en la esfera administrativa; al no ocurrir, se produce un atiborramiento en la esfera jurisdiccional o judicial, e incide en el rezago judicial. Principios como la gratuidad, *ininterrupción* de la prestación del servicio de administración de justicia, son afectados directamente, y la rapidez en la sustanciación del expediente y la emisión de la sentencia, se constituyen en puntos vitales para los interesados.

Decisión con prontitud de los casos sometidos a consideración es uno de los anhelos más queridos por aquéllos, esto es lo que ordena la Constitución pero no se cumple. Justicia tardía realmente es injusticia, o que la justicia tarda pero llega, no es el ideal de lo que debemos recibir los asociados. El límite va mucho más allá de un conformismo basado en que algún día será decidido el proceso.

La centralidad en la persona humana y el respeto de su dignidad exigen a los operadores públicos que el objetivo de justicia pronta y eficaz sea parte del norte principal de sus esfuerzos, de otra manera, padece la tutela judicial efectiva.

En Panamá, la sustanciación de los procesos ante la Sala demoran entre año y medio a dos años. En países como Colombia, Argentina, Uruguay, duran mucho más. En España e Italia se prolongan bastante tiempo. Son sociedades concretas con mucha más población que la nuestra, en donde sí está estratificada en sus distintos niveles dicha jurisdicción; en nuestro país no existe más que un tribunal contencioso administrativo, que es la Sala Tercera; la jurisdicción no posee -por lo que no puede respetar- el principio de la doble instancia.

4. *Papel de la Procuraduría de la Administración*

Éste punto incide de manera directa en el concepto de equilibrio procesal de las partes. En el contencioso administrativo, el principio de igualdad procesal se desvanece porque, materialmente, la Administración posee un poder y recursos envolventes, de cara al particular que litiga contra ella. Aun si comparativamente el ente público tuviese como contrincante particulares de significativos caudales económicos, el Estado siempre tiene un peso específico y determinante, porque fingidamente encarna el interés general o público.

De todos modos, el papel que viene jugando la Procuraduría de la Administración contribuye, en mi humilde concepto, a generar un desequilibrio procesal, en las causas en que por imperio de la Ley debe defender los intereses estatales. Como parte del Ministerio Público, dicha entidad tiene asignada la atribución de defender los intereses de la Nación. Al intervenir en todos los procesos contencioso administrativos que se ventilen ante la Sala Tercera, debe defender a ésta última. Asume la defensa del acto administrativo aunque éste sea abiertamente violador de la Ley objetiva o de derechos subjetivos.

Esta desigualdad que surge de los hechos no es compensada con una desigualdad jurídica que aligere la carga del poder "omnímodo" de la Administración, que por encarnar el *interés público* se ve provista por normas procesales de garantías y prerrogativas en juicio, como las de atenuación de ejecución contra el Estado, inembargabilidad de sus bienes, que ya de por sí son obstáculos formidables contra el particular.

Este requisito de intervención en defensa de la Administración no es de tipo constitucional, sino legal. Antes de la inserción en la Ley 38 de 2000, estaba previsto en el Código Judicial, en las funciones que este Código asignaba al Procurador de la Administración como parte del Ministerio Público (Cf. Art. 219 de la CN).

Si por una suerte de interpretación extensiva, entendiéramos que la Procuraduría de la Administración por estar adscrita al Ministerio Público está obligada en todos los casos contencioso administrativos en que un particular endilga nulidad a un acto que reputa ilegal y pide que se restablezca su derecho, a defender a "ultranza" ese acto por muy ominoso o ilegal que fuere, amparándose en la atribución genérica del Ministerio Público de defender los intereses del Estado y del Municipio (Art. 220, numeral 1, de la CN), equivaldría a suponer que la Procuraduría no es consecuente con el principio de legalidad y responsabilidad que emana de los artículos 17 y 18 de la Constitución.

El principio de legalidad es de rango constitucional. *"En el Estado de Derecho todas las actuaciones del poder público y, obviamente, de la administración, deben sujetarse a la ley. Significa, pues, este principio, la racionalización del ejercicio del poder público, despojándolo de todo factor subjetivo y discrecional..."*[13] *La legalidad en el actuar administrativo está contenida en la expresión* juridicidad *como prefieren llamarla algunos, porque con este vocablo se abarca todo el sistema normativo.*

---

[13]   *Derecho Constitucional* (Curso para jueces de la República), Escuela Judicial "Rodrigo Lara Bonilla", Ministerio de Justicia, Bogotá, 1988, p. 19.

En la sentencia de 16 de abril de 2003 de la sala Tercera, se puede avistar una posición acorde, cuando predica de la estricta legalidad -potenciada por el artículo 34 de la Ley 38 de 2000- que: *"... los organismos y funcionarios sólo pueden hacer lo que la Ley manda u ordena, lo que exige que sus acciones u omisiones deben estar precedidos de una base normativa que los sustente"*.

El objetivo de este principio es supeditar a la Administración Pública a la observancia de la juridicidad que subsume todo el ordenamiento, preserva la seguridad jurídica al ser garantía de protección de derechos de los asociados y deberes correlativos exigibles a éstos, y marca las pautas imprescindibles del correcto desenvolvimiento del aparato público, en consonancia con la noción y práctica del Estado Constitucional y Social de Derecho.[14]

Mediante sentencia de 12 de febrero de 2004, dicha Sala acogió el concepto de juridicidad expuesto por el autor argentino Comadira[15]. Para este administrativista, el concepto *"nuclea...todo el sistema normativo"*, e incluye: 1. los principios generales del derecho, 2. la Constitución, 3. los precedentes administrativos en cuyo seguimiento esté comprometido el principio de igualdad, 4. los tratados internacionales, 5. la ley formal, 6. los reglamentos, y, 7. ciertos contratos administrativos.[16]

La reforma del rol de la Procuraduría de la Administración ante el contencioso, ya fue referida en el ensayo de Constitución creado por el Instituto de Estudios Políticos (IDEN), de 1994, según ésta connotación:

"Artículo 248.- (Carácter de la intervención del Procurador). La intervención del Procurador de la Administración en los procesos contencioso-administrativos deberá ser en defensa de la integridad de la Ley".

En el Derecho Comparado la Constitución de uruguaya contempla una figura similar que actúa ante el Tribunal de lo Contencioso Administrativo, denominado Procurador del Estado, y se le asigna la función de defensor de la legalidad:

"Artículo 315. El Procurador del Estado en lo Contencioso-Administrativo será necesariamente oído, en último término, en todos los asuntos de la jurisdicción del Tribunal.

El Procurador del Estado en lo contencioso Administrativo es independiente en el ejercicio de sus funciones. Puede, en consecuencia, dictaminar según su convicción, estableciendo las conclusiones que crea arregladas a derecho".

La norma copiada otorga al Procurador de lo Contencioso Administrativo en el país suramericano una independencia en el ejercicio de sus funciones en interés de la Ley, de rango Constitucional, respetuosa de la noción de Estado de Derecho, para que actúe como un fiscalizador de la legalidad en las actuaciones del expediente contencioso administrativo.

---

[14]   Caso: Agro Investment Lusel Inc., demanda la nulidad de la Resolución N° D.N.189-99, de 18 de junio de 1999, dictada por la Dirección Nacional de Reforma Agraria, MP. Adán Arjona.

[15]   *Cf.* Comadira, J. *Derecho Administrativo*, Segunda edición, Editorial Abeledo Perrot, Buenos Aires, 2002, pp. 125, 130-133.

[16]   *Cf.* Caso: Centro Vocacional Basilio Lakas vs. Ministerio de la Juventud, la Niñez, la Mujer y la Familia, MP. Adán Arjona. Citado por: Sheffer Tuñón, J. *Estudios de Derecho Público*, Editorial Cultural Portobelo, Panamá, 2006, p. 35.

Con las normas legales en la actualidad vigentes, puede ser ejercida por la Procuraduría de la Administración, según el principio de legalidad, que es cardinal en cualquier Estado que se repute a sí mismo constitucional, responsable y democrático de Derecho.

La aparente falta de representación del Estado o de la Administración en el proceso contencioso administrativo puede ser suplida mediante:

a. El Despacho de Asesoría Legal de la respectiva entidad demandada. La propia institución estaría llamada a asumir la representación judicial, lo que se justifica además porque de ella proviene el acto acusado de ilegal; o,

b. Un "Cuerpo de abogados de Estado", como existe en otros países, que ejerza esta función, organismo con abogados profesionalizados en distintas disciplinas y especialidades del Derecho Administrativo y otras ramas de la Ciencia.

En Uruguay el artículo 316 de la Constitución ha previsto que *"La autoridad demandada podrá hacerse representar o asesorar por quien crea conveniente"*.

5. *Normativización de algunos principios e innovaciones introducidos por la jurisprudencia*[17]

Se han dado cambios en el sistema que se evidencian en la entronización de algunos principios que ha predicado la Sala, sobre todo, del procedimiento administrativo, pero que han incidido en su actuación a través de sus pronunciamientos de invalidez, que es recomendable que sean positivizados, esto es, puestos en blanco y negro en la Ley, como fue el caso de la intervención del Procurador de la Administración en los procesos por jurisdicción coactiva, concretamente las incidencias, apelaciones, tercerías y otros asuntos que son conocidos por la Sala Tercera; pero la Ley no establecía cuál era el rol del Ministerio Público.

Fue la jurisprudencia la que señaló que el Procurador debía intervenir en interés de la Ley, para evitar un desequilibrio procesal entre ejecutado y ejecutante (entidad pública). Luego este avance fue recogido por el numeral 5, artículo 5, de la Ley 38 de 2000. Lo mismo puede hacerse con las siguientes figuras abordadas por la Sala:

a) Buena fe en las actuaciones administrativas.

b) Proporcionalidad en la aplicación de las sanciones disciplinarias (debe existir una gradación razonable entre el hecho cometido y la sanción correspondiente).

c) Informalidad (vinculado con la buena fe en las actuaciones administrativas).

d) *"In dubio pro actione"*.

e) El interés público (o bien común) como motivo de revocación del acto administrativo, entre otros que no están contenidos en las leyes reguladoras de la institución, o sea, la 135 de 1943, la 33 de 1946 y la 38 de 2000.

---

[17] *Cf.* Sheffer Tuñón, J. *Derecho Administrativo y Derecho Constitucional* (Praxis y orden jurídico panameño vigente), Editorial Portobelo, Panamá, 2010, p. 383-384.

Cabe tener presente que el Código Judicial es fuente supletoria de este régimen; pero, en gran cantidad de ocasiones, se convierte por las lagunas y deficiencias de las leyes especiales reguladoras, en Ley procesal de aplicación directa.

6. *Creación de la doble instancia en la jurisdicción[18]*

La centralización de la justicia administrativa es consagrada por la propia Constitución (Art. 206, numeral 2). La misma ha traído un atiborramiento del Tribunal por el paso de los años y crecimiento del país y esa inevitable relación entre el Estado como prestador de servicios públicos y el particular.

Mi experiencia como integrante que fui de es equipo de trabajo, me indica que para el mejor ejercicio del control judicial de la Administración, es necesario la creación de por lo menos dos Tribunales de primera instancia administrativos (distritales) previos al Tribunal Máximo de lo Contencioso Administrativo, para que éste, si persiste la disconformidad del o los justiciables, continúe haciendo lo que desde la eliminación del recurso de revisión de sus resoluciones por la Corte Suprema (1945) y su posterior adscripción como una Sala de dicha Corte (1956), o sea, ser en la práctica y por imperativo constitucional un Tribunal administrativo de casación.

Esto ocurre por mandato constitucional debido a que los fallos del Pleno y cualquiera de las Salas de la Corte Suprema son finales, definitivos y obligatorios, en otras palabras, no admiten recurso alguno. Técnicamente si se crea una primera instancia jurisdiccional previa a la sala Tercera, ésta funcionaría como un Tribunal de Apelación, pero sus fallos conservarían el efecto jurídico descrito por el actual párrafo final del artículo 206 de la Constitución.

Aunque se ha dicho en más de una oportunidad que el tema de los recursos judiciales es un asunto de política legislativa, lo cierto es que el debido proceso reclama para un adecuado ejercicio del derecho de defensa la intervención del doble grado de jurisdicción; además que la reforma sugerida serviría para achicar el espacio a la comisión de errores judiciales, por lo menos la posibilidad de ventilación del proceso o causa en dos instancias distintas, cosa que en los tiempos presentes y desde hace largo período no está garantizado.

La justicia administrativa debe asegurar la doble instancia en el proceso contencioso administrativo, en aquellos casos, sobre todo de derechos subjetivos lesionados (plena jurisdicción, que es el tipo de demanda de mayor número que se presenta ante la Sala). También en los contenciosos de indemnización, toda vez que mediante ellos se exige responsabilidad de la Administración por ocasionar daños y perjuicios.

7. *Ampliar el régimen de medidas cautelares*

Considero que el derecho a la tutela cautelar es un producto vinculado linealmente con la *presunción de legalidad* del acto administrativo.

---

[18]   Sheffer Tuñón, J. *Op cit.*, p. 379-382.

Por razón del principio de *autotutela administrativa*, la Administración puede proceder a ejecutarlo aquél por sí misma, sin la intervención de otra fuerza coactiva que sus propios medios autorizados por la Ley. Si es necesario, debido a la resistencia del sujeto obligado, el acto puede imponerse contra la voluntad de éste. Panamá sólo cuenta con una medida cautelar, que es la histórica suspensión de los efectos del acto administrativo.

Esto ocasiona fundadas críticas por el desfase que tiene el sistema con los recientes regímenes procesales contencioso administrativos que se han aprobado en otros países, el mejor ejemplo en estos momentos, es el de Costa Rica.

El ámbito restringido de la suspensión es mucho más censurable porque su adopción o no queda librada a la discrecionalidad de la Sala en Pleno. El artículo 74 de la Ley 135 de 1943 que dispone esta potestad, señala en qué supuestos no procede la suspensión del acto. En el caso de *tributos municipales*, ha merecido pronunciamientos de la jurisprudencia aceptando su suspensión. También se ha concedido respecto de actos reglamentarios, porque desde 1965 hasta 1991 el criterio fue negar la pretensión cautelar. En igual senda, se ha permitido la suspensión de los contratos administrativos.

Estas posiciones de la judicatura podrían estimarse como excesivas y sin un sustento legal; sin embargo son estimuladas por una regulación procesal que no brinda mayores oportunidades. La corriente en otros países ha renovado éste y otros temas en sus respectivas regulaciones.

Lo medular es que la sola suspensión provisional es insuficiente para asegurar las resultas del juicio, o un anticipo de justicia ante la exhibición de un derecho por el actor que parece razonable y ajustado a la Ley.

Propongo:

a. La inclusión en el nuevo régimen de Medidas Innominadas para que según la solicitud y las exigencias cautelares del caso concreto, pueda el Juez de lo Contencioso proveer anticipadamente sobre el reclamo justo.

b. La inscripción de la demanda que recaiga sobre un derecho real en el Registro Público, medida ésta que hoy la propia Administración activa adopta.

c. Que la Administración cumpla provisionalmente con el pago de un crédito o derecho que resulta notorio, y medidas procesales similares que no deben comprometer el interés público, sino que vienen a ser parte de los fines constitucionales de ausencia de formalismos, economía procesal, y que el objeto del proceso es el reconocimiento de los derechos consignados en la Ley substancial[19].

8. *La ausencia de una Ley de organización administrativa del Estado*

Este factor lo estimo como un elemento complementario a la reforma sugerida, y es que se palpa cómo a la Administración se le están incardinando múltiples dependencias, sin un orden o hilo conductor en cuanto a principios comunes a los entes, ya sean éstos centralizados o descentralizados.

---

[19]   Art. 215 de la CN.

Tal complejidad es engorrosa para los particulares que se acercan a ella en busca de orientación para un asunto que les concierne, solicitar algún permiso, pagar alguna contribución o tributo, definir un estatus jurídico o constituir uno nuevo, por lo que esa Administración cada vez con más intensidad está requiriendo un orden, dentro de su expansión, una sistematización en su estructura organizativa y competencial.

De ahí que, sea también necesaria la emisión de una Ley que dé coherencia a esas expectativas de los asociados, a través de una norma de la función administrativa del Estado.

Una Ley de esta naturaleza que existe en otros países como España, Colombia, Argentina, Costa Rica, Chile, etc. Ha de concebir e irradiar al sistema unos principios comunes para todo el engranaje público, con independencia de la especialidad que desempeñen o servicio público que presten.

Serían comunes principios como: ética, coordinación administrativa, legalidad, transparencia, eficiencia, eficacia[20], jerarquía, descentralización, desconcentración, etc., que aunque han venido siendo pregonados por leyes como la 33 de 1984 y recientemente por la 38 de 2000, cuyo libro segundo regula el procedimiento administrativo general, se requiere de una Ley especial mucho más abarcadora para sistematizar esta función del Estado, que es una cuestión más que procedimental, de tipo orgánica y estructural.

De suyo esto afectaría positivamente el contencioso administrativo porque la difusión clara de las competencias de los organismos públicos, el cúmulo de atribuciones que le atañen y los principios que orientan sus fines, operarían como un control preventivo de legalidad. Muchas omisiones o acciones de infracción directa de la Ley obedecen al poco o ningún conocimiento de lo que como funcionarios públicos se puede o no hacer; esa es una falencia que exige la profesionalización de la función pública.

9. Posibilidad de incluir métodos alternos de resolución de controversias administrativas

Que el litigio contencioso administrativo encuentre una solución que signifique ahorro de tiempo, costos y *autocomposición* por la intervención directa de los interesados en el asunto, es una posibilidad acorde con las corrientes que existen sobre las ventajas que ofrecen los medios alternos de resolución de controversias o disputas (MASC).

---

[20]   *Cf.* Durán Martínez, A. *Estudios de Derecho Público*, Volumen II, Mastergraf, SRL, Montevideo, 2008, pp. 5-19. Este autor uruguayo aborda de modo interesante las connotaciones del principio de eficacia en la Administración; refiere a algunas constituciones que expresamente incluyen el mismo. Es el caso de la Constitución española, que en su artículo 103 prevé que "La Administración Pública sirve con objetividad los intereses generales y actúa de acuerdo con los principios de eficacia, jerarquía, descentralización, desconcentración y coordinación con sometimiento pleno a la ley y al Derecho".

Habría que explorar esta posibilidad en cuanto estén debidamente salvaguardados el interés y el orden públicos, y haya un acuerdo negociado ante el Tribunal Contencioso Administrativo, con ausencia de formalismos, pragmático y tendiente a solidificar la cultura de paz.

10. *Precisar a quién compete evacuar el Informe de Conducta y suscribirlo*

El proceso contencioso administrativo se desenvuelve con la casi nula participación del ente demandado. Únicamente rinde una explicación de su conducta en la etapa correspondiente a requerimiento del Tribunal, cuyos parámetros de elaboración no están consagrados en la Ley; pero que la jurisprudencia ha venido decantando diciendo, por ejemplo, que ese documento no encierra la contestación de una demanda, pero sí debe explicar las razones de la conducta que yacen en la acción u omisión demandada.

Otro aspecto es a quién compete la suscripción de ese documento. La lógica jurídica indica que al representante legal o quien ostente por delegación esa función para un acto concreto.

Lo cierto es que han sido emitidos Informes de Conducta suscritos por los asesores legales de las dependencias sin que aclaren si han sido delegados para ese acto.

La reforma debe aprovecharse para regular este importante acto procesal, porque es un elemento que está destinado a ilustrar al Juez contencioso administrativo sobre la legitimidad o no de la actuación del ente demandado, sobre las causas justificantes de su comportamiento materializado en un acto administrativo, en una omisión, vía de hecho u operación administrativa acusados de ser ilegales.

11. *Atenuar la carga de la prueba acerca del silencio administrativo*

El *onus probandi* de que la Administración ha callado en pronunciarse sobre el recurso o petición que ante ella se ha hecho es de carga del particular dentro del contencioso administrativo.

Esta exigencia resulta bastante onerosa cumplirla por cuanto la dependencia oficial, además de no pronunciarse sobre aquellos extremos, sabedora que el interesado tiene esa carga que debe acreditar ante el contencioso, omite también darle la certificación de que no se ha pronunciado expresamente.

Sencillamente esta carga procesal debe atenuarse buscando una alternativa media. Sugiero que la Sala con la sola afirmación del demandante, antes de admitir la demanda, recabe la información del ente o funcionario demandado en el sentido de si ha dado o no respuesta a la petición o recurso del actor. Esto evitaría demandas sin antes agotar la instancia administrativa, estando obligados a ello, como lo exige la Ley en las acciones de plena jurisdicción.

12. *Atenuar el formalismo para la recepción o admisión de las demandas*

La Ley 38 de 2000 eliminó, entre otros, el artículo 26 de la Ley 135 de 1943 modificada por la Ley 33 de 1946, a fin de que los motivos de ilegalidad no fueran más el obstáculo para que por ciertos formalismos se dejara de admitir las demandas, sin un análisis del fondo de la controversia.

Antes de la derogatoria, la infracción literal de los preceptos legales ya sea por comisión u omisión, la interpretación errónea y la indebida aplicación eran fórmulas casi "sacramentales" que si no se señalaban y explicaban razonablemente al Tribunal, producían la ineptitud de la demanda y, por ende, su rechazo.

Ahora las causales de nulidad absoluta de los actos administrativos están contempladas en el artículo 52 de la Ley 38, lo cual no significa que el demandante haya de omitir explicar cómo entiende él que las normas que invoca como fundamento de su demanda han sido violadas por el acto administrativo de que se trate; el cambio estriba en que ahora no es necesario que lo haga tan "ceremonialmente".

El proceso es forma pero esas formas deben estar ideadas para la tutela de los derechos, no para que su realización sea imposible, sobre todo si se trata de un organismo jurisdiccional que tiene de común con cualquier otro, la obligación de declarar lo que es derecho.

Sería recomendable que se estudie la posibilidad de volver a incluir la "desviación de poder" como un motivo de nulidad absoluto y no relativo, aspecto que fue reformado por la Ley 38, de 31 de julio de 2000.

13. *Mejorar la regulación de la intervención de terceros en el proceso*

El artículo 43B vigente de la Ley permite en las demandas de nulidad "coadyuvar o impugnar la demanda". Esto es curioso porque, técnicamente, en la acción de nulidad se procura la protección del ordenamiento jurídico en abstracto, de la legalidad; no obstante, si la Administración es parte, la Procuraduría de la Administración también, lo correcto es que al tercero se le tome como parte.

Es posible la comparecencia de terceros en "las demás clases de acciones" a condición de que acredite "un interés directo en las resultas del juicio".

La limitación ocurre porque hace falta que se regule la intervención de asociaciones que representan intereses de grupo, de clase o simplemente intereses difusos. Sólo por vía de jurisprudencia en una acción de plena jurisdicción en la década pasada se ha permitido, por ejemplo, a la asociación conservacionista ANCON, la intervención para proteger este tipo de derechos.

Sería recomendable permitir expresamente en la nueva legislación legitimación a los organismos que tiendan a proteger los intereses de personas en iguales circunstancias potencialmente afectables por una decisión (grupos de consumidores, ecologistas, usuarios y similares).

14. *Esclarecer el control sobre ciertos actos por la incertidumbre al respecto*

Me refiero a los actos políticos o de gobierno, a los actos administrativos de las Comisiones de la Asamblea Nacional.

Esta materias han recibido, sobre todo la última, pronunciamientos de la Sala, pero como otros aspectos han de quedar establecidos en la Ley la sujeción al control de la legalidad bajo el entendido, que la discrecionalidad administrativa viene perdiendo terreno, porque la legalidad en el actuar significa la confrontación de esa acción u omisión con una norma de derecho que la fundamente. En Colombia, por ejemplo, Santofimio Gamboa nos comenta la finalidad de la jurisdicción ejercida por el Consejo de Estado y las instancias que la componen:

> "entendida como un presupuesto de garantía para la seguridad jurídica de los asociados en sus relaciones con la administración, y como un instrumento para el control de la legalidad y de respeto a los derechos subjetivos, a la cual se le atribuye la posibilidad de juzgar las controversias y litigios administrativos originados en la actividad de las entidades públicas (actos, hechos, operaciones, ocupaciones, contratos de la administración) y de las personas privadas que desempeñen funciones propias de los distintos órganos del Estado, sean estos contenidos en simples actos administrativos originados en controversias provenientes de actos políticos o de gobierno. Este es, el objeto que se deduce de los artículos básicos del Código Contencioso Administrativo sobre la materia".[21]

Esta opinión corresponde al control judicial de la Administración, que implica la posibilidad de revisar los actos políticos, con la amplitud que la supeditación al ordenamiento jurídico que impone el principio de legalidad en el Estado de Derecho, se traduce en no ceder en la lucha contra las pretendidas inmunidades del poder, auspiciadas por los "políticos de turno".

IV. INCIDENCIA DE LA APARENTE HUIDA DEL DERECHO ADMINISTRATIVO[22]

Según Silvia Del Saz Cordero, la "huida del Derecho Administrativo" refiere "al fenómeno por el cual la Administración, aun manteniendo su presencia con la misma intensidad, en vez de actuar conforme a las reglas de Derecho público, fundamentalmente las que atañen al procedimiento administrativo, a la contratación pública, al régimen estatutario del personal y al control de los Tribunales del orden contencioso administrativo, sujeta su actividad al Derecho privado. Es lo que se denomina privatización formal que se justifica por los principios de eficacia y eficiencia que la propia Constitución consagra (art. 103) y que a menudo permite evitar los controles propios del Derecho público y se traduce en una merma de garantías de los particulares".[23]

---

[21] Santofimio Gamboa, J. *Tratado de Derecho Administrativo* (Contencioso administrativo), Universidad Externado, T. III, Colombia, 2007, p. 71.

[22] *Cf.* Sheffer Tuñón, J. Ponencia disertada en Ecuador, Universidad San Francisco de Quito, en ocasión del V Foro Iberoamericano de Derecho Administrativo (FIDA), celebrado en abril de 2006, p. 16.

[23] Del Saz Cordero, S. "Las transformaciones del Derecho Administrativo al final del Siglo XX", en *La Administración Pública española*, INAP, Madrid, 2002, p. 61-62.

En nuestro país, Hoyos, tras reevaluar el fenómeno[24], se refiere a una "*moderada huida del Derecho Administrativo y de su jurisdicción*", porque los administrados adquirieron conciencia de sus derechos y acudieron al Ente Regulador de los Servicios Públicos, hoy Autoridad de los Servicios Públicos, para exigir que las empresas privadas que prestan los servicios de energía eléctrica y telecomunicaciones se apegaran a la Ley y a los reglamentos en sus relaciones con los usuarios; y porque cuando dicho organismo público no satisface las pretensiones de los particulares la Sala Tercera ha cumplido su rol demostrando que la Administración puede ser vencida.

Para este autor, en Panamá producto del proceso privatizador se ha producido, en algún grado, un acercamiento al Derecho Público y a la justicia administrativa[25].

El interesante planteamiento sobre la fuga del Derecho Administrativo connota, en alguna medida, una especie de repliegue de lo público en actividades de contenido económico y la variación consiguiente del régimen jurídico aplicable, que muta a derecho privado, pero esto no es un proceso consolidado y más aún encuentra fuerte resistencia en el fin primordial de *bien común* que caracteriza la gestión pública a través de la Administración. Idea que dista mucho de ser predicada del interés privado que subyace y destaca la actividad de los particulares, cuyo objetivo es el lucro. La actualización del control judicial de actos administrativos y aquellos emanados de entidades o funcionarios que ejercen funciones administrativas, sobre todo si de ello deriva perjuicio para los particulares, es esencial en ese actuar de las autoridades.

Se requieren mayores controles en la contratación pública para evitar actos venales que comprometen el erario público y eso supone altas dosis de transparencia en el manejo de los bienes y recursos públicos. Amplios mecanismos de difusión de la información libre o pública, sobre los asuntos públicos no sujetos legalmente a restricción o confidencialidad, y que este derecho se pueda ejercer exento de trabas a los ciudadanos.

A la postre, la violación de derechos por las actuaciones administrativas arbitrarias requieren de un control judicial que los restablezca, así como la determinación de la responsabilidad patrimonial que cabe exigir a los funcionarios y terceros por el mal manejo de recursos y bienes del Estado. La América latina, lastimosamente, está acosada por este tipo de actos venales que incluye presidentes de Estado, mandos militares y otros altos funcionarios oficiales.

La huida del Derecho Administrativo y su jurisdicción iría "en contravía" para contrarrestar tales felonías, por ello la retirada o escape de nuestra disciplina tan solo

---

[24]   Inicialmente, este autor pensaba que la huida del derecho administrativo podía materializarse en función de la privatización de entidades estatales emprendida en la década de los noventa como parte de la reforma estatal, porque "no quedarían sujetas a la jurisdicción contencioso-administrativa las actuaciones de entidades privatizadas aunque sí las administrativas nuevas que regulan los servicios públicos privatizados o que están facultadas para proteger a los consumidores". *Cf.* Hoyos. A. *El Derecho Contencioso Administrativo...*, p. 53.

[25]   *Cf.* Hoyos, A. *La Administración ante su Juez: La jurisdicción contencioso administrativa en Panamá durante el último siglo.* Conferencia en conmemoración del Centenario de la República y del Órgano Judicial, 31 de julio de 2003, p. 28.

es aparente, y trasunta las circunstancias y necesidad de ajuste vertiginoso con que discurren algunos aspectos medulares en el ámbito público de afectación a los particulares en cada sociedad concreta.

La jurisdicción contencioso administrativa en la legislación que se proyecta como una necesidad, no puede dejar de lado el papel actuante del operador judicial, que le corresponde en el fenómeno que discurre con los altibajos en esta realidad panameña. Ya lo decía César Quintero, el maestro de un número considerable de generaciones de juristas del patio, al describir el perfil del juez contencioso administrativo:

> "Éste, en cierto modo, ha de ser al mismo tiempo juez y funcionario de instrucción. Su función en el proceso es mucho más activa e interventora.
>
> Además, el juez de lo contencioso administrativo ha de ser persona versada en cuestiones económicas, hacendarias y fiscales. Debe, asimismo, tener un buen conocimiento de la administración pública.
>
> En suma, su formación teórica, su actitud mental y su criterio jurídico deben ser distintos a los del civilista clásico.
>
> Por eso, quienes impartan tan compleja justicia han de tener una vasta formación en derecho público y, por tanto, conocimientos precisos de la estructura y funcionamiento estatales. Deben, asimismo, actuar muchas veces no sólo como jueces legalistas, sino también como estadistas de la administración y del derecho".[26]

V. CONCLUSIÓN

1. Pueden hacerse observaciones justificadas y reflexivas al actual sistema contencioso administrativo panameño, en busca de ponerlo en sintonía con las corrientes en boga en otras latitudes, para que pueda cumplir un papel más activo y eficaz en el control de la legalidad de los actos de la Administración.

2. Los cambios sugeridos en este escrito no son taxativos, están sujetos a evaluación en el marco de un diálogo amplio en el Foro, cuya postergación hasta ahora ha generado la prolongación de un sistema de control de legalidad altamente deficitario.

3. Los defectos de un ordenamiento jurídico pueden ser subsanados, la Sala ha emitido pronunciamientos de avanzada; pero esto no es suficiente. Falta un haz de voluntad política que viabilice la reforma.

4. Las modificaciones deben ser incluso de naturaleza constitucional para establecer los grados e instancias inferiores dentro de la jurisdicción contencioso administrativa (tal como fue previsto por la Constitución de 1941 -Art. 192-) y así respetar principios elementales como el debido proceso y el doble grado de jurisdicción, propiciadores de una real tutela judicial efectiva.

---

[26] Quintero, C. "Las reformas constitucionales de 1956", en Anuario de Derecho N° 2, Facultad de Derecho y Ciencias Políticas, Universidad de Panamá, pp. 259-275, Citado por: Carrasco, J. ¿Debe crearse una jurisdicción administrativa separada del Órgano Judicial en Panamá?, en *Libro Homenaje a la Memoria del doctor César A. Quintero Correa*, Panamá, 2007, p. 107-108.

PORTUGAL

§ 16. O NOVO REGIME DO CONTENCIOSO ADMINISTRATIVO EM PORTUGAL

Mário Aroso de Almeida

I. ENQUADRAMENTO

A apreciação dos litígios em matéria administrativa é atribuída, em Portugal, a uma ordem de tribunais especializados, que constituem a jurisdição administrativa. Existe, pois, uma dualidade de jurisdições, sendo que os tribunais judiciais são os tribunais comuns em matéria cível e criminal e os tribunais administrativos e fiscais são os tribunais comuns em matéria administrativa e fiscal. Nos termos da Constituição da República Portuguesa (CRP) de 1976, os tribunais administrativos e fiscais são tribunais que integram o Poder Judicial, dotados de juízes recrutados e formados pelo Centro de Estudos Judiciários, tal como sucede com os juízes dos tribunais judiciais (*cfr.* arts. 209º e ss. da CRP)[1].

O contencioso administrativo português foi recentemente objecto de uma importante reforma, introduzida pela Lei Nº 13/2002, de 19 de Fevereiro, que aprovou um novo Estatuto dos Tribunais Administrativos e Fiscais (ETAF), e pela Lei Nº 15/2002, de 22 de Fevereiro, que aprovou um inovador Código de Processo nos Tribunais Administrativos (CPTA)[2]. O novo Estatuto e o Código entraram em vigor em 1 de Janeiro de 2004.

---

[1]   Em geral sobre o tema, *cfr.* Aroso De Almeida, Mário, Anotação ao artigo 212º, in Jorge Miranda/Rui Medeiros, *Constituição Portuguesa Anotada,* vol. III, ed. Coimbra Editora, Coimbra, 2007, pp. 142 e ss.

[2]   Na Revista de Administración Pública Nº 162 (Setembro-Dezembro de 2003) foi publicada a tradução em castelhano do CPTA.

Sucessivamente prometida e adiada ao longo de mais de vinte anos, enquanto os projectos legislativos se iam sucedendo sem resultados práticos[3], a reforma do contencioso administrativo era considerada indispensável à plena instituição do Estado de Direito democrático em Portugal. Com efeito, o contencioso administrativo ainda não tinha sido objecto, desde a instituição da democracia, com a aprovação da CRP, da reforma profunda que se impunha e que, como reconheceu *Eduardo García de Enterría,* colocou a legislação portuguesa do contencioso administrativo entre as mais avançadas da Europa[4].

Tratouse, pois, de dar resposta a uma necessidade que desde há muito era sentida, nos dois planos em que a questão se colocava.

Em primeiro lugar, no plano da organização e funcionamento dos tribunais. O enorme crescimento do volume dos litígios em matéria administrativa ocorrido desde a instituição do regime democrático exigia que se procedesse à reorganização do quadro das competências dos tribunais, libertando os tribunais superiores das vastas competências de julgamento em primeira instância de que ainda dispunham e criando uma rede de tribunais administrativos que permitisse uma adequada cobertura do território nacional. Por outro lado, impunha-se transferir os tribunais tributários (ou fiscais) da dependência funcional do Ministério das Finanças para a dependência funcional do Ministério da Justiça, incorporando-os na nova rede de tribunais, que passaram, portanto, a ser, todos eles, tribunais administrativos e tributários (ou fiscais).

Em segundo lugar, no plano da regulação do regime processual.

Apesar de algumas inovações entretanto introduzidas, o regime do contencioso administrativo português, no essencial, tinha-se mantido fiel a um modelo assente, à maneira francesa, num meio de impugnação anulatória dos actos administrativos (o chamado *recurso contencioso de anulação),* complementado, no plano cautelar, pelo instituto da suspensão da eficácia de actos administrativos. Por outro lado, era marcado pela existência de inaceitáveis limitações quanto aos meios de prova admitidos em juízo e por um formalismo exagerado, que dificultava o acesso à justiça, dando origem a um elevado número de decisões em que o tribunal não chegava a pronunciar-se sobre o mérito das causas[5].

---

[3]   O longo e atribulado processo de reforma teve o seu início com a constituição de uma comissão presidida pelo Professor Diogo Freitas do Amaral, que apresentou um primeiro projecto em 1990. Sobre esse projecto, *cfr.* Freitas Do Amaral, Diogo, "Projecto de Código do Contencioso Administrativo", *Scientia Ivridica, T.* XLI (nº 235/237). Esse projecto acabou, porém, por ser abandonado, tendo-se-lhe sucedido vários outros, de proveniências várias, até, por fim, se proceder, em 2001, à elaboração de raiz das propostas de Lei que conduziram à reforma de 2002.

[4]   *Cfr.* Garcia De Enterria, Eduardo, "El nuevo código portugués del Processo de los tribunales administrativos", *Revista de Administración Pública* Nº 162, pp. 421 e ss., com publicação em anexo da já referida tradução em castelhano do CPTA.

[5]   Para a descrição do modelo de contencioso administrativo anteriormente vigente na ordem jurídica portuguesa, *cfr.,* por todos, Vieira De Andrade, *A Justiça Administrativa,* 3ª ed., ed. Almedina, Coimbra, 2000. Para o diagnóstico crítico dos seus principais pontos de estrangulamento, *cfr.* o Nº 16 (especialmente dedicado ao tema) da revista *Cadernos de Justiça Administrativa* (ed. Cejur, Braga), que é a mais importante revista sobre contencioso administrativo que é publicada em Portugal.

Também neste plano, a reforma era indispensável à concretização do direito à tutela jurisdicional efectiva dos cidadãos perante os poderes públicos, que resultava do novo modelo jurídico-constitucional.

Com efeito, logo na revisão constitucional de 1982, a CRP tinha assumido no N° 4 do artigo 268° que a garantia constitucional da tutela jurisdicional perante os poderes públicos não se devia esgotar na formulação de pedidos de estrita anulação de actos administrativos. E acabou por avançar, na revisão constitucional de 1997, para a explicitação, nos N°s 4 e 5 do artigo 268°, das principais pretensões que deviam poder ser deduzidas perante os tribunais administrativos: reconhecimento de direitos ou interesses legalmente protegidos, impugnação de actos e de normas administrativas, determinação judicial da prática de actos administrativos legalmente devidos e adopção das providências cautelares adequadas.

A redefinição do quadro dos meios processuais existentes, de modo a assegurar que estas pretensões pudessem ser accionadas, constituía, assim, uma exigência que, ao contrário do que sucede na generalidade dos países, era formalmente imposta pelo próprio texto constitucional[6]. E que, com o tempo, se foi tornando tanto mais urgente, na medida em que, ao contrário do que, em contexto similar, sucedeu em Espanha, nem o Supremo Tribunal Administrativo, nem o Tribunal Constitucional, se revelaram capazes de fazer evoluir o sistema por via jurisprudencial, procedendo, como se impunha, a uma interpretação da legislação ordinária em conformidade com a Constituição[7].

Foi ao conjunto de exigências que acabam de ser enunciadas que a recente reforma procurou dar resposta. Procuraremos dar conta, de seguida, do conteúdo da reforma, numa síntese tão breve quanto possível. Dada a amplitude das inovações introduzidas, a exposição procurará cingir-se aos aspectos mais significativos e, ainda assim, sem os aprofundamentos que, noutro contexto, seriam devidos[8].

II. ASPECTOS ORGÂNICOS

No plano da organização dos tribunais, pode dizer-se que a reforma procedeu a uma verdadeira refundação do contencioso administrativo português.

---

[6]   Cfr. Vasco Pereira Da Silva, O contencioso administrativo como "direito constitucional concretizado" ou "ainda por concretizar"?, ed. Almedina, Coimbra, 1999.

[7]   Sobre este ponto, cfr. Aroso De Almeida, Mário, Anotação ao artigo 268°, in Jorge Miranda/Rui Medeiros, Constituição Portuguesa Anotada, vol. III, ed. Coimbra Editora, Coimbra, 2007, pp. 608 e ss.

[8]   Para mais desenvolvimentos, podem consultar-se, especificamente sobre o tema: Diogo Freitas Do Amaral/Mário Aroso De Almeida, Grandes linhas da reforma do contencioso administrativo, ed. Almedina, 3ª ed., Coimbra, 2004; Aroso De Almeida, Mário, O novo regime do processo nos tribunais administrativos, ed. Almedina, 4ª ed., Coimbra, 2005; Mário Aroso De Almeida/Carlos Alberto Fernandes Cadilha, Comentário ao Código de Processo nos Tribunais Administrativos, ed. Almedina, 3ª ed., Coimbra, 2010; Vieira De Andrade, A Justiça Administrativa, ed. Almedina, 10ª ed., Coimbra, 2009.

Com efeito, tratou-se de criar e instalar uma rede inteiramente nova de tribunais administrativos e fiscais, dimensionada para cobrir todo o território nacional, por forma a dar finalmente resposta ao crescimento exponencial de litígios que, nesta área, se registou ao longo dos últimos trinta anos.

a) A jurisdição administrativa portuguesa era constituída por apenas cinco tribunais de primeira instância[9], o Tribunal Central Administrativo (TCA)[10] e o Supremo Tribunal Administrativo (STA)[11]. Com a reforma, passaram a existir quinze tribunais de primeira instância, dois Tribunais Centrais Administrativos e o STA.

No que toca à distribuição das competências entre estes tribunais, a principal inovação introduzida pela reforma residiu na eliminação praticamente total das competências em primeira instância que anteriormente eram atribuídas, quer ao TCA, quer ao STA. Praticamente todos os processos passaram, assim, a ser julgados, em primeiro grau, pelos novos tribunais de primeira instância (*cfr.* art. 44º do ETAF), que passaram a cobrir a totalidade do território português.

Por regra, todos os tribunais têm competências de natureza administrativa e fiscal, dispondo de uma secção especializada de contencioso administrativo e outra de contencioso fiscal. Cada tribunal tem, portanto, secções separadas para os processos administrativos e para os processos fiscais e juízes separadamente afectos a cada um dos dois tipos de processos. Só não é assim nos tribunais de pequena dimensão, em que a divisão em secções não se justifica ou não é possível. Do que se trata é, portanto, de partilhar o mesmo espaço físico e as estruturas de uso comum do tribunal, criando economias de escala que assegurem uma maior eficácia e eficiência na gestão dos recursos, sem perda da tradicional especialização, neste domínio, de juízes e de funcionários, nas matérias administrativas e fiscais.

Como é da tradição do contencioso administrativo português, os tribunais de primeira instância funcionam com juiz singular, a cada juiz competindo o julgamento, de facto e de direito, dos processos que lhe sejam distribuídos. Nas acções em que esteja em causa o exercício de poderes de autoridade da Administração e que tenham valor mais elevado, que possibilita o recurso para tribunal superior, o tribunal funciona, contudo, em formação de três juízes, à qual compete o julgamento da matéria de facto e de direito (*cfr.* art. 40º do ETAF). Nas acções de valor mais elevado, o julgamento da matéria de facto também pode ter lugar perante tribunal colectivo, se tal for requerido por qualquer das partes.

b) Foi, entretanto, assumida a opção de extinguir o TCA, substituindo-o por dois tribunais, um TCA Norte e um TCA Sul, com sede nas cidades do Porto e de Lisboa,

---

[9]   Tratava-se dos *tribunais administrativos de círculo*, que funcionavam como tribunais de primeira instância apenas para um conjunto limitado de matérias, com possibilidade de recurso, dependendo dos casos, ou para o Tribunal Central Administrativo, ou para o Supremo Tribunal Administrativo.

[10]   O Tribunal Central Administrativo era um tribunal que, para certas matérias, funcionava como tribunal de segunda instância, sem possibilidade de recurso, e para outras como tribunal de primeira instância, com possibilidade de recurso para o Supremo Tribunal Administrativo.

[11]   O Supremo Tribunal Administrativo era, fundamentalmente, o tribunal de primeira instância para o qual se recorria das decisões dos membros do Governo, sendo também tribunal de recurso de certas decisões dos tribunais de círculo e das decisões em primeira instância do Tribunal Central Administrativo.

respectivamente. Esta opção inscreveu-se na filosofia geral da reforma, orientada no sentido de aproximar os tribunais administrativos das populações que, por todo o país, a eles se dirigem.

Os novos TCA passaram a ser a instância normal de recurso (de apelação) das decisões proferidas pelos tribunais de primeira instância (*cfr.* art. 37° do ETAF), sem prejuízo da existência de vias excepcionais de recurso de revista para o STA, circunscritas à apreciação de questões de direito: um recurso das decisões dos TCA, proferidas em segundo grau de jurisdição (*cfr.* art° 150° do CPTA), e um recurso directo (*per saltum*) de decisões proferidas pelos tribunais de primeira instância (*cfr.* art. 151° do CPTA). Estes recursos só são admitidos, porém, em circunstâncias muito limitadas: o recurso *per saltum,* quando, sendo a questão apenas de direito, o processo tenha valor superior a um milhão de euros ou seja de valor indeterminável; e nos restantes casos, só quando o STA entenda estar em causa matéria de importância fundamental, pela sua relevância jurídica ou social, ou considere que a admissão do recurso é claramente necessária para uma melhor aplicação do direito.

Para além dos referidos recursos excepcionais de revista, o STA continua a conhecer dos recursos para uniformização de jurisprudência, fundados na contradição entre acórdãos proferidos pelos tribunais superiores (*cfr.* art. 152° do CPTA) e pode ser solicitado por um tribunal de primeira instância a pronunciar-se, a título prejudicial, através da emissão de parecer vinculativo, sobre o sentido em que deve ser decidida uma questão de direito nova, que suscite dificuldades sérias e se possa vir a colocar noutros litígios (*cfr.* art. 93° do CPTA).

III. ÂMBITO DA JURISDIÇÃO ADMINISTRATIVA

Como já foi referido, a apreciação dos litígios em matéria administrativa é atribuída, em Portugal, a uma ordem específica de jurisdição, constituída pelos tribunais administrativos.

No artigo 212°, a CRP identifica a jurisdição administrativa e fiscal como o complexo de tribunais incumbidos de "dirimir os litígios emergentes das relações jurídicas administrativas e fiscais". O Tribunal Constitucional tem, no entanto, entendido que este preceito não estabelece uma reserva absoluta, pelo que o legislador dispõe de alguma liberdade de conformação, que lhe permite introduzir derrogações ao critério constitucional nesta matéria. Não é, portanto, inconstitucional a lei que, em casos pontuais, opte por atribuir matérias de natureza administrativa ou fiscal à apreciação dos tribunais judiciais, ou matéria de direito privado aos tribunais administrativos e fiscais, desde que não seja posto em causa o núcleo essencial caracterizador do âmbito material de cada uma das jurisdições (*cfr.*, por exemplo, os Acórdãos N° 607/95, 799/96, 927/96, 1102/96, 65/97 e 248/03). E existem, na verdade, tradicionalmente, várias soluções previstas em legislação avulsa que, pontualmente, derrogam o critério constitucional, atribuindo aos tribunais judiciais a competência para apreciar questões de natureza administrativa[12].

Embora não tenha ido tão longe quanto seria porventura desejável, a reforma procedeu, em todo o caso, a uma significativa ampliação do âmbito da jurisdição administrativa, eliminando algumas das soluções avulsas que atribuíam aos tribunais judiciais o poder de dirimir litígios materialmente administrativos, e ampliou o âmbito da jurisdição administrativa, estendendo a competência dos tribunais administrativos à apreciação de algumas matérias de direito privado. As principais novidades introduzidas neste domínio foram as seguintes:

1° Compete aos tribunais administrativos proceder à fiscalização da legalidade dos actos materialmente administrativos praticados por órgãos não administrativos do Estado ou das Regiões Autónomas, o que inclui os actos materialmente administrativos praticados pelo Presidente da República e pelo Presidente do Parlamento, assim como a generalidade dos actos materialmente administrativos praticados pelos tribunais judiciais, cuja apreciação era excluída do âmbito da jurisdição administrativa (artigo 4°, N° 1, alínea c), do ETAF).

2° No que se refere à competência contenciosa em matéria de contratos públicos, o legislador do ETAF procurou identificar com maior grau de precisão o universo dos contratos cujo contencioso fica sujeito aos tribunais administrativos, recorrendo, para o efeito, à conjugação de dois critérios:

a) Por um lado, conferiu à jurisdição administrativa o poder de apreciar as questões relativas à interpretação, validade e execução dos contratos a respeito dos quais exista lei que expressamente os submeta, ou admita que eles possam ser submetidos, a um procedimento de formação específico de direito público (cfr. artigo 4°, N° 1, alínea e), do ETAF). E repare-se que tanto podem estar aqui em causa contratos administrativos, tal como, hoje, eles são definidos pelo art. 1°, N° 6, do Código dos Contratos Públicos (CCP), como contratos de direito privado celebrados por entidades adjudicantes, tal como, em conformidade com as directivas comunitárias, estas entidades se encontram identificadas nos artigos 2° e 7° do CCP. Compete, assim, aos tribunais administrativos, não só apreciar a conformidade com as regras da contratação públicas das decisões dessas entidades que fundamentem a celebração desses contratos (cfr., a propósito, artigos 100°, N° 3, e 132°, N° 2, do CPTA), como também dirimir os próprios litígios que possam emergir dos contratos.

b) Por outro lado, conferiu à jurisdição administrativa o poder de apreciar as questões relativas à interpretação, validade e execução dos contratos administrativos, que, como hoje estabelece o art. 1°, N° 6, do CCP, podem ser contratos que substituam ou tenham por objecto a prática de actos administrativos, contratos que a lei directamente qualifique como administrativos, submetendo-os à aplicação de normas de direito público que regulem aspectos do respectivo regime substantivo, ou contratos que as partes tenham expressamente submetido a um regime substantivo de direito público (cfr. artigo 4°, N° 1, alínea f), do ETAF).

Acrescente-se que ainda se estendeu a competência dos tribunais administrativos à verificação da invalidade de quaisquer contratos celebrados por entidades públicas

---

[12]   Para mais desenvolvimentos, cfr. Aroso De Almeida, Mário, Anotação ao artigo 212°, in Jorge Miranda/Rui Medeiros, Constituição Portuguesa Anotada, vol. III, ed. Coimbra Editora, Coimbra, 2007, pp. 147 e ss.

que directamente resulte da invalidade de actos administrativos em que se tenha baseado a respectiva celebração (artº 4º, Nº 1, alínea b), do ETAF). No novo regime processual, esta invalidade pode ser suscitada e pronunciada, através da cumulação de pedidos, no âmbito do processo de impugnação do acto administrativo cuja invalidade esteja na origem da invalidade do contrato (*cfr.* arts. 4º e 5º do CPTA) e também a título superveniente, ao longo da pendência de um tal processo de impugnação (*cfr.* art. 63º, Nº 2, do CPTA).

3º Sem prejuízo de algumas restrições pontuais, os tribunais administrativos passaram a ser competentes para dirimir todas as questões de responsabilidade civil extracontratual que envolvam pessoas colectivas de direito público, não só por danos resultantes do exercício da função administrativa, mas também por danos resultantes do exercício das funções legislativa e judicial, e ainda pelos danos emergentes da actividade que aquelas entidades desenvolvam ao abrigo de normas de direito privado (*cfr.* art. 4º, Nº 1, al. g), do ETAF). De igual modo, os tribunais administrativos são competentes para as acções de responsabilidade dos titulares de órgãos, funcionários, agentes e demais servidores públicos, incluindo as acções de regresso contra si intentadas pelas entidades públicas às quais prestam serviço (*cfr.* art. 4º, Nº 1, al. h), do ETAF).

Compete, assim, à jurisdição administrativa apreciar todas as questões de responsabilidade civil extracontratual dos órgãos da Administração Pública, independentemente da questão de saber se essa responsabilidade emerge de uma *actuação de gestão pública* ou de uma *actuação de gestão privada* e, portanto, de saber se, em termos substantivos, essa responsabilidade se rege por normas de direito público ou de direito privado: ao contrário do que sucedia anteriormente, essa distinção deixou de ser relevante, para o efeito de determinar a jurisdição competente, que passou a ser, em qualquer caso, a jurisdição administrativa.

A distinção ainda releva, no entanto, em relação às entidades que, sendo embora dotadas de prerrogativas de poder pública ou expressamente submetidas à aplicação de normas de direito administrativo, não são formalmente qualificadas como pessoas colectivas de direito público, mas como pessoas colectivas de direito privado. Quando actuam sob a égide do direito administrativo, estas entidades são equiparadas a entidades públicas e, por isso, de acordo com o art. 1º, Nº 5, do regime jurídico da responsabilidade civil extracontratual do Estado e demais entidades públicas, ficam submetidas ao regime jurídico específico de responsabilidade das entidades públicas. Por conseguinte, nesses casos, a acção de responsabilidade deve ser intentada nos tribunais administrativos (*cfr.* art. 4º, Nº 1, al. i), do ETAF).

4º Os tribunais administrativos passaram ainda a ser competentes para julgar todos os processos intentados contra entidades públicas que se dirijam a promover a prevenção, a cessação ou a perseguição judicial de infracções cometidas contra valores e bens constitucionalmente protegidos como a saúde pública, o ambiente, o urbanismo, o ordenamento do território, a qualidade de vida, o património cultural e os bens do Estado, das Regiões Autónomas e das autarquias locais (*cfr.* art. 4º, Nº 1, al. l), do ETAF). Também neste domínio, não há pois, que distinguir consoante a responsabilidade emerge de uma *actuação de gestão pública* ou de uma *actuação de gestão privada* e, portanto, de saber se, em termos substantivos, essa responsabilidade se rege por normas de direito público ou de direito privado: a jurisdição competente passou a ser, em qualquer caso, a jurisdição administrativa.

IV. PRETENSÕES DEDUTÍVEIS E PODERES DE PRONÚNCIA DOS JUÍZES

No plano da regulação do processo, o aspecto mais relevante da reforma tem que ver com a concretização do imperativo constitucional de assegurar que os tribunais administrativos proporcionam uma tutela jurisdicional efectiva, plena e sem lacunas, a quem a eles se dirige em busca de protecção.

4.1. O propósito de cumprir esse imperativo é assumido no art. 2º do CPTA [13], que consagra o princípio de que toda a situação jurídica substantiva tem o modo adequado de ser accionada perante os tribunais administrativos. Todos os direitos subjectivos e interesses legalmente protegidos podem ser objecto da acção adequada à sua protecção jurisdicional, sem que continuem a existir limitações, no plano processual, que ponham em causa a efectividade da sua actuação em juízo.

Neste sentido, um extenso elenco exemplificativo de pretensões, enunciado no art. 2º, Nº 2, torna claro que todo o tipo de pretensões substantivas podem ser deduzidas perante os tribunais administrativos. Isto significa, por exemplo, que é possível pedir a condenação da Administração à abstenção de comportamentos e, em especial, à abstenção da prática de actos administrativos, em situações em que exista a ameaça de uma lesão futura que não possa ser protegida de outro modo; a condenação à prática de actos administrativos ilegalmente recusados ou omitidos; a condenação ao pagamento de quantias em dinheiro, à entrega de coisas ou à prestação de factos (*cfr.*, em geral, art. 2º, Nº 2, e, em especial, arts. 37º, Nº 2, e 46º, Nº 2).

Os diferentes tipos de pretensões deixaram, entretanto, de ser artificialmente associados a específicos meios processuais. Deixou, assim, de vigorar o tradicional sistema de tipicidade dos meios processuais, de acordo com o qual cabia às leis do processo identificar os tipos de conduta (activa ou omissiva) da Administração a que correspondia um elenco tipificado de meios de actuação em juízo, o que fazia com que não existisse, no contencioso administrativo, o meio de tutela adequado para reagir contra os tipos de condutas administrativas a que as leis do processo não fizessem corresponder um meio processual específico. No novo modelo, a mesma forma de processo (isto é, o mesmo modelo de tramitação processual) passou a poder ser utilizado para fazer valer diferentes tipos de pretensões, sendo possível cumular diferentes pedidos num mesmo processo, desde que entre os pedidos exista uma conexão que justifique a cumulação (*cfr.* arts. 4º, 5º e 47º).

Em correspondência com o que acaba de ser dito, o art. 3º veio esclarecer que os tribunais administrativos deixaram de ter poderes limitados de pronúncia. A jurisdição administrativa deixou de ser uma jurisdição de poderes limitados, a cujos juízes não era reconhecida a possibilidade de emitir todo o tipo de pronúncias, o que implicou a superação da tradicional inibição em reconhecer aos tribunais administrativos certos poderes de condenação da Administração. Na verdade, a tutela jurisdicional só é efectiva se for capaz de proporcionar a emissão de sentenças de condenação dirigidas contra a Administração, quando seja essa a providência que melhor corresponde à configuração concreta da situação em juízo. A partir do

---

[13]   Todos os artigos que, a partir deste momento, sejam citados sem outra indicação pertencem ao CPTA.

momento em que passa a ser possível deduzir todo o tipo de pretensões, não pode deixar de ser possível a emissão de todo o tipo de pronúncias, com a única limitação que resulta do respeito pelos limites decorrentes da discricionariedade administrativa, nos domínios reservados à formulação de juízos de conveniência ou de oportunidade por parte da Administração.

4.2. A Administração deixou, pois, de só poder ser condenada ao pagamento de indemnizações, no âmbito das acções de responsabilidade civil, como sucedia anteriormente, para passar a poder (e a dever) sê-lo sempre que esteja constituída em deveres jurídicos.

Cumpre, neste contexto, realçar a enorme importância da introdução da possibilidade da existência de processos de condenação à prática de actos administrativos.

Como estabelece o art. 66°, N° 2, quando seja pedida essa condenação, "ainda que a prática do acto devido tenha sido expressamente recusada, o objecto do processo é a pretensão do interessado e não o acto de indeferimento, cuja eliminação da ordem jurídica resulta directamente da pronúncia condenatória". Isto significa que, mesmo quando confrontado com um acto administrativo de indeferimento ou de recusa da apreciação de um requerimento, o autor não é forçado a discutir em juízo o acto negativo, por referência aos termos em que ele se possa ter baseado, mas tem a possibilidade de fazer valer a posição subjectiva de conteúdo pretensivo de que é titular, pedindo o seu cabal reconhecimento. Esta é uma transformação profunda em relação ao tradicional recurso contencioso de anulação de actos negativos, em que o objecto do processo se definia por referência ao acto impugnado e era, portanto, logo à partida pré-delimitado pela Administração.

Assim, se, num caso concreto, a recusa se tiver (infundadamente) baseado na falta do preenchimento de um requisito prévio, sem que, portanto, a Administração tenha sequer chegado a apreciar o mérito da pretensão do requerente, o processo de condenação, dotado de um objecto alargado, permite que a questão prévia em que o acto de indeferimento se tinha baseado seja ultrapassada e, por isso, que a discussão em juízo se centre na questão de fundo, que aquele acto nem sequer tinha considerado. Outra consequência de o objecto do processo ser definido deste modo é a de que ele não se vai reportar ao momento em que o eventual acto de indeferimento tenha sido praticado, mas nele vai ser reconhecida a relevância das eventuais superveniências que sejam atendíveis de acordo com o direito material aplicável [14].

A condenação à prática de actos administrativos tanto pode concretizar-se numa condenação no puro dever de decidir, no exercício de poderes discricionários, como

---

[14]   Outra consequência ainda projecta-se no plano da prova. Como o interessado faz valer em juízo a posição subjectiva de conteúdo pretensivo de que é titular, é natural que sobre ele recaia o ónus de demonstrar o bem fundado da sua pretensão, o preenchimento dos respectivos elementos constitutivos, ao que a Administração caberá contrapor a demonstração dos eventuais factos impeditivos ou extintivos que lhe possam ser oponíveis. No momento em que venha a ser proferida, a sentença definirá a posição do interessado e os termos da conduta a adoptar pelas partes, com o alcance de precludir a possibilidade de a Administração ainda vir depois a invocar novos argumentos em novo acto de indeferimento, subsequente ao trânsito em julgado da sentença.

na condenação à prática de um acto com um determinado conteúdo ou ainda na determinação das vinculações a observar na prática do acto administrativo. Tudo depende, naturalmente, do quadro normativo e das concretas circunstâncias de facto que vierem a ser apuradas em juízo. Do art. 71° resulta, nesta matéria, que, mesmo quando esteja em causa a emissão de um acto de conteúdo discricionário, o tribunal deve determinar o conteúdo do acto a praticar sempre que a apreciação do caso concreto permita identificar apenas uma solução como legalmente possível: é o que os alemães qualificam como *redução da discricionariedade a zero*. Nos demais casos, o tribunal deve pelo menos "explicitar as vinculações a observar pela Administração na emissão do acto devido". Mais não se trata do que de transpor soluções consagradas pela lei e pela jurisprudência alemãs, no âmbito da *Verpflichtungsklage*.

4.3. Os poderes de condenação dos tribunais administrativos tanto podem ter por objecto o dever de a Administração praticar actos jurídicos, como o dever de realizar prestações materiais. Este aspecto deve ser sublinhado, na medida em que há muitas situações em que as pretensões dos particulares não se dirigem ao exercício, por parte da Administração, de poderes de decisão que a lei lhe tenha conferido e, portanto, à prática de actos administrativos, entendidos como manifestações de autoridade, mas ao cumprimento de deveres de prestar que decorrem directamente da lei ou de acto jurídico praticado pela própria Administração: deveres de prestar que podem consistir no pagamento de quantias em dinheiro, na entrega de coisas ou na prestação de factos, sem envolverem a prática de actos administrativos de autoridade (*cfr.*, em especial, art. 37°, N° 2, al. e)[15].

Como refere o art. 3°, N° 2, os tribunais administrativos, quando sejam chamados a condenar a Administração, também passaram a ter o poder de fixar o prazo dentro do qual os deveres impostos devem ser cumpridos e, quando tal se justifique para assegurar o cumprimento, o poder de imporem *directamente aos titulares dos órgãos responsáveis* o dever pessoal de pagarem uma *astreinte,* que em Portugal toma o nome de *sanção pecuniária compulsória,* e que consiste no dever de pagar uma quantia em dinheiro por cada dia de atraso em relação ao prazo fixado para o cumprimento (*cfr.* art. 169°)[16].

---

[15]   Faz-se apelo no texto à distinção entre *actos administrativos* — entendidos, em sentido estrito, como actos susceptíveis de impugnação, contra os quais se impõe reagir dentro de prazos relativamente curtos, sob pena de se consolidarem na ordem jurídica — e as declarações jurídicas que, adaptando a terminologia alemã, podem ser qualificadas como *simples actuações* da Administração, na medida em que são emitidas em domínios em que o ordenamento jurídico não lhe confere o poder de dizer o Direito do caso concreto, no exercício de poderes de autoridade. Cultivada no direito alemão, esta distinção constitui um importante instrumento para a construção de um direito administrativo mais paritário, em que as entidades administrativas não sejam necessariamente vistas, por definição, como titulares de poderes de autoridade, mas antes como sujeitos que o ordenamento jurídico dota, é verdade, de certos poderes, na estrita medida em que o considera necessário à adequada prossecução dos fins públicos, mas que, em muitas situações e contextos, se movem no âmbito de relações jurídicas paritárias. Este é um ponto no qual temos insistido, designadamente em Aroso De Almeida, *O novo regime do processo nos tribunais administrativos,* 4ª ed., ed. Almedina, Coimbra, 2005, pp. 122 e ss., e *Anulação de actos administrativos e relações jurídicas emergentes,* ed. Almedina, Coimbra, 2002, pp. 98 e ss.
[16]   O poder de impor sanções pecuniárias compulsórias aos titulares dos órgãos responsáveis pelo cumprimento das decisões dos tribunais está previsto nos arts. 66° (no domínio da condenação à prática de

4.4. Merece ainda uma referência a circunstância de não serem apenas entidades públicas, mas também particulares, quem pode ser demandado nos tribunais administrativos, sendo que o art. 37°, N° 3, admite mesmo a existência de acções propostas por particulares contra particulares.

Estas acções podem ser propostas quando se preencham os seguintes pressupostos: (i) um particular viole normas de direito administrativo – por exemplo, construindo sem a necessária autorização – ou vínculos impostos por acto administrativo, sem actuar ao abrigo de acto administrativo ilegal que titule a sua conduta; (ii) a sua conduta ofenda os direitos ou interesses legalmente protegidos de outro particular; (iii) a Administração tenha o dever de intervir para fazer cessar a situação; (iv) a Administração, tendo sido chamada a intervir pelo lesado, nada tenha feito. Sem prejuízo da eventual possibilidade de, sendo caso disso, poder recorrer aos tribunais judiciais, ao abrigo de disposições de direito privado, quando estes pressupostos estejam preenchidos, o lesado pode dirigir-se aos tribunais administrativos para pedir a condenação do particular infractor a cessar e/ou abster-se da conduta lesiva, assim como para pedir a adopção das providências cautelares que se mostrem necessárias.

Esta solução reveste-se, a nosso ver, de especial interesse porque tem por objecto *relações jurídicas administrativas poligonais,* que co-envolvem a Administração com particulares posicionados em pólos contrapostos. Com efeito, este tipo de acções é da competência dos tribunais administrativos porque tem natureza jurídico-administrativa, na medida em que resulta da violação de vinculações jurídico-administrativas, cuja observância cumpria à Administração assegurar. Mas esta relação é triangular, na medida em que co-envolve o particular que propõe a acção, o particular contra o qual ela é proposta e a Administração, que, embora fique fora do âmbito da acção, devia ter intervindo e não interveio. Nada impede, aliás, o autor de, nestes casos, demandar conjuntamente o infractor e a Administração omissa. Já a eventual responsabilidade civil extracontratual do lesante, por não envolver a aplicação de normas de direito administrativo, é uma questão de direito privado, que apenas poderá ser objecto de acção a propor nos tribunais judiciais[17].

V. TRAÇOS OBJECTIVISTAS DO SISTEMA

De tudo o que acaba de ser dito resulta claramente que, com a recente reforma, o contencioso administrativo português, aproximando-se muito claramente do modelo alemão, avançou no semtido da *subjectivização,* na medida em que se veio permitir que os titulares de direitos subjectivos e de interesses legalmente protegidos os façam valer em processos que podem ter por objecto a própria condenação da Administração à satisfação desses direitos e interesses. Não se pode deixar, contudo,

---

acto administrativo devido), 84° (para o caso de o processo administrativo não ser tempestivamente enviado ao tribunal), 108° e 110° (para o caso do incumprimento de intimações), 127° (no domínio das providências cautelares), 168° (no âmbito do processo de execução de sentenças para prestação de facto infungível) e 179° (no âmbito do processo de execução das sentenças de anulação de actos administrativos).

[17] Sobre o tema, *cfr.* Aroso De Almeida/Fernandes Cadilha, *Comentário ao Código de Processo nos Tribunais Administrativos,* 3ª ed., ed. Almedina, Coimbra, 2010, pp. 252-254.

de notar que o sistema conserva muitos dos traços objectivistas tradicionais, considerados úteis na medida em que não põem em causa a efectividade da tutela que, como impõe o art. 268°, N° 4, da CRP, deve ser proporcionada às situações subjectivas individuais.

É, assim, desde logo de assinalar que a legitimidade para a impugnação de actos administrativos continua a ser definida apenas por referência à titularidade de um *interesse directo e pessoal (cfr.* art. 55°, N° 1, al. a)), o que significa que ela não tem necessariamente de se fundar na ofensa de um direito ou interesse legalmente protegido, mas pode bastar-se com a circunstância de o acto provocar consequências desfavoráveis na esfera jurídica do autor, de modo que a anulação ou a declaração de nulidade desse acto lhe traz uma vantagem jurídica ou económica.

É, por outro lado, de realçar a generosa previsão, no art. 9°, N° 2, do direito de *acção popular,* que pode ser exercido para a defesa de "valores e bens constitucionalmente protegidos como a saúde pública, o ambiente, o urbanismo, o ordenamento do território, a qualidade de vida, o património cultural e os bens do Estado, das Regiões Autónomas e das autarquias locais". Este direito está ao acesso de qualquer cidadão, no gozo dos seus direitos civis e políticos, individualmente ou em grupo, assim como de associações e fundações defensoras dos interesses em causa (*cfr.* art. 2°, N° 1, da Lei N° 83/95, de 31 de Agosto, por remissão do art. 9°, N° 2).

Como é da tradição do contencioso administrativo português, é, entretanto, reconhecida em amplos termos a legitimidade do Ministério Público para propor acções em defesa da legalidade, do interesse público e dos direitos fundamentais dos cidadãos. O art. 9°, N° 2, permite, desde logo, ao Ministério Público o exercício da acção pública em defesa dos valores aí mencionados. O Ministério Público tem ainda legitimidade para propor acções sobre contratos celebrados pela Administração (art. 40°, N° 1, al. b), e N° 2, al. d)) e para impugnar actos administrativos (art. 55°, N° 1, al. b)) e normas regulamentares (art. 73°), assim como para pedir, em certas condições, a condenação da Administração à prática de actos administrativos (art. 68°, N° 1, al. c)). Refira-se que o Ministério Público também tem intervenção em certos tipos de processos intentados por particulares e pode dar seguimento a processos de impugnação de actos administrativos que se extingam por desistência do autor (*cfr.* arts. 85° e 62°).

VI. FORMAS DO PROCESSO

Para a actuação das pretensões materiais perante os tribunais administrativos, o CPTA institui duas formas principais de processo, isto é, dois modelos quanto à tramitação a seguir: a forma da *acção administrativa comum* e a forma da *acção administrativa especial,* delimitando os tipos de pretensões cuja actuação processual deve seguir cada uma delas (*cfr.* arts. 35°, 37° e 46°). O Código admite, no entanto, a cumulação, num mesmo processo, de pretensões que, à partida, deveriam seguir diferentes modelos de tramitação, determinando que, quando tal cumulação tenha lugar, se siga a forma da acção administrativa especial, com as adaptações que se mostrem necessárias (*cfr.* arts. 4° e 5°).

A qualquer uma das duas referidas formas de processo, podem, entretanto, sobrepor-se, quando se preencham os respectivos pressupostos, as formas previstas para os processos urgentes (*cfr.* arts. 97º e ss.). Quando se verifique uma situação típica correspondente a algum dos quatro tipos de processos urgentes, deve ser observada a tramitação que o Código lhe faz corresponder.

a) A dualidade de formas de processo que o CPTA estabelece entre a *acção administrativa comum* e a *acção administrativa especial* assenta basicamente no seguinte critério.

Devem seguir o modelo de tramitação da acção administrativa especial, que o Código estabelece nos arts. 78º e ss., os processos em que, isoladamente ou em cumulação com outros (*cfr.* art. 5º), sejam deduzidos pedidos que directamente contendam com o exercício de poderes de autoridade por parte da Administração, por terem por objecto: (a) a impugnação de actos administrativos; (b) a impugnação de normas regulamentares; (c) a condenação à prática de actos administrativos; (d) a declaração da ilegalidade da omissão de normas regulamentares (*cfr.* art. 46º).

Quando, pelo contrário, não esteja em causa nenhum destes quatro tipos de pretensões e, portanto, o exercício de poderes de autoridade por parte da Administração, mas a apreciação de litígios inseridos no âmbito de relações paritárias entre entidades públicas, entre privados ou entre entidades públicas e privados, a forma processual a seguir é a da acção administrativa comum (*cfr.* art. 37º). É o que paradigmaticamente sucede nas acções de responsabilidade por danos e nas acções sobre contratos em que não se proceda à impugnação de actos administrativos destacáveis. Por se considerar que não existem, neste domínio, especificidades de relevo, os processos submetidos à forma da acção administrativa comum seguem a tramitação do processo declarativo comum prevista no Código de Processo Civil, que é a forma a que obedece a generalidade dos processos relativos a litígios de direito privado que são intentados nos tribunais judiciais (*cfr.* arts. 35º, Nº 1, e 42º)[18].

b) Ao lado das duas formas processuais que acabam de ser referidas, o CPTA autonomiza, no Título IV, o regime dos principais processos urgentes do contencioso administrativo, que, como já foi referido, são quatro: o "contencioso eleitoral" (arts. 97º a 99º); o "contencioso pré-contratual" (arts. 100º a 103º), que resulta da transposição para o ordenamento jurídico português das Directivas comunitárias Nº 89/665/CEE, de 21 de Dezembro, e Nº 92/13/CEE, de 25 de Fevereiro (na redacção anterior à Directiva Nº 2007/66/CE, que ainda não foi transposta para o ordenamento jurídico português); e os processos de "intimação para a prestação de informações, consulta de processos ou passagem de certidões" (arts. 104º a 108º), dirigido a garantir o exercício do direito à informação procedimental (*cfr.* arts. 61º a 64º do Código do Procedimento Administrativo) e à informação extra-procedimental (*cfr.* art. 268º, Nº 2, da CRP e Lei Nº 46/2007, de 24 de Agosto) dos cidadãos perante a Administração, e a "intimação para protecção de direitos, liberdades e garantias" (arts. 109º a 111º).

---

[18]   O desenho do modelo adoptado foi proposto por Sérvulo Correia no seu importante artigo "Unidade ou pluralidade de meios processuais principais no contencioso administrativo", *Cadernos de Justiça Administrativa* nº 22, republicado em Sérvulo Correia/Bernardo Diniz De Ayala/Rui Medeiros, *Estudos de Direito Processual Administrativo,* ed. Lex, Lisboa, 2002.

Em qualquer dos casos, trata-se de reconhecer que há tipos de situações em que é urgente a obtenção de uma pronúncia sobre o mérito da causa, pelo que se justifica prever a existência de processos que, através da simplificação ou, pelo menos, do aceleramento da tramitação, permitam a emissão mais rápida de uma sentença.

Reveste-se de especial interesse, no conjunto dos quatro tipos de processos em referência, a intimação para protecção de direitos, liberdades e garantias. Pense-se na situação paradigmática em que é proibida a realização de uma manifestação, por ocasião da visita, em data próxima, de um estadista estrangeiro. Numa situação deste tipo, não faz sentido a adopção de uma providência cautelar porque a realização da manifestação não pode ser autorizada a título precário e provisório, sem prejuízo da decisão a proferir no processo principal. Com efeito, se a realização da manifestação fosse permitida pelo tribunal a título cautelar, isso teria, na verdade, consequências irreversíveis, fazendo com que, uma vez realizada a manifestação, o processo principal se tornasse automaticamente inútil. Ora, a tutela cautelar não existe para constituir, mas para evitar a constituição de situações de facto consumado. O que importa, em situações deste tipo, é, portanto, obter, em tempo útil e, por isso, com carácter de urgência, uma pronúncia definitiva sobre o mérito da causa. É o que este processo urgente de intimação visa possibilitar.

Este processo denuncia a influência do *référé-liberté*, que foi introduzido no contencioso administrativo francês pelo artigo 4º da Lei de 30 de Junho de 2000, e apresenta uma configuração que, em alguns aspectos, lhe é semelhante. Refira-se que, em situações de extrema urgência, este processo pode seguir termos muito simplificados, que podem resumir-se à realização, em 48 horas, de uma audiência oral, no termo da qual o juiz decide de imediato (*cfr.* art. 111º, Nº 1), ou passar pela audição do requerido por qualquer meio de comunicação, como o telefone (*cfr.* art. 111º, Nº 2).

VII. INSTRUMENTOS DE AGILIZAÇÃO PROCESSUAL

Ainda no que se refere aos aspectos relacionados com o regime do processo declarativo, importa fazer duas últimas referências.

1. A primeira diz respeito à flexibilização do objecto do processo que resulta da previsão, nos arts. 63º e 70º, de um conjunto de situações em que o objecto dos processos de impugnação de actos administrativos e de condenação à prática de actos administrativos pode ser estendido à impugnação de actos administrativos que venham a ser praticados, ou de contratos que venham a ser celebrados, na pendência do processo.

Pense-se nas situações em que o acto impugnado não é o acto final do procedimento administrativo ou está inserido num procedimento de formação de um contrato e naquelas em que a Administração decide responder à pretensão do interessado já na pendência de um processo de condenação à prática do acto devido intentado perante o seu silêncio. Mas pense-se também nas situações em que, durante a pendência do processo impugnatório, são praticados outros actos administrativos, que, embora produzidos no âmbito de procedimentos autónomos, se baseiam no acto impugnado ou, pelo menos, na situação jurídica por ele criada (são os chamados *actos consequentes* do acto impugnado, cuja eventual consolidação na ordem jurídica pode pôr em risco a utilidade da anulação a obter no processo impugnatório); ou pense-se ainda na hipótese de, durante a pendência do processo impugnatório, a Administração praticar actos administrativos que, mesmo sem reincidir nos vícios cometidos pelo acto impugnado, têm o sentido ou pelo menos o alcance de conduzir à ilegítima manutenção da situação que esse acto tinha constituído e, portanto, obstar ilegitimamente à reconstituição da situação que deveria existir na ausência do acto impugnado.

Em todas as situações enunciadas, justifica-se a possibilidade de estender o objecto do processo à apreciação dos actos supervenientes. Esta possibilidade constitui uma inovação da maior importância para a transformação do contencioso relativo a actos administrativos, de um contencioso eminentemente estático, em que a discussão se circunscrevia aos actos e à questão da sua validade, por referência ao momento em que eles foram praticados, num contencioso dinâmico, em que a discussão se estende ao quadro da relação jurídico-administrativa em que os actos estão inseridos, tal como ela se apresenta no momento do encerramento da discussão em juízo, e em que, por conseguinte, as sentenças se adequam melhor à realidade substantiva à qual vão ser aplicadas.

2. Referência ainda para a introdução, por influência da Ley N° 29/1998, de 13 de Julho, reguladora do contencioso administrativo espanhol, de mecanismos de resolução simplificada de processos em massa e de extensão de efeitos de sentenças a situações similares que não tenham submetidas à apreciação dos tribunais, consagrados nos arts. 48° e 161°.

Trata-se, por um lado, de introduzir a possibilidade de o tribunal determinar que, quando sejam propostas mais de vinte acções que, embora reportadas a diferentes pronúncias da mesma entidade administrativa, digam respeito à mesma relação jurídica material, ou, ainda que respeitantes a diferentes relações jurídicas existentes em paralelo, sejam susceptíveis de ser decididas com base na aplicação das mesmas normas a idênticas situações de facto, apenas seja dado andamento, com carácter de urgência, a uma ou a algumas das acções e se suspenda a tramitação das demais (*cfr.* art 48°).

Trata-se, por outro lado, do regime de *extensão de efeitos das sentenças,* que confere a quem não lançou mão, no momento próprio, do meio processual adequado a fazer valer os seus interesses, o direito de exigir que determinada entidade administrativa se comporte para com ele como se tivesse sido ele a obter uma sentença transitada em julgado que, na realidade, foi proferida contra essa mesma entidade num processo intentado por terceiro. Em primeira linha, a questão é colocada perante a própria entidade administrativa, podendo ser logo nessa sede resolvida. Se a Administração não der acolhimento à pretensão do interessado, ele pode fazê-la valer pela via judicial, pedindo que, uma vez comprovada a existência da necessária identidade de situações entre o caso que tinha sido julgado em tribunal e aquele que lhe diz respeito, seja determinada a extensão, em seu favor, dos efeitos da sentença que naquele caso foi proferida. A declaração judicial que determina a extensão dos efeitos equivale, em relação ao interessado, à sentença que este teria obtido se tivesse proposto uma acção como aquela em que a sentença foi proferida (*cfr.* art° 161).

Para o público familiarizado com o contencioso administrativo espanhol, será interessante comparar os artigos 48° e 161° do Código português com os arts. 37°, N° 2, 110° e 111° da mencionada Ley N° 29/1998, de 13 de Julho, tal como será instrutivo para a doutrina de ambos os países acompanhar o desenvolvimento futuro da jurisprudência de ambos os países, na identificação da resposta para as dificuldades que poderá levantar a aplicação destes instrumentos de *agilização processual* – até porque a lei espanhola foi, entretanto, alterada nesta matéria, num sentido mais limitativo do que aquele que resulta da lei portuguesa.

VIII. TUTELA CAUTELAR

A necessidade de uma reforma do contencioso administrativo capaz de assegurar a efectividade da tutela jurisdicional dos cidadãos perante os poderes públicos era especialmente sentida no domínio da tutela cautelar. Com efeito, sem prejuízo de evoluções legislativas e jurisprudenciais recentes, mas de âmbito muito limitado, a tutela cautelar no contencioso administrativo português continuava centrada, até à reforma, no clássico instituto da suspensão da eficácia dos actos administrativos, com todas as insuficiências que lhe são inerentes — ao que acresciam, entretanto, insuficiências específicas, resultantes do modo como o instituto se encontrava regulado na lei portuguesa e era concretamente aplicado pelos tribunais portugueses[19].

Como é evidente, este estado de coisas não podia manter-se e, nesse sentido, o art. 112° veio introduzir uma cláusula aberta, pela qual se reconhece a todo aquele que possua legitimidade para intentar um processo junto dos tribunais administrativos o poder de solicitar a adopção de toda e qualquer providência cautelar, antecipatória ou conservatória, que se mostre adequada a assegurar a utilidade da sentença que pretende obter nesse processo.

Como refere o art. 112°, N° 2, as providências cautelares a adoptar podem designadamente consistir na suspensão da eficácia de actos administrativos ou de normas regulamentares (*cfr.* arts. 128° a 130°), na admissão provisória em concursos e exames, na atribuição provisória da disponibilidade de um bem ou da autorização para iniciar ou prosseguir uma actividade ou adoptar uma conduta, na regulação provisória de uma situação (designadamente a regulação provisória da obtenção de prestações pecuniárias ou do pagamento de indemnizações: *cfr.* art. 133°) ou na intimação da Administração ou de particulares à adopção ou abstenção de condutas. O art. 112°, N° 2, apresenta, porém, um elenco meramente exemplificativo das providências cautelares que podem ser adoptadas.

Os novos critérios de que, nos termos do artigo 120°, passou, entretanto, a depender a concessão das providências cautelares articulam o critério do *periculum*

---

[19] Para uma síntese, *cfr.* Mário Aroso De Almeida, "Medidas cautelares no ordenamento contencioso — Breves notas", artigo correspondente ao texto de uma conferência proferida na Galiza, no âmbito de um seminário promovido pela Escola Galega de Administración Pública, publicado em *Direito e Justiça* (ed. Universidade Católica Portuguesa), vol. XI (1997), T. 2, pp. 139 e ss.

in mora com o do *fumus boni iuris* e determinam que o tribunal proceda à ponderação em conjunto dos vários interesses, públicos e privados, em presença. Por regra, a atribuição de uma providência cautelar depende, assim, da avaliação, por parte do juiz, sobre, por um lado, a existência do risco da constituição de uma situação de facto irreversível ou da produção de prejuízos de difícil reparação para o requerente e, por outro lado, sobre o grau de viabilidade da pretensão deduzida ou a deduzir no processo principal, tal como ele resulta de uma apreciação perfunctória sobre o mérito da causa.

De acordo com o art. 112°, N° 2, o tribunal não deve deixar, em todo o caso, de ponderar todos os interesses, públicos e privados, em presença para avaliar se os danos que resultariam da concessão da providência não se mostram superiores àqueles que podem resultar da sua recusa. Quando for este o caso, o tribunal pode adoptar outra ou outras providências, em cumulação com aquela que foi requerida, se isso permitir evitar ou atenuar os inconvenientes que desta resultam. Caso essa solução não seja viável, o tribunal deve recusar a providência e adoptar outra ou outras providências, em substituição daquela, se essa for a solução mais adequada para assegurar a tutela do requerente, conciliando-a com os demais interesses em presença (*cfr.* art. 112°, N° 3).

Acrescente-se apenas que a providência cautelar requerida pelo interessado não pode ser recusada se o bem fundado da sua pretensão for evidente. Pode dizer-se que, neste caso, o *fumus boni iuris* tem uma prevalência absoluta. Neste caso, não há, por isso, lugar à ponderação dos interesses em presença, a que se refere o art. 112°, N° 2.

Refira-se, por último, que, para dar resposta a situações de especial urgência – designadamente quando exista o risco da lesão iminente e irreversível de direitos fundamentais, sem que as circunstâncias do caso exijam a solução extrema da intimação para protecção de direitos, liberdades e garantias do art. 109°–, o art. 131° prevê a possibilidade do decretamento provisório de providências cautelares, logo no início do processo cautelar, para valer apenas durante a pendência deste processo e até que nele se decida se a tutela cautelar é ou não concedida. Trata-se, assim, de uma espécie de *tutela cautelar da tutela cautelar,* dirigida a prevenir, em situações de especial urgência, a própria morosidade da tutela cautelar.

IX. EXECUÇÃO DAS SENTENÇAS

Outro plano no qual se joga de modo decisivo a efectividade da tutela jurisdicional é o da execução das sentenças. Ora, até à reforma, o contencioso administrativo português não previa nenhum processo executivo, sendo que as sentenças de condenação da Administração ao pagamento de quantias em dinheiro podiam ser objecto de execução segundo os trâmites da penhora e venda dos bens penhoráveis, nos termos do processo de execução para pagamento de quantia certa, tal como ele se encontra regulado no Código de Processo Civil, mas todas as outras sentenças não podiam ser objecto de um verdadeiro processo executivo. Com efeito, quando era obtida a anulação de um acto administrativo, apenas era possível, em novo processo declarativo, pedir ao tribunal que decretou a anulação que se pronunciasse sobre o conteúdo dos actos que a Administração devia adoptar para extrair as devidas consequências da anulação, mas não era possível obter nenhuma providência executiva, apta a assegurar que essas consequências eram efectivamente extraídas[20].

Com a reforma, pelo contrário, foi pela primeira vez consagrado o poder de os tribunais administrativos adoptarem verdadeiras providências de execução das suas decisões.

A execução de sentenças de condenação ao pagamento de quantias em dinheiro passa, assim, a poder ter lugar por três vias:

1ª – Pode pedir-se ao tribunal que decrete a compensação do crédito detido sobre a Administração com eventuais dívidas que onerem o exequente para com a mesma pessoa colectiva ou o mesmo ministério. A compensação decretada pelo juiz funciona como título de pagamento total ou parcial da divida que o exequente tinha para com a Administração, sendo oponível a eventuais reclamações futuras do respectivo cumprimento (cfr. arts. 170°, N° 2, al. a), e 172°, N° 2).

2ª – Pode pedir-se que o tribunal promova o pagamento solicitando ao Conselho Superior dos Tribunais Administrativos e Fiscais a emissão de uma ordem de pagamento por conta da dotação anualmente inscrita no Orçamento Geral do Estado, à ordem daquele Conselho, afecta ao pagamento de quantias devidas a título de cumprimento de decisões jurisdicionais (cfr. arts. 170°, N° 2, al. b), e 172°, N° 3 a 7).

3ª - No caso de as outras duas vias não funcionarem, pode adoptar-se o regime da execução para pagamento de quantia certa do Código de Processo Civil para obter a penhora e venda em hasta pública de bens pertencentes à entidade devedora (cfr. art. 172°, N° 8). Refira-se que, nos termos do artigo 823° do Código de Processo Civil, vigora em Portugal a regra de que só não são penhoráveis os bens do Estado e das restantes pessoas colectivas públicas que se encontrem especialmente afectados à realização de fins de utilidade pública.

No domínio das execuções para prestação de factos ou de coisas, destaca-se, pela sua importância, a introdução do poder de o tribunal providenciar a concretização material do que foi determinado na sentença —seja determinando a entrega judicial de coisas devidas, seja determinando a prestação por entidades públicas ou por privados de factos materiais devidos, a expensas da entidade obrigada, se tais factos forem fungíveis (pense-se no exemplo paradigmático das demolições)—, podendo, para o efeito, recorrer, com as adaptações que forem devidas, à aplicação das disposições que, no Código de Processo Civil, regulam os processos executivos para entrega de coisa certa e para prestação de facto fungível (cfr. art. 167°, N° 5). Também merece, entretanto, realce o poder conferido ao tribunal de emitir um título

---

[20]   Para a síntese do modelo anterior, cfr. Freitas Do Amaral, Diogo, "Regimen jurídico de la ejecución de las sentencias de los tribunales administrativos", Civitas, *Revista española de Derecho Administrativo* N° 70 (Abril/Junho 1991), pp. 157 e ss., e *A execução das sentenças dos tribunais administrativos*, 2ª ed., ed. Almedina, Coimbra, 1997; Aroso De Almeida, Mário, "Execução de sentenças", em *Seminário Permanente de Direito Constitucional e Administrativo*, vol. I, Braga (ed. Associação Jurídica de Braga/Universidade do Minho), 1999.

capaz de produzir efeitos em substituição do acto administrativo ilegalmente omitido ou recusado, quando o conteúdo do acto não envolva o exercício de poderes discricionários (*cfr.* art. 167°, N° 6).

X. CONSIDERAÇÕES FINAIS

A reforma do contencioso administrativo português que entrou em vigor em 1 de Janeiro de 2004 introduziu modificações muito profundas, podendo mesmo dizer-se que se tratou de uma verdadeira revolução, mediante a qual se institui um novo contencioso administrativo, que se afastou da primitiva matriz francesa para se aproximar muito do modelo alemão da Verwaltungsgerichtsordnung de 1960.

A reforma lançou um desafio de enormes proporções a todos os operadores do sistema, que passaram a ver-se confrontados com um sistema que, por ser mais complexo e mais dinâmico, se tornou mais exigente, designadamente para a Administração, que se tinha mantido durante demasiado tempo adormecida à sombra de um sistema que a protegia das consequências das suas insuficiências.

Como foi, em Espanha, reconhecido por Eduardo García de Enterría, as novas soluções introduzidas foram, em todo o caso, no caminho correcto para aquela que foi a primeira grande reforma do contencioso administrativo europeu do século XXI. Nela estão, na verdade, presentes as grandes tendências de convergência que marcaram a evolução dos diferentes ordenamentos jurídicos europeus nas últimas décadas do século XX. Fez-se, assim, corresponder o contencioso administrativo português ao modelo mais consentâneo com os modernos padrões de relacionamento dos cidadãos com a Administração Pública (e das próprias Administrações Públicas entre si) que resultaram da evolução por que passaram as democracias ocidentais desde o termo da Segunda Guerra Mundial.

XI. BIBLIOGRAFIA

AROSO DE ALMEIDA, Mário, *O novo regime do processo nos tribunais administrativos,* ed. Almedina, 4ª ed., Coimbra, 2005

AROSO DE ALMEIDA, Mário/FERNANDES CADILHA, Carlos Alberto, *Comentário ao Código de Processo nos Tribunais Administrativos,* ed. Almedina, 3ª ed., Coimbra, 2010

FONSECA, Isabel, *Dos novos processos urgentes no contencioso administrativo*, ed. Lex, Lisboa, 2004

FREITAS DO AMARAL, Diogo/AROSO DE ALMEIDA, Mário, *Grandes linhas da reforma do contencioso administrativo,* ed. Almedina, 3ª ed., Coimbra, 2004

ESTEVES DE OLIVEIRA, Mário/ESTEVES DE OLIVEIRA, Rodrigo, *Código de Processo nos Tribunais Administrativos anotado*, vol. I, ed. Almedina, Coimbra, 2005

VIEIRA DE ANDRADE, José Carlos, *A Justiça Administrativa,* ed. Almedina, 10ª ed., Coimbra, 2009

URUGUAY

§ 17. RÉGIMEN CONTENCIOSO ADMINISTRATIVO URUGUAYO

Carlos E. Delpiazzo

I. CUESTIONES TERMINOLÓGICAS VINCULADAS AL OBJETO

1. *Derecho Procesal Administrativo y Justicia Administrativa*

Según la doctrina especializada, "Si el Derecho procesal se define, sintéticamente, como el conjunto de normas referentes al proceso, del *Derecho procesal administrativo* podrá afirmarse que es el conjunto de normas que regulan el proceso administrativo"[1].

Sin embargo, en nuestro país, la doctrina clásica ha hablado "de Derecho procesal administrativo para significar la parte del Derecho administrativo relativa a los procedimientos que debe observar la Administración al desarrollar su actividad", señalando que "Los procedimientos administrativos son fundamentalmente distintos de los jurisdiccionales, porque en un caso se está desarrollando actividad administrativa, y en el otro función jurisdiccional. Aquella supone pronunciamientos de juridicidad y conveniencia; ésta sólo de juridicidad"[2].

---

[1] Jesús Gonzalez Perez. "Derecho Procesal Administrativo" (Instituto de Estudios Políticos, Madrid, 1963), T. I, p. 127 y ss., y "Derecho Procesal Administrativo Hispanoamericano" (Temis, Bogotá, 1985), p. 13 y ss.

[2] Sayagues Laso, Enrique. "Tratado de Derecho Administrativo" (Montevideo, 1963), T. I, pp. 463 y 464; y Prat, Julio A. "Derecho Administrativo" (Acali, Montevideo, 1978), T. 3, volumen 2, pp. 118 y 119.

De este modo, mientras que, *con carácter general*, la expresión Derecho procesal administrativo designa a los procesos desarrollados en ejercicio de función jurisdiccional, con el alcance que se le ha dado *en nuestro país* refiere a los procedimientos seguidos en ejercicio de la función administrativa.

Consecuentemente, tal designación no sólo no es útil desde el punto de vista de la consideración comparada de nuestro régimen, sino que asimismo traslada la cuestión a diferenciar las nociones de proceso y de procedimiento.

Sobre este último aspecto, antes de ahora he señalado[3] -coincidiendo con calificada doctrina nacional [4] y extranjera [5]- la conveniencia de reservar la denominación de "proceso" para el cumplido ante órganos jurisdiccionales en desenvolvimiento de la función jurisdiccional, definiendo al "procedimiento administrativo" como la serie, secuencia o sucesión de actos jurídicos y operaciones materiales que constituye el elemento ordenador y sistematizador del desenvolvimiento de la función administrativa.

Para superar las divergencias que plantea el alcance del Derecho procesal administrativo, tampoco ha tenido éxito entre nosotros el empleo de la expresión "*Justicia administrativa*" [6], usada excepcionalmente en el pasado para designar a la función jurisdiccional a cargo del Tribunal de lo Contencioso Administrativo [7] o por oposición a "Justicia ordinaria", entendida ésta como la que es ejercida por los órganos del Poder Judicial[8].

Por lo tanto, su sentido no es el que se le asigna en el Derecho francés[9] ni resulta abarcativo de todos los contenciosos de Derecho público o, dicho de otra manera, no refiere al ejercicio de la función jurisdiccional respecto de la Administración.

---

[3]   Sayagues Laso, Enrique. "Tratado de Derecho Administrativo" (Montevideo, 1963), T. I, pp. 463 y 464; y Prat, Julio A. "Derecho Administrativo" (Acali, Montevideo, 1978), T. 3, volumen 2, pp. 118 y 119.

[4]   Couture, Eduardo J. "Fundamentos del Derecho Procesal Civil" (Depalma, Buenos Aires, 1958), p. 121 y ss.; Héctor Frugone Schiavone. "Principios fundamentales del procedimiento administrativo", en A.A.V.V. "Procedimiento Administrativo" (Acali, Montevideo, 1977), p. 14, nota 2; y Cajarville Peluffo, Juan Pablo. "Procedimiento Administrativo" (Idea, Montevideo, 1997), p. 13, y "Sobre Derecho Administrativo" (F.C.U., Montevideo, 2008), T. II, 2ª edición ampliada, p. 167.

[5]   Couture, Eduardo J. "Fundamentos del Derecho Procesal Civil" (Depalma, Buenos Aires, 1958), p. 121 y ss.; Héctor Frugone Schiavone. "Principios fundamentales del procedimiento administrativo", en A.A.V.V. - "Procedimiento Administrativo" (Acali, Montevideo, 1977), p. 14, nota 2; y Cajarville Peluffo, Juan Pablo. "Procedimiento Administrativo" (Idea, Montevideo, 1997), p. 13, y "Sobre Derecho Administrativo" (F.C.U., Montevideo, 2008), T. II, 2ª edición ampliada, p. 167.

[6]   Delpiazzo, Carlos E. "La justicia administrativa en Uruguay", en Cisneros, Germán, Fernández Ruiz, Jorge y López Olvera, Miguel Alejandro (Coordinadores), *Justicia Administrativa* (UNAM, México, 2007), p. 147 y ss.

[7]   Delpiazzo, Carlos E. "La justicia administrativa en Uruguay", en Cisneros, Germán, Fernández Ruiz, Jorge y López Olvera, Miguel Alejandro (Coordinadores), *Justicia Administrativa* (UNAM, México, 2007), p. 147 y ss.

[8]   Prat, Julio A. "Poder Judicial, Justicia Administrativa y Acto Institucional Nº 12" (A.M.F., Montevideo, 1982). En tal sentido, pueden citarse las Disposiciones Transitoria y Especiales de la Constitución letras I) y J).

[9]   Brito, Mariano R. "De la Justicia de lo Contencioso Administrativo", en *Anuario de Derecho Administrativo*, T. VIII, p. 81.

2. *Contenciosos de Derecho público y Contencioso administrativo*

El fracaso de las denominaciones anteriores sugirió la conveniencia de utilizar expresiones más descriptivas que definitorias, tales como la de *contenciosos de Derecho público* [10], comprensiva del universo de "contenciosos" (vale decir, contiendas o pleitos) "administrativos" (o sea, referidos a la materia regida por el Derecho Administrativo, o a la actividad administrativa, o en que es parte la Administración) y también otros regulados por el Derecho público, ventilados ante órganos jurisdiccionales, al que se ha pretendido reunir dentro de la noción de "contencioso administrativo" en sentido amplio[11].

No obstante, desde la reforma de 1934, la Constitución emplea la expresión *"contencioso administrativo"* en sentido restringido, limitándolo básicamente al contencioso de anulación de los actos administrativos dictados por las entidades estatales, a cargo del Tribunal de lo Contencioso Administrativo [12].

Al presente, bajo el título de la Sección XVII, "De lo Contencioso Administrativo", nuestra Carta política organiza en cinco Capítulos la composición e integración del Tribunal de lo Contencioso Administrativo (arts. 307 y 308), su competencia privativa para anular los actos administrativos "contrarios a una regla de Derecho o con desviación de poder" (art. 309 y sgtes.), la existencia y actuación del Procurador del Estado en lo Contencioso Administrativo (art. 314 y sigtes.), el agotamiento de la vía administrativa mediante la interposición de los recursos administrativos correspondientes como requisito previo a la acción de nulidad (art. 317 y sgtes.), y la posibilidad de crear por ley "órganos inferiores dentro de la jurisdicción contencioso administrativa" (art. 320).

No obstante, la legislación ha ubicado en el ámbito del Poder Judicial Juzgados llamados de lo contencioso administrativo, con competencia no anulatoria sobre la función administrativa, lo que evidencia que el sistema procesal administrativo uruguayo excede lo contencioso administrativo en sentido estricto (equivalente a la jurisdicción anulatoria), haciendo conveniente describir sintéticamente el régimen de control jurisdiccional de la Administración adoptado por nuestro país.

II. CARACTERÍSTICAS DEL RÉGIMEN CONTENCIOSO ADMINISTRATIVO URUGUAYO

Como ya he tenido oportunidad de señalarlo antes de ahora [13], cuando se habla del "control jurisdiccional de la Administración" se alude genéricamente a la comprobación de la regularidad de lo actuado o de lo proyectado u omitido (control) por los

---

[10]   Mendez, Aparicio. "Lo Contencioso de Anulación en el Derecho Uruguayo" (Montevideo, 1952), p. 12 y ss.

[11]   Duran Martinez, Augusto. "Contencioso Administrativo" (F.C.U., Montevideo, 2007), p. 13.

[12]   Delpiazzo, Carlos E. "Desafíos actuales del control" (F.C.U., Montevideo, 2001), pp. 58 y 59.

[13]   Delpiazzo, Carlos E. "Desafíos actuales del control" *cit.*, p. 57.

órganos públicos actuando en función administrativa (Administración), realizada por órganos jurisdiccionales y mediante procesos jurisdiccionales que culminan con una sentencia.

En nuestro país, el ejercicio de la función jurisdiccional al respecto está básicamente distribuido entre el mencionado Tribunal de lo Contencioso Administrativo y el Poder Judicial, disciplinado en la Sección XV de la Constitución, que consta de nueve Capítulos. Conforme a las disposiciones de la misma, "El Poder Judicial será ejercido por la Suprema Corte de Justicia y por los Tribunales y Juzgados, en la forma que estableciere la ley" (art. 233), regulándose la composición e integración de la Suprema Corte de Justicia (arts. 234 a 238), su competencia (arts. 239 y 240), la organización de los Tribunales (art. 241 y sigtes.) y Juzgados (art. 244 y sigtes.), las bases del estatuto de los magistrados judiciales (art. 250 y sigtes.) y el régimen de declaración de inconstitucionalidad de las leyes, reservado exclusivamente a la Suprema Corte de Justicia (arts. 256 a 261).

Quiere decir que, en el contexto del Derecho comparado, *nuestro sistema puede calificarse como orgánicamente mixto* ya que está a cargo de los órganos del Poder Judicial y de otro órgano jurisdiccional -el Tribunal de lo Contencioso Administrativo- independiente de los demás Poderes de gobierno y con igual jerarquía que la Suprema Corte de Justicia [14].

En efecto, es generalmente aceptado que los diversos regímenes de control jurisdiccional de la actividad administrativa pueden agruparse en dos tipos básicos [15]:

a) el de jurisdicción única o judicialista, en el cual la competencia está atribuida al Poder Judicial, sea que corresponda al fuero general, como en Inglaterra [16], sea que se asigne a un fuero especial, como en España [17]; y

b) el de doble jurisdicción, en el cual la competencia se distribuye entre tribunales judiciales y administrativos, como ocurre en Francia [18].

Entre ambos tipos extremos, y con elementos de ambos, se ubica nuestro régimen, el cual no es judicialista (en el sentido de jurisdicción única) sino jurisdiccionalista (en el sentido de que se traduce en el ejercicio de función jurisdiccional, aunque no exclusivamente dentro del Poder Judicial).

Por otra parte, desde el punto de vista funcional, *nuestro sistema es de competencias diferenciadas* por cuanto [19]:

---

[14]   Sanchez Carnelli, Lorenzo. "Contencioso Administrativo" (Edit. Nueva Jurídica, Montevideo, 1998), p. 14.
[15]   Mairal, Héctor A. "Control judicial de la Administración pública" (Depalma, Buenos Aires, 1984), volumen 1, p. 17 y ss.
[16]   Wade, H.W.R. "Derecho Administrativo" (Instituto de Estudios Políticos, Madrid, 1971); y Fischer, Gustavo "Apuntes sobre el sistema anglosajón de control jurisdiccional de la Administración", en Rev. de Derecho de la Universidad de Montevideo, Año III, N° 5, p. 25 y ss.
[17]   Gonzalez Varas Ibañez, Santiago, "Comentarios a la ley de la jurisdicción contencioso administrativa" (Tecnos, Madrid, 1999).
[18]   Duran Martinez, Augusto, "El contencioso administrativo francés" (Edit. Nueva Jurídica, Montevideo, 2000).

a) al Tribunal de lo Contencioso Administrativo se le atribuye de modo exclusivo el contencioso de anulación de los actos administrativos dictados por las entidades estatales y el contencioso interadministrativo basado en la legislación; y

b) al Poder Judicial se le asigna el contencioso de reparación, el contencioso interadministrativo basado en la Constitución, el contencioso represivo y el contencioso de amparo.

De dichos contenciosos administrativos, interesa hacer referencia especialmente al anulatorio (a cargo del Tribunal de lo Contencioso Administrativo) y al reparatorio (a cargo de los órganos competentes del Poder Judicial), refiriendo en cada caso a los sujetos, el objeto y las características singularizantes de los procesos respectivos [20].

III. CONTENCIOSO ADMINISTRATIVO ANULATORIO

1. *Sujetos*

Los sujetos que intervienen en el contencioso administrativo anulatorio son los siguientes:

a) el Tribunal de lo Contencioso Administrativo;

b) el Procurador del Estado en lo Contencioso Administrativo;

c) el actor;

d) el demandado; y

e) eventualmente, el tercerista

En cuanto al *Tribunal de lo Contencioso Administrativo*, fue previsto en la reforma constitucional de 1934, que cometió al legislador su establecimiento como órgano jurisdiccional especializado independiente de los tres Poderes de gobierno [21]. Para subsanar la omisión legislativa [22], en la reforma de 1952 se lo instituyó directamente, sentándose las bases para que el contencioso anulatorio pudiera comenzar a funcionar de inmediato [23].

---

[19]   Héctor Frugone Schiavone, "Contralor jurisdiccional de la Administración", en *A.A.V.V.* - "Evolución constitucional del Uruguay" (UCUDAL, Montevideo, 1988), p. 187 y ss.; y en Rev. Uruguaya de Derecho Constitucional y Político, T. V, N° 26, p. 150 y ss.
[20]   Delpiazzo, Carlos E. "Los contenciosos administrativos de anulación y reparación en el Derecho uruguayo", en *Revista de Derecho Público* (Caracas, 2006), N° 108, p. 7 y ss.
[21]   Jimenez De Arechaga, Justino. "La Constitución Nacional" (Medina, Montevideo, s/f), T. X, p. 36 y ss.
[22]   Delpiazzo, Carlos E. "El Partido Nacional y el Tribunal de lo Contencioso Administrativo", en *La Revista Blanca* (Montevideo, 2007), N° 4, p. 193 y ss.
[23]   Jimenez De Arechaga, Justino. "La Constitución de 1952" (Cámara de Senadores, Montevideo, 1995), p. 592 y ss.

De acuerdo a los arts. 307 y 308 de la Carta, se integra con cinco miembros elegidos por la Asamblea General del Poder Legislativo, a imagen y semejanza de la Suprema Corte de Justicia. Su ley orgánica fue aprobada por el decreto ley N° 15.524 de 9 de enero de 1984, posteriormente ajustado por otros actos legislativos [24].

Conforme al art. 309, le compete en forma exclusiva y excluyente conocer "de las demandas de nulidad de actos administrativos definitivos", lo cual no significa que cualquier juez del Poder Judicial, al entender en un caso sometido a su consideración, no pueda juzgar acerca de la legitimidad de un acto administrativo y, en caso de entenderlo ilegítimo, descartar su aplicación, sin poder anularlo [25].

Al tenor del art. 315 de la Constitución, "*El Procurador del Estado en lo Contencioso Administrativo* será necesariamente oído, en último término, en todos los asuntos de jurisdicción del Tribunal. El Procurador del Estado en lo Contencioso Administrativo es independiente en el ejercicio de sus funciones. Puede, en consecuencia, dictaminar según su convicción, estableciendo las conclusiones que crea arregladas a Derecho".

Según se ha señalado con acierto, "se inspira claramente en el Comisario de Gobierno de la Sección del Contencioso Administrativo del Consejo de Estado francés… Se asemeja en que no es un defensor del Estado sino del Derecho; se diferencia en que no integra el sistema orgánico que juzga" [26].

Conforme al art. 17 del citado decreto ley N° 15.524, con el agregado del art. 496 de la ley N° 16.226 de 29 de octubre de 1991, en la redacción dada por el art. 414 de la ley N° 16.320 de 1° de enero de 1993, el Procurador del Estado en lo Contencioso Administrativo dispone de un término de noventa días corridos para dictaminar, vencido el cual sin que se haya pronunciado, "se entenderá que el Procurador del Estado ha producido informe a favor del actor".

Respecto a las partes, debe tenerse presente que nuestra Constitución ha organizado el proceso contencioso administrativo de anulación no como un juicio al acto (contencioso objetivo) sino como un litigio entre partes (contencioso subjetivo) en el que se cuestiona la legitimidad del acto [27].

En su mérito, puede ser *actor* cualquier persona física o jurídica, pública o privada que tenga la legitimación activa que exige el art. 309, inc. 3° de la Constitución, según el cual "la acción de nulidad sólo podrá ejercitarse por el titular de un derecho o de un interés directo personal y legítimo, violado o lesionado por el acto adminis-

[24] Prat, Julio A. "La ley orgánica del Tribunal de lo Contencioso Administrativo" (A.M.F., Montevideo, 1984), p. 53 y ss.; Rotondo, Felipe, "Comentarios sobre la ley orgánica del Tribunal de lo Contencioso Administrativo" (Edit. Universidad, Montevideo, 1984), p. 11 y ss.; y Torello, Luis y Vescovi, Enrique. "El nuevo régimen judicial" (Idea, Montevideo, 1984), p. 49 y ss.
[25] Cassinelli Muñoz, Horacio. "Competencia del Poder Judicial para conocer la validez de un acto administrativo como premisa del fallo", en *Rev. de Derecho, Jurisprudencia y Administración*, T. 71, p. 94 y ss.
[26] Duran Martinez, Augusto. "El contencioso administrativo de anulación en el Derecho uruguayo", en *Anuario de Derecho Administrativo*, T. VIII, p. 112; y "Contencioso Administrativo" (F.C.U., Montevideo, 2007), p. 27.
[27] Giorgi, Héctor. "El Contencioso Administrativo de Anulación" (Montevideo, 1958), p. 67 y ss.

trativo". Por su parte, el art. 49 del decreto ley N° 15.524 prevé que "las personas físicas o jurídicas, titulares de un derecho o de un interés directo, personal y legítimo violado o lesionado por el acto administrativo, estarán legitimadas para promover la acción anulatoria".

Al respecto, se ha destacado que "no se quiso consagrar una acción popular y, al exigir un interés personal y directo, se excluyó la acción de las entidades colectivas cuando invoquen el interés de sus integrantes o afiliados" [28].

Respecto al *demandado*, surge de los incs. 1° y 2° del citado art. 309 que será siempre una Administración -aquélla a la que pertenezca el órgano que dictó el acto- ya que la jurisdicción del Tribunal comprende los actos emanados de los "órganos del Estado, de los Gobiernos Departamentales, de los Entes Autónomos y de los Servicios Descentralizados". Agrega el art. 316 que "la autoridad demandada podrá hacerse representar o asesorar por quien crea conveniente", en norma que es reiterada por el art. 53 del decreto ley N° 15.524.

Finalmente, *tercerista* puede ser cualquier sujeto interesado en que el acto administrativo impugnado se mantenga. Al respecto, establece el decreto ley N° 15.524 que "Podrá intervenir en el proceso, como parte coadyuvante del demandado, cualquier persona… que tuviere algún derecho o interés directo, personal y legítimo en el mantenimiento del acto que lo motivare" (art. 55), pudiendo "intervenir en cualquier momento del proceso hasta la citación para sentencia" (art. 56).

2. *Objeto*

El objeto del contencioso administrativo anulatorio es la pretensión de anulación de un acto administrativo, cualquiera sea su alcance [29].

La más calificada doctrina nacional ha distinguido entre los requisitos de admisibilidad y de fondo de la acción anulatoria [30].

La Constitución regula los *presupuestos de admisibilidad* en los arts. 309 y 319, los que permiten distinguir entre los relativos al acto objeto de impugnación, a la persona del accionante, y a la interposición de la acción.

En cuanto a los *requisitos relativos al acto impugnado*, las condiciones requeridas para que sea susceptible de juzgamiento ante la jurisdicción anulatoria, derivan de la naturaleza del mismo y de sus caracteres.

En primer lugar, debe enfatizarse que el Tribunal de lo Contencioso Administrativo conoce, en instancia única, de las demandas de nulidad contra actos administrativos. Por lo tanto, quedan excluidos los actos legislativos y jurisdiccionales.

Aclara el decreto ley N° 15.524 que se consideran objeto de acción de nulidad "los actos administrativos unilaterales, convencionales o de toda otra naturaleza" (art. 23, lit. a), "los que sean separables de los contratos" (art. 23, lit. b) y "los que se hayan

---

[28]   Sayagues Laso, Enrique. "Tratado de Derecho Administrativo" *cit.*, T. II, p. 574.
[29]   Delpiazzo, Carlos E. "Notas para una caracterización actual del acto administrativo", en *Anuario de Derecho Administrativo*, T. IX, p. 25 y ss.
[30]   Giorgi, Héctor. "El Contencioso Administrativo de Anulación" *cit.*, p. 135 y ss.

dictado durante la vigencia de la relación estatutaria que vincula al órgano estatal con el funcionario público" (art. 23, lit. c), sean de efectos particulares o generales (según surge del art. 25). Añade el art. 60 que, "aún cuando el promotor aluda al acto confirmatorio con el que hubiera concluido la vía administrativa, la demanda se entenderá siempre dirigida contra el acto originario creador de la situación de perjuicio que se invoca en el reclamo anulatorio. Si ha mediado revocación parcial o reforma, se entenderá como objeto del juicio el acto administrativo tal como quedara a raíz de la modificación aludida"[31].

En segundo lugar, debe tratarse de actos administrativos "definitivos", es decir, a cuyo respecto se haya agotado la vía administrativa mediante la interposición de los recursos correspondientes y la autoridad competente se haya pronunciado (expresa o fictamente) sobre los mismos [32]. Como dice el art. 24 del decreto ley N° 15.524, los actos definitivos "constituyen la última manifestación de voluntad" de la Administración.

En tercer lugar, el acto debe ser susceptible de causar agravio en sentido jurídico (no material) o, en términos del citado art. 24, ser "creador de la situación jurídica lesiva que se resiste con la acción de nulidad".

Con referencia a los *requisitos relativos a la persona del accionante*, ya ha quedado dicho que la Constitución reclama la titularidad de un derecho subjetivo o de un interés directo, personal y legítimo violado o lesionado por el acto [33].

Respecto a los *requisitos referentes a la interposición de la acción*, cabe señalar que la misma debe formularse por escrito (art. 58 y sigtes. del decreto ley N° 15.524) y presentarse "son pena de caducidad" dentro de los 60 días corridos y siguientes al agotamiento de la vía administrativa (art. 9° de la ley N° 15.869), plazo que se suspende durante las Ferias judiciales y la llamada Semana de Turismo (art. 10 de dicha ley) y que se puede reabrir en caso de pronunciamiento expreso posterior a la configuración ficta de dicho agotamiento [34].

Los *presupuestos de fondo* surgen del mencionado art. 309 de la Carta, a cuyo tenor la jurisdicción anulatoria alcanza a los actos administrativos "contrarios a la regla de Derecho o (dictados) con desviación del poder".

En cuanto a la *contrariedad a la regla de Derecho*, que configura la ilegitimidad del acto [35], cabe señalar que el art. 23, lit. a) del decreto ley N° 15.524 -en norma que reitera a la letra el texto del anterior art. 345 de la ley N° 13.318 de 28 de diciembre de 1964- considera tal, "todo principio de derecho o norma constitucional, legislativa, reglamentaria o contractual".

---

[31] Giorgi, Héctor. "El Contencioso Administrativo de Anulación" *cit.*, p. 135 y ss.

[32] Delpiazzo, Carlos E. "Agotamiento de la vía administrativa", en *Rev. de Administración Pública Uruguaya*, Año II, N° 5, p. 55 y ss.

[33] Cassinelli Muñoz, Horacio. "El interés legítimo como situación jurídica garantida en la Constitución uruguaya", en *Perspectivas del Derecho Público en la Segunda Mitad del Siglo XX* (I.E.A.L., Madrid, 1969), T. III, p. 283 y ss.

[34] Delpiazzo, Carlos E. "Procedencia de la acción de nulidad frente a la resolución expresa posterior a la ficta", en *Rev. Uruguaya de Estudios Administrativos*, Año III, N° 1, p. 107 y ss.

[35] Delpiazzo, Carlos E. "Procedencia de la acción de nulidad frente a la resolución expresa posterior a la ficta", en *Rev. Uruguaya de Estudios Administrativos*, Año III, N° 1, p. 107 y ss.

A su respecto, corresponde destacar la importancia de las referencias a los principios generales de Derecho y a los contratos como reglas de Derecho, lo que disipa toda duda acerca de la posibilidad de juzgamiento por el Tribunal de lo Contencioso Administrativo de los actos que sean violatorios de principios incluso no expresados en Derecho positivo [36] o que impliquen un apartamiento unilateral de lo pactado con eficacia vinculante para ambas partes [37].

Por otra parte, aunque pueda parecer innecesario, el multicitado art. 23, lit. a) del decreto ley Nº 15.524 agrega a la *desviación de poder* constitucionalmente prevista, los supuestos de *abuso y exceso de poder*, no contemplados en la norma antecedente[38].

3. *Características del proceso*

Sin pretensión de exhaustividad, interesa destacar algunos de los elementos más trascendentes del desarrollo del proceso contencioso administrativo de anulación.

En primer lugar, corresponde destacar que el mismo *se rige por el decreto ley orgánico del Tribunal de lo Contencioso Administrativo Nº 15.524*, el cual se remite a "las normas previstas por el Código de Procedimiento Civil (CPC) para el juicio ordinario" (art. 58).

Si bien dicho CPC fue expresamente derogado por el posterior Código General del Proceso (CGP), el proceso contencioso administrativo de anulación fue exceptuado de tal derogación, de modo que se da en el caso un fenómeno de supervivencia de normas procesales genéricamente derogadas pero que subsisten para un caso concreto [39].

En segundo lugar, en virtud de la posición institucional del Tribunal de lo Contencioso Administrativo, el proceso que ante él se ventila tiene la característica de ser de *instancia única*, no siendo revisables sus fallos por ningún otro tribunal.

---

[36]   Delpiazzo, Carlos E. "Recepción de los principios generales de Derecho por el Derecho positivo uruguayo", en *Actas del VII Foro Iberoamericano de Derecho Administrativo* (Netbiblo, La Coruña, 2008), p. 607 y ss.; y en Brito, Mariano R., Cajarville Peluffo, Juan Pablo, Delpiazzo, Carlos E. y Duran Martinez, Augusto. "Los principios en el Derecho Administrativo Uruguayo" (A.M.F., Montevideo, 2009), p. 36 y ss.

[37]   Delpiazzo, Carlos E. "Manual de Contratación Administrativa" (Universidad, Montevideo, 1996), T. I, 3ª edición actualizada, pp. 129 y 139; "Contratación Administrativa" (U.M., Montevideo, 1999), reedición 2004, p. 241 y ss.; y "Contencioso de los contratos administrativos", en *Anuario de Derecho Administrativo*, T. VIII, p. 155 y ss.

[38]   Rotondo, Felipe. "Las causales en el contencioso administrativo de anulación", en Temas de Derecho Administrativo (Edit. Universidad, Montevideo, s/f), p. 21; Duran Martinez, Augusto. "Desviación, abuso y exceso de poder", en *Estudios de Derecho Administrativo. Parte General* (Montevideo, 1999), p. 132 y ss.; y Cagnoni, José Aníbal. "Desviación, abuso y exceso de poder como causales de nulidad de los actos administrativos", en *Tercer Coloquio sobre Contencioso de Derecho Público, Responsabilidad del Estado y Jurisdicción* (Edit. Universidad, Montevideo, 1997), p. 52 y ss.

[39]   Tarigo, Enrique E. "Enfoque procesal del contencioso administrativo de anulación" (F.C.U., Montevideo, 1999), p. 36.

En tercer lugar, se trata de un proceso *primordialmente escrito*, que se estructura a través de demanda y contestación, ofertorio y diligenciamiento de prueba, alegatos, informe del Procurador del Estado en lo Contencioso Administrativo y sentencia [40].

En cuarto lugar, de acuerdo a lo preceptuado en el art. 310, inc. 1° de la Constitución, "el Tribunal se limitará a apreciar el acto en sí mismo, confirmándolo o anulándolo, sin reformarlo". Quiere decir que *el contenido de la sentencia no puede ser otro que la confirmación o anulación* del acto administrativo impugnado.

A renglón seguido, agrega el art. 311 que "Cuando el Tribunal de lo Contencioso Administrativo declare la nulidad del acto administrativo impugnado por causar lesión a un derecho subjetivo del demandante, la decisión tendrá efecto únicamente en el proceso en que se dicte. Cuando la decisión declare la nulidad del acto en interés de la regla de Derecho o de la buena administración, producirá efectos generales y absolutos".

Quiere decir que, para la asignación de efectos subjetivos o generales a la sentencia anulatoria, más que al alcance (subjetivo o general) del acto administrativo de que se trate, se atiende a la situación jurídica subjetiva del accionante, según se haya visto lesionado un derecho subjetivo o un interés directo, personal y legítimo [41]. Sobre el particular, el Tribunal de lo Contencioso Administrativo ha sido por demás parsimonioso para dar a sus fallos efectos generales y absolutos, habiéndolo hecho en contados casos [42], especialmente fundados [43].

IV. CONTENCIOSO ADMINISTRATIVO REPARATORIO

1. *Sujetos*

Siguiendo el esquema planteado al reseñar el contencioso administrativo anulatorio, cabe señalar que los sujetos que intervienen en el contencioso administrativo de reparación patrimonial son los siguientes:

---

[40]   Tarigo, Enrique E. "Enfoque procesal del contencioso administrativo de anulación" *cit.*, p. 35 y ss.

[41]   Delpiazzo, Carlos E. "Efectos de la sentencia anulatoria sobre el reglamento", en A.A.V.V. "Actividad reglamentaria de la Administración" (F.C.U., Montevideo, 1989), p. 141 y ss.

[42]   Ver: sentencia N° 851 de 16 de agosto de 1991, en *Rev. Uruguaya de Derecho Constitucional y Político*, T. IX, N° 49, p. 71 y ss.; sentencia N° 996 de 23 de diciembre de 1996, en Rev. de Derecho Público, Año 1997, N° 11; y sentencia N° 1.016 de 9 de noviembre de 1998, en *Rev. de Derecho Público*, Año 1999, N° 15, p. 185 y ss.

[43]   Delpiazzo, Carlos E. "Acto administrativo y reglamento en el Derecho uruguayo", en *Jornadas sobre Acto Administrativo y Reglamento* (Ediciones RAP, Buenos Aires, 2002), p. 571 y ss.; Frugone Schiavone, Héctor. "Una sentencia histórica: por primera vez el T.C.A. expresa que su decisión anulatoria tiene efectos generales y absolutos", en *Rev. Uruguaya de Derecho Constitucional y Político*, T. IX, N° 49, p. 86 y ss.; y Sanchez Carnelli, Lorenzo - "Tercera y cuarta sentencias con efectos generales", en *Rev. de Derecho Público*, Año 1998, N° 14, pp. 187 y 188.

a) el Juzgado competente;

b) el actor;

c) el demandado; y

d) eventualmente, el tercerista.

Respecto al *Juzgado competente* del Poder Judicial, la situación actual es la que resulta de la ley N° 15.881 de 26 de agosto de 1987, con las modificaciones y agregados introducidos por la ley N° 16.226 de 29 de octubre de 1991 (arts. 319 a 321) y por la ley N° 18.172 de 31 de agosto de 2008 (art. 341), de cuyo contexto resulta la combinación del criterio material con el territorial y el cuantitativo para la delimitación de su competencia [44].

Al tenor del art. 1° de dicha ley N° 15.881, "Los *Juzgados Letrados de Primera Instancia en lo Contencioso Administrativo* entenderán, en primera instancia, en toda la materia contencioso administrativa de reparación patrimonial, en que sea parte demandada una persona pública estatal".

Según la norma, en su redacción actual, dicha materia comprende no taxativamente el contencioso de reparación por:

a) actos administrativos anulados por el Tribunal de lo Contencioso Administrativo o respecto de los cuales el Tribunal haya reservado la acción de reparación;

b) actos administrativos respecto a los cuales no proceda la acción anulatoria, que son los de gobierno (siempre que así los califique el propio Tribunal de lo Contencioso Administrativo)[45];

c) hechos u omisiones de la Administración;

d) actos administrativos revocados en vía administrativa por razón de legitimidad; y

e) actos legislativos y jurisdiccionales.

De acuerdo al art. 320, inc. 1° de la citada ley N° 16.226, los Juzgados Letrados de Primera Instancia en lo Contencioso Administrativo "También entenderán en el proceso expropiatorio y de la acción de amparo, ya sea por actos, hechos u omisiones de las autoridades estatales".

Más recientemente, el art. 341 de la ley N° 18.172 agregó "los conflictos individuales de trabajo en que sea parte una administración estatal".

Cabe agregar que, conforme al art. 320, inc. 2° de la ley N° 16.226, se prevé que "Los *Juzgados de Primera Instancia del interior*... tendrán en su jurisdicción igual

---

[44]   Cassinelli Muñoz, Horacio. "Nueva competencia de los órganos judiciales en materia contencioso administrativa", en *Rev. Judicatura,* N° 34, p. 343 y ss.
[45]   Prat, Julio A. "Contribución al estudio del acto de gobierno", en *Rev. de la Facultad de Derecho y Ciencias Sociales,* Año IX, N° 4, p. 815 y ss.; Real, Alberto Ramón. "El acto de gobierno", en *Rev. de Derecho, Jurisprudencia y Administración,* T. 57, p. 214 y ss.; Cassinelli Muñoz, Horacio. "Los actos de gobierno y los artículos 147, 160, 303 y 309 de la Constitución", en *Rev. de Derecho, Jurisprudencia y Administración,* T. 67, p. 241 y ss.; Vazquez, Cristina. "Actos políticos y de gobierno", en *Estudios Jurídicos en memoria de Real,* Alberto Ramón (F.C.U., Montevideo, 1996), p. 545 y ss.; y Ruocco, Graciela. "Acto político y acto de gobierno. Derecho nacional", en *Estudios en memoria de Héctor Frugone Schiavone* (A.M.F., Montevideo, 2000), p. 435 y ss.

competencia que los Juzgados Letrados de Primera Instancia en lo Contencioso Administrativo. Los *Juzgados de Paz* conocerán en la materia contencioso administrativa de reparación patrimonial en que sea parte demandada una persona pública estatal, siempre que el asunto no exceda su competencia por razón de cuantía. En segunda instancia conocerán los Juzgados Letrados de Primera Instancia en lo Contencioso Administrativo en Montevideo, y los respectivos Juzgados Letrados de Primera Instancia en el interior".

Quiere decir que, según se ha expresado en útil síntesis [46], la distribución de competencia en materia contencioso administrativa de reparación patrimonial es la siguiente:

a) en Montevideo, tienen competencia los Juzgados Letrados de Primera Instancia en lo Contencioso Administrativo;

b) en el interior, son competentes los Juzgados Letrados de Primera Instancia;

c) los Juzgados de Paz tienen competencia en los asuntos de menor importancia económica comprendidos dentro de su cuantía;

d) las apelaciones contra las sentencias de los Juzgados de Paz son resueltas por los Juzgados Letrados de Primera Instancia en lo Contencioso Administrativo o por los Juzgados Letrados de Primera Instancia del interior, según corresponda; y

e) las apelaciones de las sentencias de los Juzgados Letrados son resueltas por los Tribunales de Apelaciones en lo Civil.

En cuanto al *actor*, cabe decir que puede serlo tanto el titular de un derecho subjetivo como el titular de un interés directo, personal y legítimo [47] ya que, en la medida que el contencioso reparatorio procura restablecer el equilibrio económico roto por el Estado, es preciso que el acto o hecho determinante del daño, afecte la esfera de un sujeto[48].

Con relación al *demandado*, innecesario resulta abundar en que debe ser "una persona pública estatal", es decir, un sujeto de Derecho regido primordialmente por el Derecho público y perteneciente a la organización jurídica de la colectividad que llamamos Estado en sentido amplio.

Finalmente, la intervención de *terceros* podrá ser voluntaria (excluyente o coadyuvante) o provocada, en los términos regulados en los arts. 48 a 55 del CGP [48].

2. *Objeto*

El objeto del contencioso administrativo reparatorio es la pretensión resarcitoria de un daño causado por una entidad estatal.

---

[46]   Duran Martinez, Augusto. "El contencioso administrativo de reparación patrimonial", en *La Justicia Uruguaya*, T. 128, sección Doctrina, p. 30; y "Contencioso Administrativo" *cit.*, p. 369 y ss.
[47]   Cassinelli Muñoz, Horacio. "Responsabilidad del Estado por lesión de un interés legítimo", en *Cuarto Coloquio sobre Contencioso de Derecho Público, Responsabilidad del Estado y Jurisdicción* (Edit. Nueva Jurídica, Montevideo, 1998), p. 14 y ss.
[48]   Tarigo, Enrique E. "Lecciones de Derecho Procesal Civil" (F.C.U., Montevideo, 1994), T. I, p. 307 y ss.

Con carácter general, sin perjuicio de la adecuación de la acción a la índole de las posibles pretensiones [49], "De acuerdo con el art. 24 de la Constitución y otras disposiciones concordantes, la acción reparatoria procede toda vez que el Estado por un acto o hecho, por acción u omisión, provoca un daño tanto material como moral. Comprende pues tanto la responsabilidad contractual como extracontractual, así como la responsabilidad por actividad legítima o ilegítima" [50].

Al tenor de la citada norma constitucional, "El Estado, los Gobiernos Departamentales, los Entes Autónomos, los Servicios Descentralizados y, en general, todo órgano del Estado, serán civilmente responsables del daño causado a terceros, en la ejecución de los servicios públicos confiados a su gestión o dirección". Respecto al alcance de la referencia a "la ejecución de los servicios públicos", existe consenso acerca de que dicha expresión está usada en un sentido amplio que hace aplicable el precepto a todos los daños ocasionados por sujetos estatales en el ejercicio de la función administrativa[51].

En consecuencia, la responsabilidad de cualquier Administración frente al damnificado es directa, obligándola a indemnizar pecuniariamente tanto por los actos como por los hechos y omisiones que ocasionaren perjuicio[52].

Cabe añadir que, de conformidad con lo dispuesto en el art. 39 de la ley N° 11.925 de 27 de marzo de 1953 -extendido a todas las entidades estatales por el art. 22 de la ley N° 16.226 de 29 de octubre de 1991- "todos los créditos y reclamaciones contra el Estado, de cualquier naturaleza u origen, caducarán a los cuatro años, contados desde la fecha en que pudieron ser exigibles".

En particular, cuando el daño deriva de un acto administrativo, es preciso enfatizar que no se requiere el agotamiento de la vía administrativa a su respecto ya que dicho extremo es un requisito de admisibilidad de la acción anulatoria pero no de la acción reparatoria.

En virtud de la reforma constitucional que entró en vigencia en 1997, el art. 312 de la Carta dispuso lo siguiente: "La acción de reparación de los daños causados por los actos administrativos a que refiere el art. 309 se interpondrá ante la jurisdicción que la ley determine y sólo podrá ejercitarse por quienes tuvieren legitimación activa para demandar la anulación del acto de que se tratare" (inc. 1°). Agrega que "El

---

[49]   Cajarville Peluffo, Juan Pablo. "Contencioso administrativo de reparación patrimonial", en *A.A.V.V. "Temas de Derecho Administrativo"* (Edit. Universidad, Montevideo, s/f), p. 49 y ss.

[50]   Duran Martinez, Augusto. "El contencioso administrativo de reparación patrimonial" *cit.*, p. 31; y "Contencioso Administrativo" *cit.*, p. 366.

[51]   Delpiazzo, Carlos E. "Estudios sobre la Responsabilidad de la Administración" (U.M., Montevideo, 2009), p. 18; Sayagues Laso, Enrique. "Tratado de Derecho Administrativo" *cit.*, T. I, p. 658; Martins, Daniel Hugo - "La responsabilidad de la Administración y de los funcionarios en la Constitución uruguaya", en *Constitución y Administración* (Montevideo, 1993), p. 263; Deus, Sergio. "Responsabilidad civil del Estado", en *La Justicia Uruguaya*, T. 94, sección Doctrina, p. 35; Prat, Julio A. "Derecho Administrativo" (Acali, Montevideo, 1979), T. 4, vol. 2, p. 60; y Korzeniak, José. "Curso de Derecho Constitucional 2°" (F.C.U., Montevideo, 1971), vol. 2, p. 11 y ss.

[52]   Delpiazzo, Carlos E. "La responsabilidad en el Derecho público uruguayo", en *Rev. de Derecho - Publicación arbitrada de la Universidad Católica del Uruguay* (Montevideo, 2008), N° 3, p. 59 y ss.; y "Responsabilidad de la Administración en Uruguay", en *Rev. Iberoamericana de Administración Pública* (INAP, Madrid, 2003), N° 10, p. 34.

actor podrá optar entre pedir la anulación del acto o la reparación del daño por éste causado" (inc. 2°). "En el primer caso y si obtuviere una sentencia anulatoria, podrá luego demandar la reparación ante la sede correspondiente. No podrá, en cambio, pedir la anulación si hubiere optado primero por la acción reparatoria, cualquiera fuera el contenido de la sentencia respectiva. Si la sentencia del Tribunal fuere confirmatoria, pero se declarara suficientemente justificada la causal de nulidad invocada, también podrá demandarse la reparación" (inc. 3°).

Dicho texto vino a sustituir al anterior, a cuyo tenor "Declarada la anulación o reservada la acción de reparación, en su caso, se podrá promover el contencioso de reparación ante la justicia ordinaria para la determinación del daño causado".

Mientras que la interpretación mayoritariamente aceptada (y seguida por la jurisprudencia) del texto sustituido era que la acción reparatoria por los daños causados por un acto administrativo ilegítimo estaba condicionada a la obtención de su previa anulación por parte del Tribunal de lo Contencioso Administrativo[53], el propósito manifiesto de la reforma fue el de habilitar al administrado una opción entre "pedir la anulación del acto o la reparación del daño por éste causado"[54].

Ahora bien: despejada la cuestión de que el administrado puede elegir entre la acción anulatoria (ante el Tribunal de lo Contencioso Administrativo) y la acción reparatoria (ante el órgano competente del Poder Judicial), se ha planteado la interpretación de que para acudir al reparatorio patrimonial es preciso interponer los recursos administrativos que correspondan[55], fundando tal aserto en la remisión que la disposición del art. 312 hace al art. 309, que es el que prevé la acción de nulidad contra los actos administrativos definitivos, es decir, aquellos respecto a los cuales se ha agotado la vía administrativa.

Según ya lo he destacado[56], no es posible compartir tal postura con carácter general ya que, como bien se ha dicho, "La nueva redacción del art. 312 sólo dispone sobre la acción de reparación de los daños causados por actos administrativos definitivos, pero ninguna solución contiene para la hipótesis en que los daños fueron causados por actos respecto a los cuales no se ha agotado la vía administrativa. La reparación de los daños causados por actos administrativos no definitivos, sobre los cuales el art. 312 nada dispone, se rige entonces por el principio general, que no es otro que el contenido en el art. 24 de la Constitución: las entidades estatales son responsables del daño causado a terceros, en la ejecución de los servicios públicos, confia-

---

[53] Sayagues Laso, Enrique. "Tratado de Derecho Administrativo" *cit.*, T. II, pp. 553 y 554; Giorgi, Héctor. "El contencioso administrativo de anulación" *cit.*, p. 84; Prat, Julio A. "Derecho Administrativo" *cit.*, T. 4, vol. 2, pp. 66 y 67; y Korzeniak, José. "Curso de Derecho Constitucional 2°" *cit.*, vol. 2, p. 12. En contra: Jimenez De Arechaga, Justino. "La Constitución del Uruguay de 1952" (C.E.D., Montevideo, 1966), T. IV, p. 961 y ss.; y Mendez, Aparicio. "Lo contencioso de anulación en el Derecho uruguayo" *cit.*, p. 72 y ss.

[54] Cagnoni, José Aníbal. "Primeras consideraciones acerca de las reformas a la Constitución", en *Rev. de Derecho Público*, Año 1997, N° 10, p. 44 y ss.

[55] Labaure Aliseris, Carlos. "El agotamiento de la vía administrativa y la nueva redacción del art. 312 de la Constitución", en *Rev. de Derecho Público*, Año 1998, N° 13, p. 41 y ss.; y "Contencioso anulatorio y de reparación patrimonial", en *Anuario de Derecho Administrativo*, T. VI, pp. 39 y 40.

[56] Delpiazzo, Carlos E. "Estudios sobre la Responsabilidad de la Administración" *cit.*, pp. 27 y 28; y "Responsabilidad de la Administración en Uruguay" *cit.*, pp. 43 y 44.

dos a su gestión o dirección, y esa responsabilidad puede exigirse judicialmente sin el requisito previo del agotamiento de la vía administrativa porque ninguna norma establece para ese caso tal requisito"[57].

Lamentablemente, a pesar de que la doctrina ampliamente mayoritaria se ha expedido en tal sentido[58], algunos calificados pronunciamientos jurisprudenciales se han inclinado por la tesis más gravosa para el damnificado [59].

3. Características del proceso

La tramitación del proceso contencioso administrativo de reparación presenta importantes diferencias con el proceso contencioso administrativo de anulación reseñado precedentemente.

En primer lugar, corresponde destacar que el mismo *se rige por el CGP.*

En segundo lugar, según ya quedó dicho, se trata de un proceso que admite *pluralidad de instancias.*

En tercer lugar, se trata de un proceso *por audiencias* ya que, una vez presentadas las alegaciones iniciales (demanda y contestación), se sustancia oralmente con presencia de las partes y el juez, caracterizándose por [60]:

a) el predominio de la palabra como medio de expresión, aunque atemperada por el uso de escritos de preparación o proposición, y de documentación;

b) la concentración del proceso en una o pocas audiencias ubicadas próximamente;

c) la inmediación de la relación entre el juez y las personas cuyas declaraciones el juez debe valorar o juzgar; y

d) la apelación sin efecto suspensivo de las sentencias interlocutorias simples (sin fuerza de definitivas).

En cuarto lugar, *el contenido de la sentencia,* en congruencia con lo pretendido, será variable y tendrá por objeto restablecer el desequilibrio ocasionado por el daño inferido como consecuencia del hacer o no hacer estatal.

---

[57]   Cajarville Peluffo, Juan Pablo. "La reforma constitucional de 1997, los recursos administrativos y al acción reparatoria", en *La Justicia Uruguaya,* T. 121, sección Doctrina, p. 53 y ss.

[58]   Duran Martinez, Augusto. "Relación entre la acción anulatoria y la acción reparatoria", en www.elderechodigital.com.uy; Cassinelli Muñoz, Horacio y Gonzalo Aguirre Ramirez - "La acción de reparación no requiere el agotamiento previo de la vía administrativa" (Edit. Nueva Jurídica, Montevideo, 1999), p. 1 y ss.; Saettone, Mariella. "La acción reparatoria y la prejudicialidad", en *Reforma Constitucional 1997* (UCU-DAL, Montevideo, 1997), p. 177; Cassinelli Muñoz, Horacio. "La acción de reparación patrimonial en la reforma constitucional", en *Reflexiones sobre la Reforma Constitucional 1996* (F.C.U., Montevideo, 1997), p. 125; Martins, Daniel Hugo. "Algunos aspectos del reparatorio patrimonial", en *Reflexiones cit.,* p. 127 y ss.; y Delpiazzo, Carlos E. "Estudios sobre la Responsabilidad de la Administración" *cit.,* p. 28, y "Responsabilidad de la Administración en Uruguay" *cit.,* p. 44.

[59]   Sanchez Carnelli, Lorenzo. "Contencioso reparatorio: exigencia de la instancia recursiva previa", en *Rev. de Derecho Público,* Año 2002, N° 21-22, p. 219 y ss.

[60]   Tarigo, Enrique E. "Lecciones de Derecho Procesal Civil" *cit.,* T. I, pp. 72 y ss. y 331 y ss.

V. INSUFICIENCIAS

1. *Carencias de organización*

Tanto el contencioso administrativo de anulación como el contencioso administrativo de reparación adolecen de carencias organizativas requeridas de pronta atención por el legislador.

Por lo que refiere al *contencioso administrativo de anulación*, resulta impostergable la creación de Juzgados y Tribunales tendientes a configurar un verdadero sistema Contencioso Administrativo, al amparo de la previsión constitucional del art. 320, según la cual "La ley podrá, por tres quintos de votos del total de componentes de cada Cámara, crear órganos inferiores dentro de la jurisdicción contencioso administrativa. Estos órganos serán designados por el Tribunal de lo Contencioso Administrativo, conforme a lo que disponga la ley sobre la base de las disposiciones que se establecen para el Poder Judicial y estarán sometidos a su superintendencia directiva, correccional, consultiva y económica"[61].

En cuanto al *contencioso administrativo de reparación*, la insuficiencia cuantitativa de Juzgados Letrados de Primera Instancia en lo Contencioso Administrativo y la inexistencia de al menos un Tribunal de Apelaciones especializado, comprometen el acceso a la Justicia y la duración razonable de los procesos como pilares básicos de la tutela jurisdiccional efectiva [62].

Las indicadas falencias de organización de ambos contenciosos aparejan como consecuencia negativa adicional la inexistencia de especialización en Derecho público por parte de los jueces.

Como ya he tenido oportunidad de señalarlo antes de ahora[63], en la medida que se creen suficientes Juzgados y Tribunales en todos los niveles, será posible una auténtica carrera judicial especializada en Derecho público.

2. *Limitación de medidas cautelares*

Un segundo capítulo de insuficiencias de nuestros contenciosos administrativos lo constituye la limitación de las medidas cautelares procedentes frente a la Administración[64].

---

[61] Delpiazzo, Carlos E. "Imprescindible reorganización de lo contencioso administrativo", en *Rev. de Derecho de la Universidad de Montevideo*, Año VII, N° 12, p. 123 y sigtes

[62] Delpiazzo Anton, Gabriel. "Tutela jurisdiccional efectiva frente a la Administración" (U.M., Montevideo, 2009), p. 68 y ss.

[63] Delpiazzo, Carlos E. "Apuntes para una revisión del contencioso administrativo uruguayo", en *Rev. de la Facultad de Derecho* (Montevideo, 2000), N° 17, p. 51 y ss.

[64] Delpiazzo, Carlos E. "Medidas cautelares en el Derecho Administrativo", *en Curso sobre medidas cautelares* (F.C.U., Montevideo, 1999), p. 207; "Apuntes para una revisión del contencioso administrativo uruguayo" *cit.*, p. 57; "Desafíos actuales del control" *cit.*, p. 61; y "Derecho Administrativo Uruguayo" *cit.*, p. 450.

Durante mucho tiempo, las mismas estuvieron expresamente vedadas por nuestro ordenamiento jurídico, iniciándose luego un camino de lenta y reducida apertura [65].

Por lo que refiere al *contencioso administrativo de anulación*, una vez creado el Tribunal de lo Contencioso Administrativo por la Constitución de 1952, se discutió si éste podía suspender la ejecución del acto administrativo cuya anulación se sometía a su consideración dada la ausencia de norma constitucional expresa[66], dudándose si dicha posibilidad podría habilitarse por ley[67] o si tal competencia debía reputarse perteneciente al Poder Judicial[68].

En ese contexto, se aprobó el *art. 347 de la ley Nº 13.318 de 28 de diciembre de 1964*, en virtud del cual se dispuso que "en las acciones de nulidad deducidas ante el Tribunal de lo Contencioso Administrativo, a petición de parte interesada y oyendo a la Administración demandada, el Tribunal podrá disponer la suspensión transitoria, total o parcial, de la ejecución del acto impugnado, si ésta fuere susceptible de causar un perjuicio grave o irreparable en caso de dictarse ulteriormente un fallo anulatorio".

Comentando la referida disposición, se sistematizaron del siguiente modo los requisitos del instituto[69]:

a) se trata de un procedimiento accesorio a la acción de nulidad;

b) la suspensión no puede disponerse de oficio;

c) el procedimiento es contradictorio y debe tramitarse con urgencia;

d) la suspensión es una medida excepcional en virtud de su carácter derogatorio del principio de ejecutoriedad y de la presunción de legitimidad que benefician a las decisiones administrativas;

e) el perjuicio que se derive de la ejecución del acto debe ser "grave o irreparable";

f) los perjuicios de orden patrimonial susceptibles de ser reparados por la Administración no bastan para disponer la suspensión del acto, y los de orden moral quedarán debidamente reparados, si correspondiere, con el fallo anulatorio; y

g) el poder jurídico de suspender debe ejercitarse de modo de no lesionar el interés público representado por el Estado.

---

[65]   Delpiazzo, Carlos E. "Importancia de las medidas cautelares en los contenciosos administrativos", en *Tribuna del Abogado* (Montevideo, 2007), Nº 155, p. 28 y ss.; y "Medidas cautelares frente a la Administración", en Anuario de Derecho Administrativo, T. XV, p. 63 y ss.

[66]   Sayagues Laso, Enrique. "Tratado de Derecho Administrativo" *cit.*, T. II, p. 599.

[67]   Real, Alberto Ramón. "La acción de amparo en la jurisprudencia argentina y ante el Derecho uruguayo", en *Rev. de la Facultad de Derecho y Ciencias Sociales*, Año XIV, Nº 1, p. 140 y ss.; y Giorgi, Héctor. "La competencia del Tribunal de lo Contencioso Administrativo y su potestad de suspender la ejecución de los actos administrativos", en *Rev. de la Facultad de Derecho y Ciencias Sociales*, Año XVII, Nº 2-3-4, p. 261 y ss., y en "Escritos Jurídicos" (F.C.U., Montevideo, 1976), p. 162 y ss.

[68]   Cassinelli Muñoz, Horacio. "Confrontación entre los sistemas de lo contencioso administrativo en Alemania Federal y en Uruguay", en *Rev. Derecho, Jurisprudencia y Administración*, T. 66, p. 166.

[69]   Giorgi, Héctor. "La competencia del Tribunal de lo Contencioso Administrativo y su potestad de suspender la ejecución de los actos administrativos" *cit.*, p. 253 y ss.

Como consecuencia de tal cantidad de exigencias y reparos, fueron muy pocos los casos en los que se dispuso la suspensión de actos administrativos. Por eso, al discutirse el proyecto de ley orgánica del Tribunal de lo Contencioso Administrativo, se coincidió en la necesidad de flexibilizar el régimen entonces vigente, introduciéndose un agregado a fin de determinar una mayor apertura en las posibilidades de suspensión de la ejecución del acto administrativo[70].

El texto resultante fue el *art. 30 del decreto ley Nº 15.524 de 9 de enero de 1984*, según el cual "en las acciones deducidas ante el Tribunal de lo Contencioso Administrativo, a petición de parte interesada y previa vista por el término de seis días a la persona jurídica estatal demandada, el Tribunal podrá disponer la suspensión transitoria, total o parcial, de la ejecución del acto impugnado, si ésta fuere susceptible de causar un perjuicio grave, o de difícil reparación, o irreparable, en caso de dictarse ulteriormente un fallo anulatorio".

Quiere decir que a la hipótesis anterior de "perjuicio grave o irreparable", se añadió la de "difícil reparación". No obstante, el agregado no generó el esperado cambio jurisprudencial, continuando el Tribunal en una línea interpretativa de corte netamente rígido y restrictivo.

Con la sanción de los *arts. 2º y 3º de la ley Nº 15.869 de 22 de junio de 1987* se regula más detalladamente el tema, disponiéndose en la primera de dichas normas lo siguiente: "El Tribunal de lo Contencioso Administrativo a pedido de la parte actora, que deberá formularse con la demanda y previa sustanciación con un traslado por seis días a la parte demandada, podrá decretar la suspensión transitoria, total o parcial, de la ejecución del acto impugnado, siempre que la misma fuere susceptible de irrogar a la parte actora daños graves, cuyo alcance y entidad superen los que la suspensión pudiere ocasionar a la organización y funcionamiento del órgano involucrado" (inc. 1º). Agrega seguidamente que "La posibilidad de percibir la correspondiente indemnización no impedirá que, atendidas las circunstancias del caso, el Tribunal disponga la suspensión" (inc. 2º). Finalmente, establece que "Dicha suspensión también podrá ser decretada por el Tribunal cuando, a su juicio, el acto impugnado aparezca, inicialmente, como manifiestamente ilegal" (inc. 3º).

Como surge de su lectura, el texto vigente contempla dos supuestos que pueden motivar un fallo suspensivo [71]:

---

[70]   Delpiazzo, Carlos E. "Régimen jurídico de los recursos administrativos" (F.C.U., Montevideo, 1984), p. 72.
[71]   Delpiazzo, Carlos E. "Derecho Administrativo Uruguayo" *cit.*, p. 455 y ss.; Cajarville Peluffo, Juan Pablo - "Sobre la suspensión jurisdiccional de los efectos del acto administrativo", en *Estudios en memoria de Ramón Valdés Costa* (F.C.U., Montevideo, 1999), T. II, p. 965 y ss., "Sobre la suspensión jurisdiccional de los efectos del acto administrativo. Concepto, objeto y eficacia temporal de la suspensión jurisdiccional", en *Estudios en memoria de Héctor Frugone Schiavone* (A.M.F., Montevideo, 2000), p. 63 y ss., y "Sobre Derecho Administrativo" *cit.*, T. II, p. 617 y ss.; Duran Martinez, Augusto. "Contencioso Administrativo" *cit.*, p. 309 y ss.; Sanchez Carnelli, Lorenzo. "Contencioso Administrativo" *cit.*, p. 135 y ss.; Cassinelli Muñoz, Horacio. "Efectos de la suspensión de la ejecución del acto administrativo", en *Tercer Coloquio sobre Contenciosos de Derecho público, Responsabilidad del Estado y Jurisdicción* (Edit. Universidad, Montevideo, 1997), p. 7 y ss.; Biasco Marino, Emilio. "La suspensión jurisdiccional de la ejecución del acto administrativo y otras medidas cautelares" (A.E.U., Montevideo, 1997), p. 67 y ss.; y Bengoa Villamil, Ricardo. "Análisis de la ley Nº 15.869" (Montevideo, 1987), p. 12 y ss.

a) el primer supuesto es el que surge del inc. 1°, a cuyo tenor se prevé el caso del acto cuya ejecución "fuere susceptible de irrogar a la parte actora daños graves -no se habla de perjuicios graves y se eliminan las hipótesis de la difícil reparación y de la irreparabilidad- cuyo alcance y entidad superen los que la suspensión pudiere ocasionar a la organización y funcionamiento del órgano involucrado"; y

b) el segundo supuesto, previsto el inc. 3°, contempla el caso del acto que "aparezca, inicialmente, como manifiestamente ilegal".

El panorama resultante es poco alentador ya que la suspensión de la ejecución del acto administrativo es la única medida cautelar que el Tribunal de lo Contencioso Administrativo ha admitido en el marco de la normativa reseñada, haciéndolo desde una postura sumamente restrictiva [72]:

a) afirmando que su procedencia es de excepción y su aplicación es de interpretación estricta;

b) consolidando la teoría del balance para la apreciación del "periculum in mora";

c) apreciando el "*fumus bonis juris*" exclusivamente como ilegitimidad manifiesta;

d) entendiendo que no son pasibles de suspensión los actos no susceptibles de anulación (como los regulados por el Derecho privado), los que no causan perjuicio directo (como los preparatorios, reiterativos o ya suspendidos por la Administración), los denegatorios o los que ya han sido cumplidos; y

e) rechazando la suspensión de aquellos respecto de los cuales no se agotó la vía administrativa.

Por otra parte, en cuanto al *contencioso administrativo de reparación*, si bien a partir de la entrada en vigencia del Código General del Proceso (CGP) aprobado por la ley N° 15.982 de 18 de octubre de 1988 (art. 311 y sigtes.), se invirtió la solución anterior, reconociéndose la admisibilidad general de disponer medidas cautelares en procesos contra el Estado u otras personas jurídicas de Derecho público[73], la práctica aplicativa de los órganos del Poder Judicial ha sido poco generosa[74].

Así, por la vía de la *aplicación del CGP*, se han adoptado en algunos casos medidas no innovativas, aunque requiriendo importantes contracautelas.

Lamentablemente, la prevalencia de criterios restrictivos sustentados en mitos que es preciso desmantelar (tales como la presunción de legitimidad y la ejecutoriedad del acto administrativo) ha hecho muchas veces ineficaz la tutela cautelar, especialmente en base a la teoría del "*Fiscus semper solvens*", según la cual el Estado siempre es solvente.

---

[72]   Gutierrez, Adrián - "Diez años de jurisprudencia del TCA sobre suspensión de la ejecución del acto administrativo", en *Rev. de Derecho Público*, Año 2006, N° 29, p. 159 y ss.; y Biasco Marino, Emilio - "La suspensión jurisdiccional de la ejecución del acto administrativo y otras medidas cautelares" *cit.*, p. 149 y sigtes

[73]   Abal Oliu, Alejandro. "Proceso cautelar y proceso provisional", en *Curso sobre el Código General del Proceso* (F.C.U., Montevideo, 1989), T. II, p. 77 y ss.

[74]   Delpiazzo, Carlos E. "Medidas cautelares frente a la Administración" *cit.*, p. 70 y ss.

A su vez, por la vía de la *acción de amparo*, regulada actualmente en la ley N° 16.011 de 19 de diciembre de 1988, se ha abierto un interesante cauce para la atención cautelar de pretensiones ventiladas ante el Poder Judicial[75].

3. *Restricciones para la ejecución de sentencias*

Un tercer conjunto de cuestiones que condicionan la calidad de nuestro sistema procesal administrativo está relacionado con las restricciones constatables a la hora de ejecutar las sentencias contra las entidades estatales

Por lo que refiere al *contencioso administrativo de anulación*, puede ser que la reparación del agravio inferido por el acto se logre íntegramente con el solo dictado de la sentencia anulatoria o que, en cambio, sea necesario que la Administración dicte uno o más actos expresos u ordene medidas de contenido material a fin de cumplir el fallo jurisdiccional [76].

En el primer caso, normalmente no se requerirá actividad alguna de ejecución por parte de la Administración, salvo la obvia abstención de aplicar el acto anulado y, por ende, inexistente.

Por el contrario, en el segundo caso, podrá ocurrir que la Administración cumpla voluntariamente el fallo o que deba ser forzada a ello.

Para el fiel cumplimiento de la sentencia anulatoria, el órgano competente deberá tener en cuenta los fundamentos (expresados en los Considerandos) de la decisión jurisdiccional, que constituyen los antecedentes lógico jurídicos determinantes de la misma[77].

Frente a la negativa franca o disimulada de la Administración a cumplir debidamente el fallo o aún ante la demora injustificada para hacerlo, el Tribunal de lo Contencioso Administrativo debería disponer lo conveniente para "hacer ejecutar lo juzgado" ya que lo propio de la función jurisdiccional que tiene constitucionalmente atribuida consiste no sólo en juzgar sino también en hacer ejecutar lo juzgado[78].

---

[75]   Viera, Luis Alberto y otras. "Ley de amparo" (Idea, Montevideo, 1993), 2ª edición, p. 207 y ss.; y Ochs Olazabal, Daniel. "La acción de amparo" (F.C.U., Montevideo, 1991), 2ª edición, p. 117 y ss. y 201 y ss.

[76]   Delpiazzo, Carlos E. "La Justicia administrativa en Uruguay", *cit.*, p. 158 y ss.; "Los contenciosos administrativos de anulación y reparación en el Derecho uruguayo" *cit.*, p. 18 y ss.; "Desafíos actuales del Control" *cit.*, pp. 60 y 61; y "Derecho Administrativo Uruguayo" *cit.*, p. 449.

[77]   Cassinelli Muñoz, Horacio. "El ajuste de la Administración a las sentencias jurisdiccionales", en *Rev. de Derecho, Jurisprudencia y Administración*, T. 55, p. 70 y ss., y "La función administrativa y los fundamentos de la sentencia anulatoria", en *Rev. de Derecho, Jurisprudencia y Administración*, T. 65, p. 220 y ss; Giorgi, Héctor - "Cumplimiento de los fallos por la Administración", en *La Justicia Uruguaya*, T. 40, sección Doctrina, p. 13 y ss.; y Real, Ramón, Alberto. "Ejecución de la sentencia anulatoria", en *Rev. de la Facultad de Derecho y Ciencias Sociales*, Año XXI, N° 1-4, p. 347 y ss.

[78]   Cajarville Peluffo, Juan Pablo. "Incumplimiento de sentencias y responsabilidad estatal", en *Estudios Jurídicos en homenaje al Prof. Brito, Mariano R.* (F.C.U., Montevideo, 2008), p. 931 y ss.; Vazquez, Cristina. "Ejecución de la sentencia anulatoria", en *Cuarto Coloquio sobre Contencioso de Derecho Público, Responsabilidad del Estado y Jurisdicción* (Edit. Nueva Jurídica, Montevideo, 1998), p. 51 y ss.; y Duran Martinez, Augusto. "Contencioso Administrativo" *cit.*, p. 343 y ss.

Lamentablemente, en base a una errónea interpretación del art. 310 de la Constitución, la jurisprudencia del Tribunal se ha autolimitado a intimar el cumplimiento bajo apercibimiento de responsabilidad penal por desacato u omisión contumacial de los deberes del cargo del funcionario omiso[79], quedando luego al administrado ganancioso la posibilidad de demandar la reparación de los daños y perjuicios ante la imposibilidad de obtener el cumplimiento liso y llano de la sentencia anulatoria.

En cuanto al *contencioso administrativo de reparación*, la cuestión tampoco es sencilla[80], ni siquiera para el cumplimiento de las sentencias que condenan a pagar dinero, respecto a las cuales hay que distinguir según se trate de cantidad ilíquida o líquida.

En el primer caso, deberá procederse a la previa liquidación mientras que en el segundo, se plantea la cuestión del alcance de la inembargabilidad que generalmente beneficia a los bienes del Estado, la cual ha sido a veces interpretada en forma estricta para posibilitar el embargo de ciertos bienes o créditos estatales[81].

Al respecto, nuestro Derecho positivo ha involucionado desde soluciones tendientes a facilitar la ejecución de las sentencias que condenan a pagar a las entidades estatales hacia soluciones destinadas a hacerla más gravosa y lenta.

En efecto, de acuerdo a la *redacción original del art. 400 del CGP*, "Ejecutoriada una sentencia contra el Estado, el acreedor pedirá su ejecución mediante el procedimiento que corresponda. Si la sentencia condenare al pago de una cantidad de dinero líquida y exigible, se hará saber al Banco de la República Oriental del Uruguay que debe poner a la orden del órgano jurisdiccional interviniente, debitándola de la cuenta del Estado, una suma equivalente al monto de la ejecución, a lo que debe proveerse dentro del plazo máximo de diez días. Confirmada por el Banco la disponibilidad de la suma, se librará orden de pago a favor del acreedor".

Agregaba el *texto original del art. 401 del CGP* que "Las sentencias dictadas contra los Municipios y Entes Autónomos y Descentralizados en general, se cumplirán en la forma establecida en el artículo anterior".

No obstante, dicho régimen sufrió un progresivo retroceso a través de distintas normas presupuestales[82] y en virtud del art. 51 de la ley N° 17.930 de 19 de diciembre de 2005, se dio la siguiente *actual redacción al art. 400 del CGP*: "Si una sentencia condenara al Estado al pago de una cantidad de dinero líquida y exigible y hubiera quedado ejecutoriada, el acreedor pedirá su ejecución mediante el procedimiento que corresponda. Si se hubiera promovido un incidente liquidatorio o se tra-

---

[79]   Giorgi, Héctor. "El Contencioso Administrativo de Anulación" *cit.*, pp. 301 y 302; y Vazquez, Cristina. "Ejecución de la sentencia anulatoria" *cit.*, p. 59 y ss.

[80]   Castro, Alicia. "Ejecución de sentencias contra personas públicas estatales", en *IX Jornadas Nacionales de Derecho Procesal* (Edit. Universidad, Montevideo, 1997), p. 64 y ss.; y Edgardo Ettlin. "Procesos de ejecución de sentencias a pagar sumas de dinero contra el Estado" (A.M.F., Montevideo, 2008), p. 47 y ss.

[81]   Renzi Segura, Atilio. "Sobre embargabilidad de ciertos bienes municipales", en *Rev. del Centro de Estudiantes de Derecho* (Montevideo, 1927), T. 1, N° 8-9, p. 684 y ss.; y Ettlin, Edgardo y Gonzalez Langone, Darwin. "Embargo al Estado y a los Gobiernos Departamentales", en *La Justicia Uruguaya*, T. 125, sección Doctrina, p. 15 y ss.

[82]   Duran Martinez, Augusto. "Contencioso Administrativo" *cit.*, pp. 378 y 379.

tara de una reliquidación, los abogados patrocinantes de la Administración deberán comunicar por escrito al jerarca inmediato en un plazo de tres días hábiles, acompañando fotocopia autenticada de la sentencia definitiva e incidente de la liquidación. Habiendo quedado ejecutoriada la sentencia o, en su caso, el incidente de liquidación, el órgano judicial interviniente comunicará al Ministerio de Economía y Finanzas que debe ordenar su pago, a quien la sede jurisdiccional designe, en un plazo de cuarenta y cinco días corridos a partir de su notificación. El Ministerio de Economía y Finanzas deberá efectuar el pago en el mismo plazo, atendiéndose la erogación resultante con cargo al Inciso 24 "Diversos Créditos".

En la misma línea, de acuerdo al art. 53 de la misma ley Nº 17.930, se dio la siguiente *nueva redacción al art. 401*: "Los Gobiernos Departamentales y los Entes Autónomos y servicios descentralizados industriales y comerciales del Estado, deberán realizar las previsiones correspondientes en oportunidad de proyectar sus presupuestos, para atender el pago de las sentencias previendo los recursos necesarios para financiar las erogaciones del Ejercicio. Si un Tribunal condenara a algunos de los organismos mencionados en el inciso anterior a pagar una cantidad líquida y exigible, el acreedor pedirá su ejecución mediante el procedimiento que corresponda. En caso de que hubiera un incidente liquidatorio o se tratara de una reliquidación, los abogados patrocinantes de dichos organismos deberán comunicar por escrito al jerarca inmediato en un plazo de tres días hábiles, acompañando fotocopia autenticada de la sentencia definitiva e incidentes de la liquidación. Habiendo quedado ejecutoriada la sentencia o, en su caso el incidente de liquidación, el órgano judicial interviniente comunicará al organismo demandado que debe ordenar su pago a quien la sede jurisdiccional designe, en un plazo de cuarenta y cinco días corridos a partir de su notificación, debiendo comunicar al respectivo Tribunal la fecha y pago efectuado. El organismo en cuestión podrá asimismo convenir el respectivo pago dentro de los referidos cuarenta y cinco días"[83].

VI. CONCLUSIONES

El panorama descrito permite concluir que la calidad del Estado de Derecho se encuentra empañada por las insuficiencias que muestra actualmente el régimen contencioso administrativo uruguayo.

La lógica conclusión que deriva de tal realidad no puede ser otra que la necesidad de vitalizar la tutela jurisdiccional efectiva como imprescindible instrumento de control estatal[84].

---

[83]   Ettlin, Edgardo. "Sobre dificultades para ejecución de sentencias por cobro de pesos contra los Gobiernos Departamentales (a la hora de querer cobrar cuando no quiere pagar ni el Estado Central ni la Administración Municipal)", en *La Justicia Uruguaya*, T. 116, p. 131 y ss.; y "De otra vez a la hora de querer cobrar cuando el Gobierno Departamental no quiere o no puede pagar", en *La Justicia Uruguaya*, T. 126, p. 23 y ss.
[84]   Delpiazzo, Carlos E. "Responsabilidad del Estado y tutela jurisdiccional efectiva", en *Estudios Jurídicos en homenaje al Prof. Brito, Mariano R.* (F.C.U., Montevideo, 2008), p. 992 y ss.

La cruzada para hacerlo debe provenir no sólo de la denuncia sino también de la propuesta[85] y de la firme labor jurisprudencial sustentada en sólida doctrina inspirada en la Constitución y los principios generales de Derecho[86].

De ese modo, será posible obtener los cambios que imprescindiblemente requiere nuestro sistema para reorientarse -como debe ser- hacia la centralidad de la persona humana a la que la Administración debe servir sin excusas ni retaceos.

---

[85]   A título ilustrativo, cabe citar las siguientes iniciativas en las que he participado:

a) proyecto de ley redactado por el Prof. Cajarville Peluffo, Juan Pablo y yo, con la colaboración del Profesor Cassinelli Muñoz, Horacio y que fuera avalado por el entonces Director del Instituto de Derecho Administrativo, Prof. Martins, Daniel Hugo , de julio de 1985;

b) anteproyecto de ley redactado a pedido del Tribunal de lo Contencioso Administrativo por el Prof. Cajarville Peluffo, Juan Pablo y yo, en junio de 2000; y

c) proyecto de reforma de las Secciones XV y XVII de la Constitución redactado por el Prof. Cajarville Peluffo, Juan Pablo y yo a pedido del Colegio de Abogados (cuyo Directorio lo hizo propio), en setiembre de 2003.

[86]   Delpiazzo Anton, Gabriel. "Tutela jurisdiccional efectiva frente a la Administración" *cit.*, p. 98 y ss.

VENEZUELA

§ 18. EL CONTENCIOSO ADMINISTRATIVO EN VENEZUELA

Allan R. Brewer-Carías

I. INTRODUCCIÓN

El régimen de la Jurisdicción Contencioso Administrativo en Venezuela se ha regulado en Ley Orgánica dictada el 15 de diciembre de 2009[1] (en lo adelante LOJCA 2010), con la cual se culminó la ordenación de la misma que se había establecido transitoriamente desde 1976 en la Ley Orgánica de la Corte Suprema de 1976, reformada en 2004[2] (LOTSJ 2004).

---

[1]   La Ley Orgánica fue sancionada por la Asamblea Nacional el 15 de diciembre de 2009, y publicada en *Gaceta Oficial* N° 39.447 de 16 de junio de 2010. Previamente, la Sala Constitucional del Tribunal Supremo de Justicia había declarado la "constitucionalidad del carácter orgánico" de la Ley, en sentencia N° 290 de 23 de abril de 2010. *V.,* el texto en http://www.tsj.gov.ve/decisiones/scon/Abril/290-23410-2010-10-0008.html . La Ley dispuso una *vacatio legis,* respecto del Título II, relativo a la Estructura Orgánica de la Jurisdicción Contencioso Administrativa, previendo su entrada en vigencia a los 180 días siguientes a su publicación, es decir, para el 16 de diciembre de 2010. Debe observarse, en todo caso, que en una incomprensible Disposición Transitoria Segunda, la Ley Orgánica autorizó al Tribunal Supremo de Justicia, en Sala Plena, para que mediante resolución dictada a solicitud de la Sala Político Administrativa, pueda "diferir la aplicación de la presente Ley, en las circunscripciones judiciales donde no existan las condiciones indispensables para su puesta en práctica." No es concebible, realmente, que pueda siquiera pensarse que en un Estado de derecho pueda eliminarse el control judicial de la Administración en determinadas circunscripciones judiciales. Ello sería inconstitucional por violación del derecho a la tutela judicial efectiva frente a la Administración.

[2]   *V.,* en *Gaceta Oficial* N° 1.893, Extraordinaria del 30-07-1976. Véase los comentarios a dicha Ley Orgánica en Brewer-Carías, Allan R. y Calcaño de Temeltas, Josefina, *Ley Orgánica de la Corte Suprema de Justicia,* Editorial Jurídica Venezolana, Caracas, 1989. Esta Ley estuvo vigente hasta 2004, cuando sus normas fueron sustituidas por las de la Ley Orgánica del Tribunal Supremo de Justicia de 2004. Véase

La Ley Orgánica, en efecto recogió todos los principios relativos al control de constitucionalidad y legalidad de los actos administrativos, desarrollados en las referidas normas transitorias, con el invalorable aporte de la doctrina[3], y de la abundantísima jurisprudencia en la materia[4], partiendo de la constitucionalización de la Jurisdicción Contencioso Administrativa en el artículo 206 de la Constitución de 1961, cuyo texto fue recogido en el artículo 259 de la Constitución de 1999, en el cual se estableció una Jurisdicción especializada dentro del Poder Judicial. Por tanto, en Venezuela, como en la gran mayoría de los países latinoamericanos, el derecho administrativo no se construyó con base en los criterios de distinción entre una "juris-

---

en *Gaceta Oficial* N° 37.942 de 20-05-2004. Véase los comentarios a dicha Ley Orgánica en Brewer-Carías, Allan R., *Ley Orgánica del Tribunal Supremo de Justicia*, Editorial Jurídica Venezolana, Caracas, 2004. Véase en general los estudios de Canova González, Antonio, Figueiras, Alejandra, Troconis Torres, Andrés E., Torrealba Sánchez, Miguel Ángel, Hernández G., José Ignacio, Urosa Maggi, Daniela, Kiriakidis L. Jorge C., Fraga Pittaluga, Luis, Andrade Rodríguez, Betty, en el libro *El Contencioso Administrativo a partir de la Ley Orgánica del Tribunal Supremo de Justicia*, Funeda, Caracas, 2009. La Ley Orgánica de 2004 fue derogada por la Ley del Tribunal Supremo de Justicia sancionada por la Asamblea Nacional el 6 de mayo de 2010 (LOTSJ 2010), en la cual se eliminó toda la normativa que se refería al contencioso administrativo. Esta última Ley Orgánica, sin embargo, tampoco había sido publicada al momento de la conclusión de la redacción de este estudio (1 junio 2010).

3   V., Torrealba Narváez, Luis , "Consideraciones acerca de la Jurisdicción Contencioso-Administrativa, su Procedimiento y Algunas Relaciones de éste con el de la Jurisdicción Judicial Civil", en *Anales de la Facultad de Derecho*, Universidad Central de Venezuela, Caracas, 1951; Rondón de Sansó, Hildegard, *El Sistema Contencioso-Administrativo de la Carrera Administrativa. Instituciones, Procedimiento y Jurisprudencia*, Ediciones Magón, Caracas, 1974. Brewer-Carías, Allan R., *Estado de Derecho y Control Judicial*, Madrid, 1985, págs. 281 y ss; José Araujo Juárez, *Derecho Procesal Administrativo*, Vadell Hermanos editores, Caracas, 1996; Brewer-Carías, Allan R., *Instituciones Políticas y Constitucionales*, Tomo VII: *Justicia Contencioso Administrativa*, Editorial Jurídica Venezolana, Caracas-San Cristóbal, 1997; Canova González, Antonio, *Reflexiones para la reforma del sistema contencioso administrativo venezolano*, Editorial Sherwood, Caracas, 1998; Carrillo Artiles, Carlos L., *El recurso jurisdiccional contra las abstenciones u omisiones de los funcionarios públicos*, Universidad Católica Andrés Bello, Caracas, 1996; Hernández-Mendible, Víctor, *Tutela judicial cautelar en el contencioso administrativo*, Vadell Hermanos editores, Caracas, 1998; Urosa Maggi, Daniela, *Tutela judicial frente a la inactividad administrativa en el derecho español y venezolano*, Funeda, Caracas, 2003; Torrealba Sánchez, M. A., *Manual de Contencioso Administrativo (Parte General)*, Caracas, 2006. Véase además, las siguientes obras colectivas: *El Control Jurisdiccional de los Poderes Públicos en Venezuela*, Instituto de Derecho Público, Facultad de Ciencias Jurídicas y Políticas, Universidad Central de Venezuela, Caracas, 1979; *Contencioso Administrativo en Venezuela*, Editorial Jurídica Venezolana, tercera edición, Caracas, 1993; *Derecho Procesal Administrativo*, Vadell Hermanos editores, Caracas, 1997; *8ª Jornadas "J.M. Domínguez Escovar" (Enero 1983), Tendencias de la jurisprudencia venezolana en materia contencioso-administrativa*, Facultad de Ciencias Jurídicas y Políticas, U.C.V., Corte Suprema de Justicia; Instituto de Estudios Jurídicos del Estado Lara, Tip. Pregón, Caracas, 1983; *Contencioso Administrativo, I Jornadas de Derecho Administrativo Allan Randolph Brewer-Carías*, Funeda, Caracas, 1995; *XVIII Jornadas "J.M. Domínguez Escovar, Avances jurisprudenciales del contencioso- administrativo en Venezuela*, 2 Tomos, Instituto de Estudios Jurídicos del Estado Lara, Diario de Tribunales Editores, S.R.L. Barquisimeto, 1993.

4   En cuanto a la jurisprudencia, V., en Brewer-Carías, Allan R., *Jurisprudencia de la Corte Suprema 1930-74 y Estudios de Derecho Administrativo*, Tomo V, *La Jurisdicción Contencioso-Administrativa*, Vol. 1 y 2, Instituto de Derecho Público, Facultad de Derecho, Universidad Central de Venezuela, Caracas, 1978; Brewer-Carías, Allan R. y Ortiz Álvarez, Luís, *Las grandes decisiones de la jurisprudencia Contencioso-Administrativa*, Editorial Jurídica Venezolana, Caracas, 1996; Ortiz Álvarez, Luís, *Jurisprudencia de medidas cautelares en el contencioso-administrativo (1980-1994)*, Editorial Jurídica Venezolana, Caracas, 1995. La jurisprudencia del Alto Tribunal y de las Cortes de lo Contencioso Administrativo a partir de 1980 ha sido publicada regularmente, ordenada sistemáticamente, en la *Revista de Derecho Público*, Editorial Jurídica Venezolana.

dicción judicial" y una supuesta "jurisdicción administrativa," sino que su configuración paulatina lo que dio origen fue a una competencia especializada de determinados tribunales para conocer de litigios en los cuales interviene la Administración, pero siempre integrados en el Poder Judicial[5].

Ese proceso tuvo sus antecedentes constitucionales en materia de contencioso de anulación en el texto de la Constitución de 1925, y en materia de demandas contra los entes públicos, en el ámbito contractual, desde el texto de la Constitución de 1830; todo como un fuero judicial especial para la República, siendo la Constitución de 1947 la primera en emplear la expresión "procedimiento contencioso-administrativo" (Art. 220,10 y 220,12). Su desarrollo, sin embargo, en realidad ocurrió a partir de la década de los sesenta.

La mencionada norma fundamental que constitucionaliza esta jurisdicción en Venezuela contenida en el artículo 259 de la Constitución de 1999[6], establece lo siguiente:

> "La jurisdicción contencioso-administrativa corresponde al Tribunal Supremo de Justicia y a los demás tribunales que determina la ley. Los órganos de la jurisdicción contencioso-administrativa son competentes para anular los actos administrativos generales o individuales contrarios a derecho, incluso por desviación de poder; condenar al pago de sumas de dinero y a la reparación de daños y perjuicios originados en responsabilidad de la Administración; conocer de reclamos por la prestación de servicios públicos y disponer lo necesario para el restablecimiento de las situaciones jurídicas subjetivas lesionadas por la actividad administrativa."

Sobre esta norma, la Sala Constitucional del Tribunal Supremo de Justicia, en su sentencia de 23 de abril de 2010, al declarar la constitucionalidad del carácter Orgánico de la Ley, ha dicho que con la misma, que es sustancialmente la misma de la Constitución de 1961 (art. 206):

> "se terminó de desmontar la concepción puramente objetiva o revisora de la jurisdicción contencioso-administrativa, para acoger una visión de corte utilitarista y subjetiva, que no se limita a la fiscalización abstracta y objetiva de la legalidad de los actos administrativos formales, sino que se extiende a todos los aspectos de la actuación administrativa, como una manifestación del sometimiento a la juridicidad de la actuación del Estado y de la salvaguarda de las situaciones jurídicas de los particulares frente a dicha actuación."[7]

Esto ya lo había destacado la antigua Corte Suprema de Justicia en sentencia de 15 de octubre de 1970 al comentar la norma similar del artículo 206 de la Constitución de 1961, indicando que con ella se buscó:

---

5   V., Pérez Guevara, M., "Prólogo", en Brewer-Carías, Allan R., *Jurisprudencia de la Corte Suprema 1930-1974 y Estudios de Derecho Administrativo*, Tomo II, Ordenamiento Orgánico y Tributario del Estado, Instituto de Derecho Público, Facultad de Derecho, Universidad Central de Venezuela, Caracas, 1976, págs.1-10.

6   V., en general Brewer-Carías, Allan R., *La Constitución de 1999. Derecho Constitucional Venezolano*, 2 Tomos, Editorial Jurídica Venezolana, Caracas, 2004.

7   V., en http://www.tsj.gov.ve/decisiones/scon/Abril/290-23410-2010-10-0008.html

"Sobre todo, resolver, de una vez, en nuestro país, mediante un precepto constitucional, la polémica que ha dividido a tratadistas y legisladores, tanto en Europa como en América, acerca de la conveniencia de que sean órganos independientes del Poder Judicial los que conozcan de las cuestiones que se susciten entre los particulares y la Administración con motivo de la actividad propia de ésta, en sus diversos niveles.

Como se indica en la Exposición de Motivos de la Constitución, ésta "consagra el sistema justicialista de la jurisdicción contencioso-administrativa", apartándose del sistema francés y reafirmando la tendencia tradicionalmente predominante en la legislación nacional, de atribuir el control jurisdiccional de la legalidad de los actos de la Administración a los órganos del Poder Judicial."[8]

Como también lo ha precisado la Sala Constitucional del Tribunal Supremo de Justicia, "el contencioso administrativo se erige como una "jurisdicción" *(rectius: competencia)* que ocupa una posición central dentro de la estructura orgánica y funcional del Poder Judicial, pues, dentro de los mecanismos de control de la actuación del Estado, organiza un sistema judicialista integral de protección de la legalidad administrativa y de los derechos e intereses de los particulares que garantiza la plena jurisdicción de la actividad administrativa, a través de un marco general cuya relevancia y especificidad demandaron del Constituyente de 1999, un reconocimiento constitucional.[9]

La Constitución de 1999, como lo hizo la de 1961, reservó al Tribunal Supremo, en general, la declaratoria de nulidad de los actos administrativos del Ejecutivo Nacional, cuando sea procedente (articulo 266, numerales 5, 6 y 7), con lo que dejó implícitamente a los demás Tribunales de la jurisdicción contencioso-administrativa la competencia para declarar la nulidad de los actos de las autoridades administrativas de los Estados y Municipios. Además, en cuanto a las demás autoridades nacionales que no conforman estrictamente el "Ejecutivo Nacional", el control contencioso-administrativo de sus actos, constitucionalmente se ha atribuido a otros Tribunales distintos del Tribunal Supremo de Justicia, tanto por razones de inconstitucionalidad como de ilegalidad, como parcialmente se hizo desde 1976 al crearse la Corte Primera de lo Contencioso-Administrativo y atribuirle competencia en dicha materia al igual que a ciertos Tribunales Superiores con competencia en lo civil. Ahora, es la LOJCA 2010 la que regula ampliamente toda la gama de tribunales contenciosos administrativos, incluyendo, además de la Sala Político Administrativa del Tribunal Supremo de Justicia, los Juzgados Nacionales, los Juzgados Estadales y los Juzgados de Municipio de la jurisdicción Contencioso Administrativo (art. 11).

---

[8]   *V.*, sentencia de la Corte Suprema de Justicia, Sala Político Administrativa de 15-12-70 en *Gaceta Forense*, N° 70, 1970, pp.179-185 y en *Gaceta Oficial*, N° 29.434 de 6-2-71, pp. 219-984-5.
[9]   *V.*, la sentencia N° 290 de 23 de abril de 2010. *V.* en http://www.tsj. gov.ve/decisiones/scon/Abril/290-23410-2010-10-0008.html.

II. PRINCIPIOS CONSTITUCIONALES CONDICIONANTES DEL RÉGIMEN DE LA JURISDICCIÓN CONTENCIOSO ADMINISTRATIVA

Ahora bien, la importancia del texto del artículo 259 de la Constitución, y su efecto inmediato, que es la constitucionalización de la jurisdicción contencioso-administrativa tal como se ha venido desarrollando y configurando en las últimas cinco décadas, implica una serie de condicionantes en relación con su desarrollo legislativo,[10] que han informado en general las disposiciones de la nueva LOJCA 2010, y que son: primero, el principio de la especialidad de la Jurisdicción; segundo, el principio de la universalidad del control como manifestación del sometimiento del Estado al derecho (principio de legalidad); y tercero, el principio de la multiplicidad de los medios de control como manifestación del derecho ciudadano a la tutela judicial efectiva.

1. *La especialidad de la Jurisdicción*

En primer lugar está el principio de la especialidad de la Jurisdicción, que implica que la jurisdicción contencioso-administrativa se pueda definir como el conjunto de órganos judiciales encargados de controlar la legalidad y la legitimidad de la actividad administrativa, en particular, de los actos administrativos, hechos y relaciones jurídico-administrativas. Como hemos dicho, no se trata de una "jurisdicción ordinaria" sino de una jurisdicción especial que por tanto es parte del Poder Judicial del Estado cuyo ejercicio está encomendado a unos órganos judiciales determinados y especializados por razón de los sujetos sometidos a control o por razón de la materia.

En este sentido, el sistema venezolano se aparta del sistema francés que nació de la interpretación del principio de la separación de poderes realizada a la luz de una peculiar tradición y evolución de desconfianza en los jueces, que tuvo su origen en los días de la Revolución francesa. De esta peculiaridad histórica derivó la prohibición para los jueces de poder controlar la Administración y sus actos. Ello condujo al propio desarrollo del derecho administrativo que tanto influenció en todos los países latinos; influencia que, sin embargo, no comprendió el sistema jurisdiccional administrativo separado del judicial que se desarrolló en Francia, el cual era difícilmente transportable en bloque a otro sistema jurídico[11]. Los mismos autores franceses han comprendido esta peculiaridad y han afirmado por supuesto, que la "jurisdicción administrativa" separada de la "jurisdicción judicial," no es condición necesaria para la existencia misma del derecho administrativo[12].

De acuerdo con el artículo 11 de la LOJCA 2010, los órganos de la Jurisdicción Contencioso Administrativa son los siguientes:

---

[10].   V., Brewer-Carías, Allan R., *Nuevas Tendencias en el Contencioso Administrativo en Venezuela*, Editorial Jurídica Venezolana, Caracas, 1993.
[11]   La situación de Colombia, en este sentido, es excepcional en el derecho comparado V., , Miguel González Rodríguez, *Derecho procesal Administrativo*, Bogotá, 1986.
[12].   V., J. Rivero, *Droit Administratif,* Precis Dalloz, París, 1962, p.118.

1. la Sala Político-Administrativa del Tribunal Supremo de Justicia;

2. los Juzgados Nacionales de la Jurisdicción Contencioso Administrativa;

3. los Juzgados Superiores Estadales de la Jurisdicción Contencioso Administrativa; y

4. los Juzgados de Municipio de la Jurisdicción Contencioso Administrativa.

Estos tribunales deben decidir directamente los asuntos que se les sometan para lo cual tienen competencia y no pueden constituirse con asociados para dictar sentencia (art. 5). Todos deben orientar su actuación por los principios de justicia gratuita, accesibilidad, imparcialidad, idoneidad, transparencia, autonomía, independencia, responsabilidad, brevedad, oralidad, publicidad, gratuidad, celeridad e inmediación (art. 2). Pero además de los enumerados, también forma parte de la Jurisdicción Contencioso Administrativa, la "jurisdicción especial tributaria" con un régimen especial previsto en el Código Orgánico Tributario (art. 11). Otras partes especiales de la Jurisdicción Contenciosa Administrativa, aún cuando no reguladas en la LOJ-CA 2010 son la Jurisdicción Contencioso Administrativa, que es la Jurisdicción Contencioso Electoral que consagra la Constitución atribuida a la Sala Electoral del Tribunal Supremo de Justicia (art. 297), con competencia conforme a la LOTSJ 2010, para conocer entre otros, de "las demandas contencioso electorales que se interpongan contra actos, actuaciones y omisiones de los órganos del Poder Electoral, tantos los que estén directamente vinculados con los procesos comiciales, como aquellos que estén relacionados con su organización, administración y funcionamiento"(art. 27,1); y la jurisdicción especial contencioso administrativa en materia agraria y ambiental, prevista en la Ley de Tierras y Desarrollo Agrario,[13] atribuida a los Tribunales Superiores Regionales Agrarios y a la Sala Especial Agraria de la Sala de Casación Social de el Tribunal Supremo de Justicia.[14]

En cuanto a las personas jurídicas sometidas a esta jurisdicción especial, una de las partes de la relación jurídico-procesal debe ser en principio, una persona de derecho público o una persona jurídico-estatal (la Administración), o una entidad privada u organización de carácter popular actuando en función administrativa o ejerciendo prerrogativas del Poder Público, o que, por ejemplo, preste un servicio público mediante concesión (art. 7, LOJCA 2010).

Respecto a las relaciones jurídicas, hechos y actos jurídicos, esta jurisdicción especial está llamada a juzgar, en principio, los actos, hechos y relaciones jurídico-administrativos, es decir, actos, hechos y relaciones jurídicas originados por la actividad administrativa (art. 8, LOJCA 2010), definiéndose el ámbito sustantivo en el artículo 9 de la LOJCA 2010, al enumerarse la competencia de la Jurisdicción para conocer de:

"1. Las impugnaciones que se interpongan contra los *actos administrativos* de efectos generales o particulares contrarios a derecho, incluso por desviación de poder.

---

[13]   *Gaceta Oficial* N° 37.323 del 13 de noviembre de 2001.
[14]   *V.*, sentencia de la Sala Político Administrativa N° 836 del 15 de julio de 2004 (Caso: *Daniel Laguado Estupiñán*).

2. De la *abstención o la negativa* de las autoridades a producir un acto al cual estén obligados por la ley.

3. Las reclamaciones contra las *vías de hecho* atribuidas a los órganos del Poder Público.

4. Las *pretensiones de condena* al pago de sumas de dinero y la reparación de daños y perjuicios originados por *responsabilidad* contractual o extracontractual de los órganos que ejercen el Poder Público.

5. Los reclamos por la *prestación de los servicios públicos* y el restablecimiento de las situaciones jurídicas subjetivas lesionadas por los prestadores de los mismos.

6. La resolución de los recursos de *interpretación* de leyes de contenido administrativo.

7. La resolución de las *controversias administrativas* que se susciten entre la República, algún estado, municipio u otro ente público, cuando la otra parte sea alguna de esas mismas entidades.

8. Las *demandas* que se ejerzan contra la República, los estados, los municipios, los institutos autónomos, entes públicos, empresas o cualquier otra forma de asociación, en las cuales la República, los estados, los municipios o cualquiera de las personas jurídicas antes mencionadas tengan participación decisiva.

9. Las *demandas* que ejerzan la República, los estados, los municipios, los institutos autónomos, entes públicos, empresas o cualquier otra forma de asociación, en la cual la República, los estados, los municipios o cualquiera de las personas jurídicas antes mencionadas tengan participación decisiva, si es de contenido administrativo.

10. Las *actuaciones, abstenciones, negativas o las vías de hecho* de los consejos comunales y de otras personas o grupos que en virtud de la participación ciudadana ejerzan funciones administrativas.

11. Las demás *actuaciones de la Administración Pública* no previstas en los numerales anteriores."

Por tanto, en general, se trata de una competencia especializada dentro de un único Poder Judicial que corresponde a ciertos tribunales, a los cuales están sometidas ciertas personas de derecho público o de derecho privado de carácter estatal, o personas o entidades que ejercen la función administrativa o prestan servicios públicos, y que juzga determinados actos o relaciones jurídicas de derecho administrativo.

De lo anterior resulta, por tanto, en cuanto a la especialidad de la Jurisdicción Contencioso Administrativa, que la misma, en cuanto a la materia, se construye partiendo del contenido del artículo 259 de la Constitución, en el cual se hace referencia a los "actos administrativos", a la "administración", a los "servicios públicos", a la "responsabilidad" administrativa y a la "actividad administrativa". De ello se deduce que el ámbito y el dominio de la jurisdicción contencioso-administrativa en materia de control de legalidad y constitucionalidad son el conocimiento de los litigios en que la "administración" (o entidades no estatales actuando en función administrativa) sea parte, originados ya sea por "actos administrativos", la "responsabilidad" de la administración, por la prestación de "servicios públicos" o por la "actividad administrativa." Ello conlleva la competencia en materia de anulación y en materia de resolución de todas las otras pretensiones que se pueden formular en demandas contra los entes públicos en las cuales no necesariamente se plantee la nulidad de actos administrativos, como serían las pretensiones de condena al pago de sumas de dinero y la reparación de daños y perjuicios originados por responsabilidad contractual y extracontractual de los órganos que ejerzan el Poder Público; así como las demandas por la actuación material constitutiva de vías de hecho de la Administración (arts. 9,3; 23,4; 24,4;25,5 LOCJCA 2010). A lo anterior debe añadirse como una innovación de la Constitución de 1999, la competencia de la jurisdicción contencioso administrativa en materia de reclamos por la prestación de los servicios públicos. Además de los poderes de anulación y de condena, y del contencioso de la responsabilidad administrativa contractual y extracontractual, y de los servicios públicos, otro aspecto de la competencia de la jurisdicción contencioso-administrativa, es la relativa a la *interpretación* de las leyes de contenido administrativo (art. 9,5, LOJCA 2010). Entre la competencia de la Jurisdicción se destaca también la relativa a conocer de las demandas contra la abstención o la negativa de los entes públicos a dictar un acto al cual estén obligados por la ley ((arts. 9, 2 y 10, LOJCA 2010). Y por último, se debe mencionar la competencia que se atribuye a la Sala Político Administrativa en el artículo 266,4 de la Constitución, para dirimir las controversias administrativas que se susciten entre la República, algún Estado, Municipio u otro ente público, cuando la otra parte sea alguna de esas mismas entidades, a menos que se trate de controversias entre Municipios de un mismo Estado, caso en el cual la ley puede atribuir su conocimiento a otro tribunal, lo que da origen al *contencioso de la solución de controversias administrativas*, (art, 9,6; 23,7, LOJCA 2010).

2. *La universalidad del control como garantía del principio de legalidad*

En segundo lugar está el principio de la *universalidad del control* que la Constitución regula en el artículo 259 respecto de las actividades y actos administrativos como manifestación del principio de legalidad. Ello se ha recogido en la Ley Orgánica a establecerse que todos, absolutamente todos los actos administrativos, pueden ser sometidos a control judicial ante los órganos de la Jurisdicción contencioso administrativa, por contrariedad al derecho, es decir, sea cual sea el motivo de la misma: inconstitucionalidad o ilegalidad en sentido estricto. La Constitución no admite excepciones ni la Ley Orgánica las prevé, y como en su momento lo explicó la Exposición de Motivos de la Constitución de 1961, la fórmula "contrarios a derecho es una enunciación general que evita una enumeración que puede ser peligrosa al dejar fuera de control algunos actos administrativos".

Por tanto, de acuerdo con la intención de la Constitución, toda actuación administrativa y, en particular, los actos administrativos emanados de cualquier ente u órgano de la Administración Pública o de cualquier otra persona o entidad actuando en función administrativa, por cualquier motivo de contrariedad al derecho, puedan ser controlados por los Tribunales que conforman la jurisdicción contencioso-administrativa. Ello implica que cualquier exclusión de control respecto de actos administrativos específicos sería inconstitucional, sea que dicha exclusión se haga por vía de ley o por las propias decisiones de los Tribunales, en particular, del propio Tribunal Supremo de Justicia.

Este principio implica, primero, que toda actividad administrativa o toda forma de acto administrativo queda sometido a control judicial contencioso administrativo, lo que se recoge expresamente en el artículo 8 de la LOJCA 2010 al indicar bajo el acápite de "universalidad del control," que será objeto de control de la Jurisdicción Contencioso Administrativa, "la actividad administrativa" desplegada por todos los órganos y entes sujetos a control, "lo cual incluye actos de efectos generales y particulares, actuaciones bilaterales, vías de hecho, silencio administrativo, prestación de servicios públicos, omisión de cumplimiento de obligaciones y, en general, cualquier situación que pueda afectar los derechos o intereses públicos o privados."

Segundo, el principio implica que esa actividad administrativa o acto administrativo que está sometido a control puede emanar de cualquier ente y órgano de la Administración Pública, no sólo la que actúa en ejercicio del Poder Ejecutivo sino en ejercicio de cualquiera de los otros Poderes Públicos, o de cualquier entidad incluso no estatal que actúe en función administrativa. Por ello en el artículo 7 de la Ley Orgánica se enumeran aún cuando imperfectamente como "entes y órganos controlados" o "sujetos al control de la Jurisdicción Contencioso Administrativa," los siguientes: 1) "Los órganos que componen la Administración Pública; 2). Los órganos que ejercen el Poder Público, en sus diferentes manifestaciones, en cualquier ámbito territorial o institucional; 3). Los institutos autónomos, corporaciones, fundaciones, sociedades, empresas, asociaciones y otras formas orgánicas o asociativas de derecho público o privado donde el Estado tenga participación decisiva; 4). Los consejos comunales y otras entidades o manifestaciones populares de planificación, control, ejecución de políticas y servicios públicos, cuando actúen en función administrativa; 5). Las entidades prestadoras de servicios públicos en su actividad prestacional;" y 6) Cualquier sujeto distinto a los mencionados anteriormente, que dicte actos de autoridad o actúe en función administrativa.

Tercero, la universalidad del control no sólo radica en que todos los actos administrativos cualquiera sea el órgano, ente o entidad que los dicte están sometidos a control judicial, sino que lo son por cualquier motivo de contrariedad al derecho, es decir, por razones de inconstitucionalidad como ilegalidad propiamente dicha[15].

3. La multiplicidad de medios de control como manifestación del derecho a la tutela judicial efectiva

En *segundo* lugar está el derecho a la tutela judicial efectiva que la Constitución regula en el artículo 26, y que implica que a los efectos de asegurar el sometimiento a la legalidad de la Administración Pública y el principio de la universalidad del control de la actividad administrativa, correlativamente las personas tienen derecho de acceso a los órganos de la Jurisdicción contencioso administrativa como parte

---

[15] En tal sentido, la Sala Constitucional, en la sentencia N° 194 de 4 de abril de 2000 ratificó lo que había decidido en sentencia de 27 de enero de 2000 (Caso *Milagros Gómez y otros*), así:"El criterio acogido por el Constituyente para definir las competencias de la Sala Constitucional, atiende *al rango de las actuaciones objeto de control,* esto es, que dichas actuaciones tienen una relación directa con la Constitución que es el cuerpo normativo de más alta jerarquía dentro del ordenamiento jurídico en un Estado de derecho contemporáneo. Así las cosas, *la normativa constitucional aludida imposibilita una eventual interpretación que tienda a identificar las competencias de la Sala Constitucional con los vicios de inconstitucionalidad que se imputen a otros actos o con las actuaciones de determinados funcionarios u órganos del Poder Público." V.,* en *Revista de Derecho Público,* N° 82, Editorial Jurídica Venezolana, Caracas, 2000.

que son de la administración de justicia, para hacer valer frente a la Administración Pública, sus órganos o entes, y ante las entidades que ejerzan la función administrativa, sus derechos e intereses, incluso los colectivos o difusos; y además, a la tutela efectiva de los mismos y a obtener con prontitud la decisión correspondiente.

Como consecuencia de ello, la LOJCA 2010 ha establecido un elenco de *recursos y acciones* que se han puesto a disposición de los particulares y de toda persona interesada, que les permiten acceder a la justicia administrativa, lo que implica que además del recurso de nulidad contra los actos administrativos de efectos generales o de efectos particulares, o contra los actos administrativos generales o individuales, con o sin pretensión patrimonial o de amparo constitucional, está el recurso por abstención o negativa de los funcionarios públicos a actuar conforme a las obligaciones legales que tienen; el recurso de interpretación; el conjunto de demandas contra los entes públicos de orden patrimonial o no patrimonial, incluyendo las que tengan por motivo vías de hecho; las acciones para resolver los conflictos entre autoridades administrativas del Estado; y las acciones destinadas a reclamos respecto de la omisión, demora o prestación deficiente de los servicios públicos.

En esta forma puede decirse que en relación con los particulares y los ciudadanos, la regulación de la Jurisdicción contencioso-administrativa en la LOJCA 2010, facilitando el control judicial de la actividad administrativa y en particular de los actos administrativos, viene a ser una manifestación específica del *derecho fundamental del ciudadano a la tutela judicial efectiva de sus derechos e intereses frente a la Administración*, en el sentido de lo establecido en el artículo 26 de la propia Constitución y de lo que se establecía en el artículo 18, primer párrafo de la derogada LOTSJ 2004. La consecuencia de ello es que entonces, la jurisdicción contencioso administrativa se configura constitucional y legalmente como un instrumento procesal para la protección de los administrados frente a la Administración, y no como un mecanismo de protección de la Administración frente a los particulares; ello a pesar de que en la LOJCA 2010 se atribuya a los órganos de la Jurisdicción competencia para conocer de las demandas que pueda intentar la Administración contra particulares,[16] o de las demandas entre personas de derecho público (artículo 9,8), lo que convierte a la Jurisdicción en cierta forma, como el fuero de la Administración. Sin embargo, en el primer aspecto, del control de la Administración a instancia de los administrados, tratándose de una manifestación de un derecho fundamental a dicho control, en la relación que siempre debe existir entre privilegios estatales, por una parte, y derechos y libertades ciudadanas, por la otra, este último elemento es el que debe prevalecer.

Este derecho a la tutela judicial efectiva y la garantía del principio de legalidad implican por otra parte la asignación al juez contencioso-administrativo de *amplísimos* poderes de tutela, no sólo de la legalidad objetiva que debe siempre ser respetada por la Administración, sino de las diversas situaciones jurídicas subjetivas que pueden tener los particulares en relación a la Administración. De allí que el contencioso-administrativo, conforme al artículo 259 de la Constitución, no sea solamente un proceso a los actos administrativos, sino que está concebido como un sistema de

---

[16]   En este mismo sentido se establece en la LOTSJ 2010, al regularse la competencia de la Sala Político Administrativa del Tribunal Supremo de Justicia (art. 26,2).

justicia para la tutela de los derechos subjetivos y de los intereses de los administrados, incluyendo los derechos e intereses colectivos y difusos, donde por supuesto, se incluye también los derechos y libertades constitucionales. Por tanto, no se concibe el contencioso-administrativo sólo como un proceso de protección a la legalidad objetiva, sino de tutela de los derechos e intereses de los recurrentes frente a la Administración. Por ello, el juez contencioso-administrativo, de acuerdo a los propios términos del artículo 259 de la Constitución, tiene competencia no sólo para anular los actos administrativos contrarios a derecho, sino para condenar a la Administración al pago de sumas de dinero y a la reparación de daños y perjuicios originados en responsabilidad de la misma, y además, para disponer lo necesario para el restablecimiento de las situaciones jurídicas subjetivas lesionadas por la autoridad administrativa, incluyendo en la expresión "situaciones jurídicas subjetivas" no sólo el clásico derecho subjetivo, sino los derechos constitucionales y los propios intereses legítimos, personales y directos de los ciudadanos; y los reclamos derivados de la prestación de servicios públicos.

De lo anterior resulta entonces que a partir de la constitucionalización de la jurisdicción contencioso-administrativa en el texto constitucional de 1961 y luego en el de 1999, y el desarrollo jurisprudencial y legislativo en la materia hasta la sanción de la LOJCA 2010, que el contencioso-administrativo, como instrumento procesal de protección de los particulares frente a la autoridad pública, se ha ampliado, distinguiéndose siete tipos de acciones contencioso-administrativos: [17]; en primer lugar, las demandas de contenido patrimonial contra los entes públicos; en segundo lugar, las demandas en relación con la prestación de servicios públicos; en tercer lugar, las contra las vías de hecho administrativas; en cuarto lugar, las demandas contra las conductas omisivas de la Administración; en quinto lugar, las demandas de nulidad de los actos administrativos; en sexto lugar, las demandas de interpretación de leyes administrativas, y en séptimo lugar, las demandas para la solución de las controversias administrativas.

La LOJCA 2010, estableció en la materia, aun cuando en forma insuficiente, unas normas procesales comunes a todas las demandas, dividiendo arbitrariamente los procedimientos en tres tipos: Primero, el procedimiento en las demandas de contenido patrimonial; Segundo, un procedimiento denominado breve, para las acciones de contenido no patrimonial y en especial las destinadas a reclamos por la omisión, demora o deficiente prestación de los servicios públicos, contra las vías de hecho, y contra la abstención de la Administración; y tercero, un procedimiento común para las demandas de nulidad de actos administrativos, para la interpretación de leyes y para la solución de controversias administrativas. Decimos que es una división arbitraria, pues en realidad, por ejemplo, tal y como se había venido construyendo por la jurisprudencia, las demandas contra la carencia o abstención administrativas debían quizás seguir el mismo procedimiento establecido para las demandas de nulidad contra los actos administrativos; y las demandas contra vías de hecho, debía quizás seguir el mismo procedimiento establecido para las demandas de contenido patrimonial.

---

[17]. V., Brewer-Carías, Allan R., "Los diversos tipos de acciones y recursos contencioso-administrativos en Venezuela", en *Revista de Derecho Público*, Nº 25, Editorial Jurídica Venezolana, Caracas, enero-marzo 1986, págs.6 y ss.

En todo caso, las acciones, recursos y pretensiones procesales varían en cada uno de esos tipos de contencioso y, por supuesto, también varían algunas reglas de procedimiento aplicables a los diversos procesos, que analizaremos más adelante.

III. PRINCIPIOS GENERALES Y NORMAS COMUNES A TODOS LOS PROCEDIMIENTOS CONTENCIOSO ADMINISTRATIVOS

La LOJCA 2010 ha establecido algunos principios generales del procedimiento contencioso administrativo aplicables a todos los procedimientos que se regulan de acuerdo a las diversas pretensiones, según se trate de demandas de contenido patrimonial; demandas relacionadas con reclamos por la omisión, demora o deficiente prestación de los servicios públicos; demandas relacionadas con vías de hecho; demandas relacionadas con la abstención de la Administración; demandas de nulidad de actos administrativos y contratos públicos; demandas de interpretación de leyes de contenido administrativo y demandas relacionadas con controversias administrativas.

El primer principio general es el de la *publicidad* que se consagra en el artículo 3 de la LOJCA 2010 al disponer que "Los actos del proceso serán públicos, salvo que la ley disponga lo contrario o el tribunal así lo decida por razones de seguridad, orden público o protección de la intimidad de las partes."

El segundo principio general es el del Juez como rector del proceso, consagrado en el artículo 4 de la LOJCA 2010, lo que implica que está obligado a impulsarlo de oficio o a petición de parte, hasta su conclusión.

El tercer principio es el de la oralidad de los procesos que se establece en la Ley, siguiendo una de las innovaciones más importantes en el ámbito judicial establecidas en la Constitución de 1999, lo cual proporciona celeridad, y permite la cercanía entre partes y jueces. Esa oralidad se materializa en las diversas Audiencias previstas en los procedimientos, como la Audiencia preliminar, la Audiencia conclusiva, la Audiencia de juicio.

El cuarto principio general es el de la participación popular en el proceso, de manera que de acuerdo con el artículo 10 de la LOJCA 2010, los entes, consejos comunales, colectivos y otras manifestaciones populares de planificación, control, ejecución de políticas y servicios públicos, pueden emitir su opinión en los juicios cuya materia debatida esté vinculada a su ámbito de actuación, aunque no sean partes.

1. *Las partes en los procesos contencioso administrativos y la legitimación procesal*

La LOJCA 2010, por otra parte, establece una serie de disposiciones generales aplicables a todos los diversos procedimientos que regula, y que son las siguientes:

En cuanto a la capacidad procesal para poder actuar ante la Jurisdicción contencioso administrativa, conforme al artículo 27 de la LOJCA 2010, ella la tienen las personas naturales o jurídicas, públicas o privadas, las irregulares o de hecho, las asociaciones, consorcios, comités, consejos comunales y locales, agrupaciones, colectivos y cualquiera otra entidad.

En cuanto a la legitimación para hacerse parte en los juicios, sin embargo, las personas y entidades antes indicados, conforme al artículo 29 de la LOJCA 2010, sólo pueden actuar en la Jurisdicción Contencioso Administrativa cuando tengan "un interés jurídico actual" es decir, que exista al momento de realizarse la actuación procesal. Sin embargo, por supuesto, ello no basta para tener *legitimatio ad causam* en los procesos contencioso administrativos, entendiendo por tal, la idoneidad de la persona para actuar en juicio que deriva de la titularidad de la acción, lo que le otorga la idoneidad suficiente para que el órgano jurisdiccional pueda emitir un pronunciamiento de mérito que permita a una parte frente a otra, obtener la tutela judicial efectiva de su derecho. Ese interés actual, por tanto, tiene que referirse a la relación o situación jurídica concreta de la persona, lo que dependerá de la pretensión procesal que se formule ante la Jurisdicción. Si por ejemplo, se trata de una demanda por responsabilidad administrativa por violación por la Administración de un derecho contractual, la legitimación corresponderá al cocontratante de la Administración; o si se trata de la abstención o negativa de la Administración de decidir un asunto respecto del cual esta obligada a decidir, la legitimación activa corresponderá al titular del derecho a obtener respuesta o decisión sobre determinado asunto. Por ello, en el texto de la demanda que se intente, la Ley Orgánica exige que en todo los procesos, se establezca la relación de los hechos y los fundamentos de derecho con sus respectivas conclusiones; si lo que se pretende es la indemnización de daños y perjuicios, debe indicarse el fundamento del reclamo y su estimación; y en todo caso, deben producirse con el escrito de la demanda, los instrumentos de los cuales se derive el derecho reclamado (art. 33).

En todo caso, de acuerdo con el artículo 28 de la LOJCA 2010, las partes sólo pueden actuar en juicio asistidos o representados por un abogado. Sin embargo, en los casos de reclamos por la omisión, demora o deficiente prestación de los servicios públicos, la acción puede interponerse sin la asistencia o representación de abogado, en cuyo caso el Juez debe procurar a la parte demandante la debida asistencia o representación para los actos subsiguientes, a través de los órganos competentes.

2. *El principio dispositivo y la actuación de oficio*

La iniciativa procesal ante la jurisdicción contencioso administrativa se regula en el artículo 30 de la LOJCA 2010, al disponerse como principio que "los órganos de la Jurisdicción Contencioso Administrativa conocerán a instancia de parte, o de oficio, cuando la ley lo autorice."[18]

En cuanto a la presentación de demandas en todos los casos de pretensiones procesales ante la Jurisdicción, por supuesto rige el principio dispositivo, no existiendo caso alguno en el cual el juez contencioso administrativo esté autorizado para iniciar un proceso de oficio, es decir, presentando alguna demanda.

---

[18]   El artículo 89 de la LOTSJ 2010 en este mismo sentido establece que "El tribunal Supremo de Justicia conocerá de los asuntos que le competen a instancia de parte interesada; no obstante, podrá actuar de oficio en los casos que disponga la ley,"

Como hemos dicho, de acuerdo con el artículo 4 de la LOJCA 2010, el Juez es el rector del proceso y debe impulsarlo de oficio hasta su conclusión; pero en concreto, la posibilidad del juez de tener iniciativa procesal de oficio está siempre establecida expresamente en la ley, y se refiere a actuaciones en un proceso en curso. Por ejemplo, en todos los procesos, el juez tiene la posibilidad de hacer evacuar de oficio las pruebas que considere pertinentes (art. 39). En las demandas de contenido patrimonial, resolver de oficio los defectos del procedimiento (art. 57); y convocar de oficio para su participación en la audiencia preliminar a las personas, entes, consejos comunales, colectivos o cualquier otra manifestación popular de planificación, control y ejecución de políticas y servicios públicos, cuyo ámbito de actuación se encuentre vinculado con el objeto de la controversia, para que opinen sobre el asunto debatido (art. 58). El los procedimientos breves, una vez admitida la demanda, el juez puede de oficio, realizar las actuaciones que estime procedentes para constatar la situación denunciada y dictar medidas cautelares (art. 69).

Por lo anterior, conforme al artículo 41 de la Ley, la perención se produce cuando transcurre un año sin haberse ejecutado ningún acto de procedimiento por las partes, salvo que el acto procesal siguiente le corresponda al Juez o Jueza, tal como la admisión de la demanda, la fijación de la audiencia y la admisión de pruebas.

3. El trámite procesal de las demandas y la acumulación de acciones

Las demandas ejercidas ante la Jurisdicción Contencioso Administrativa conforme se dispone en el artículo 31 de la LOJCA 2010 se deben tramitar conforme a lo previsto en la propia Ley; y supletoriamente, se deben aplicar las normas de procedimiento de la Ley Orgánica del Tribunal Supremo de Justicia y del Código de Procedimiento Civil.

En todo caso, cuando el ordenamiento jurídico no contemple un procedimiento especial, el Juez puede aplicar el que considere más conveniente para la realización de la justicia.

En cuanto a la acumulación de acciones, la LOJCA 2010 nada dispone salvo respecto de la inadmisibilidad en caso de acumulación de pretensiones que se excluyan mutuamente o cuyos procedimientos sean incompatibles (Art. 35,2). El artículo 31,3 de la LOTSJ 2010 en cuanto a las diversas Salas, incluida la Sala Político Administrativa dispone que la competencia para "conocer de los juicios en que se ventilen varias acciones conexas, siempre que al tribunal esté atribuido el conocimiento de alguna de ellas". Las razones de esta acumulación de acciones son, en general, las mismas que rigen en el procedimiento ordinario. La competencia de la sala es, en este caso, una competencia por conexión o por continencia de la causa, y se admite por el interés que existe de evitar el riesgo de que se dicten sentencias contrarias o contradictorias en asuntos que tengan entre sí una conexión.

4. Requisitos de las demandas y de su presentación

En todos los procesos contencioso administrativos, conforme se indica en el artículo 33 de la LOJCA 2010, el escrito de la demanda debe expresar: 1. La identificación del tribunal ante el cual se interpone; 2. El nombre, apellido y domicilio de las partes, carácter con que actúan, su domicilio procesal y correo electrónico, si lo tuviere; y si alguna de las partes fuese persona jurídica debe indicarse la denominación o razón social y los datos relativos a su creación o registro; 4. La relación de los hechos y los fundamentos de derecho con sus respectivas conclusiones; 5. Si lo que se pretende es la indemnización de daños y perjuicios, deberá indicarse el fundamento del reclamo y su estimación; 6. Los instrumentos de los cuales se derive el derecho reclamado, los que deberán producirse con el escrito de la demanda; y 7. La identificación del apoderado y la consignación del poder.

En casos justificados podrá presentarse la demanda en forma oral ante el tribunal, el cual debe ordenar su trascripción. La negativa del juez a aceptar la presentación oral debe estar motivada por escrito.

La demanda debe presentarse ante el tribunal competente; sin embargo, de acuerdo con el artículo 34 de la LOJCA 2010, cuando en el domicilio del demandante no exista un tribunal de la Jurisdicción Contencioso Administrativa competente para conocer de la demanda, el demandante puede presentarla ante un tribunal de municipio, el cual debe remitir inmediatamente el expediente, foliado y sellado, al tribunal señalado por la parte actora. La caducidad de la acción se debe determinar por la fecha de presentación inicial de la demanda. Para ello, el tribunal receptor antes de efectuar la indicada remisión, lo debe hacer constar al pie del escrito y en el libro de presentación.

5. Las condiciones para la admisibilidad de la demanda (causales de inadmisibilidad)

Presentada la demanda, la primera operación que el juez debe realizar es verificar que la misma cumple los requisitos de admisibilidad de la misma, que se formulan en sentido negativo, como causales de inadmisibilidad en el artículo 35 de la LOJCA 2010. Si el tribunal constata que el escrito de la demanda cumple con esos requisitos, de acuerdo con el artículo 36 de la LOJCA 2010, debe entonces proceder a decidir la admisión de la demanda, dentro de los 3 días de despacho siguientes a su recibo.

Estas causales de inadmisibilidad de las demandas contencioso administrativas, conforme al artículo 35 de la LOJCA 2010, que son los supuestos en los cuales las demandas se deben declarar inadmisibles, son los siguientes:

En primer lugar, está la caducidad de la acción (art. 35,1), la cual se aplica a las acciones de nulidad de los actos administrativos, a los casos de demandas por vías de vías de hecho o a los caso de recursos por abstención conforme se establece en el artículo 32 de la LOJCA 2010. En estos casos, en materia de acciones de nulidad contra actos administrativos de efectos particulares, las mismas caducarán conforme a las siguientes reglas:

Primero, en los casos de acciones de nulidad contra actos administrativos de efectos particulares, las mismas deben interponerse en el término de 180 días continuos, contados a partir de su notificación al interesado, o cuando la Administración no haya decidido el correspondiente recurso administrativo en el lapso de 90 días hábiles, contados a partir de la fecha de su interposición. La regla tradicional en materia contencioso administrativa de que a pesar de la caducidad de la acción, la ilegalidad del acto administrativo de efectos particulares podrá oponerse siempre por vía de excepción, salvo disposiciones especiales, se a conservado en la Ley Orgánica (art. 32,1). Cuando el acto administrativo impugnado sea de efectos temporales, el lapso dentro del cual debe interponerse la acción de nulidad es de 30 días continuos.

Como se dijo esta condición de admisibilidad de las acciones de nulidad basada en la caducidad, sólo se aplica en la impugnación de actos administrativos de efectos particulares.[19] En cambio, las acciones de nulidad contra los actos administrativos de efectos generales dictados por el Poder Público pueden intentarse en cualquier tiempo.

Segundo, en los casos de demandas originadas en vías de hecho de funcionarios o de recursos por abstención o negativa de la Administración, la demanda respectiva debe interponerse en el lapso de 180 días continuos contados a partir de la materialización de aquéllas, o desde el momento en el cual la Administración incurrió en la abstención, según sea el caso.

En segundo lugar, la acción debe declararse inadmisible en los casos de acumulación de pretensiones que se excluyan mutuamente o cuyos procedimientos sean incompatibles (art. 35,2). Esta causal deriva del régimen general establecido en el artículo 78 del Código de Procedimiento Civil, que dispone que "no podrán acumularse en el mismo libelo pretensiones que se excluyan mutuamente, o que sean contrarias entre sí ni las que por razón de la materia no correspondan al conocimiento del mismo Tribunal; ni aquellas cuyos procedimientos sean incompatibles entre sí. Sin embargo, podrán acumularse en un mismo libelo dos o más pretensiones incompatibles para que sean resueltas una como subsidiaria de la otra siempre que sus respectivos procedimientos no sean incompatibles entre sí".

En tercer lugar, y específicamente en relación con las demandas con contenido patrimonial, es causal de inadmisibilidad cuando se produzca el incumplimiento del procedimiento administrativo previo a las demandas contra la República, los estados, o contra los órganos o entes del Poder Público a los cuales la ley les atribuye tal prerrogativa (art. 35,3). En esos casos, la Ley Orgánica de la Procuraduría General de la República, que es la que regula el procedimiento administrativo previo a las demandas patrimoniales, dispone que "los funcionarios judiciales deben declarar inadmisibles las acciones o tercerías que se intente contra la República, sin que se acredite el cumplimiento de las formalidades del procedimiento administrativo previo" (art. 60).

En cuarto lugar, las demandas deben declararse inadmisibles cuando con el escrito de las demandas, como se ha dicho, no se consignarse los instrumentos de los cuales se derive el derecho reclamado (art. 33,6), y que sean indispensables para verificar su admisibilidad (art. 35,4).

En quinto lugar, las demandas deben declararse inadmisibles cuando exista cosa juzgada (art. 35,5).

---

[19]   V., Brewer-Carías, Allan R., *El control de la constitucionalidad de los actos estatales*. Caracas, 1977, págs. 7-10; y "El recurso contencioso-administrativo, contra los actos de efectos particulares" en *El control jurisdiccional de los Poderes Públicos en Venezuela*, Instituto de Derecho Público, Universidad Central de Venezuela, Caracas 1979, p. 173-174.

En sexto lugar, las demandas también deben declararse inadmisibles cuando el escrito de las mismas contenga conceptos irrespetuosos (art. 35,6).

Por último, en séptimo lugar, las demandas contencioso administrativas también deben declararse inadmisibles cuando sean contrarias al orden público, a las buenas costumbres o a alguna disposición expresa de la ley (art. 35,7).

6. *Medidas cautelares*

La Ley Orgánica ha investido al Juez Contencioso Administrativo "de las más amplias potestades cautelares," a cuyo efecto lo autoriza para "dictar, aún de oficio, las medidas preventivas que resulten adecuadas a la situación fáctica concreta, imponiendo ordenes de hacer o no hacer a los particulares, así como a los órganos y entes de la Administración Pública, según el caso concreto, en protección y continuidad sobre la prestación de los servicios públicos y en su correcta actividad administrativa"(art. 4). A tal efecto, la ley establece un procedimiento común para el caso de tramitación de medidas cautelares en los procesos contencioso administrativos, el cual se debe aplicar en general, incluso en los casos de solicitudes de amparo cautelar que se formulen junto con las acciones de nulidad de actos administrativos (art. 103). La única previsión especial en esta materia es la referida a los procedimientos breves (referidos a reclamos por la omisión, demora o deficiente prestación de los servicios públicos; demandas por vías de hecho; y acciones por abstención), en los cuales, conforme al artículo 69, una admitida la demanda, el tribunal puede de oficio o a instancia de parte, dictar medidas cautelares, en cuyo caso, la oposición a las mismas debe ser resuelta a la mayor brevedad.

Las medidas cautelares, en general, conforme al artículo 104 de la LOJCA 2010, deben solicitarse por las partes en cualquier estado y grado del procedimiento, pudiendo ser acordadas por el tribunal como las estime pertinentes "para resguardar la apariencia del buen derecho invocado y garantizar las resultas del juicio, ponderando los intereses públicos generales y colectivos concretizados y ciertas gravedades en juego, siempre que dichas medidas no prejuzguen sobre la decisión definitiva."

A tal efecto, el tribunal cuenta con los más amplios poderes cautelares para proteger no sólo a los demandantes, sino como lo dice el artículo 104, "la Administración Pública, a los ciudadanos, a los intereses públicos y para garantizar la tutela judicial efectiva y el restablecimiento de las situaciones jurídicas infringidas mientras dure el proceso." En las causas de contenido patrimonial, la Ley Orgánica prescribe que el tribunal puede exigir garantías suficientes al solicitante.

Una vez recibida la solicitud de medida cautelar, el tribunal debe abrir un cuaderno separado para el pronunciamiento que deberá formularse dentro de los 5 días de despacho siguientes (art. 105). En el caso de tribunales colegiados el juzgado de sustanciación debe remitir inmediatamente el cuaderno separado, y recibido este, se debe designar ponente, de ser el caso, y decidirse sobre la medida dentro de los 5 días de despacho siguientes. Al trámite de las medidas cautelares se le debe dar prioridad (art. 105).El tramite de la oposición que formulen las partes a las medidas cautelares se rige por lo dispuesto en el Código de Procedimiento Civil (art. 106)

IV. ALGUNAS NORMAS ESPECÍFICAS RELATIVAS A LOS DISTINTOS PROCEDIMIENTOS

1. *Normas específicas en los procedimientos de las demandas de contenido patrimonial*

El cuanto al contencioso de las demandas de contenido patrimonial, el aspecto específico de mayor interés en el procedimiento, los artículos 57 a 64 de la LOJCA 2010, es el derivado de su oralidad, al preverse en el artículo 57 la realización de una Audiencia Preliminar oral y con la asistencia de las partes, que debe tener lugar al inicio del procedimiento, lógicamente luego de la admisión de la demanda, en la cual el Juez puede resolver los defectos del procedimiento, de oficio o a petición de parte. En la Audiencia Preliminar, el demandado debe expresar con claridad si contraviene los hechos alegados por la contraparte, a fin de que el Juez pueda fijar con precisión los hechos controvertidos. En esta oportunidad, las partes deben promover los medios de prueba que sustenten sus afirmaciones. El artículo 58 de la LOJCA 2010 faculta al juez para que de oficio o a petición de parte, pueda convocar para su participación en la audiencia preliminar a las personas, entes, consejos comunales, colectivos o cualquier otra manifestación popular de planificación, control y ejecución de políticas y servicios públicos, "cuyo ámbito de actuación se encuentre vinculado con el objeto de la controversia," para que opinen sobre el asunto debatido. De ser procedente su participación, el Juez debe proceder a notificarles, de conformidad con lo dispuesto en el artículo 37 de la Ley que en realidad regula las "citaciones personales," fijándose la audiencia cuando conste en autos la notificación respectiva. Las personas y entes antes señalados, no requerirán representación ni asistencia de abogado. El Juez facilitará su comparecencia y deberá informarles sobre los aspectos relevantes de la controversia. En estos casos, el Juez puede escoger entre los presentes quien los represente. (art. 59).

Conforme al artículo 60 de la LOJCA 2010, si el demandante no compareciere a la audiencia preliminar, el juez debe declarar desistido el procedimiento; en cuyo caso, sólo se extingue la instancia y el demandante puede volver a proponer nueva demanda inmediatamente. Si el demandado es el que no comparece a la Audiencia Preliminar, la causa debe seguir su curso.

Luego de la contestación de la demanda y concluido el lapso de pruebas, dentro de 5 días de despacho siguientes, conforme al artículo 63 de la LOJCA 2010, se debe fijar la oportunidad para la celebración de la Audiencia Conclusiva; oportunidad en la cual, en los tribunales colegiados se debe designar Ponente. En esta Audiencia Conclusiva, las partes deben exponer oralmente sus conclusiones, las cuales pueden consignar por escrito. Al comenzar la audiencia, el Juez debe indicar a las partes el tiempo para exponer sus conclusiones, réplica y contrarréplica. Concluida la Audiencia Conclusiva, el artículo 64 de la LOJCA 2010, prevé que el Juez dispone de 30 días continuos para decidir. Sin embargo, el pronunciamiento puede diferirse justificadamente por 30 días continuos.

2. *Normas específicas en los procedimientos de reclamos por prestación de servicios públicos, vías de hecho y abstenciones*

La LOJCA 2010 estableció unas normas específicas para los denominados procedimientos breves que no tienen contenido patrimonial o indemnizatorio, y que según el artículo 65 se refieren a las demandas relacionadas con los reclamos por la omisión, demora o deficiente prestación de los servicios públicos; las vías de hecho; y la abstención de la Administración. Para el caso que se incluya con estas demandas peticiones de contenido patrimonial, ello no impide que el tribunal dé curso exclusivamente a las acciones mencionadas.

Conforme al artículo 70 de la LOJCA 2010, una vez recibido el informe o transcurrido el término para su presentación, el tribunal, dentro de los 10 días de despacho siguientes, debe realizar la Audiencia Oral en la cual se debe oír a las partes, a los notificados y demás interesados. Los asistentes a la audiencia pueden presentar sus pruebas. El tribunal además, en la Audiencia debe propiciar la conciliación (art. 71).La Audiencia Oral puede ser prolongada por el tribunal en casos especiales (art. 72). Estas audiencias orales deben constar en medios audiovisuales, además de las actas correspondientes, a cuyo efecto, las grabaciones forman parte del expediente (art. 73). Si el demandante no asistiere a la Audiencia Oral se debe entender como desistida la demanda, salvo que otra persona de las convocadas manifieste su interés en la resolución del asunto. Por otra parte, el mismo día o el siguiente de la Audiencia Oral, el tribunal debe admitir las pruebas, ordenando la evacuación que así lo requieran. (art. 71).

En cuanto a los reclamos por la prestación de los servicios públicos y el restablecimiento de las situaciones jurídicas subjetivas lesionadas por los prestadores de los mismos (art. 9,5), la LOJCA 2010 atribuye el conocimiento de la materia exclusivamente a los Juzgados de Municipio de la Jurisdicción Contencioso Administrativa, como competencia única, conocer de "las demandas que interpongan los usuarios o usuarias o las organizaciones públicas o privadas que los representen, por la prestación de servicios públicos" (art. 26,1).

3. *Normas específicas del procedimiento común para los casos de demandas de nulidad de actos administrativos, de interpretación de leyes y de controversias administrativas*

En cuanto al procedimiento para los casos de tramitación de las demandas sobre nulidad de actos administrativos, de interpretación de leyes; y de controversias administrativa, el artículo 76 de la LOJCA 2010, establece unas previsiones con un procedimiento común, que comienza con la admisibilidad de la demanda (artículo 77, LOJCA 2010) que el tribunal debe decidir dentro de los 3 días de despacho siguientes a la recepción de la misma, notificándose conforme al 78 de la LOJCA 2010, a las siguientes personas y entes: 1. En los casos de recursos de nulidad, se debe notificar al representante del órgano que haya dictado el acto; en los casos de recursos de interpretación, se debe notificar al órgano del cual emanó el instrumento legislativo; y en los de controversias administrativas, la notificación debe hacerse al órgano o ente contra quien se proponga la demanda. 2. Al Procurador General de la República y al Fiscal General de la República, y 3. A cualquier otra persona, órgano o ente que deba ser llamado a la causa por exigencia legal o a criterio del tribunal.

Estas notificaciones se deben realizar mediante oficio que debe ser entregado por el Alguacil en la oficina receptora de correspondencia de órgano o ente de que se trate. El Alguacil debe dejar constancia, inmediatamente, de haber notificado y de los datos de identificación de la persona que recibió el oficio.

Además, En el auto de admisión, conforme se dispone en el artículo 80 de la LOJCA 2010, se debe ordenar la notificación de los interesados, mediante un cartel que debe ser publicado en un diario que ha de indicar el tribunal, para que comparezcan a hacerse parte e informarse de la oportunidad de la audiencia de juicio. El cartel debe ser librado el día siguiente a aquél en que conste en autos la última de las notificaciones ordenadas. En los casos de demandas de nulidad de actos administrativos de efectos particulares no será obligatorio el cartel de emplazamiento, a menos que razonadamente lo justifique el tribunal.

El demandante debe retirar el cartel de emplazamiento dentro de los 3 días de despacho siguientes a su emisión, lo debe publicar, y luego consignar la publicación, dentro de los 8 días de despacho siguientes a su retiro. El incumplimiento de estas cargas, da lugar a que el tribunal declare el desistimiento del recurso y ordene el archivo del expediente, salvo que dentro del lapso indicado algún interesado se diera por notificado y consignara su publicación. (art 81).

En estos procedimientos, el tribunal conforme a lo establecido en el artículo 82 de la LOJCA 2010, fijar convocar a la realización de la Audiencia de juicio, a la cual deben concurrir las partes y los interesados. En los tribunales colegiados, en esta misma oportunidad, se debe designar ponente. Si el demandante no asistiera a la audiencia se debe entender desistido el procedimiento. Al comenzar la audiencia de juicio, el tribunal debe señalar a las partes y demás interesados, el tiempo disponible para sus exposiciones orales, las cuales además pueden consignar por escrito. En esta misma oportunidad las partes podrán promover sus medios de pruebas.

4. *Normas específicas de procedimiento en las demandas de nulidad de actos administrativos*

En cuanto al procedimiento en los casos de demandas de nulidad de los actos administrativos, deben destacarse varios aspectos específicos que se fueron elaborándose por la jurisprudencia y la doctrina en las últimas décadas.

En primer lugar está el tema de la legitimación en los juicios de nulidad de los actos administrativos que la LOJCA 2010 no precisó, y que está condicionada entre otros factores por los efectos producidos por los actos impugnados. En cuanto a los actos administrativos de efectos generales, la legitimación para impugnarlos y para hacerse parte en los juicios corresponde a cualquiera que alegue un simple interés en la anulación o en el mantenimiento del acto impugnado. La acción en estos casos es una acción popular contencioso administrativa, tal como se derivaba del artículo 21, párrafo 9º de la derogada LOTSJ 2004, cuando disponía que "toda persona natural o jurídica, que sea *afectada en sus derechos o intereses* por un *acto administrativo de efectos generales* emanado de alguno de los órganos del Poder Público Nacional, Estadal o Municipal, …, puede demandar la nulidad del mismo ante el Tribunal Supremo de Justicia, por razones de inconstitucionalidad o de ilegalidad." Se trata de la misma acción popular que se ha establecido en materia de control de constitucionalidad de las leyes y que tiene sus antecedentes desde mitad del Siglo XIX.

Esta acción popular fue definida por la jurisprudencia, como la que "corresponde a todos y cada uno de los individuos que componen un conglomerado, para impugnar la validez de un acto del Poder Público que, por tener un carácter normativo y general, obra *erga omnes,* y, por tanto, su vigencia afecta e interesa a todos por igual."[20] En estos casos de impugnación de actos normativos, dijo la antigua Corte Suprema, éstos "pueden ser impugnados por la vía de la acción popular, ejercida libremente por cualquier ciudadano que se encuentre en el pleno goce de sus derechos, esto es, que tenga capacidad procesal" invocando simplemente "el derecho que tiene todo ciudadano a que la administración respete la legalidad."[21] En este caso, agregaba la antigua Corte, "la acción que se da... a cualquiera del pueblo (de allí su denominación) está dirigida a la defensa de un interés público que es a la vez simple interés del accionante quien por esta sola razón no requiere estar investido de un interés jurídico diferencial o legítimo"[22].

En cuanto a las condiciones de admisibilidad de las demandas de nulidad de actos administrativos de efectos particulares, tradicionalmente la legitimación activa se atribuía q quienes fueran titulares de un interés personal, legítimo y directo en la impugnación del acto administrativo. Esta exigencia ha sido formalmente eliminada en 2010, tanto con la derogación de la LOTSJ de 2010 como con la sanción de la LOJCA 2010 que no lo contempla.

Distinta es la situación de la posibilidad de participación en los juicios como demandantes o como partes, de los entes, consejos comunales, colectivos y otras manifestaciones populares de planificación, control, ejecución de políticas y servicios públicos, en cuyo caso el acto administrativo impugnado debe tener vinculación con su ámbito de actuación. Esas entidades pueden incluso emitir su opinión en los juicios cuya materia debatida esté vinculada a su ámbito de actuación, aunque no sean partes (art. 10).

Se trata de lo que se ha regulado en la Constitución para la tutela judicial de los intereses colectivos o difusos (art. 26), resultado del reconocimiento para la participación en los juicios de nulidad de los actos administrativos, además del interés personal, legítimo y directo del recurrente, de otras situaciones jurídicas subjetivas que

---

[20]   *V.,* la sentencia de la antigua Corte Federal de 14-03-60 en *Gaceta Forense* N° 27, 1960, pp.127-132 y la sentencia de la Corte Suprema de Justicia en Sala Político-Administrativa de 18-02-71 en *Gaceta Oficial* N° 1.472 Extra. de 11-06-71. *V.,* en Brewer-Carías, Allan R., *Jurisprudencia de la Corte Suprema 1940-1975 y Estudios de Derecho Administrativo,* Tomo V, Vol. I, Caracas, 1978, pp .209-304.
[21]   *V.,* la sentencia de la Corte Suprema de Justicia en Sala Político-Administrativa de 06-02-64 en *Gaceta Oficial* N° 27.373 de 21-02-64. *V.,* en Brewer-Carías, Allan R., *Jurisprudencia...,* cit., Tomo V, Vol. I, p.296.
[22]   *V.,* la sentencia de la Corte Suprema de Justicia en Sala Político- Administrativa de 18-02-71 en *Gaceta Oficial* N° 1.472 Extra, de 11-06-71, y la sentencia de la Corte Suprema de Justicia en Sala Político-Administrativa de 21-11-74, en *G.O.* N° 30.594 de 10-01-75. *V.,* en Brewer-Carías, Allan R. *Jurisprudencia...,* cit., Tomo V, Vol. I, pp. 304 y 314.

corresponden a una comunidad concreta o a la colectividad en general. Con ello, se ha reconocido legitimación para actuar a las entidades representativas de intereses colectivos legalmente establecidas y reconocidas (intereses colectivos), y a quienes en determinadas circunstancias invoquen la protección de los intereses supra-individuales que conciernen a toda la colectividad (intereses difusos), lo que se había recogido en el artículo 18, párrafo 2º de la derogada LOTSJ 2004.

En cuanto a la legitimación pasiva en los casos de demandas de nulidad de los actos administrativos, la situación de demandado corresponde conforme a la LOJCA 2010 a la Administración Pública interesada, en cabeza del representante del órgano o ente que haya dictado el acto, quien debe ser notificado (art. 78,1), al cual, por lo demás, se le debe requerir el expediente administrativo (art. 79). Además, la condición de demandados corresponde a los interesados que también deben ser emplazados mediante cartel (art. 80).

Debe mencionarse que el artículo 137 de la derogada Ley Orgánica de de la Corte Suprema de 1976 establecía en forma expresa, que en los juicios contencioso administrativos contra los actos administrativos de efectos particulares, podían hacerse parte todas las personas que reunieran las mismas condiciones exigidas para el accionante o recurrente, es decir, todos los titulares de un interés personal, legítimo y directo en defender el acto impugnado (Art. 137). Esta norma, sin embargo, aún cuando no se recogió en la también derogada LOTSJ 2004; no impidió que hasta 2010 pudiera considerarse que el mismo principio se aplicaba, en el sentido de que para hacerse parte en los juicios atendiendo al emplazamiento, la persona debía ostentar un interés, personal y directo sea en la anulación del acto, sea en su mantenimiento; o debía acudir alegando la representación de intereses colectivos o difusos.

Lo que es cierto es que en los juicios contencioso administrativos incluyendo los de nulidad de actos administrativos conforme a la LOJCA 2010, el concepto de parte es fundamental, pues la parte demandante es la que debe identificarse en la demanda como parte actora (arts. 33,2; 34); la parte demandada es la que debe citarse como parte demandada (art. 37); son las partes las que pueden formular observaciones a los autos del juez para mejor proveer (art. 39); son las partes las que pueden solicitar al juez dictar providencias (art 40); es la actuación de las partes la que puede evitar la perención (art. 41); es en relación con las partes que surgen las causales de recusación e inhibición de los jueces (art. 41 ss); son las partes las que participan en la audiencia preliminar, pueden solicitar providencias de correcciones procedimentales, y pueden promover pruebas, convenir en hechos y oponerse a pruebas (arts. 57, 60 y 62); son las partes las que pueden solicitar al juez que se convoque a grupos organizados de la sociedad cuyo ámbito de actuación se encuentre vinculado con el objeto de la controversia, para que participen en la audiencia opinando sobre el asunto debatido (art. 58); son las partes las que pueden participar en la audiencia conclusiva (art. 63); son las partes las que deben ser notificadas de la sentencia (art. 64); son las partes las que en los juicios de nulidad, de interpretación y de controversias, pueden solicitar al juez que se notifique a determinadas personas (art. 68,3); son las partes las que pueden solicitar al juez dictar medidas (art. 69), las que son oídas en la audiencia oral (art. 70); son las partes las que como tales pueden atender al cartel de emplazamiento (art. 80), las que pueden participar en la audiencia de juicio (arts. 82 y 83), promover pruebas, convenir en hechos y oponerse a pruebas (art. 84); son las partes las que pueden solicitar que se dicten medidas cautelares (art 104); son las partes las que pueden participar en la ejecución de sentencias (art. 109,

110); son las partes las que pueden apelar de las sentencias (arts. 92, 94) y contestar la apelación (art. 94); y, en fin, son las partes las que pueden intentar el recurso especial de juridicidad (art. 95) y contestarlo (art. 99).

Otro aspecto que debe mencionarse en relación con las demandas de nulidad de los actos administrativos, tal como se regula en los artículos 76 a 96 de la LOJCA 2010, es que las normas de procedimiento que en ellos se establece solo se refieren a las demandas en las cuales sólo se solicite la nulidad de un acto administrativo. Sin embargo, en muchos casos, la demanda de nulidad de los actos administrativos no se agota con la sola pretensión de anulación de los mismos, sino que la demanda de anulación puede estar acompañada de otras pretensiones procesales de contenido patrimonial conforme se establece en el artículo 259 de la Constitución y se establecía en el artículo 21, párrafo 18° de la derogada LOTSJ 2004.

En estos últimos casos, sin embargo, no hay procedimiento específico establecido en la LOJCA 2010, por lo que además de aplicarse el procedimiento previsto para las demandas de nulidad, con las notificaciones y emplazamientos, en nuestro criterio debe efectuarse la citación del ente demandado, por ejemplo, encabeza del Procurador General, como representante de la República.

En efecto, puede decirse que a partir de la LOTSJ 2004, había quedado rota la tradicional dicotomía del contencioso de anulación, por un lado, y del contencioso de los derechos, por el otro,[23] de manera que en el contencioso de los actos administrativos, además de la anulación del acto, el juez podía condenar a la Administración al pago de sumas de dinero, a la reparación de daños y perjuicios y al restablecimiento de las situaciones jurídicas subjetivas lesionadas por el acto anulado.

A tal efecto, el artículo 21, párrafo 18 de la derogada LOTSJ 2004 establecía lo siguiente:

En su fallo definitivo el Tribunal Supremo de Justicia declarará, si procede o no, la nulidad de los actos o de los artículos impugnados, y determinará, en su caso, los efectos de la decisión en el tiempo; igualmente podrá, de acuerdo con los términos de la solicitud, condenar el pago de sumas de dinero y a la reparación de daños y perjuicios originados en responsabilidad de la administración, así como disponer lo necesario para el restablecimiento de las situaciones jurídicas subjetivas lesionadas por la actividad administrativa.

Esta norma tenía y aún derogada tiene una importancia destacada en la configuración del contencioso-administrativo en Venezuela, con las siguientes implicaciones:

En *primer lugar*, las pretensiones de anulación de los actos administrativos pueden acompañarse de pretensiones de condena. Por tanto, cuando éstas dependan de lesiones a situaciones jurídicas subjetivas producidas por actos administrativos, en la misma demanda de anulación de éstos pueden acumularse las pretensiones de condena, con lo cual si bien se sigue el procedimiento de los juicios de nulidad deben incorporarse elementos generales como la citación de la Administración y el agota-

---

[23]   Véanse los comentarios de A. Moles Caubet sobre lo que llamó "el contencioso mixto", en "Rasgos generales de la jurisdicción contencioso administrativa" en *Instituto de Derecho Público, El control jurisdiccional de los Poderes Públicos en Venezuela,* Caracas, 1979, p. 67-77; Rodríguez García, Nelson, *El sistema contencioso-administrativo venezolano y la jurisdicción contencioso-administrativa,* Valencia, 1982, p. 76-77.

miento del procedimiento administrativo previo a las acciones de contenido patrimonial contra la República conforme a las previsiones de la Ley Orgánica de la Procuraduría General de la República y a lo previsto en la última parte del artículo 7.10 de la Ley Orgánica de la Administración Pública.

En *segundo lugar*, las pretensiones de condena que pueden acompañar al recurso de anulación, de acuerdo al artículo 259 de la Constitución (y al derogado artículo 21, párrafo 18° de la LOTSJ 2004), pueden tener su origen básicamente en la responsabilidad de la Administración derivada del acto administrativo ilegal, buscándose la condena a la Administración al pago de sumas de dinero, a la reparación de daños y perjuicios o al restablecimiento de la situación jurídica subjetiva lesionada por la actividad administrativa. Esta variedad de pretensiones tiene efectos fundamentales en cuanto a la legitimación activa y al contenido de la decisión del juez contencioso-administrativo.

En efecto, en cuanto a la legitimación activa, el derogado artículo 21, párrafo 18° de la LOTSJ 2004 ratificó el fin del antiguo monopolio que antes de 1976, había tenido el derecho subjetivo en relación con las situaciones jurídicas subjetivas, particularmente en cuánto a su resarcibilidad o indemnizabilidad. En esta forma, la tradicional idea de que el interés personal, legítimo y directo era sólo una situación jurídica *procesal* para impugnar actos administrativos, y de que la pretensión de condena sólo correspondía a los titulares de derechos subjetivos quedó superada, y con el ahora derogado artículo 21, párrafo 18° de la LOTSJ 2004, resulta que dentro de las situaciones jurídicas subjetivas sustantivas, además del tradicional derecho subjetivo también cabe ubicar los intereses legítimos, y éstos, al igual que aquéllos, pueden dar lugar a pretensiones de condena y a su resarcimiento.

Por tanto, la legitimación activa en el contencioso de anulación y condena no sólo corresponde al titular de un derecho subjetivo lesionado por el acto administrativo impugnado, sino también al titular de un interés personal, legítimo y directo, lo cual, por supuesto, variaría según el tipo de pretensión de condena. Por ejemplo, si se trata de una pretensión de condena derivada de responsabilidad administrativa originada por el acto administrativo impugnado, pueden distinguirse dos supuestos: si se trata de un acto administrativo que lesiona el derecho subjetivo al cocontratante de la Administración en relación con un contrato celebrado con la Administración, la legitimación activa para impugnar el acto ilegal, y pretender el pago de sumas de dinero o la reparación de daños y perjuicios, corresponde al titular del derecho subjetivo contractual lesionado (cocontratante). En el mismo orden de ideas, por ejemplo, si se trata de un acto administrativo que lesiona el derecho subjetivo del funcionario público de carrera a la estabilidad, la legitimación activa para impugnar un acto ilegal de destitución y para pretender el pago de sumas de dinero, la reparación de daños y perjuicios por la destitución ilegal o el restablecimiento al cargo público de carrera, corresponde al titular del derecho subjetivo lesionado (funcionario público destituido).

Pero la responsabilidad de la Administración no sólo puede surgir de la lesión de derechos subjetivos (contractuales o estatutarios), sino también puede surgir de la lesión a intereses legítimos, personales y directos, cuyos titulares no sólo tienen la legitimación para impugnar los actos administrativos ilegales que los lesionen, sino también para pretender la condena a la Administración a la reparación de daños y perjuicios originados por el acto ilegal, y al restablecimiento del interés legítimo lesionado por la autoridad administrativa. Por ejemplo, el propietario de una parcela de terreno en una zona urbana residencial, frente a un acto administrativo ilegal que cambie la zonificación de la parcela colindante, no sólo tiene la legitimación para impugnar el acto ilegal y solicitar su nulidad, sino para que se le resarzan los daños y perjuicios ocasionados por el mismo (por ejemplo, daños ambientales, eliminación del derecho a una vista o panorama, etc.) y, para que se le restablezca la situación jurídica lesionada (demolición de la construcción realizada al amparo del acto ilegal y anulado y restablecimiento de la zonificación original).

Pero no sólo la esencia de la legitimación activa se ha modificado en el contencioso-administrativo de los actos administrativos, sino que a partir de 1976, también se han modificado sustancialmente los poderes del juez en sus decisiones de anulación y condena, pues éstas pueden incluso, llegar a sustituir la actuación de la Administración.

En efecto, en el esquema tradicional del contencioso-administrativo de anulación, el juez se limitaba a anular el acto recurrido correspondiendo a la Administración la ejecución de la decisión judicial. El juez no podía ni ordenar actuaciones a la Administración ni sustituirse a la Administración y adoptar decisiones en su lugar. Sin embargo, este criterio tradicional ha sido superado por el derecho positivo, y no sólo la pretensión de anulación puede estar acompañada de pretensiones de condena al pago de sumas de dinero o la reparación de daños y perjuicios, sino que más importante, la pretensión de anulación puede estar acompañada de pretensiones de condena a la Administración al restablecimiento de la situación jurídica subjetiva (derecho subjetivo o interés legítimo) lesionada, lo que implica el poder del juez de formular órdenes o mandatos de hacer o de no hacer (prohibiciones) a la Administración. No se olvide que el artículo 259 de la Constitución habla de los poderes del juez contencioso-administrativo para "disponer lo necesario para el restablecimiento de las situaciones jurídicas subjetivas lesionadas por la actividad administrativa", con lo cual se le está confiriendo una especie de jurisdicción de equidad similar a las decisiones de *injunction* o *mandamus* del derecho angloamericano[24]. Por tanto, al "disponer lo necesario para el restablecimiento de la situación jurídica lesionada", no sólo puede el juez ordenar a la Administración adoptar determinadas decisiones, sino prohibirle actuar en una forma determinada. Y más aún, cuando sea posible con la sola decisión judicial, puede restablecer directamente la situación jurídica lesionada (y no sólo ordenarle a la Administración que la restablezca).

5. *Normas específicas del procedimiento en las demandas de interpretación de leyes administrativas*

Otro de los procesos contencioso-administrativo en Venezuela es el las demandas de interpretación que se ha regulado genéricamente en el artículo 31,5 de la LOTSJ 2010, como competencia de todas las Salas del Tribunal Supremo de Justicia, para:

---

[24]   *V.,* Wade H. W. R., *Administrative Law, Oxford,* 1982, p.515, 629.

Conocer las demandas de interpretación acerca del alcance e inteligencia de los textos legales, siempre que dicho conocimiento no signifique una sustitución del mecanismo, medio o recurso que disponga la ley para dirimir la situación de que se trate.

Debe recordarse que esta norma reguladora del proceso contencioso de interpretación de textos legales[25], originalmente se había establecido como una competencia exclusiva de la Sala Político Administrativa de la antigua Corte Suprema, habiendo sido ampliada a partir de la LOTSJ 2004 a todas las Salas, pero sólo admisible "en los casos previstos en la Ley."[26]

Así, muchas leyes fueron previendo la demanda en las décadas pasadas, entre otras, por ejemplo, la Ley de Carrera Administrativa y su Reglamento; la Ley Orgánica del Poder Judicial (Art. 148); la Ley Orgánica de la Corte Suprema de Justicia; y la Ley de Licitaciones.[27]

Como lo precisó la antigua Corte Suprema de Justicia en su sentencia de 14 de marzo de 1988 *(Caso Concejo Municipal del Distrito Bruzual del Estado Yaracuy):*

Este medio de actuación procesal está reservado de manera exclusiva para aquellos casos en los cuales el texto legal cuya interpretación se solicita lo permita expresamente. Resulta, por tanto, improcedente el ejercicio y en forma indiscriminada y general, del recurso de interpretación respecto de cualquier texto legal, si no sé encuentra expresamente autorizado por el propio legislador[28].

En este recurso de interpretación, la legitimación activa correspondería a todo el que tenga un interés legítimo, personal y directo en la interpretación del texto legal, normalmente, el funcionario público, y por supuesto, también correspondería a la Administración.

6. *Normas específicas del procedimiento en las demandas para la solución de controversias administrativas*

De acuerdo con lo establecido en los artículos 226,4 de la Constitución, el Tribunal Supremo de Justicia en Sala Político Administrativa tiene competencia para:

Dirimir las controversias administrativas que se susciten entre la República, algún Estado, Municipio u otro ente público, cuando la otra parte sea alguna de esas mismas entidades, a menos que se trate de controversias entre Municipios de un mismo Estado, caso en el cual la ley podrá atribuir su conocimiento a otro Tribunal.

Esta norma se ha desglosado en el artículo 26 de la LOTSJ 2010, en las siguientes competencias para conocer:

---

[25] *V.,* Pérez Olivares, E. "El recurso de interpretación" en *El control jurisdiccional de los Poderes Públicos..., cit.,* p.149-165.

[26] *V.,* sentencia de la Corte Suprema de Justicia en Sala Político-Administrativa de 27-04-82 en *Revista de Derecho Público,* N° 10, Editorial Jurídica Venezolana, Caracas, 1982, p.174.

[27] *V.,* sentencia de la Corte Suprema de Justicia en Sala Político-Administrativa de 11-08-81 en *Revista de Derecho Publico,* N° 8, Editorial Jurídica Venezolana, Caracas, 1981, p. 138. *V.,* artículo 78 de la Ley de Licitaciones, *Gaceta Oficial* N° 34.528 de 10-08-90.

[28] *V.,* en *Revista de Derecho Público,* N° 34, Editorial Jurídica Venezolana, Caracas, 1988, p.146-147.

7. Las controversias administrativas entre la República, los Estados, los Municipios u otro ente público, cuando la otra parte sea una de esas mismas entidades, a menos que se trate de controversias entre Municipios de un mismo Estado.

8. Las controversias administrativas entre autoridades de un mismo órgano o ente, o entre distintos órganos o entes que ejerzan el Poder Público, que se susciten por el ejercicio de una competencia atribuida por la Ley.

La competencia en las demandas para la solución de controversias administrativas, conforme a la LOJCA 2010, se han atribuido a la Sala Político Administrativa del Tribunal Supremo en los casos de controversias administrativas entre la República, los estados, los municipios u otro ente público, cuando la otra parte sea una de esas mismas entidades, a menos que se trate de controversias entre municipios de un mismo estado; y las controversias administrativas entre autoridades de un mismo órgano o ente, o entre distintos órganos o entes que ejerzan el Poder Público, que se susciten por el ejercicio de una competencia atribuida por la ley (art. 23,7 y 8). En cuanto a las controversias administrativas entre municipios de un mismo estado por el ejercicio de una competencia directa e inmediata en ejecución de la ley, la competencia se atribuye a los Juzgados Superiores Estadales de la Jurisdicción Contencioso Administrativa (art. 25,9).

7. Una "casación" contencioso administrativa: Normas específicas sobre el recurso especial de juridicidad

Una de las novedades de la LOJCA 2010 ha sido el establecimiento por primera vez en la historia del proceso judicial contencioso administrativo en Venezuela, de un recurso de "casación" contencioso administrativo, denominado en la Ley como "recurso especial de juridicidad," cuyo conocimiento sin embargo no corresponde a las Salas de Casación del Tribunal Supremo, sino a la Sala Político Administrativa del mismo (art. 95); lo que se ha ratificado en el artículo 26,18 de la LOTSJ 2010.

Como lo especifica expresamente la LOJCA 2010, el recurso no constituye una tercera instancia de conocimiento de la causa, y sólo puede interponerse a solicitud de parte, contra sentencias dictadas en segunda instancia, con el objeto de que la Sala Político Administrativa revise sentencias definitivas dictadas en segunda instancia que transgredan el ordenamiento jurídico (art. 95). Este recurso de juridicidad también puede intentarse contra las decisiones judiciales de segunda instancia que se pronuncien sobre destitución de jueces.

Este recurso especial de juridicidad debe interponerse ante el tribunal que ha dictado la sentencia, dentro de los 10 días de despacho siguientes a la publicación de la misma, para ante la Sala. El escrito del recurso especial de juridicidad debe hacer mención expresa de las normas transgredidas (art. 96). El tribunal que dictó la sentencia recurrida debe remitir inmediatamente el expediente con el recurso a la Sala Político-Administrativa, dejando constancia en el auto que ordena la remisión de los días de despacho transcurridos para su interposición (art. 97).

La Sala Político-Administrativa debe pronunciarse sobre la admisión del recurso dentro de los 10 días de despacho siguientes a su recibo (art. 98); y una vez que la Sala admita el recurso, la contraparte dispone de 10 días de despacho para consignar por escrito, que no debe exceder de 10 páginas, su contestación (art. 99). La limitación parece no tener lógica, sobre todo si se tiene en cuenta que la LOJCA 2010 no limita el número de páginas que puede tener el recurso de revisión de juridicidad que se va a contestar.

Transcurrido el lapso establecido en el artículo 98 de la LOJCA 2010 para la presentación de la contestación, la Sala Político-Administrativa debe dictar sentencia decisión dentro de los 30 días de despacho siguientes (art. 100). Como se dijo, el recurso especial de juridicidad no constituye una tercera instancia de conocimiento de la causa (art. 96), por lo que en su decisión, la Sala Político Administrativa deberá limitarse a analizar las que transgresiones al ordenamiento jurídico que hubiesen sido denunciadas en el recurso (art. 95), en el cual, como se dijo, debe hacer mención expresa de las normas denunciadas como transgredidas (art. 96).

En la sentencia, la Sala Político-Administrativa puede declarar la nulidad de la sentencia recurrida, ordenando la reposición del procedimiento, o resolver el mérito de la causa para restablecer el orden jurídico infringido (art. 101).

En los casos en los cuales la Sala considere que se el recurso se ha intentado temerariamente, podrá imponerle al recurrente, al abogado asistente o al apoderado que lo haya interpuesto, en decisión que debe ser motivada, multa por un monto entre 50 U.T. y 150 U.T. (art. 102)..

V. REFLEXIÓN FINAL

Como se dijo al inicio, la nueva Ley Orgánica de la Jurisdicción Contencioso Administrativa puede decirse que recogió –aún cuando en muchos aspectos en forma deficiente- buena parte de los principios que dispersamente regulaban la misma, conforme a los principios constitucionales que se habían establecido desde la Constitución de 1961. No es correcto decir, por tanto, como se indicó erradamente en la "Exposición de Motivos" del Proyecto de Ley, que el contencioso administrativo en Venezuela supuestamente no se habría configurado "conforme a la idiosincrasia del país," sino que supuestamente habría sido "el producto de la adaptación a nuestro medio de instituciones foráneas y la imitación de modelos que se fueron estructurando a través de la labor jurisprudencial y la doctrina, pero ajenas a nuestras propias realidades."[29]

La verdad es que sólo la ignorancia del redactor de dicha Exposición de Motivos puede justificar esa afirmación, y basta para darse cuenta de ello, como se citó al inicio, toda la abundante bibliografía y jurisprudencia del país en las últimas décadas. Ello lo que confirma es que frente a esa afirmación sin fundamento, al contrario, la construcción del contencioso administrativo ha sido obra de nuestros tribunales, y del foro y de la academia venezolanas, desarrollada con base en nuestras nor-

---

[29]   V., el texto del "Informe del Proyecto de la Ley Orgánica de la Jurisdicción Administrativa" presentado junto con una *Exposición de Motivos* por oficio N° 1124/09 de 7 de diciembre de 2009 al Secretario de la Asamblea Nacional, en Brewer-Carías, Allan R. y Hernández Mendible, Víctor, *Ley Orgánica de la Jurisdicción Contencioso Administrativa*, Editorial Jurídica Venezolana, Caracas 2010, pp. 267 y ss

mas constitucionales y legales que se fueron incorporando en el ordenamiento jurídico, por supuesto, con la ilustración de la mejor doctrina del derecho administrativo contemporáneo universal.

Por otra parte, debe también destacarse que en la segunda discusión del Proyecto de Ley en diciembre de 2009, afortunadamente se abandonó la propuesta que se había formulado en el Informe correspondiente antes mencionado,[30] conforme a la cual se pretendía regular una "Jurisdicción Administrativa" que nunca ha existido en Venezuela, en lugar de una "Jurisdicción Contencioso Administrativa," como fue lo que en definitiva se reguló, superándose lo que sólo la ignorancia podía pretender, precisamente en contra del propio ordenamiento constitucional. La incomprensible propuesta de denominar a la Jurisdicción Contencioso Administrativa como "Jurisdicción Administrativa," se hizo argumentando que el hecho de que se hubiese mantenido en la Constitución de 1999:

"la misma expresión 'jurisdicción contencioso administrativa' de la Constitución de 1961, constituye un atavismo no aceptable en la cultura jurídica relacionada con la jurisdicción, ya que en Venezuela nunca existió un verdadero 'contencioso administrativo' al estilo francés ni de las naciones europeas, por lo que resulta dicho agregado un elemento importado de otras latitudes sin expresión en nuestra realidad."

Con esta afirmación los redactores de esa "Exposición de Motivos" trataron de justificar la denominación del Proyecto como "Ley Orgánica de la Jurisdicción Administrativa, eliminándose al nombre el adjetivo 'contencioso' por inapropiado, pues todo lo jurisdiccional presupone, en principio, un proceso litigioso con un contradictorio claramente definido."

Afortunadamente, como se dijo, en la segunda discusión del Proyecto de Ley se abandonó esa disparatada propuesta la cual, sin duda, ignoraba lo que precisamente en Francia había significado la expresión "jurisdicción administrativa," inicialmente integrada en la Administración antes de que se consolidara como "contencioso administrativo" fuera del Ejecutivo, pero siempre diferenciada y separada de la "jurisdicción judicial."

Por otra parte, no es cierto a la luz de la norma del artículo 259 de la Constitución, como también se afirmó erradamente en la mencionada "Exposición de Motivos" del Proyecto de Ley Orgánica, que el proceso contencioso administrativo supuestamente haya sido en Venezuela –cito- "un ámbito de tutela exclusivamente de las garantías judiciales de los administrados individualmente considerados," y que ahora, supuestamente, haya pasado a ser uno donde se hace "prevalecer los intereses públicos." La verdad es que el contencioso administrativo siempre se ha concebido como una garantía de control judicial del sometimiento de la Administración a la legalidad, independientemente si el accionante busca proteger un interés individual legítimo o un interés colectivo lesionado por la actuación administrativa que se estime contraria a derecho. Ello se deriva de la misma norma constitucional que se había incorporado en la Constitución de 1961, por lo que también es errado afirmar, como se hizo en la indicada "Exposición de Motivos" de la Ley, que la Constitución de 1999 –cito- haya "dado un salto cualitativo en la perspectiva de la justicia admi-

[30]   *Idem.*

nistrativa que viene a superar la ficticia contradicción entre los intereses públicos y los particulares." Esa afirmación es errada porque no es nada ficticia la contradicción que pueda haber entre esos dos intereses cuando de legalidad se trata, pues por más interés público que pueda haber en la realización de una actuación pública, si al ejecutarla, la Administración viola la ley afectando intereses de particulares, la contradicción se produce, pero no para hacer prevalecer el interés particular, sino para hacer prevalecer la legalidad. Y para ello es que se han configurado tribunales especializados en la materia, precisamente para hacer controlar la Administración. Ello, en todo caso, no está demás recordárselo a los legisladores aficionados, y quizás a alguno de sus asesores, quienes juntos se empeñan en tratar de olvidar o borrar la historia, que en Venezuela, como en la gran mayoría de los países latinoamericanos, muestra como antes se ha dicho, que el derecho administrativo no se construyó con base en los criterios de distinción entre una "jurisdicción judicial" y una supuesta "jurisdicción administrativa."

En todo caso, para que una Jurisdicción Contencioso Administrativa pueda funcionar controlando a la Administración Pública, es indispensable no sólo que el Estado esté formalmente configurado como un Estado de Derecho, sino que éste funcione como tal, en un régimen democrático, donde esté garantizada la separación de poderes y en particular la autonomía e independencia de los jueces. Sólo unos jueces constitucionales, o contencioso administrativos autónomos e independientes, son los por ejemplo, pueden declarar la nulidad de los actos del Poder Legislativo o del Poder Ejecutivo, y condenar al Estado por responsabilidad contractual o extracontractual. Es por ello, precisamente, que la Jurisdicción Contencioso Administrativa en Venezuela tuvo su mayor desarrollo a partir de la entrada en vigencia de la Constitución de 1961, durante las cuatro décadas de democracia que vivió el país hasta 1999. Lamentablemente, a partir de la entrada en vigencia de la Constitución de 1999 y durante la última década 1999-2009, la situación ha variado radicalmente y el régimen autoritario que se ha apoderado del Estado ha hecho añicos la independencia y autonomía de los jueces, situación en la cual el control efectivo de la constitucionalidad de los actos del Estado y de la legalidad y legitimidad de la actuación de la Administración Pública haya quedado en entredicho.

Ello, al menos, es lo que nos muestra la experiencia del funcionamiento de la Jurisdicción Contencioso Administrativa en los últimos años,[31] particularmente desde que el Ejecutivo, en 2003, utilizando al Tribunal Supremo de Justicia intervino a la Corte Primera de lo Contencioso Administrativo, secuestrando su competencia y destituyendo a sus Magistrados, habiendo quedado clausurada por más de diez meses; y todo por haber "osado," sus jueces, a dictar una simple medida de cautelar de amparo constitucional en contra de autoridades nacionales y municipales en relación con la contratación ilegal de médicos extranjeros por parte de órganos del Estado para un programa de atención médica en los barrios de Caracas.[32] El efecto demos-

---

[31] V., Antonio Canova González, La realidad del contencioso administrativo venezolano (Un llamado de atención frente a las desoladoras estadísticas de la Sala Político Administrativa en 2007 y primer semestre de 2008), Funeda, Caracas, 2009.
[32] V., sobre este caso la referencia en Brewer-Carías, Allan R., "La justicia sometida al poder y la interminable emergencia del poder judicial (1999-2006)", en Derecho y democracia. Cuadernos Universita-

tración de lo que le puede ocurrir a los jueces cuando dictan medidas que afecten intereses políticos del Ejecutivo o de quienes controlan el Poder que derivó de ese caso,[33] fue ciertamente devastador, provocando la trágica situación en la que se encuentra actualmente la Jurisdicción Contencioso Administrativa, en la cual los tribunales que la conforman simplemente se han negado a aplicar el derecho administrativo, a controlar a la Administración Pública y a proteger a los ciudadanos frente a la misma; situación que estamos en el deber de seguir denunciando, como lo he venido haciendo desde 1999.

Haciendo ahora mías las palabras de mi destacado alumno Antonio Canova González, "Por mi parte, me he negado, y sigo negando, a ver morir en mi país el Derecho Administrativo, a sabiendas de que es el instrumento para garantizar la libertad de los ciudadanos, sin revelar de forma contundente lo que ocurre y señalar con firmeza a los culpables."[34] Y estos, sin duda, no son otros los que asaltaron el Poder y el Estado desde 1999, apropiándoselo en beneficio personal y en perjuicio de los ciudadanos, en nombre de una supuesta democracia participativa que no es otra cosa que una excusa para evitar que el pueblo participe efectivamente y para aniquilar la democracia representativa con todos sus elementos y componentes esenciales.

En todo caso, una pieza fundamental de ese instrumento del derecho administrativo para garantizar la libertad y derechos ciudadanos, es sin duda una Ley como la nueva Ley Orgánica de la Jurisdicción Contencioso Administrativa, la cual, a pesar de lo dicho, es necesario estudiar, pues en algún momento en el cual se recupere la institucionalidad del Estado Constitucional, podrá servir para lo que en principio está destinada: para controlar el ejercicio del Poder por parte de la Administración Pública y proteger a los ciudadanos frente sus actuaciones.

---

rios, Órgano de Divulgación Académica, Vicerrectorado Académico, Universidad Metropolitana, Año II, N° 11, Caracas, septiembre 2007, pp. 122-138; "La justicia sometida al poder [La ausencia de independencia y autonomía de los jueces en Venezuela por la interminable emergencia del Poder Judicial (1999-2006)]" en *Cuestiones Internacionales. Anuario Jurídico Villanueva 2007,* Centro Universitario Villanueva, Marcial Pons, Madrid 2007, pp. 25-57. Los Magistrados de la Corte Primera destituidos en violación de sus derechos y garantías, demandaron al Estado por violación de sus garantías judiciales previstas en la Convención Interamericana de Derechos Humanos, y la Corte Interamericana de Derechos Humanos condenó al Estado por dichas violaciones en sentencia de fecha 5 de agosto de 2008, (Caso *Apitz Barbera y otros ("Corte Primera de lo Contencioso Administrativo") vs. Venezuela). V.,* en http://www.corteidh.or.cr/ Excepción Preliminar, Fondo, Reparaciones y Costas, Serie C N° 182. Frente a ello, sin embargo, la Sala Constitucional del Tribunal Supremo de Justicia en sentencia N° 1.939 de 18 de diciembre de 2008 (Caso *Gustavo Álvarez Arias y otros*), declaró inejecutable dicha decisión de la Corte Interamericana. *V.,* en http://www.tsj.gov.ve/decisio nes/scon/Diciembre/1939-181208-2008-08-1572.html

[33]   *V.,* sobre este caso los comentarios de Claudia Nikken, "El caso "Barrio Adentro": La Corte Primera de lo Contencioso Administrativo ante la Sala Constitucional del Tribunal Supremo de Justicia o el avocamiento como medio de amparo de derechos e intereses colectivos y difusos," en *Revista de Derecho Público*, N° 93-96, Editorial Jurídica Venezolana, Caracas, 2003, pp. 5 y ss.

[34]   *V.,* Canova González, Antonio. "La realidad del contencioso administrativo venezolano (Un llamado de atención frente a las desoladoras estadísticas de la Sala Político Administrativa en 2007 y primer semestre de 2008)", *cit.*, p. 14.

§ 19. TRES DECÁLOGOS DE LAS DESVENTURAS DE LA JURISDICCIÓN CONTENCIOSO ADMINISTRATIVA[*]

Víctor Rafael Hernández-Mendible

> *La desobediencia, a los ojos de cualquiera que haya leído la historia, es la virtud original del hombre. El progreso ha llegado por la desobediencia, por la desobediencia y la rebelión.*
>
> Oscar Wilde

I. INTRODUCCIÓN

La reforma a la Constitución de la República de Venezuela de 1961[1], vino a recoger la evolución de los textos jurídicos que le han antecedido y ha extendido la constitucionalización tanto del Derecho Administrativo[2] como del Derecho Proce-

---

[*] El presente trabajo tiene origen en el texto de la ponencia elaborado para el *VII Congreso Internacional de Derecho Administrativo-Cien años del primer Código Contencioso Administrativo colombiano*, organizado por la Universidad Santo Tomás, Tunja, septiembre de 2013, no obstante, ha sido revisado y modificado luego de la lectura de la reciente aparición de dos excelentes trabajos que vienen a enriquecer la bibliografía académica nacional, el primero de Torrealba Sánchez, M. A., *Problemas Fundamentales del Contencioso Administrativo en la actualidad*, FUNEDA, Caracas, 2013 y el segundo AA.VV., (Coords. Pérez Salazar, G., Petit Guerra, L., y Hernández-Mendible, V. R.), *La Justicia Constitucional y la Justicia Administrativa como garantes de los Derechos Humanos, Homenaje a Gonzalo Pérez Luciani y en el marco del vigésimo aniversario de FUNEDA*, Tomo I, Centro de Estudios de Derecho Procesal Constitucional, el Centro de Estudios de Derecho Público y el Centro de Estudios de Regulación Económica de la Universidad Monteávila-FUNEDA, Caracas, 2013.

[1] *Gaceta Oficial* N° 36.860, de 30 de diciembre de 1999; reimpresa por error material en *Gaceta Oficial* N° 5.453, de 24 de marzo de 2000 y enmendada, según *Gaceta Oficial* N° 5.908, de 19 de febrero de 2009.

[2] Brewer-Carías, A. R., "Marco constitucional del Derecho Administrativo", (Dir. Hernández-Mendible, V. R.), *Derecho Administrativo Iberoamericano. 100 autores en homenaje al posgrado de Derecho*

493

sal general, lo que permite comenzar sosteniendo que se ha producido la plena constitucionalización del Derecho Procesal Administrativo.

En este sentido cabe mencionar que la doctrina científica ha dado buena cuenta de este proceso de regulación al más alto nivel normativo del Derecho Procesal Administrativo[3], donde se diseñaron expresas directrices al legislador ordinario, para expedir las disposiciones reguladoras del orden jurisdiccional administrativo.

Es así como al reconocimiento constitucional expreso del derecho a la tutela judicial efectiva[4] y del derecho al debido proceso legal[5], se han sumado las disposiciones que establecen los principios rectores del proceso y se ha ratificado la disposición que establece con jerarquía constitucional la jurisdicción contencioso administrativa[6], dentro de la rama judicial del Poder Público y que imponía el deber de sancionar la respectiva ley, en los siguientes términos:

> La jurisdicción contencioso administrativa corresponde al Tribunal Supremo de Justicia y a los demás tribunales que determine la ley. Los órganos de la jurisdicción contencioso-administrativa son competentes para anular los actos administrativos generales o individuales contrarios a Derecho, incluso por desviación de poder, condenar al pago de sumas de dinero y a la reparación de daños y perjuicios originados en responsabilidad de la Administración; conocer de reclamos por la prestación de servicios públicos y disponer lo necesario para el restablecimiento de las situaciones jurídicas subjetivas lesionadas por la actividad administrativa.

Transcurrieron 10 años de vigencia de la Constitución para que el legislador cumpliese el mandato de expedir la Ley de la Jurisdicción Contencioso Administrativa[7], reformar el proceso administrativo y apuntase hacia la idea de transformar el modelo de proceso tradicional, mediante la introducción del proceso administrativo *con* audiencias, donde postula la realización de unas actuaciones escritas y otros actos del proceso se deben llevar a cabo oral o verbalmente[8].

De aquel momento se han cumplido 4 años y ello brinda la oportunidad para realizar un balance teórico y práctico de la aplicación de la Ley Orgánica de la Jurisdicción Contencioso Administrativa, que tiene la particularidad adicional de estar inserta en el marco de las reformas que se vienen realizando en el continente, donde Costa Rica en 2008 dio un paso de avanzada, seguido por Venezuela en 2010, Colombia en 2011 y el Estado de Nuevo León en México en 2012.

En la presente exposición se pretende brindar una visión desde el plano subjetivo –quiénes se encuentran sujetos al control del orden jurisdiccional administrativo-,

---

Administrativo de la Universidad Católica Andrés Bello, Tomo 1, Ediciones Paredes, Caracas, 2007, pp. 184-220.

[3] Hernández-Mendible, V. R., "Los Derechos Procesales Constitucionales", (Dir. Brewer-Carías, A. R., y Hernández-Mendible, V. R.), *El Contencioso Administrativo y los Procesos Constitucionales*, Editorial Jurídica Venezolana, Caracas, 2011, pp. 93-116.

[4] Artículo 26 de la Constitución.

[5] Artículo 49 de la Constitución.

[6] Artículo 259 de la Constitución.

[7] *Gaceta Oficial* N° 39.451, de 22 de junio de 2010.

[8] Hernández-Mendible, V. R., "El proceso administrativo por audiencias. Balance y Perspectivas," (Coord. Molina B., C. M. y Rodríguez R., L.), *El Derecho Público en Iberoamérica. Libro homenaje al profesor Jaime Vidal Perdomo*, Tomo II, Universidad de Medellín-Editorial Temis, Bogotá, 2010, pp. 393-419.

orgánico –quiénes ejercen el control en el orden jurisdiccional administrativo-, material –qué se encuentra sometido al control del orden jurisdiccional administrativo- y formal –cómo se lleva a cabo el control en el orden jurisdiccional administrativo-, todo ello en el marco del denominado proceso administrativo general, sin desconocer que existen los procesos administrativos especiales, que por razones de espacio no pueden ser desarrollados en el presente análisis.

En aras de una mejor claridad en la exposición de las ideas, dividiré el presente trabajo de la siguiente manera: Se comenzará por exponer quiénes son los sujetos sometidos al control jurisdiccional administrativo (II); se abordará la materia objeto de control jurisdiccional administrativo (III); posteriormente se analizarán los órganos que ejercen el control jurisdiccional administrativo (IV); se estudiará el decálogo de las desventuras legislativas (V); se comentará el decálogo de las desventuras jurisdiccionales (VI); se expondrá el decálogo de las desventuras académicas (VII); para concluir realizando las consideraciones finales (VIII).

II. LOS SUJETOS SOMETIDOS AL CONTROL JURISDICCIONAL ADMINISTRATIVO

En lo atinente al ámbito subjetivo, es decir, a quienes se hallan sometidos al control jurisdiccional administrativo, se deben mencionar en primer lugar a los órganos que ejerciendo el Poder Público, se desempeñan en función administrativa; a la Administración Pública en ejecución de la actividad que tienen legalmente encomendada; y a los particulares cuando ejercen función administrativa, en virtud de un título jurídico habilitante[9].

Cabe precisar que los órganos que ejercen el Poder Público Federal en nombre de la República y de conformidad con la ley, según la concepción pentapartita de distribución horizontal del Poder establecida en la Constitución de 1999, son: Ejecutivo, Legislativo, Judicial, Electoral y Ciudadano (integrado por la Contraloría General de la República, el Ministerio Público y la Defensoría del Pueblo)[10]. Cada uno de ellos, con independencia de las funciones que de manera preeminente tienen constitucionalmente atribuidas, valga decir, el gobierno y la ejecución de las leyes; la elaboración y expedición de leyes; el juzgar y hacer ejecutar lo sentenciado; la organización de los procesos de referendos y electorales; el control fiscal y administrativo; también ejercen cotidianamente la función administrativa que sea idónea para lograr sus cometidos, con sujeción plena a la ley y al Derecho. Es así como se considera que los procedimientos administrativos de selección de contratistas o la celebración y ejecución de los contratos públicos; la gestión de la función pública; la elaboración y ejecución del presupuesto; la tramitación y resolución de procedimientos administrativos relacionados con los asuntos de su competencia, constituyen auténtica actividad administrativa, que lleva a que quienes la realizan sean sujetos sometidos al control jurisdiccional administrativo.

---

9   Artículo 7 de la Ley Orgánica de la Jurisdicción Contencioso Administrativa.
10   Artículo 136 de la Constitución.

Otro tanto cabe señalar de la Administración Pública que existe en los tres niveles de división político-territorial: federal, estadal o local y que puede ser central o descentralizada funcionalmente.

Es preciso mencionar que la Administración Pública central está constituida por un conjunto de órganos que no tienen personalidad jurídica[11], pues ésta únicamente se encuentra atribuida a las entidades político-territoriales de las que ellas son parte, es decir, la República, los estados y los municipios; en tanto que la Administración Pública descentralizada funcionalmente, también se encuentra presente en cada uno de los mencionados niveles de distribución territorial del Poder Público –federal, estadal y municipal- y se manifiesta a través de los institutos autónomos, las sociedades mercantiles, las asociaciones y sociedades civiles y las fundaciones, que se consideran entes públicos que integran la Administración Pública, que tienen atribuida personalidad jurídica propia y autonomía, en los términos establecidos en los actos de creación, de conformidad con el ordenamiento jurídico.

Estos entes descentralizados funcionalmente al ser personas morales y poseer personalidad jurídica, pueden ser titulares de derechos y adquirir obligaciones, de manera independiente a los órganos de las personas morales político-territoriales a los que se encuentran adscritos y se hallan sometidos igualmente al control jurisdiccional administrativo.

Por último, aunque no por ello menos importante, se deben mencionar a los particulares, es decir, a las personas privadas que no integran la organización del Estado, ni son parte de la Administración Pública en cualquiera de sus modalidades, pero que pueden ejercer función administrativa en virtud de una habilitación jurídica de rango legal o administrativa, que ejecutan actividad administrativa formal o material y por ende, quedan sujetos al control jurisdiccional administrativo.

III. LA MATERIA OBJETO DE CONTROL JURISDICCIONAL ADMINISTRATIVO

La Ley de la Jurisdicción Contencioso Administrativo asume el Principio general de la universalidad del control jurisdiccional[12], sobre las autoridades públicas que actuando en ejercicio de la función administrativa, le son imputables los distintos tipos de actividad (actos administrativos[13], contratos[14], actuaciones materiales consti-

---

[11]   Brewer-Carías, A. R., "Sobre las personas jurídicas en la Constitución de 1999", *Derecho Público Contemporáneo. Libro homenaje a Jesús Leopoldo Sánchez*, Universidad Central de Venezuela, Caracas, 2003, p. 48.

[12]   Artículo 8 de la Ley Orgánica de la Jurisdicción Contencioso Administrativa.

[13]   Hernández-Mendible, V. R., "Los actos administrativos: generales e individuales", (Dir. Hernández-Mendible, V. R.), *La actividad e inactividad administrativa y la jurisdicción contencioso administrativa*, Editorial Jurídica Venezolana, Caracas, 2012, pp. 87-130.

[14]   Torrealba Sánchez, M. A., "Las actuaciones bilaterales: los contratos públicos y los convenios en la Ley Orgánica de la Jurisdicción Contencioso Administrativa", (Dir. Hernández-Mendible, V. R.), *La actividad e inactividad administrativa y la jurisdicción contencioso administrativa*, Editorial Jurídica Venezolana, Caracas, 2012, pp. 221-257; Araujo-Juárez, A., "El contencioso de los contratos administrativos",

tutivas de vías de hecho[15], igualmente que las actuaciones materiales lícitas[16] y los hechos[17] que generan consecuencias jurídicas) o inactividad (silencio administrativo[18], abstenciones u omisiones[19]). Además, incluye dentro de lo controlable las controversias surgidas de las relaciones jurídico-administrativas entre autoridades (conflictos administrativos de autoridades públicas)[20] y ha distribuido la competencia para llevar a cabo dicho control jurisdiccional, entre los distintos órganos jurisdiccionales administrativos.

En este orden de ideas, hay que señalar que incluso los actos administrativos dictados en ejercicio de competencias preeminentemente discrecionales, justamente por su propia naturaleza de actos administrativos tienen elementos reglados que en cuanto tales, se encuentran sujetos al control jurisdiccional administrativo[21].

Cabe destacar que más allá de la Administración Pública central o descentralizada territorial o funcionalmente, que orgánica, formal y materialmente realiza actividad administrativa; el ordenamiento jurídico también reconoce que todos los órganos que ejercen el Poder Público pueden realizar función administrativa y que ésta siendo de rango sublegal no puede escapar del control jurisdiccional de sujeción a la

---

XXXVIII Jornadas J.M. Domínguez Escovar, Avances Jurisprudenciales del Contencioso Administrativo en Venezuela, Homenaje al Profesor Gonzalo Pérez Luciani, Barquisimeto, 2013, pp. 239-276.

[15] Torrealba Sánchez, M. A., *La vía de hecho en Venezuela*, FUNEDA, Caracas, 2011; Pernía Reyes, M. R., "El control jurisdiccional de las vías de hecho. Breve aproximación conceptual, evolución y perspectiva ante la LOJCA", (Dir. Hernández-Mendible, V. R.), *La actividad e inactividad administrativa y la jurisdicción contencioso administrativa*, Editorial Jurídica Venezolana, Caracas, 2012, pp. 299-316; Ghazzaoui, R., "El control contencioso administrativo sobre las vías de hecho", (Coord. Canónico Sarabia, A.), *Actualidad del Contencioso Administrativo y otros Mecanismos de Control del Poder Público. V Congreso Internacional de Derecho Administrativo*, Editorial Jurídica Venezolana-CAJO, Caracas, 2013, pp. 467-488.

[16] Guánchez, A., "Las operaciones materiales lícitas en la Administración Pública venezolana, bajo una visión jurisprudencial y al límite de la legalidad", (Dir. Hernández-Mendible, V. R.), *La actividad e inactividad administrativa y la jurisdicción contencioso administrativa*, Editorial Jurídica Venezolana, Caracas, 2012, pp. 259-298.

[17] Álvarez Iragorry, A., "La responsabilidad extracontractual del Estado por hecho administrativo", (Dir. Hernández-Mendible, V. R.), *La actividad e inactividad administrativa y la jurisdicción contencioso administrativa*, Editorial Jurídica Venezolana, Caracas, 2012, pp. 589-637.

[18] Araujo-Juárez, J., "La teoría del silencio administrativo negativo como garantía de la persona", texto de la ponencia presentada en el *II Congreso Internacional de Derecho Administrativo, dedicado a la "Persona y Derecho Administrativo"*, organizado por la Universidad Sergio Arboleda, seccional Santa Marta, Colombia, mayo, 2013.

[19] Pellegrino Pacera, C. G., "La inactividad procedimental: la omisión de expedición de reglamentos y actos administrativos normativos", (Dir. Hernández-Mendible, V. R.), *La actividad e inactividad administrativa y la jurisdicción contencioso administrativa*, Editorial Jurídica Venezolana, Caracas, 2012, pp. 361-378; González Betancourt, G., "La inactividad de la Administración Pública en cuanto al derecho de acceso a la información pública y el principio de transparencia administrativa", (Dir. Hernández-Mendible, V. R.), *La actividad e inactividad administrativa y la jurisdicción contencioso administrativa*, Editorial Jurídica Venezolana, Caracas, 2012, pp. 379-400.

[20] Blanco Guzmán, A. L., "Las pretensiones en materia de controversias administrativas", (Dir. Brewer-Carías, A. R., y Hernández-Mendible, V. R.), *El Contencioso Administrativo y los Procesos Constitucionales*, Editorial Jurídica Venezolana, Caracas, 2011, pp. 131-146.

[21] Brewer-Carías, A. R., "Los actos de gobierno y los actos preeminentemente discrecionales", (Dir. Hernández-Mendible, V. R.), *La actividad e inactividad administrativa y la jurisdicción contencioso administrativa*, Editorial Jurídica Venezolana, Caracas, 2012, pp. 131-189.

legalidad, con independencia de la autoridad pública que la realiza, pues tal control pleno, sin lagunas, se encuentra encomendado en la Constitución al orden jurisdiccional administrativo.

Si bien es cierto, que los denominados actos de gobierno se encuentran excluidos del control del orden jurisdiccional administrativo[22], ello es la consecuencia lógica de que los mismos no se dictan en ejecución de la función administrativa, ni en aplicación de una ley; sino que se corresponde a la ejecución de la función de gobierno, realizada en aplicación directa e inmediata de la Constitución.

No obstante, ello no implica que escapen al control jurisdiccional, pues en todo caso pueden ser objeto de control jurisdiccional de constitucionalidad, al que se encuentran sometidos todos los actos jurídicos de los órganos que ejercen el Poder Público, en virtud del principio de supremacía de la Constitución[23].

Por otra parte, en lo que concierne a los actos de autoridad debe mencionarse que éstos constituyen una creación pretoriana de la jurisprudencia del orden jurisdiccional administrativo, dirigida a asumir dentro de sus competencias el control jurisdiccional de una categoría de actos jurídicos, que por sus características, en principio escapaban del mismo.

Se considera como acto de autoridad aquel acto formal que contiene una declaración jurídica efectuada por una persona de naturaleza privada, en aplicación de disposiciones de Derecho Público, que se encuentra en una situación de supremacía frente a una o varias personas con quienes interactúa y con las cuales se ha generado un vínculo de autoridad, producto del ejercicio de una potestad pública o de la gestión de un servicio público, que ejecuta por atribución o delegación de un título jurídico habilitante y que produce efectos en la esfera jurídica de sus destinatarios. Son estos atributos los que constituyen a tal declaración en un acto jurídico equiparable a un acto administrativo, tanto a los fines de la aplicación del régimen jurídico, como del control jurisdiccional pleno al que queda sometido[24].

Finalmente, es oportuno recordar que conforme a la tradición jurídica expresa o implícita, el control de la legalidad de la gestión de los servicios públicos corresponde al orden jurisdiccional administrativo, tal como se había establecido en la Ley Orgánica de la Corte Federal y de Casación de 1945, luego en la Ley Orgánica del Poder Judicial de 1948 y posteriormente en la Ley Orgánica de la Corte Federal de 1953, que le atribuían competencia al Máximo Tribunal de la República, para conocer en el segundo grado de jurisdicción, del proceso administrativo relacionado con

[22]   Brewer-Carías, A. R., "Introducción General al régimen de la Jurisdicción Contencioso Administrativa", (Coautor Hernández-Mendible, V. R.), *Ley Orgánica de la Jurisdicción Contencioso Administrativa*, 3ª ed., Editorial Jurídica Venezolana, Caracas, 2014, pp. 63-64.

[23]   Hernández-Mendible, V. R., "Los actos administrativos: generales e individuales", (Dir. Hernández-Mendible, V. R.), *La actividad e inactividad administrativa y la jurisdicción contencioso administrativa*, Editorial Jurídica Venezolana, Caracas, 2012, pp. 96-101.

[24]   Blanco Guzmán, A. L., "El control de los actos de autoridad en el contencioso administrativo", (Dir. Hernández-Mendible, V. R.), *La actividad e inactividad administrativa y la jurisdicción contencioso administrativa*, Editorial Jurídica Venezolana, Caracas, 2012, pp. 191-220; Hernández-Mendible, V. R., "Los actos administrativos: generales e individuales", (Dir. Hernández-Mendible, V. R.), *La actividad e inactividad administrativa y la jurisdicción contencioso administrativa*, Editorial Jurídica Venezolana, Caracas, 2012, pp. 101-105.

las concesiones de los servicios públicos[25]. De allí que la gran novedad de la Constitución de 1999, no ha sido establecer que el proceso administrativo vinculado a la prestación de los servicios públicos corresponde al orden jurisdiccional administrativo, lo realmente valioso ha sido -al igual que ha sucedido en muchos otros temas del Derecho Administrativo-, su constitucionalización.

IV. LOS ÓRGANOS QUE EJERCEN EL CONTROL JURISDICCIONAL ADMINISTRATIVO

El orden jurisdiccional administrativo tiene pleno y expreso reconocimiento en el artículo 259 de la Constitución, el cual dispone que: "*La jurisdicción contencioso administrativa corresponde al Tribunal Supremo de Justicia y a los demás tribunales que determine la ley*".

Este orden jurisdiccional debe organizarse de manera tal que garantice la tutela judicial efectiva, de los derechos e intereses, personales, colectivos y difusos[26], de conformidad con los principios constitucionales que deben inspirar el proceso concebido en la Constitución.

En la cúspide del orden jurisdiccional se encuentra la Sala Político-Administrativa del Tribunal Supremo de Justicia, a la cual se le atribuyen un número determinado de competencias, en unos casos como tribunal de primera y única instancia, en otros supuestos actúa como tribunal de apelación y en algunos solo será tribunal de revisión especial de la juridicidad[27].

Siguiendo inmediatamente, en el grado inferior de la jurisdicción se encuentran los denominados Juzgados Nacionales de la Jurisdicción Contencioso Administrativa. El empleo de la palabra "nacionales" no se corresponde en absoluto con la verdad, porque es la propia Ley la que se encarga de delimitar su ámbito competencial a determinadas circunscripciones judiciales dentro del país.

Al respecto reconoce que uno de estos Juzgados tendrá competencia en la región oriental, otro en la región occidental y dos en la región central, lo que pone de manifiesto la impropiedad de denominarlos como Juzgados "nacionales"[28]. En todo caso hay que advertir, que estos Juzgados en unos supuestos se desempeñan como tribunales de primera instancia y en otros como tribunales de apelación[29].

Un peldaño más abajo se encuentran los Juzgados Superiores Estadales de la Jurisdicción Contencioso Administrativa, cuya competencia primordial es servir de tribunal de primera instancia en el orden jurisdiccional administrativo, para un im-

---

[25]   Araujo-Juárez, J., "La configuración constitucional contencioso administrativa en Venezuela. Antecedentes, origen, evolución y consolidación", (Dir. Hernández-Mendible, V. R.), *La actividad e inactividad administrativa y la jurisdicción contencioso administrativa*, Editorial Jurídica Venezolana, Caracas, 2012, pp. 31-33.

[26]   Artículo 26 de la Constitución.

[27]   Artículos 11.1 y 23 de la Ley Orgánica de la Jurisdicción Contencioso Administrativa.

[28]   Artículo 11.2 de la Ley Orgánica de la Jurisdicción Contencioso Administrativa.

[29]   Artículo 24 de la Ley Orgánica de la Jurisdicción Contencioso Administrativa.

portante número de causas y de manera muy puntual tienen competencia de segunda instancia en causas concretas contempladas en las leyes[30].

Conforme a lo previsto en la Ley, se han creado "nominalmente" los Juzgados de Municipio de la Jurisdicción Contencioso Administrativa[31], que tienen atribuidas competencias específicas para conocer de las pretensiones relacionadas con los reclamos por la prestación de servicios públicos[32] y en materia de hábeas data[33].

Adicionalmente, hay que advertir que también integran el orden jurisdiccional administrativo, aunque regulados por leyes especiales y con tribunales con competencias diferentes a los aquí mencionados, aquellos que conocen de los asuntos de naturaleza tributaria, electoral, agraria y laboral[34].

Finalmente, un comentario aparte merecen los juzgados de sustanciación de los tribunales colegiados que se mencionan en la Ley al reconocerse su existencia[35], pero que únicamente tienen atribuida competencia para remitir el expediente al tribunal en caso que se haya solicitado una medida cautelar[36] y no tienen atribuida legalmente ninguna función jurisdiccional concreta en la tramitación del proceso - como si lo establecía expresamente la legislación anterior-[37], por lo que la actividad jurisdiccional que actualmente realizan constituye una auténtica usurpación de funciones, en contravención directa de la Constitución[38].

---

[30] Artículos 11.3 y 25 de la Ley Orgánica de la Jurisdicción Contencioso Administrativa.

[31] Artículos 11.4 y 26 de la Ley Orgánica de la Jurisdicción Contencioso Administrativa.

[32] Herrera, C. E., "Constitución, servicios públicos y poder popular. Consideraciones generales sobre el contencioso administrativo de los servicios públicos en Venezuela", (Dir. Hernández-Mendible, V. R.), *La actividad e inactividad administrativa y la jurisdicción contencioso-administrativa*, Editorial Jurídica Venezolana, Caracas, 2012, pp. 317-357; Blanco Guzmán, A. L. "Los procesos surgidos por la prestación de los servicios públicos y la realidad contemporánea", (Dir. Hernández-Mendible, V. R.), *Los Servicios Públicos Domiciliarios*, Editorial Jurídica Venezolana-Fundación del Estudios de Derecho Administrativo (FUNEDA)-Centro de Estudios de Regulación Económica de la Universidad Monteávila (CERECO-UMA), Caracas, 2012, pp. 303-331; Silva Bocaney, J. G., "De los servicios públicos. De las demandas que interpongan los usuarios por su prestación y la Ley Orgánica de la Jurisdicción Contencioso Administrativa", (Dir. Hernández-Mendible, V. R.), *Los Servicios Públicos Domiciliarios*, Editorial Jurídica Venezolana-Fundación del Estudios de Derecho Administrativo (FUNEDA)-Centro de Estudios de Regulación Económica de la Universidad Monteávila (CERECO-UMA), Caracas, 2012, pp. 333-359.

[33] Pérez Salazar, G., "Naturaleza Jurídica del *Hábeas Data*", (Dir. Hernández-Mendible, V. R.), *La actividad e inactividad administrativa y la jurisdicción contencioso-administrativa*, Editorial Jurídica Venezolana, Caracas, 2012, pp. 697-721.

[34] Geyer Alarcón, A., "La organización de la jurisdicción contencioso administrativa", (Dir. Hernández-Mendible, V. R.), *La actividad e inactividad administrativa y la jurisdicción contencioso-administrativa*, Editorial Jurídica Venezolana, Caracas, 2012, pp. 37-83.

[35] Artículo 16 de la Ley Orgánica de la Jurisdicción Contencioso Administrativa.

[36] Artículo 105 de la Ley Orgánica de la Jurisdicción Contencioso Administrativa.

[37] Artículos 84, 93, 97, 105, 109, 114, 115, 123, 124, 129, 139, 140, 143, 156, 163, 165 y 166 de la Ley Orgánica de la Corte Suprema de Justicia.

[38] Artículos 137, 138, 156.32, 253 y 259 de la Constitución.

V. EL DECÁLOGO DE LAS DESVENTURAS LEGISLATIVAS

El análisis de la configuración de los procesos de primera instancia y segunda instancia, así como del recurso especial de juridicidad, el proceso de ejecución de sentencias y el proceso cautelar, en la reciente legislación ha sido objeto de estudio anteriormente[39].

Los distintos operadores jurídicos al efectuar la evaluación de la experiencia lograda luego de 4 años de vigencia de la Ley Orgánica de la Jurisdicción Contencioso Administrativa, pueden evidenciar que las expectativas que se crearon al momento de su expedición no se han cumplido.

Ello ha sido así por dos hechos particularmente relevantes: El primero, que al no haberse puesto en funcionamiento ni los tribunales contencioso administrativos denominados "nacionales"[40], que tienen atribuido un ámbito de competencia territorial en las regiones geográficas que determina la Ley, ni tampoco todos los tribunales que deben funcionar en cada uno de los estados de la Federación, ni los tribunales municipales, a pesar que el período legal establecido para ello ha finalizado sobradamente[41], lleva a que no todos los ciudadanos tengan un efectivo acceso a los órganos jurisdiccionales especializados en lo contencioso administrativo, en el lugar donde residen, en menoscabo del derecho al juez natural; y el segundo, que hasta la fecha no se han convocado los concursos para proveer los cargos de jueces de los

---

[39]   Hernández-Mendible, V. R., "La Ley Orgánica de la Jurisdicción Contencioso Administrativa de Venezuela, de 2010", *Revista de Administración Pública* N° 182, Centro de Estudios Políticos y Constitucionales, Madrid, 2010, pp. 255-282.

[40]   Tribunal Supremo de Justicia en Sala Político Administrativa, sentencia 1508, de 18 de diciembre de 2013, de manera absolutamente errada sostiene que las Cortes de lo Contencioso Administrativo son los Juzgados Nacionales de lo Contencioso Administrativo. Ello es totalmente falso porque la Corte Primera de lo Contencioso Administrativo fue creada en el artículo 184 de la Ley Orgánica de la Corte Suprema de Justicia y la Corte Segunda de lo Contencioso Administrativo fue creada mediante resolución del Tribunal Supremo de Justicia, en ejecución del artículo 187 de la Ley Orgánica de la Corte Suprema de Justicia. Ambas Cortes tenían las competencias establecidas en el artículo 185 de la Ley Orgánica de la Corte Suprema de Justicia. Al quedar derogada dicha Ley y no existir una norma legal que recoja dichas disposiciones, las Cortes perdieron el fundamento jurídico de su existencia y de sus competencias, por lo que su presencia posterior constituye una violación manifiesta del artículo 259 de la Constitución que señala "La jurisdicción contencioso administrativa corresponde al Tribunal Supremo de Justicia y *los demás tribunales que determine la ley*" y un desconocimiento absoluto del artículo 137 de la misma Constitución que dispone "Esta Constitución y la ley definen las atribuciones de los órganos que ejercen el Poder Público, a las cuales deben sujetarse las actividades que realicen". Es por tal razón que el legislador al expedir la Ley Orgánica de la Jurisdicción Contencioso Administrativa, no hace ninguna referencia a las Cortes de lo Contencioso Administrativo, pues no podía referirse en el texto legal a quienes ejercen una autoridad usurpada, sin desconocer las consecuencias establecidas en el artículo 138 de la Constitución.
Por lo anterior resulta totalmente falso sostener que las inconstitucionales y ilegalmente inexistentes Cortes de lo Contencioso Administrativo son los Juzgados Nacionales de lo Contencioso Administrativo, porque los textos jurídicos que los han regulado son distintos; nominalmente no son homónimos y conforme a los criterios legales de atribución jurisdiccional de la competencia, mientras las Cortes ejercen la función jurisdiccional "de hecho" en la circunscripción que comprende todo el territorio nacional, los Juzgados Nacionales de lo Contencioso Administrativo deberán ejercer la función jurisdiccional "de derecho" en la circunscripción de los territorios determinados en la ley.

[41]   Disposiciones Transitorias segunda, tercera y sexta de la Ley Orgánica de la Jurisdicción Contencioso Administrativa.

tribunales contencioso administrativos existentes, razón por la cual quienes desempeñan tales puestos actualmente, no tienen estabilidad[42] y un buen número de ellos, al menos en la oportunidad de su designación no eran especialistas en la materia, lo que ha generado que a partir de ese momento hayan iniciado una apresurada marcha por especializarse e incluso por desarrollar una carrera académica *express*, así como una desenfrenada actividad de publicaciones pretendidamente científicas, en la búsqueda de obtener sobrevenidamente los soportes curriculares para tratar de regularizar su ilegitimidad de origen en tales designaciones, sin haber participado en los concursos para jueces y más grave aún, sin contar con las credenciales legalmente establecidas para ocupar tales cargos.

De allí, que al no existir todos los tribunales previstos en la Ley y la mayoría de los jueces haber sido designados sin cumplir con las exigencias legales de concurso público y especialización para ocupar los cargos que les garanticen su estabilidad y plena independencia, conducen a considerar que los cuatro años de vigencia de la Ley dejan un primer sabor amargo en quienes acuden a efectuar un balance de la implementación del texto legal, pues se enfrentan a estas notorias deficiencias en su cumplimiento[43].

Pero estas no son las únicas razones que han frustrado la implementación plena de la Ley, sino que existen otras razones que pueden resumirse en el siguiente decálogo:

1. El proceso administrativo para tramitar las pretensiones de condena patrimonial se encuentra estructurado de tal manera que promueve la realización de actos procesales fuera de la lógica secuencial del proceso, pues se tornan dispersos, reiterativos e inútiles, muy alejados de la exigencia constitucional de que sean simples, uniformes y eficaces.

2. El proceso para tramitar las pretensiones de condena contra las vías de hecho sin duda ha llamado mucho la atención de la doctrina científica, por el cambio que supone sustraer legalmente las demandas contra tales actuaciones del proceso de amparo constitucional y trasladarlas al proceso administrativo, pero no ha recibido la misma acogida del foro profesional, de allí el imperceptible número de demandas intentadas contra las cada vez más frecuentes vías de hecho en que incurren los órganos que ejercen el Poder Público, valiéndose de la impunidad que les brinda la ausencia de efectivo control sobre tales actuaciones ilícitas.

3. El proceso para tramitar las pretensiones de condena contra la inactividad formal o material de las autoridades que realizan la función administrativa, se sigue estrellando con la preceptiva exigencia de una oscura tramitación, que supone la actuación del interesado de realizar una solicitud previa de reclamación del incumplimiento o reiteración de exigencia de una obligación preexistente que no le ha sido

---

[42]   Tribunal Supremo de Justicia en Sala Constitucional, sentencia 516, de 7 de mayo de 2013.

[43]   Torrealba Sánchez, M. A., "Notas sobre la situación actual de los derechos constitucionales procesales en la justicia administrativa venezolana", (Coords. López Garza, T., Otero Salas, F. y Rodríguez Lozano, L. G.), *La protección de los derechos humanos a la luz de la justicia administrativa*, Universidad Autónoma de Nuevo León, Monterrey, 2014.

satisfecha[44] y que la jurisprudencia no ha terminado de aclarar ¿cuántas veces se tiene que formular?[45], así como ¿si es a partir de la primera ratificación o de la última, que se debe computar el lapso de caducidad para intentar la demanda?, pues ello genera un amplio espectro de posibilidades y por ende una gran inseguridad jurídica respecto al acceso efectivo a la justicia.

4. El proceso para tramitar las pretensiones de condena contra los prestadores de servicios públicos, comporta dos trabas iniciales para el acceso a los órganos jurisdiccionales: La primera, -antes mencionada-, es la inexistencia material de los tribunales de municipio contencioso administrativos creados por la Ley, que tienen expresamente atribuida esta competencia, pero que no se encuentran operativos y que llevan a formular estas demandas ante tribunales que ejercen la competencia contencioso administrativa de manera transitoria[46], aunque compartidas con otras por ser pluricompetenciales, generalistas, no especializados y por ende carentes de los conocimientos técnicos-jurídicos sobre los distintos servicios públicos.

El segundo obstáculo, consiste en el condicionamiento preceptivo de la tramitación de la demanda, a la previa reclamación directa al prestador del servicio público, que en la Ley tampoco se le estableció cuál sería el plazo para hacerlo, ni el plazo para que éste proceda a otorgar una solución satisfactoria al reclamante o en caso contrario, cuál sería el lapso para intentar la demanda, lo que se traduce en una notable inseguridad jurídica.

5. En el caso del proceso de demandas que contienen pretensiones de condena contra los prestadores de servicios públicos, se plantean dos situaciones adicionales que frustran su operatividad: Estando predominantemente estatizados los servicios de telecomunicaciones[47], postales[48], energía eléctrica[49], gas[50], expendio de gasolina[51],

---

[44]   Tribunal Supremo de Justicia en Sala Político Administrativa, sentencias 640, de 18 de mayo de 2011; 1311 de 19 de octubre de 2011; 1353 de 19 octubre de 2011 y 1500 de 18 de diciembre de 2013.
[45]   Tribunal Supremo de Justicia en Sala Político Administrativa, sentencia 1504, de 16 de noviembre de 2011, ha considerado que dos solicitudes del interesado a la Administración Pública solicitando oportuna respuesta no son suficientes, para entender cumplido el requisito de admisibilidad de la demanda.
[46]   Tribunal Supremo de Justicia en Sala Constitucional, sentencia 1007, de 28 de junio de 2011, ratificada en sentencia 433, de 6 de mayo de 2013, reconoce que 3 años después de la Ley "... cabe observar que dado que los Juzgados de Municipio de la Jurisdicción Contencioso Administrativa no están aún en funcionamiento, debe atenderse a lo establecido en la Disposición Transitoria Sexta, de la ya mencionada Ley Orgánica de la Jurisdicción Contencioso Administrativa...".
[47]   Hernández-Mendible, V. R., *Telecomunicaciones, Regulación & Competencia*, Editorial Jurídica Venezolana, Caracas, 2009; Machta Chendi, Z., "El régimen de servicio e interés público de las telecomunicaciones según la Ley Orgánica de Telecomunicaciones de 2010", (Dir. Hernández-Mendible, V. R.), *Los Servicios Públicos Domiciliarios*, Editorial Jurídica Venezolana-Fundación de Estudios de Derecho Administrativo (FUNEDA)-Centro de Estudios de Regulación Económica de la Universidad Monteávila (CERECO-UMA), Caracas, 2012, pp. 165-196.
[48]   Hernández-Mendible, V. R., "La regulación de los servicios postales en Venezuela", (Dir. Cassagne, J. C.), *Revista de Derecho Administrativo N° 70,* Abeledo-Perrot, Buenos Aires, 2009, pp. 909-945; Araujo-Juárez, J., "El régimen de los servicios postales en Venezuela. Una reforma injustificadamente postergada", (Dir. Hernández-Mendible, V. R.), *Los Servicios Públicos Domiciliarios*, Editorial Jurídica Venezolana-Fundación de Estudios de Derecho Administrativo (FUNEDA)-Centro de Estudios de Regulación Económica de la Universidad Monteávila (CERECO-UMA), Caracas, 2012, pp. 197-220.
[49]   Hernández-Mendible, V. R., "La regulación del servicio eléctrico", (Coord. Delpiazzo, C. E.), *Estudios Jurídicos en Homenaje al Prof. Mariano R. Brito,* Fondo de Cultura Universitaria, Montevideo, 2008, pp. 745-783; Canónico Sarabia, A., 2La regulación del sistema eléctrico en Venezuela, con especial

agua potable y saneamiento[52], sistema metropolitano de transporte (metro)[53], así como parcialmente estatizados los servicios públicos de educación en sus distintos niveles, los servicios sanitarios, funerarios[54] y de cementerios[55], así como de recolección de residuos sólidos[56], los usuarios no tienen mucha confianza en que los tribunales vayan a producir las sentencias condenatorias contra los entes públicos por la falta, deficiente o inadecuada prestación de tales servicios; así como que en caso de que lo hagan, ello conlleve al efectivo e inmediato cumplimiento del fallo que ordene la prestación directa y real, el restablecimiento o la mejora en la calidad.

La otra circunstancia que merma la fe en este proceso, es la limitación legalmente establecida de formular pretensiones de condena a reparar o indemnizar económicamente al usuario afectado, quien se ve obligado a realizar un auténtico viacrucis de múltiples trámites de distinta naturaleza y ante diferentes autoridades para obtener una tutela judicial realmente efectiva, como lo supondría el pleno restableci-

---

referencia a la emergencia eléctrica", *Revista de Derecho Público* N° 128, Editorial Jurídica Venezolana, Caracas, 2011, pp. 57-70; Ugas Martínez, C., "El régimen de servicio público de energía eléctrica. Aspectos de su transformación", (Dir. Hernández-Mendible, V. R.), *Los Servicios Públicos Domiciliarios*, Editorial Jurídica Venezolana-Fundación de Estudios de Derecho Administrativo (FUNEDA)-Centro de Estudios de Regulación Económica de la Universidad Monteávila (CERECO-UMA), Caracas, 2012, pp. 75-118.

[50] Jiménez Guanipa, H., "El régimen de gas natural como servicio público en Venezuela. Construcción de un mercado nacional a la luz de la experiencia europea", (Dir. Hernández-Mendible, V. R.), *Los Servicios Públicos Domiciliarios*, Editorial Jurídica Venezolana-Fundación de Estudios de Derecho Administrativo (FUNEDA)-Centro de Estudios de Regulación Económica de la Universidad Monteávila (CERECO-UMA), Caracas, 2012, pp. 119-158.

[51] Hernández-Mendible, V. R., "La regulación de las energías de origen fósil y de los biocombustibles". *Regulación de los biocombustibles. Análisis del caso colombiano y comparado.* (Cop. Moreno, L. F.). 4 Colección de Regulación Minera y Energética. Universidad Externado de Colombia. Bogotá. 2011, pp. 43-77.

[52] Hernández-Mendible, V. R., "El servicio público domiciliario de agua potable y saneamiento", (Dir. Hernández-Mendible, V. R.), *Los Servicios Públicos Domiciliarios*, Editorial Jurídica Venezolana-Fundación de Estudios de Derecho Administrativo (FUNEDA)-Centro de Estudios de Regulación Económica de la Universidad Monteávila (CERECO-UMA), Caracas, 2012, pp. 43-74; del mismo autor, "La planificación y gestión del agua en áreas metropolitanas. Experiencia de Venezuela", *Planificación y Gestión del Agua ante el Cambio Climático: experiencias comparadas y el caso de Madrid*, (Coord. Menéndez Rexach, A.), La Ley, Madrid, 2012, pp. 439-486.

[53] Hernández-Mendible, V. R., "Las infraestructuras y los servicios del sistema metropolitano de transporte", (Coords. Saddy, A. y Linares Martínez, A.), *Direito das Infraestruturas: Um estudo dos distintos mercados regulados*, Editora Lumen Juris, Río de Janeiro, 2011, pp. 913-939.

[54] Ley para la regulación y control de la prestación del Servicio Funerario y Cementerios, publicada en *Gaceta Oficial* N° 40.358, de 18 de febrero de 2014.

[55] Pérez Gálvez, J. F., "Régimen jurídico de los cementerios municipales a través de la legislación de las corporaciones municipales", (Dir. Hernández-Mendible, V. R.), *Derecho Municipal Comparado*, Liber, Caracas, 2009, pp. 649-680; sobre los servicios públicos en general, Araujo-Juárez, J., *Derecho Administrativo General. Servicios Públicos*, Ediciones Paredes, Caracas, 2010; Brewer-Carías, A. R., "A manera de prólogo sobre "el marco constitucional de los servicios públicos" ", al libro los *Servicios Públicos Domiciliarios*, (Dir. Hernández-Mendible, V. R.), *Los Servicios Públicos Domiciliarios*, Editorial Jurídica Venezolana-Fundación de Estudios de Derecho Administrativo (FUNEDA)-Centro de Estudios de Regulación Económica de la Universidad Monteávila (CERECO-UMA), Caracas, 2012, pp. 17-41.

[56] Riestra, J. L., "El régimen del servicio público de gestión de residuos y desechos sólidos", (Dir. Hernández-Mendible, V. R.), *Los Servicios Públicos Domiciliarios*, Editorial Jurídica Venezolana-Fundación de Estudios de Derecho Administrativo (FUNEDA)-Centro de Estudios de Regulación Económica de la Universidad Monteávila (CERECO-UMA), Caracas, 2012, pp. 221-244.

miento de la situación jurídica lesionada: En primer lugar, debe realizar la solicitud extrajudicial para reclamar el restablecimiento del servicio público y de no ser satisfecha esta petición; en segundo término, procederá a la demanda de condena a restituir o mejorar la prestación del servicio, pero de haberse producido daños, su reparación no se puede lograr mediante esta vía jurisdiccional; entonces vendría el tercer paso, en la medida que la mayoría de los servicios públicos lo prestan entidades públicas que tienen los privilegios y prerrogativas procesales de la República por disposición legal[57] o interpretación jurisprudencial[58]-[59], se tendría que intentar el procedimiento administrativo previo de demandas, conocido como antejuicio administrativo[60] y en caso de no obtenerse la reparación o indemnización extrajudicialmente, deberá acudirse finalmente al tribunal contencioso administrativo competente por la cuantía, para tramitar la demanda que contiene la pretensión de condena patrimonial a reparar los daños materiales o morales causados. Esto evidentemente lleva a evaluar al usuario afectado, si compensa acudir al proceso administrativo ante lo costoso y fatigoso que resulta pretender la reparación o indemnización integral del daño efectivamente experimentado, más sabiendo que al final no procede la condenatoria en costas en este proceso[61].

6. El proceso de demandas de anulación de actos administrativos generales o individuales es continuista de la regulación histórica[62], al punto de concebirlo de manera preeminente como un proceso objetivo -no técnicamente subjetivo-, siendo igualmente el que se utiliza para las demandas que contienen pretensiones mero declarativas de interpretación de leyes de contenido administrativo o para la tramitación de las demandas de conflictos administrativos de autoridades.

7. El proceso en segunda instancia si bien único y teóricamente más sencillo, ha sido objeto de interpretaciones judiciales que aunque bien intencionadas, no dejan de generar algunas inconsistencias en la tramitación de la misma[63] y de producir desigualdades entre las partes que intervienen en el proceso.

8. El recurso especial de juridicidad, auténtico recurso de casación en el proceso administrativo y la única gran novedad que incorpora la regulación legal, no se ha podido aplicar y evaluar en su funcionalidad, porque a menos de seis meses de vi-

---

[57]   Artículos 63 al 79 de la Ley Orgánica de la Procuraduría General de la República.
[58]   Tribunal Supremo de Justicia en Sala Político Administrativa, sentencias 1995, de 6 de diciembre de 2007; 22, de 13 de enero de 2009; 1026, de 9 de julio de 2009; 220, de 10 de marzo de 2010; 977, de 20 de julio de 2011; y 1394, de 26 de octubre de 2011.
[59]   Torrealba Sánchez, M. A., "Las demandas contra los entes públicos", *Manual de Práctica Forense. Contencioso-Administrativo*, Editorial Jurídica Venezolana, Caracas, 2009, pp. 68-79.
[60]   Artículos 56 al 62 de la Ley Orgánica de la Procuraduría General de la República.
[61]   Rivero Tang, N., "Breves notas sobre las costas procesales en el contencioso administrativo y en el contencioso constitucional venezolano", (Dir. Brewer-Carías, A. R., y Hernández-Mendible, V. R.), *El Contencioso Administrativo y los Procesos Constitucionales*, Editorial Jurídica Venezolana, Caracas, 2011, pp. 725-744.
[62]   Araujo-Juárez, J., "El contencioso de anulación", (Coords. Pérez Salazar, G., Petit Guerra, L., y Hernández-Mendible, V. R.), *La Justicia Constitucional y la Justicia Administrativa como garantes de los Derechos Humanos, Homenaje a Gonzalo Pérez Luciani y en el marco del Vigésimo aniversario de FUNEDA*, FUNEDA, Caracas, 2013.
[63]   Tribunal Supremo de Justicia en Sala Político Administrativa, sentencias 76, de 8 de febrero de 2012 y 336 de 24 de abril de 2012.

gencia de la Ley, fue impugnado por presunta inconstitucionalidad y desde entonces se encuentra suspendida cautelarmente la aplicación de las disposiciones que lo regulan[64], lo que produce que no se hayan podido admitir, tramitar y resolver los recursos en los casos que se han intentado.

9. Las medidas cautelares en el proceso administrativo que tuvieron un momento estelar en la última década del siglo XX, -baste recordar que la Corte Suprema de Justicia concedió el anticipo cautelar cinco años antes de que lo hiciese la Corte de Justicia de la Unión Europea[65]-, han experimentado un abismal retroceso, producto del desigual tratamiento que resolvieron otorgarle a la exigencia y valoración de los presupuestos procesales para su concesión, cuando quienes pretenden las medidas son los abogados del Estado o cuando son los abogados de los particulares, pues en caso que sean aquéllos, las medidas se otorgarán sin que se hayan cumplido de manera concurrente los presupuestos procesales[66]; pero si en cambio las medidas las solicitan los abogados de los particulares, entonces el tribunal actuando de manera más rigurosa, sistemáticamente rechaza las medidas cautelares y todo ello en aparente interpretación y aplicación de lo que según su criterio dice la Ley.

10. El procedimiento de ejecución de sentencias no auguraba progreso alguno desde el mismo momento de la expedición de la Ley, pues si en algo el legislador fue continuista y hasta regresivo fue en esta materia, al proceder a regular en absoluta contravención de la Constitución los modos de ejecución de las sentencias, en los que simplemente se limitó a inventariar los ineficaces medios procesales de ejecución que de manera dispersa y asistemática establecían las distintas leyes preexistentes y que se pretendió organizar al indicar en cinco artículos donde se encuentran regulados y cómo se van a aplicar en cada caso, pero sin aportar en absoluto un moderno y efectivo proceso de ejecución de sentencias contra los órganos y entes públicos[67].

VI. EL DECÁLOGO DE LAS DESVENTURAS JURISDICCIONALES

Los anteriores constituyen los principales –no los únicos- infortunios que experimenta actualmente la jurisdicción contencioso administrativa y por más optimista que se pretenda ser respecto a la Ley Orgánica de la Jurisdicción Contencioso Ad-

---

[64]   Hernández-Mendible, V. R., "El recurso especial de juridicidad, motivo de nueva batalla entre la Sala Constitucional y la Sala Político Administrativa", *Ley Orgánica de la Jurisdicción Contencioso Administrativa*, Vol. II, FUNEDA, Caracas, 2011, pp. 387-407.

[65]   Hernández-Mendible, V. R., "La tutela judicial cautelar en el Contencioso Administrativo", (Prólogo de Jesús González Pérez), 2ª ed., Vadell Hermanos, Caracas, 1998.

[66]   Artículo 92 de la Ley Orgánica de la Procuraduría General de la República.

[67]   Hernández-Mendible, V. R., "Los recursos de apelación, especial de juridicidad y la ejecución de sentencias en el proceso administrativo", *Ley Orgánica de la Jurisdicción Contencioso Administrativa*, Vol. I, FUNEDA, Caracas, 2010, pp. 121-166; Álvarez Chamosa, M. L., "Visión de la tutela judicial efectiva: Ejecución de las sentencias contra el Estado en Venezuela", Comunicación presentada en las *VI Jornadas de Derecho Administrativo Iberoamericano. La Reforma del Estado y las transformaciones del Derecho Administrativo*, en el Pazo de Mariñán, La Coruña, España, abril, 2013.

ministrativa, la verificación del cumplimiento de la misma a 4 años de su entrada en vigencia es realmente desolador, pero ello no es imputable al texto legal, -que sin duda se puede y deberá mejorar-, sino a los actuales operadores jurídicos responsables de su aplicación.

Tal responsabilidad genera las consecuencias que fueron establecidas con anterioridad a la reforma constitucional de 1999 y a la vigencia de la Ley Orgánica de la Jurisdicción Contencioso Administrativa de 2010, siendo caracterizada por lo que la Corte Suprema de Justicia calificó como "error jurídico inexcusable", es decir, "aquél que no puede justificarse por criterios razonables, que lesiona gravemente la conciencia jurídica, revistiendo por vía consecuencial, carácter de falta grave que puede conducir a la máxima sanción disciplinaria (destitución). Tal error es inconcebible en un Juez, por ello cabe calificarlo de inexcusable, sea por su carácter absurdo, sea porque constituye una crasa ignorancia o una suprema negligencia. ... En todo caso, el error judicial inexcusable resulta ser un concepto jurídico indeterminado y por ende, en cada asunto particular para poder calificársele, es necesario ponderar la figura de un Juez normal y describir los principios fundamentales de la "cultura jurídica" del país, para que dentro de ese contexto surja el carácter de inexcusabilidad del proceder o de la conducta del Juez, porque no cabe en la actuación del arquetipo de un juez nacional"[68].

Una muestra de las carencias de cultura jurídica adecuada que han evidenciado varios de los abogados que han sido designados jueces contencioso administrativo, sin concurso público entre los años 2000 y 2013, se puede apreciar en el siguiente decálogo de casos que se han seleccionado.

1. El Tribunal Supremo de Justicia en Sala Constitucional, en sentencia 707 de 10 de mayo de 2001, comenzó por advertir la falta de idoneidad de los jueces contencioso administrativo de la Corte Primera de lo Contencioso Administrativo designados en enero del año 2000, al afirmar que la admisión de "*la acción de amparo propuesta de conformidad con lo establecido en el Código de Procedimiento Civil, violentó el procedimiento especial que rige en materia de amparo constitucional, establecido en la Ley Orgánica de Amparo sobre Derechos y Garantías Constitucionales y en la doctrina vinculante de esta Sala* (Caso: *José Amando Mejía Betancourt*, del 1° de febrero de 2000)", para agregar que "*... el presente conflicto de competencia no debió ser planteado, ya que la jurisprudencia es reiterada al establecer que en materia disciplinaria la jurisdicción competente es la jurisdicción administrativa, que fue donde el accionante introdujo su acción, pudiendo así haber ahorrado tiempo en la resolución de la presente acción*", razón por la que concluyó ordenando "*remitir copia de la presente decisión y del expediente a la Inspectoría General de Tribunales, para que determine si la actuación de la Corte Primera de lo Contencioso Administrativo en la presente acción de amparo, puede ser objeto de medida disciplinaria*".

Cabe destacar que para el momento de expedición de la sentencia comentada, los jueces de la Corte Primera de lo Contencioso Administrativo que elaboraron el fallo que contiene el error jurídico inexcusable ya habían sido destituidos de sus cargos.

2. Los jueces cuyo sometimiento al procedimiento disciplinario ordenó aplicar la Sala Constitucional, habían sido destituidos desde septiembre de 2000[69] y quienes los reemplazaron en el cargo, luego serían sometidos a un procedimiento disciplinario por la Comisión de Funcionamiento y Reestructuración del Sistema Judicial, en el que se concluyó resolviendo que al no declarar la improcedencia de un amparo cautelar[70], habían incurrido en un *"grave error jurídico de carácter inexcusable"*, que materializa una falta grave y por tanto se dispuso la destitución de 4 de ellos y la jubilación por razones de antigüedad de la juez que cumplía con los requisitos para ello, tal como consta en *Gaceta Oficial* N° 37.810, de 4 de noviembre de 2003. Lo que sucedió después con cada uno de ellos es otra historia, que ha sido documentada tanto nacional como internacionalmente[71].

3. Posteriormente, la Sala Constitucional del Tribunal Supremo de Justicia, en sentencia 197, de 16 de febrero de 2006, declaró inadmisible la acción de amparo constitucional interpuesta el día 12 de enero de 2006, por quien fuera Presidente de la Corte Segunda de lo Contencioso Administrativo María Enma León Montesinos, actuando en su propio nombre contra la Sala Plena del Tribunal Supremo de Justicia, en virtud de la decisión por medio de la cual se dejó sin efecto su designación como juez provisorio de la Corte Segunda de lo Contencioso Administrativo. En esa oportunidad la Sala reitera su criterio jurisprudencial en casos idénticos y que se presume debía conocer la accionante por haber sido juez y estar obligada a conocer y aplicar las decisiones de dicha Sala en materia de amparo constitucional. Al respecto expresó la sentencia "... *observa esta Sala que en el caso bajo examen la presunta agraviada, en ningún momento señaló que el recurso contencioso administrativo de nulidad contra el acto impugnado fuese un medio insuficiente para restablecer el disfrute del bien jurídico lesionado; asimismo se observa que en el presente caso no existe la urgencia necesaria para la admisibilidad de la presente acción de amparo autónoma, al igual que no existe el riesgo que el presunto daño sea irreparable. Es por ello que considera la Sala que la ciudadana accionante debió haber ejercido el referido recurso, mediante el cual se podría obtener lo mismo que fue requerido en esta acción de amparo constitucional"* y formula la siguiente conclusión "... *se desprende que la actora gozaba del mecanismo judicial idóneo, como es*

---

[69]   Sobre otro error jurídico inexcusable en que incurrieron los jueces de la Corte Primera de lo Contencioso Administrativo, en el período de enero a agosto de 2000, cabe recordar la sentencia 765 de 21 de junio de 2000. *Cfr.* Hernández-Mendible, V. R., "La inconsistencia argumentativa en el análisis del derecho a la defensa", *Revista Tachirense de Derecho N° 13*, San Cristóbal, 2001, pp. 99-119, en especial pp. 117-118.

[70]   Corte Primera de lo Contencioso Administrativo, sentencia 2727, de 21 de agosto de 2003, cuyo expediente fue requerido por la Sala Constitucional del Tribunal Supremo de Justicia, sentencia 2621, de 25 de septiembre de 2003, a los fines de resolver la solicitud de avocamiento.

[71]   Corte Interamericana de Derechos Humanos, sentencia de 5 de agosto de 2008, caso Apitz Barbera y otros *vs.* Venezuela, condenó al Estado por violación de los derechos humanos de las víctimas y ésta sentencia fue declarada inejecutable por el Tribunal Supremo de Justicia en Sala Constitucional, sentencia 1939, de 18 de diciembre de 2008. Como hecho curioso cabe destacar que una de las jueces que sentenció el asunto en la Sala Constitucional declarando la inejecución, había sido uno de los 4 jueces de la Corte Primera de lo Contencioso Administrativo, que habían sido destituidos en violación de sus derechos humanos.

el recurso contencioso administrativo de nulidad, contra el acto impugnado, aunado a ello, la quejosa no demostró que esta vía constituía el medio expedito para lograr el restablecimiento de la situación jurídica alegada como infringida en el caso concreto, razones por las cuales se debe declarar inadmisible la presente acción de amparo constitucional, toda vez que la misma se encuentra inmersa en la causal contemplada en el numeral 5 del artículo 6 de la Ley Orgánica de Amparo sobre Derechos y Garantías Constitucionales. Así se decide".

4. Luego llegó el turno de resolver a la Sala Político Administrativa del Tribunal Supremo de Justicia, que en sentencia 1999 de 12 de diciembre de 2007, estableció que los jueces de la Corte Primera de lo Contencioso Administrativo Javier Tomás Sánchez Rodríguez y Aymara Guillermina Vílchez Sevilla, habían incurrido en un *"error in iudicando",* es decir, en un error que afecta el contenido de los actos procesales y el derecho sustancial relacionado con la controversia planteada que constituye un *"grave error jurídico de carácter inexcusable",* lo que fue ratificado por el propio Tribunal Supremo de Justicia en Sala Constitucional en sentencia 710, de 30 de abril de 2008, al negar la procedencia de la revisión constitucional y por vía de consecuencia, confirma la validez de la destitución de ambos.

5. Mención aparte merece el hecho que la Asamblea Nacional designó a Enrique Sánchez, según *Gaceta Oficial* N° 39.569 de 8 de diciembre de 2010, quien para ese momento era juez en la Corte Primera de lo Contencioso Administrativo, como juez suplente de la Sala de Casación Civil del Tribunal Supremo de Justicia y luego éste fue destituido del cargo de Presidente y juez de la Corte Primera de lo Contencioso Administrativo en enero de 2012 e inmediatamente la Unidad Administrativa del Tribunal Supremo de Justicia, mediante resolución de 4 de mayo de 2012, lo declaró responsable administrativamente, le impuso una multa de 250 U.T. y un reparo de Bs. 7.507,00, así como dispuso la notificación de la Contraloría General de la República, a los fines de su inhabilitación política, según aparece en la *Gaceta Oficial* N° 39.972, de 26 de julio de 2012. El ex-juez demandó la nulidad ante sus antiguos compañeros de judicatura y de quien lo sustituyó como juez en la Corte Primera de lo Contencioso Administrativa y este órgano jurisdiccional en sentencia 1015, de 6 de junio de 2013, declaró la improcedencia de la demanda y confirmó la responsabilidad administrativa[72].

---

[72]   Resulta pertinente resaltar que esta persona fue uno de los representantes del Estado ante la Corte Interamericana de Derechos Humanos, caso *Apitz Barbera y otros vs. Venezuela,* que culminó con la condena al Estado por violación de derechos humanos, en sentencia de 5 de agosto de 2008. Como dato adicional se debe mencionar, que se premió a este representante del Estado designándolo como juez en la Corte Primera de lo Contencioso Administrativo, en lugar de cumplir el mandamiento que habían obtenido las víctimas y luego se declaró la inejecución de aquella sentencia de la Corte Interamericana de Derecho Humanos. No puede soslayarse que luego de haber sido destituido este juez, inmediatamente se determinó que había incurrido en responsabilidad administrativa y que procedía su inhabilitación política en sede administrativa, asunto éste que la Corte Interamericana de Derechos Humanos, en sentencia de 1° de septiembre de 2011, caso *Leopoldo López vs. Venezuela,* había declarado inconvencional por constituir una violación a los derechos humanos y esta sentencia también fue declarada inejecutable por el Tribunal Supremo de Justicia en Sala Constitucional, en sentencia 1547, de 14 de octubre de 2011. Este caso constituye una auténtica ironía, quien avaló ante la Corte Interamericana de Derechos Humanos la violación de los derechos humanos de sus antecesores en el cargo de jueces, se hizo cómplice de tal violación y contribuyó al incumplimiento de la sentencia, ha terminado siendo otra víctima del mismo sistema que colaboró a construir.

6. Más recientemente, el Tribunal Supremo de Justicia en Sala Político Administrativa, en sentencia 1310, de 13 de noviembre de 2013, ha resuelto un caso donde el ex-juez puso de manifiesto haber aprendido en cabeza ajena que la vía jurisdiccional para impugnar los actos administrativos de remoción o destitución no es el amparo constitucional, sino las demandas de nulidad, lo que parece no haber aprendido fue a realizar el cómputo para frustrar la caducidad. En este caso, el demandante Edgar José Moya Millán, pretende la nulidad del acto administrativo de 11 de agosto de 2011, dictado por la Presidente de la Comisión Judicial del Tribunal Supremo de Justicia, en la cual acordó dejar sin efecto su designación como juez del Juzgado Superior Tercero en lo Civil y Contencioso Administrativo de la Circunscripción Judicial del Área Metropolitana de Caracas. La demanda fue presentada el 23 de febrero de 2012 y la Sala Político Administrativa la declara inadmisible por extemporánea con fundamento en los siguientes argumentos: "... *se evidencia que en Oficio N° 1368-2011 del 16 de agosto de 2011, la Jueza Rectora Civil del Área Metropolitana de Caracas, hizo del conocimiento al ciudadano Edgar José Moya Millán, que 'mediante oficio N° CJ-11-2331, de fecha 11 de agosto de 2011, en reunión de la misma fecha, [se] acordó dejar sin efecto su designación como Juez del Juzgado Superior Tercero en lo Civil y Contencioso Administrativo de la Circunscripción Judicial del Área Metropolitana de Caracas', actuación que si bien no contiene la firma y fecha en señal de recibido por el accionante, no es menos cierto que éste afirmó en el libelo, que fue notificado en fecha 17 de agosto de 2011, esto es, al día siguiente de la fecha contenida en el oficio de notificación suscrito por la Jueza Rectora Civil del Área Metropolitana de Caracas antes referido; razón por la cual, esta Sala, al igual que el Juzgado de Sustanciación, considerará esa data como la fecha cierta en la que el accionante tuvo conocimiento del acto recurrido*", en razón de ello concluye la Sala Político Administrativa que "*Cónsono con lo expuesto, es a partir del 17 de agosto de 2011 [fecha en la que el accionante alega conoció el contenido del acto recurrido], exclusive, que comenzaba a computarse el lapso establecido en el artículo 32 de la Ley Orgánica de la Jurisdicción Contencioso Administrativa [180 días continuos para recurrir de los actos administrativos de efectos particulares], el cual culminó el 17 de febrero de 2012; así, habiendo la parte actora ejercido el recurso de nulidad ante esta Sala en fecha 23 de febrero de 2012, ya se encontraba fenecido el lapso previsto en la indicada norma. Por tanto, debe concluirse que el auto apelado, aun cuando en él no se analizó lo relativo a la extemporaneidad del recurso de reconsideración, se encuentra ajustado a derecho dado que llega a la misma decisión a la que arriba esta Sala en el presente fallo. Así se establece*".

Se pueden mencionar otros casos que constituyen expresiones de "*errores jurídicos inexcusables*" atribuibles a los jueces del orden jurisdiccional administrativo, pero que no han transcendido, ni tenido mayores consecuencias para sus autores y que vienen a completar el decálogo.

7. Un caso se presentó en virtud de un amparo constitucional intentado por un usuario del servicio público de energía eléctrica, que llegó en apelación al conocimiento de la Corte Segunda de lo Contencioso Administrativo y que fue resuelto en la sentencia 1478, de 28 de diciembre de 2005, momento para el cual se encontraba vigente la Ley Orgánica del Servicio Eléctrico, de 31 de diciembre de 2001, publicada en la *Gaceta Oficial* N° 5.568 y en la que sin embargo, en absoluto desconoci-

miento del texto vigente se afirma que "… *esta Corte observa que para constatar la violación denunciada resulta imperioso entrar a revisar normas de rango legal y sublegal, referentes a la legalidad de la suspensión del servicio de energía eléctrica, específicamente las disposiciones que al efecto trae la Ley del Servicio Eléctrico publicada en la Gaceta Oficial de la República de Venezuela N° 36.791 de fecha 21 de septiembre de 1999 y su Reglamento General, publicado en la Gaceta Oficial de la República de Venezuela N° 5.510 Extraordinario de fecha 14 de diciembre de 2000, lo cual le está vedado hacer al Juez de amparo constitucional, es decir, la acción de amparo constitucional persigue más allá del análisis de la mera legalidad de la actividad administrativa, la constatación de que se está en presencia de una lesión constitucional*". Si los jueces conociesen realmente su oficio y se hubiesen leído el artículo 125 de la entonces vigente Ley Orgánica del Servicio Eléctrico de 2001, hubiesen sabido que al momento de emitir el fallo, se encontraba expresamente derogado desde hacía 4 años el texto legal que estaban invocando como argumento de derecho, no obstante, en evidente desconocimiento de la Ley vigente, ni siquiera la mencionaron lo que permite constatar que incurrieron en un error jurídico inexcusable.

8. Otro caso fue resuelto por el Tribunal Supremo de Justicia en Sala Político Administrativa, en sentencia 753, de 2 de julio de 2008, que luego de declarar la nulidad de la concesión del servicio público de disposición de residuos y desechos sólidos, ordena al Municipio asumir la gestión, mientras convoca y realiza una licitación para otorgar una nueva concesión de servicio público, con sujeción a la entonces reciente Ley de Contrataciones Públicas. Es el caso que esta Ley tiene como objeto regular los contratos de adquisición de bienes, prestación de servicios y construcción de obras. En tanto, la Ley de promoción de la inversión privada bajo el régimen de concesiones regula expresamente aquéllas que son otorgadas por las autoridades nacionales para la construcción de infraestructuras o la prestación de servicios públicos, dejando a salvo la posibilidad que los estados y los municipios, apliquen ese régimen contractual o procedan a dictar sus propias normas sobre la materia. A ello se suma que la Ley Orgánica del Poder Público Municipal, contiene un precepto que establece lo relacionado con el contenido mínimo que debe estar presente en el contrato de concesión de servicios públicos y en particular, el Municipio condenado tiene una ordenanza que regula las concesiones de servicios públicos. Ello así, cabe señalar que la sentencia del Tribunal Supremo de Justicia, al resolver el asunto ha debido ordenar la aplicación de las disposiciones de la Ley de promoción de la inversión privada bajo el régimen de concesiones, en concordancia con la Ley Orgánica del Poder Público Municipal y la Ordenanza de Concesiones del propio Municipio, pero en ningún caso podía ordenarle ejecutar tal como lo hizo, unas disposiciones que son inaplicables a los contratos de concesión, como sucede con las contenidas en la Ley de Contrataciones Públicas y ello constituye un error jurídico inexcusable.

9. Se puede mencionar el caso planteado ante la Corte Segunda de lo Contencioso Administrativo, que en sentencia 1324, de 16 de julio de 2008, a los fines de resolver una incidencia procesal relacionada con la forma de citación y notificación del Alcalde y el Síndico Procurador Municipal, sostiene que "… *advierte este Órgano Jurisdiccional que (es) el artículo 155 de la Ley Orgánica del Poder Público Municipal, y no el artículo 152 eiusdem como erróneamente fue argüido por la parte de-*

mandada ..." y luego procede a transcribir el que equivocadamente considera que es el artículo 155 de la Ley Orgánica del Poder Público Municipal. No obstante, se debe señalar que el artículo 155 de la Ley Orgánica del Poder Público Municipal, publicada en la *Gaceta Oficial* N° 5.806 Extraordinaria, de 10 de abril de 2006, reimpresa por error material en *Gaceta Oficial* N° 38.421, de 21 de abril de 2006, vigente al momento de la interposición de la demanda y de su posterior admisión por la Corte Segunda de lo Contencioso Administrativo, regulaba el trato que se le debía otorgar a los bienes públicos municipales en juicio y no a las citaciones o notificaciones de las autoridades municipales; por tanto, la única explicación a semejante incorrección es el desconocimiento jurídico que tienen los jueces de la Corte Segunda de lo Contencioso Administrativo, al incluso asumir que es un error del demandado la invocación del artículo 152 de la Ley Orgánica del Poder Público Municipal de 2006, cuando quienes están incurriendo en el error son ellos al citar en su sentencia un artículo que se corresponde a la Ley Orgánica del Poder Público Municipal de 8 de junio de 2005, que se encontraba derogada al momento de la presentación de la demanda, de la citación y notificación de los representantes del demandado y de la expedición de la sentencia comentada; pero que aún habiendo estado vigente al momento de la instauración del proceso, al tratarse de una norma procesal, por mandato del artículo 24 de la Constitución, resultaba de aplicación inmediata el artículo 152 de la Ley de 2006, lo que lleva a concluir que los jueces incurrieron en un evidente error jurídico inexcusable.

10. Más recientemente se resolvió un caso particularmente curioso, pues el juez integrante en ese momento de la Corte Segunda de lo Contencioso Administrativo apeló de la decisión de ese mismo órgano jurisdiccional de 14 de noviembre de 2007, que declaró sin lugar su inhibición en virtud de que alegaba presunta amistad con el abogado de una de las partes. El Tribunal Supremo de Justicia en Sala Político Administrativa, en sentencia 801, de 4 de julio de 2012 advierte que no existe recurso contra las decisiones que resuelvan las incidencias de recusación o inhibición, tal como lo dispone el Código de Procedimiento Civil y lo ha reconocido y ratificado la Sala Constitucional[73]. Seguidamente afirma que "...*cuando se ha dado curso a la incidencia de inhibición, no es procedente la interposición de recurso alguno contra la decisión que al efecto se dicte; por el contrario, cuando no se ha dado curso a la incidencia, sí podrá interponerse el recurso de apelación*" y dado que en el caso planteado se efectuó la sustanciación de la incidencia de inhibición no procedía el recurso de apelación por lo que se "... *declara inadmisible el recurso de apelación presentado*".

Aunque la Sala resuelve el asunto de manera ortodoxa al reconocer que la apelación era impresentable, no puede dejar de mencionarse que implícitamente la sentencia admite que de no haberse tramitado la incidencia de inhibición, el juez tenía cualidad para recurrir en apelación, lo que resulta extraño al ordenamiento jurídico, pues ni la Ley Orgánica de la Jurisdicción Contencioso Administrativa, ni el Código de Procedimiento Civil, reconocen esta posibilidad, siendo que en principio la cualidad de ejercer el derecho a recurrir se encuentra reservada a las partes que intervie-

---

[73]   Tribunal Supremo de Justicia en Sala Constitucional, sentencia 2090, de 30 de octubre de 2001, reiterada en sentencia 1454, de 30 de junio de 2005.

nen en el proceso y eventualmente se le reconoce a los terceros. En efecto, las disposiciones generales en materia de recursos admiten que tienen cualidad para recurrir las partes, siempre que no se les haya concedido todo lo pretendido; y en lo atinente a la sentencia definitiva, también reconoce que tiene cualidad para apelar aquel tercero que tenga un interés inmediato en lo que sea objeto o materia del juicio o que pueda resultar perjudicado por la decisión, porque pueda serle ejecutoria o porque haga nugatorio su derecho, lo menoscabe o desmejore[74] e incluso se admite que una parte puede adherirse a la apelación de la contraria[75], pero en ninguna de estas normas se reconoce tal cualidad a los jueces para apelar o recurrir en contra de sus propias sentencias, ni contra las decisiones de sus compañeros. Por ello cabe señalar que la sentencia de la Sala Político Administrativa desperdició una excelente oportunidad para realizar un llamado de atención a los jueces sobre esta clase de actuaciones carentes de cualquier fundamento jurídico; sin embargo, en su lugar ha dejado abierta la puerta a futuros debates sobre un asunto que ni siquiera debió ser planteado e induce a otros jueces a que se sientan motivados a formular similares recursos según el criterio expuesto en el fallo, aunque sean jurídicamente improcedentes.

Todos estos casos constituyen una pequeña y selecta muestra del ranking de los 100 grandes errores de la justicia administrativa venezolana, que pueden ser detectados en la página web del Tribunal Supremo de Justicia y que son producto de la ingeniosidad de los abogados que han sido designados sin concurso público y que han puesto de manifiesto las notables deficiencias en los conocimientos especializados, la carencia de cultura jurídica básica doctrinal y jurisprudencial, así como la ausencia de credenciales idóneas para ejercer los cargos de jueces contencioso administrativos, razón por la que éstos han optado -mientras son destituidos, cesados o separados del cargo al no gozar de estabilidad- por transformar a los tribunales de la jurisdicción contencioso administrativa en meros ejecutores de garantías o fianzas mercantiles contra empresas contratistas o contra las empresas bancarias y aseguradoras, -al ser éstas deudores solidarios y principales pagadores de las obligaciones contraídas-, incurriendo en una manifiesta violación del derecho constitucional al juez natural y preestablecido en la ley que tienen reconocidos los particulares[76], lo que ha producido que tales órganos jurisdiccionales hayan perdido la razón que justifica su creación, garantizar la tutela judicial efectiva de los derechos e intereses de las personas frente a los órganos que ejercen el Poder Público, cuando actuando en función administrativa, incurren en arbitrariedades, abusos o excesos[77].

---

[74] Artículos 94 de la Ley Orgánica de la Jurisdicción Contencioso Administrativa y 297 del Código de Procedimiento Civil.

[75] Artículo 299 del Código de Procedimiento Civil.

[76] Artículo 49.4 de la Constitución. En tal sentido, se ha pronunciado el Tribunal Supremo de Justicia en Sala Político Administrativa, sentencia 788, de 30 de mayo de 2007, ratificada por la sentencia 1498, de 14 de agosto de 2007 y luego de entrada en vigencia la Ley Orgánica de la Jurisdicción Contencioso Administrativa, por la sentencia 602, de 23 de junio de 2010, todas citadas por Geyer Alarcón, A., "La organización de la jurisdicción contencioso administrativa", (Dir. Hernández-Mendible, V. R.), *La actividad e inactividad administrativa y la jurisdicción contencioso-administrativa,* Editorial Jurídica Venezolana, Caracas, 2012, p. 77.

[77] Rivero, J., "El demandante frente al juez administrativo", *Páginas de Derecho Administrativo,* Temis-Universidad del Rosario, Bogotá, 2002, p. 248.

Es por todo ello que los decálogos de desventuras de la jurisdicción contencioso administrativo que se enuncian, apenas constituyen una referencia para contribuir a la silenciosa y minuciosa labor que realiza el Comité de expertos internacionales del Observatorio de la Jurisdicción Contencioso Administrativo, que tiene la compleja tarea de supervisar todas las actuaciones de estos tribunales, hacerles seguimiento y determinar aquellas que involucren errores, retardos, omisiones injustificadas o denegación de justicia que hayan causado daños a las personas y que sean imputables a cada uno de los jueces que se desempeñan en dicho orden jurisdiccional, para generar los reportes, documentar los expedientes y asesorar a las víctimas de quienes siendo personalmente responsables, deberán ser juzgados y condenados conforme a lo dispuesto en los artículos 49.8 y 255 de la Constitución.

A esto se suma el hecho que en el corto plazo habrá de producirse una reforma de la Ley de la Jurisdicción Contencioso Administrativa para corregir sus imperfecciones; pero la mejor Ley del mundo resultaría totalmente ineficaz, si no se cuenta con un auténtico Poder Judicial independiente, autónomo, realmente competente en lo que se refiere al conocimiento especializado y fundamentalmente capaz de asumir el reto de juzgar y hacer ejecutar lo sentenciado, para garantizar una auténtica tutela judicial efectiva en el orden jurisdiccional contencioso administrativo.

VII. EL DECÁLOGO DE LAS DESVENTURAS ACADÉMICAS

En algunas ocasiones los estudiantes en las universidades y los abogados que asisten a los congresos, jornadas y conferencias echan en falta que los profesores, ponentes y conferencistas no les suministren los datos de las sentencias más recientes o "últimas novedades", como si tales actividades académicas fuesen una suerte de concurso para ver quien maneja más datos recientes, se aproxima más al criterio de moda, dice una respuesta exacta o más original.

Aunque a primera vista esta inquietud daría la impresión de tener alguna justificación razonable, -supuestamente "estar actualizado"-, la verdad es que no la tiene por los motivos estrictamente técnico-jurídicos que se expondrán inmediatamente.

1. Corresponde comenzar advirtiendo que en un Estado de Derecho las leyes se derogan por otras leyes posteriores conforme a lo dispuesto en la Constitución[78],

---

[78] La Procuraduría General de la República modificando el artículo 218 de la Constitución por un medio distinto del que ella contempla, ha decidido reformar tanto un texto legal como un reglamento a través de una resolución administrativa, lo que constituye una auténtica novedad en el Derecho Constitucional venezolano. En efecto, el Procurador General de la República encargado, por resolución N° 005/2014, de 4 de febrero de 2014, publicada en *Gaceta Oficial* N° 40.349, de 5 de febrero de 2014, mediante la inédita figura de "reforzar" los textos jurídicos, ha reformado a través de un acto de inferior jerarquía los de superior jerarquía, además actuando en incompetencia manifiesta al usurpar funciones del Poder Legislativo Nacional y del Poder Ejecutivo Nacional, cambiando así disposiciones tanto de la Ley de Contrataciones Públicas como del Reglamento de dicha Ley, es decir, el Procurador General de la República quien se encuentra obligado a actuar con sujeción plena a la Ley y al Derecho, además de ignorar la Constitución, ha violado el principio de legalidad (artículos 4 y 10 de la Ley Orgánica de la Administración Pública), el principio de lealtad institucional (artícu-

pero los criterios que constituyen jurisprudencia no se derogan por otros más recientes, a lo sumo la jurisprudencia se abandona, cuando se construye una nueva, lo que no sucede con una sentencia aislada.

2. No toda sentencia constituye jurisprudencia y de allí que estar suministrando los datos más novedosos de las sentencias, no implica un efectivo manejo de la jurisprudencia, más en un país donde la inestabilidad a la que se encuentran sometidos los jueces que emiten los fallos, hace que la volubilidad de los criterios haga inviable la consolidación de los mismos en el tiempo.

3. La propia Sala Constitucional del Tribunal Supremo de Justicia le ha negado el carácter de fuente directa de derecho a la jurisprudencia[79], razón por la que menos aún se puede considerar que tengan tal condición aquellas sentencias que ni siquiera constituyen jurisprudencia y más si se trata de decisiones de tribunales de instancia.

4. Resulta inoperante desde el punto de vista académico y práctico la lectura y clasificación de las sentencias de los tribunales de instancia del orden jurisdiccional administrativo, porque al carecer de autonomía e independencia, tanto las Cortes o Juzgados "Nacionales" –cuando funcionen- como los Juzgados Superiores "Estadales", ambos terminan resolviendo sin ninguna originalidad, dado que se han constituido en simples oficinas de reproducción o copias de los fallos emitidos por el Tribunal Supremo de Justicia, en lugar de órganos de resolución de conflictos e impartidores de justicia en cada conflicto; situación que era muy distinta en la época en que la Corte Primera de lo Contencioso Administrativo funcionaba como un órgano jurisdiccional realmente autónomo y de vanguardia, ante la Sala Político Administrativa de la Corte Suprema de Justicia que actuaba de manera más conservadora, pero respetando la autonomía de aquélla.

5. En el Derecho Comparado el estudio de los criterios contenidos en las sentencias que se transformaron en jurisprudencia, se realiza a través de los casos emblemáticos, pioneros y no a través de aquellos fallos que los siguen, los ratifican o los parafrasean cada cierto tiempo. Como muestra basta señalar, que ningún verdadero jurista ignoraría los *leading cases* siguientes, para correr tras una falsa novedad:

5.1. Suprema Corte de Estados Unidos de América, caso Marbury *vs.* Madison, de 24 de febrero de 1803, sobre control de la constitucionalidad y supremacía de la Constitución.

5.2. Tribunal de Conflictos de Francia, caso de Agnes Blanc, de 8 de julio de 1873, sobre las reglas aplicables a la responsabilidad de la Administración Activa.

5.3. Tribunal Superior de Berlín, sentencia de 14 de noviembre de 1956, sobre la prevalencia del principio de la confianza legítima, respecto al principio de la vinculación de la Administración a la Ley.

---

lo 25.1 de la Ley Orgánica de la Administración Pública) y el principio de competencia (artículo 26 de la Ley Orgánica de la Administración Pública).

[79] "Tribunal Supremo de Justicia en Sala Constitucional, sentencia 1264, de 1° de octubre de 2013.

5.4. Corte de Justicia de la Comunidad Europea, caso Factortame, de 19 de junio de 1990, sobre medidas cautelares en el derecho comunitario.

5.5. Corte Interamericana de Derechos Humanos, caso Almonacid Arellano *vs.* Chile, de 26 de junio de 2006, sobre la potestad del juez nacional para realizar el control difuso de la convencionalidad.

6. Es por ello que salvo auténticas novedades con relevante valor jurídico –no muy frecuentes en estos tiempos-, las sentencias que constituyen jurisprudencia y que suelen citarse en los eventos académicos y en las publicaciones son los casos Eusebio Igor Vizcaya Paz, Cervecería de Oriente, Miranda Entidad de Ahorro y Préstamo, Francisco Ruiz Becerra, Maritza Josefina Alvarado, Leopoldo Díaz Bruzual, Panamerican World Airways, Patria Fondo Mutual de Inversión de Capital Variable, Depositaria Judicial, Despacho Los Teques, Freddy Rojas Pérez, Farmacia Unicentro, Armando Felipe Melo, Burgos Romero, Iván Pulido Mora, Rómulo Villavicencio, Arnaldo Lovera, Tarjetas Banvenez, Ford Motors de Venezuela, Mochima, Eduardo Contramaestre, Scholl Venezolana, Alba Orsetti Cabello, Alí Quiñones, Cedeño Salazar, Fetraeducación, Registro Automotor Permanente, Redimaq, Mariela Morales, Iván Gutiérrez Hernández, Hernán Gruber Odreman, Puerto de La Guaira, Machado Machado, Acción Comercial, entre muchos otros, que por antiguas que puedan parecer no han perdido vigencia, pues se transformaron en normas jurídicas por voluntad del legislador o siguen siendo los criterios que aplica constantemente el Tribunal Supremo de Justicia, aunque sin citarlos expresamente.

7. Además constituye un tema de honestidad intelectual acudir a las fuentes directas y citar conforme al contexto en que se produjeron los precedentes, lo que tampoco sucede con mucha frecuencia en las "últimas sentencias", que omiten realizar mención a los antecedentes que fijaron los criterios líderes, pretendiendo dar la impresión –por demás absolutamente falsa-, que se está construyendo una nueva tendencia jurisprudencial.

8. Cabe mencionar que también fueron "últimas sentencias" todos los fallos que se han citado precedentemente bajo el epígrafe *"El decálogo de las desventuras jurisdiccionales"*, que mencionan los errores jurídicos inexcusables en que han incurrido los jueces que realizan el control jurisdiccional administrativo, -así como los otros que se han omitido para no exceder los límites de este trabajo-, y luego terminaron siendo anulados por las instancias superiores al materializar los mencionados errores, lo que lleva a considerar cuál es el valor pedagógico que realmente tiene enseñar en las aulas de clases o en otros eventos académicos, sentencias aparentemente novedosas pero jurídicamente inválidas.

9. Un asunto más crítico es el hecho que las "últimas sentencias" manipulan las citas de autoridad, atribuyendo definiciones a autores que no se corresponden[80] o to-

---

[80] "Corte Primera de lo Contencioso Administrativo, en sentencia de 1° de junio de 2000, en un notable ejercicio de deshonestidad intelectual le atribuye a los Catedráticos españoles Eduardo García de Enterría y Tomás Ramón Fernández, la siguiente definición de acto administrativo:

"Hemos definido el acto administrativo como toda manifestación de voluntad de carácter sublegal, realizada, primero, por los órganos del Poder Ejecutivo, es decir, por la Administración Pública, actuando en *ejercicio* de la función administrativa, de la función legislativa y de la función jurisdiccional; segundo, por los órganos del Poder Legislativo (de carácter sublegal) actuando en ejercicio de la

mando sus opiniones como si fuesen una elaboración propia[81], en evidente falta de rigor intelectual en la exposición de los argumentos e incurriendo en una apropiación indebida de los derechos de autor de quien ha formulado una teoría.

---

función administrativa; y tercero *por los órganos del Poder Judicial actuando en ejercicio de la función administrativa y de la función legislativa*. En todos estos casos, la declaración de voluntad constituye un acto administrativo cuando tiende a producir efectos jurídicos determinados, que pueden ser la creación, modificación o extinción de una situación jurídica individual o general o la aplicación, aun sujeto de derecho de una situación jurídica general".

Esta definición fue formulada originalmente 25 años antes por el profesor venezolano Allan R. Brewer-Carías, al proponer lo siguiente:

"… considerar como acto administrativo toda manifestación de voluntad de carácter sublegal (criterio formal), realizada por los órganos del Poder Ejecutivo, actuando en ejercicio de la función administrativa, de la función normativa y de la función jurisdiccional (criterio orgánico); por los órganos del Poder Legislativo, actuando en ejercicio de la función administrativa y de carácter sublegal (criterio material), y por los órganos del Poder Judicial actuando en ejercicio de la función administrativa y de la función normativa (criterio material), con el objeto de producir efectos jurídicos determinados que pueden ser o la creación de una situación jurídica individual o general, o la aplicación a un sujeto de derecho, de una situación jurídica general".

La definición puede ser consultada en Allan R. Brewer-Carías, *Derecho Administrativo*, Tomo I, Universidad Central de Venezuela, Caracas, 1975, pp. 393-394; "El objeto del control contencioso-administrativo", *El Control Jurisdiccional de los Poderes Públicos en Venezuela*, Instituto de Derecho Público. Facultad de Ciencias Jurídicas y Políticas de la Universidad Central de Venezuela, Caracas, 1979, p. 171; "El problema de la definición del acto administrativo", *Libro Homenaje al Doctor Eloy Lares Martínez*, Tomo I, Universidad Central de Venezuela, Caracas, 1984, pp. 31-41.

Tal como se puede constatar de una simple lectura, la cita de autoridad es incorrecta en la atribución de su autoría y falsa en su contenido, porque en la obra publicada por los Catedráticos Eduardo García de Enterría y Tomás Ramón Fernández, es el primero de ellos quien escribe el Capítulo X, del *Curso de Derecho Administrativo*, Tomo I, Palestra-Temis, Lima-Bogotá, 2006, p. 587, en el que expone su tradicional definición en los siguientes términos:

"Acto administrativo sería así la declaración de voluntad, de juicio, de conocimiento o de deseo realizada por la Administración en ejercicio de una potestad administrativa distinta de la potestad reglamentaria".

Aunque la cita que se trae a colación es seis años posterior a la sentencia, ante la dificultad o imposibilidad de tener acceso a la obra original, los jueces de la Corte Primera pudieron efectuar la consulta de esta definición y constatar que no guarda relación con la que atribuyen a los autores españoles, al realizar una lectura del discurso de incorporación a la Academia de Ciencias Políticas y Sociales del profesor Gonzalo Pérez Luciani, de 1° de diciembre de 1998, que tuvo lugar un año y medio antes de la sentencia, en el que se analiza "La noción de acto administrativo" y concretamente en la página 91, cita de pie de página 115, refiere la definición del Catedrático García de Enterría arriba transcrita.

[81] Tribunal Supremo de Justicia en Sala Constitucional, en sentencia 4993, de 15 de diciembre de 2005, ratificada en sentencia 433, de 6 de mayo de 2013, expone su clasificación de los servicios públicos en relación con la libertad económica, en los siguientes términos:

"Con lo cual, de conformidad con nuestro ordenamiento jurídico, podrán distinguirse, en la medida o el grado en que dicha declaración estatal o *"publicatio"* apareje una limitación a la libertad económica de las iniciativas privadas que pretendan explotar o desarrollar la actividad prestacional que los servicios públicos comportan, entre: (a) Los servicios públicos exclusivos y excluyentes (Vgr. La generación hidroeléctrica en las cuencas de los ríos Caroní, Paragua y Caura conforme el Parágrafo Único del artículo 3 de la Ley del Servicio Eléctrico); (b) Los servicios públicos exclusivos pero concedibles (*Vgr.* Transmisión y Distribución de energía eléctrica, explotación de las telecomunicaciones, etc.) y, (c) Los servicios públicos concurrentes (*Vgr.* La enseñanza)".

Hay que señalar que esta clasificación no la establece el ordenamiento jurídico como incorrectamente dice la sentencia y aunque existen otras clasificaciones distintas en la doctrina científica nacional, se eligió asumir la clasificación de los servicios públicos elaborada 24 años antes -bajo la vigencia de la Constitución de 23 de enero de 1961- por el profesor Allan R. Brewer-Carías, a quien la sentencia omite mencionar expresa-

10. Se termina este decálogo como se comenzó este trabajo, citando una frase del escritor irlandés Oscar Wilde, quien decía que "*Hoy en día el hombre conoce el precio de todo y el valor de nada*", lo que parafraseado podría aplicarse al tema que se comenta, señalando que actualmente existen operadores jurídicos que se leen y conocen el contenido de todas las sentencias, pero no entienden ninguna, ni la justificación del *obiter dictum*, ni el valor de la *ratio decidendi*[82], así como menos saben distinguir entre una sentencia aislada y lo que realmente constituye jurisprudencia.

No obstante, si a pesar de todo lo aquí expuesto existe alguien que considere necesario dedicarle tiempo a las "últimas sentencias", no tiene que perder un minuto más, debe aprovechar el entusiasmo que tiene y ponerse a investigar, descubrir dónde se encuentra lo realmente novedoso, analizarlo para constatar que no existen precedentes y que las citas de autoridad son correctas, verificar que las decisiones no han sido posteriormente anuladas o modificadas por el Tribunal Supremo de Justicia, extraer los criterios jurisprudenciales que se desarrollan en ellas y publicarlos para compartirlos con todos aquellos quienes estén interesados en conocerlos. Afortunadamente, todavía para estudiar, escribir, comentar y publicar las sentencias, no hace falta otra cosa que la voluntad de hacerlo, eso sí, siempre que sea conforme a la metodología jurídica existente para ello.

Sin que constituya la única forma de hacerlo, lo que se expondrá a manera de ejemplo sirve de referencia para analizar una de las "últimas sentencias" de 2013, en las que el Tribunal Supremo de Justicia se ha pronunciado sobre las disposiciones constitucionales que regulan el derecho a la defensa y el debido procedimiento administrativo previo.

Se deben comenzar ubicando los antecedentes: El Tribunal Supremo de Justicia en Sala Constitucional, en sentencia 4988, de 15 de diciembre de 2005, al pronunciarse sobre la pretensión de inconstitucionalidad del artículo 119 de la Ley de Aeronáutica Civil sostuvo que "…la imposición de la multa en la fase de iniciación del procedimiento, sin haberse sustanciado en su totalidad el mismo -sin garantizar con ello el derecho a la defensa en el marco del debido procedimiento administrativo- y, en razón del principio de ejecutividad y ejecutoriedad que reviste la misma (*ex* artículo

---

mente. No obstante, la Sala investida de su condición de máximo intérprete de la Constitución le otorga a lo expuesto por el profesor Brewer-Carías rango de "ordenamiento jurídico" y por tanto le reconoce a éste la autoridad de auténtica fuente directa del Derecho. Señala textualmente el profesor Brewer-Carías:

"En efecto, según la intensidad de la restricción a la libertad económica que acarrea la consideración de una actividad del Estado como servicio público, pueden distinguirse tres grandes categorías de servicios públicos: los servicios públicos exclusivos y excluyentes; los servicios públicos exclusivos, pero concedibles; los servicios públicos concurrentes".

Véase, Comentarios sobre la noción del servicio público como actividad prestacional del Estado y sus consecuencias, *Revista de Derecho Público N° 6*, Editorial Jurídica Venezolana, Caracas, 1981, pp. 65-71, en especial p. 68.

[82] Petit Guerra, L., "Las sentencias constitucionales frente a las confusiones de los "*obiter dictum*" y la "*ratio decidendi*", respecto a su vinculatoriedad", (Coords. Pérez Salazar, G., Petit Guerra, L., y Hernández-Mendible, V. R.), *La Justicia Constitucional y la Justicia Administrativa como garantes de los Derechos Humanos, Homenaje a Gonzalo Pérez Luciani y en el marco del vigésimo aniversario de FUNEDA*, Tomo I, Centro de Estudios de Derecho Procesal Constitucional, Centro de Estudios de Derecho Público y Centro de Estudios de Regulación Económica de la Universidad Monteávila-FUNEDA, Caracas, 2013, pp. 307-336.

8 de la Ley Orgánica de Procedimientos Administrativos), pudiera causar -según se advierte *prima facie*- perjuicios a la esfera patrimonial de la recurrente que difícilmente serían revertidos por la sentencia definitiva que se dicte en el presente juicio de nulidad. … esta Sala decreta mandamiento de amparo cautelar por el cual se suspende la aplicación del artículo 119 de la Ley de Aeronáutica Civil *sólo en lo relativo a la imposición de la sanción como acto de iniciación del procedimiento administrativo*, materializado en el presente caso por la multa aplicada, sin perjuicio de la continuación del procedimiento en sede administrativa, según las disposiciones procedimentales contenidas en esa misma Ley, a los fines de que el Instituto Nacional de Aviación Civil verifique efectivamente la comisión de la infracción administrativa …".

Más recientemente, el Tribunal Supremo de Justicia en Sala Constitucional, en sentencia 1316, de 8 de octubre de 2013, se pronunció nuevamente sobre el derecho constitucional a la defensa y el debido procedimiento administrativo previo, al efectuar la revisión constitucional de una sentencia nula de la Sala Político Administrativa que sostenía el criterio conforme al cual "el vicio de nulidad de un acto administrativo dictado en ausencia de procedimiento es convalidable desde la perspectiva del derecho a la defensa si se comprueba que el particular, luego de dictada la decisión que le afecta, pudo ejercer posteriormente los recursos administrativos y contenciosos administrativos, subsanando así cualquier vulneración vinculada a las fallas cometidas por la Administración sobre este aspecto", para concluir confirmando la sentencia también nula de la Corte Segunda de lo Contencioso Administrativo, que reconocía la validez de un acto administrativo absolutamente nulo.

La Sala Constitucional luego de censurar tan desafortunada argumentación de la Sala Político Administrativa, respecto a la inexistente convalidación sobrevenida por el destinatario de los actos administrativos absolutamente nulos, -lo que recuerda que ya ha cuestionado en anteriores ocasiones, sentencia 1073 de 31 de julio de 2009-, reitera en esta oportunidad con fundamento en los artículos 26, 49 de la Constitución y 19.4 de la Ley Orgánica de Procedimientos Administrativos, que "el derecho a la defensa y al debido proceso tienen plena prevalencia en todo procedimiento administrativo, sin que pueda entenderse de modo alguno que el retiro de las posibilidades para ejercer esa defensa, y menos, dictar actos en ausencia total de procedimiento, puedan solventarse con la intervención posterior del particular, ante los tribunales de la jurisdicción contencioso de la materia".

Pero la Sala Constitucional no se limita a mencionar la consecuencia jurídica que dispone el artículo 25 de la Constitución, respecto a los actos jurídicos expedidos afectando derechos constitucionales y legales, que quedan viciados de nulidad absoluta, sino que indica la directriz que debe guiar la actuación del órgano jurisdiccional en tal caso.

Al respecto establece que el "criterio señalado por la Sala Político Administrativa el cual afirma que no resulta válido anular el acto administrativo por ausencia de procedimiento si se han ejercido las vías procesales consecuentes por ser una reposición inútil, debe señalarse que de encontrarse el acto administrativo sometido al control del juez contencioso administrativo, éste no puede reponer el procedimiento nuevamente a la vía administrativa, sino que debe proceder a declarar la nulidad del acto en sí, sin mayores consideraciones por así requerirlo el artículo 19.4 de la Ley

Orgánica de Procedimientos Administrativos. Por ende, le está vedado emitir órdenes para el reinicio de la vía administrativa, por cuanto no está dentro de sus potestades subsanar las fallas cometidas por la Administración, sino anular éstas cuando se ha generado un daño a los derechos de los administrados".

En atención a ello la Sala Constitucional concluye afirmando que "el criterio de la *'subsanación'* del vicio de ausencia absoluta de procedimiento por el ejercicio posterior de la vía administrativa y de los recursos contenciosos administrativos no tiene asidero en los principios procesales previstos en los artículos 26 y 49 de la Constitución".

Aunque existe una posición reiterada y aparentemente firme del Tribunal Supremo de Justicia en Sala Constitucional, sobre la irrenunciabilidad de los derechos constitucionales a la defensa y el debido procedimiento administrativo previo, una vez más la Sala Político Administrativa en desafío a aquella, ha expedido el fallo 1392, de 4 de diciembre de 2013, que no puede ser ignorado dada la gravedad de sus argumentos y el desacato a lo expresado por la Sala Constitucional.

Señala la sentencia que "… *es claro el criterio que ha mantenido esta Sala Político-Administrativa respecto a la validez del control posterior de las sanciones impuestas en aras de garantizar la seguridad alimentaria y el derecho a la vida de la población venezolana, y agrega esta Alzada, más aún cuando las circunstancias así lo requieran dada la naturaleza perecedera y en oportunidades efímera de los bienes de que se trate, que en este caso, asociado a su condición de artículos de primera necesidad sometidos a control de precios, conlleva un contenido social elevadísimo que se traduce en derechos colectivos, frente a los cuales pierden efectividad los individuales*".

Más adelante agrega, que "…*puede apreciarse de la transcripción que antecede, contrariamente a lo denunciado por la recurrente, el tribunal remitente respondía a la denunciada violación del derecho a la defensa, demostrando que la provisionalidad de la multa obedecía a la posibilidad de impugnación posterior de la misma, y por tal motivo, debe desecharse el pretendido vicio de incongruencia positiva*".

Tal como se puede observar, la mayoría de los jueces integrantes de la Sala Político Administrativa ignoran de manera olímpica las sentencias de la Sala Constitucional, pues no se trata de una decisión aislada de 2005 u otra pérdida de 2009, sino de un fallo que además de reiterar los anteriores no alcanza a tener dos meses de antigüedad (8 de octubre de 2013), que en vía de revisión constitucional anuló una sentencia de la propia Sala Político Administrativa, por violar la Constitución, con argumentos semejantes a los expuestos en la decisión de 4 de diciembre de 2013, que se analiza.

Por otra parte, cabe destacar que la monolítica imagen que ha pretendido brindar la Sala Político Administrativa puertas afuera del Tribunal Supremo de Justicia, se ha visto claramente resquebraja al no estar firmada la sentencia por todos los jueces que integran la Sala. Este hecho no debe pasar desapercibido si se tiene en cuenta, que incluso en más de una ocasión los jueces han optado por la realización de ponencias "conjuntas" para encubrir de cara a la sociedad, al autor intelectual de la sentencia y asumir la responsabilidad individual de manera compartida. No obstante, en esta oportunidad para no salvar el voto y pretender no proyectar disidencia entre los jueces, se ha acudido a la eufemística nota de secretaría "no está firmada por el juez por motivos justificados", lo que no deja de resultar curioso, porque el juez no firmante asistió al Tribunal, estuvo presente en la discusión de los proyectos y suscribió sus propias ponencias de esa misma fecha.

De allí que la lectura de esta circunstancia no pueda ser más clara, la disidencia que pretende encubrir la nota de secretaría, pone de manifiesto que quien así actúa no suscribió la sentencia, por estar consciente que ésta incurre en semejante "error jurídico inexcusable", que compromete la responsabilidad personal de los jueces firmantes en los términos establecidos en el artículo 255 de la Constitución, que es nula en virtud de lo dispuesto en el artículo 25 de la Constitución y que adicionalmente desconoce o desacata los precedentes de la Sala Constitucional del Tribunal Supremo de Justicia, sobre el derecho a la defensa y el debido procedimiento administrativo previamente mencionados.

Estos simples ejemplos, podrían servir para ilustrar a quienes se inician en la tarea de leer las sentencias e igualmente a los más veteranos, sobre la futilidad de conocer todas las "últimas sentencias" solo por la novedad, pues éstas deben ser leídas y analizadas con auténtico sentido crítico, para comprender si poseen verdadero valor jurídico.

VIII. CONSIDERACIONES FINALES

El precedente análisis ha sido realizado desde el punto de vista de los sujetos que ejerciendo la función administrativa se encuentran sometidos al control de la conformidad a Derecho, de los órganos jurisdiccionales que llevan a cabo tal control, de la actividad e inactividad sometida a dicho control, de los cauces procesales establecidos por el legislador para realizar el control, de los errores cometidos en la materialización jurisdiccional del control que realizan los operadores jurídicos, así como de la manera de investigar, analizar y estudiar las sentencias de la jurisdicción contencioso administrativa, llevando todo ello a reflexionar sobre lo que están haciendo los jueces.

Esto plantea la duda respecto a si los actuales jueces están capacitados adecuadamente para cumplir con la responsabilidad que constitucionalmente les corresponde, que ha sido destacada con notable agudeza por José Luis Meilán Gil, con las siguientes palabras: "*Frente a otros órdenes jurisdiccionales, a los jueces de lo contencioso-administrativo incumbe la alta responsabilidad y el alto honor de controlar al Poder, de contribuir a que el Poder se ejerza democráticamente al servicio del interés general, para el que están legitimados en un servicio magnánimo a la realización del Estado social y democrático de Derecho*"[83].

Por ello, cabe insistir que "*es preferible para un pueblo tener malas reglas legislativas con buenos jueces, que malos jueces con buenas reglas legislativas*"[84] y sin

---

[83]   Meilán Gil, J. L., "La argumentación en el contencioso administrativo", *Anuario da Faculta-de de Dereito da Universidade da Coruña. N° 15*, A Coruña, 2011, p. 54.
[84]   Carnelutti, F., *El arte del derecho. Seis meditaciones sobre el derecho: metodología del Derecho*, El Foro, 2007.

duda, la realidad nacional ha demostrado que sin auténticos jueces, independientes, competentes, especializados, imparciales, estudiosos y honestos, la Constitución y la Ley son letra muerta, lo que conduce a seguir esperando tiempos mejores, en que se hagan realmente efectivos el cumplimiento de los artículos 2, 26, 49, 253, 257 y 259 de la Constitución.

Corresponde finalizar transmitiendo una palabra de optimismo y es por ello que hago votos para que el actual estancamiento o peor aún, retroceso en que se encuentra el orden jurisdiccional administrativo frente al resto de los países del continente, sea superado muy pronto y que cuando se conmemore el próximo aniversario de FUNEDA, la situación que ha sido expuesta apenas constituya un mal recuerdo de una época triste y lamentable de la historia venezolana, así como que a la brevedad se logre contar con verdaderos Magistrados y Jueces, autónomos, independientes e intelectualmente honestos, capaces de conducir a la jurisdicción contencioso administrativa hacia el lugar que le corresponde en el siglo XXI, como auténtico garante de los derechos y libertades públicas.

Bogotá, 2014.

ÍNDICE

§3. CONTENCIOSO ADMINISTRATIVO EN BOLIVIA

JOSÉ MARIO SERRATE PAZ

§4. A JURISDIÇÃO ADMINISTRATIVA NO DIREITO COMPARADO: CONFRONTAÇÕES ENTRE O SISTEMA FRANCÊS E O BRASILEIRO

ROMEU FELIPE BACELLAR FILHO

§5. LAS ACCIONES CONTENCIOSO ADMINISTRATIVAS EN LA LEGIS-LACIÓN POSITIVA COLOMBIANA

CONSUELO SARRIA OLCOS

§ 6. EL PROCESO CONTENCIOSO-ADMINISTRATIVO EN COSTA RICA

ERNESTO JINESTA LOBO

§7. LA JUSTICIA ADMINISTRATIVA EN EL DERECHO CHILENO

JUAN CARLOS FERRADA BÓRQUEZ

§ 8. LA JURISDICCIÓN CONTENCIOSA ADMINISTRATIVA EN EL SALVADOR
Henry Alexander Mejía

§ 9. UNA VISIÓN ACTUAL DE LA JUSTICIA ADMINISTRATIVA EN ESPAÑA

JOSÉ LUIS MEILÁN GIL
MARTA GARCÍA PÉREZ

§10. FUNCIONALIDAD DE LAS MEDIDAS CAUTELARES EN EL
SISTEMA CONTENCIOSO ADMINISTRATIVO
(ESPECIAL REFERENCIA AL DERECHO ESPAÑOL)
JAIME F. RODRÍGUEZ-ARANA MUÑOZ

§12. LA JUSTICIA ADMINISTRATIVA FRANCESA Y MEXICANA. UN ANÁLISIS COMPARATIVO

LUIS JOSÉ BÉJAR RIVERA

§13. EL DERECHO CONTENCIOSO ADMINISTRATIVO EN MÉXICO
GUSTAVO ARTURO ESQUIVEL VÁZQUEZ

§ 14. LA JURISDICCIÓN CONTENCIOSO-ADMINISTRATIVA EN NICARAGUA

MIGUEL ÁNGEL SENDÍN
KARLOS NAVARRO MEDAL

§15. UN CAMINO POSIBLE EN POS DE LA REFORMA DEL CONTENCIOSO ADMINISTRATIVO EN PANAMÁ

JAVIER ERNESTO SHEFFER TUÑÓN

§ 16. O NOVO REGIME DO CONTENCIOSO ADMINISTRATIVO EM PORTUGAL

MÁRIO AROSO DE ALMEIDA

§ 17. RÉGIMEN CONTENCIOSO ADMINISTRATIVO URUGUAYO

CARLOS E. DELPIAZZO

§ 18. EL CONTENCIOSO ADMINISTRATIVO EN VENEZUELA
ALLAN R. BREWER-CARÍAS

§ 19. TRES DECÁLOGOS DE LAS DESVENTURAS DE LA JURISDICCIÓN CONTENCIOSO ADMINISTRATIVA

VICTOR RAFAEL HERNÁNDEZ-MENDIBLE